职业教育电力技术类专业培训用书

电子实训技术

主　编　王　锦
副主编　王和平
编　写　钟西炎　马　娟
主　审　朱　琼　刘立平

中国电力出版社
CHINA ELECTRIC POWER PRESS

内 容 提 要

全书分为三篇。第一篇为电子电路基础知识，包括常用电子元器件、放大电路基础、集成运算放大器及负反馈技术、波形产生电路、直流稳压电源、数字电路基础、集成门电路和组合逻辑电路、集成触发器和时序逻辑电路、D/A 和 A/D 转换器等。第二篇为基本技能训练，包括模拟电子实验和数字电子实验共 19 个。第三篇为工程实践实训，介绍电子电路的工艺流程（实例 4 个）、电子电路的设计（模拟和数字实训课题各 8 个）、EDA 仿真（实例 9 个）。

本书主要作为高职高专实训教材，也可作为从事电工电子技术方面工作的工程技术人员及自学人员参考。

图书在版编目（CIP）数据

电子实训技术/王锦主编. —北京：中国电力出版社，2006.1（2023.1 重印）

教育部职业教育与成人教育司推荐教材

ISBN 978-7-5083-3671-8

Ⅰ.电… Ⅱ.王… Ⅲ.电子技术-高等学校;技术学校-教材 Ⅳ.TN

中国版本图书馆 CIP 数据核字（2005）第 124490 号

中国电力出版社出版、发行

（北京市东城区北京站西街 19 号 100005 http://www.cepp.sgcc.com.cn）

北京雁林吉兆印刷有限公司印刷

各地新华书店经售

*

2006 年 1 月第一版 2023 年 1 月北京第八次印刷

787 毫米×1092 毫米 16 开本 20 印张 486 千字

定价 **29.90** 元

前 言

本书为教育部职业教育与成人教育司推荐教材，是根据教育部审定的电力技术类专业主干课程的教学大纲编写而成的，并列入教育部《2004～2007年职业教育教材开发编写计划》。本书经中国电力教育协会和中国电力出版社组织专家评审，同意列为全国电力高等职业教育规划教材，作为高等职业教育电力技术类专业教学用书。

本书体现了职业教育的性质、任务和培养目标；符合职业教育的课程教学基本要求和有关岗位资格和技术等级要求；具有思想性、科学性、适合国情的先进性和教学适应性；符合职业教育的特点和规律，具有明显的职业教育特色；符合国家有关部门颁发的技术质量标准。本书既可以作为学历教育教学用书，也可作为职业资格和岗位技能培训教材。

本书是按照最新的高职高专教学要求来编写的，旨在培养具有一定理论水平、有较强实际技能的职业性人才。在理论知识够用的基础上，注重学生工程能力、实践能力的培养，训练学生的多项思维能力、创新能力、实际动手能力和计算机辅助设计能力等。

本书是一本很实用的电子技术教材，它采用模块化教学方式，分为基础知识、基本技能训练和工程实践实训三个教学模块。各模块的内容和特点为：

基础知识部分主要介绍电子技术的基本理论知识，阐述了基本概念、基本分析方法和各种电路工作原理和电子器件、电路的实际应用。在内容编排上，以电路的实际应用为主线，将理论内容有机地整合，增加了电阻器、电容器等常用电子器件的使用，体现了够用为度，但还在一定程度上保持了知识的连贯性，力求深入浅出、重点突出。在介绍半导体器件和集成器件时，删除了复杂繁琐的定量分析，采用定性分析来获得基础知识，将重点放在集成器件的功能理解和使用方法上，并给出相应的应用实例。同时也简要介绍了一些电子技术的发展动向。为了便于学生学习和理解所学知识，基础知识部分的每章均附一定的思考题。

基本技能训练部分，以分立元件和小规模IC实验训练为引导，注重中大规模IC功能的验证和使用方法。通过验证性基础实验训练，让学生基本熟悉和掌握电子电路的安装、调试和测量方法，熟练掌握常用测量仪表的使用。

工程实践实训部分将面向工程实际，较为详细地介绍电子产品开发的工艺流程、电子电路的设计、最新EDA软件Multisim 7，并附有实训课题和实例，由易到难，以便实训教学的选用。

各教学模块既相对独立，又相互联系，可根据实际教学情况选择内容，以课程教学的方式实施教学，也可以实习方式进行。

全书共分14章，第1、2、12章及附录1、2由西安电力高等专科学校马娟编写，第4、5、6、10章由西安电力高等专科学校钟西炎编写，第7、8、9、11章由山西电力职业技术学院王和平编写，其余各章节由王锦编写。全书由王锦主编并统稿，由朱琼、刘立平审稿。

由于编者水平和实践经验有限，书中难免存在不足之处，恳请读者批评指正。

编　者

目 录

第二篇 基本技能训练

第三篇 工程实践实训

第一篇 基础知识

第1章 常用电子元器件

1.1 电阻器和电位器

电阻器是电子电路中应用最广泛的电子元器件之一，其种类繁多，根据电阻器的工作特性及其在电路中的作用可分为固定电阻器、可变电阻器和敏感电阻器三大类。电阻器的符号及外形如图 1-1 所示。

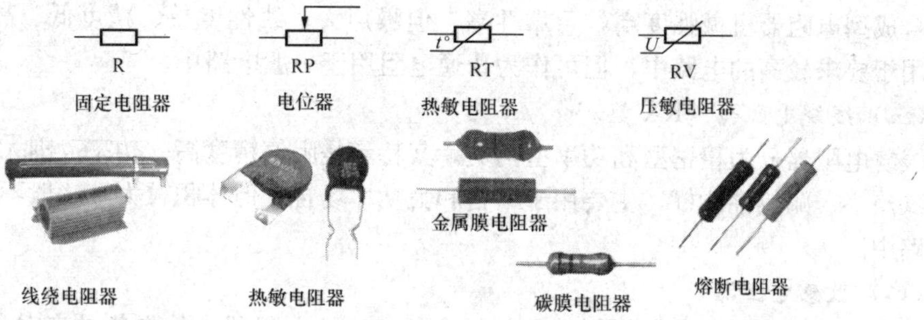

图 1-1 电阻器的符号及实物图

1.1.1 电阻器的命名和种类

一、电阻器的型号命名方法

根据国家标准 GB2480—1981《电子设备用电阻器、电容器型号命名方法》的规定，电阻器和电位器的型号由四部分组成，如表 1-1 所示。

表 1-1 电阻器的主称、材料和分类符号意义

第一部分		第二部分		第三部分			第四部分
主称		材料		分类			序号
符号	意义	符号	意义	符号	意义	备注	
R	电阻器	T	碳膜	1	普通	普通	一般用数字表示产品的序号，以区分外形尺寸和性能指标
W	电位器	J	金属膜	2	普通	普通	
		Y	氧化膜	3	超高频		
		H	合成膜	4	高阻		
		C	沉积膜	5	高阻		
		S	有机实心	6			
		N	无机实心	7	精密	精密	
		X	线绕	8	高压	特种函数	
		I	玻璃釉膜	9	特殊	特殊	
				G	高功率		
				T	可调		
				W		微调	
				D		多圈	
				X		小型	

二、常用电阻器的种类及特性

常见电阻器有薄膜型电阻器、合成型电阻器、线绕电阻器、敏感电阻器等不同种类。

(一) 薄膜型电阻器

薄膜型电阻器分为碳膜电阻器、金属膜电阻器、金属氧化膜电阻器等。

(1) 碳膜电阻器 (RT)。碳膜电阻器稳定性好，噪声低，阻值范围宽 (10Ω～10MΩ)，温度系数小，价格便宜，广泛应用于电子线路中。

(2) 金属膜电阻器 (RJ)。金属膜电阻器精度高 (可达±0.5%～±0.05%)，体积小，但脉冲负载稳定性差，价格比碳膜电阻器高，可用于对稳定性及可靠性要求较高的电路中。

(3) 金属氧化膜电阻器 (RY 型)。与金属膜电阻器相比，金属氧化膜电阻器有较好的抗氧化性和热稳定性，过载能力强、额定功率大 (最大可达 15kW)，但阻值范围较小 (1Ω～200kΩ)，可用于温度较高的场合。

(二) 合成型电阻器 (RS 型)

合成型电阻器机械强度高，可靠性高，但噪声大、线性度差、精度低、高频特性不好，不宜用于要求较高的电路中，但可作为普通电阻用于一般电路中。

(三) 线绕电阻器 (RX 型)

线绕电阻器分为精密型和功率型两类。其特点是阻值精度高、功率范围大、工作稳定可靠、噪声小、耐热性能好，主要用于精密和大功率场合；但体积较大，一般不适用于高频电子电路中。

(四) 敏感电阻器

敏感电阻器是使用不同材料、工艺制造的半导体电阻器，其阻值具有对温度、光照度、湿度、压力、磁通量、气体浓度等物理量敏感的性质。常见有热敏、压敏、光敏、温敏、磁敏、气敏、力敏等不同类型的敏感电阻器。利用这些敏感电阻器，可以制作用于检测相应物理量的传感器及无触点开关。

1.1.2 电阻器的主要参数

电阻器的主要参数有标称阻值、允许偏差、额定功率、极限工作电压、稳定性、噪声电动势、最高工作温度、温度特性、高频特性等，使用中一般考虑电阻器的标称阻值、允许偏差、额定功率等参数。

一、标称阻值及允许误差

电阻器的标称阻值是指标志在电阻器上的电阻值。电阻值的单位为 Ω (欧)。电阻值的范围很广，可从零点几欧到几十兆欧，常见标称法有 E24、E12、E6 等系列。电阻器的标称阻值为表 1-2 所列数值的 10^n 倍，其中 n 为正整数、负整数或零。

表 1-2 电阻的标称系列

系列	偏差	电阻的标称阻值
E24	Ⅰ级±5%	1.0 1.1 1.2 1.3 1.5 1.6 1.8 2.0 2.2 2.4 2.7 3.0 3.3 3.6 3.9 4.3 5.1 5.6 6.2 6.8 7.5 8.2 9.1
E12	Ⅱ级±10%	1.0 1.2 1.5 1.8 2.2 2.7 3.3 3.9 4.7 5.6 6.8 8.2
E6	Ⅲ级±20%	1.0 1.5 2.2 3.3 4.7 6.8

电阻器的实际阻值与标称阻值往往不相符，把电阻器的实际阻值与标称阻值之间的相对误差定义为电阻值的允许偏差，即

$$电阻值的偏差=\frac{实际阻值-标称阻值}{标称阻值}\times 100\%$$

普通电阻器按误差大小分为三个等级：允许偏差为±5%为Ⅰ级，允许偏差为±10%为Ⅱ级，允许偏差为20%为Ⅲ级。

标志电阻器的阻值和允许偏差的常用方法有以下几种：

（一）直标法

直标法是将电阻器的标称阻值和误差用数字或字母直接标注在电阻体上，用百分数直接标出允许偏差，如图1-2所示。

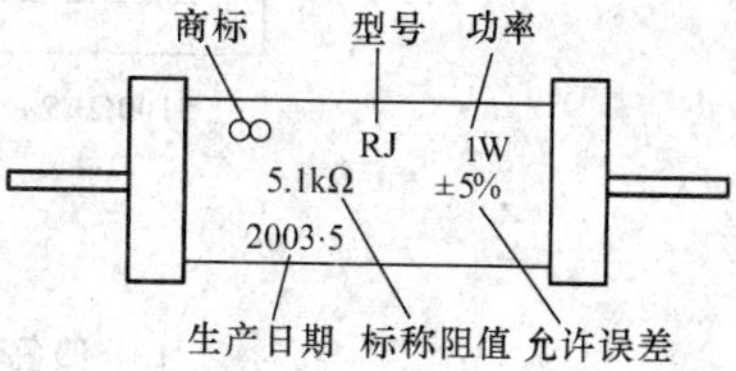

图1-2 电阻器的直标法

（二）文字符号法

文字符号法是将元件的标称阻值和允许误差用文字、数字符号组合起来标注在电阻器上。一般用文字符号表示阻值单位，即用R表示欧姆，用k表示千欧，用M表示兆欧；用阻值单位符号作为小数点的位置标志，如图1-3所示。允许偏差一般用Ⅰ、Ⅱ、Ⅲ表示。

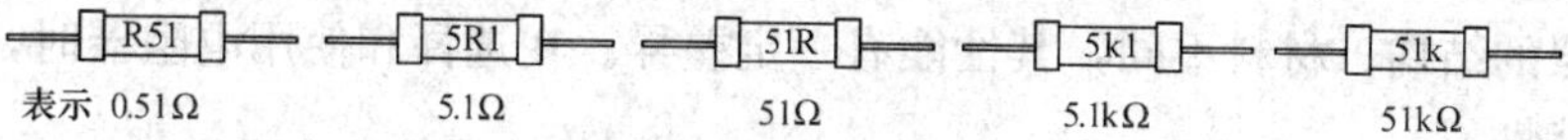

图1-3 电阻器的文字符号法

（三）色标法

色标法又称色环表示法，即用不同颜色的色环来表示电阻器的阻值及误差等级。各色环颜色所代表的含义见表1-3。常见色标法有四色环法和五色环法两种。

表1-3 色环颜色所代表的含义

颜色	棕	红	橙	黄	绿	蓝	紫	灰	白	黑	金	银	无色
数值位	1	2	3	4	5	6	7	8	9	0	—	—	—
乘数	10^1	10^2	10^3	10^4	10^5	10^6	10^7	10^8	10^9	10^0	10^{-2}	10^{-1}	—
允许偏差（%）	±1	±2	—	—	±0.5	±0.2	±0.1	—	±50～±20	—	±5	±10	±20

四色环电阻器色环标注意义如下：从左至右第一、二位色环表示其有效值，第三位色环表示乘数，第四位表示允许误差，如图1-4（a）所示。四色环法一般用于普通电阻器标注。

五色环电阻器色环标注意义如下：从左至右的第一、二、三位色环表示有效值，第四位色环表示乘数，第五位色环表示允许偏差，该精度色环宽度大于其他色环，如图1-4（b）所示。五色环法一般用于精密电阻器标注。

二、电阻器的额定功率

在规定温度和湿度范围内，电阻器在电路中长期连续工作所允许消耗的最大功率称为额定功率。电路中电阻器消耗的实际功率必须小于其额定功率，否则电阻器的阻值及其他性能将会发生改变，甚至发热烧坏。

电阻器额定功率系列有0.125、0.25、0.5、1、2、5、10W等。2W以上的电阻器直接

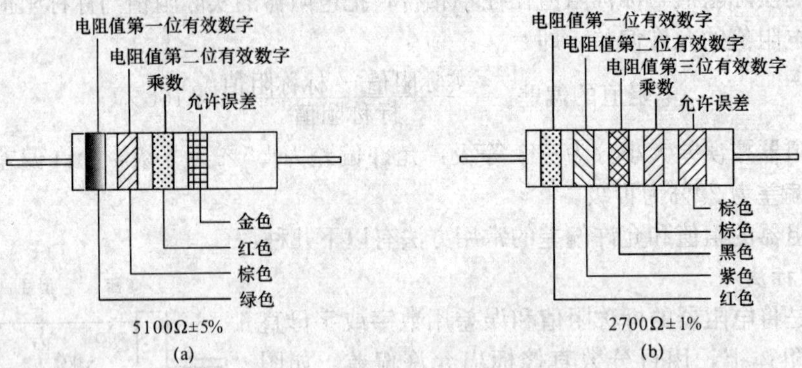

图 1-4 电阻器色标示例

(a) 四色环电阻器色环标注；(b) 五色环电阻器色环标注

用数字标注在电阻体上；2W 以下的电阻，以自身体积大小来表示额定功率，体积越大，额定功率就越大。

1.1.3 电阻器的选用及注意事项

因电阻器的结构、材料不同，其性能有一定差异。在选择和使用电阻器时，必须掌握各种电阻器的特性。

一、选用

（一）类型选择

对于一般的电子电路，若没有特殊的要求，可选用碳膜电阻器，以降低成本；对于稳定性、耐热性、可靠性及噪声要求较高的电路，宜选用金属膜电阻器；对于工作频率低、功率大，且耐热性要求较高的电路，宜选用线绕电阻器；在高频电子电路中，应选用薄膜电阻器或无感电阻器，不能用实心电阻器或线绕电阻器。

（二）阻值及误差的选择

阻值应按标称阻值系列选择。有时需要的阻值不在标称阻值系列，可选择最接近这个阻值的标称值电阻。

误差选择应根据该电阻在电路中所起的作用，除一些对精度有特别要求的电路（如仪器仪表、测量电路）外，一般电子电路中的电阻器误差可选用Ⅰ、Ⅱ、Ⅲ级误差。

（三）额定功率的选择

电阻器在电路中实际消耗的功率不能超过其额定功率，为了保证电阻器长期使用不会损坏，通常要求选用的电阻器的额定功率要高于消耗功率的 2 倍以上。

二、使用注意事项

（1）在高压电路中，应注意电阻器的极限工作电压，以防电阻器内产生电弧，击穿或烧毁电阻器。

（2）电阻器在使用前必须进行检测。首先进行外观检查，观察有无引线折断、松动等现象，然后用万用表的电阻档测量电阻值，检查与标称阻值之间的误差是否在允许的误差范围之内。

（3）电阻器的引线不要从根部弯曲，否则容易引起引线折断。电阻器在焊接时，加热时间要适当，时间过长易使电阻器变质或损坏。对额定功率大于 10W 的电阻器，应保证有足够的散热空间。

1.1.4　电位器

电位器是一种可以人为地将阻值连续调整的电阻器。电位器有三个引出端，一个为滑动端，另两个为固定端，滑动端运动时使其阻值在标称阻值范围内变化。

一、电位器的分类

电位器种类很多，有碳膜电位器、有机实芯电位器、线绕电位器等。碳膜电位器应用较广泛，如用在收录机、电视机等电子产品中，用作音量、音调、电压、亮度、对比度、聚焦等的调节。电位器从外形结构分为带开关电位器、不带开关电位器（带开关电位器有推拉式和旋柄式两种）、双联电位器和单联电位器等。常见电位器如图 1-5 所示。

电位器在调节时根据其阻值随触点变化的规律分为直线式电位器、指数式电位器、对数式电位器三种。

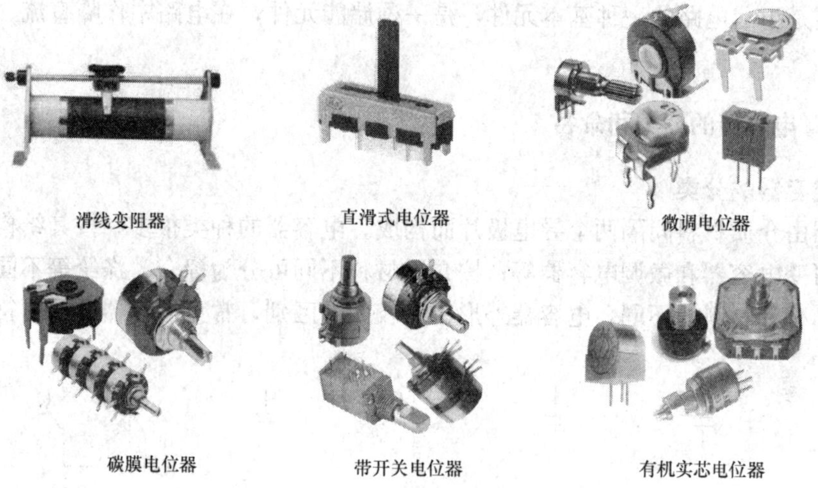

图 1-5　常见电位器的实物图

二、常用电位器

常用电位器有线绕电位器、有机实芯电位器、合成碳膜电位器、多圈电位器等。

（一）线绕电位器

用合金电阻线在绝缘骨架上绕制成电阻体，滑动端簧片可在电阻丝上滑动的为绕线电阻器。其既有精度达±0.1%的精密线绕电位器，又有额定功率达 100W 以上的大功率线绕电位器。线绕电位器有单圈、多圈、多联等几种。

特点：精度易于控制，稳定性好，电阻温度系数小，噪声小，耐压高；但阻值范围较窄，一般在几欧到几十千欧之间。根据不同用途，可制成普通型、精密型、微调型线绕电位器。

（二）合成碳膜电位器

该电位器系在绝缘基体上涂敷一层合成膜，经加温聚合后形成碳膜片，再与滑动端簧片等其他零件组合而成。合成碳膜电位器有单联和多联等几种。

特点：其阻值变化连续，阻值范围宽，对温度和湿度的适应性差，使用寿命较短，成本低，广泛用于收音机、电视机等家用电器中，额定功率有 1/8、1/4、1、2W 等，一般阻值误差精度为±20%。

（三）有机实芯电位器

其特点是结构简单、耐高温、体积小、寿命长、可靠性高；但耐压偏低、噪声较大、转动力矩大，多用于对可靠性要求较高的电子仪器中。其阻值范围是几十欧到几兆欧，功率多在 1/4～2W 之间，精度有±5%、±10%、±20%几种。

三、电位器的检测

用万用表首先测量电位器的标称值，再测中心滑动端和任一固定端的电阻值。测量时旋转转轴观察万用表指针，应平稳移动，阻值连续变化，且无跳动现象。

若需精确测量电阻值，应采用电桥法。

1.2 电　容　器

电容器是组成电路的一种基本元件，是一种储能元件，在电路中作隔直流、旁路和耦合交流等用。

1.2.1 电容器的分类和命名

一、电容器的分类

电容器由介质材料间隔两个导电极片而构成。电容器的种类很多，按其结构可分为固定电容器、可变电容器和微调电容器等；按介质材料不同可分为瓷介、涤纶等不同种类的电容器。由于结构和材料的不同，电容器外形也有较大的区别，常见电容器的图形符号及实物如图 1-6 所示。

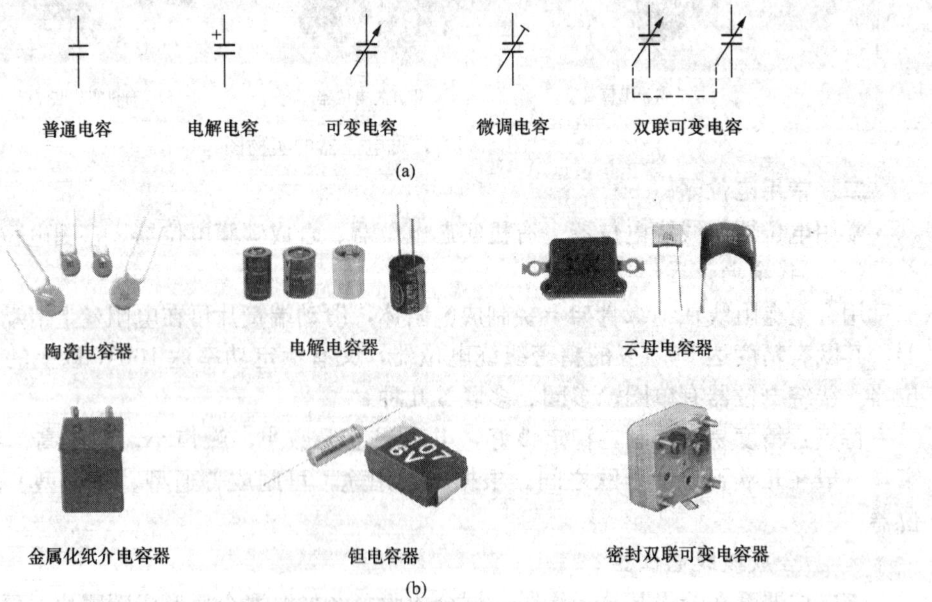

图 1-6 常见电容器图形符号及实物图

(a) 图形符号；(b) 实物

（一）固定电容器

固定电容器的容量不可变，按介质种类主要有瓷介质电容器、云母电容器、涤纶电容器、金属化纸介质电容器、电解电容器等。

（二）可变电容器

可变电容器的容量可在一定范围内调节。可变电容器的介质有空气、有机薄膜等。它的极片由两组相互平行的铜片或铝片组成，其中一组可旋转的平行金属片称为动片，另一组位置固定的平行金属片称为定片，随着动片旋入定片空隙内有效面积的改变，电容器的容量也随之变化。可变电容器常由一组或几组同轴单元组成，前者称单连，后者称多连，各组单元之间有金属板隔开，以防寄生耦合。

（三）微调电容器

它的特点是容量可以在较小的范围内变化，通常在几皮法至几十皮法之间变化。微调电容器常用于整机调试后、电容量不需经常改变的场合。

二、电容器型号的命名方式

电容器的型号命名由四部分组成，如表1-4所示。

表1-4　　电容器命名方法

第一部分		第二部分		第三部分					第四部分
主称		材料		分类					序号
符号	含义	符号	含义	符号	含义				
					瓷介电容	云母电容	电解电容	有机电容	
C	电容器	C	高频瓷介质	1	圆片	非密封	箔式	非密封	用数字表示产品的序号，以区分外形尺寸和性能指标
		Y	云母	2	管形	非密封	箔式	非密封	
		Z	纸介质	3	叠片	密封	烧结粉固体	密封	
		J	金属化纸介质	4	独石	密封	烧结粉固体	密封	
		B	聚苯乙烯有机金属薄膜	5	穿心			穿心	
		L	聚酯涤纶有机金属薄膜	6	支柱				
		D	铝电解质	7			无极性		
		A	钽电解质	8	高压	高压		高压	
		N	铌电解质	9			特殊	特殊	
		I	玻璃釉	G	高功率				
		O	玻璃膜	W	微调				
		Q	漆膜						

1.2.2 常用电容器及主要参数

一、常用电容器

常用电容器的特点及用途如表1-5所示。

表1-5　　常用电容器的特点和用途

电容器类型	特点	用途
纸介电容器（CZ型）	电极用铝箔或锡箔，绝缘介质用蜡浸的纸，容量大、体积小，但漏电流和损耗较大	主要用于低频电路的旁路和隔直

续表

电容器类型	特点	用途
金属化纸介电容器（CJ型）	用蒸发的方法使金属附于纸上作为电极，体积小，有自愈作用	适用于对频率和稳定性要求不高的场合
有机金属薄膜电容器	用聚苯乙烯（CB型）、聚四氟乙烯（CF型）或涤纶（CL型）等有机薄膜作介质，体积小，耐压高，损耗小，绝缘电阻大，稳定性好，但温度系数大	CB型适用性广泛，如谐振回路、滤波电路、耦合回路等；CL型适用于低频和稳定性不高的场合
云母电容器（CY型）	高频性能稳定、漏电电流小、耐压高、介质损耗小、绝缘性能好，容量小	适用于高频电路
瓷介电容器（CC型）	性能稳定、绝缘电阻大、体积小，结构简单，但机械强度低，容量较小	可工作在超高频范围
玻璃釉电容器（CI型）	其介质是由釉粉加压制成的薄片，介质介电系数大，体积小、抗潮性能好	可在较高的工作温度下工作
电解电容器	有正负极之分，以铝（CD）、钽（CA）、铌、钛等附着的有氧化膜的金属极片为阳极，阴极为液体、半液体或胶状的电解液，漏电流大、容量误差大	铝电解电容应用最广，常用于交流滤波；在要求较高的电路常用钽、铌、钛电解电容

二、电容器的主要性能参数

电容器的主要参数有标称容量、允许误差、额定电压和绝缘电阻等。

（一）标称容量和允许偏差

电容器的容量单位是F（法拉），常用的单位有μF（微法），nF（纳法）和pF（皮法）。电容量单位的换算关系是：$1\mu F=10^{-6}F$，$1nF=10^{-9}F$，$1pF=10^{-12}F$。

电容器误差一般分为三级，即Ⅰ级，±5%；Ⅱ级，±10%；Ⅲ级，±20%。而电解电容的误差允许达+100%、−30%。另外有部分电容器，用J表示误差为±5%；K表示误差为±10%；M表示误差为±20%；Z表示误差为+80%、−20%。

标志在电容器上的容量数值称为标称值，常用电容器容量的标称值系列如表1-6所示。

表1-6 固定电容器容量标称值

类别	允许误差	容量标称值系列	
纸介质、金属纸介质、低频无极性有机薄膜介质	±5%	100pF～1μF	1.0 1.5 2.2 3.3 4.7 6.3
	±10%	1μF～100μF	1 2 4 6 8 10 15 20
	±20%	只取表中值	30 50 60 80 100
高频无极性有机薄膜介质、瓷介质、云母介质	±5%	1.0 1.1 1.2 1.3 1.5 1.6 1.8 2.0 2.2 2.4 2.7 3.0 3.3 3.6 3.9 4.3 4.7 5.1 5.6 6.2 6.8 7.5 8.2 9.1	
	±10%	1.0 1.2 1.5 1.8 2.2 2.7 3.3 3.9 4.7 5.6 6.8 8.2	
	±20%	1.0 1.5 2.2 3.3 4.7 6.8	
铝、钽电解电容		1.0 1.5 2.2 3.3 4.7 6.8	

电容器标称容量和允许误差都标注在电容体上。其标志方法有以下几种：

（1）直标法。将标称容量及允许误差值直接标注在电容器上。图1-7所示为620pF电容器。有时电容器上没有标注单位，则凡容量大于1的无极性电容器，其容量单位为pF，如4700表示容量为4700pF；容量小于1的电容器，其容量单位为μF，如0.01表示容量为0.01μF。凡有极性电容器，容量单位是μF，如10表示容量为10μF。

(2) 文字符号法。以容量单位符号作为容量小数点的位置，容量的整数部分标注在容量单位标志符号前面，小数部分标注在标志符号后面。如4n7就表示容量为4.7nF（4700pF），如图1-8所示。若在数字前标注有R字样，则容量为零点几微法。如R47就表示容量为0.47μF。

(3) 数码表示法。数码表示法用三位数字表示电容器容量大小。其中前两位数字为标称容量的有效数字，第三位数字表示乘数，单位是pF。如：102表示容量为10×10^2pF=1000pF；223表示容量为22×10^3pF=0.022μF。

若第三位数字是“9”时，有效数字应乘上10^{-1}。如229表示容量为22×10^{-1}pF=2.2pF。

(4) 色标法。电容器色标法的原则与电阻器相同，颜色意义也与电阻器基本相同，其容量单位为pF。当电容器引线同向时，色环电容器的识别顺序是从上到下。图1-9所示电容器容量为4700pF。

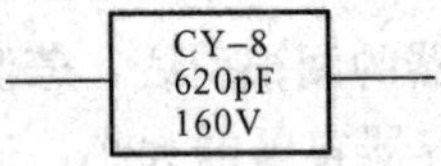

图1-7 直标法

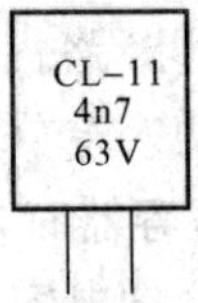

图1-8 文字符号法

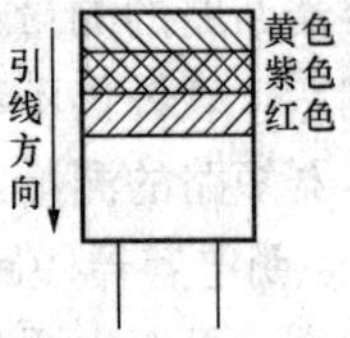

图1-9 色标法

(二) 额定工作电压

额定工作电压是在规定温度下，电容器长期可靠工作时所能承受的最大直流电压，又称耐压值。常用固定电容器的耐压值有1.6、4、6.3、10、16、25、32*、40、50*、63、100、125*、160、250、300*、400、450*、500、630、1000V等多种等级（*只限于电解电容器）。电容器的耐压值一般都直接标注在电容器表面，部分小型电解电容器额定电压也采用色标法，如用棕色表示额定工作电压为6.3V，用灰色表示额定工作电压为16V，用红色表示额定工作电压为10V。其色标一般标于电容器正极引线的根部。

(三) 绝缘电阻

电容器绝缘电阻是表示电容器绝缘性能好坏的一个重要参数，其值取决于介质绝缘质量的优劣以及电容器的结构、制造工艺。电容器的绝缘电阻越大越好，绝缘电阻越大，当电容器加上直流电压时，两极之间产生的漏电流越小；反之，绝缘电阻越小，漏电流越大。

1.2.3 电容器的选用及使用注意事项

一、电容器的选用

选用电容器一般从以下几方面考虑：

(1) 类型选择。根据各种电容器的特点，在选用电容器时，应根据不同的电路，不同的要求来进行。例如，在电源滤波、退耦电路中选用铝电解电容器；在高频、高压电路中选用瓷介质电容器、云母电容器；在谐振电路中，选用云母电容器、陶瓷电容器、有机薄膜电容器；作隔直流用时可选用涤纶电容器、云母电容器、铝电解电容器等。

(2) 容量及精度的选择。电容器容量的数值必须按规定的标称值来选择。但需要注意的是，不同类型的电容器其标称值系列的分布规律是不相同的。

(3) 耐压值的选择。为保证电容器的正常工作，被选用电容器的耐压值不仅要大于其实际工作电压，而且还要留有一定的裕量，一般选耐压值为实际工作电压的 2 倍以上。

二、电容器的检测

(一) 漏电电阻的测量

将万用表置 $R\times10k$ 或 $R\times1k$ 档，用两表笔分别接电容器两引脚，表针先朝顺时针方向摆动，然后又慢慢返回电阻无穷大位置附近，表针静止时所指的值距无穷大较远时，表明电容器漏电严重不能使用。

(二) 电容器的故障检测

对于 5000pF 以上电容器的检测，可用万用表欧姆档的 $R\times1k$、$R\times10k$，通过测量电容器的充放电过程来进行粗略判断。万用表指针摆动到一定值后，又返回起点或接近起点，则电容器基本正常；表针离起点的距离越大，则电容器的漏电流越大；表针不摆动或不返回，则电容器可能已损坏。但小容量电容器以及电容器的其他参数则需通过专用仪器进行检测。

(1) 电容器断路的测量：用万用表的两表笔分别接触电容器的两根引线，如表笔不动，将两表笔对调后，表针仍不动，说明电容器断路。

(2) 电容器短路的测量：用万用表的两表笔分别接触电容器的两根引线，若测得电阻很小甚至为 0，说明电容器短路。测量电解电容器时，要根据电容器容量的大小，适当选择量程，电容量越小，量程也要越小，否则就会把电容器的充电误认为是击穿。

(三) 电解电容器的极性判断

用万用表测量电容器的漏电电阻，并记下这个阻值，然后将红黑表笔对调再测电容器的漏电电阻，将两次所测的结果对比，漏电阻小的一次，黑表笔所接的为负极。

三、电容器在使用时的注意事项

(1) 电容器在使用前必须进行检查。先进行外观检查，观察电容器有无引线折断，型号、规格是否符合要求；然后用万用表检查电容器是否击穿或漏电流是否过大。

(2) 电解电容器在使用时必须注意极性，正极接高电位端，负极接低电位端。电解电容器只能工作在直流或脉动直流电路中，安装时应注意远离发热元件。

(3) 可变电容器在安装时，一般应将动片接地，这样可以避免人手转动电容器转轴时引入的干扰。

(4) 一般不宜用多个电容器并联来增大等效容量，因为电容器并联后，损耗也增大。

(5) 电容器的引线不要从根部弯曲，否则容易引起引线折断。电容器在焊接时，加热时间要适当，时间过长易使电容器性能改变甚至损坏。

1.3 半导体二极管

1.3.1 半导体二极管的特性和参数

一、结构与符号

半导体二极管由一个 PN 结加上电极引线及管壳构成，由 P 区引出的电极称为阳极或正极，由 N 区引出的电极称为阴极或负极。二极管具有单向导电性。二极管的内部结构示意和图形符号如图 1-10 所示。

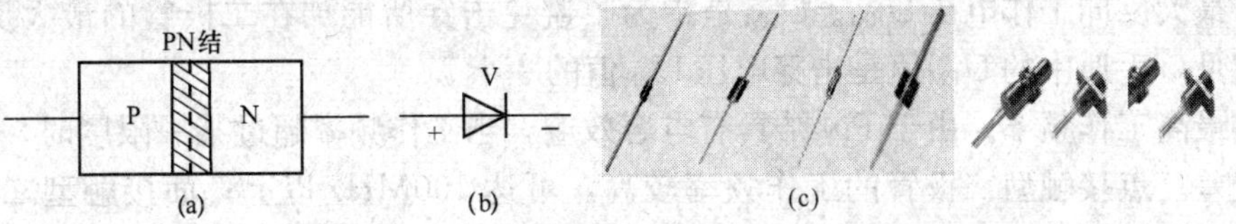

图 1-10　二极管的内部结构示意和符号及外形

(a) 内部结构示意图；(b) 图形符号；(c) 外形

二极管种类很多。按材料不同可分为锗二极管、硅二极管等，按结构不同可分为点接触型和面接触型二极管，按用途不同分为整流二极管、检波二极管、变容二极管、稳压二极管、开关二极管、发光二极管等。点接触型二极管用于小电流的整流、检测、限幅、开关等电路中；面接触型二极管主要用作整流用。

二、伏安特性

二极管的伏安特性是在外加电压的作用下，二极管电流变化规律的曲线，图 1-11 画出了较为典型的硅管的伏安特性曲线。

（一）正向特性

二极管的阳极接高电位，阴极接低电位，称为二极管的正向偏置。

二极管加正向电压时，有一死区电压，或称开启电压，其大小与材料及环境温度有关。一般来说，硅管的死区电压约为 0.5V，锗管的死区电压约为 0.1V。当二极管正向电压超过死区电压后，正向电流变化很大，而电压的变化极小，曲线几乎接近于直线。为了讨论计算的方便，通常认为，硅管的导通电压约为 0.6～0.7V，锗管的导通电压约为 0.2～0.3V。

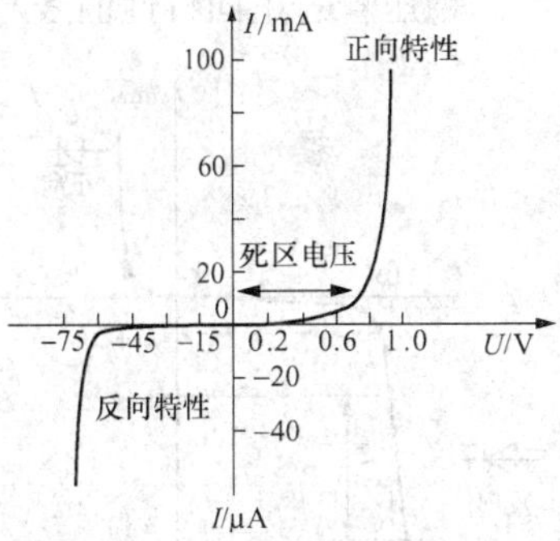

图 1-11　二极管伏安特性曲线

（二）反向特性

二极管接反向电压时，由图 1-11 可见，反向电流很小，且与反向电压无关，称为反向饱和电流 I_S。小功率硅管的反向饱和电流 I_S 小于 0.1μA，锗管约为几十微安。由于半导体的热敏特性，反向饱和电流将随温度的升高而增大。

（三）击穿特性

当反向电压超过一定限度时，反向电流将急剧增加，二极管失去了单向导电性，这种现象叫做反向击穿，此时的反向电压称为反向击穿电压。PN 结击穿后结电流急剧变化而 PN 结两端的电压却基本保持不变。利用这一特性可以做成稳压管。

需要指出的是，击穿并不意味着 PN 结的损坏，只要击穿后流过 PN 结的电流不超过某一限度（如在 PN 结外电路接限流电阻来达到限制电流的目的），PN 结可保持完整无损且允许击穿现象重复发生。

三、主要参数

(1) 最大整流电流 I_F。I_F 是指二极管整流时，根据允许温升折算出来的最大正向平均电流值，实际工作电流超过此值时二极管容易烧坏。

(2) 反向饱和电流 I_S。I_S 是二极管加反向电压时流过它的电流。I_S 与半导体材料和温度有关。常温下硅管 I_S 为纳安级，锗管的 I_S 为微安级。

(3) 最大反向工作电压 U_{RM}。U_{RM} 是指为了避免击穿所能加在二极管的最大反向电压。为安全起见，手册中的 U_{RM} 值是击穿电压 U_{BR} 值的一半。

(4) 最高工作频率。由于 PN 结具有电容效应，当工作频率超过某一限度时，其单向导电性将变差。点接触型二极管的工作频率较高，可达 100MHz 以上；面接触型二极管则较低，为几千赫兹。

1.3.2 特殊二极管

一、稳压管

稳压管是一种特殊的面接触型硅二极管，稳压管的图形符号及伏安特性如图 1-12 所示。

稳压管的正向特性曲线与普通二极管相似，但反向击穿特性曲线很陡，正常情况下稳压管工作在反向击穿区，由于曲线很陡，反向电流在很大范围内变化时，稳压管两端的电压却变化很小，稳压管就是利用这一特性在电路中起稳压作用的。只要反向电流不超过其最大稳定电流，就不会引起破坏性的击穿，因此，在电路中常与稳压管串联一个适当阻值的限流电阻。

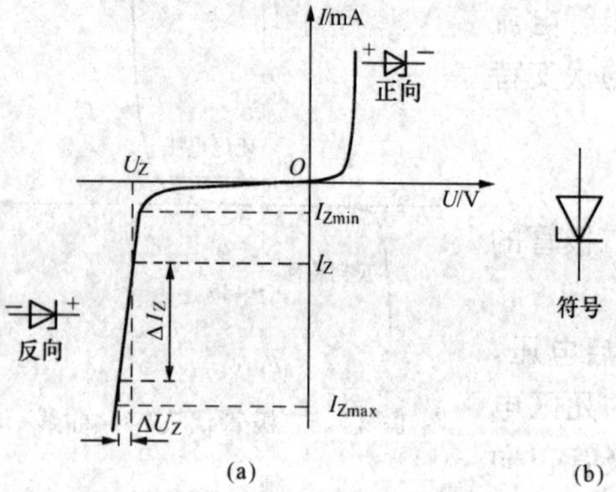

图 1-12 稳压管的伏安特性及图形符号
(a) 伏安特性；(b) 图形符号

稳压管的主要参数如下：

(1) 稳定电压 U_Z。稳定电压是指稳压管在正常工作时管子两端的电压。PN 结的击穿电压，它随工作电流和温度的不同而略有变化。对于同一型号的稳压管来说，稳压值有一定的离散性。

(2) 稳定电流 I_Z，为稳压管工作时的参考电流值。它通常有一定的范围，即 $I_{Zmin} \sim I_{Zmax}$。

(3) 动态电阻 r_Z，为稳压管两端电压变化与电流变化的比值，即

$$r_Z = \frac{\Delta U_Z}{\Delta I_Z} \tag{1-1}$$

r_Z 值很小，约为几欧到几十欧，且随工作电流的不同而改变。通常工作电流越大，动态电阻越小，稳压性能越好。

(4) 电压温度系数 C_{TV}，为温度每增加 1℃，稳定电压的相对变化量，即

$$C_{TV} = \frac{\Delta U_Z / U_Z}{\Delta t} \times 100\% \tag{1-2}$$

C_{TV} 用来说明稳压值受温度变化影响的系数。

(5) 额定功耗 P_Z。前已指出，工作电流越大，动态电阻越小，稳压性能越好，但是最大工作电流受到额定功耗 P_Z 的限制，超过 P_Z 将会使稳压管损坏。最大功耗计算式为 $P_{ZM} = I_{Zmax} U_Z$。

【例 1-1】 利用稳压管组成的简单并联型稳压电路如图 1-13 所示，图中稳压管 VZ

并接在负载 R_L 两端，R 为限流电阻。试分析输出电压的稳定原理。

解 由图 1-13 可知

$$U_o = U_Z = U_i - (I_Z + I_L)R$$
$$I_R = I_Z + I_L$$

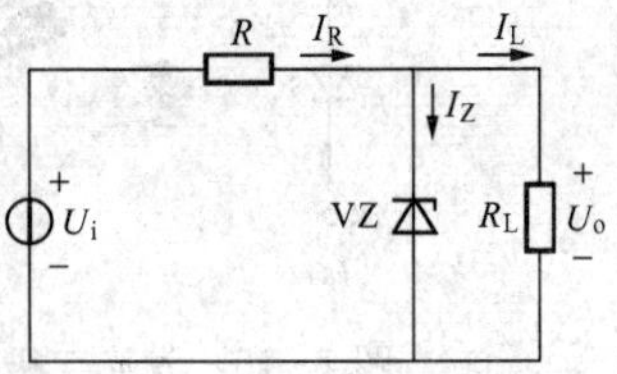

图 1-13 稳压管稳压电路

当 R_L 一定，若 U_i 增大，则 U_Z 和 U_o 都要增大。但由于稳压管的 U_Z 稍许增大，就会造成 I_Z 急剧地增加，这样 U_Z 只要增加一点，限流电阻 R 上的压降（I_Z+I_L）R 就会显著增加，从而使输入电压增量的绝大部分都降落在电阻 R 上，于是 U_o 变化就很小，稳定了输出电压；同样地，若 U_i 减小，可以看出 U_o 变化也很小，输出电压稳定。

当 U_i 一定，若 R_L 减小，则 I_L 要增大，R 上的压降将增大，使 U_o 下降，但 U_o（或 U_Z）稍许下降一点，I_Z 就要减小很多，I_L 增大而 I_Z 减小使流过 R 的电流近似保持不变（略有增大），因此 U_o 只略有下降。

上述分析说明，当 U_i 或 R_L 发生变化时，通过稳压管的调节作用，使输出电压几乎不变。因此，该电路可以做成稳压电源。选择稳压管时应注意：流过稳压管的电流 I_Z 不能过大，应使 $I_Z \leqslant I_{Zmax}$，否则会超过稳压管的允许功耗；I_Z 也不能太小，应使 $I_Z \geqslant I_{Zmin}$，否则不能稳定输出电压，这样使输入电压和负载电流的变化范围都受到一定限制。

二、光敏二极管

光敏二极管又称光电二极管，特点是 PN 结的面积大，管壳上有透光的窗口便于接收光照。光敏二极管的图形符号如图 1-14（a）所示。

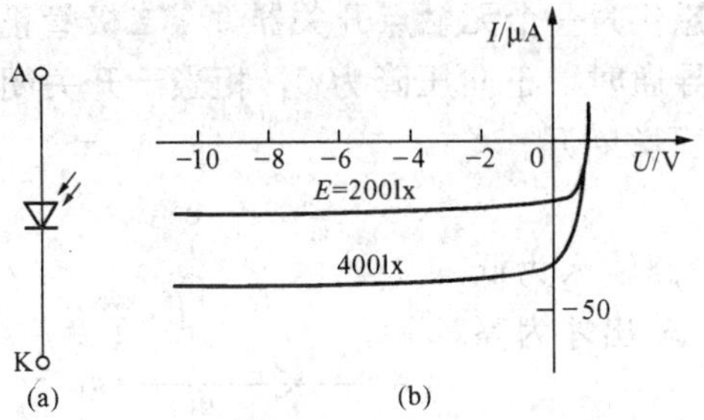

图 1-14 光敏二极管的图形符号及特性

（a）图形符号；（b）特性

光敏二极管工作在反向偏置下。当无光照射时，它的伏安特性和普通二极管一样，其反向电流很小，称为暗电流。当有光照时，反向电流增加，且在一定的反向电压范围内，反向电流与光照度 E（单位：勒克司 lx）成正比关系，光敏二极管的 PN 结特性曲线如图 1-14（b）所示。

三、发光二极管

发光二极管简称 LED，是一种把电能直接转换成光能的固体发光器件。通常用化学元素周期表中Ⅲ、Ⅴ族元素的化合物如砷化镓（GaAs）、磷化镓（GaP）等制成，内部仍是一个 PN 结。发光二极管的波长由所使用的基本材料而定。发光二极管的图形符号及实物见图 1-15。

发光二极管的正向工作电压一般在 1.5～3V，允许通过的电流为 2～20mA，电流的大小决定发光的亮度。

发光二极管主要用来作为显示器件，除单独使用外，还可制成数码管或阵列显示器。将发光二极管和光敏二极管组合起来可构成二极管型光电耦合器，它以光为媒介可以实现电信号的传递，如图 1-16 所示。光电耦合器既可用来传递模拟信号，也可作为开关器件使用。

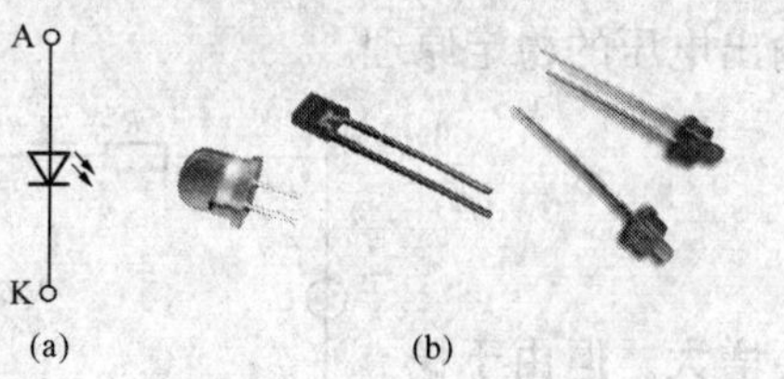

图 1-15 发光二极管图形符号及实物图

(a) 图形符号；(b) 实物

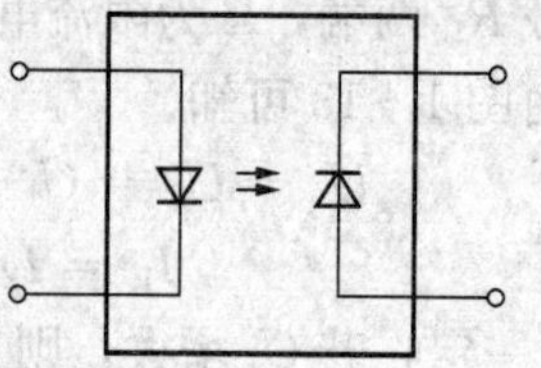

图 1-16 二极管型光电耦合器

1.3.3 二极管的应用与选用

一、二极管的应用

利用二极管的单向导电性，可以组成整流、开关、限幅、钳位等应用电路。

（一）整流电路

图 1-17（a）所示为二极管半波整流电路，设 V 为理想二极管，当输入电压 u_i 为正半周时，V 导通，可看作短路，此时 $u_o=u_i$；而当输入电压 u_i 为负半周时，V 截止，可看作开路，此时 $u_o=0$。于是得到 u_o 波形，如图 1-17（b）所示。

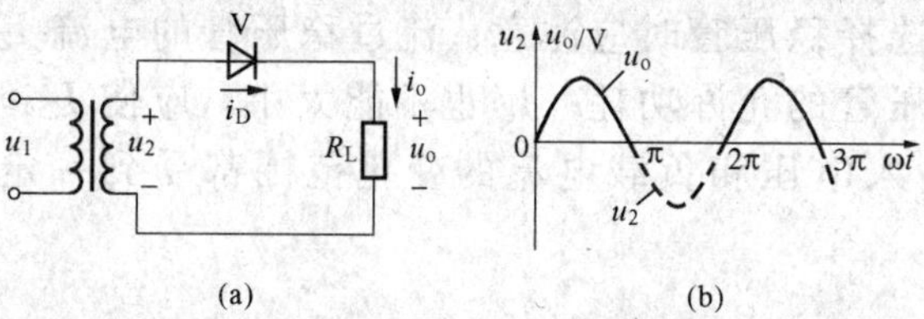

图 1-17 二极管单相半波整流电路

(a) 电路；(b) 波形

（二）开关作用

二极管在数字电路中应用时，常将其理想化为一个无触点开关器件。二极管正向导通时，正向压降为 0，相当于开关闭合；二极管反向截止时，视其反向电流为 0，相当于开关断开。

（三）门电路

图 1-18 为二极管与门电路，该电路中只要有一路输入为低电平，输出即为低电平；仅当全部输入为高电平时，输出才为高电平。

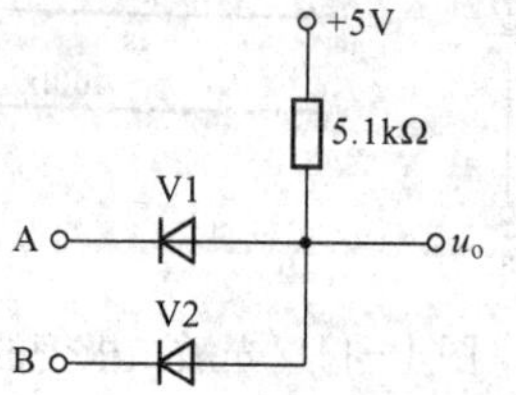

图 1-18 二极管与门电路

（四）二极管限幅电路

图 1-19（a）为二极管限幅电路。V 为理想二极管，由于二极管的负极接+5V，所以只有当二极管的正极电位高于+5V 时，二极管才能导通，否则就截止。由此可见，当 $u_i(t)>5V$ 时，输出波形就被限幅了，如图 1-19（b）所示。

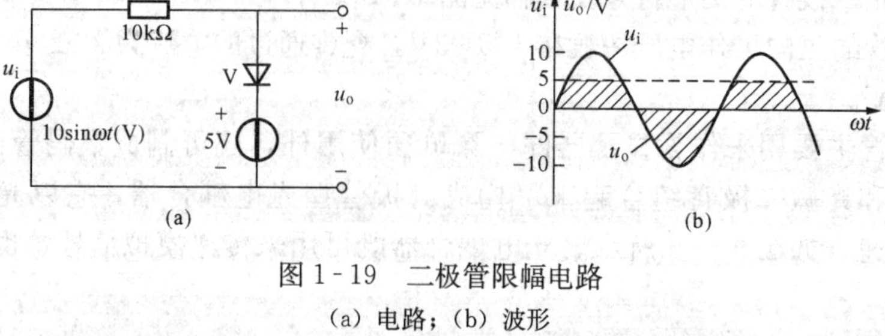

图 1-19 二极管限幅电路

(a) 电路；(b) 波形

（五）二极管钳位电路

将电路中某点电位值钳制在选定的数值上而不受负载变动影响的电路叫钳位电路，如图1-20所示。

只要二极管V处于导通状态，不论负载R_L如何变化，电路的输出电压u_o始终等于V_G+U_V，U_V为二极管的导通电压。

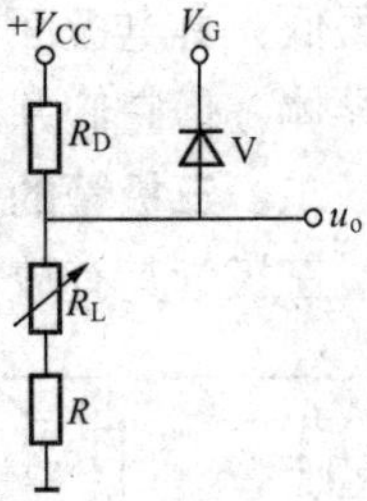

图1-20 二极管钳位电路

二、二极管的选用

工作中，应根据用途和具体要求来选用二极管的种类、型号及参数。

整流二极管主要考虑其最大整流电流、最高反向工作电压是否满足电路需要。

常用的整流二极管有2CZ型、2DZ型等，常用的检波二极管有2AP型等，稳压管有2CW型、2DW型等。

1.4 半导体三极管

一、结构与符号

半导体三极管（常称晶体管）的种类很多，按频率分有高频管、低频管，按功率分有小、中、大功率管，按结构分有NPN型和PNP型两种类型。

半导体三极管有三个区：发射区、基区、集电区，两个结：发射结（E结）、集电结（C结），三个电极：发射极（E极，Emitter）、基极（B极，Base）和集电极（C极，Collector）。晶体三极管的结构与图形符号如图1-21所示，实物如图1-22所示。

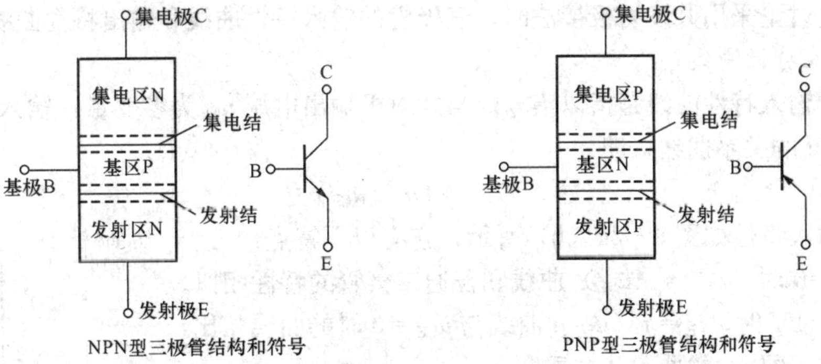

图1-21 晶体三极管的结构与图形符号

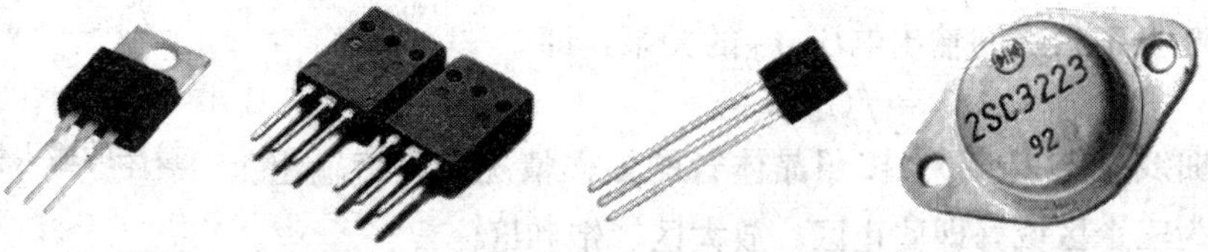

图1-22 三极管实物图

晶体三极管结构的特点是：发射区掺杂浓度高，多数载流子浓度高；基区很薄，掺杂浓度很低；集电极面积大，有利于收集载流子。虽然三极管的发射区和集电区都是相同类型的半导体，但它们并不对称，发射极和集电极不能混淆使用。

二、三极管的电流分配关系

三极管具有放大作用的外部条件是：发射结加正向偏置电压，集电结加反向偏置电压。

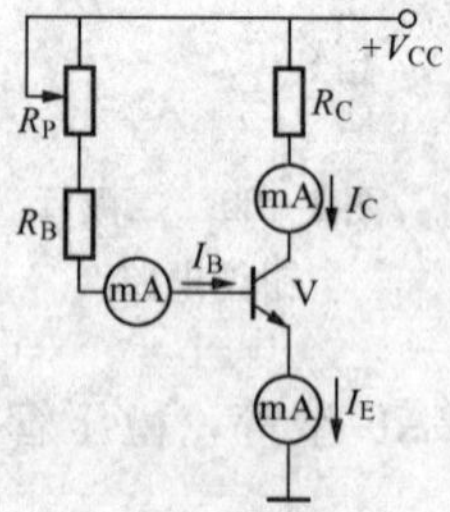

图 1-23　电流放大实验电路

以 NPN 型三极管为例，通过实验了解三极管的电流分配关系，如图 1-23 所示电路中，V_{CC}为集电极电位，发射极 E 是三极管输入回路和输出回路的公共端，这种连接方式的电路称为共发射极放大电路。

改变基极电阻 R_P，则基极电流 I_B、集电极电流 I_C 和发射极电流 I_E 都发生变化，电流方向如图 1-23 所示。

（1）三个电流符合基尔霍夫定律，即

$$I_E = I_C + I_B \tag{1-3}$$

且基极电流 I_B 很小，忽略 I_B 不计，则有 $I_E \approx I_C$。

（2）三极管具有电流放大作用，I_C 与 I_B 的比值近似为一个常数，即

$$\bar{\beta} \approx \frac{I_C}{I_B} \tag{1-4}$$

基极电流 I_B 的微小变化能引起集电极电流 I_C 较大的变化，即

$$\beta = \frac{\Delta I_C}{\Delta I_B} \tag{1-5}$$

上两式中 $\bar{\beta}$ 和 β 为三极管的直流和交流电流放大系数。

三、特性曲线

下面主要讨论采用共发射极接法时，三极管的输入特性曲线和输出特性曲线。

（一）输入特性曲线

共发射极输入特性曲线是指以集电极与发射极输出电压 u_{CE} 为参变量，输入电流 i_B 与输入电压 u_{BE} 之间的关系曲线，即

$$i_B = f(u_{BE}, u_{CE})$$

典型的输入特性如图 1-24（b）所示，它有以下特点：

（1）$u_{CE}=0$ 时，$i_B=f(u_{BE})$ 曲线和普通二极管的特性相似。

（2）$u_{CE}>1V$ 时，$i_B=f(u_{BE})$ 曲线与 $u_{CE}=0$ 时的曲线相比，特性右移，且不同 u_{CE} 的曲线基本重合。

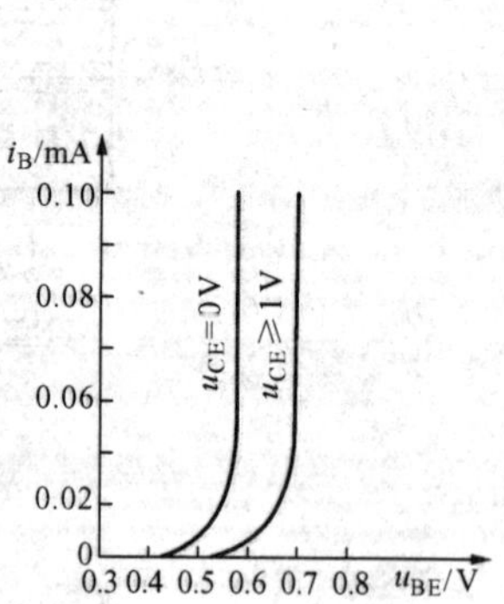

图 1-24　NPN 共发射极接法的输入特性曲线

（二）输出特性曲线

输出特性是指以输入基极电流 i_B 为参变量，输出集电极电流 i_C 和集电极与发射极之间输出电压 u_{CE} 的关系，即

$$i_C = f(i_B, u_{CE})$$

其特性曲线见图 1-25。按照晶体管的工作情况，可把输出特性曲线分为三个区域，即截止区、放大区、饱和区。

（1）截止区。$i_B=0$ 曲线与横轴之间的区域是截止区。此时发射结、集电结均反偏，$i_B=0$，$i_C=I_{CEO}\approx 0$（I_{CEO}为穿透电流），$u_{CE}\approx V_{CC}$。三极管三个电极 C、B、E 间相当于

开路。

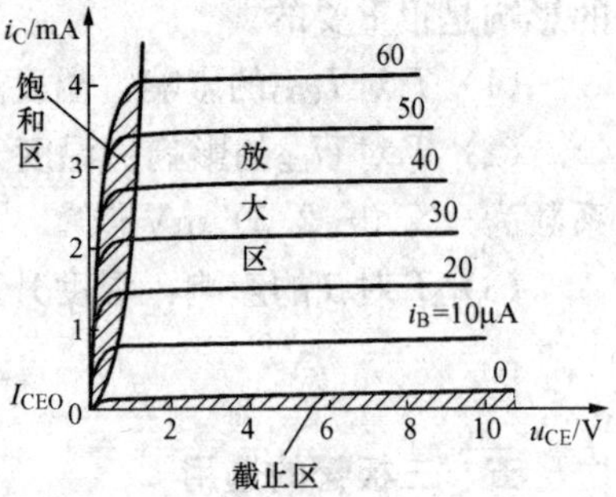

图1-25　NPN共发射极输出特性曲线

(2) 放大区。输出特性曲线近于水平的区域是放大区，也称线性区。此时发射结正偏，集电结反偏。

在此区域，晶体管具有恒流特性：$I_C=\bar{\beta}I_B$，可见I_B不变时，I_C基本不变，I_C受I_B的控制，与U_{CE}基本无关。

(3) 饱和区。饱和区是指输出特性曲线的上升部分。此时发射结、集电结均正偏，管压降$u_{CE}=U_{CE(sat)}$（$U_{CE(sat)}$为饱和压降），小功率硅管的$U_{CE(sat)}$约为0.3V左右，小功率锗管的$U_{CE(sat)}$约为0.1V左右。因$U_{CE(sat)}\approx0$，C、E极近似于短路，$U_{BE}\approx0.7$V，B、E极也近似于短路。

可见，晶体管具有开关作用，相当于一个由基极电流控制的无触点开关，截止时相当于开关断开，饱和时相当于开关闭合。

四、主要参数

（一）电流放大系数

电流放大系数有直流$\bar{\beta}$和交流β之分，但在实际使用时一般不再严格区分。以后不特别声明，两个符号可通用。一般β值为20～200之间。

（二）极间反向饱和电流

极间反向饱和电流主要有：

(1) 集电极—基极间反向饱和电流I_{CBO}，即发射极开路时，集电极的反向电流。

(2) 集电极—发射极穿透电流I_{CEO}，即基极开路，集电极发射极间加上一定反向电压时的集电极电流。$I_{CEO}=(1+\beta)I_{CBO}$。

实际工作时，由于I_{CBO}、I_{CEO}受温度影响较大，故要求I_{CBO}、I_{CEO}越小越好。

（三）极限参数

这是表征使用时不宜超过的限度，但在某些情况下，超过后也不一定造成永久性损坏。

(1) 集电极最大允许电流I_{CM}。晶体管I_C过大，β要下降。通常把β下降到小电流时β值的2/3，有的厂家规定为1/2的I_C值为I_{CM}。当电流超过I_{CM}时，管子的性能将显著下降，甚至有烧坏管子的可能。

(2) 反向击穿电压。常用的反向击穿电压有：

$U_{(BR)CBO}$——发射极开路时，集电结的反向击穿电压。

$U_{(BR)CEO}$——基极开路时，集电极与发射极间反向击穿电压。

(3) 集电极最大允许功耗P_{CM}。晶体管工作时，集电结上加有较高的电压并有电流通过，因此集电结上要消耗一定的功率，称为集电极功耗，用P_C表示，即

$$P_C=I_CU_{CE}$$

集电极功耗越大，结温将越高。为了使结温不超过最大允许结温，需要给晶体管规定一个集电极功耗的限额P_{CM}。

工作中只要使$P_C\leqslant P_{CM}$，管子就能安全工作。

（四）温度T对晶体管参数的影响

晶体管参数与温度密切有关，了解参数随温度变化的规律，估计参数变化对晶体管电路

的影响是很重要的。

（1）T 对 I_{CBO} 的影响：温度升高，I_{CBO} 急剧增大，T 每升高10℃，I_{CBO} 约增大一倍。

（2）T 对 U_{BE} 的影响：温度升高，使共发射极接法输入特性曲线向左平移，U_{BE} 的温度系数为 −(2.0～2.5) mV/℃。

（3）T 对 β 的影响：温度升高，使 β 增大。通常有

$$\frac{\Delta\beta}{\beta}\frac{1}{\Delta T}=(0.5\sim1.0)\%/℃$$

五、三极管的选用

（1）选择三极管时，首先要确定管子的类型，是NPN型还是PNP型。

（2）再从满足电路所要求的功能出发选用所需管子的型号。例如，根据电路的工作频率确定选用高频管、中频管或低频管，根据输出功率确定选用大功率管、中功率管或小功率管。

（3）根据电路要求，选择 β 值。一般情况下，β 值越大，温度稳定性越差，通常 β 取50～100。

（4）根据放大器通频带的要求，选择管子适当的共基截止频率或特征频率。

（5）根据抑制条件选择管子的极限参数。一般要求：

最大集电极电流 $I_{CM}>2I_C$，击穿电压 $U_{BR(CEO)}<2V_{CC}$，最大允许管耗 $P_{CM}>(1.5\sim2)\ P_{CMAX}$。

国产半导体器件的命名见表1-7。

表1-7　　国产半导体器件型号命名法

第一部分		第二部分		第三部分		第四部分	第五部分
用数字表示器件的电极数		用字母表示器件的材料和极性		用字母表示器件的类型		用数字表示器件的序号	用字母表示规格号
符号	意义	符号	意义	符号	意义	意义	意义
2	二极管	A	N型锗材料	P	小信号管	反映了极限参数、直流参数和交流参数等的差别	反映了承受反向击穿电压的程度。如规格号为A、B、C、D等，其中A承受的反向击穿电压最低，B次之
		B	P型锗材料	V	混频检波器		
		C	N型硅材料	W	稳压管		
		D	P型硅材料	C	变容器		
				Z	整流管		
3	三极管	A	PNP型锗材料				
		B	NPN型锗材料	GS	光电子显示器		
		C	PNP型硅材料	K	开关管		
		D	NPN型硅材料	X	低频小功率管（$f<3MHz$　$P<1W$）		
		E	化合物材料	G	高频小功率管（$f\geq3MHz$　$P<1W$）		
				D	低频大功率管（$f<3MHz$　$P\geq1W$）		
				A	高频大功率管（$f\geq3MHz$　$P\geq1W$）		
				T	半导体闸流管		
				CS	场效应器件		
				BT	半导体特殊器件		
				FH	复合管		
				GJ	激光二极管		

1.5 场 效 应 管

场效应管（简称 FET）的主要特点是输入电阻极高，可达 $10^8 \sim 10^{15}\,\Omega$，同时具有噪声小、热稳定性好、耗电少和便于集成化等优点，因此在大规模集成电路中应用极为广泛。

场效应管根据结构不同，主要有两种类型：结型场效应管（JFET）和绝缘栅型场效应管（MOSFET）。MOS 场效应管具有制造工艺简单、占用芯片面积小、器件特性便于控制及成品率高、成本低、功耗小等优点，因而广泛应用于集成电路中，特别是在大规模和超大规模集成电路中得到广泛的应用。在此我们简单介绍 MOS 场效应管。

一、MOS 场效应管的结构与符号

MOS 场效应管分为增强型和耗尽型两大类，每一类中又有 N 沟道和 P 沟道之分。

N 沟道增强型 MOSFET 的结构如图 1-26 所示，它是用一块 P 型薄硅片做衬底，其上扩散两个 N+区作为源极 S 和漏极 D，在硅片表面生成一层 SiO_2 绝缘体，绝缘体上的金属电极为栅极 G。因栅极和其他电极及导电沟道是绝缘的，所以称 MOSFET 为绝缘栅型场效应管，或称金属-氧化物-半导体场效应管，简称 MOS 管。

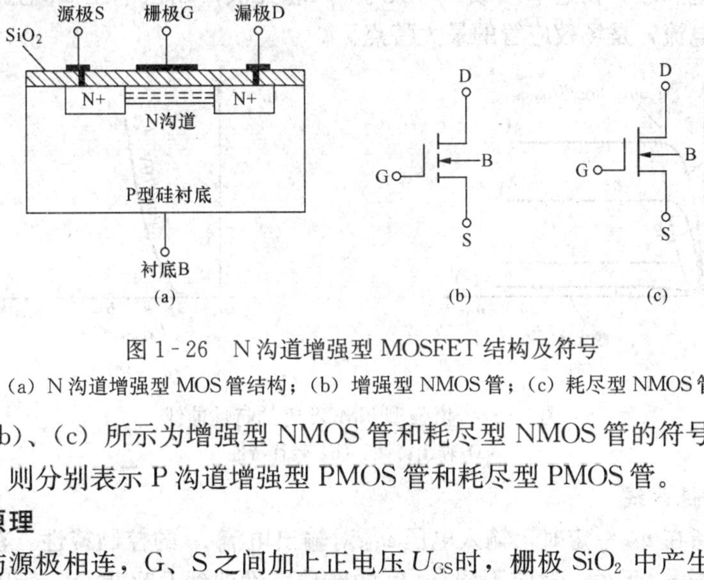

图 1-26　N 沟道增强型 MOSFET 结构及符号

(a) N 沟道增强型 MOS 管结构；(b) 增强型 NMOS 管；(c) 耗尽型 NMOS 管

图 1-26 (b)、(c) 所示为增强型 NMOS 管和耗尽型 NMOS 管的符号。若图中符号的箭头方向相反，则分别表示 P 沟道增强型 PMOS 管和耗尽型 PMOS 管。

二、工作原理

设衬底已与源极相连，G、S 之间加上正电压 U_{GS} 时，栅极 SiO_2 中产生一个垂直于半导体表面由栅极指向 P 型衬底的电场。当 U_{GS} 增大到开启电压 $U_{GS(th)}$ 时，该电场的作用在漏极 D 和源极 S 间的 P 型衬底表层形成 N 型薄层，即 N 型导电沟道。这种 MOS 管在 $U_{GS} \leqslant U_{GS(th)}$ 时没有导电沟道，$i_D = 0$；只有在 $U_{GS} \geqslant U_{GS(th)}$ 时才能形成导电沟道，因而称为增强型 NMOS 管。

在漏极 D、源极 S 间加上正向电压 U_{DS}，当 $U_{GS} \geqslant U_{GS(th)}$ 时，就会产生漏极电流 i_D，如图 1-27 所示。i_D 随栅源电压 U_{GS} 的变化而变化，这就是场效应管的电压控制作用。

增强型 NMOS 管在 $u_{GS} = 0$ 时，管内没有导电沟道。耗尽型 MOS 管在制造时，在 SiO_2 绝缘层中掺入大量碱金属正离子（如 Na^+ 或 K^+），这些正离子会形成垂直指向 P 型硅表面

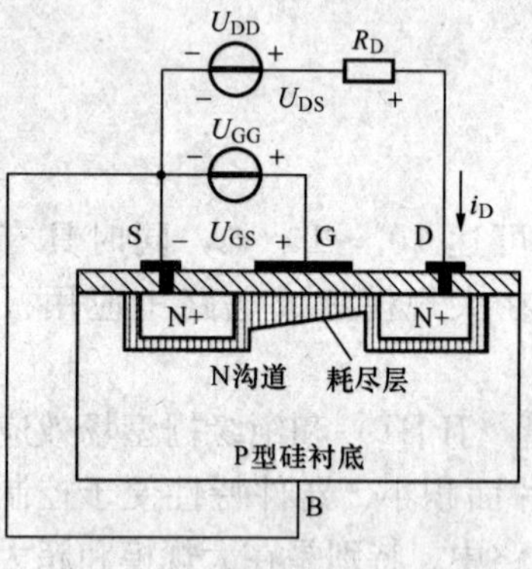

图 1-27 增强型 NMOS 管导电沟道的形成

的自建电场，使 P 型衬底表面感应出 N 型薄层，形成了原始导电沟道。

由于 $u_{GS}=0$ 时就有导电沟道，所以只要 $u_{DS}>0$，沟道加宽，u_{GS}越大，i_D 越大；当 $u_{GS}<0$ 时，栅源电压产生的电场与自建电场的方向相反，使沟道变窄，i_D 减小。

当 u_{GS}小到某一数值时，原始导电沟道消失，漏极电流趋于零，管子截止。这个临界的负电压称为夹断电压，用 $U_{GS(off)}$ 表示。

PMOS 管也有两种：增强型和耗尽型。增强型 PMOS 管在工作时为了在漏源极之间形成 P 型沟道，栅源极之间电压 u_{GS}必须为负，而且漏源极电压 u_{DS}及漏极电流 i_D 也与 NMOS 管的相反。

三、特性曲线

（一）输出特性曲线

输出特性曲线是指在 u_{GS}一定时，漏极电流 i_D 与漏源电压 u_{DS}之间的关系曲线。图 1-28（a）所示输出特性曲线分为可变电阻区、饱和区（也称放大区）和截止区。场效应管应用于放大电路时就工作在饱和区。在这个区域，i_D 几乎与 u_{DS}无关，而由电压 u_{GS}控制。用一个小电压去控制一个大电流，是场效应管的最大特点。

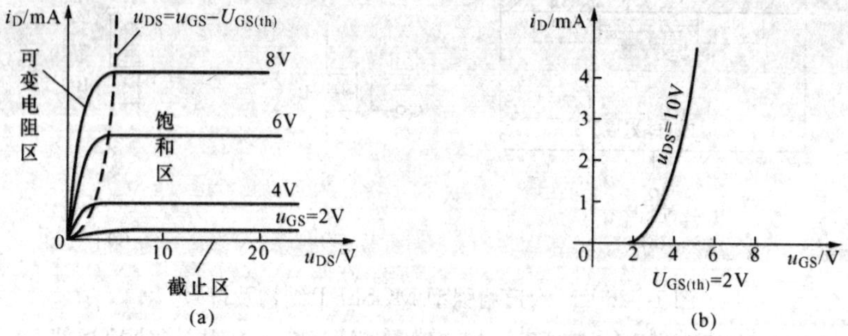

图 1-28 增强型 NMOS 管的特性曲线

（a）输出特性；（b）转移特性

（二）转移特性曲线

转移特性是指在 u_{DS}一定时，输入电压 u_{GS}对输出电流 i_D 的控制特性。在场效应管的工作区内，i_D 几乎与 u_{DS}无关；对应不同 u_{DS}值的转移特性曲线几乎重合，所以通常只用一条曲线来表示，如图 1-28（b）所示。

四、主要参数

（1）夹断电压 $U_{GS(off)}$：u_{DS}固定时，使耗尽型场效应管漏极电流减小到某一微小值（测试时用 $i_D\approx1\mu A$）时的栅源电压值。

（2）开启电压 $U_{GS(th)}$：u_{DS}固定时，使增强型 MOSFET 开始导电时的栅源电压值。

（3）饱和漏极电流 I_{DSS}：在 $u_{GS}=0$ 的情况下，$u_{DS}\geqslant|U_{GS(off)}|$ 时的 i_D 值，称为饱和漏极电流 I_{DSS}。

（4）直流输入电阻 R_{GS}：当漏、源之间短路时栅极直流电压 U_{GS}与栅极直流电流 I_G 之比。绝缘栅场效应管的直流输入电阻在 $10^{10}\sim10^{15}\,\Omega$ 之间。

（5）跨导 g_m：在 u_{DS}、u_{GS} 为常数时，漏极电流的微变量与栅源电压的微变量之比，即跨导的单位为 S。跨导的大小反映栅压 u_{GS} 对漏极电流 i_D 控制能力的强弱，是表征场效应管放大能力的一个重要参数。

五、场效应管的使用注意事项

（1）由于 MOS 管的输入电阻很高，栅极的感应电荷不宜释放，可形成很高的电压将绝缘层击穿而损坏，因此，使用时栅极不能开路，保存时各极须短路。

（2）结型场效应管的漏极和源极可互换使用。对于 MOS 管，若管内已将衬底与源极短接，则不能互换，否则可互换使用。

（3）低频跨导与工作电流有关，i_D 越大，g_m 也越大。

1.6 晶　闸　管

一、结构与符号

晶闸管是用硅材料制成的半导体器件，它由 4 层半导体构成，有 J1、J2 和 J3 三个 PN 结，由 P1 引出阳极 A，N2 引出阴极 K，中间的 P2 引出控制极 G，如图 1 - 29（a）所示。晶闸管的图形符号及外形如图 1 - 29（b）、（c）所示。

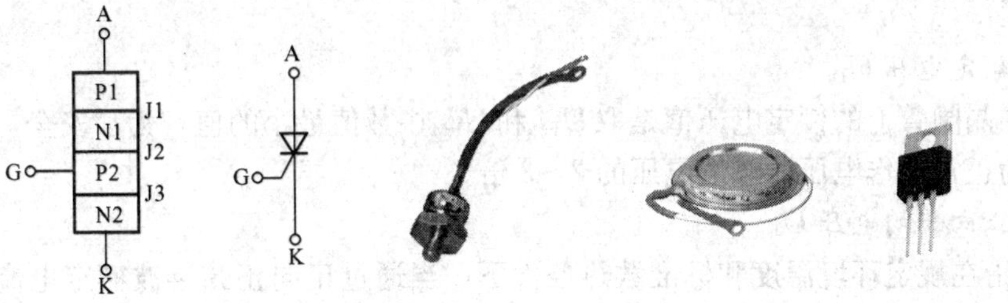

(a)　(b)　(c)

图 1 - 29　晶闸管结构和图形符号

（a）晶闸管；（b）图形符号；（c）外形

二、晶闸管工作特点

晶闸管阳极 A 经负载 R_A 接电源 U_{AA} 的正极，阴极 K 接电源负极，如图 1 - 30 所示，此时晶闸管承受正向电压，控制极电路中开关 S 断开，晶闸管不导通，即处于正向阻断状态。

晶闸管的阳极和阴极间加正向电压，控制极 G 相对于阴极 K 加正向控制电压 U_{GG}，此时晶闸管导通。如果控制极加反向电压，晶闸管阳极回路无论加正向电压还是反向电压，晶闸管都不导通。晶闸管导通后，如果去掉控制极上的电压，晶闸管仍继续导通，即晶闸管一旦导通后，控制极就失去了作用。在晶闸管导通的情况下，当阳、阴极间的电压（或电流）减小到一定程度时，晶闸管才能从导通变为阻断状态。晶闸管的阳极 A 和阴极 K 间加反向电压，即阳极接电源 U_{AA} 的负极，阴极 K 接电源

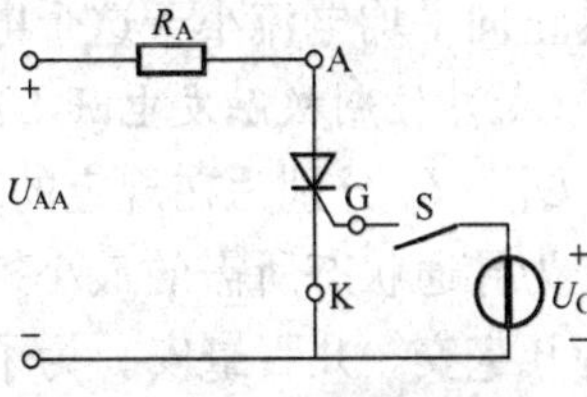

图 1 - 30　晶闸管的工作特点

正极，无论控制极是否加电压，晶闸管都截止，即晶闸管处于反向阻断状态。

综上所述，晶闸管的工作特点是：

(1) 晶闸管是一个可控的单向导电开关。它与二极管相比，虽都具有单向导电性，但晶闸管的正向导通受控制极电流的控制；与晶体管相比，晶闸管对控制极电流没有放大作用。

(2) 晶闸管导通必须同时具备两个条件：①晶闸管阳极电路加正向电压；②控制极电路加适当的正向电压（实际工作中，控制极加正触发脉冲信号）。

(3) 晶闸管导通后，控制电压就失去作用。要使其关断，必须使阳极电流减小到一定值，也可将阳极电源断开或在晶闸管的阳极和阴极间加一个反向电压。

三、主要参数

（一）正向断态重复峰值电压 U_{FM}

U_{FM} 是指在额定结温和控制极断路的条件下，允许每秒 50 次，每次持续时间不大于 10ms，可以重复加在晶闸管两端的正向峰值电压。普通晶闸管的 U_{FM} 值为 100～3000V。

（二）反向断态重复峰值电压 U_{RM}

U_{RM} 是指在额定结温和控制极断路的条件下，允许每秒 50 次，每次持续时间不大于 10ms，重复施加在晶闸管两端的反向峰值电压。普通晶闸管的 U_{RM} 值为 100～3000V。

（三）额定电压 U_D

标注在晶闸管上的额定电压值是取 U_{FM} 和 U_{RM} 中数值最小的值，为了安全，使用中常取额定电压为正常工作电压时峰值电压的 2～3 倍。

（四）正向平均电压 U_F

U_F 是指在规定环境温度和标准散热条件下，当通过正向正弦半波额定电流时，在一个周期内管子两端的通态平均电压，一般为 0.6～1.2V。

（五）额定通态平均电流 I_F

I_F 是指在环境温度不大于 40℃和标准散热及全导通的条件下，允许通过电阻性负载单相工频正弦半波电流的平均值。其值一般为 1～1000A。为了在使用中管子不致过热，一般取 I_F 是正常工作平均电流的 1.5～2 倍。

（六）维持电流 I_H

I_H 是指在规定的环境温度和控制极断路时，维持晶闸管导通的最小阳极电流。当晶闸管的正向平均电流小于这个电流时，晶闸管将自动关断。

（七）控制极触发电压 U_G 和触发电流 I_G

U_G、I_G 分别为在规定的环境温度和一定的正向阳极电压的条件下，使晶闸管由阻断状态变为导通状态所需的最小控制极直流电压、最小控制直流电流。U_G 一般约为 1～5V，I_G 约为几毫安～几百毫安。为了保证可靠触发，U_G、I_G 实际值应大于额定值。

目前我国生产的 KP 型普通系列晶闸管的型号及其含义如下：

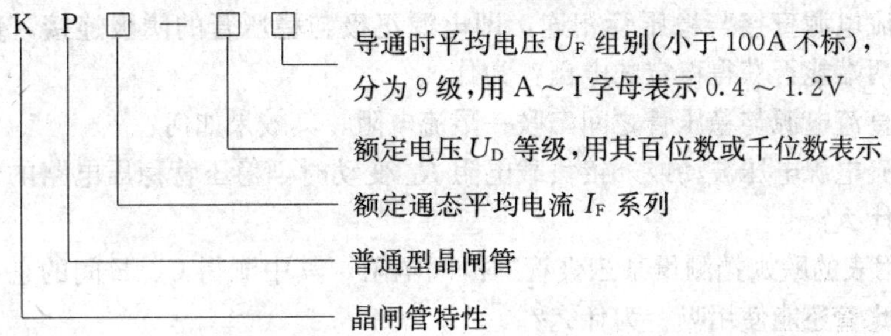

例如 KP100—12G，表示 $I_F=100A$，$U_D=1200V$，$U_F=1V$ 的普通型晶闸管。

近年来，晶闸管制造技术已有很大提高，在电流、电压等指标上有了重大突破，已制造出电流在千安以上、电压达到上万伏的晶闸管，使用频率也已高达几万赫。所以说，晶闸管的出现使半导体器件从弱电领域进入了强电领域。

思　考　题

1. 如何用万用表测量电阻器的阻值，测量时应注意哪些问题？

2. 用万用表如何判断电容器（大容量）的断路、短路、漏电等故障？

3. 一批电阻器上标有如下色环，试写出具体阻值：
棕黑黑、红黄黑、橙橙黑、黄紫橙、棕黑红、绿棕棕、棕黑绿、蓝灰橙、红红红。

4. 一批电容上分别标注有下列数字和符号，试写出其标称容量：
22n、3n3、202、R22、339、0.47、620、3P3、103、503。

5. 用万用表如何判别半导体二极管的质量好坏？简述判别二极管阳极、阴极的方法。

6. 用万用表如何判别双极型三极管的基极、集电极和发射极，并进行实际测量。

7. 二极管电路如图 1-31 所示，试判断图中的二极管是导通还是截止，并求出 AO 两端电压 U_{AO}。设二极管是理想的。

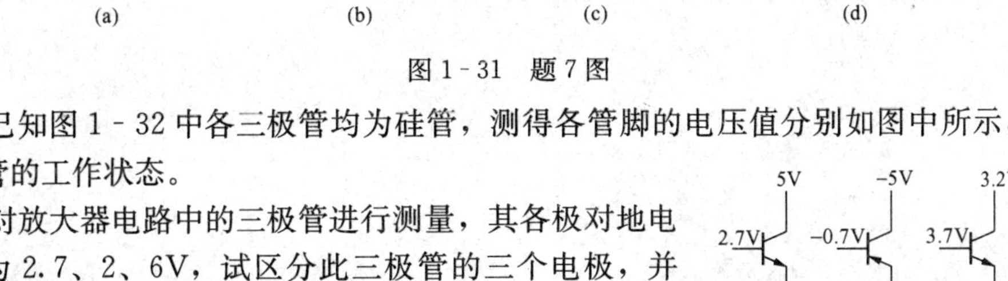

图 1-31　题 7 图

8. 已知图 1-32 中各三极管均为硅管，测得各管脚的电压值分别如图中所示，试判断各三极管的工作状态。

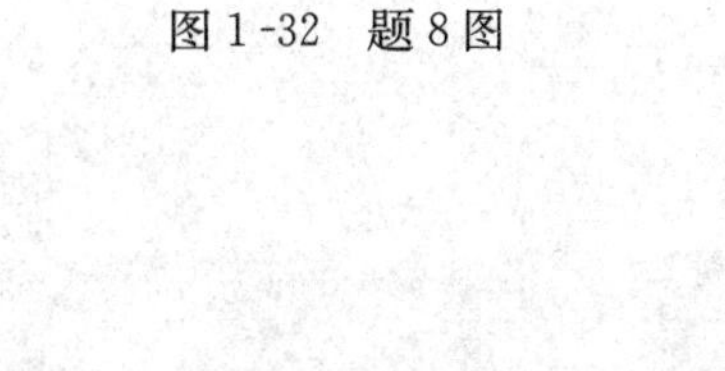

图 1-32　题 8 图

9. 对放大器电路中的三极管进行测量，其各极对地电位分别为 2.7、2、6V，试区分此三极管的三个电极，并判断它是 NPN 管还是 PNP 管。

10. 场效应管与三极管相比有何优点？

11. 试回答下列问题：

(1) 将直流电源直接与稳压管相连，即电源正极与稳压管的阴极连接，负极与阳极连接。稳压管的两端能否获得稳定的电压？为什么？

(2) 若在直流电源与稳压管之间串联一限流电阻，其效果如何？

(3) 当直流电源电压波动或外接负载电阻 R_L 变动时，稳压管稳压电路的输出电压能否保持稳定？为什么？

12. 用万用表的欧姆挡测量某三极管的极间电阻，其中测得 C、E 间的正、反向电阻均为几十欧时，此管还能使用吗？为什么？

第 2 章

放大电路基础

2.1 放大电路的主要性能指标及分析方法

放大器是应用最广泛的电子电路之一，也是构成其他电子电路的基本单元电路。它的任务是不失真地放大电信号，利用有源器件的控制作用将直流电源提供的部分能量转换为与输入信号成比例的输出信号。因此，放大电路实质上是一个受输入信号控制的能量转换器。

2.1.1 放大电路的主要指标及其测量方法

一、放大电路的组成

放大电路的组成框图如图 2-1 所示。图中信号源是所需放大的电信号，负载是接受放大电路输出信号的元件（或电路）。信号源和负载不是放大电路的本体，但由于实际电路中信号源内阻 R_S 及负载电阻 R_L 不是定值，因此它们都会对放大电路的工作产生一定的影响，特别是它们与放大电路之间的连接方式（耦合方式），将会直接影响到放大电路的正常工作。

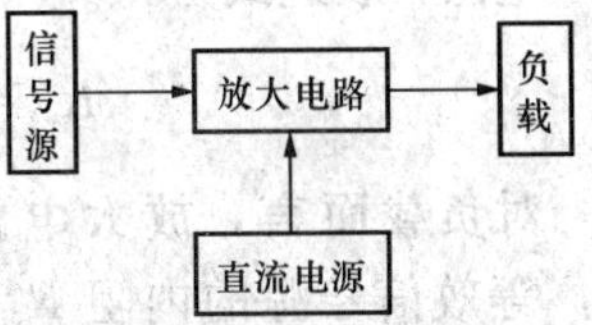

图 2-1 放大电路的组成框图

直流电源用来供给放大电路工作时所需要的能量，其中一部分能量转变为输出信号输出，还有一部分能量消耗在放大电路中的电阻、器件等耗能元器件中。

基本单元放大电路由三极管构成，但由于单元放大电路性能往往达不到实际要求，所以实际使用的放大电路是由基本单元放大电路组成的多级放大电路，或是集成放大器件，这样才有可能将微弱的输入信号不失真地放大到所需大小。

二、放大器主要性能指标

图 2-2 放大电路框图

一个放大电路性能如何，可以用许多性能指标来衡量。为了说明各指标的含义，将放大电路用图 2-2 所示有源线性四端网络表示，图中，1-1′端为放大电路的输入端，R_S 为信号源内阻，u_S 为信号源电压。2-2′端为放大电路的输出端，接负载电阻 R_L。图中电压、电流的正方向符合四端网络的一般约定。

（一）电压放大倍数

放大器的电压放大倍数是指输出电压 u_o 与输入电压 u_i 之比，记为 A_u。即

$$A_u = \frac{u_o}{u_i} \tag{2-1}$$

用交流毫伏表分别测出输出电压 u_o 和输入电压 u_i，按上式可求得电压放大倍数，但应在输出电压没有失真的情况下进行。

而 u_o 与信号源开路电压 u_S 之比称为源电压放大倍数，记作 A_{us}。即

$$A_{us}=\frac{u_o}{u_S}=\frac{u_i}{u_S}\cdot\frac{u_o}{u_i}=\frac{R_i}{R_S+R_i}A_u \qquad (2-2)$$

（二）输入电阻 R_i

输入电阻 R_i 是指输入电压与输入电流之比，即

$$R_i=\frac{u_i}{i_i}$$

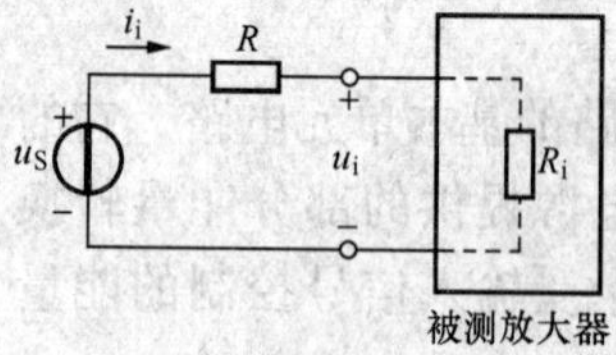

图 2-3　输入电阻的测试电路

输入电阻的大小表明了放大器对信号源的影响程度。输入电阻的测试电路如图 2-3 所示。图中 R 为已知外接电阻，用交流毫伏表分别测出 u_S 和 u_i，测量时应保持输出电压波形不失真，然后根据下式可求得放大电路的输入电阻

$$R_i=\frac{u_i}{i_i}=\frac{u_i}{(u_S-u_i)/R}=\frac{u_iR}{u_S-u_i} \qquad (2-3)$$

（三）输出电阻 R_o

放大电路的输出电阻是从负载电阻 R_L 向放大器内看入的等效电阻，表达式为

$$R_o=\frac{u_o}{i_o}\Big|_{u_S=0} \qquad (2-4)$$

对负载而言，放大电路的输出端可等效为一个信号源，等效信号源的内阻 R_o 是放大电路的输出电阻。输出电阻 R_o 的大小，反映了放大器带负载能力的强弱，输出电阻越小，带负载能力越强。输出电阻的测试电路如图 2-4 所示。

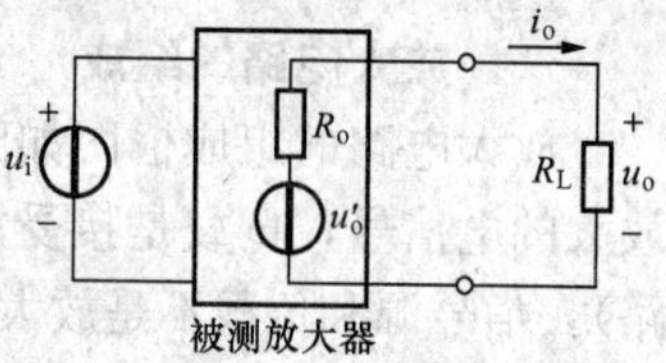

图 2-4　输出电阻的测试电路

通过测量放大电路输出端开路时的输出电压 u'_o，带上负载 R_L 后的输出电压 u_o 经计算求得

$$R_o=\left(\frac{u'_o}{u_o}-1\right)R_L \qquad (2-5)$$

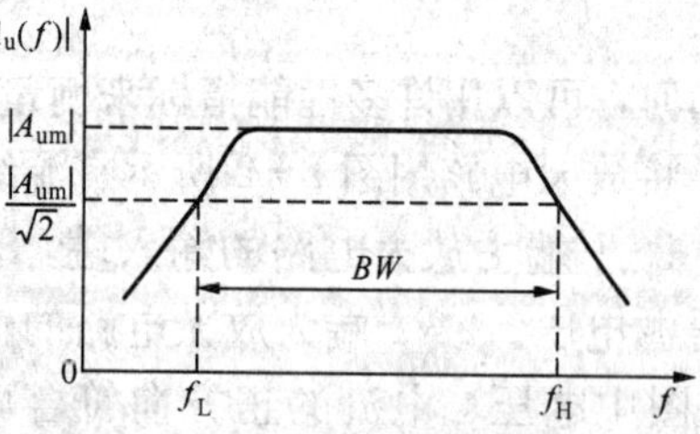

图 2-5　电压放大倍数 $|A_u(f)|$ 与频率的关系

（四）通频带

由于放大电路中含有电抗元件，所以电压放大倍数将随信号频率而变化。如图 2-5 所示电路的电压放大倍数 $|A_u(f)|$ 与频率的关系，一般情况下，在中间频段，电抗影响可以忽略，放大倍数基本不变，记作 $|A_{um}|$；在低频段和高频段 $|A_u|$ 都要下降。当下降到 $|A_{um}|/\sqrt{2}$ 时的低端频率和高端频率称为放大器的下限频率和上限频率，分别记作 f_L 和 f_H。

定义上、下限频率之差为放大器的通频带 BW，即

$$BW=f_H-f_L \qquad (2-6)$$

放大电路所需的通频带是由传送信号的频带（带宽）来确定的，为了不失真地放大，要求放大器通频带必须大于信号的频带。

2.1.2　放大电路的分析方法

一、共发射极放大电路组成

图 2-6（a）所示为基本共发射极单管放大电路，u_i 是放大电路的输入电压，u_o 为输出电压。

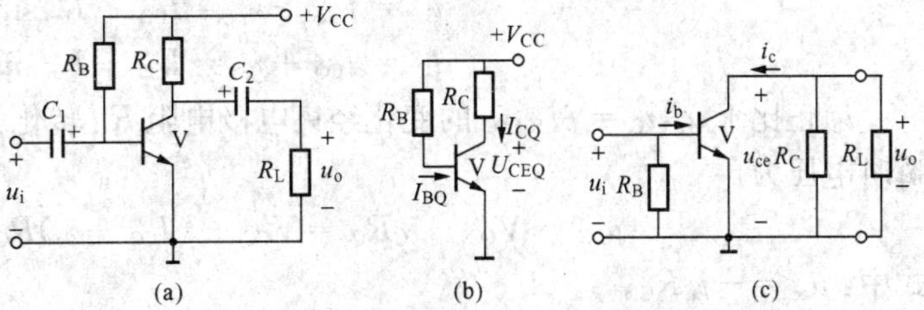

图 2-6　电容耦合共射放大器电路

（a）电路；（b）直流通路；（c）交流通路

电路各部分作用如下：

（1）三极管 V 和集电极电阻 R_C：三极管是放大电路的核心，起电流放大作用。R_C 称为集电极负载电阻，利用 R_C 的降压作用，将三极管集电极电流的变化转换成集电极电压的变化，从而实现信号的电压放大。

（2）偏置电路：V_{CC} 是放大电路的直流电源，它一方面为输出信号提供能量，另一方面与偏流电阻 R_B、集电极电阻 R_C 使三极管的发射结正偏、集电结反偏，并通过偏流电阻 R_B 使三极管有一个合适的基极直流电流。V_{CC} 的数值一般为几伏到十几伏。

（3）输入耦合电容 C_1 和输出耦合电容 C_2：其作用是隔断信号源与三极管之间、三极管与负载 R_L 的直流联系；对于交流信号，其容抗足够小，可视为短路，因而信号可顺利地通过，起到耦合信号（传送交流）的作用。

二、静态分析

静态是放大电路的输入端未加输入信号即 $u_i=0$ 时的工作状态。静态时，电路中的电压、电流都是直流量，三极管的 I_B、I_C 和 U_{CE} 为静态工作点 Q 的 I_{BQ}、I_{CQ}、U_{CEQ}。已知晶体管的参数 β，根据直流通路，可以估算出放大电路的工作点。由图 2-6（b）基极输入回路可知

$$I_{BQ}=\frac{V_{CC}-U_{BEQ}}{R_B} \tag{2-7}$$

由于三极管导通时，U_{BE} 变化很小，可以近似认为是常数，一般有

$$U_{BEQ}(\text{硅管})=0.7\text{V}$$

$$U_{BEQ}(\text{锗管})=0.2\text{V}$$

由此，可以得出 I_{BQ}。根据三极管的电流关系有

$$I_{CQ}=\beta I_{BQ} \tag{2-8}$$

再由图 2-6（b）集电极输出回路得

$$U_{CEQ}=V_{CC}-I_{CQ}R_C \tag{2-9}$$

三、动态分析

放大电路的输入端加输入信号即 $u_i\neq0$ 时的工作状态称为动态。这时电路中的各电量将在静态直流分量的基础上叠加一个交流分量。放大电路的动态分析主要有图解法和小信号等效电路法。

（一）图解法

设输入到放大器的交流信号电压 $u_i=U_{im}\sin\omega t$，此时 u_i 叠加在输入回路中，发射结上的瞬时电压为

$$u_{BE}=U_{BEQ}+u_i=U_{BEQ}+U_{im}\sin\omega t \tag{2-10}$$

假设输入信号幅度U_{im}变化较小，u_{BE}变化时工作于输入特性曲线线性区，u_{BE}的变化使基极电流和集电极电流产生相应的变化，瞬时值为

$$i_B=I_{BQ}+i_b=I_{BQ}+I_{bm}\sin\omega t \tag{2-11}$$

$$i_C=I_{CQ}+i_c=I_{CQ}+I_{cm}\sin\omega t \tag{2-12}$$

i_b正比于u_i，$i_C=\beta i_B$，i_C的变化经集电极电阻R_C转化为电压的变化，三极管C、E之间的瞬时电压为

$$u_{CE}=V_{CC}-i_CR_C=V_{CC}-(I_{CQ}+i_c)R_C=U_{CEQ}+u_{ce} \tag{2-13}$$

式中：$u_{ce}=-i_CR_C$。

由C_2隔除直流U_{CEQ}后，放大电路输出的交流电压u_o为

$$u_o=u_{ce}=-i_CR_C=U_{om}\sin(\omega t-180°) \tag{2-14}$$

式中：$U_{om}=I_{cm}R_C$。

如果电路元件参数选择合适，就可以使输出电压振幅U_{om}大于输入电压振幅U_{im}，实现电压放大。波形如图2-7所示。图2-7(b)中MN为直流负载线，其斜率为$-1/R_C$，AB为交流负载线，其斜率为$-1/R_L'(R_L'=R_C\ /\!/\ R_L)$。

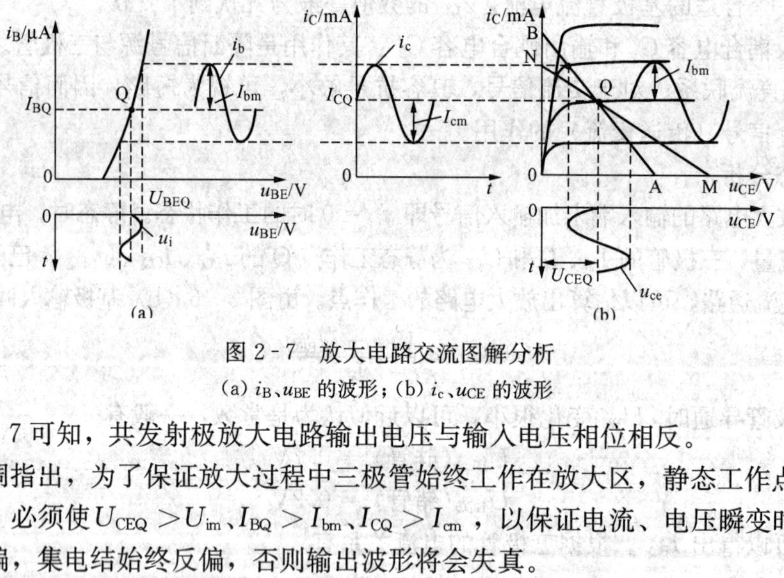

图2-7 放大电路交流图解分析

(a) i_B、u_{BE}的波形；(b) i_c、u_{CE}的波形

由图2-7可知，共发射极放大电路输出电压与输入电压相位相反。

必须强调指出，为了保证放大过程中三极管始终工作在放大区，静态工作点及信号电压值必须合适，必须使$U_{CEQ}>U_{im}$、$I_{BQ}>I_{bm}$、$I_{CQ}>I_{cm}$，以保证电流、电压瞬变时，三极管发射结始终正偏，集电结始终反偏，否则输出波形将会失真。

（二）小信号等效电路分析法

在小信号输入时，只要Q点位置选得合适，信号在静态工作点附近的小范围变动，这时三极管的特性曲线可以近似地视为线性关系，因而可以用线性等效电路取代三极管。

(1) 三极管小信号等效电路模型。三极管的输入特性曲线是非线性的，当输入信号很小时，可以把静态工作点Q附近的一段曲线视作直线，晶体管B、E间就相当于一个线性电阻r_{be}，即晶体管的输入电阻$r_{be}=u_{be}/i_b$，由它来确定晶体管输入回路u_{be}和i_b之间的关系。因此晶体管的输入回路可用线性电阻r_{be}来等效。

工程上常用下式来估算

$$r_{be}=r_{bb'}+(1+\beta)\frac{26(\text{mV})}{I_{EQ}(\text{mA})} \tag{2-15}$$

式中：$r_{bb'}$ 为晶体管基区体电阻，一般低频小功率管在小信号工作情况下，$r_{bb'}$ 约为 300Ω。

三极管的输出回路电压和电流的关系由输出特性曲线决定，在小信号工作情况下，三极管的输出特性曲线在静态工作点 Q 附近可近似看作是一组与横轴平行的直线，当 u_{ce} 在较大范围内变化时，i_c 几乎不变，具有恒流特性。这样三极管 C、E 间可等效为一个受控电流源，其输出电流为 $i_c = \beta i_b$，由于三极管的输出电阻 r_{ce} 极大（输出恒流特性），所以可看作理想电流源。

综上所述，在小信号工作条件下，可画出三极管的小信号等效电路如图 2-8 所示。

（2）放大电路的小信号等效电路分析法。根据图 2-6（a）所示共发射极放大电路画出其小信号等效电路，如图 2-9 所示，应用分析线性电路的方法求解放大电路的主要性能指标。

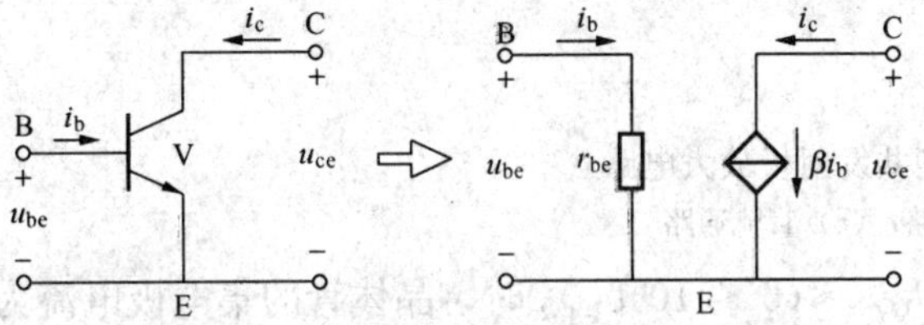

图 2-8　三极管的小信号等效电路

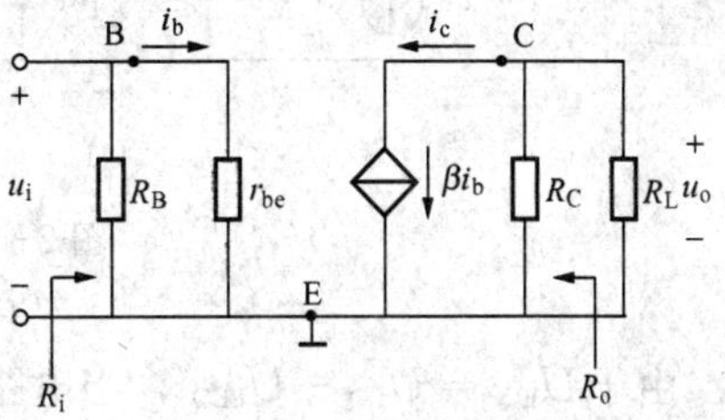

图 2-9　共射放大电路的小信号等效电路

由图 2-9 可得

$$u_i = i_b r_{be} \tag{2-16}$$

$$u_o = -i_c(R_C \,/\!/\, R_L) = -i_b R_L' \tag{2-17}$$

式中：$R_L' = R_C \,/\!/\, R_L$，为放大电路的交流负载电阻。

由此，放大电路的电压放大倍数 A_u 为

$$A_u = \frac{u_o}{u_i} = -\beta \frac{R_L'}{r_{be}} \tag{2-18}$$

放大电路的输入电阻 R_i 为

$$R_i = \frac{u_i}{i_i} = R_B \,/\!/\, r_{be} \tag{2-19}$$

放大电路的输出电阻 R_o 为

$$R_o = R_C \tag{2-20}$$

2.2　三种基本组态放大电路性能分析

由三极管可以构成共射、共集、共基三种基本组态的放大电路，下面分别对这三种组态放大电路的性能进行分析。

2.2.1　共发射极放大电路

一、电路组成和静态工作点

图 2-10（a）所示为由 NPN 型晶体管构成的典型共发射极放大电路，图 2-10（b）为其直流通路。电路采用分压式偏置电路，可以稳定静态工作点。

由图2-10（b）放大电路的直流通路可知 $I_1=I_2+I_{BQ}$，当电路中电流满足 $I_1\gg I_{BQ}$ 时，通常要求满足 $I_1\gg(5\sim10)I_{BQ}$，则 $I_1\approx I_2$。晶体管的基极电位 U_{BQ} 由 V_{CC} 经 R_{B1}、R_{B2} 分压决定，而与晶体管的参数无关，且不随温度变化。由此可得

$$U_{BQ}=\frac{R_{B2}}{R_{B1}+R_{B2}}V_{CC} \tag{2-21}$$

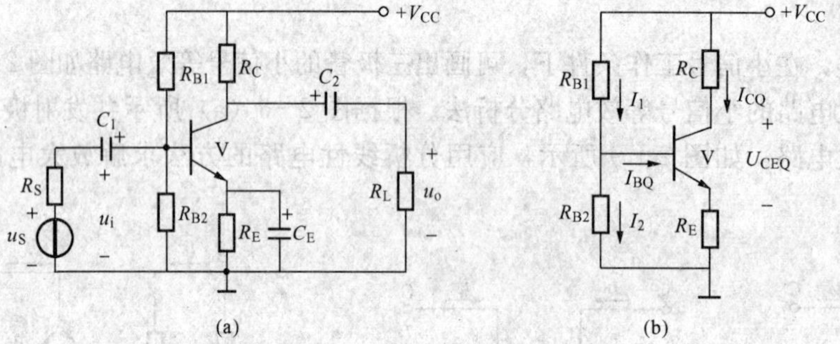

图2-10 典型共发射极放大电路

（a）放大电路；（b）直流通路

由于 $U_{EQ}=U_{BQ}-U_{BEQ}$，当电路满足 $U_{BQ}\geqslant(5\sim10)U_{BEQ}$ 时，晶体管的集电极电流为

$$I_{CQ}\approx I_{EQ}=\frac{U_{BQ}-U_{BEQ}}{R_E}\approx\frac{U_{BQ}}{R_E} \tag{2-22}$$

由以上分析可知，基极电压 U_{BQ} 由 R_{B1}、R_{B2} 分压而保持恒定，与温度无关。当温度上升时，由于 $I_{CQ}(I_{EQ})$ 的增大，在 R_E 上产生的压降 U_{EQ} 也随之增大；因 $U_{BEQ}=U_{BQ}-U_{EQ}$，故 U_{EQ} 增大使 U_{BE} 减小，引起 I_{BQ} 减小，使 I_{CQ} 相应减小，基本维持 I_{CQ} 恒定，稳定了静态工作点。

三极管C、E之间的直流管压降为

$$U_{CEQ}\approx V_{CC}-I_{CQ}(R_C+R_E) \tag{2-23}$$

在分压式偏置电路中，更换不同参数的晶体管时，其静态工作点电流 I_{CQ} 可基本维持恒定。

二、主要性能指标

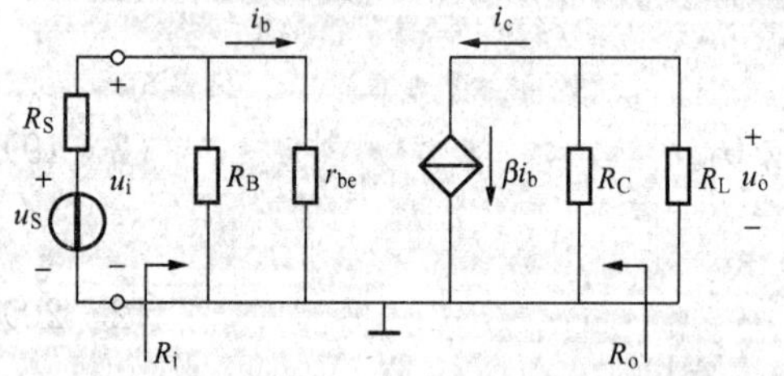

图2-11 典型共射电路的小信号等效电路

在图2-10（a）中，由于 C_1、C_2、C_E 的容量较大，对交流信号可视为短路，直流电源 U_{CC} 的内阻很小，对交流信号也可视为短路，由此可得到放大电路的小信号等效电路，如图2-11所示，可分别求得放大电路的下列性能指标关系。

（1）电压放大倍数 A_u

$$A_u=\frac{u_o}{u_i}=\frac{-\beta i_b R_L'}{i_b r_{be}}=-\beta\frac{R_L'}{r_{be}} \tag{2-24}$$

（2）输入电阻 R_i

$$R_i=\frac{u_i}{i_i}=R_{B1}\ /\!/\ R_{B2}\ /\!/\ r_{be} \tag{2-25}$$

（3）输出电阻 R_o

$$R_o=R_C \tag{2-26}$$

（4）源电压放大倍数 A_{us}

$$A_{us}=\frac{u_o}{u_S}=\frac{R_i}{R_i+R_S}A_u \tag{2-27}$$

2.2.2　共集电极放大电路

一、电路组成和静态工作点

共集电极放大电路图如图 2-12（a）所示，图 2-12（b）、（c）分别是其直流通路和交流通路。由图2-12（c)所示的交流通路可见，三极管的集电极是输入和输出回路的公共端，故称共集电极放大电路，由于它是由基极输入信号，输出信号取自发射极的，又称为射极输出器。

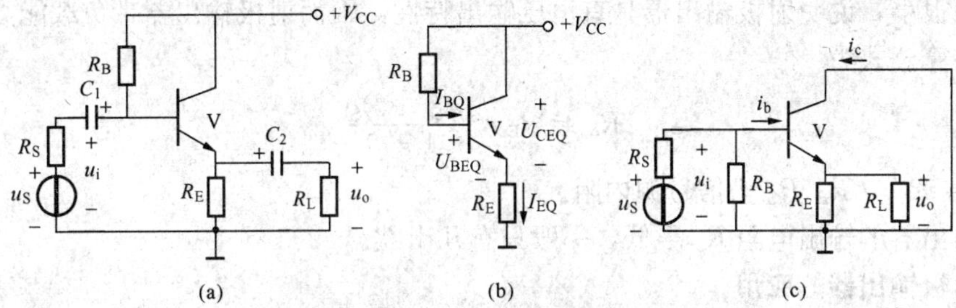

图 2-12　共集电极放大电路

（a）电路；（b）直流通路；（c）交流通路

由图 2-12（b）所示的直流通路可列出输入回路的直流方程为

$$\begin{aligned}V_{CC}&=I_{BQ}R_B+U_{BEQ}+I_{EQ}R_E\\&=I_{BQ}R_B+U_{BEQ}+(1+\beta)I_{BQ}R_E\end{aligned} \tag{2-28}$$

由此可求得共集电路的静态工作点为

$$\begin{aligned}I_{BQ}&=\frac{V_{CC}-U_{BEQ}}{R_B+(1+\beta)R_E}\\I_{CQ}&=\beta I_{BQ}\approx I_{EQ}\\U_{CEQ}&=V_{CC}-I_{EQ}R_E\end{aligned} \tag{2-29}$$

射极输出器中的电阻 R_E 具有稳定静态工作点的作用，稳定过程为

当温度升高 $T(℃)\uparrow\rightarrow I_{CQ}\uparrow\rightarrow U_{EQ}\uparrow\rightarrow U_{BEQ}\downarrow\rightarrow I_{BQ}\downarrow\rightarrow I_{CQ}\downarrow$

二、主要性能指标

根据交流通路画出放大电路的小信号等效电路如图 2-13 所示。

（一）电压放大倍数 A_u

$$A_u=\frac{u_o}{u_i}=\frac{i_eR'_L}{i_br_{be}+i_eR'_L}=\frac{(1+\beta)R'_L}{r_{be}+(1+\beta)R'_L} \tag{2-30}$$

式中：$R_L{}'=R_E\;/\!/\;R_L$。

通常 $r_{be}\ll(1+\beta)R_L{}'$，因此

$$A_u\approx1$$

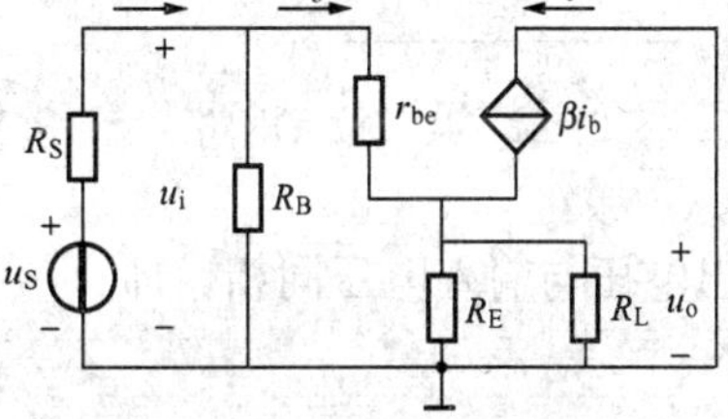

图 2-13　共集电路的小信号等效电路

共集电路的电压放大倍数小于 1，且近似等于 1，并为正值，可见输出电压 u_o 随着输入电压 u_i 的变化而变化，大小近似相等、相位相同。所以，射极输出器又称为射极跟随器。

在图 2-13 中，若忽略 R_B 的分流影响，则 $i_i \approx i_b$、$i_o \approx i_e$，可得电流放大倍数为

$$A_i = \frac{i_o}{i_i} = \frac{i_e}{i_b} = 1 + \beta \tag{2-31}$$

所以，射极输出器虽然没有电压放大，但仍具有电流放大和功率放大的作用。

（二）输入电阻 R_i

$$R_i = R_B \,/\!/\, [r_{be} + (1+\beta)R_L{}'] \tag{2-32}$$

射极输出器的输入电阻 R_i 很高，可达几十千欧至几百千欧。

（三）输出电阻 R_o

由于射极输出器的 $u_o \approx u_i$，当 u_i 保持不变时，u_o 就保持不变。可见，输出电阻对输出电压的影响很小，说明射极输出器具有恒压输出特性，因而射极输出器带负载能力很强。输出电阻的估算公式为

$$R_o = R_E \,/\!/\, \frac{r_{be} + R_S'}{1+\beta} \tag{2-33}$$

式中：$R_S{}' = R_S \,/\!/\, R_B$，$R_S$ 为信号源内阻。

射极输出器的输出电阻 R_o 很低，一般只有几十欧。

三、射极输出器的应用

（1）用作输入级。在要求输入电阻较高的放大电路中，常用射极输出器作输入级。利用其输入电阻很高的特点，可减少对信号源的衰减，有利于信号的传输。

（2）用作输出级。由于射极输出器的输出电阻很低，常用输出级。可使输出级在接入负载或负载变化时，对放大电路的影响小，使输出电压更加稳定。

（3）用作中间隔离级。将射极输出器接在两级共射电路之间，利用其输入电阻高的特点，可提高前级的电压放大倍数；利用其输出电阻低的特点，可减小后级信号源内阻，提高后级的源电压放大倍数。由于其隔离了前后两级之间的相互影响，也称为缓冲级。

2.2.3 共基极放大电路

一、电路组成和静态工作点

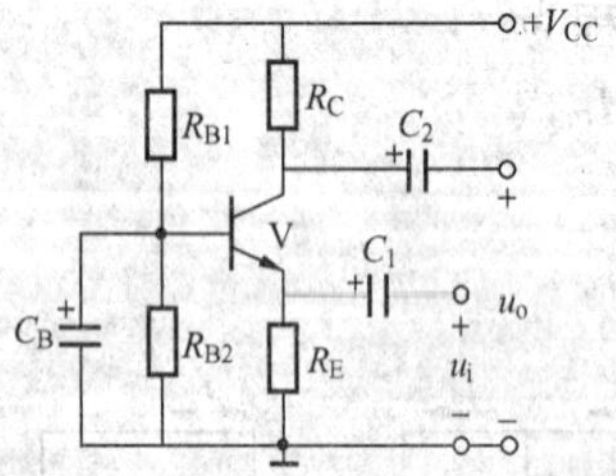

图 2-14 共基放大电路

共基极放大电路如图 2-14 所示，它由发射极输入信号，集电极输出信号，基极交流接地是输入回路与输出回路的公共端，故称为共基极放大电路。

共基电路的直流通路与共发射极放大电路相同，构成分压式偏置电路，因而静态工作点的计算也一样。

二、主要性能指标

（1）电压放大倍数 A_u：

共基极放大电路的电压放大倍数公式与共射电路一样，但输出电压与输入电压同相，即

$$A_u = \frac{u_o}{u_i} = \beta \frac{R_L'}{r_{be}} \tag{2-34}$$

（2）输入电阻

$$R_i = R_E \,/\!/\, \frac{r_{be}}{1+\beta} \tag{2-35}$$

共基电路与共射和共集电路相比，输入电阻小。

（3）输出电阻

$$R_o = R_C \tag{2-36}$$

共基电路的特点是通频带宽、稳定性好，输出电流恒定，多用于高频和宽频带电路中，在声像及通信技术中应用较广。

2.3 差分放大电路

差分放大电路又称差动放大电路，它的输出电压与两个输入电压之差成正比，由于它在电路和性能方面具有许多优点，因而在模拟集成电路等方面得到了广泛的应用。

一、电路组成

图2-15所示为基本差分放大电路，它由两个完全对称的单管共射放大电路组成，采用双端输入-双端输出连接方式，输入信号u_{i1}、u_{i2}加到两管的基极，而输出信号取自两管集电极电压之差。电路采用正、负两组电源供电，且$V_{CC}=-V_{EE}$。

由图2-15可知：由于电路对称，当输入信号为零时，由于电路左右两边完全对称，静态值相同，$U_{CQ1}=U_{CQ2}$，$u_o=U_{CQ1}-U_{CQ2}=0$。

R_E为差分放大电路的公共发射极电阻，用来抑制零点漂移，并决定放大电路的静态工作点电流。

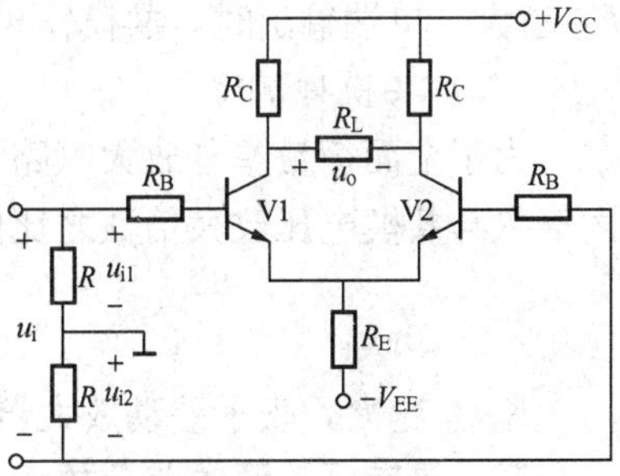

图2-15 基本差分放大电路

二、电路性能分析

（一）对差模信号的放大作用

差模信号是一对大小相等、极性相反的信号。差模信号是要放大的有用信号。

当输入信号u_i加到放大器的输入端时，经均压电阻R的分压，相当于在两个输入端加上了一对大小相等、极性相反的差模信号，$u_{i1}=u_{id1}$，$u_{i2}=u_{id2}=-u_{id1}$，此时，两个输入端之间的差模输入电压用u_{id}表示，即

$$u_{id}=u_{id1}-u_{id2}=2u_{id1} \tag{2-37}$$

在差模信号作用下，两管各极电流的变化正好相反。当V1的电流（i_{B1}、i_{C1}和i_{E1}）增大时，V2的对应电流（i_{B2}、i_{C2}和i_{E2}）减小，且对应的各极电流变化量在数值上是相同的。于是流过R_E的信号电流彼此抵消，结果在R_E上无信号电压。这样，两管的发射极对差模信号来说相当于和公共点相连。

由于电路是完全对称的，有$A_{u1}=A_{u2}$，则

$$u_{o1}=A_{u1}u_{id1}=1/2A_{u1}u_{id} \tag{2-38}$$

$$u_{o2}=A_{u2}u_{id2}=1/2A_{u2}u_{id} \tag{2-39}$$

输出电压取自两管集电极之间，即

$$u_{od}=u_{o1}-u_{o2}=2u_{o1} \tag{2-40}$$

于是差分放大电路双端输出差模电压放大倍数为

$$A_{ud}=\frac{u_{od}}{u_{id}}=\frac{2u_{o1}}{2u_{id1}}=A_{u1}=A_{u2} \tag{2-41}$$

上式说明，差分放大电路的电压放大倍数与单级共射放大器的电压放大倍数相同。

差分放大电路的输出电压与两个输入电压之差（$u_{i1}-u_{i2}$）成正比，输入电压有“差别”，输出就变动，这就是差分放大电路名称的由来。

（二）对共模信号的抑制作用

共模信号是一对大小相等、相位相同信号，即 $u_{ic1}=u_{ic2}=u_{ic}$。

在共模信号作用下，两管对应各极的电流总是相等的，即 $i_{E1}=i_{E2}=i_E$，流过 R_E 上的电流为 $2i_E$，产生的电压为 $2i_ER_E$。由于电路中接入了 R_E，对共模信号来说，每个三极管都构成了具有电流负反馈的放大器，使得从每个管子集电极输出时的共模电压大大减小。此时，从两管的集电极输出的共模电压 u_{oc} 为零，共模电压放大倍数为 0。

差分放大电路的零点漂移折算到放大电路的输入端，相当于在两个输入端加上了一对共模信号，输出端共模电压的减小就意味着对零点漂移的抑制。

为了减小输出端的共模电压，首先要求电路的管子和元件尽可能对称，其次要求 R_E 大。R_E 越大，单端输出时，共模输出电压就越小，零漂也就越小。

（三）共模抑制比

为了全面衡量差分放大电路放大差模信号及抑制共模信号的能力，我们定义差模电压放大倍数与共模电压放大倍数之比的绝对值为共模抑制比，用 K_{CMR} 表示，即

$$K_{CMR}=\left|\frac{A_{ud}}{A_{uc}}\right| \tag{2-42}$$

K_{CMR} 越大，表示差动放大器对共模信号的抑制能力越强。

三、具有恒流源的差分放大电路

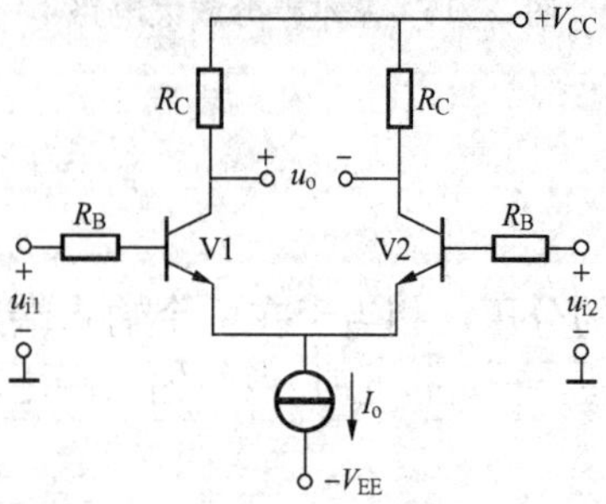

图 2-16 具有恒流源的差分放大电路

为了提高共模抑制比，一是使电路尽可能对称，二是增大 R_E。但实际电路完全对称是不可能做到的，所以总有共模分量输出。R_E 的增大受到负电源电压 U_{EE} 的限制，同时 R_E 值过大，集成工艺难以实现。

为此，常用恒流源电路来代替电阻 R_E。如图 2-16 所示，恒流源电路对直流呈现很小的阻值，而对交流呈现非常大的阻值，故采用恒流源的差分放大电路，其共模抑制比可提高 1～2 个数量级。

四、差分放大电路的输入、输出方式

差动放大器有两个输入端和两个输出端，所以有四种电路形式。表 2-1 列出了差分放大电路四种连接方式及其性能，供使用参考。

2.4 功率放大电路

在多级放大电路末级、集成功率放大器、集成运算放大器等模拟线性集成电路的输出级，要求应具有较高的输出功率和效率，或要求具有较大的输出动态范围，目前广泛采用乙类或甲乙类推挽功率放大电路。

功率放大器根据三极管工作状态不同，分为甲类、乙类和甲乙类功放三种类型。

表 2-1 差分放大电路的输入、输出方式

连接方式	双端输出		单端输出	
	双端输入	单端输入	双端输入	单端输入
典型电路	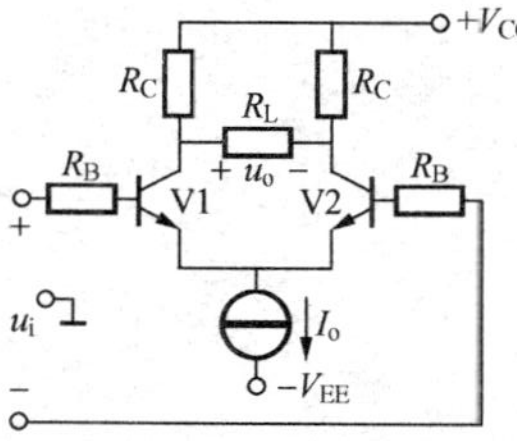	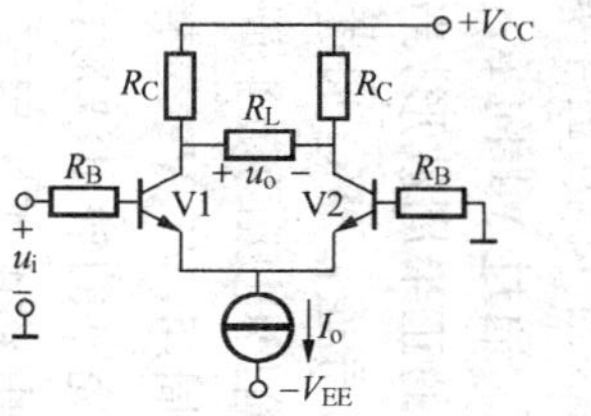	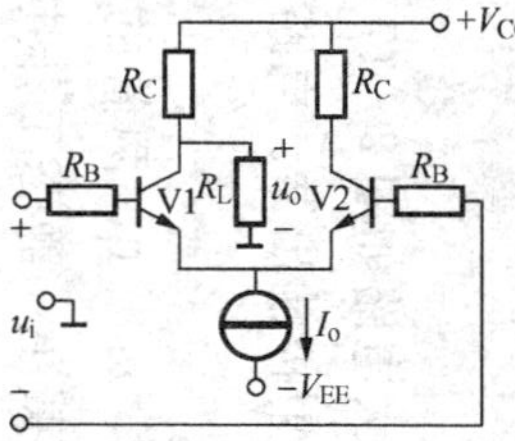	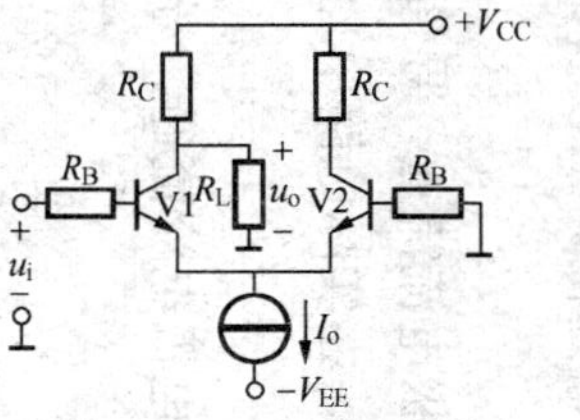
差模电压放大倍数	$A_{uc} = \frac{u_o}{u_i} = \frac{-\beta R'_L}{R_B + r_{be}}$ $R'_L = R_C \mathbin{/\!/} \frac{R_L}{2}$		$A_{ud} = \frac{u_o}{u_i} = -\frac{1}{2}\frac{\beta R'_L}{R_B + r_{be}}$ $R'_L = R_C \mathbin{/\!/} R_L$	
共模电压放大倍数 共模抑制比	$A_{uc} = \frac{u_{oc}}{u_{ic}} \to 0$ $K_{CMR} = \left\lvert \frac{A_{ud}}{A_{uc}} \right\rvert \to \infty$		$A_{uc} = \frac{u_{oc1}}{u_{ic}}$ $K_{CMR} = \left\lvert \frac{A_{ud}}{A_{uc}} \right\rvert$	
差模输出电阻	$R_o \approx 2R_C$		$R_o \approx R_C$	
差模输入电阻	$R_{id} = 2(R_B + r_{be})$			
用　途	适用于输入、输出都不需接地，对称输入、对称输出的场合	适用于单端输入转为双端输出的场合	适用于双端输入转为单端输出的场合	适用于输入、输出都需要接地的场合

甲类功放在信号整个周期内三极管集电极电流始终是流通的，三极管的导通角为 360°，它的特点是波形失真小，但管耗大、效率低。

乙类功放的三极管只在输入信号的正半周期内有集电极电流流通，导通角等于 180°，它的特点是输出功率大、管耗小、效率高，但波形失真较大，在实际电路中均采用推挽电路以减小失真。

甲乙类功放的三极管在输入信号的半个多周期内有集电极电流流通，导通角大于 180°小于 360°，它介于甲类和乙类工作状态之间。

2.4.1　互补对称功率放大电路

一、双电源乙类互补对称功率放大电路（OCL 电路）

（一）电路组成及工作原理

采用正、负两组电源供电的乙类互补对称推挽功率放大电路如图 2 - 17（a）所示，V1、V2 分别为 NPN 型和 PNP 型三极管，两管分别与 R_L 组成射极输出器。电路要求 V1、V2 两管特性相同，且 $V_{CC}=V_{EE}$。

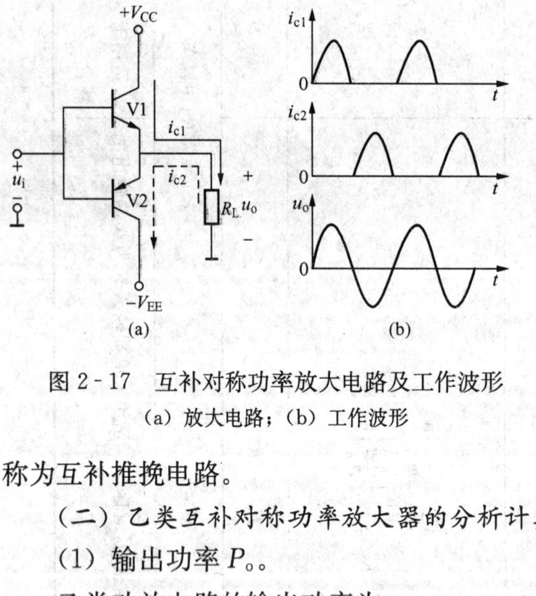

图 2 - 17　互补对称功率放大电路及工作波形
（a）放大电路；（b）工作波形

静态时，$u_i=0$，两管的基极电位为零，V1、V2 都截止，静态工作电流 $I_{CQ}=0$，输出电压 $u_o=0$，功耗为 0。

动态时，当 u_i 为正半周时，V1 导通，V2 截止，V_{CC}通过 V1 向 R_L 提供电流 i_{c1}，产生输出电压的正半周波形；当 u_i 为负半周时，V1 截止，V2 导通，$-V_{EE}$ 通过 V2 向 R_L 提供电流 i_{c2}，产生输出电压的负半周波形。由此，在输入信号一个周期，V1、V2 交替工作，在负载 R_L 上合成一个完整的输出波形，如图 2 - 18（b）所示。这种电路由于采用了互补三极管，故称为互补推挽电路。

（二）乙类互补对称功率放大器的分析计算

（1）输出功率 P_o。

乙类功放电路的输出功率为

$$P_o=\frac{1}{2}I_{cm}U_{cem} \tag{2-43}$$

若忽略晶体管的饱和压降，输出功率最大为

$$P_{om}=\frac{V_{CC}{}^2}{2R_L} \tag{2-44}$$

（2）电源供给晶体管的直流功率 P_{DC}。

乙类推挽放大器中，每个三极管的集电极电流的平均值为

$$I_{C1(AV)}=I_{C2(AV)}=\frac{1}{2\pi}\int_0^{2\pi}i_c\mathrm{d}(\omega t)=\frac{1}{2\pi}\int_0^{\pi}I_{cm}\sin\omega t\,\mathrm{d}(\omega t)=\frac{I_{cm}}{\pi} \tag{2-45}$$

因此，在输出最大功率时，两组电源供给的直流功率 P_{DC} 为

$$P_{DC}=2I_{C1(AV)}V_{CC}=\frac{2I_{cm}V_{CC}}{\pi}=\frac{2U_{cem}}{\pi R_L}V_{CC}=\frac{2V_{CC}^2}{\pi R_L} \tag{2-46}$$

（3）管耗 P_C。

管耗是指每管的集电极损耗功率。每个三极管的集电极管耗 P_C 为

$$P_{C1}=P_{C2}=\frac{1}{2}(P_{DC}-P_o) \tag{2-47}$$

当 $U_{om}=\frac{2V_{CC}}{\pi}=0.636V_{CC}$ 时，管耗 P_C 达到最大值，为

$$P_{C1m}=\frac{1}{R_L}\frac{V_{CC}{}^2}{\pi^2}\approx 0.2P_{om} \tag{2-48}$$

（4）效率 η。

效率是集电极输出功率 P_o 与电源供给功率 P_{DC} 之比，即

$$\eta=\frac{P_o}{P_{DC}} \tag{2-49}$$

乙类互补对称功率放大器的最高效率为

$$\eta_m=\frac{V_{CC}{}^2}{2R_L}\Big/\frac{2V_{CC}{}^2}{\pi R_L}=\frac{\pi}{4}=78.5\% \tag{2-50}$$

（三）交越失真

乙类功放为零偏置，当输入信号小于三极管的死区电压时，V1、V2两管都截止，从而使输出波形在正、负半周交接处出现失真，这种乙类推挽放大器所特有的失真称为交越失真，如图2-18所示。

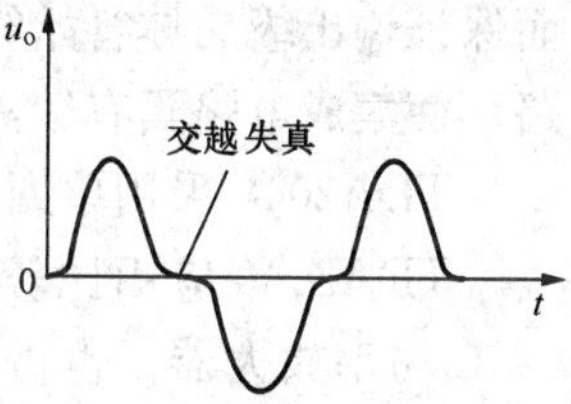

图2-18 交越失真

为消除交越失真，可分别给两只三极管的发射结加很小的正偏压，使两管在静态时处于微导通，既可以基本上克服交越失真，又不会对效率有很大的影响。此时三极管已工作在甲乙类状态，常见电路形式如图2-19所示。

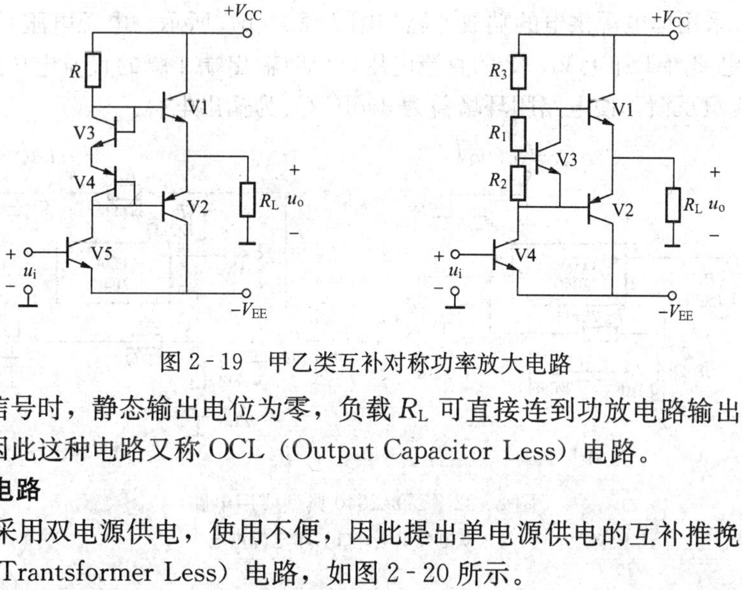

图2-19 甲乙类互补对称功率放大电路

当无输入信号时，静态输出电位为零，负载 R_L 可直接连到功放电路输出端，不需要输出耦合电容，因此这种电路又称OCL（Output Capacitor Less）电路。

二、OTL电路

OCL电路采用双电源供电，使用不便，因此提出单电源供电的互补推挽电路，又称为OTL（Output Trantsformer Less）电路，如图2-20所示。

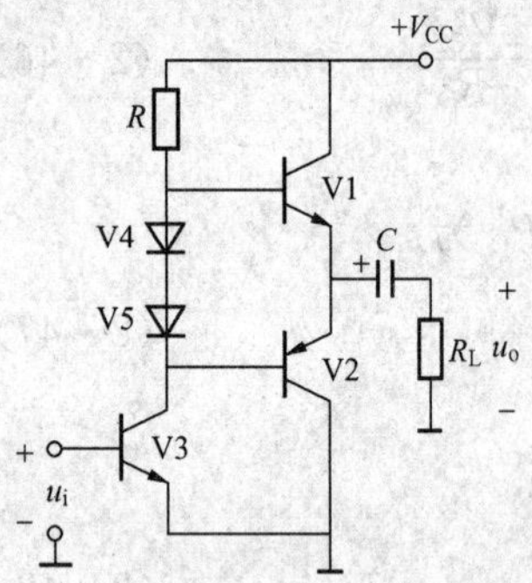

图 2-20 OTL 电路

V3 组成激励级，V1、V2 组成互补推挽功放级，输出端通过大电容 C 与负载 R_L 相接，利用大电容 C 的充放电来代替负电源。利用二极管 V4、V5 直流压降为功放管 V1、V2 提供正向偏置电压，以克服交越失真。

图 2-20 所示 OTL 电路的输出功率、效率、功耗等的计算方法 OCL 电路的完全相同，只需用 $V_{CC}/2$ 取代公式中的 V_{CC} 即可。

2.4.2 集成功率放大器

集成功率放大器是一种单片集成电路，它的内部电路一般由前置级、中间级、输出级及偏置电路等组成，集成功放的输出功率大、效率高。为了保证器件在大功率工作状态下可靠安全工作，集成功放中还常设有过流、过压及过热保护电路等。

目前集成功率放大器的型号很多，以下举例简介。

一、TDA2040 集成功放及应用电路

TDA2040 集成功率放大器在电源电压为 32V，负载为 4Ω 的情况下，输出功率可达 22W，失真度仅为 0.5%。该集成电路内部有独特的短路保护系统，可以自动限制功耗，从而保证输出级晶体管始终处于安全区域，此外，TDA2040 内部还设置了过热关机等保护电路，使集成电路具有较高可靠性。

TDA2040 采用单列 5 脚封装，其引脚排列如图 2-21 所示。

TDA2040 应用比较灵活，既可以采用双电源供电构成 OCL 功率放大器，也可以采用单电源供电构成 OTL 功率放大器。采用双电源供电的功放电路如图 2-22（a）所示。该电路在±16V 电源电压，R_L 为 4Ω 的情况下，输出功率大于 15W，失真度小于 0.5%。R_3 和 R_2 构成负反馈，使电路的闭环增益为 30dB。C_3 ～ C_6 为电源滤波电容，用以防止电源引线太长时造成放大器低频自激。

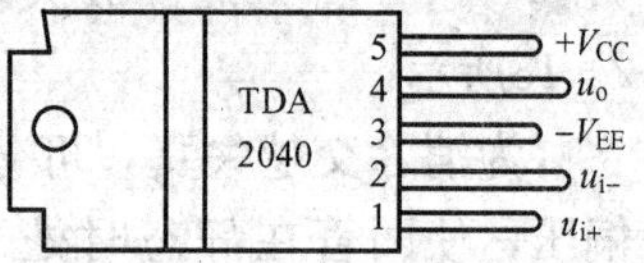

图 2-21 TDA 外形及管脚排列

TDA2040 采用单电源供电的功放电路如图 2-22（b）所示。电源电压 V_{CC} 经 R_1 和 R_2 的分压，给集成电路脚 1 加上 $V_{CC}/2$ 的直流电压，此时输出端 4 脚的直流电压应为 $V_{CC}/2$ 。R_4 和 R_5 构成交流负反馈，使电路闭环增益为 30dB。C_7 为输出电容。

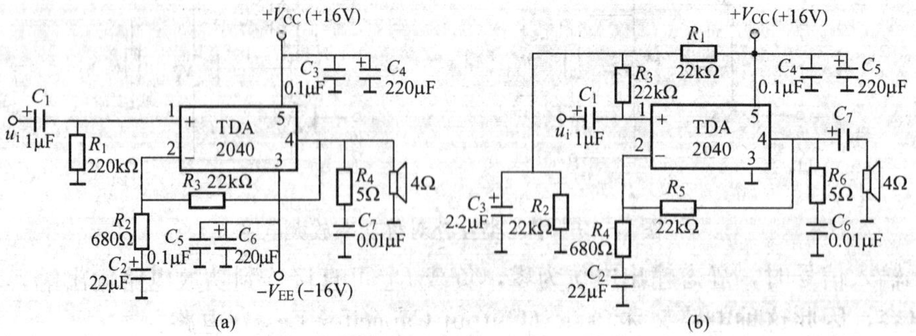

图 2-22 TDA2040 典型应用电路

（a）双电源供电；（b）单电源供电

二、LM386 集成功放及应用电路

LM386 是一种低电压通用型集成功率放大器，其主要特点是频带宽，功耗低，额定输出功率为 660mW，直流电源适用范围为 4～12V。当电源电压为 4V 时，静态工作电流为 4mA。

图 2-23 是 LM386 的内部电路原理图，采用 8 脚双列直插式塑料封装。图 2-24 所示为 LM386 典型应用电路。图中 C_1 是输入耦合电容，R_P、C_2 接在 1、8 端之间以调节电路的电压增益，C_3 为输出电容，使输出级组成 OTL 电路。

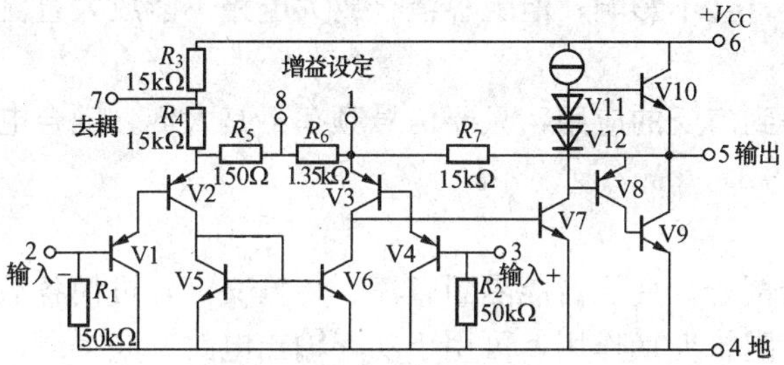

图 2-23　LM386 的内部电路原理图

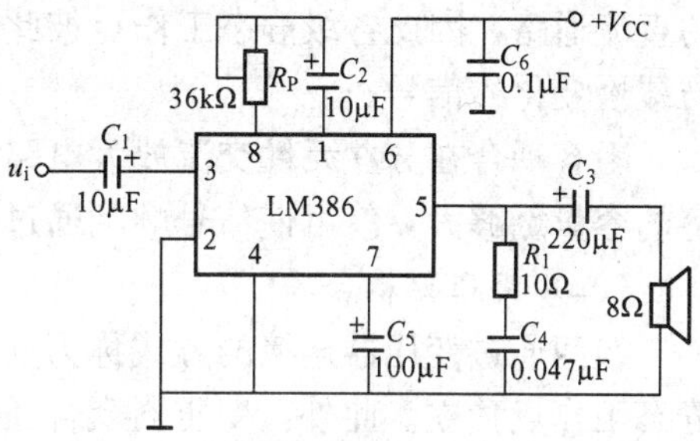

图 2-24　LM386 的典型应用电路

当 1、8 端开路时，电路的闭环增益为

$$\dot{A}_{uf} \approx 1 + \frac{2R_7}{R_5 + R_6} = 21$$

当 1、8 端外接 10μF 的电容时，电路的闭环增益为

$$\dot{A}_{uf} \approx 1 + \frac{2R_7}{R_5} = 201$$

如果 1、8 之间接入一个电阻 R_P 与一个 10μF 电容 C 串联电路，则电路的闭环增益将在 21～201之间。取 R_P =680Ω，则电路的增益约为 50 倍。

2.5　多级放大电路

一、电路组成

单级放大电路的性能通常很难满足电路或系统的要求，因此，实用上常需将两级或两级以上的基本单元电路连接起来，组成多级放大电路，如图 2-25 所示。通常把与信号源相连接的第一级放大电路称为输入级，与负载相连接的末级放大电路称为输出级，输出级与输入级之间的放大电路称为中间级。输入级与中间级的位置处于多级放大电路的前几级，称为前置级。前置级一般都属于小信号工作状态，主要进行电压放大；输出级是大信号放大，以提供负载足够大的信号，常采用功率放大电路。

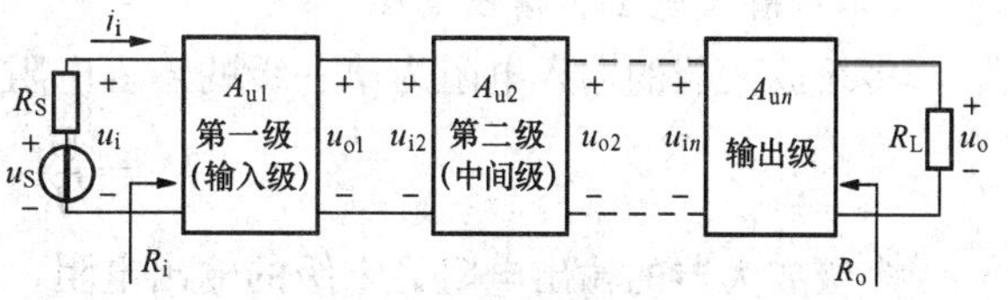

图 2-25　多级放大电路的组成框图

二、级间耦合方式

多级放大电路中级与级之间的连接称为耦合。常用的耦合方式有直接耦合、阻容耦合和变压器耦合。

（一）直接耦合

级间采用直接连接的方式叫直接耦合。采用直接耦合方式，信号传输的损耗很小，它不仅能放大交流信号，而且还能放大变化十分缓慢的信号，但由于级间直接连接使前后级之间的直流电位相互影响，使得多级放大电路的各级静态工作点不能独立。集成电路中多采用直接耦合方式。

（二）阻容耦合

级间通过耦合电容与下级输入电阻连接的方式称为阻容耦合。由于耦合电容隔断了级间的直流通路，因此各级静态工作点彼此独立，互不影响；但阻容耦合放大电路不能放大直流与缓慢变化的信号。

阻容耦合在分立元件交流放大电路中得到广泛的应用，只要信号频率不是太低，耦合电容的容量足够大，就可使信号顺利通过。

（三）变压器耦合

级间通过变压器连接的方式称为变压器耦合。变压器能隔断直流、传输交流，可使各级静态工作点独立。此外，变压器耦合还具有阻抗变换作用，可用于功率输出电路，获得最大功率增益。但由于变压器频率特性差、体积大、成本高，因此变压器耦合电路只在一些特殊场合应用。

三、主要性能指标

（一）电压放大倍数

由图 2-25 可知，多级放大电路把第一级输出信号电压作为第二级输入信号电压进行再次放大，依次逐级放大。多级放大电路总的电压放大倍数为各级电压放大倍数的乘积，即

$$A_u = \frac{U_o}{U_i} = \frac{U_{o1}}{U_i} \times \frac{U_{o2}}{U_{i2}} \times \frac{U_{o3}}{U_{i3}} \cdots \frac{U_o}{U_{in}} = A_{u1}A_{u2}\cdots A_{un} \tag{2-51}$$

若用分贝表示，多级放大电路的电压总增益等于各级电压增益的和，即

$$G_u = G_{u1} + G_{u1} + \cdots + G_{un} \tag{2-52}$$

应当指出，在计算各级电压放大倍数时，要注意级与级之间的相互影响，即计算每级的放大倍数时，下一级的输入电阻应作为上一级的负载来考虑。

（二）输入电阻和输出电阻

多级放大器的输入电阻为第一级的输入电阻，即

$$R_i = \frac{U_i}{I_i} = R_{i1} \tag{2-53}$$

多级放大器的输出电阻为末级的输出电阻，即

$$R_o = R_{on} \tag{2-54}$$

（三）源电压放大倍数

$$A_{us} = \frac{U_o}{U_i} = \frac{R_i}{R_S + R_i}A_u = \frac{R_i}{R_S + R_i}A_{u1}A_{u2}\ldots A_{un} \tag{2-55}$$

思 考 题

1. 放大电路的功能是什么？用哪些指标来衡量它的性能？
2. 什么叫放大电路的静态工作点？为什么要设置静态工作点？

3. 用双极型三极管组成放大电路，有哪几种组态？它们在电路结构上有哪些相同点？哪些不同点？

4. 某放大电路第一级的电压放大倍数 $A_{u1}=-100$，第二级的电压放大倍数 $A_{u2}=-10$，该电路总的电压增益为多少分贝？

5. 在图 2-26 中，若分别出现下列故障，电路会产生什么现象？为什么？

（1）耦合电容 C_1 被击穿或失效；

（2）偏置电阻 R_{B1} 开路或短路；

（3）偏置电阻 R_{B2} 开路或短路；

（4）射极旁路电容 C_E 被击穿；

（5）射极电阻 R_E 短路。

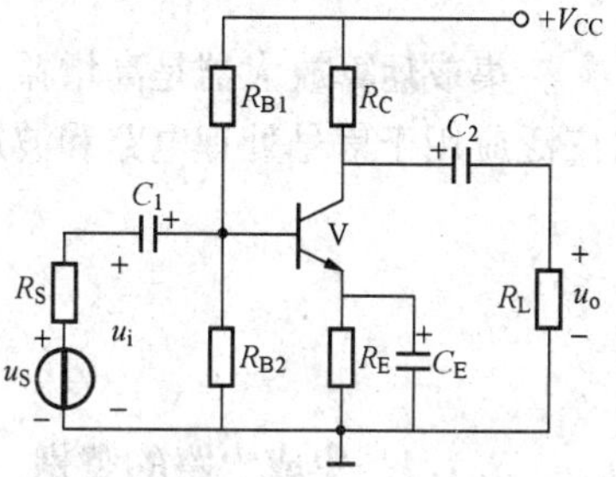

图 2-26　题 5 图

6. 某放大电路空载时的输出电压 $U_o'=5V$，接上 $R_L=10k\Omega$ 的负载后输出电压 $U_o=4V$，试求此放大电路的输出电阻 R_o 值。

7. 射极输出器有什么特点？它在整机电路中常用来作什么电路使用？

8. 什么叫差模输入？什么叫共模输入？什么是共模抑制比？

9. 试比较功率放大器与电压放大电路，说明它们有哪些主要区别？

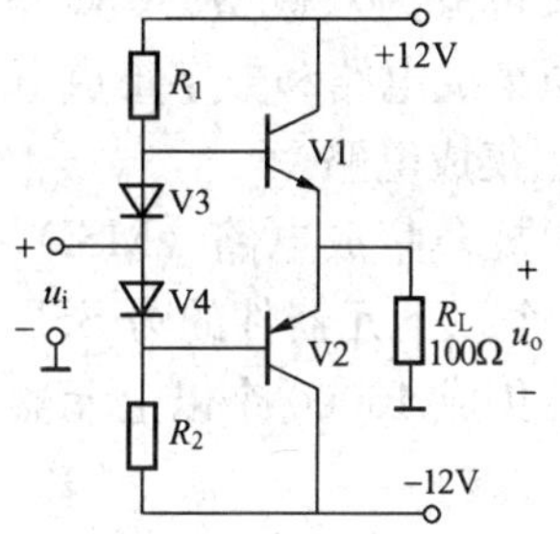

图 2-27　题 10 图

10. 电路如图 2-27 所示，试回答下列问题：

（1）$u_i=0$ 时，流过 R_L 的电流有多大？

（2）R_1、R_2、V3、V4 各起什么作用？

（3）若 V3、V4 中有一个接反，会出现什么后果？

（4）为保证输出波形不失真，输入信号 u_i 的最大振幅为多少？管耗为最大时，求 U_{im}。

11. 乙类互补对称电路出现交越失真的原因是什么？如何克服？

第 3 章

集成运算放大器及负反馈技术

集成运算放大器是高增益多级放大器，它利用负反馈技术，可以构成各种运算电路，并广泛应用于信号处理电路和波形产生电路中。

3.1 集成运算放大器

3.1.1 集成电路的类别、命名方法和封装形式

集成电路是利用半导体的制造工艺，将整个电路中的元器件制作在一块基片上，封装后构成特定功能的电路块，具有体积小、重量轻、功耗小、性能好、可靠性高、电路稳定等优点，被广泛用于电子产品中。

一、集成电路的类别

集成电路的种类很多，按集成电路制造工艺可分为半导体集成电路、厚膜集成电路、薄膜集成电路及混合集成电路。其中半导体集成电路运用最多，它又可分为双极型、CMOS型和双极-MOS型集成电路等。集成电路按其功能不同又可分为模拟集成电路和数字集成电路两大类，现在还出现了许多数字和模拟电路混合的集成电路及专用集成电路。

按集成度来分，集成电路又可分为小规模集成电路（SSI）、中规模集成电路（MSI）、大规模集成电路（LSI）和超大规模集成电路（VLSI）等，集成50个以下元器件的为SSI，集成50～100个元器件的为MSI，集成100～1000元器件的为LSI，集成10000个以上元器件的为VLSI。

二、集成电路的型号命名方法

国产半导体集成电路器件型号由五个部分组成，其各部分组成符号及意义见表3-1。

表3-1　集成电路器件型号组成部分的符号及意义

第一部分		第二部分		第三部分	第四部分		第五部分	
用字母表示器件符号国家标准		用字母表示器件的类型		用数字表示器件的系列和品种代号	用字母表示器件的工作温度范围		用字母表示器件的封装	
符号	意义	符号	意义		符号	意义	符号	意义
C	中国制造	T	TTL		C	0～70℃	W	陶瓷扁平
		H	HTL		E	−40～85℃	B	塑料扁平
		E	ECL		R	−55～85℃	F	全密封扁平
		C	CMOS		M	−55～125℃	D	陶瓷直插
		F	线性放大器				P	塑料直插
		D	音响、电视电路				J	黑陶瓷直插
		W	稳压器				K	金属菱形
		J	接口电路				T	金属圆形

续表

第一部分		第二部分		第三部分	第四部分		第五部分	
用字母表示器件符号国家标准		用字母表示器件的类型		用数字表示器件的系列和品种代号	用字母表示器件的工作温度范围		用字母表示器件的封装	
符号	意义	符号	意义		符号	意义	符号	意义
		B M μ	非线性电路 存储器 微处理器					

三、集成电路的封装形式与引脚排列

（一）集成电路的封装形式

集成电路按封装外形来分，一般分为金属圆形、单或双列直插、扁平封装以及适用于自动化焊接的微型贴片封装等形式，如图 3-1 所示；按封装所用的材料可分为塑料、金属和陶瓷封装等，其中塑料封装是目前最常见的一种形式。

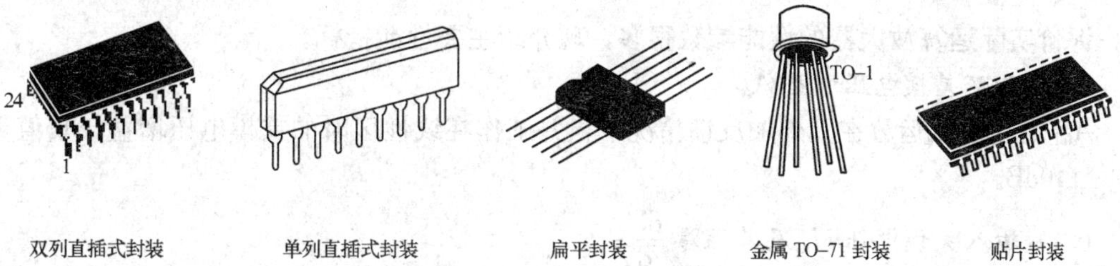

图 3-1　集成电路封装形式

（二）集成电路的引脚排列

集成电路的引脚排列有一定的规律：圆形封装以管壳边缘凸缘为标识，沿顺时针方向依次为引脚 1、2、3……如图 3-2（a）所示；扁平形或单、双列直插形，以凹槽、色点或金属封片为识别标记，紧靠标记的引脚为第 1 脚。扁平形、双列直插形按逆时针方向依次为引脚 1、2、3……，如图 3-2（b）所示；单列直插形按从左到右依次为引脚 1、2、3……，如图 3-2（c）所示。

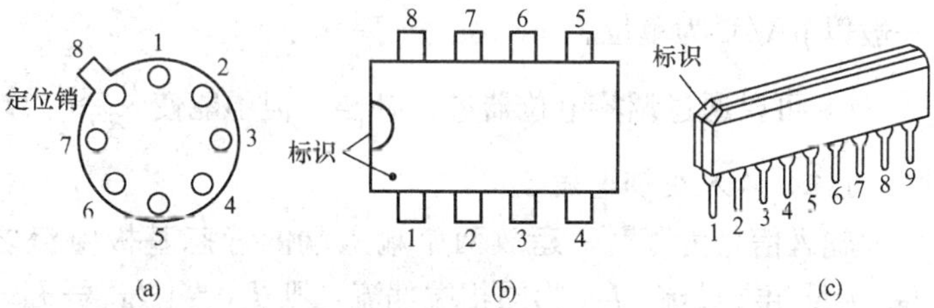

图 3-2　集成电路的引脚排列

（a）圆形；（b）扁平或双列直插形；（c）单列直插形

3.1.2　集成运算放大器的组成

集成运算放大器是用集成电路工艺制成的高增益多级放大器，它由输入级、中间电压放大级、输出级和偏置电路等组成，如图 3-3（a）所示。输入级均采用差动放大器，以获得尽可能低的零点漂移和尽可能高的共模抑制比；中间电压放大级大多采用有源负载的共发射极电路，它的主要作用是提高电压增益；输出级一般采用互补推挽电路，用以提高放大器输

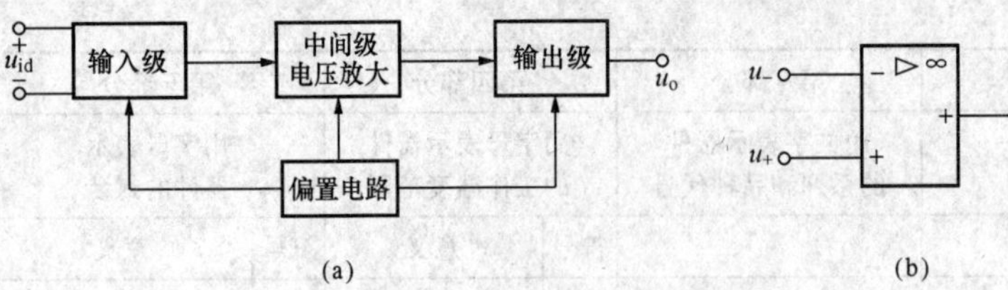

图 3-3　集成运算放大器内部电路框图及电路图形符号
(a) 电路框图；(b) 电路图形符号

出端的负载能力，并加有保护电路；偏置电路由各种电流源组成，用以供给各级直流偏置电流。集成运放的封装形式主要有圆形和双列直插式两种。

集成运放图形符号如图 3-1 (b) 所示。图中“▷”表示信号的传输方向，“∞”表示理想条件。它有两个输入端和一个输出端。反相输入端用“−”表示，说明如果输入信号由此加入，由它产生的输出信号与输入信号反相；同相输入端用“+”表示，说明如果输入信号由此加入，由它产生的输出信号与输入信号同相。

3.1.3　集成运算放大器的主要参数与类型

一、主要参数

评价实际运算放大器的性能参数很多，现介绍主要性能指标。

（一）开环差模电压增益 A_{ud}

A_{ud} 是指集成运放在无外加反馈情况下，并工作在线性区时的差模电压增益，其值可达 100～140dB。

（二）输入失调电压 U_{iO} 及其温漂 $\frac{dU_{iO}}{dT}$

为使集成运放的输入电压为零时输出电压为零，需在输入端施加的补偿电压称为输入失调电压 U_{iO}，其值一般为 1～10mV。

通常将输入失调电压对温度的平均变化率称为输入失调电压温度漂移，用 $\frac{dU_{iO}}{dT}$ 表示，一般以 μA/℃为单位。

U_{iO} 可以通过调零电位器进行补偿，但不能使 $\frac{dU_{iO}}{dT}$ 为 0。

（三）输入失调电流 I_{iO}

输入信号为零时，运放两个输入端的静态基极电流之差，称为输入失调电流 I_{iO}。若 I_{B-} 为反相端偏流，I_{B+} 为同相端偏流，则 $I_{iO}=|I_{B+}-I_{B-}|$，其值一般在 1nA～0.1μA。

（四）输入偏置电流 I_{iB}

输入信号为零时，运放两个输入端的静态基极电流的平均值称为输入偏置电流 I_{iB}，即 $I_{iB}=(I_{B+}-I_{B-})/2$。一般运放的 $I_{iB}<1\mu A$。

（五）差模输入电阻 R_{id} 和输出电阻 R_o

R_{id} 是集成运放两个输入端间对差模信号的动态电阻，其值为几十千欧到几兆欧。R_o 是集成运放开环时，输出端对低的动态电阻，其值为几十欧到几百欧。

（六）共模抑制比 K_{CMR}

K_{CMR} 是集成运放的开环电压放大倍数 A_{ud} 与共模电压放大倍数 A_{uc} 之比，用 dB 表示，即为 $20\lg\left|\frac{A_{ud}}{A_{uc}}\right|$，其值一般大于 80dB。

（七）最大差模输入电压 U_{iDM}

U_{iDM}是集成运放反相端与同相端之间能承受的最大电压。若输入信号超过此值，则会使输入级某一侧管子发生 PN 结反向击穿，从而使运放性能明显恶化，甚至可能造成永久性损坏。一般运放 $U_{iDM}>5V$。

（八）最大共模输入电压 U_{iCM}

U_{iCM} 是集成运放在线性区内能承受的最大共模输入电压。如果共模输入电压超过这一限度，运算放大器的共模抑制特性将显著变坏。

（九）开环带宽 $BW(f_H)$ 和单位增益带宽 $BW_G(f_C)$

开环差模电压增益比直流增益下降 3dB 时的频率称为运放的带宽 BW 或截止频率 f_H。

单位增益带宽是指运算放大器闭环增益为 1 的条件下，用小信号驱动时，其闭环增益下降至 0.707 时的频率，记为 f_C 。其数值等于开环增益为 1 的频率，即 $BW_G = A_{ud}BW$ 。

集成运放闭环应用时，BW_G 就是反馈放大电路的增益带宽积，即

$$BW_G = A_{uf}BW_f \tag{3-1}$$

（十）转换速率 S_R

转换速率是指集成运放在闭环状态下，输入大信号时输出电压的最大变化速率，即

$$S_R = \left.\frac{du_o(t)}{dt}\right|_{max} \tag{3-2}$$

其单位为 V/μs。一般运放的 S_R 在 0.1～100V/μs 之间。

如果运放输入为一正弦信号，设输出电压 $u_o(t) = U_{om}\sin\omega t$，$u_o(t)$ 随时间的最大变化率为

$$\left.\frac{du_o(t)}{dt}\right|_{max} = 2\pi fU_{om}\cos\omega t\,|_{t=0} = 2\pi fU_{om} \tag{3-3}$$

为了避免输出产生失真，必须要求 $S_R \geqslant 2\pi fU_{om}$ 。

二、集成运算放大器的主要类型

集成运放的种类很多，通常将其分为通用型和专用型两类集成运放，其中专用型包括高精度、高速型、高输入电阻、低功耗、宽频带、高压型、功率型等集成运放。

（一）通用型集成运放

技术参数比较适中，可满足大多数情况下的使用要求。它又分为Ⅰ型、Ⅱ型和Ⅲ型，其中Ⅰ型属低增益运放，Ⅱ型属中增益运放，Ⅲ型为高增益运放。Ⅰ型和Ⅱ型基本上是早期的产品，其输入失调电压在 2mV 左右，开环增益一般大于 80dB。

（二）高精度型集成运放

其主要特点是，失调电压小，温度漂移很小，增益、共模抑制比非常高，噪声也比较小。单片高精度型集成运放的失调电压可小到几微伏，温度漂移小到几十纳伏每摄氏度。一般用于毫伏量级或更低的微弱信号的精密检测、自动控制仪表等领域中。

（三）高速型集成运放

高速型运放的输出电压转换速率很大，有的可达几百伏每微秒以上，一般用于快速模/数和数/模转换器、高速取样-保持电路、精密比较器等要求输出对输入迅速响应的电路。

（四）高输入电阻集成运放

这类运放的输入级往往采用 MOS 管，输入电流非常小，仅为几皮安至几十皮安，因而输入电阻很大（$>10^9 \sim 10^{12}\Omega$），一般用于生物医学电信号测量的精密放大电路及有源滤波器等。

（五）低功耗集成运放

在低电源电压时，工作电流非常小，具有很低的静态功耗，并保持良好的电气特性，多用于便携式电子产品中。

（六）宽频带集成运放

宽频带集成运放的频带很宽，其单为增益带宽可达千兆赫以上，往往用于宽频带放大电路中。

（七）高压型集成运放

这类运放的电源电压比一般集成运放的供电电压±15V要高得多，一般有数十伏。

（八）功率型集成运放

功率型集成运放的输出级具有较大的输出电流和输出电压，而它的失调电压、增益等指标一般优于集成功率放大器。

表3-2列出了部分常用集成运放的主要参数。

表3-2　部分集成运算放大器的主要参数

参数名称	型号 / 符号（单位）	通用型			高精度	高速型	高输入电阻	宽频带
		μA741/LM741	CF747	LM324	OP-07A	CF715	LF356	CF1520
开环差模增益	A_{ud} (dB)	100~106	106	100	110	90	106	70
差模输入电阻	R_{id} (MΩ)		2		80	1	10^6	2
输出电阻	R_o (Ω)		75		60	75		50
共模抑制比	K_{CMR} (dB)	80~90	90	70	126	92	100	90
最大差模输入电压	U_{IDM} (V)	±30	±30	±20	±30		±30	±8
最大共模输入电压	U_{ICM} (V)	±12	±13		±14	±12	±15	±3
最大输出电压	U_{OM} (V)		±13		±13	±13	±13	±4
输入失调电压	U_{IO} (mV)	2~10	1	2~7	0.01~0.025	2	3~5	5
输入失调电流	I_{IO} (nA)	10~30	20	5~50	0.3~2	70	3~20	30
输入偏置电流	I_{IB} (nA)	500	80	90	0.7~2	400	30~100	800
单位增益带宽	BW_G (MHz)	1	—	1	0.6	65	5	10
开环带宽	BW (Hz)	7	7					2×10^6
转换速率	S_R (V/μA)	0.5	0.5		0.3	100	12	35
电源电压范围	V_{CC}、V_{EE} (V)	±5~±15	±22	±5~±20	±3~±18	±15	±15	±8
备注			双运放	四运放				

3.1.4 理想运算放大器及其传输特性

一、理想运放

在分析运算放大器时，一般可将它看成是一个理想运放。理想化的主要条件是：

(1) 开环电压放大倍数 $A_{ud}\to\infty$。

（2）差模输入电阻 $R_{id} \to \infty$。

（3）输出电阻 $R_o \to 0$。

（4）共模抑制比 $K_{CMR} \to \infty$。

此外，可认为其通频带为无限宽，失调电压和温漂均趋于零。

二、集成运放的传输特性

（一）传输特性

图 3 - 4 所示为集成运放的传输特性，即表示输出电压与输入电压之间关系的特性曲线。AB 段为集成运放工作的线性区，AB 段以外的区域为非线性区（饱和区）。

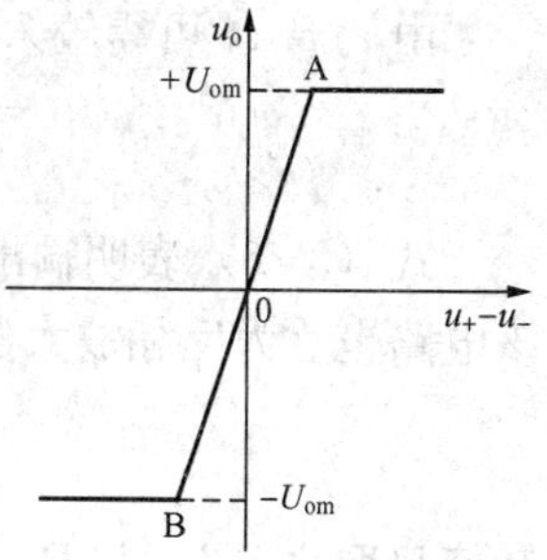

图 3 - 4　运放的传输特性

（二）集成运放工作在线性区的特点

由于集成运放的开环电压增益 A_{ud} 很高，很小的输入电压或运放本身的失调都可使它超出线性范围，因此，要使运放工作在线性区，通常要引入深度负反馈。

理想集成运放工作在线性区时，具有两个重要特点：

（1）虚短。在线性区，输出电压与输入电压成线性关系，即 $u_o = A_{ud}(u_+ - u_-)$。因为理想运放的 $A_{ud} \to \infty$，而 u_o 为有限值（绝对值小于电源电压值），所以 $u_+ - u_- = A_{ud}/u_o \approx 0$，即

$$u_+ \approx u_- \tag{3-4}$$

由于两个输入端间的电压为零，但实际上并不是真正的短路，故称为“虚短”。

（2）虚断。由于理想运放的 $R_{id} \to \infty$，故可以认为两个输入端不取电流，即

$$i_+ = i_- \approx 0 \tag{3-5}$$

这样，输入端相当于断路，而实际又没有断开，称为“虚断”。

虚短和虚断是分析工作在线性区的集成运放电路的基本依据。另外，由于理想集成运放输出电阻 $R_o \to 0$，一般可认为集成运放的输出电压与负载电阻的大小没有关系。

（三）集成运放工作在非线性区的特点

集成运放处于开环状态或引入正反馈时，它就工作在非线性区。其工作特点为：

（1）理想运放两个输入端的输入电流仍为零。

（2）输出电压 u_o 有两种取值：

当 $u_+ > u_-$ 时，$u_o = +U_{om}$；

当 $u_+ < u_-$ 时，$u_o = -U_{om}$。

其中 U_{om} 是集成运放输出电压的最大值。

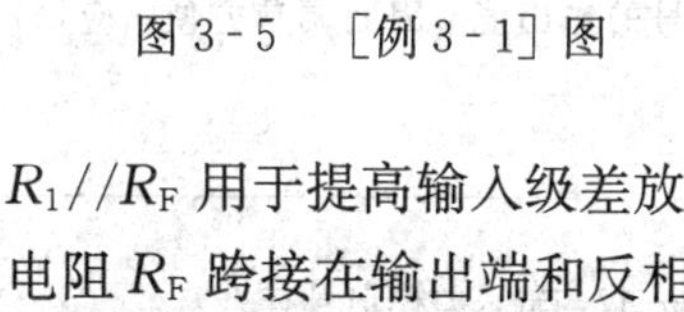

图 3 - 5　[例 3 - 1] 图

【例 3 - 1】　分析图 3 - 5 所示运放电路的输入、输出电压关系。

解　图 3 - 5 是反相比例运算电路。输入信号 u_i 从反相输入端输入，同相输入端通过电阻 R_2 接“地”。平衡电阻 $R_2 = R_1//R_F$ 用于提高输入级差放电路的对称性，消除放大器的偏置电流及其漂移的影响。反馈电阻 R_F 跨接在输出端和反相输入端之间。

根据“虚短” $u_+ = u_-$ 和“虚断” $i_+ = i_- = 0$，可得 $i_1 = i_F, u_- = 0$。此时反相输入端相当于接地，称为“虚地”。因此

$$i_1 = \frac{u_i}{R_1}, i_F = \frac{u_- - u_o}{R_F} = -\frac{u_o}{R_F}$$

由 $i_1 = i_F$ 可得输入、输出电压关系为

$$u_o = -\frac{R_F}{R_1}u_i \tag{3-6}$$

式（3-6）表明输出电压与输入电压成比例运算关系，式中的负号表示 u_o 与 u_i 反相，该电路也称为反相放大器。电路的电压放大倍数 A_{uf} 为

$$A_{uf} = \frac{u_o}{u_i} = -\frac{R_F}{R_1} \tag{3-7}$$

其值只取决于 R_F 与 R_1 的比值，而与运算放大器本身的参数无关。

3.1.5　基本运算电路

集成运放工作在线性区时，引入深度负反馈，就可以构成比例运算、加减运算、积分与微分运算等基本运算电路，如表 3-3 所示。当需要组成实际应用电路时，电路的基本框架可以由表中的原理图构成。还要注意的是，在分析运放的应用电路时，要始终将“虚短”和“虚断”作为基本出发点。

表 3-3　　基本运算电路

电路名称	电路图	运算关系	特点及说明
反相比例运算电路	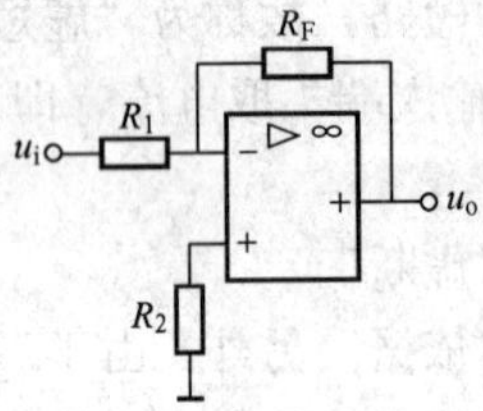	$u_o = -\frac{R_F}{R_1}u_i$ $R_2 = R_1 // R_F$	(1) u_o 和 u_i 反相，且与 R_F、R_1 的比值成正比 (2) 输入电阻 $R_i \approx R_1$ (3) 反相端为虚地，无共模输入信号
同相比例运算电路	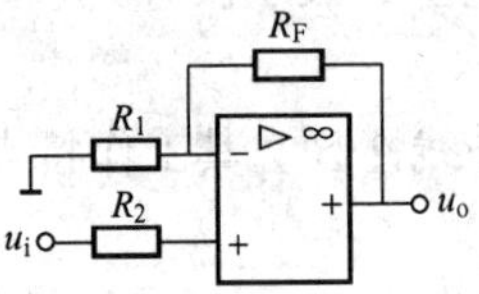	$u_o = (1 + \frac{R_F}{R_1})u_i$ $R_2 = R_1 // R_F$	(1) u_o 和 u_i 同相，且与 R_F、R_1 的比值成正比 (2) 输入电阻 R_i 很高 (3) $u_+ = u_i$，有共模输入信号
电压跟随器	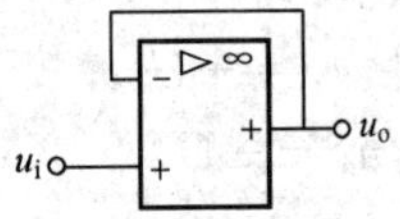	$u_o = u_i$	(1) 是同相比例运算的特例，即 $R_1 = \infty$ 或 $R_F = 0$ (2) 有很高的电压跟随精度
反相加法电路	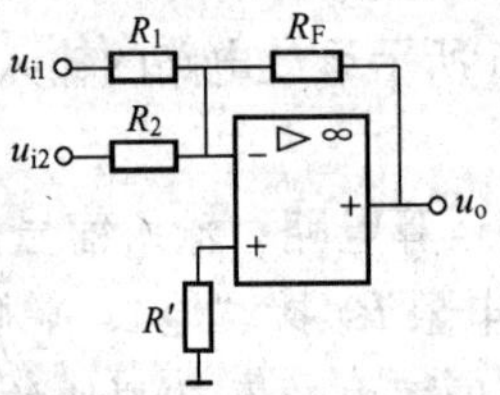	$u_o = -\left(\frac{R_F}{R_1}u_{i1} + \frac{R_F}{R_2}u_{i2}\right)$ $R' = R_1 // R_2 // R_F$	(1) 反相端为虚地 (2) 在调节一路输入端电阻时并不影响其他信号的输出值，因而调节方便，应用广泛
差分运算电路	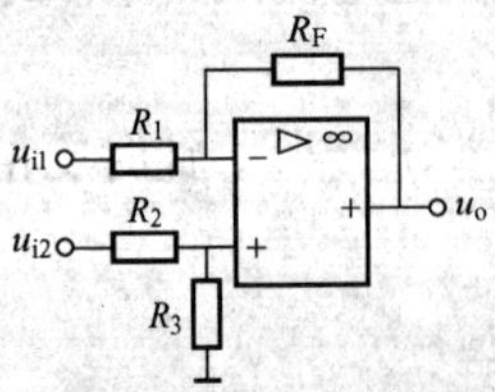	当 $R_1 = R_2, R_3 = R_F$ 时 $u_o = \frac{R_F}{R_1}(u_{i2} - u_{i1})$ $R_2 // R_3 = R_1 // R_F$	(1) u_o 仅与输入差模信号有关 (2) 差模输入电阻 $R_{id} \approx 2R_1$，输入电阻不够高 (3) 对元件的对称性要求较高

续表

电路名称	电 路 图	运 算 关 系	特点及说明
积分电路	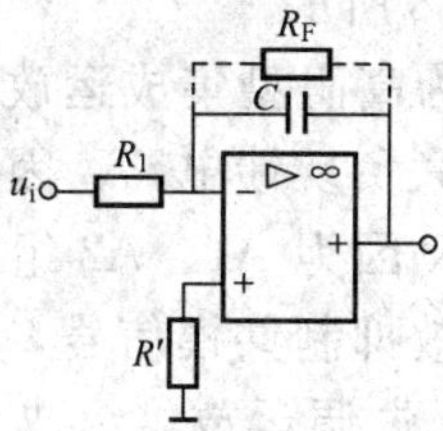	$u_o=-\frac{1}{R_1C}\int u_i\mathrm{d}t$ $\tau=R_1C$	(1) 积分时常数 τ 应与电路输入信号的周期接近 (2) 并接反馈电阻 R_F 可减小运放输出端的直流漂移，但要求 $R_FC \gg R_1C$，通常取 $R_F>10R_1$ (3) 可用于模/数转换电路和波形变换电路等
微分电路	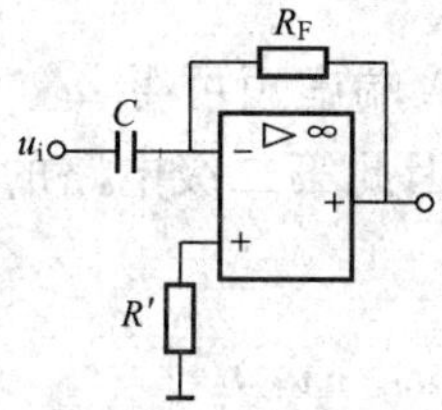	$u_o=-R_FC\frac{\mathrm{d}u_i}{\mathrm{d}t}$ $\tau=R_FC$	(1) 可用于波形变换和移相 (2) R_FC 产生相位滞后，容易使电路产生自激。在实际应用中，可在 C 支路中串入一个小电阻，限制高频增益，使电路稳定工作

3.1.6　集成运放在信号处理方面的应用

一、电流-电压变换器和电压-电流变换器

(一) 电流-电压 ($I-U$) 变换器

电流-电压变换器可将电流转换成电压，电路如图 3-6 所示。由于运放反相输入端是虚地，R_S 中电流为 0，因此 i_S 流过反馈电阻 R_F，输出电压 u_o 为

$$u_o=-i_SR_F \tag{3-8}$$

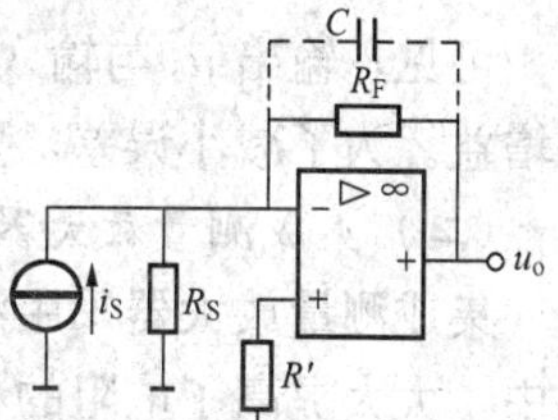

图 3-6　电流-电压变换器

可见，输出电压与输入电流成线性关系，但其转换电流 i_S 的下限受运放输入级偏置电流限制。$I-U$ 变换器经常用于光电换电路中，只须将电路中的电流源换成光电转换器件。通常为了降低高频噪声，在 R_F 上并联一个小容量的电容器 C。

(二) 电压-电流 ($U-I$) 变换器

电压-电流变换器又称互导放大器，可以进行电压和电流信号之间的转换，常用于驱动继电器和模拟仪表。图 3-7 所示为同相 $U-I$ 变换器（将信号源接到反相输入端为反相 $U-I$ 变换器），利用“虚短”和“虚断”的特点，有 $i_F=0$、$u_S=u_+=u_-=u_R$，可知负载中电流为

$$i_L=-\frac{u_S}{R} \tag{3-9}$$

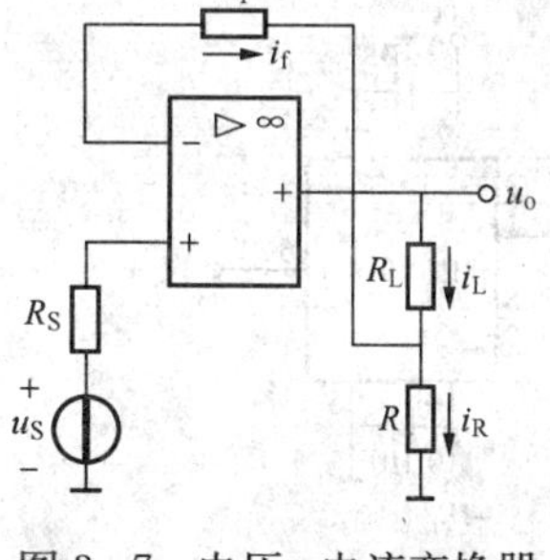

图 3-7　电压-电流变换器

可见，电压-电流变换器的输出电流与负载电阻 R_L 大小无关。这种电路输入电阻、输出电阻高，接近于理想的电流源。

二、测量放大器

测量放大器又称精密放大器或仪用放大器，具有较高的精度和良好的性能，在弱信号检测中得到广泛应用。

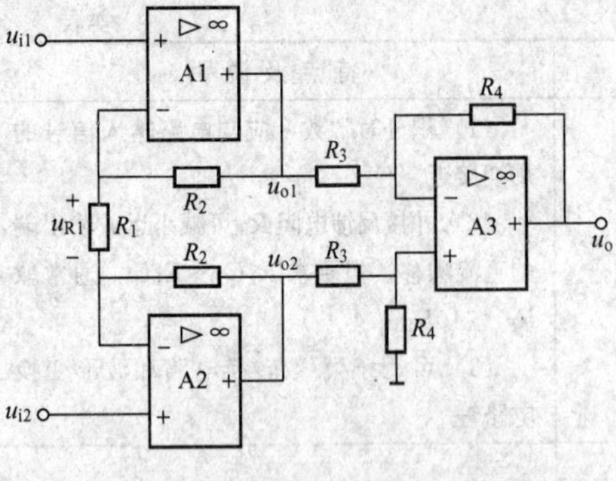

图 3-8 测量放大器

(一) 通用型运放组成的测量放大器

常用的测量放大器为三个运放组成的差分测量放大电路，如图 3-8 所示。

图中 A1、A2 为高阻型集成运放，各自组成同相输入的电压串联负反馈电路，因而输入阻抗极高（>10MΩ）。又因为 A1、A2 组成对称的差分放大电路，可有效抑制共模信号，故共模抑制比也极高。A3 为低失调运放，组成后级差分运算电路。

由 A1、A2 输入端虚短可得 $u_{R1}=u_{i1}-u_{i2}$；又由 A1、A2 反相端虚断可知，流过 R_1、R_2 的电流相等，因此第二级电路的差模输入电压为

$$u_{o1}-u_{o2}=\frac{R_1+2R_2}{R_1}u_{R1}=\left(1+\frac{2R_2}{R_1}\right)(u_{i1}-u_{i2})$$

根据差分运算电路输出电压的计算公式（见表 3-3），可得

$$u_o=\left(1+\frac{2R_2}{R_1}\right)\frac{R_4}{R_3}(u_{i2}-u_{i1}) \tag{3-10}$$

可见，输出 u_o 与输入（$u_{i1}-u_{i2}$）之间成线性放大关系。调节电位器电阻 R_1 可改变电路增益。为了减小误差，要求电位器采用精密电阻器。

(二) 集成测量放大器

集成测量放大器采用混合集成工艺，将高性能集成运放和精密电阻都集成在一个单片电路中，大大提高了电阻的精度和运放特性匹配的稳定性。

通用型仪用放大器 INA114 的内部电路如图 3-9（a）所示，它是 8 个引脚，内部设有过压保护，采用三运放组合结构。图 3-9（b）为其基本应用电路，电路的电压放大倍数由外接电阻 R_G 决定。由式（3-10）可知其输出与输入电压关系为

$$u_o=\left(1+\frac{50}{R_G}\right)(u_{i2}-u_{i1})$$

当 $R_G=4.99\Omega$ 时，差模电压放大倍数 $A_{ud}=u_o/(u_{i2}-u_{i1})=10^4$。

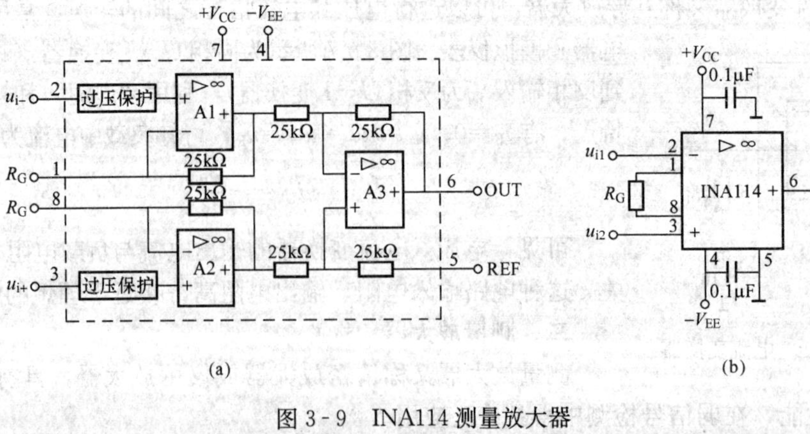

图 3-9 INA114 测量放大器

(a) 内部电路；(b) 基本应用电路

INA114 的主要参数：电源电压±2.25V～±18V，输入过载保护±40V，失调电压最大为 50μV，差模阻抗 $10^6\Omega$，共模阻抗 $10^{10}\Omega$，共模抑制比最小值为 115dB，带宽最大为 1000MHz，电压放大倍数 $1\sim10^4$，使用时不需要外接失调电路。

集成精密测量放大器常用于电阻应变计、热电偶和热电阻及其他传感器信号放大器、医用仪器仪表等精度较高的放大电路中。

三、有源滤波电路

有源滤波电路是由运算放大器与 R、C 元件构成的滤波电路。它的功能是让指定频段的信号通过，而对其余频段的信号加以抑制或使其急剧衰减。有源滤波电路与无源滤波电路相比具有体积小、重量轻、成本低、增益和品质因数容易控制等优点，因而被广泛应用于通信、测量及控制系统等领域。但是由于集成运放的带宽有限，目前有源滤波电路的工作频率只可达 1MHz。

有源滤波电路可分为低通滤波电路、高通滤波电路、带通滤波电路和带阻滤波电路。

（一）有源低通滤波电路（LPF）

低通滤波电路的功能是使低于某一频率 f_H 的信号通过，而高于 f_H 的信号不能通过。图 3-10（a）为理想低通滤波电路的电压放大倍数的幅频特性。

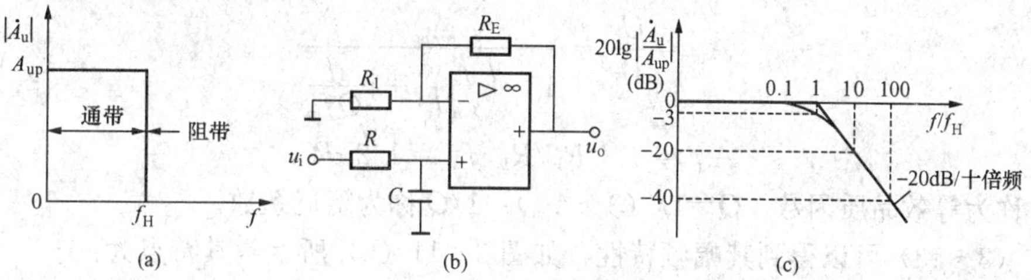

图 3-10　低通滤波器

（a）理想幅频特性；（b）一阶 LPF 电路；（c）一阶 LPF 的幅频特性

将一级 RC 低通电路与一同相放大器相接，就构成了一个一阶有源低通滤波电路，如图 3-10（b）所示。由于同相放大器有输入电阻高、输出电阻低的特点，可以隔离负载电阻对 RC 电路的影响，提高电路的增益和带负载能力。

由图 3-10 可以得到

$$\dot{A}_u=\frac{\dot{U}_o}{\dot{U}_i}=\left(1+\frac{R_F}{R_1}\right)\frac{\frac{1}{j\omega C}}{R+\frac{1}{j\omega C}}=\left(1+\frac{R_F}{R_1}\right)\frac{1}{1+j\omega RC} \tag{3-11}$$

令

$$\omega_n=\frac{1}{RC},\ f_n=\frac{1}{2\pi RC},\text{则有}$$

$$\dot{A}_u=\left(1+\frac{R_F}{R_1}\right)\frac{1}{1+j\frac{\omega}{\omega_n}}=\frac{A_{up}}{1+j\frac{f}{f_n}} \tag{3-12}$$

式中：$A_{up}=1+R_F/R_1$ 为同相放大器的增益，f_n 称为特征频率。当 $f=f_n$ 时，$|\dot{A}_u|=\frac{1}{\sqrt{2}}A_{up}$，故 f_n 为低通的上限截止频率，即 $f_H=f_n$。其归一化的对数幅频特性如图 3-10（c）

所示。由图可以看到，这种滤波电路的滤波效果不够好：在 $f=f_n$ 时有 3dB 衰减；而当 $f\geqslant f_n$ 时，以 −20dB/十倍频程的斜率下降，衰减不够快。

为了使滤波特性更接近于理想特性，可采用高阶滤波电路。如二阶滤波电路在阻带的衰减可达 −40dB/十倍频。图 3-11（a）为二阶压控电压源低通滤波电路。图中有两级 RC 低通电路，其中第一级 RC 低通电路中的 C 接到集成电路的输出端，可在截止频率附近引入正反馈，使其频率特性得到改善。

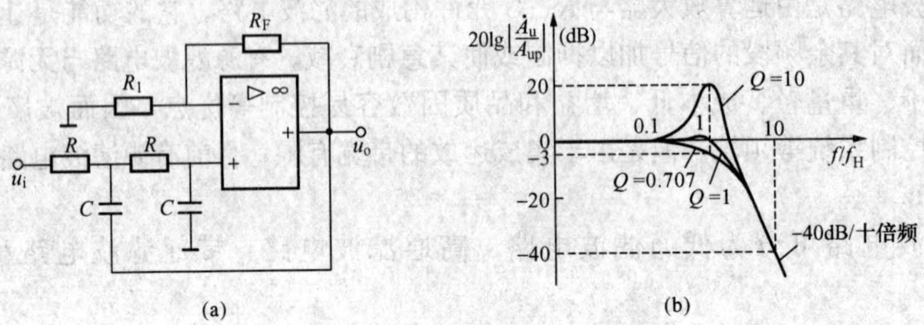

图 3-11　二阶压控电压源 LPF

（a）电路；（b）幅频特性

可以求得滤波电路的电压放大倍数为

$$\dot{A}_u=\frac{\dot{U}_o}{\dot{U}_i}=\frac{A_{up}}{1-\left(\frac{f}{f_n}\right)^2+j\frac{f}{Qf_n}} \tag{3-13}$$

$$A_{up}=1+R_F/R_1, f_n=1/2\pi RC$$

式中：Q 称为等效品质因数，$Q=1/(3-A_{up})$；$1/Q$ 称为阻尼系数。

由式（3-13）可以得到其幅频特性，如图 3-11（b）所示。其特点为：

（1）当 $f=f_n$，$|\dot{A}_u|=QA_{up}$。$Q>1$ 时，$|\dot{A}_u|$ 会出现凸峰；在 $Q=0.707$ 时，$|\dot{A}_u|$ 下降了 3dB（为巴特沃思滤波器）；而在 $Q=1$ 的情况下，$|\dot{A}_u|=A_{up}$，即维持了通频带的增益，而未下降，故滤波效果较前者为优。

（2）当 $f>10f_n$，特性以 −40dB/十倍频衰减。

（3）当 $A_{uf}=3$ 时，Q 将趋于无穷大，电路将产生自激振荡，为避免产生振荡，要求元器件性能稳定，且 $R_F<2R_1$。

（二）有源高通滤波（HPF）、带通滤波（BPF）和带阻滤波器（BRF）

HPF 电路是使高于某一频率 f_L 的信号通过，而低于 f_L 的信号不能通过。只要将 LPF 电路中起滤波作用的电阻、电容互换，即可变成 HPF 电路。其理想幅频特性、电路如表 3-4 所示。

BPF 电路只允许某一频带内的信号通过；BRF 电路则是阻止某一频带内的信号通过。如果是阻止某一频率分量通过，则一般称这种带阻滤波电路为陷波器。

BPF 和 BRF 可由低通和高通电路适当组合而成。BPF 可由低通和高通滤波电路串联而成，两者如果同时覆盖同一频段，即可构成带通滤波电路；BRF 可由低通和高通滤波电路并联而成，两者如果对同一频段均不覆盖，即可构成带阻滤波电路。其理想幅频特性、电路如表 3-4 所示。

表 3-4　各种有源滤波器的电路和特点

名称	理想幅频特性	电　　路	幅频特性	电压传输系数	特　　点
二阶 HPF	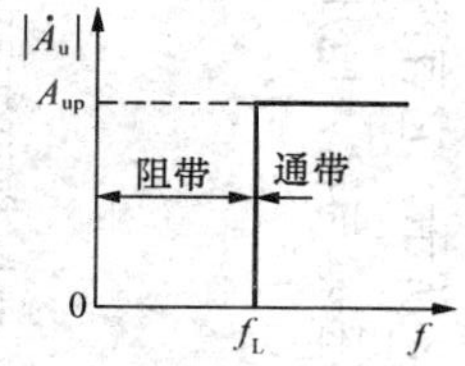 f_L—下限频率	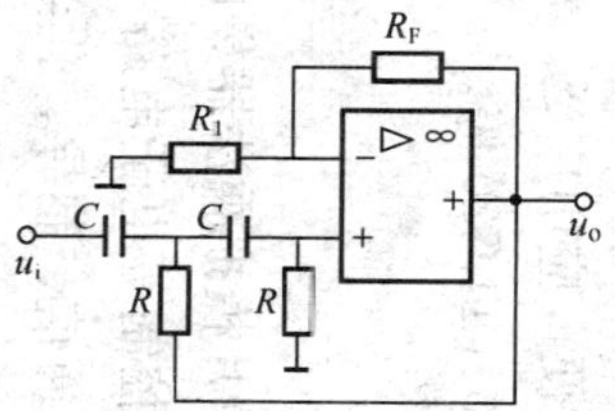	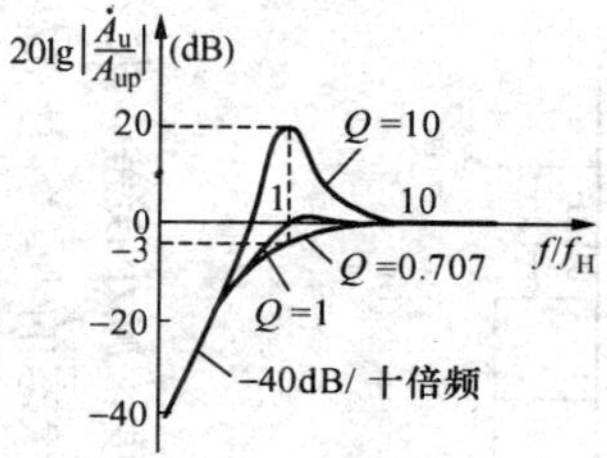	$\dot{A}_u=\frac{\dot{U}_o}{\dot{U}_i}=\frac{A_{up}}{1-\left(\frac{f}{f_n}\right)^2-j\frac{f}{Qf_n}}$ $A_{up}=1+R_F/R_1$ $f_n=1/2\pi RC$ $Q=1/(3-A_{up})$	（1）$Q>1$ 时，$\|\dot{A}_u\|$ 出现凸峰；在 $Q=0.707$ 时，$\|\dot{A}_u\|$ 下降了 3dB （2）当 $f>10f_n$，特性以 −40dB/十倍频衰减 （3）为避免产生振荡，要求 $R_F<2R_1$
二阶 BPF	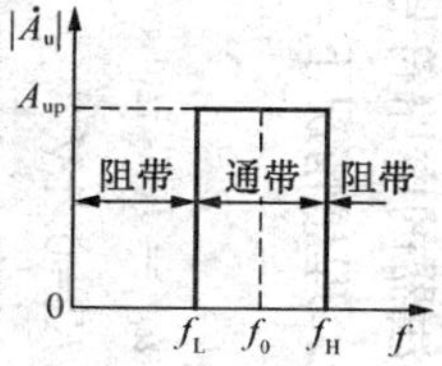 f_0—中心频率 f_H、f_L—上、下限频率	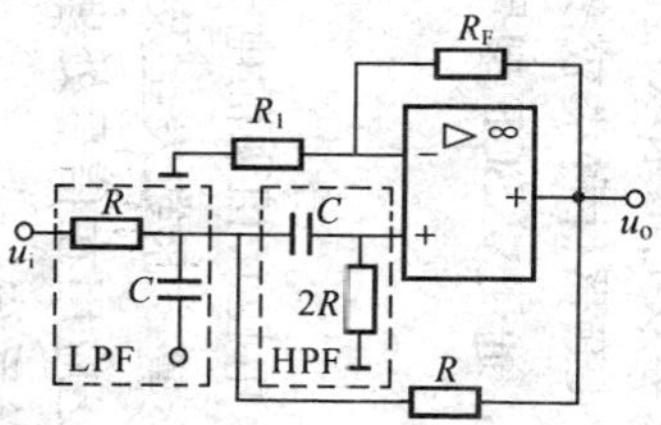	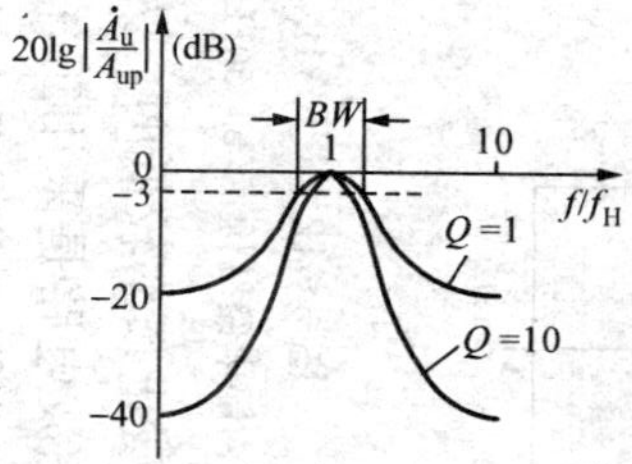	$\dot{A}_u=\frac{\dot{U}_o}{\dot{U}_i}=\frac{A_{u0}}{1+jQ\left(\frac{f}{f_0}-\frac{f_0}{f}\right)}$ $A_{up}=1+R_F/R_1$ $A_{u0}=A_{up}/(3-A_{up})$ $f_n=1/2\pi RC$ $Q=1/(3-A_{up})$	（1）Q 值越大，带宽 BW 越窄，其通带选择性越好 （2）常用于音响电路
二阶 BRF	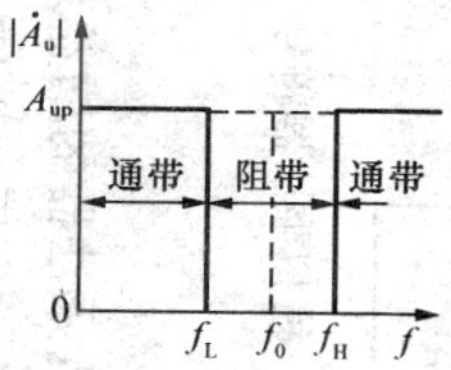 f_0—中心频率 f_H、f_L—上、下限频率	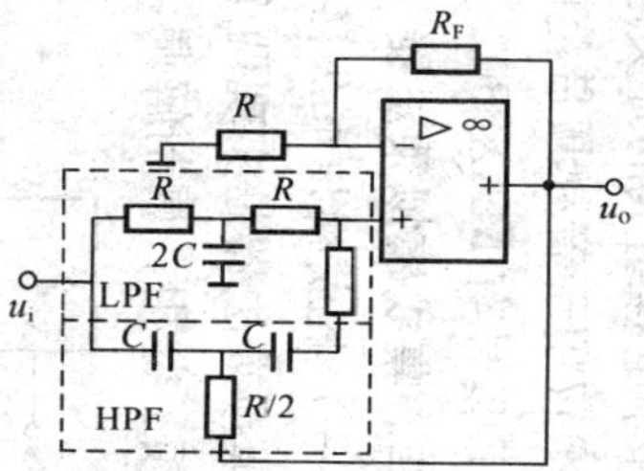	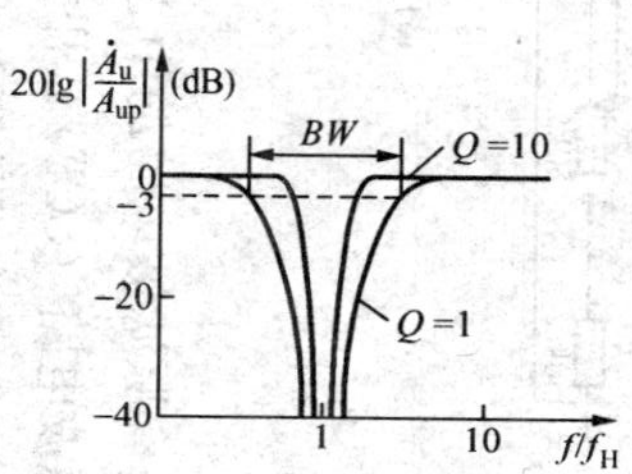	$\dot{A}_u=\frac{\dot{U}_o}{\dot{U}_i}=\frac{A_{up}}{1+j\frac{1}{Q}\frac{ff_0}{f_0^2-f^2}}$ $A_{up}=1+R_F/R_1$ $f_n=1/2\pi RC$ $Q=\frac{1}{2(2-A_{up})}$	（1）Q 值越大，阻带带宽越窄，选择性越好 （2）常用于检测仪表和电子系统

（三）集成有源滤波器

集成有源滤波器将高性能集成运放和精密电阻、精密电容都集成在一个单片电路中，方便地解决了在有源滤波器的设计中，难以获得电容、电阻的匹配和低损耗的问题。UAF42是一种通用型集成有源滤波器，它有三个输入端（u_{i1} 为反相输入端，u_{i2}、u_{i3} 为同相输入端）和四个输出端（分为高通 HPO、低通 LPO、带通 BPO 和带阻 BRO），内部集成有四级精密运算放大器、50（1±0.005）kΩ 的精密电阻和 1000（1±0.005）pF 的精密电容器，如图 3－12（a）所示。它可方便地设计成高通、低通、带通和带阻滤波器，广泛应用在各种精密测试设备、通信设备、医疗仪器和数据采集系统中。图 3－12（b）所示为 UFA42 构成的 50Hz 陷波器，该电路在 50Hz 处的增益为－22.71dB。

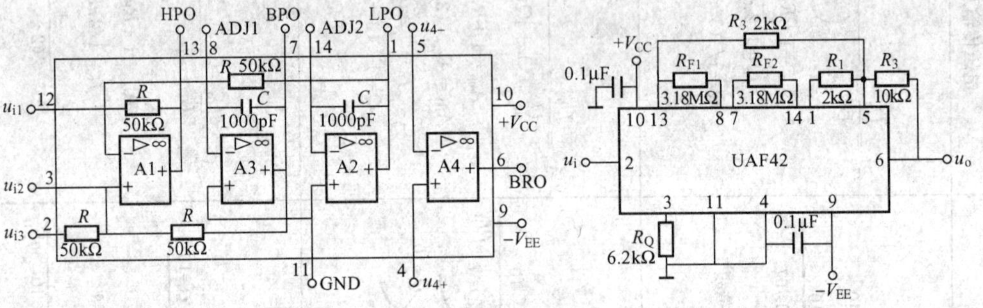

(a) (b)

图 3－12 UFA42

（a）内部电路结构；（b）50Hz 陷波器

当有源滤波电路的中心频率或截止频率较低时，为提高精度，减小误差，大多采用开关电容滤波电路（SCF）。开关电容滤波电路是采用工作于开关状态的 MOS 管（构成电子开关）和小电容组成的开关电容获得的等效电阻来取代有源滤波电路中的电阻元件。目前大多数 SCF 仅用于音频频带范围。集成 SCF 器件种类较多，使用方便，应用广泛。常用集成低通 SCF 型号有 MAX280、TLC1062，通用双 SCF 型号有 TLC10、TLC20 等。

四、集成模拟乘法器

（一）集成模拟乘法器

模拟乘法器是实现两个模拟量（电压）相乘的电子器件。单片模拟乘法器集成电路已成为倍频、鉴相、调制解调、幂指数运算、函数发生及自动增益控制等电子电路中的常用组件，广泛应用在信号处理、测量、通信、制导、化学分析、电机控制等系统。

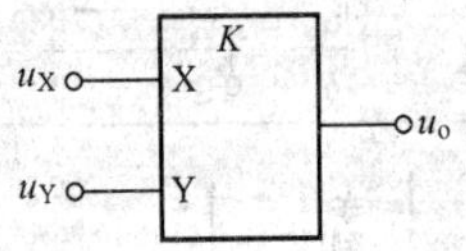

图 3－13 模拟乘法器符号

模拟乘法器的电路符号如图 3－13 所示。它有两个输入端，一个输出端。理想情况下，其输出电压 u_o 与输入电压 u_X、u_Y 间的关系为

$$u_o = K u_X u_Y \tag{3-14}$$

式中：K 为乘法器的增益系数，通常取 $K=0.1V^{-1}$。

根据输入电压的极性，模拟乘法器有四个工作区。若两个输入电压都可正可负，称为四象限乘法器；若一个输入可正可负，另一个只允许为单极性，称为两象限乘法器；若两个输入电压都只能为单极性，称为单象限乘法器。

单片集成模拟乘法器型号很多，国产有 BG314、LY418、FZ4，国外有 MC1595、AD534 等。MC1595 单片乘法器的外形和外接电路如图 3-14 所示，其中 4、8 脚为 u_X 输入端，9、12 脚为 u_Y 输入端，2、14 脚为输出端，其输出电压 u_o 为

$$u_o = \frac{4R_C}{R_X R_Y I_0'} u_X u_Y = K u_X u_Y$$

其增益系数为

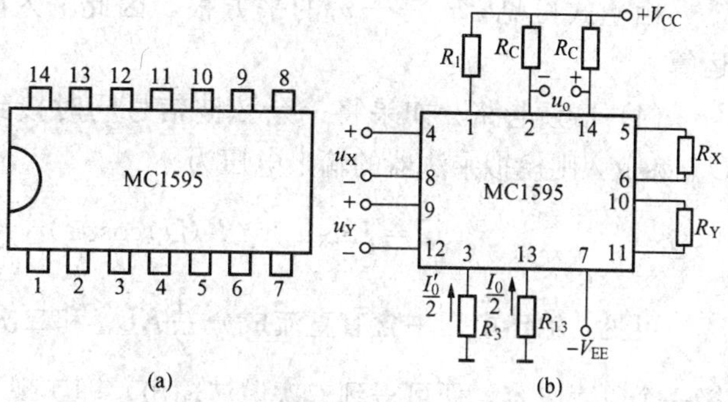

图 3-14　MC1595 外形图及外接电路

$$K = \frac{4R_C}{R_X R_Y I_0'}$$

通过调节 I_0' 的大小可以改变 K，其典型值为 0.1V^{-1}。MC1595 的动态范围可达±10V，精度高，适于模拟运算及低频调制解调等电路。

（二）集成模拟乘法器的应用

(1) 平方运算电路。将模拟乘法器的两个输入端输入相同的信号，如图 3-15 所示，就构成了平方运算电路。电路的输出电压为

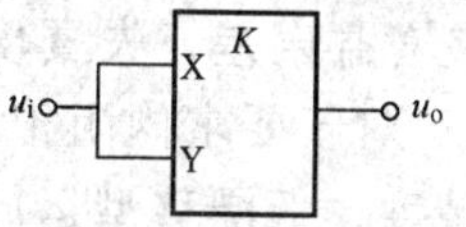

图 3-15　平方运算电路

$$u_o = K u_X u_Y = K u_i^2 \tag{3-15}$$

(2) 除法运算电路。除法运算电路如图 3-16 所示。它由集成运放和模拟乘法器组成。由模拟乘法器可得

$$u_o' = K u_o u_2$$

根据理想运放的虚短和虚断特性，可得

$$\frac{u_1}{R_1} = -\frac{u_o'}{R_2} = -K\frac{u_2 u_o}{R_2}$$

则输出电压为

$$u_o = -\frac{R_2}{KR_1}\frac{u_1}{u_2} \tag{3-16}$$

即输出电压为两个输入电压相除。为了保证电路能够稳定工作，u_2 极性必须为正，才能使运放处于负反馈状态，而 u_1 的极性可正可负。

(3) 开方运算电路。开方运算电路如图 3-17 所示，由图可知，$u_o' = Ku_o^2$，而 $u_o' = -u_i$，可得输出电压为

$$u_o = \sqrt{\frac{u_o'}{K}} = \sqrt{-\frac{u_i}{K}} \tag{3-17}$$

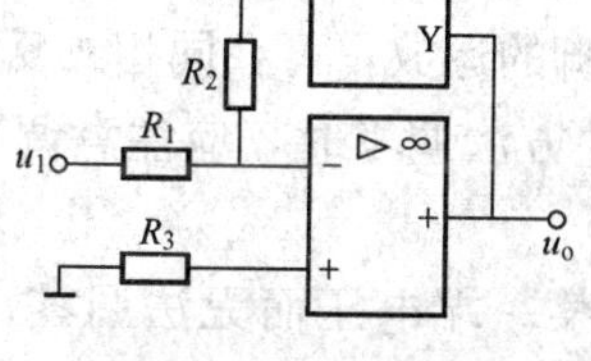

图 3-16　除法运算电路

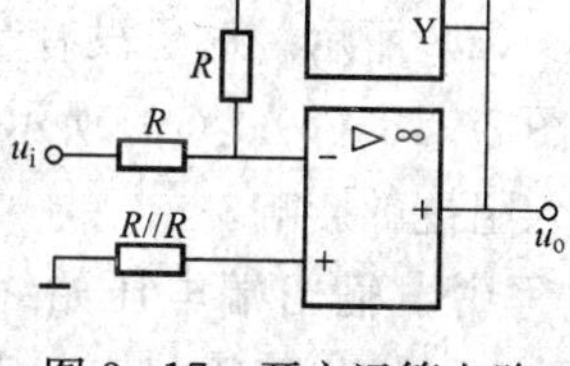

图 3-17　开方运算电路

由上式可见，u_o 是 $-u_i$ 的平方根，因此输入电压必须为负值，才有可能实现平方根运算。

(4) 倍频电路。如果将一余弦波信号同时接到乘法器的两个输入端，即 $u_X = u_Y = U_m\cos\omega t$，则模拟乘法器的输出电压为

$$u_o = Ku_Xu_Y = K(U_m\cos\omega t)^2 = \frac{1}{2}KU_m^2(1+\cos2\omega t) \tag{3-18}$$

可见，输出电压中含有直流成分 $\frac{1}{2}KU_m^2$ 和二次谐波成分 $\frac{1}{2}KU_m^2\cos2\omega t$，只要在输出端接一个隔直电容，便可得到二次谐波输出，即实现了二倍频。

3.1.7 集成运放在应用中的一些问题

目前集成运放应用很广，在选型、使用和调试时，应注意下列一些问题，以达到使用要求及精度，并避免调试过程中损坏元件。

一、集成运放的选用

集成运放种类很多，按技术指标可分为通用型和专用型两类；在结构上还有单片多运放。在实际选用时，应在满足给定输入、负载、精度及环境要求条件下，尽可能选用通用型、低成本的运放，因为通用型运放价格便宜、易购买。如要求增益误差、失真度、输入端和输出端阻抗适中（例如几千欧）时，一般采用通用型运放；对于要求内阻很高的信号源，应选用高阻型运放；对于低频、微弱信号，则应选用高精度、低漂移型运放；若工作频率比较高，就应用宽带型运放；要求输出幅度大、变化速率高时，则应选用高速型运放等。

应当注意的是，实际选用运放的技术指标时应该以够用并留有适当余地即可。

二、自激振荡的消除

由于集成运放内部晶体管的极间电容及其他寄生参数的影响，在构成闭环工作时很容易自激振荡（产生自激振荡的原理见本章 3.2.4 节），破坏正常工作，因此在使用时必须设法消振。通常采取外接 RC 消振电路或消振电容进行补偿，具体参数和接法可查阅说明书。消振应在调零之前进行。

目前大多数集成运放如 F007（5G24）、OP-07D、CF741 等的内部电路已设置有消振措施的补偿网络，使用时无须补偿。

三、集成运放的调零

集成运放在使用时，要求零输入时为零输出。因此，除了要求运放的同相和反相两个输入端的外接直流通路等效电阻保持平衡之外，还要采用外接调零电位器或专用调零电路调整，使输出电压为零。

对于有专用调零引脚的运放，可外接调零电位器 RP，将输入端接地，调节 RP 使输出为零，如图 3-18（a）所示。对于没有专用调零引脚的运放，可在同相或反相输入端外接专用调零电路，如图 3-18（b）、(c) 所示。采用这种方法调零时，应注意调零电路对运放电压传输特性和输入阻抗的影响。

若在调零过程中，输出端电压始终偏向电源某一端电压而无法调零，其原因可能是接线有错或虚焊，运放为开环状态。若在外部因素均排除后，仍不能调零，可能器件

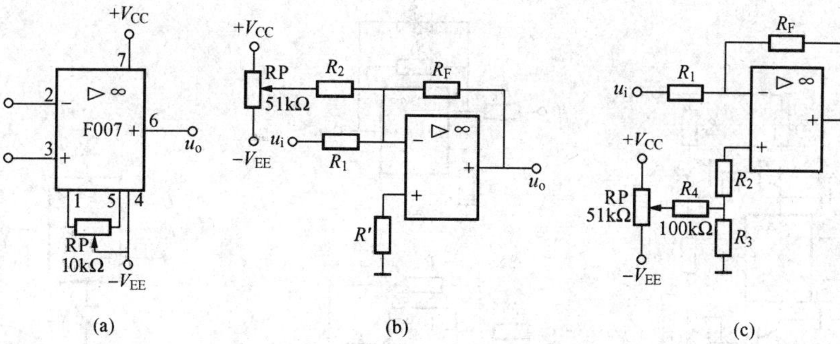

图 3-18　集成运放的调零

(a) 外接电位器调零；(b) 反相输入调零；(c) 同相输入调零

损坏。

四、集成运放的保护

集成运放由于电源电压极性接反或电源电压突变、输入信号电压过大、输出端负载短路、过载或碰到外部高压造成电流过大等，都可能损坏器件。因此，对集成运放必须采取保护措施。

（一）输入保护

当运放的差模或共模输入信号电压过大时，会引起运放输入级的损坏。另外，当运放共模信号过大，会使输入级三极管的集电结处于正偏，形成集电极与基极的信号极性相同，通过外电路形成正反馈，使输出电压达到正或负电源电压值，产生了所谓的自锁（或堵塞）现象。这时运放器件出现不调零或信号加不进去的现象，但集成运放尚未损坏时，暂时切断电源，重新通电后可恢复工作，但自锁严重时也会损坏器件。为此，可在运放输入端加限幅保护。如图 3-19 (a) 所示电路，用于反相输入对差模信号过大的限幅保护。图 3-19 (b) 所示电路用于在同相输入对共模信号过大的限幅保护。

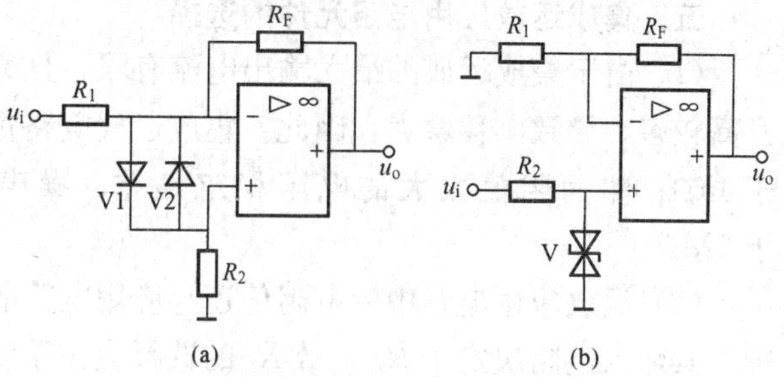

图 3-19　输入保护电路

(a) 反相输入；(b) 同相输入

（二）输出保护

为防止集成运放输出端过载或短路时损坏运放，一些集成运放的内部设置了过流或短路保护电路。对于没有内部保护电路的集成运放，可采用图 3-20 所示的保护电路。图 3-20 (a) 为输出过流保护电路，V1、V3 为恒流管，V2、V4 为恒流管 V1、V3 的偏置电路，同时具有温度补偿作用。在正常工作时，工作电流较小，V1、V3 工作在饱和区，相当于运放直接接电源；当运放的输出电流增加超过额定值时，V1、V3 的电流也增加，使其工作在恒流状态，因此限制输出电流的大小。

图 3-20 (b)、(c) 为输出过压保护电路。它利用稳压管，将输出电压限制在稳压管的正、负稳压值内。集成运放的输出端绝对不允许短路，否则会损坏器件。

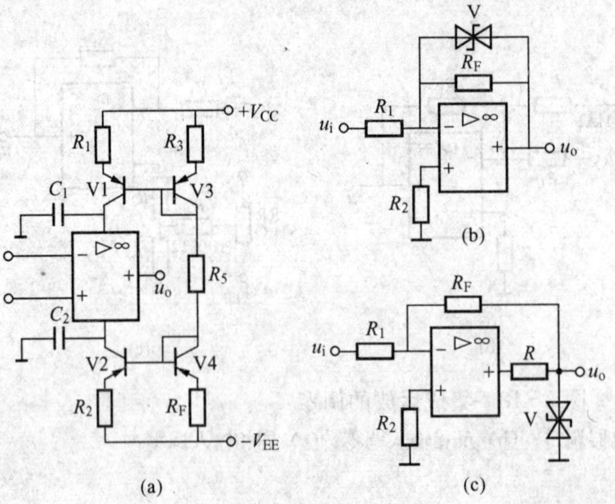

图 3-20　输出保护电路

(a) 过流保护；(b)、(c) 过压保护

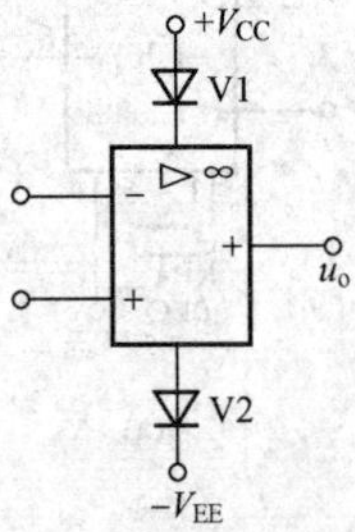

图 3-21　电源极性保护

(三) 电源极性保护

为了防止正、负电源接反，可在电源连接线中串接二极管来实现保护，如图 3-21 所示。在选择二极管时，二极管的反向击穿电压应大于电源电压，二极管的正向电流应大于集成运放允许的最大工作电流。若要求运放的响应速度较快并要减少二极管正向压降的影响，应选肖特基二极管。

五、集成运放应用电路元件的选择

(1) 由于集成运放的最大输出电流有限，且集成运放的输出电流较大时，会使它的温度升高较多，导致漂移增大，因此，集成运放电路负反馈电阻 R_F 的阻值不宜太小，一般不低于 1kΩ；然而阻值太大的电阻稳定性差、噪声大，所以 R_F 也不宜取太大，一般不大于 1MΩ。

(2) 运放应用电路中的电阻值还与应用电路的阻抗要求有关，例如在反相输入放大电路中，其输入电阻决定于 R_1，故 R_1 的选择应按系统对输入电阻的要求来确定。其次应尽量保证运放两输入端的外接直流电阻相等。

(3) 当要求运算关系误差很小时，则应用电路中决定运算关系的元件应取稳定度和精度都比较高的元件，如电阻可选用精密金属电阻器，电容可采用云母、瓷介电容器等。

(4) 交流放大电路中的耦合电容器的容量应按频率特性的要求来确定。

六、供电方式的选择

(1) 放大和处理直流或缓慢变化的信号应采用双电源供电方式，且正、负电源电压大小应相等。

(2) 放大和处理交流信号时，采用单电源供电方式较为方便。单电源供电时，以电源电压的一半为参考点，这与双电源的参考电位取总电源的中间值（当正、负电源电压值相等时，参考电位为零）是不同的。图 3-22 为单电源供电的运放交流放大电路；在静态时，输入端的偏置电路为同相和反相输入端提供了 $\frac{V_{CC}}{2}$ 的静态电压。

为了获得对称的电源电压，输入端的两偏置电阻应大小相等。其值不宜过小，否则分压电阻上消耗的直流电源功率就较大；其值也不宜过大，其值过大，容易造成分压不对称。根据电源电压的大小，分压电阻值可取几千欧到几十千欧。

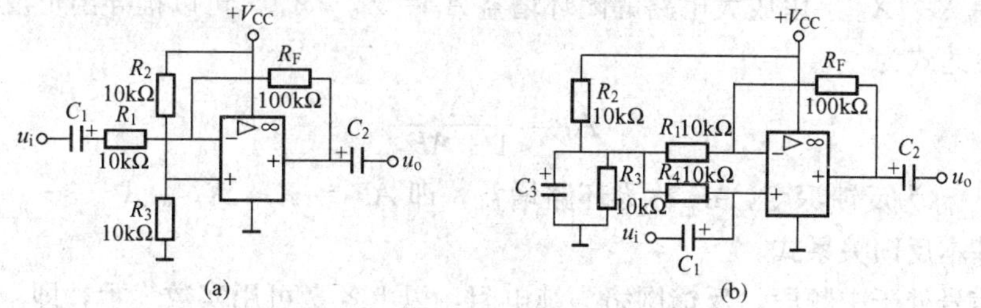

图 3-22　单电源电路

(a) 反相输入；(b) 同相输入

(3) 电源的去耦合问题。为了防止由公共电源来的低频和高频干扰影响电路工作的稳定性，同时也防止本级电路交流信号通过公共电源影响其他电路，往往在集成运放的电源端对地加接旁路电容。旁路电容应尽可能靠近集成运放，将电源引线等效电感的影响减至最小。旁路电容通常取两只，一只较大的采用约几十微法至几百微法的电解电容，对低频起滤波作用；另一只用 0.001～0.1μF 的电容，用以对高频起滤波作用。

3.2　放大电路中的负反馈

3.2.1　反馈的基本概念

一、反馈的概念

将放大电路的输出量（电压或电流）的一部分或全部，通过一定的电路（反馈网络）再送到输入回路中的过程称为反馈。要判断一个放大电路是否有反馈，只要看放大电路中是否存在将输入回路和输出回路联系起来的反馈网络（反馈通路）。反馈网络通常由电阻、电容元件构成。放大电路无反馈称为开环，有反馈则称为闭环。

二、反馈放大电路的组成

具有反馈的放大电路，称为反馈放大电路。反馈放大电路可用图 3-23 所示的方框图来表示。图中 $\dot{A}$ 表示基本放大电路，$\dot{F}$ 表示反馈网络，箭头表示信号的传输方向。放大电路的输入信号、反馈信号、净输入信号和输出信号分别用 $\dot{X}_i$ 、$\dot{X}_{id}$ 、$\dot{X}_f$ 和 $\dot{X}_o$ 表示，它们可以表示电压，也可以表示电流。符号⊗表示比较环节，用以比较输入信号 $\dot{X}_i$ 和反馈信号 $\dot{X}_f$ ，产生净输入信号 $\dot{X}_{id}$ 。由于放大电路常用正弦量作为输入信号，因此图中信号均使用相量来表示。

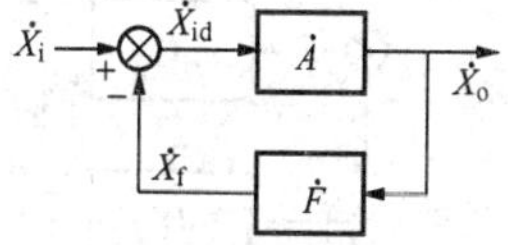

图 3-23　反馈放大电路的组成

如果反馈信号使输入信号增强，满足 $|\dot{X}_i| < |\dot{X}_{id}|$ 关系，这种反馈称为正反馈；反之，反馈信号减弱输入信号，满足 $|\dot{X}_i| > |\dot{X}_{id}|$ 关系，则为负反馈。无论是正反馈还是负反馈，都十分有用。正反馈主要用于振荡电路及波形发生电路；负反馈则用于改善放大电路的性能。在实际放大电路中，负反馈应用更为普遍。

三、负反馈放大电路的基本反馈关系式

对于负反馈放大电路，净输入信号 $\dot{X}_{id}=\dot{X}_i-\dot{X}_f$，而放大电路的开环增益 $\dot{A}=\dot{X}_o/\dot{X}_{id}$，反馈系数 $\dot{F}=\dot{X}_f/\dot{X}_o$。由放大电路的闭环增益 $\dot{A}_f=\dot{X}_o/\dot{X}_i$，可以推导出负反馈放大电路增益的一般表达式为

$$\dot{A}_f=\frac{\dot{A}}{1+\dot{A}\dot{F}} \tag{3-19}$$

式中：$1+\dot{A}\dot{F}$ 称为反馈深度，$\dot{A}\dot{F}$ 称为环路增益，即 $\dot{A}\dot{F}=\dot{X}_f/\dot{X}_o$。式（3-19）是负反馈放大电路的基本反馈关系式。

若输入信号处于中频段，反馈网络为纯电阻，以上各量可用实数表示，即

$$A_f=\frac{A}{1+AF} \tag{3-20}$$

3.2.2 负反馈放大电路的类型

一、反馈极性

通常采用瞬时极性法判别反馈极性。先假设输入信号在某一瞬间对地的极性为+，然后根据各级电路输出端与输入端的信号的相位关系，标出电路各点的瞬时极性，得到反馈信号的极性，最后判断反馈的极性是增强还是消弱输入信号，如果是消弱输入信号，便可判定是负反馈，反之为正反馈。

在具体判断极性时，当输入信号与反馈信号在不同端子引入时，反馈信号与输入信号极性相同，则为负反馈；否则为正反馈。当输入信号和反馈信号在同一节点引入时，若二者极性相同，则为正反馈，否则为负反馈。

二、直流反馈和交流反馈

反馈也可分为直流反馈和交流反馈。如果直流通路中存在反馈通路，则表明电路中存在直流反馈；若交流通路中有反馈通路，则存在交流反馈。直流负反馈常用于稳定静态工作点；交流负反馈用于改善放大器的交流性能。

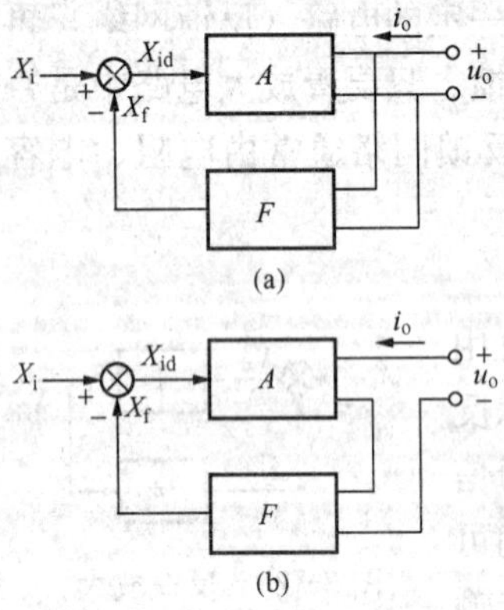

图3-24 取样方式

（a）电压反馈；（b）电流反馈

三、电压反馈和电流反馈

根据输出端取样方式的不同，可分为电压反馈和电流反馈。若反馈信号与输出电压成正比，取样的是电压，称为电压反馈；若反馈信号与输出电流成正比，取样的是电流，称为电流反馈，如图3-24所示。

判别是电压反馈还是电流反馈，可将负载短路，若此时反馈消失，则为电压反馈，否则为电流反馈；也可以直接根据基本放大器与反馈网络的连接方式来确定：若反馈线与输出线接在同一点上，则为电压反馈，否则为电流反馈。

四、串联反馈与并联反馈

根据输入端比较方式的不同，可分为串联反馈和并联反馈。串联反馈是将反馈电压 u_f 与输入信号电压 u_i 进行比较，即 u_f 和 u_i 串联在一起，一般要求输入信号源应接近恒压源；并联反馈是将反馈电流 i_f 和输入信号电流 i_i 进行比较，即 i_f 与 i_i 并联在一起，一般要求输

入信号源应接近恒流源，如图3-25所示。

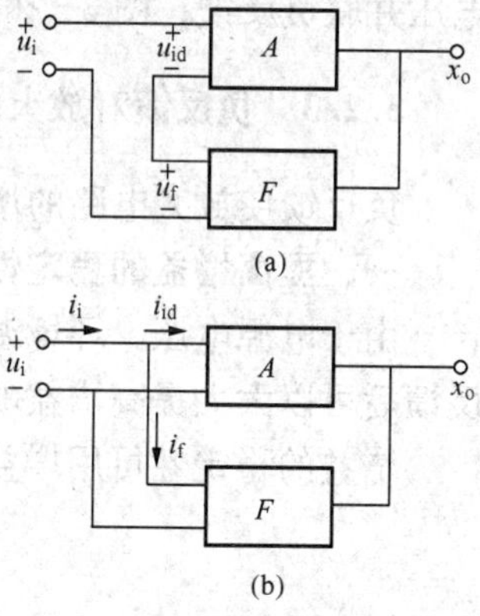

图 3-25　比较方式
（a）串联反馈；（b）并联反馈

判别是串联反馈还是并联反馈，可将反馈放大器的输入端短路，若反馈信号仍能作用到基本放大器的输入端，则为串联反馈，否则为并联反馈。也可以直接根据基本放大器与反馈网络的连接方式来确定：若输入信号与反馈信号加在放大电路的不同输入端，则为串联反馈；若二者并接到同一输入端上，则为并联反馈。

由此可见，对于交流负反馈，可以组成四种类型的负反馈放大电路：电压串联负反馈、电压并联负反馈、电流串联负反馈和电流并联负反馈。

【例 3-2】　试判断下列电路中交流反馈的极性，如果是负反馈判断其反馈组态。

解　判断反馈极性可用瞬时极性法：在图 3-26（a）中，集成运放为基本放大电路，R_F 为输入回路和输出回路的公共电阻，故 R_F 为反馈网络，假设 u_i 的瞬时对地极性为⊕，由于 u_i 接到运放的同相输入端，可确定运放输出电压的瞬时对地极性为⊕，故输出电流 i_o 的瞬时流向如图 3-26（a）中所示，它流过 R_F 产生反馈电压 u_f，u_f 的瞬时极性也为⊕，则净输入电压 $u_{id}=u_i-u_f$，因此反馈电压 u_f 消弱了 u_{id}，故为负反馈。

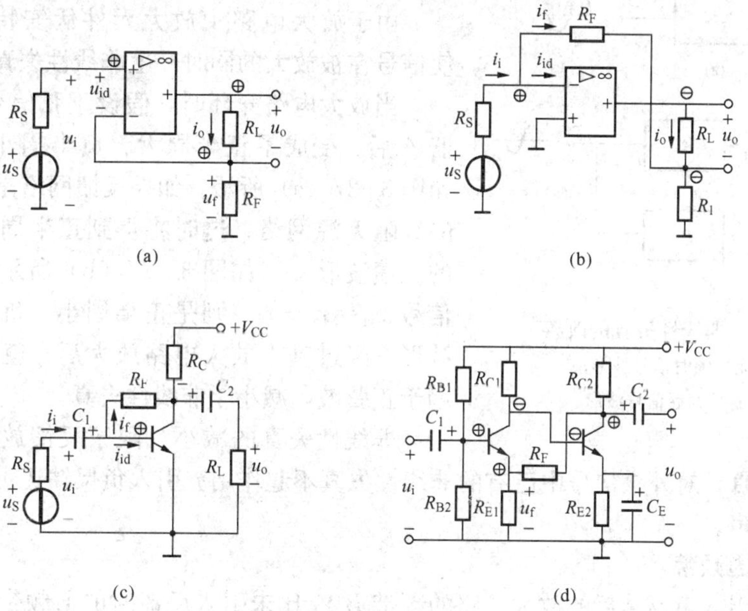

图 3-26　例 3-2 图

由于反馈网络 R_F 在输入端与基本放大电路相串联，故为串联反馈；在输出端，R_F 与基本放大电路、负载 R_L 相串联，反馈信号 $u_f=i_oR_F$，因此反馈取样于输出电流 i_o 为电流反馈。

由此可判断出图 3-26（a）中所引入的是电流串联负反馈。

同理可判断出图 3-26（b）中 R_F、R_1 构成电流并联负反馈；图 3-26（c）中 R_F 构成电压并联负反馈；图 3 - 26（d）中 R_F、R_{E1} 构成级间电压串联负反馈。

3.2.3 负反馈对放大电路性能的影响

负反馈使放大电路的增益下降，但可使放大电路的许多方面的性能得到改善。

一、提高增益的稳定性

由于电源电压、环境温度以及晶体管参数的变化，造成放大电路增益的不稳定，引入负反馈后可以大大提高增益的稳定性。

增益的稳定性可用增益的相对变化量来描述，根据式（3 - 20），则有

$$\frac{dA_f}{A_f}=\frac{1}{1+AF}\frac{dA}{A} \tag{3-21}$$

上式表明，引入负反馈后，增益的相对变化量 $\frac{dA_f}{A_f}$ 是未加负反馈时增益相对变化量 $\frac{dA}{A}$ 的 1/（1+AF）。反馈愈深，增益稳定性愈高。深度负反馈时，即 $|1+AF|\gg1$ 时，有

$$A_f\approx 1/F \tag{3-22}$$

这时，A_f 只取决于反馈系数，而与基本放大电路的增益几乎无关。反馈网络一般选用性能比较稳定的无源线性元件组成，从而保证了 A_f 的稳定性。在实际工程中，也常利用式（3 - 22）对深度负反馈放大电路进行近似估算。

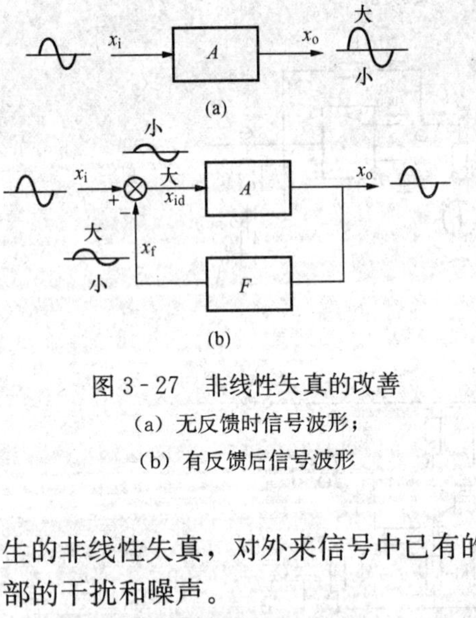

图 3 - 27 非线性失真的改善

（a）无反馈时信号波形；

（b）有反馈后信号波形

二、减小了非线性失真

由于放大电路中放大元件伏安特性的非线性，使信号在被放大的同时产生非线性失真。

当放大电路开环时，假设正弦信号 x_i 经过放大器 A 后，变成了正半周大、负半周小的放大波形，如图 3 - 27（a）所示。如果反馈网络是不会引入失真的纯阻无源网络，这时将得到正半周大、负半周小的反馈波形 x_f，如图 3 - 27（b）所示。那么净输入信号 $x_{id}=x_i-x_f$，则是正半周小、负半周大的失真波形，经过基本放大电路放大后，就可使输出波形趋于正弦波，减小了非线性失真。

非线性失真的减小只限于反馈放大电路内部产生的非线性失真，对外来信号中已有的非线性失真不起作用。引入负反馈还可以抑制电路内部的干扰和噪声。

三、展宽通频带

可以证明引入负反馈后的放大电路的频带 BW_f 比未引入反馈时的通频带 BW 展宽了约（1+AF）倍，即 $BW_f=(1+AF)BW$。

四、对输入电阻和输出电阻影响

（一）对输入电阻的影响

凡是串联负反馈，因为反馈信号与输入信号串联，故使输入电阻增大；凡是并联负反馈，因为反馈信号与输入信号并联，故使输入电阻减小。

（二）对输出电阻的影响

凡是电压负反馈，因具有稳定输出电压的作用，使其接近于恒压源，故使输出电阻减

小；凡是电流负反馈，因具有稳定输出电流的作用，使其接近于恒流源，故使输出电阻增大。

在深度负反馈条件下，$|1+AF|\gg1$，负反馈放大电路的输入电阻和输出电阻可以近似看成零或无穷大。深度串联反馈时，$R_{if}\to\infty$；深度并联反馈时，$R_{if}\to0$；深度电流反馈时，$R_{of}\to\infty$；深度电压反馈时，$R_{of}\to0$。

【例 3-3】 试估算图 3-28 所示放大电路的电压放大倍数 A_{uf}、输入电阻 R_i 和输出电阻 R_o。

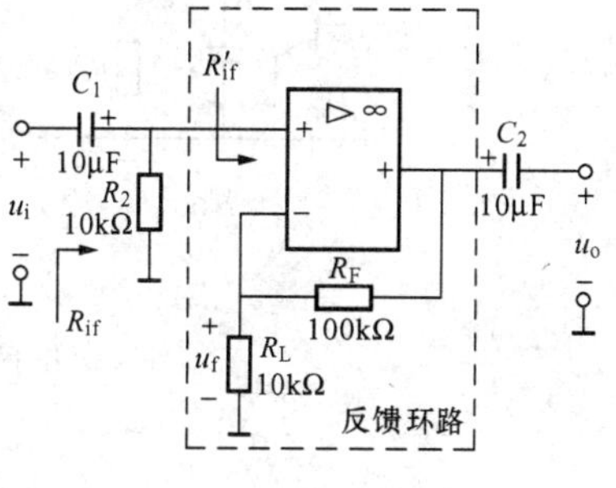

图 3-28　例 3-3 图

解　在图 3-28 中，C_1、C_2 为交流耦合电容，R_1、R_F 构成电压串联负反馈，由于运放开环增益很大，因此电路构成深度负反馈。

由式（3-22）可知，深度负反馈时 $A_f\approx1/F$，由于 $A_f=x_o/x_i$，$F=x_f/x_o$，则有

$$x_i\approx x_f \tag{3-23}$$

根据深度串联负反馈放大电路的特点，可知 $u_i\approx u_f$，而

$$u_f=\frac{R_1}{R_1+R_F}u_o$$

所以电路的闭环电压放大倍数 A_{uf} 为

$$A_{uf}=\frac{u_o}{u_i}\approx\frac{u_o}{u_f}=\frac{R_1+R_F}{R_1}=\frac{10+100}{10}=11$$

由于深度串联负反馈环路的输入电阻 $R'_{if}\to\infty$，而电路中的 R_2 与反馈环路无关，是环外电阻，所以放大电路的输入电阻 R_{if} 为

$$R_{if}=R_2//R'_{if}\approx R_2=10\text{k}\Omega$$

放大电路的输出电阻即为反馈环路的输出电阻，由于是深度电压负反馈，故 $R_{of}\approx0$。

3.2.4　负反馈放大电路的稳定性

放大电路引入负反馈后，当 $1+\dot{A}\dot{F}=0$，由式（3-19）可知 $\dot{A}_f=\infty$，即此时不加输入信号，放大电路也有信号输出，这种现象称为自激。因此，负反馈放大电路产生自激的条件是

$$\dot{A}\dot{F}=-1 \tag{3-24}$$

也可写成自激的幅值条件和相位条件，即

$$|\dot{A}\dot{F}|=1 \tag{3-25}$$

$$\arg\dot{A}\dot{F}=\pm(2n+1)\pi,\quad n=0,1,2,\cdots \tag{3-26}$$

由于负反馈只是在中频段时，反馈信号与输入信号的相位差为 180°，当在高频段或低频段时，放大电路和反馈网络都会产生附加相移 φ，导致反馈信号与输入信号相差不再是 180°。若在某一频率处，φ 满足式（3-26）时，则放大器的反馈信号与输入信号同相，负反馈变成正反馈；若此时再满足式（3-25），则放大器就将自激振荡，不能稳定工作。放大器级数越多，附加相移越大，越易产生自激。而且负反馈越强，反馈放大器也越容易产生自激振荡。

为了使反馈放大器既有足够的反馈深度，又能稳定工作，通常需要采用相位补偿技术，

人为地破坏自激条件。图 3-29 所示为几种常用的补偿方法。图中 R_φ 和 C_φ 为引入的补偿元件。

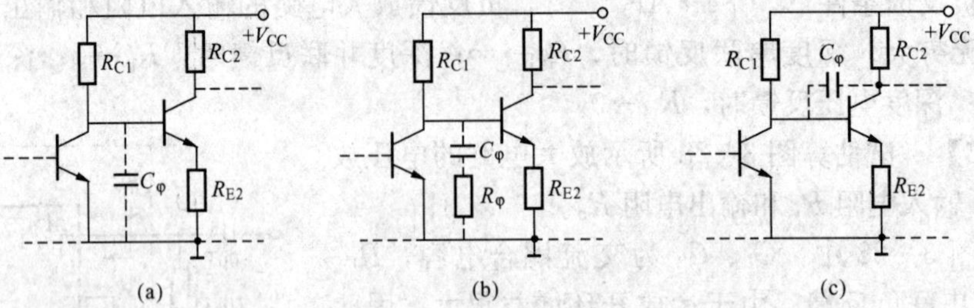

图 3-29 相位补偿网络

(a) 电容滞后补偿；(b) RC 滞后补偿；(c) 密勒补偿

思 考 题

1. 集成运放的输入级为什么采用差分放大电路？对集成运放的中间级和输出级各有什么要求？一般采用什么样的电路形式？

2. 试说明在下列情况下应选用何种类型的集成运放，并列出器件型号和满足要求的主要指标。试求：①作为一般交流放大电路；②高阻信号源（$R_S=10M\Omega$）的放大电路；③微弱电信号（$\mu_o=10\mu V$）的放大电路。

3. 试用集成运放分别设计实现下列运算关系的运算电路，画出电路并求出元件值。

（1）$u_o=-(5u_{i1}+u_{i2})$（$R_F=20k\Omega$）；

（2）$u_o=-u_{i1}+2u_{i2}$（$R_F=10k\Omega$）；

（3）$u_o=-100\int_0^t u_i dt$（$C_F=0.1\mu F$）。

4. 在图 3-18（b）调零电路中，$R_1=10k\Omega$，$R_2=R_F=100k\Omega$，运放的 $I_{B-}=90nA$，$I_{B+}=70nA$，当输入 $u_i=0$ 时，要使输出误差电压为零，流过调零电阻 R_2 的电流为多大？

5. 图 3-30 所示为一扩大输出电压电路，试求出输出电压 u_o 与输入电压 u_i 之间的关系。

6. 图 3-31 所示是利用集成运放构成的高输入阻抗差分放大电路。求：

（1）试说明电路是如何提高输入阻抗的？

（2）求出输出电压 u_o 和输入电压 u_{i1}、u_{i2} 之间的运算关系。

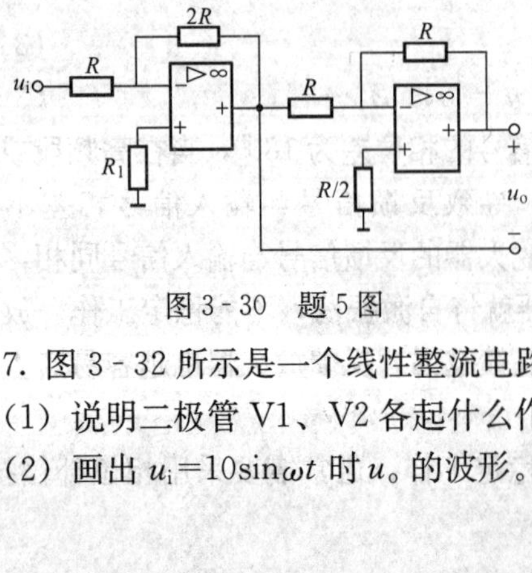

图 3-30 题 5 图

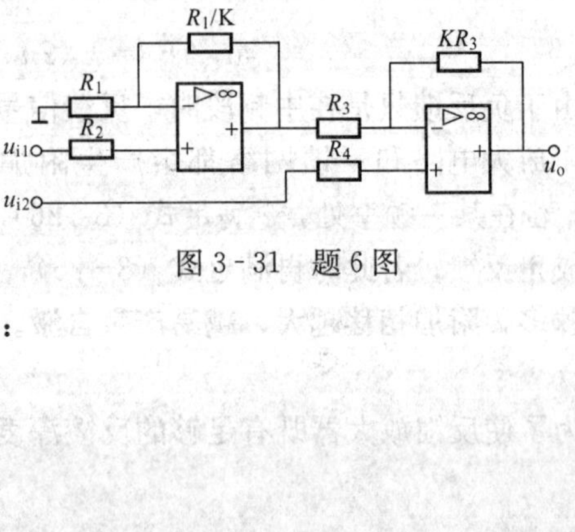

图 3-31 题 6 图

7. 图 3-32 所示是一个线性整流电路。试求：

（1）说明二极管 V1、V2 各起什么作用？

（2）画出 $u_i=10\sin\omega t$ 时 u_o 的波形。

(3) 若去掉 V1、V2，电路情况会发生什么变化？

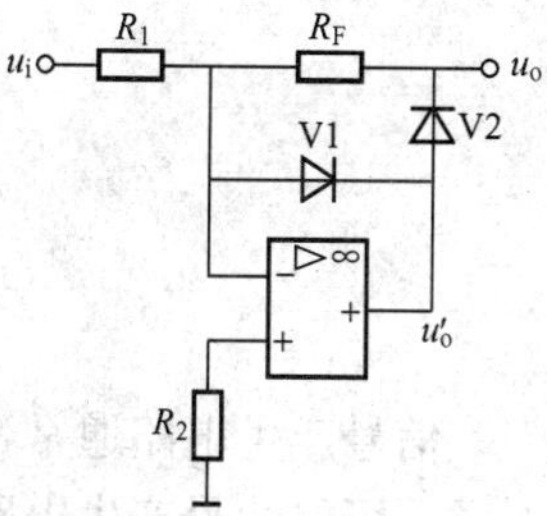

图 3-32　题 7 图

8. 从二阶压控电压源低通、高通和带通滤波电路来看，用集成运放接成同相放大电路后的 A_{up} $(=1+R_F/R_1)$ 最大不能超过多少才能使电路稳定？此三种滤波电路的通带电压增益各为多少？

9. 理想模拟乘法器中，$K=0.1V^{-1}$，若 $u_X=u_Y=2\cos\omega_c t$，试写出输出电压表达式，并说明实现了什么功能？

10. 立方根运算电路如图 3-33 所示，试求输出电压 u_o 的表达式。

11. 某负反馈放大电路，其闭环放大倍数为 100，且当开环放大倍数变化 10%时，闭环放大倍数的变化不超过 1%，试求其开环放大倍数和反馈系数。

12. 为什么在串联负反馈中，信号源内阻 R_S 的值愈小，其反馈效果愈好？而在并联负反馈中情况时相反，信号源内阻 R_S 的值愈大，其反馈效果愈好？

13. 图 3-34 所示为一扩大运放输出电流电路。求：

(1) 试分析电路的工作原理。

(2) 在电路中引入了何种负反馈？

(3) 估算电路的电压放大倍数 A_{uf}、输入电阻 R_{if} 和输出电阻 R_{of}。

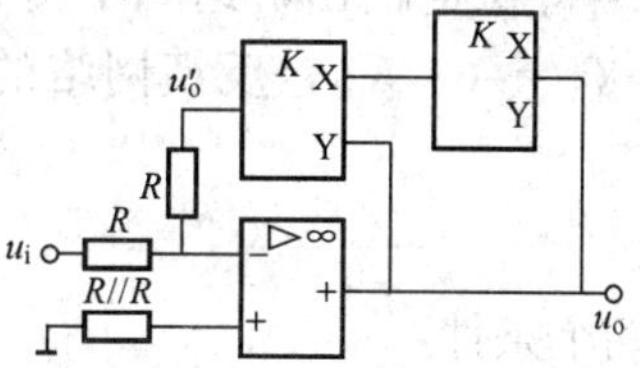

图 3-33　题 10 图

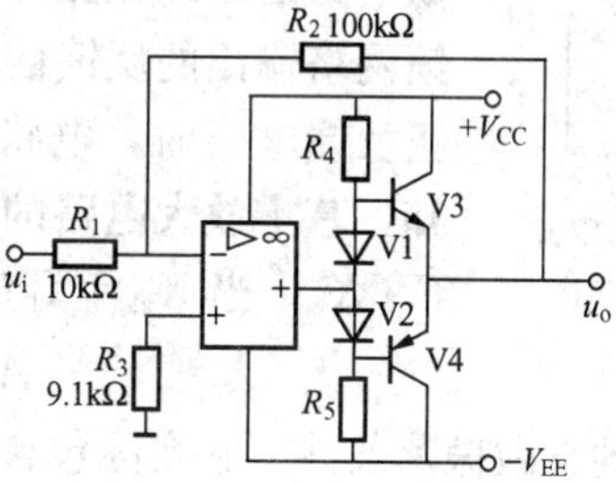

图 3-34　题 13 图

14. 反馈放大电路产生自激的原因是什么？应如何消除？

第 4 章

波 形 产 生 电 路

信号产生电路通常也称为振荡器，用于产生一定频率和幅度的信号。按输出信号波形的不同，可将信号产生电路分为两大类，即正弦波振荡电路和非正弦波振荡电路。正弦波振荡电路按电路形式又可分为 *RC* 振荡电路、*LC* 振荡电路和石英晶体振荡电路；非正弦波振荡电路按信号形式又可分为方波、三角波和锯齿波振荡电路等。

4.1 正弦波振荡电路

4.1.1 正弦波振荡电路的工作原理

一、振荡条件

振荡电路不需要外界输入信号，就有一定频率和幅度的信号输出。图 4-1 是正弦波振荡电路的原理框图。可以看到，基本放大电路的输入信号 $\dot{X}_{id}$ 就是反馈网络输出的反馈信号 $\dot{X}_f$。当 $\dot{X}_{id}$ 与 $\dot{X}_f$ 大小相等，极性相同，构成正反馈电路时，电路就能够维持稳定输出，达到平衡状态。由图可知，基本放大电路的输出为 $\dot{X}_o=\dot{A}\cdot\dot{X}_{id}$，反馈网络的输出为 $\dot{X}_f=\dot{F}\cdot\dot{X}_o$，当 $\dot{X}_{id}=\dot{X}_f$ 时，则有

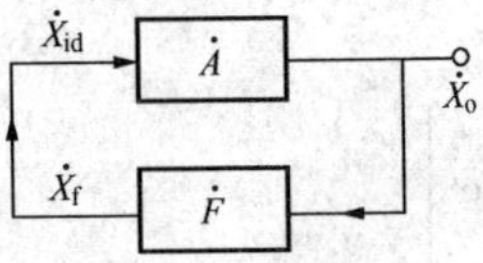

图 4-1 振荡电路的原理框图

$$\dot{A}\dot{F}=1 \tag{4-1}$$

就是振荡电路的自激振荡条件。它实际包含了下列两个条件：

(1) 振幅平衡条件： $|\dot{A}\dot{F}|=1$ (4-2)

即放大倍数和反馈系数的乘积的模为 1。

(2) 相位平衡条件： $\varphi_A+\varphi_F=2n\pi$ (4-3)

即放大电路的相移与反馈网络的相移之和为 $2n\pi$，其中 n 是整数。

由于振荡电路输出的是一个单一频率、幅度稳定的正弦波信号，因此图 4-1 所示的闭环系统内，必须还含有选频网络和稳幅环节。选频网络使振荡电路从各种频率的信号中，选择所需频率的信号以满足振荡条件，输出单一频率的正弦信号。稳幅环节保证振荡电路输出稳定且基本不失真的正弦波形。

二、起振和稳幅

当振荡电路接通电源时，电路中就会产生微弱的不规则的噪声或扰动信号，它包含各种频率的谐波分量，经选频网络选频，只有某一频率的信号满足相位条件，反馈到放大器的输入端。如果反馈信号同时又满足 $|\dot{A}\dot{F}|>1$ 的条件，经过正反馈和不断放大后，输出信号就会逐渐由小变大，使振荡电路起振。这个条件就是振荡电路的起振条件，它与振荡电路稳定工作时的平衡条件是有区别的。起振的幅值条件为 $|\dot{A}\dot{F}|>1$，而相位条件仍为 $\varphi_A+\varphi_F=2n\pi$。

经过不断地反馈、放大，输出信号逐渐变大，最后使放大器进入非线性工作区，放大器

的增益下降，从而达到 $|\dot{A}\dot{F}|=1$，使输出幅度稳定。也可以通过其他的稳幅环节实现稳幅。

4.1.2　*RC* 振荡电路

RC 正弦波振荡电路是由电阻、电容作为选频和反馈元件的振荡器，它适用于低频振荡，一般用于产生 1Hz～1MHz 的低频信号。

RC 正弦波振荡电路按选频和反馈形式的不同，可分为移相振荡器、双 T 桥振荡器和桥式振荡器。前两种适用于产生振荡频率覆盖范围小的点频振荡，是早期的一种正弦波振荡器；而文氏电桥振荡器适用于产生频率调节范围宽、波形好的正弦波振荡，应用广泛。

一、*RC* 串并联选频网络

桥式振荡器采用 *RC* 串并联网络作为选频网络和正反馈电路。*RC* 串并联选频网络如图 4-2（a）所示。Z_1 为 *RC* 串联电路，Z_2 为 *RC* 并联电路。由图可得 *RC* 串并联选频网络的电压传输系数为

$$\dot{F}_u=\frac{\dot{U}_2}{\dot{U}_1}=\frac{Z_2}{Z_1+Z_2}=\frac{R\,/\!/\,\frac{1}{j\omega C}}{R+\frac{1}{j\omega C}+R\,/\!/\,\frac{1}{j\omega C}}$$

$$=\frac{1}{3+j\left(\omega RC-\frac{1}{\omega RC}\right)}=\frac{1}{3+j\left(\frac{\omega}{\omega_0}-\frac{\omega_0}{\omega}\right)}\qquad(4-4)$$

式中：$\omega_0=\frac{1}{RC}$。　(4-5)

可得 *RC* 串并联选频网络的幅频特性和相频特性分别为

$$|\dot{F}_u|=\frac{1}{\sqrt{3^2+\left(\frac{\omega}{\omega_0}-\frac{\omega_0}{\omega}\right)^2}}\qquad(4-6)$$

$$\varphi_f=-\arctan\frac{\frac{\omega}{\omega_0}-\frac{\omega_0}{\omega}}{3}\qquad(4-7)$$

其幅频特性和相频特性曲线如图 4-2（b）所示。当 $\omega=\omega_0$ 时，$|\dot{F}_u|$ 达到最大值并等于 1/3，相移 φ_f 为 0°，输入电压和输出电压同相，所以 *RC* 串并联选频网络具有选频性。

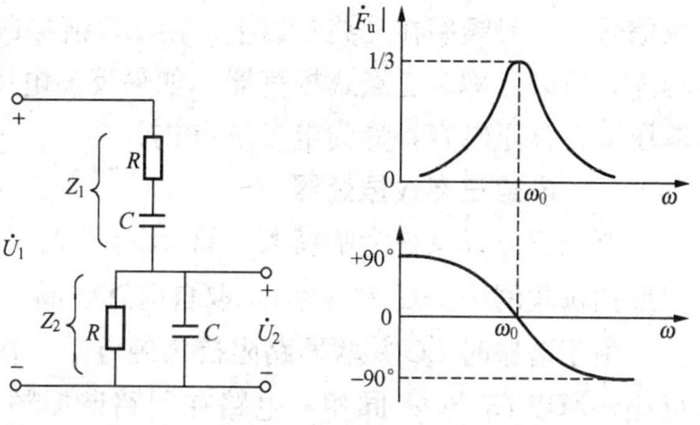

图 4-2　*RC* 串并联网络
（a）电路图；（b）幅频和相频特性

二、桥式振荡器

将 *RC* 串并联选频网络和放大器结合起来即可构成 *RC* 振荡电路，放大器件可采用集成运算放大器。如图 4-3 所示。

图中 *RC* 串并联选频网络构成正反馈，R_F、R_1 构成负反馈。由 *RC* 串并联选频网络与负反馈支路构成的 *RC* 电桥称为文氏电桥。这种振荡电路称为 *RC* 桥式振荡电

路或文氏电桥振荡器。

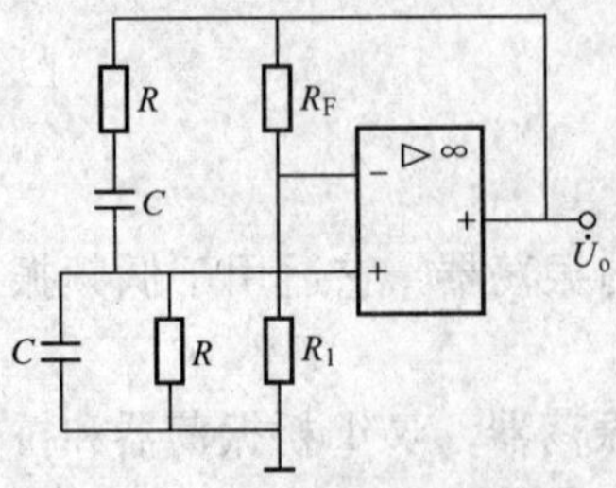

图 4-3　文氏电桥振荡电路

同相放大器的闭环增益为 $\dot{A}_u=1+R_F/R_1$，而 RC 串并联选频网络在 $\omega=\omega_0=1/RC$ 时，$\dot{F}_u=1/3$，$\varphi_f=0$，只要 $\dot{A}_u>3$，即 $R_F>2R_1$，振荡电路就满足自激振荡的振幅和相位起振条件，产生振荡，振荡频率为

$$f_0=\frac{1}{2\pi RC} \tag{4-8}$$

因此，$R_F>2R_1$ 是文氏电桥振荡器的起振条件。但它会使正反馈过强，随着振荡幅度的不断增大，只有当运放进入非线性区才能使增益下降，达到 $|\dot{A}\dot{F}|$ 的振幅平衡条件，这将导致输出波形严重失真。为了实现自动稳幅，R_F 大多采用具有负温度系数的热敏电阻。当输出电压增大时，R_F 温度升高，阻值减小，使负反馈加深，$|\dot{A}_u|$ 自动下降，在运放还未进入非线性区时，振荡电路就达到平衡条件，从而实现自动稳幅。为了使振荡频率连续可调，RC 串并联选频网络中的电阻和电容可选用同轴双联电位器或双联可变电容器。

图 4-4 所示是一实用文氏电桥振荡电路，V1、V2 和 R_3 相并联构成自动稳幅网络。起振时，由于输出电压很小，V1、V2 接近开路，该网络的等效电阻近似等于 R_3，此时 $|\dot{A}_u|=1+(R_2+R_3)/R_1>3$，电路产生振荡。随着输出电压的增大，V1、V2 导通，稳幅网络的等效电阻减小，$|\dot{A}_u|$ 随之下降，使 $|\dot{A}_u|=3$，幅度趋于稳定。

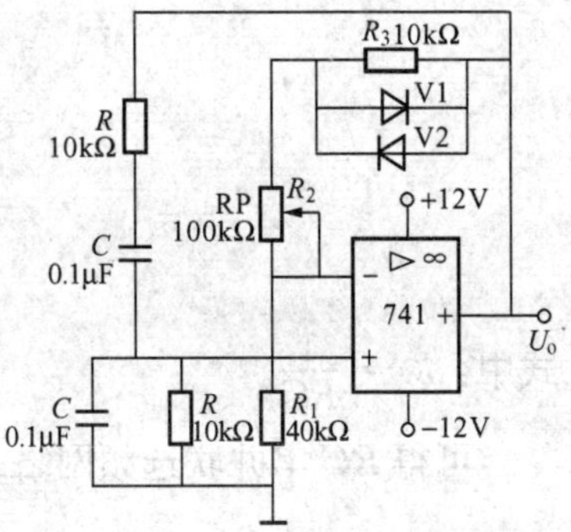

图 4-4　实用的桥式振荡电路

应当注意的是，由一般运放构成的文氏电桥振荡器，因运放的输入电阻限制了 R、C 的最大取值，所以不能振荡在很低的频率。要构成低失真超低频的振荡电路，须选用高输入阻抗的运放。而且如果振荡频率很低时，不能使用热惰性非线性元件来稳幅。

4.1.3　*LC* 振荡电路

采用 LC 谐振回路作为选频网络的振荡电路称为 LC 振荡电路，它主要用来产生高频正弦信号，一般频率在几兆赫以上。由 LC 谐振回路引出三个端点，分别与放大管的三个电极相连，所以常称为三点式振荡器。如果反馈电压取自分压电感，称为电感三点式；如果反馈电压取自分压电容，称为电容三点式。

一、电感三点式振荡器

电感三点式又称为哈特莱（Hartley）振荡器，电路如图 4-5 所示。L_1、L_2 与 C 构成正反馈选频网络，反馈信号 $\dot{U}_f$ 取自电感线圈 L_2 两端电压，故也称为电感反馈式振荡电路。

由于谐振时 LC 并联回路阻抗为纯电阻，输出电压 $\dot{U}_o$ 与输入电压 $\dot{U}_i$ 反相，而 $\dot{U}_f$ 与 $\dot{U}_o$ 反相，所以 $\dot{U}_f$ 与 $\dot{U}_i$ 同相，电路在回路谐振频率上构成正反馈，满足了振荡的相位平衡条件。电路的振荡频率为：

$$f_0=\frac{1}{2\pi\sqrt{LC}}=\frac{1}{2\pi\sqrt{(L_1+L_2+2M)C}} \tag{4-9}$$

式中：L 为回路的总电感；M 为回路之间的互感系数。

电感三点式振荡电路简单，只要反馈电感线圈 L_2 选取适当（一般取 $L_1/L_2=1/8\sim1/4$），电路很容易起振，且振荡幅度也很大。但由于其反馈电压取自电感支路，对高次谐波呈现高阻抗，因此振荡波形中含高次谐波成分多，信号波形较差。电感三点式振荡电路的振荡频率不易作高，一般最高可达几十兆赫。

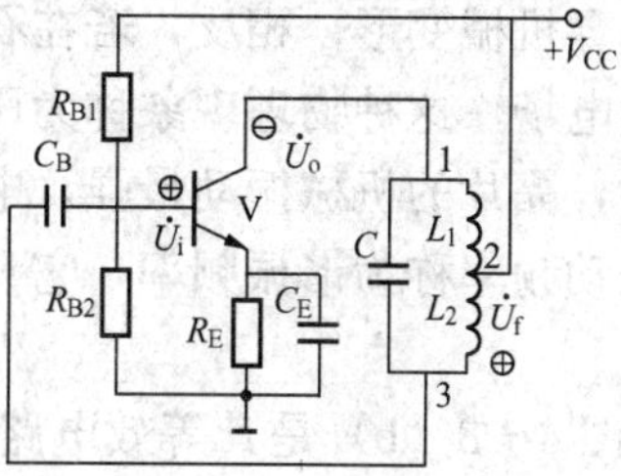

图 4-5　电感三点式振荡电路

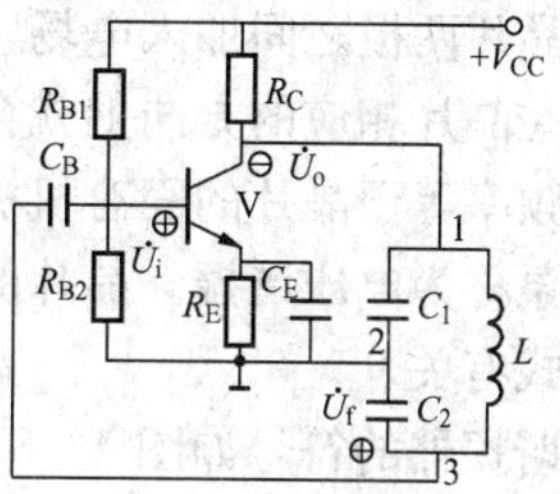

图 4-6　电容三点式振荡电路

二、电容三点式振荡电路

电容三点式又称为考毕兹（Colpitts）振荡器，电路如图 4-6 所示。L 与 C_1、C_2 构成正反馈选频网络，反馈信号 $\dot{U}_f$ 取自电容 C_2 两端，故也称为电容反馈式振荡电路。可以判断出在 LC 回路谐振频率上 $\dot{U}_f$ 与 $\dot{U}_i$ 同相，满足振荡的相位平衡条件。电路的振荡频率为

$$f_0=\frac{1}{2\pi\sqrt{LC}}=\frac{1}{2\pi\sqrt{L\dfrac{C_1C_2}{C_1+C_2}}} \tag{4-10}$$

电容三点式振荡电路由于其反馈电压取自电容支路，对振荡回路高次谐波阻抗小，因此振荡波形中含高次谐波成分小，波形失真小。其振荡频率很高，可达 100MHz 以上。调节 L 或 C_1、C_2 可改变振荡频率，但如果 L 太小，电感的 Q 值就很低；如果改变 C_1、C_2，又会改变分压比，从而影响正反馈量，甚至会因不满足振荡条件而停振。

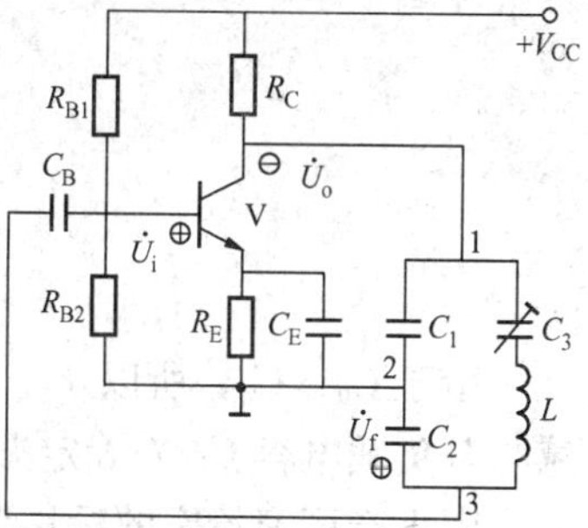

图 4-7　改进型电容三点式振荡电路

图 4-7 所示电路为改进型电容三点式振荡电路，也称为克拉泼（Clapp）电路。它在电感支路中串入了一个容量很小的微调电容 C_3，当 $C_1\gg C_3$，$C_2\gg C_3$ 时，电路的振荡频率为

$$f_0\approx\frac{1}{2\pi\sqrt{LC_3}} \tag{4-11}$$

因此，振荡频率就取决于 L 与 C_3，而与 C_1、C_2 基本无关，这样将决定振荡频率的回路元件与提供反馈信号的反馈元件分开，减小了晶体管参数对 LC 振荡回路的影响，提高了频率的稳定性，其频率稳定度可高达 10^{-5}。

4.1.4　石英晶体振荡电路

石英晶体振荡电路是以高稳定度、高 Q 值的石英晶体谐振器替代 LC 谐振回路中的元器件而构成的正弦波振荡器，其频率稳定度一般可达到 $10^{-6}\sim10^{-8}$。

一、石英晶体谐振器的阻抗特性

石英晶体谐振器又称为石英晶体，俗称晶振。由于石英晶体谐振器体积小，重量轻，品质因数极高，且频率及温度稳定性好，目前已成为构成各种高精度振荡器的核心元件，用于稳定频率和选择频率。

石英晶体由具有一定尺寸和几何形状、并按照一定轴向切割下来的石英晶片外接电极引线组成。若在晶片两极之间加入电场，石英晶片就会机械变形；相反，若在石英晶片上施加机械用力，则在晶片相应的方向上就会产生一定的电场，这种物理现象称为压电效应。当外加交变电压的频率等于晶片的固有机械振动频率时，晶片的机械振动最强，电路中交变电流最大，这种现象称为电压谐振。晶片的固有机械振动频率称为谐振频率，它只与晶片的几何尺寸和振动形式有关。

石英晶体谐振器的符号如图 4-8（a）所示，图 4-8（b）是其等效电路。图 4-8（b）中 C_0 为石英晶体不振动时两极间的电容，称为静态电容。L_q、C_q 分别为晶片振动时的动态电感和动态电容，R_q 为晶片振动时的等效摩擦损耗，数值约为 100Ω。

石英晶体谐振器的品质因数 Q 由其动态参数决定，即

$$Q=\frac{\omega L_q}{R_q}=\frac{1}{\omega C_q L_q} \tag{4-12}$$

由于 L_q 很大，C_q、R_q 很小，所以 Q 值很高，可达 $10^4 \sim 10^6$。

石英晶体谐振的阻抗特性如图 4-8（c）所示，可以看到石英晶体谐振器有两个谐振频率，一个是由 L_q、C_q、R_q 串联谐振时的频率 f_s，另一个是由 L_q、C_q、R_q 与 C_0 并联谐振时的频率 f_p，即

$$f_s=\frac{1}{2\pi\sqrt{L_q C_q}} \tag{4-13}$$

$$f_p=\frac{1}{2\pi\sqrt{L_q\dfrac{C_0 L_q}{C_0+L_q}}} \tag{4-14}$$

由于 $C_0 \gg C_q$，所以 f_s、f_p 十分接近。石英晶体谐振器就是利用 f_s 与 f_p 之间的等效电感与其负载电容 C_L 来确定振荡频率的。

由生产厂家给定的标称谐振频率一般都介于 f_0、f_p 之间。国产石英晶体谐振器的负载电容 C_L，高频校正时为 30pF，低频时为 50pF 或 100pF。使用石英晶体应工作在其标称振荡频率上，这时频率稳定性最好。

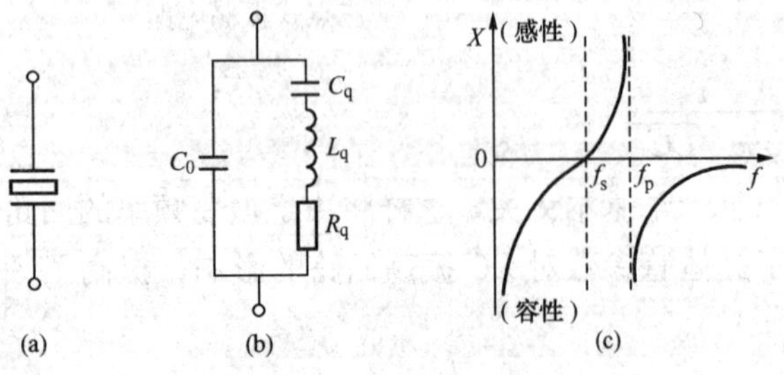

图 4-8 石英晶体谐振器

（a）电路图；（b）等效电路；（c）阻抗特性

石英晶体谐振器的型号命名由三部分组成：第一部分用一个汉语拼音字母表示外壳的形状与材料，如金属壳用“J”表示，塑料壳用“S”表示，玻璃壳用“B”表示等；第二部分用晶体切型符号的第一个字母表示石英片切割取向的类型；第三部分用阿拉伯数字表示顺序号，以区分主要性能及外形尺寸。

二、石英晶体振荡电路

由石英晶体构成的正弦波振荡电路一般可分为并联型晶体振荡电路和串联型晶体振荡电路。图4-9所示为并联型晶体振荡点路，微调电容C_L使石英晶体工作在f_0与f_∞之间，石英晶体呈电感性，与C_1、C_2构成LC并联振荡回路。它实质上就构成了电容三点式振荡电路。

图4-10所示为串联型晶体振荡电路，石英晶体和微调电容C_L构成正反馈通路。微调电容C_L使石英晶体工作在串联谐振频率上，这时正反馈通路阻抗最小，实现正反馈最强，满足振荡条件，振荡电路便产生振荡。这种类型的石英晶体振荡电路，若将石英晶体设置为不同的频率，可产生不同的振荡，振荡频率在几十至几百千赫之间变化。其缺点是振荡产生的波形不是正弦波，而是近似于矩形波。

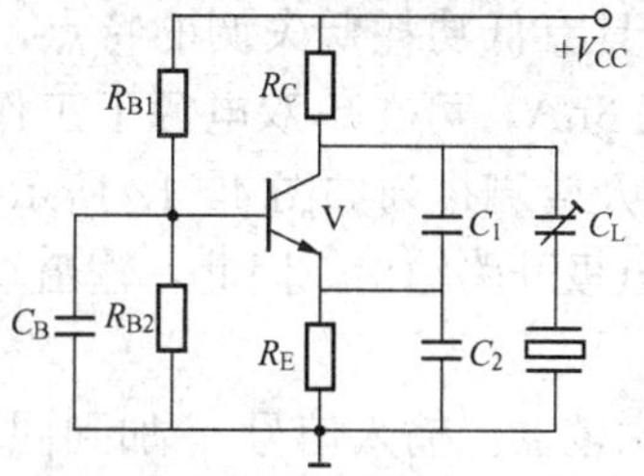

图4-9　并联型晶体振荡电路

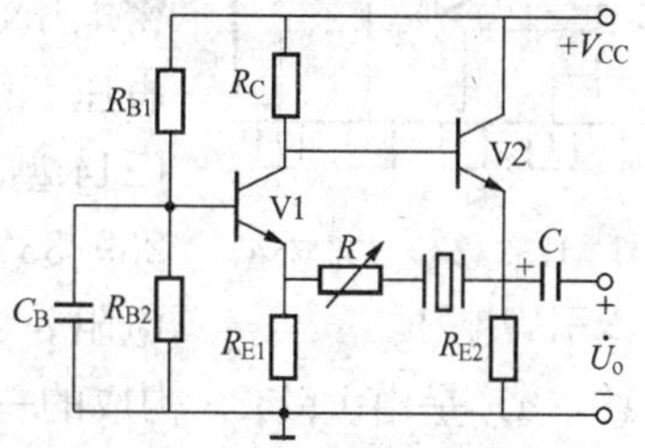

图4-10　串联型晶体振荡电路

4.2　非正弦波产生电路

在非正弦波信号产生电路中经常要用到电压比较器。电压比较器的基本功能是用来判断输入信号电压之间的相对大小，并根据比较结果输出高电平或低电平电压。电压比较器可由通用集成运放组成，也可做成专用集成器件。

4.2.1　电压比较器

一、单限电压比较器

（一）集成运放电压比较器

由集成运放组成的单限电压比较器如图4-11（a）所示，为开环工作状态。加在反相输入端的信号u_i与同相输入端的参考信号U_{REF}进行比较。

由于运算放大器具有很高的开环电压增益，当$u_i>U_{REF}$时，运算放大器输出为负，最大值$U_{OL}=-U_{OM}$；当$u_i<U_{REF}$时，运算放大器输出为正，最大值$U_{OH}=+U_{OM}$，其传输特性如图4-11（b）所示。

若电路中的$U_{REF}=0$，这时的电压传输特性将平移到与纵坐标重合，称之为过零电压比较器。

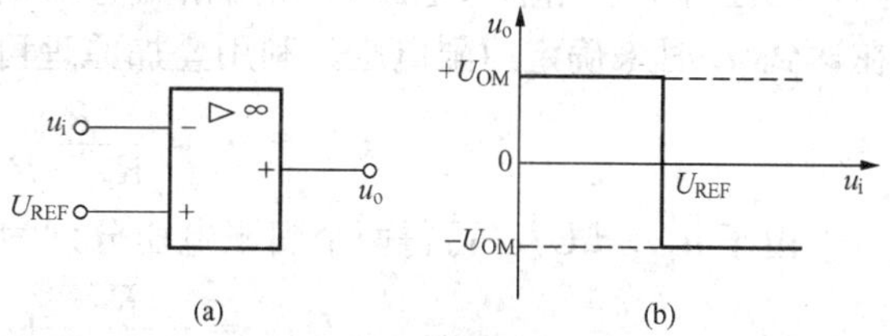

图4-11　单限电压比较器

（a）电路图；（b）电压传输特性

由于运算放大器的输出状态在$u_i=U_{REF}$时发生跳变翻转，则称U_{REF}为门限电压，记为

U_T。由于上述电路中只有一个门限电压，故称为单限电压比较器。

（二）集成电压比较器

集成电压比较器是一种专用的运算放大器，其主要特点是输入级工作电流较大，转换速度快，可达到 3～5ns；输出电平可与 TTL、CMOS 等电路兼容，甚至可以直接驱动继电器、指示灯等；电源选择范围宽，电源电压几伏至几十伏，单双电源均可。它广泛应用于波形变换、整形及电平检测等电路。

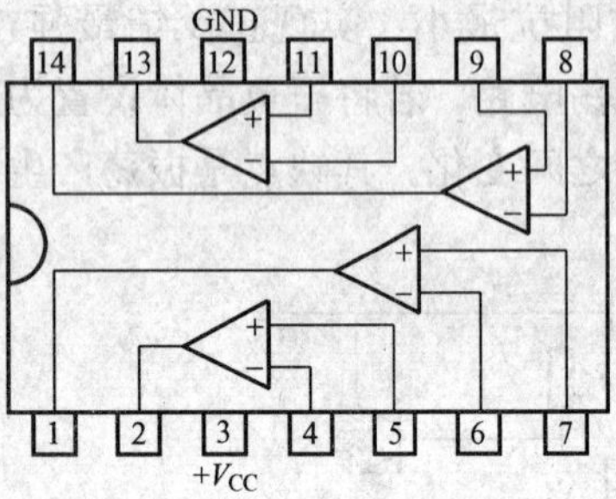

图 4－12　LM139/239/339 外型及引脚排列

常用集成电压比较器在结构上有：单比较器（如 LM311、AM685）、双比较器（如 LM193/293/393、LM2903）、四比较器（如 LM139/239/339、MC3302、CD4574）等。

LM139/239/339 系列集成电压比较器由 4 个独立的精密电压比较器组成，具有低功耗低失调的特点，输入失调电压 2mV，失调电流 3nA，可在单双电源下工作。它采用 C-14 型封装，其外型及管脚排列如图 4－12 所示。LM139/239/339 输出端为集电极开路输出，因此，输出端要有上拉电阻。

图 4－13（a）是由 LM339 构成的一个单限电压比较器。输入信号 u_i 加到同相输入端，参考电压 U_{REF} 接在反相输入端。R 为上拉电阻。当输入电压 $u_i > U_{REF}$ 时，输出为高电平 U_{OH}。其传输特性如图 4－13（b）所示。

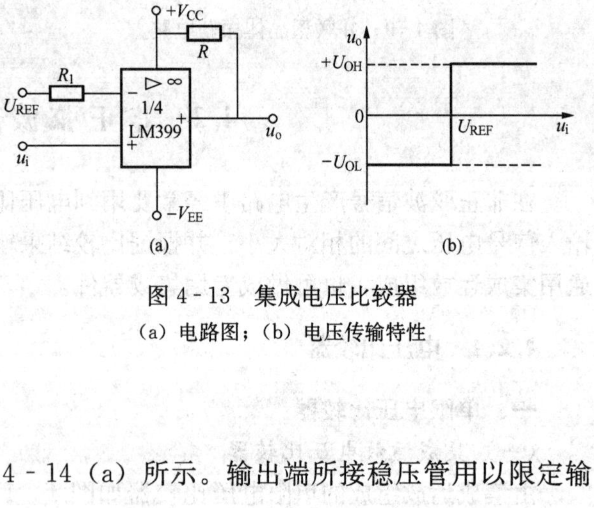

图 4－13　集成电压比较器
（a）电路图；（b）电压传输特性

对于单限电压比较器，如果输入信号 u_i 在门限值附近有微小的干扰，输出电压就会产生相应的抖动（起伏）。为了克服这一缺点，可采用迟滞比较器。

二、迟滞比较器

（一）工作原理

迟滞比较器是一种带有正反馈的比较器，由集成运放组成的迟滞比较器如图 4－14（a）所示。输出端所接稳压管用以限定输出高低电平幅度，R 为稳压管限流电阻。

由图可知，当输入电压 u_i 和同相端电压 u_+ 相同时，比较器的输出电压产生翻转，即可在达到 u_+ 时来确定门限电压。利用叠加原理可得

$$U_T = u_+ = \frac{R_F}{R_F + R_2}U_{REF} + \frac{R_2}{R_F + R_2}u_o \tag{4-15}$$

由于 $u_o = \pm U_Z$，可得两个门限电压分别为

$$U_{T+} = \frac{R_F}{R_F + R_2}U_{REF} + \frac{R_2}{R_F + R_2}U_Z \tag{4-16}$$

$$U_{T-} = \frac{R_F}{R_F + R_2}U_{REF} - \frac{R_2}{R_F + R_2}U_Z \tag{4-17}$$

称 U_{T+} 为上门限电压，U_{T-} 为下门限电压。其电压传输特性如图 4－14（b）所示。当 u_i 由小（$<U_{T-}$）增大时，输出 $u_o = U_Z$，此时门限电压为 U_{T+}，当 u_i 增大到大于 U_{T+} 时，输

出跳变翻转为 $-U_Z$，门限电压变为 U_{T-}。u_i 继续增大，u_o 则保持不变。同理，当 u_i 由大（$>U_{T+}$）变小时，输出 $u_o=-U_Z$，门限电压变为 U_{T-}，当 u_i 减小到小于 U_{T-} 时，输出翻转为 U_Z，门限电压变为 U_{T+}。u_i 再减小，u_o 保持不变。可见其传输特性具有迟滞回线形状，因此电路称为迟滞比较器，又称为施密特触发器。

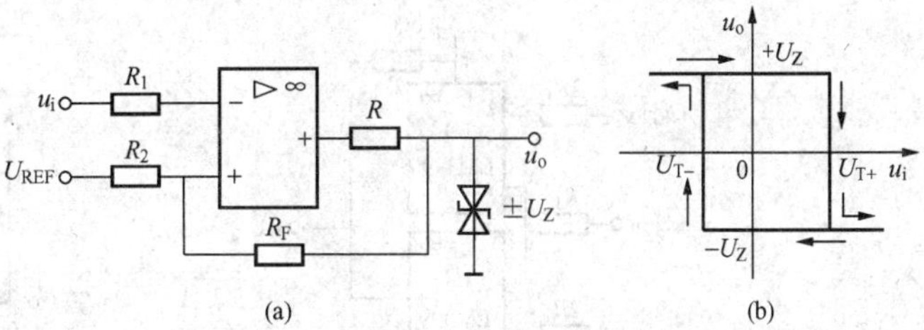

图 4-14　迟滞比较器

(a) 电路图；(b) 电压传输特性

上门限电压 U_{T+} 和下门限电压 U_{T-} 之差称为门限宽度或回差电压，即 $\Delta U=U_{T+}-U_{T-}$。调节 R_F 和 R_2，可改变 ΔU。

可以看出，当输出状态一旦转换后，只要在门限电压值附近的干扰不超过 ΔU，输出电压的值就是稳定的。ΔU 越大，比较器的抗干扰能力越强，但分辨率降低，即不能分辨差别小于 ΔU 的两个输入电压值。此外，由于迟滞比较器加有很强的正反馈，一方面可以加快比较器的响应速度，另一方面还可免除由于电路寄生耦合而产生的自激振荡。

由 LM339 组成的单电源迟滞比较器如图 4-15 所示，R 为上拉电阻，其工作原理同上。

（二）应用举例

图 4-16 为某电磁炉电路中电网过电压检测电路部分。电网电压正常时，LM339 的 $u_+=2.8V$，当 u_i（u_-）$<2.8V$ 时，输出高电平，这时过电压保护电路不工作，作为正反馈的射极跟随器 V 导通。当电网电压大于 242V 时，使 $u_->2.8V$，比较器翻转，输出为 0V，V 截止，u_+ 的电压就完全决定于 R_1 与 R_2 的分压值，取为 2.7V，促使 u_- 更大于 u_+，这就使翻转后的状态极为稳定，避免了过压点附近由于电网电压很小的波动而引起的不稳定的现象。由于存在一定的回差，在过电压保护后，电网电压要降到 $242-5=237V$ 时，才使 $u_-<u_+$，电磁炉才又开始工作。

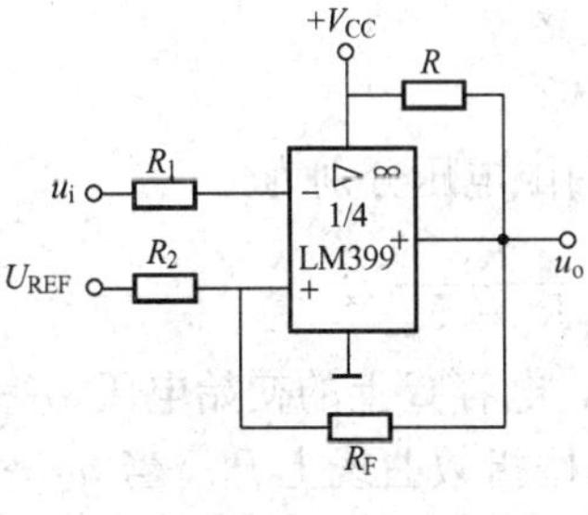

图 4-15　LM339 组成的迟滞比较器

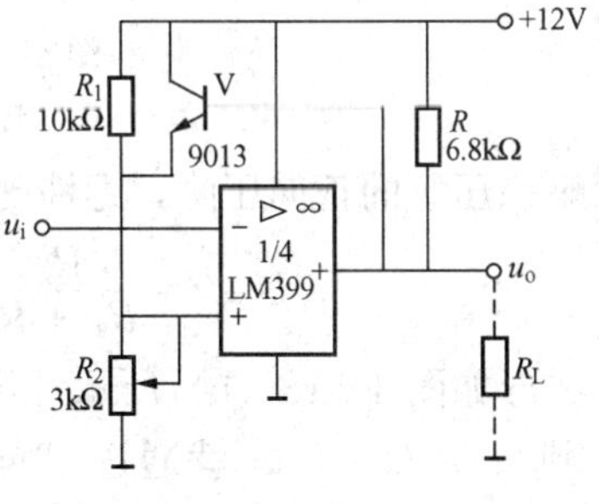

图 4-16　过电压检测电路

三、窗口比较器

窗口比较器也称为双限电压比较器。图 4-17（a）所示为由 LM339 组成的窗口比较器。U_{REF1} 为下门限电压，U_{REF2} 为上门限电压。当输入信号 u_i 位于门限电压之间时（$U_{REF1}<u_i<U_{REF2}$），输出为高电位（$u_o=U_{OH}$）。当 $u_i<U_{REF1}$ 或 $u_i>U_{REF2}$ 时，输出为低电位（$u_o=U_{OL}$）。其电压传输特性如图 4-17（b）所示。比较器的窗口电压 $\Delta U=U_{REF1}-U_{REF2}$。它可用来判断输入信号电位是否位于指定门限电位之间。

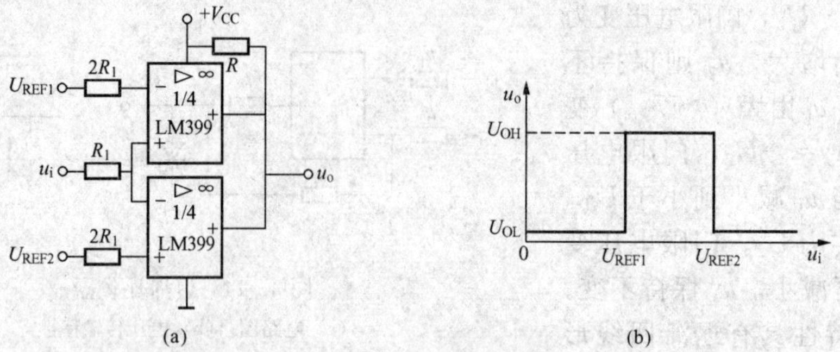

图 4-17 窗口比较器

(a) 电路图；(b) 电压传输特性

4.2.2 方波和矩形波发生电路

方波和矩形波常用作脉冲和数字系统的信号源。由于方波和矩形波包含极丰富的谐波，因此也称为多谐振荡器。

一、方波发生电路

方波发生电路如图 4-18（a）所示。它是由迟滞比较器和 RC 组成的具有延时作用的负反馈回路组成的。

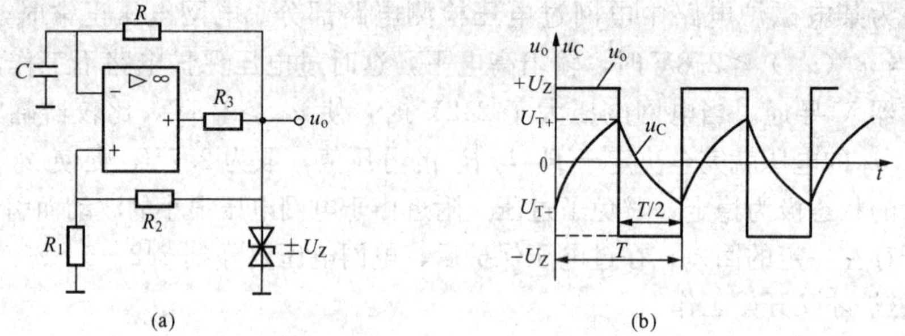

图 4-18 方波发生电路

(a) 电路图；(b) 工作波形

如果忽略稳压管的正向压降，迟滞比较器的两个门限电压分别为

$$U_{T+}=\frac{R_1}{R_1+R_2}U_Z,U_{T-}=-\frac{R_1}{R_1+R_2}U_Z$$

其工作波形如图 4-18（b）所示。当加上电源时，电容 C 上的初始电压 $u_C=0$，设此时的 $u_o=U_Z$，则 $u_+=U_{T+}$，u_o 就通过 R 向 C 充电，u_C 按指数曲线上升。当 $u_C>U_{T+}$ 时，输出电压 $u_o=-U_Z$，使 $u_+=U_{T-}$，电容 C 通过 R 放电，u_C 按指数曲线下降。当 $u_C<U_{T-}$ 时，输出电压 $u_o=U_Z$。这样，通过电容的交替充电和放电，电路就形成振荡，输出方波。

电路的振荡周期和频率为

$$\left.\begin{aligned}T&=2RC\ln\left(1+\frac{2R_1}{R_2}\right)\\f&=\frac{1}{T}\end{aligned}\right\}\qquad(4-18)$$

改变 R_1、R_2 或 R 的值，就能改变振荡频率。电路振荡频率的上限由运放的转换速率

S_R 决定；S_R 越大，波形前沿越陡，方波质量越好。该电路如选用 S_R 大的运放，最高频率可达 10^5 Hz。

二、矩形波发生电路

使方波发生电路中的负反馈回路充放电时间常数不相等，就构成了矩形波发生电路，具体电路及波形如图 4 - 19 所示。

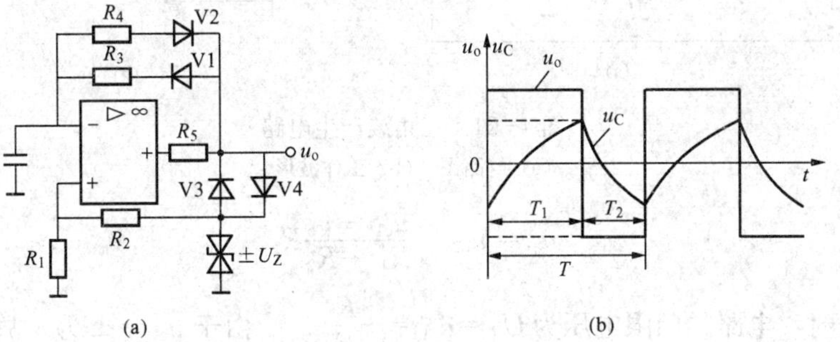

(a)　　(b)

图 4 - 19　矩形波发生电路

(a) 电路图；(b) 工作波形

电路中的二极管 V1、V2 用来隔离充放电回路，图中 V1、R_3 为充电回路，V2、R_4 为放电回路。V3、V4 用于抵消 V1、V2 对门限电压的影响。其工作过程同方波发生电路。

电路的振荡周期为

$$T = T_1 + T_2 = (R_3 + R_4)C\ln\left(1 + \frac{2R_2}{R_1}\right) \tag{4-19}$$

占空比为

$$q = \frac{T_1}{T} = \frac{R_3}{R_3 + R_4} \tag{4-20}$$

占空比 q 为矩形波形中高电平的时间与周期之比。可见方波的占空比为 50%。改变 R_2/R_1 的比值或 C 可以改变电路的振荡频率。改变 R_3、R_4 也会使频率变化，但如果改变 R_3 或 R_4，保持 $(R_3 + R_4)$ 的总阻值不变，则不会影响频率，但占空比要发生变化。占空比的可调范围由运放的上升速率、最大输出电流、输入偏流等参数决定。

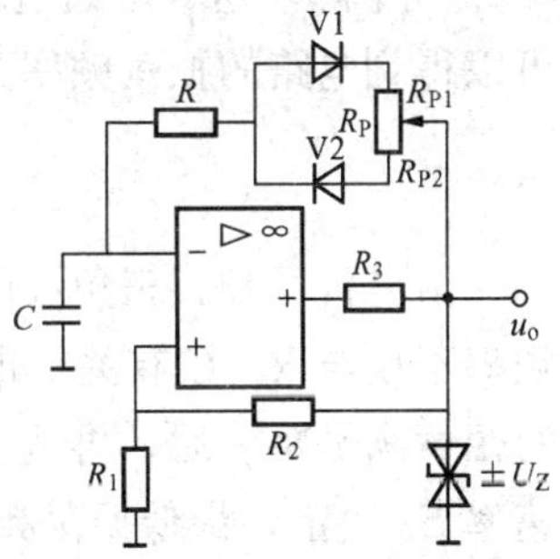

图 4 - 20　占空比可调的矩形波发生电路

图 4 - 20 为占空比可调的矩形波发生电路。调节 R_P 可调节输出波形的占空比，但并不改变其振荡频率。其振荡周期为

$$T = (2R + R_P)C\ln\left(1 + \frac{2R_2}{R_1}\right) \tag{4-21}$$

占空比为

$$q = \frac{T_1}{T} = \frac{R + R_{P1}}{R + R_P} \tag{4-22}$$

4.2.3　三角波和锯齿波产生电路

一、三角波产生电路

对称的方波和三角波产生电路由同相输入迟滞比较器 A1 和积分器 A2 组成，A2 的输出 u_o 反送到 A1 作为输入信号，如图 4 - 21 (a) 所示。

迟滞比较器 A1 的门限电压可由 u_+ 过零的条件得到，由电路可知

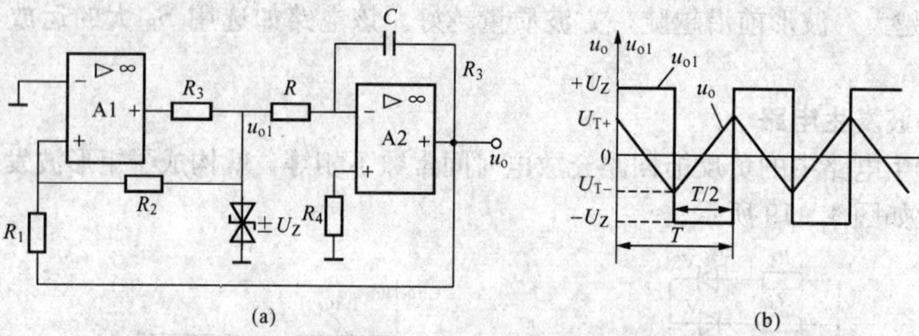

图 4-21　三角波产生电路

(a) 电路图；(b) 工作波形

$$u_+ = u_{o1} - \frac{u_{o1} - u_o}{R_1 + R_2} R_1 \tag{4-23}$$

当 $u_+ = 0$ 时，电路的门限电压为 $U_T = u_{o1} = -\frac{R_1}{R_2} u_{o1}$。由于 $u_{o1} = \pm U_Z$，故

当 $u_{o1} = -U_Z$ 时，
$$U_{T+} = \frac{R_1}{R_2} U_Z \tag{4-24}$$

当 $u_{o1} = +U_Z$ 时，
$$U_{T-} = -\frac{R_1}{R_2} U_Z \tag{4-25}$$

其工作波形如图 4-21（b）所示。当加上电源时，电容 C 上的初始电压 $u_C = 0$，则 A2 的输出 $u_o = 0$。若设此时 A1 的输出 $u_{o1} = +U_Z$，其门限电压为 U_{T-}。$+U_Z$ 就通过 R 向 C 充电，u_o 线性下降。当 $u_o < U_{T-}$ 时，u_{o1} 翻转为 $-U_Z$，那么此时的门限电压变为 U_{T+}。$-U_Z$ 使电容 C 通过 R 放电，u_o 线性下降。当 $u_o > U_{T+}$ 时，u_{o1} 又翻转为 $+U_Z$，开始对电容 C 充电，u_o 线性下降。这样，通过电容的交替充放电，电路就形成振荡，u_o 为三角波，u_{o1} 为方波。可以得到电路的振荡频率为

$$f = \frac{R_2}{4R_1RC} \tag{4-26}$$

由分析可知，三角波的幅度为门限电压 U_{T+} 和 U_{T-}，仅与 R_1、R_2 和 U_Z 有关；而振荡频率不仅与 R、C 有关，也与 R_1、R_2 有关。因此在调节时，应先调整 R_1 和 R_2，使三角波的幅值满足要求后，再调整 R 和 C，使振荡频率达到所需值。电路的最高频率由运放的转换速率 S_R 决定，最低振荡频率则由积分漂移决定，积分漂移越小，最低振荡频率也就可做得越低。

二、锯齿波发生电路

若在三角波发生电路中，用二极管 V1、V2 和电位器 R_P 代替原来的积分电阻，利用二极管的单向导电性，可将充电回路与放电回路分离，构成锯齿波电路，如图 4-22（a）所示。

当 A1 的输出 u_{o1} 为 $+U_Z$ 时，$+U_Z$ 就通过 V1、R_{P1} 向 C 充电，充电时间常数为 $R_{P1}C$；当 $u_{o1} = -U_Z$，$-U_Z$ 使电容 C 通过 V2、R_{P2} 放电，放电时间常数为 $R_{P2}C$。正是由于两个充、放电时间常数的不一致，使 u_o 输出为锯齿波，而 u_{o1} 输出为矩形波，其工作波形如图 4-22（b）所示。电路的振荡频率为

$$f = \frac{R_2}{2R_1R_PC} \tag{4-27}$$

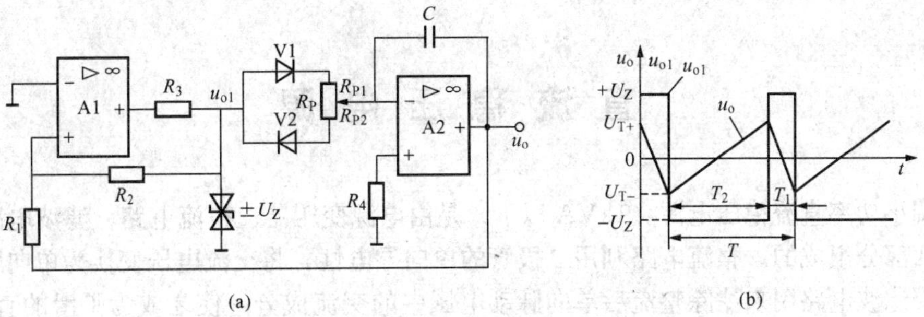

图 4-22　锯齿波发生电路

(a) 电路图；(b) 工作波形

占空比为

$$q=\frac{T_1}{T}=\frac{R_{P1}}{R_P} \tag{4-28}$$

可见调节 R_P 可调节输出波形的占空比，但并不改变电路的振荡频率。

三、集成函数发生器

单片集成函数发生器可以产生方波、三角波和正弦波。ICL8038 是常用的单片集成专用电路，频率范围为 0.001Hz～300kHz，电路简单、外围元件少，广泛应用在各种信号发生器中。有关 ICL8038 的工作原理和应用请参阅本书第 13.3 章节。

思　考　题

1. 正弦波振荡电路的条件是什么？而负反馈放大电路自激条件是什么？

2. 正弦波振荡电路一般由哪几个部分组成，各部分的作用是什么？

3. 为了保证 RC 正弦波振荡电路起振，其条件是什么？并说明理由。

4. 在图 4-3 所示振荡电路中，为了稳定输出电压幅度，R_1 应采用什么温度系数的热敏电阻？若 $R=20\text{k}\Omega$，$C=0.01\mu\text{F}$，电路的振荡频率为多少？

5. 电容三点式振荡电路与电感三点式振荡电路比较，其输出的谐波成分小，输出波形较好，为什么？

6. 试比较 RC 正弦波振荡电路、LC 正弦波振荡电路和石英晶体正弦波振荡电路的频率稳定度，说明哪一种频率稳定度最高，哪一种最低。为什么？

7. 试分别说明，石英晶体在并联晶体振荡电路和串联晶体振荡电路中各起什么作用。

8. 试分析集成运放构成的电压比较器与一般线性运算电路有什么区别？如何来判断？

9. 在图 4-14 中所示的迟滞比较电路中，若 $U_Z=\pm 6\text{V}$，$U_{REF}=3\text{V}$，$R_1=10\Omega$，$R_2=20\text{k}\Omega$，①计算电路的门限电压；②若在输入端加入 $u_S=5\sin\omega t$ 的信号，试画出输出波形。

10. 利用图 4-23 所示的电路挑选 PNP 三极管。要求当被测三极管的穿透电流 I_{CEO} 在不大于 $20\mu\text{A}$ 时，比较器将驱动发光二极管发光，表示质量合格。试问电阻 R_1 应选多大？

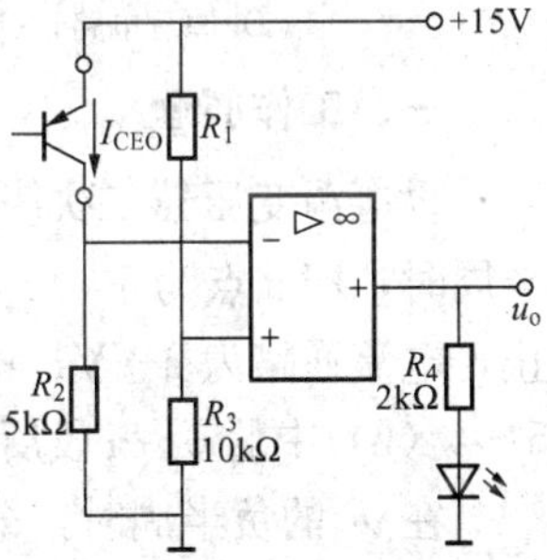

图 4-23　题 10 图

第 5 章

直流稳压电源

常用小功率直流稳压电源（1kVA 以下）是由电源变压器、整流电路、滤波电路和稳压电路等四部分组成的。整流电路利用二极管的单向导电性，将交流电压变换为单向脉动的直流电压；滤波电路用来滤除整流后单向脉动电压中的交流成分，使之成为平滑的直流电压；稳压电路的作用是当输入交流电源电压波动、负载和温度变化时，维持输出直流电压的稳定。

5.1 整流滤波电路

5.1.1 单相桥式整流电路

在小功率直流稳压电路中，通常采用单相整流，常见的有单相半波、全波和桥式整流及倍压整流电路。这里主要讨论单相桥式整流电路。

单相桥式整流电路如图 5-1（a）所示，Tr 是电源变压器，V1～V4 四只整流二极管接成电桥的形式，R_L 为等效负载电阻。图 5-1（b）是桥式整流电路的简易画法。

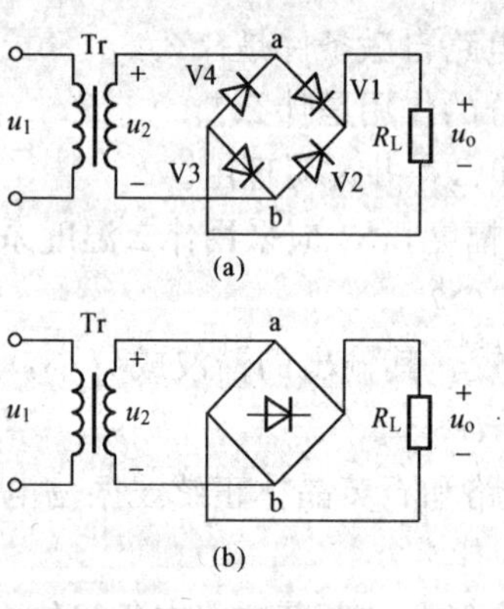

图 5-1　单相桥式整流电路

（a）原理电路；（b）简化画法

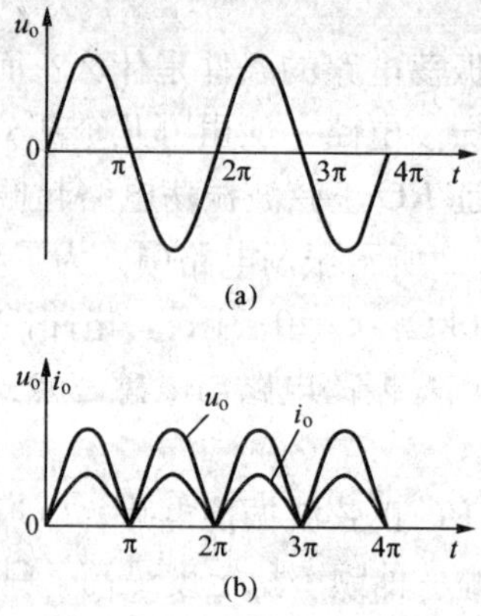

图 5-2　工作波形

（a）二次绕组电压波形；（b）负载电压、电流波形

一、工作原理

设电源变压器二次绕组的电压为 $u_2=\sqrt{2}U_2\sin\omega t$，波形如图 5-2（a）所示。在 u_2 的正半周时，即 a 点为正，b 点为负时，二极管 V1、V3 处于正偏而导通，V2、V4 因反偏而截止，电流通路为 a→V1→R_L→V3→b。这时，负载电阻 R_L 上得到一个半波的电压，如图 5-2（b）中的 0～π 段所示。若忽略二极管的正向压降，$u_o=u_2$。

在 u_2 的负半周时，即 a 点为负，b 点为正。则 V1、V3 截止，V2、V4 导通，电流通路为 b→V2→R_L→V4→a。同样，在负载电阻上得到一个半波电压，如图 5-2（b）中的 π～2π 段所示。若忽略二极管的正向压降，$u_o=-u_2$。

这样，在交流电压 u_2 变化一周时，在负载 R_L 上得到一个单向全波脉动电压 u_o 和电流 i_o。

二、参数计算

桥式整流电路的输出电压的平均值 U_o 为

$$U_o = \frac{1}{\pi}\int_0^{\pi}\sqrt{2}U_2\sin\omega t\,d(\omega t) = \frac{2\sqrt{2}}{\pi}U_2 = 0.9U_2 \tag{5-1}$$

负载电阻中的平均电流 I_o 为

$$I_o = \frac{U_o}{R_L} = 0.9\frac{U_2}{R_L} \tag{5-2}$$

由于每两只二极管只导通半周，故流过每个二极管的平均电流为负载电流的一半，即

$$I_D = \frac{1}{2}I_o = \frac{1}{2}\frac{U_o}{R_L} = 0.45\frac{U_2}{R_L} \tag{5-3}$$

从图 5 - 1 可以看出，二极管所承受的最高反向电压就是电源电压的最大值，即

$$U_{DRM} = \sqrt{2}U_2 \tag{5-4}$$

桥式整流电路的输出电压较高，脉动较小，而且电源变压器在正负半周都有电流供给负载，利用率较高，因此得到广泛应用。表 5 - 1 中列出单相半波、全波、桥式整流和倍压电路的性能。

表 5 - 1　常用整流电路的特性

电路类型	单相半波	单相全波	单相桥式	倍压电路
电路原理图	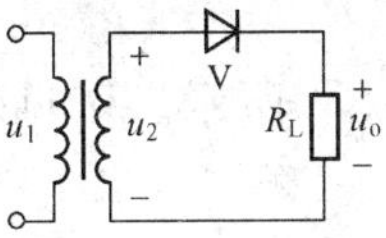	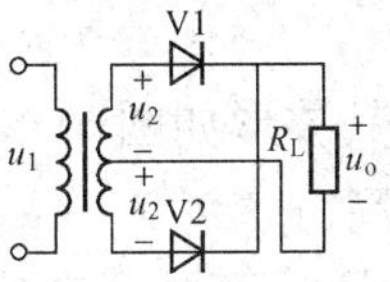	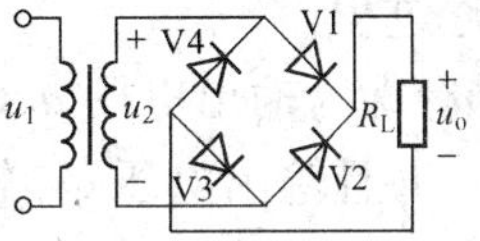	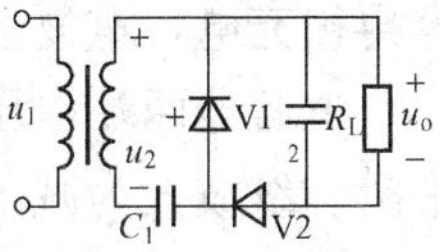
输出平均电压 U_o	$0.45U_2$	$0.9U_2$	$0.9U_2$	$2\sqrt{2}U_2$
输出平均电流 I_o	$0.45\frac{U_2}{R_L}$	$0.9\frac{U_2}{R_L}$	$0.9\frac{U_2}{R_L}$	$2\sqrt{2}\frac{U_2}{R_L}$
二极管平均电流 I_D	I_o	$\frac{1}{2}I_o$	$\frac{1}{2}I_o$	I_o
二极管最高反向电压 U_{DRM}	$\sqrt{2}U_2$	$2\sqrt{2}U_2$	$\sqrt{2}U_2$	$2\sqrt{2}U_2$
主要特点	电路简单，输出波形脉动大，性能最差	输出波形脉动减小，应用广泛，但变压器要有中心抽头	应用最广，但需要四个整流二极管	可实现N倍压整流，输出电压脉动大，适合于负载电流很小的场合

5.1.2 电容滤波电路

由于整流电路的输出电压是单向脉动电压，含有较大的交流成分（称为纹波电压），应在整流电路后加接滤波电路，以滤除输出电压的交流成分，获得平滑的直流电压。电容滤波电路是小功率整流电路中的主要滤波形式。

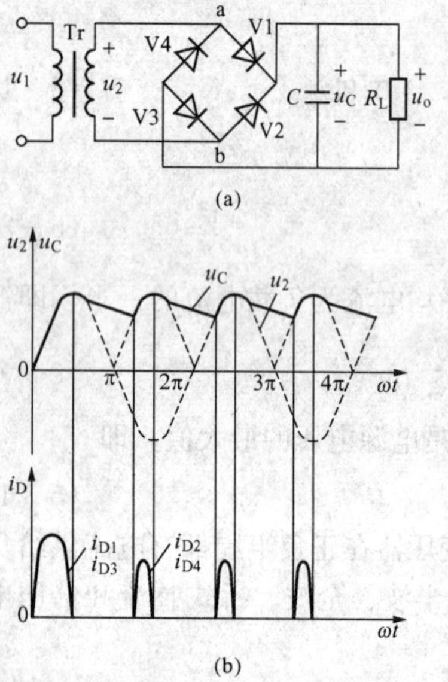

图 5-3 单相桥式整流电容滤波电路
（a）原理电路；（b）电压、电流波形

电容滤波电路利用电容器两端电压不能跃变的特性，使输出电压得到平滑。在桥式整流电路中，与负载并联一个大容量的电容器，就构成了电容滤波电路，如图 5-3（a）所示。

一、工作原理

设电容两端初始电压为零，在 $t=0$ 时刻接通电源，u_2 由零逐渐增大时，V1、V3 导通，电流经 V1、V3 向负载 R_L 供电，同时对电容 C 充电。若忽略二极管的正向压降和变压器的内阻，电容充电时常数就近似为零，则 $u_C \approx u_2$，当 u_2 到最大值时，u_C 也达到最大值。随后 u_2 开始下降，电容则开始对 R_L 放电，其放电时常数 R_LC 较大，故 u_C 按指数规律缓慢下降。当 $u_2 < u_C$ 时，四个二极管均反偏截止，R_L 两端电压 u_o 依靠 C 放电维持。在 u_2 的负半周，当 $|u_2| > u_C$ 时，二极管 V2、V4 导通，电容再被充电，重复上述过程。

电容器两端电压 u_C 即为输出电压 u_o，其波形如图 5-3（b）所示。可见输出电压变得平滑、纹波大为减小，并且输出电压 U_o 较高。

输出电压 U_o 的大小与放电时间常数 R_LC 有关。在空载（$R_L=\infty$）时，$U_o=\sqrt{2}U_2$。随着负载的增加（R_L 减小，I_o 增大），放电时间常数 R_LC 减小，放电加快，使 U_o 下降。整流滤波电路的输出电压 U_o 与输出电流 I_o 的变化关系曲线称为输出特性或外特性曲线，如图 5-4 所示。由图可见，与无电容滤波时比较，输出电压随负载电阻的变化有较大的变化，即带负载能力较差。

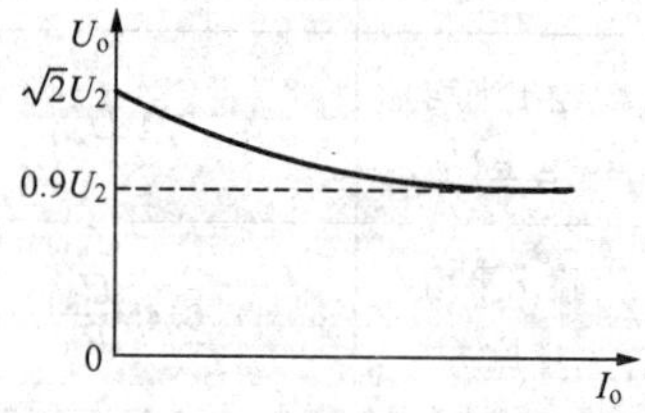

图 5-4 输出特性曲线

二、参数计算

在工程上，为了得到比较平滑的输出电压，一般取

$$R_LC \geqslant (3 \sim 5)\frac{T}{2} \tag{5-5}$$

式中：T 是电源交流电压的周期。滤波电容的数值一般在几十微法到几千微法，视负载电流的大小而定，其耐压值应大于输出电压的最大值，通常都采用极性电容器。

满足式（5-5）时，全波整流滤波电路的输出电压的平均值可近似为

$$U_o \approx 1.2U_2 \tag{5-6}$$

流过二极管的平均电流是负载电流的一半，即

$$I_D = \frac{1}{2}I_o = \frac{1}{2}\frac{U_o}{R_L} \approx 1.2\frac{U_2}{2R_L} \qquad (5-7)$$

由于二极管的导通时间短，导通角 $\theta < \pi$，只有当 $|u_2| > u_C$ 时才导通，那么在二极管导通期间将流过一个较大的冲击电流，即浪涌电流，容易使管子损坏，因而在选择二极管的最大整流电流时要留有足够的裕量，一般可按（2～3）I_o 来选择。

二极管截止时所承受的最高反向电压 $U_{DRM} = \sqrt{2}U_2$。

在桥式整流滤波电路中，流过变压器二次绕阻的电流是非正弦波，其有效值可近似为

$$I_2 = (1.5 \sim 2)I_o \qquad (5-8)$$

电容滤波具有电路简单，输出电压较高，脉动较小等优点；但其外特性较差，且电流冲击大，一般用于要求输出电压较高，负载电流较小并且变化也较小的场合。除电容滤波之外还有电感滤波、LC 滤波、π形滤波等电路。表 5-2 中比较了各种滤波电路的性能。

表 5-2　各种滤波电路的性能比较

类　型	电容滤波	电感滤波	LC 滤波	CLCπ形滤波	CRCπ形滤波
电路形式	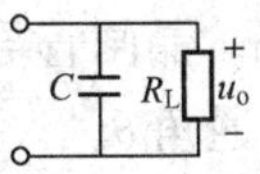	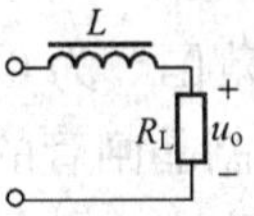	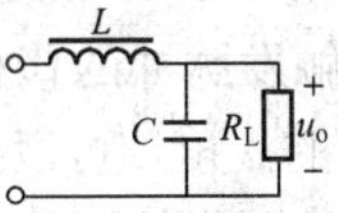	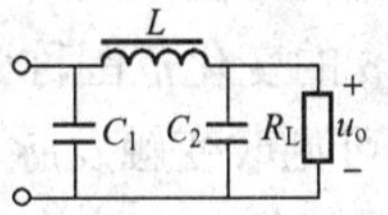	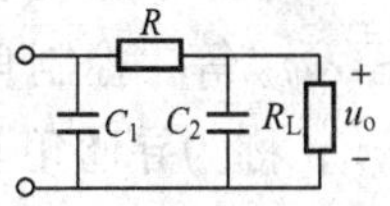
输出电压	$\approx 1.2U_2$	$\approx 0.9U_2$	$\approx 0.9U_2$	$\approx 1.2U_2$	$\approx 1.2U_2$
二极管冲击电流	大	小	小	大	大
带负载能力	差	强	强	较差	很差
特点	电路简单，适合小电流场合	电感较笨重，成本高，适应低电压、大电流场合	脉动成分小，适应性较强	脉动成分小，但电感较笨重，成本高，适合小电流场合	脉动成分小，但电阻上有直流压降，适合小电流场合

5.2 单相可控整流电路

晶闸管既具有单相导电性，又具有导通时间可控的开关特性，因此在强电控制电源中常用作整流元件，构成可控整流电路。

5.2.1 单向桥式半控整流电路

一、电阻性负载

单相桥式半控整流电路如图 5-5（a）所示，它是将二极管组成的桥式整流电路中的两个二极管用两只晶闸管取代，故称为单相桥式半控整流电路。若整流电路全用四只晶闸管，就成为全控桥式整流。R_L 为纯阻性负载，如电焊、电炉、电热和电镀等。

（一）工作原理

电路工作波形如图 5-5（b）所示。设电源变压器二次绕组的电压为 $u_2 = \sqrt{2}U_2\sin\omega t$。

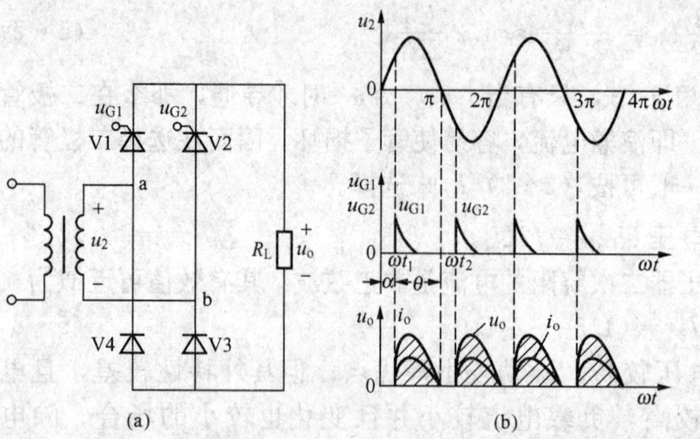

图 5-5 电阻性负载时的单相半控桥式整流电路

(a) 原理电路；(b) 工作波形

在 u_2 的正半周时，即 a 点为正，b 点为负，V1、V4 承受正向电压。当 $\omega t_1=\alpha$ 时刻，V1 控制极有正向触发电压，V1 导通，V2、V3 因承受反向电压而阻断和截止。若忽略 V1 和 V4 的管压降，$u_o=u_2$。输出 u_o 和 i_o 的波形如图 5-5（b）所示。当 u_2 由正值过零点时，V1 阻断。

在 u_2 的负半周时，即 a 点为负，b 点为正，则 V2、V3 承受正向电压。当 V2 控制极有正向触发电压时，V2 导通，V1、V4 因承受反向电压而阻断和截止。在负载电阻 R_L 上的 u_o 和 i_o 与 u_2 的正半周相同。在 u_2 由负值过零点时，V2 阻断。

电路中加入触发电压使晶闸管开始导通的角度称为控制角，如图 5-5（b）中 $0\sim\omega t_1$、$\pi\sim\omega t_2$ 等。控制角 α 的变化范围称为触发脉冲的移相范围，为 $0\sim\pi$。晶闸管导通的角度 $\theta=\pi-\alpha$ 称为导通角。可见改变触发脉冲的 α 角，可以控制晶闸管的导通角 θ。

由于变压器二次绕组的电流为正负对称的缺角正弦波，存在着奇次谐波，控制角 $\alpha=90°$ 时，谐波分量最大，对电网有不利影响。

（二）参数计算

由 5-5（b）波形可知，输出电压的平均值 U_o 为

$$U_o=\frac{1}{\pi}\int_{\alpha}^{\pi}\sqrt{2}U_2\sin\omega t\,\mathrm{d}(\omega t)=0.9U_2\,\frac{1+\cos\alpha}{2} \tag{5-9}$$

上式表明，改变控制角 α 的大小，就可以连续改变输出电压平均值的大小。当 $\alpha=0$ 时，$\theta=\pi$，输出电压值最大，称为全导通。

负载电阻中的平均电流 I_o 为

$$I_o=\frac{U_o}{R_L}=0.9\,\frac{U_2}{R_L}\,\frac{1+\cos\alpha}{2} \tag{5-10}$$

流过每个晶闸管和二极管的平均电流为负载电流的一半，即

$$I_D=\frac{1}{2}I_o=\frac{1}{2}\,\frac{U_o}{R_L} \tag{5-11}$$

晶闸管承受的最大正、反向电压和二极管承受的最大反向电压均为 $\sqrt{2}U_2$。

二、电感性负载

可控整流电路的负载通常不是纯电阻，如电机的励磁绕组、直流电机的电枢等，这都是电感性负载，通常负载的感抗 $\omega L\gg R_L$。图 5-6（a）所示为带电感性负载的可控桥式整流电路，在负载上并联了二极管 V5。

当 u_2 在正半周控制角为 α 时，V1、V4 导通，负载上有电流 i_o 流过，并在电感中储能。由于电感较大，若忽略 V1 和 V4 的管压降，则 $u_o=u_2$，流过 V1 和 V4 的电流波形为一直线。当 u_2 由正值过零点时，V1、V4 截止。

当u_2在负半周没有触发信号时，V1、V4和V2、V3均截止。这时电感L产生的自感应电势e_L极性为下正上负，通过V5向负载释放存储的能量，使负载继续有电流i_o流过。在$\omega t=\pi+\alpha$时刻，由于触发脉冲信号的作用，使V2、V3导通，在负载上形成电流i_o，其方向不变。当u_2由负值过零点时，V2、V3截止，而V5导通使i_o继续流通，故V5称为续流二极管。

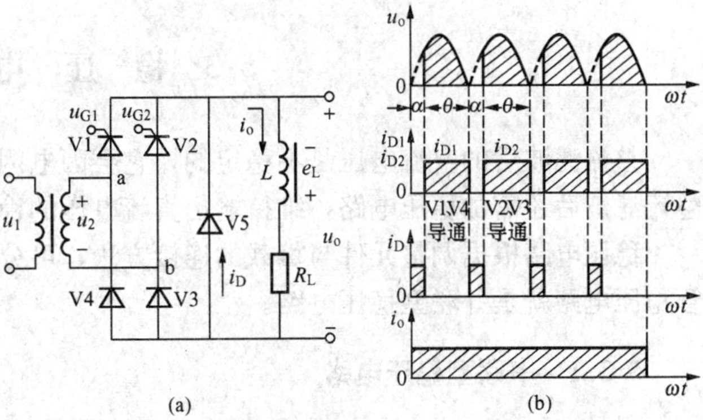

图5-6 电感性负载时的单相半控桥式整流电路

(a) 原理电路；(b) 工作波形

电路不接续流二极管也可以工作，但会出现失控现象。如果在V1导通期间突然将导通角减小到零或切断触发电路，当u_2变负时，因L的作用使电流通过V1、V3形成续流。如果L中的储能在u_2负半周没有放完，则V1在整个负半周都导通。当u_2又进入正半周时，V1又承受正压继续导通，同时V3截止V4导通。因此，即使不加触发信号，负载上仍保留了正弦半波的输出电压。接上续流二极管后，当电源电压降到零时，负载电流经续流管续流，使直流输出端电压仅为1V左右，使晶闸管的电流减小至维持电流以下而可靠关断，不会出现失控现象。

电源变压器二次绕组的电流为正负对称的交变方波，有较强的谐波分量流入电网，而且为了使续流二极管可靠工作，其接线要粗而短，接触电阻要小，且不宜串接熔断器。

由以上分析可知，通过控制晶闸管的导通相位就可以方便地控制整流电路的输出电压，实现弱电控制强电。但是晶闸管大多工作于断续的非周期状态，产生大量的谐波污染电网环境，而且功率因数也较低。

5.2.2 触发电路

向晶闸管控制极提供触发信号的电路称为触发电路。一般采用脉冲信号作为触发信号。晶闸管对触发电路的基本要求是：

(1) 触发脉冲信号应具有足够大的电压和电流，一般要求触发电压幅度为4～10V。

(2) 触发电路不输出触发脉冲时，触发电路因漏电流产生的漏电压应小于0.15～0.2V，以避免误触发。

(3) 触发脉冲要有一定的宽度，以保证晶闸管可靠导通。触发脉冲的宽度最好取20～40μs。

(4) 触发脉冲前沿要陡，以保证触发时间的准确性。一般要求前沿时间不大于10μs。

(5) 触发脉冲应与主回路同步，保证主电路中的晶闸管在每个周期的导通角相等。

(6) 触发信号应具有足够的移相范围，相位应能连续可调。

触发电路的形式多种多样，常用的触发电路主要有阻容移相桥触发电路、单结晶体管移相触发电路、同步信号为正弦波的触发电路、同步信号为锯齿波的触发电路以及KC和KJ系列的专用集成触发电路等。随着自动化技术的发展，数字集成移相触发电路、微机控制触发器等逐渐得到广泛的应用。

5.3 稳 压 电 路

整流滤波后的直流电压是不稳定的，它会因电网波动、负载和温度变化而变化。因此在整流滤波后还需加稳压电路，维持输出直流电压的稳定。

稳压电路根据调整元件与负载的连接方法，可分为并联型和串联型。第1章中的硅稳压管稳压电路就是并联型稳压电路。

5.3.1 串联型稳压电路

图5-7所示为串联型稳压电路，晶体管V1为调整元件，工作在线性放大区，故称为线性稳压电路。R_1、R_2和R_P组成取样电路，运放A为比较放大器，R_3和V2组成基准电压源。由于负载R_L与调整元件串联，因此又称为串联型稳压电路。

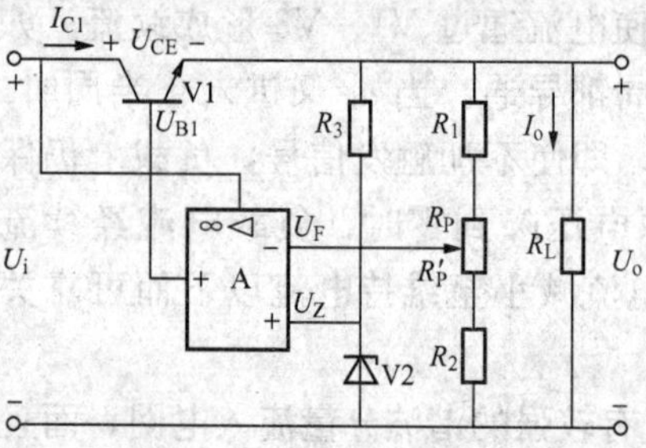

图5-7 串联性稳压电路

取样电路将取样电压$U_F=\dfrac{R_P'+R_2}{R_1+R_P+R_2}U_o$作为反馈信号，送到比较放大器的反向输入端，与同相输入端的基准电压U_Z进行比较，因而构成了电压串联负反馈。当电网电压升高或负载电流减小引起输出电压U_o增加时，取样电压U_F也随之增大，U_Z和U_F的差值减小，经A放大后使调整管V1的基极电压U_{B1}和集电极电流I_{C1}减小，管压降U_{CE1}增大，U_o下降，从而维持输出电压U_o稳定。反之亦然。

调节取样电路中电位器R_P的滑点位置，就可调节输出电压U_o。由图5-7可得

$$U_Z \approx U_F = \frac{R_P'+R_2}{R_1+R_P+R_2}U_o \tag{5-12}$$

因此

$$U_o = \frac{R_1+R_P+R_2}{R_P'+R_2}U_Z \tag{5-13}$$

5.3.2 直流稳压电源的主要指标

（一）稳压系数S_U

稳压系数S_U又称电压调整率，表示在负载电流与环境温度保持不变的情况下，由于输入电压U_i的变化而引起的输出电压的相对变化量与输入电压的相对变化量的比值，即

$$S_U = \left.\frac{\Delta U_o/U_o}{\Delta U_i/U_i}\right|_{\substack{\Delta I_o=0\\ \Delta T=0}} \tag{5-14}$$

S_U反映了电网电压波动对稳压电路输出电压稳定性的影响。S_U越小，则稳压电路稳压性能越好。通常S_U约为$10^{-2}\sim10^{-4}$。

（二）输出电阻R_o

表示当输入电压和环境温度保持不变时，由于负载电流I_o和变化而引起的输出电压的变化量与负载电流的变化量的比值，即

$$R_o = -\frac{\Delta U_o}{\Delta I_o}\bigg|_{\substack{\Delta U_i=0\\ \Delta T=0}} \quad (5-15)$$

R_o 越小，负载变化对输出电压的影响越小。通常稳压器在额定范围内使用时，R_o 约在 0.5Ω 以下。

（三）输出纹波电压

输出纹波电压是指叠加在直流输出电压上的交流电压分量，通常用有效值或峰值表示，其数值一般在几毫伏以内，应在额定输出电流情况下测量。

5.4 集成稳压器

集成稳压器属于 DC/DC 电源变换器，具有高性能、高效率、低成本、小体积、易使用、外围元件少等优点，应用越来越广泛。目前国内外生产的集成稳压器多达上千种，大致可分成线性集成稳压器和开关式集成稳压器两大类。线性集成稳压器因其内部调整管与负载相串联且调整管工作在线性工作区而得名，又称为串联调整式集成稳压器。线性集成稳压器主要包括两种：固定输出式（含三端固定式、多端固定式、低压差固定式），可调输出式（含三端可调式、多端可调式、低压差可调式）。下面介绍几种常用的专用集成稳压器。

5.4.1 三端集成稳压器

三端集成稳压器在小功率稳压电源中使用最为广泛。这种稳压器只有输入端、输出端和公共端三个接线端，分为固定式和可调式二种类型。其内部电路采用串联型稳压电路，因此是线性集成稳压器。

一、三端固定输出集成稳压器

（一）基本原理

三端固定输出集成稳压器通用产品有 CW7800 系列（输出正电压）和 CW7900 系列（输出负电压）。输出电压由具体型号中的后两个数字代表，有 5、8、12、15、18、24V 等。其额定输出电流以 78（或 79）后面的字母来区分。L 表示 0.1A，M 表示 0.5A，无字母表示 1.5A。如 CW78M12 表示输出电压为+12V，额定输出电流为 0.5A。

CW7800 系列和 CW7900 系列的外形与引脚图如图 5-8 所示。其内部电路设有比较完善的保护电路，具有过热、过压和过热保护等功能。

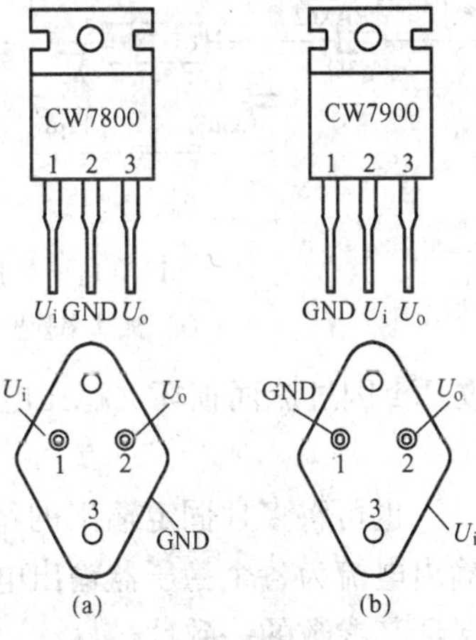

图 5-8 外形与引脚图
(a) CW7800 系列；(b) CW7900 系列

（二）应用电路

（1）典型应用电路。

图 5-9 所示为 7800 系列的典型应用电路。整流滤波后的直流电压输入到引脚 1，从引脚 2 获得稳定的输出电压。为使电路正常工作，输入输出压差应大于 2.5~3V。输入端电容 C_1 用来抵消输入端接线较长时所产生的电感效应，以防止自激振荡，并可消除高频脉冲干扰，一般取 0.33μF，其安装位置应靠近集成稳压器；输出端电容 C_2 可改善负载的瞬态响应，一般取 0.1~1μF；C_3 用于滤出输出电压中的纹波电压，一般取几十微法的电解电容。V 是保护二极管，用来防止在输入端短路时输出电容 C_3 所存储电荷通过稳压器放电而损坏器件。

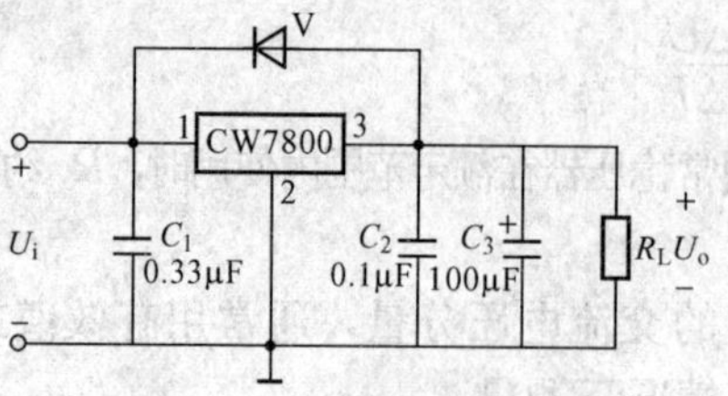

图 5-9 基本应用电路

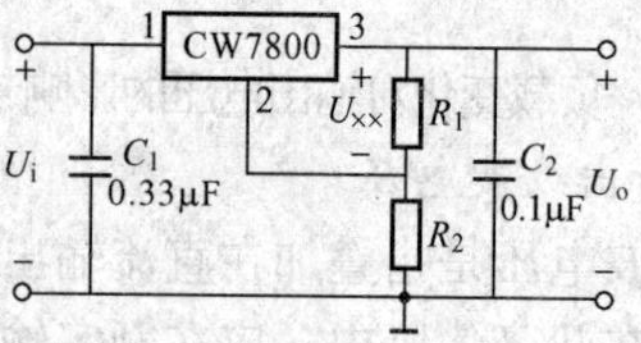

图 5-10 提高输出电压电路

(2) 提高输出电压的电路。

电路如图 5-10 所示，I_Q 为公共端静态电流，一般为 5mA，最大可达 8mA。$U_{\times\times}$ 为稳压器的标称输出电压，要求由图可得电路的输出电压 U_o 为

$$U_o = U_{\times\times} + (I_1 + I_Q)R_2 = U_{\times\times} + \left(\frac{U_{\times\times}}{R_1} + I_Q\right)R_2$$

$$= \left(1 + \frac{R_2}{R_1}\right)U_{\times\times} + I_Q R_2 \tag{5-16}$$

若忽略 I_Q，则

$$U_o \approx \left(1 + \frac{R_2}{R_1}\right)U_{\times\times} \tag{5-17}$$

可见，提高 R_2 与 R_1 的比值，可提高 U_o。

(3) 扩展输出电流电路。

三端稳压器可以通过外接功率晶体管扩展输出电流，如图 5-11（a）所示。图中外接的功率 PNP 管 V1 与 CW78×× 中的 NPN 调整管组成复合管，使用时应根据所需的负载电流选用适当的外接功率管。由于 R_1 中流过 W78×× 的空载电流和部分负载电流，故其阻值不宜增大，一般约几欧姆。V2 和 R 组成 V1 的限流保护电路，以防 V1 因过流而损坏。稳压电源输出的最大电流为

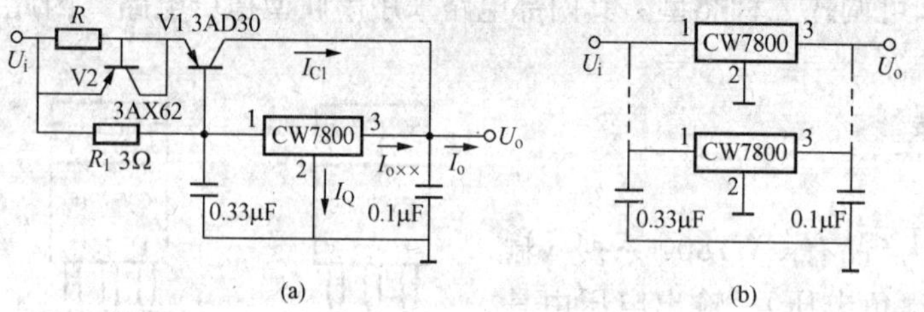

图 5-11 扩展输出电流电路

(a) 加功率管扩流；(b) 并联扩流

$$I_{om} \approx U_{EB2}/R = 0.3\text{V}/R \tag{5-18}$$

也可将多片固定输出的稳压器并联输出，以扩大输出电流，如图 5-11（b）所示。总输出电流为各个稳压器输出电流之和。实际使用时，要选用同一厂家、同一型号的产品，以保证其参数的一致性。

(4) 恒流源电路。

图 5-12 所示为 CW7800 组成的恒流源。R_L 为输出负载电阻，因此由图可得输出电流 I_o 为

$$I_o = U_{\times\times}/R + I_Q \tag{5-19}$$

可见 I_o 与负载电阻 R_L 无关，输出电流为恒流。为了避免 I_Q 对恒流特性的影响，选择电阻 R 时，应使 $I_o \gg I_Q$，并选用输出电压低的三端稳压器，以提高电源效率。

以上应用电路对 CW7900 系列可类推应用。

(5) 输出正、负电压电路。

用 CW7800 和 CW7900 三端稳压器可组成具有同时输出 +15V、−15V 电压的稳压电

路，如图5-13所示。

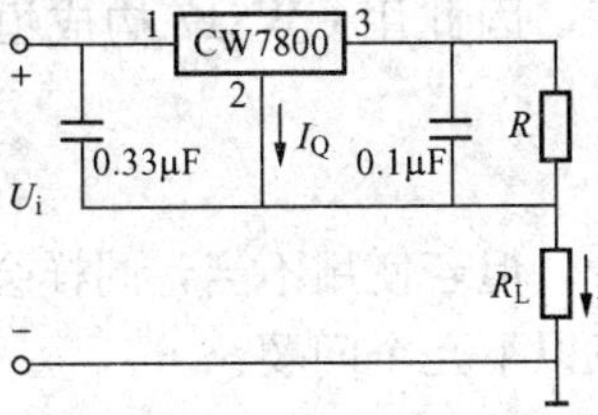

图5-12 恒流源电路

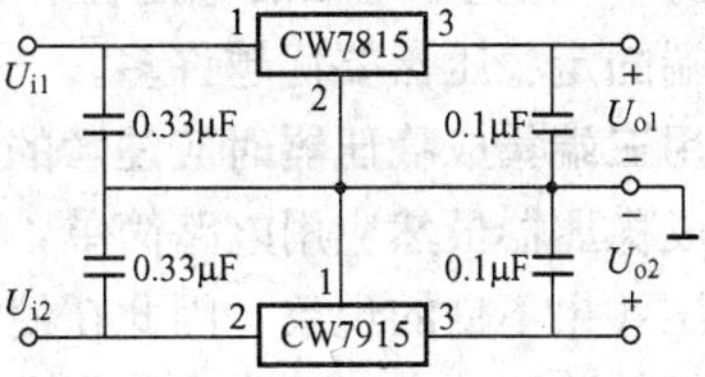

图5-13 输出正、负电压电路

二、三端可调输出集成稳压器

（一）基本原理

三端可调输出集成稳压器的输出电压可调，不仅具备三端固定集成稳压器的优点，而且电压调整率和负载调整率均优于三端固定集成稳压器，内部保护措施完善，应用更为灵活。

典型产品CW117/217/317系列为正电压输出，CW137/237/337为输出负电压系列。其输出电压的调整范围为1.2～37V（负电压为－1.2～－37V），最大输出电流为1.5A，输入输出电压差允许范围为3～40V。CW317和CW337的外形及引脚如图5-14所示，三个端子分别为输入端、输出端和调整端。输出端与输入端之间电压为基准电压$U_{REF}=1.25V$，从调整端流出的电流I_{ADJ}为50μA。

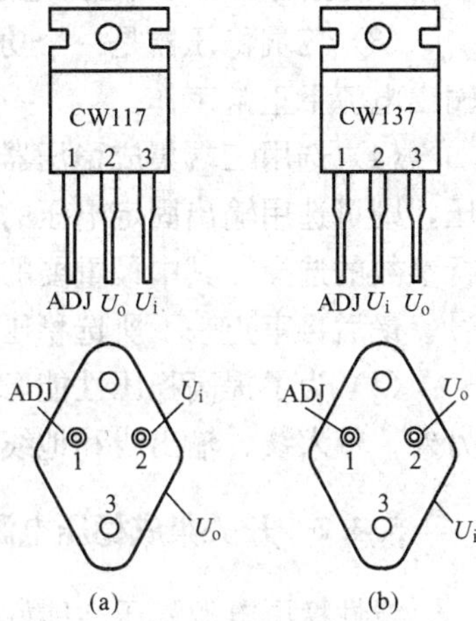

图5-14 外形与引脚图

(a) CW117；(b) CW137

（二）应用电路

（1）基本应用电路。

常用基本稳压电路如图5-15所示。为了保证稳压器在空载时也能正常工作，要求流过电阻R_1的电流不能太小。一般取$I_{R1}=5\sim10mA$，故$R_1=\frac{U_{REF}}{I_{R1}}\approx120\sim240\Omega$。其输出电压为

$$U_o=1.25\left(1+\frac{R_P}{R_1}\right)+I_{ADJ}R_P \tag{5-20}$$

电路中的C_1用来消除输入长线引起的自激振荡，C_2用以抑制纹波，C_4为1μF的钽电容，用来防止输出产生自激振荡。若C_4改用电解电容，容量需增加到33μF。二极管V1防止输入端发生短路时，容性负载向稳压器放电。V2可以防止输入或输出短路时，C_2通过调整端放电而损坏稳压器。V1和V2一般选用1N4000系列。

（2）1A恒流源电路。

图5-16所示的是1A恒流源，由于调整端电压为1.25V，则输出电流

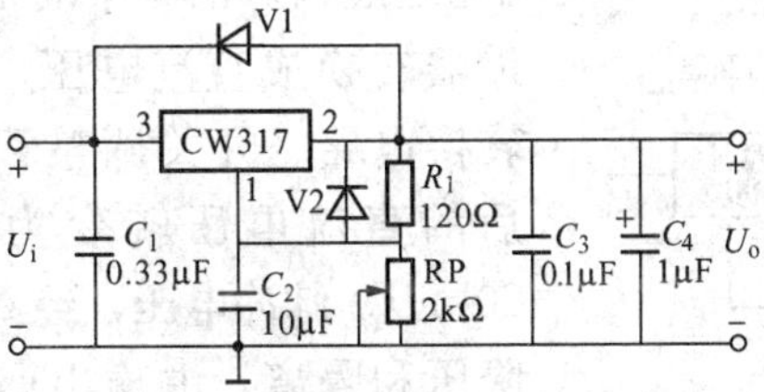

图5-15 基本应用电路

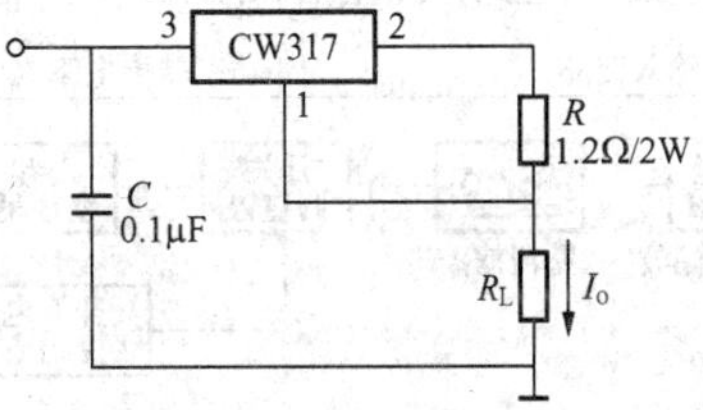

图5-16 1A恒流源

$$I_o = 1.25\text{V}/R = 1.25/1.2 \approx 1\text{A} \qquad (5-21)$$

由于 CW317 调整端电压的稳定性和精度都非常好，因此用 CW317 构成恒流源的恒流特性要比三端固定稳压器要优越许多。

三、使用三端集成稳压器时应注意的事项

三端集成稳压器虽然应用电路简单，外围元件很少，但若使用不当，同样会出现稳压器被击穿或稳压效果不良的现象，因此在使用中必须注意以下几个问题：

(1) 必须加防振电容，以防止产生自激振荡，如图 5-9 中的 C_1、C_2。

(2) 在使用中应注意防止输入端对地短路、防止输入端和输出端反接、防止输入端滤波电路断路、防止输出端与其他高电压电路连接、防止稳压器接地端开路等问题，以避免损坏稳压器。

(3) 三端稳压器是一个功率器件，应采取适当的散热措施，保证集成稳压器能够在额定输出电流下正常工作。

(4) 选用三端集成稳压器时，首先要考虑输出电压是否要求调整，若不需要调整输出电压，则可选用输出固定电压的稳压器；若要调整输出电压，则应选用可调式稳压器。然后进行参数的选择，其中最重要的参数就是需要输出的最大电流值，从而可确定出集成电路的型号。最后再审查一下所选稳压器的其他参数能否满足使用的要求。

(5) 为了提高稳压性能，应注意电路的连接布局。一般稳压电路不要离滤波电路太远；另外，输入线、输出线和地线应分开布设，采用较粗的导线且要焊牢。

5.4.2　开关集成稳压电源

线性稳压电源稳压性能好，输出纹波电压很小，但它必须使用笨重的工频变压器与电网进行隔离，而且调整管损耗很大，需安装大面积的散热器，导致电源的体积和重量大、效率低，一般为 40%～60%，因此主要用在对功率、对稳压精度要求很高的场合。

开关稳压电源 SMPS（Switch Mode Power Source）由于功率调整管处于开关状态，消耗能量很少，使转换效率达 80%以上。而且对电网电压大范围变化具有很强的适应性，电压、负载稳定度高。开关电源又称无工频变压器电源，它利用体积很小的高频变压器实现电压变换及电网隔离，大大减小了滤波元件和散热器的体积。还可进行功率因数校正，使功率因素达 0.9～0.99。其缺点是电路复杂，输出电压中含有较大的纹波。但随着半导体技术的发展，开关稳压电源的缺点正逐步被克服，从而得到了迅速的发展。高效率、高集成度化、体积小型化已成为现代高频开关电源的发展趋势。

开关电源种类繁多，分类方法很多。按开关电源脉冲控制方式的不同可分为脉宽调制（PWM）、脉频调制（PFM）和混合调制开关电源。目前应用较广的是 PWM 方式。

一、开关电源的基本工作原理

开关电源的基本原理框图如图 5-17 所示，220V 交流电通过输入回路中的整流器和滤波器转换成直流电压，送入功率转换电路。开关调整管则把整流后的直流电压转变为高频（≥20kHz）脉冲电压，经高频变压器降压和隔离，由输出回路整流滤波后变成直流电压供给负载。控

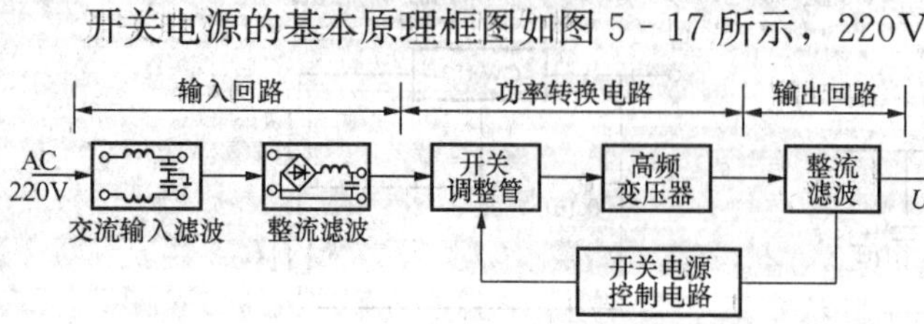

图 5-17　开关电源组成原理框图

制电路将输出端采样电压与基准电压进行比较，然后去控制开关管，改变其激励信号脉宽，从而稳定输出电压。

（一）输入回路

交流输入滤波器可将电网中的尖峰等杂波过滤，提供良好的交流电，同时也防止开关电源产生的尖峰杂音回馈到公共电网中。整流滤波电路将电网交流电直接整流为较平滑的直流电，以供下一级变换，常采用桥式整流。

（二）功率转换电路

功率转换电路是整个开关电源的核心，它将整流后的直流电压变为高频交流电，交流电的频率越高，所需滤波电容、电感的体积就越小，还有利于提高稳压精度和动态响应速度。高频变压器既可以实现隔离和变压，又便于实现多路不同电压或多路相同电压的输出。

功率转换电路有单端正激式、单端反激式、推挽式、半桥式、全桥式等形式。这里主要介绍单端反激式和全桥式变换电路的工作原理。

(1) 单端反激式。

图5-18 (a) 所示为单端反激式电路原理图。开关管V导通时，输入直流电压便加到变压器初级绕组上，次级绕组电压为上负下正，整流二极管V1截止，次级绕组中无电流。当V截止时，次级绕组电压为上正下负，二极管V1导通，此时V导通期间存储在变压器中的能量通过V1向负载释放，从而在变压器次级得到交变电压。

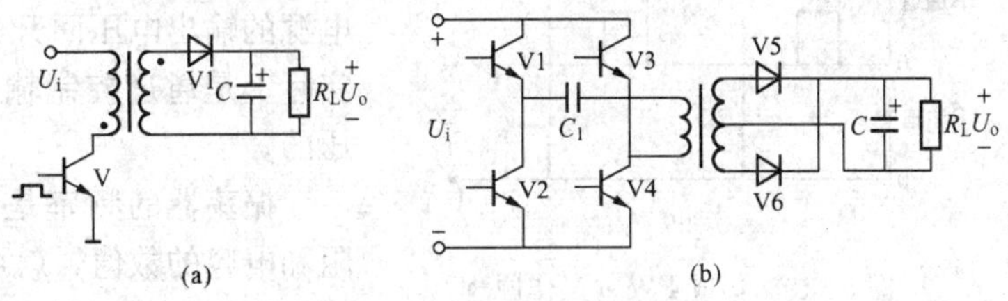

图5-18 功率转换电路

(a) 单端反激式；(b) 全桥式电路

(2) 全桥式电路。

图5-18 (b) 所示为全桥变换电路原理图。工作时四个开关管分为V1、V4和V2、V3两组，由两组对称倒相的方波脉冲（见图5-19）驱动。当V1、V4导通（V2、V3关断）时，高频变压器次级的电流方向从上到下；而当V2、V3导通（V1、V4关断）时，变压器次级的电流方向从下到上，从而在变压器次级得到交变电压。

与变压器初级串联的电容C_1是用来增强电路的平衡能力，防止因功率管的开关特性差异而造成变压器磁饱和。

（三）输出回路

输出回路将高频变压器次级的交变电压进行整流滤波得到直流电压。整流电路常用形式有半波和全波整流。低压输出时，要求速度快、通态电阻小，常选用肖特基二极管。在输出电压较高的情况下，则应选用快恢复整流二极管。

功率转换电路和输出整流滤波电路完成从一种直流电压到另一种直流电压的转换，因此将这两个部分合称直流变换器（DC—DC变换器）。

（四）开关电源控制电路

控制电路有专用的集成电路，其内部包含锯齿波（或三角波）振荡器、误差放大器、基准电压、比较放大器、脉宽调制器等。

图5-19 (a) 是集成脉宽调制器基本结构框图。在图中，输出端的取样电压U_F与基准

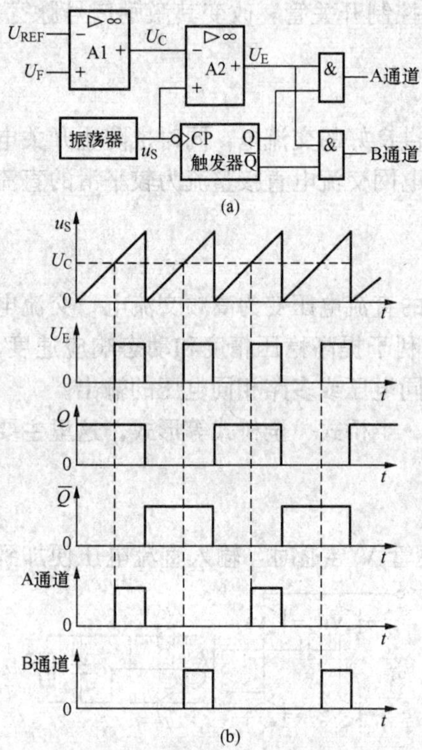

图 5-19 集成 PWM 工作原理
（a）原理框图；（b）波形图

电压 U_{REF} 比较后，其误差信号 U_C 加到电压比较器的反相输入端，而振荡器产生的锯齿波电压 u_S 加在同相输入端。当 $u_S>U_C$ 时，比较器输出 U_E 为高电平，反之为零。如图 5-19（b）所示。u_S 同时送到触发器的 CP 端使触发器翻转。触发器的 Q 端和 U_E 分接 A 通道的与门输入端，而$\overline{Q}$和 U_E 分接 B 通道的与门输入端，因而比较器输出的方波脉冲中的单数脉冲由 A 通道输出，双数脉冲由 B 通道输出。A、B 两通道输出的脉冲，可直接驱动开关电源中的功率管。若驱动单端开关电源，通道 A、B 可并联起来输出，也可仅用其中一路去驱动功率管。

当开关稳压电源的输出减小时，反馈信号、误差信号也随之减小，比较器及 A、B 两通道输出的方波宽度相应增大，即占空比增大，从而使开关稳压电源的输出电压回升，达到稳压的目的。PWM 方式实际上是通过控制输出方波的占空比来稳定输出电压的。

振荡器的频率是可编程的，改变振荡器外接电阻和电容的数值，就可以改变其频率。

所有集成 PWM 控制器，除了都具有图 5-19 所示的基本结构外，还添加了可调死区时间限制、过压、欠压保护，软启动等功能。其代表产品有 SG3524、MC3520，UC3842 等；功率因素校正器（PFC）UC3857、UCC3858；软开关 PFC 控制器 UC3855A/B；以及将 PFC 与 PWM 控制二合一的 ML4842 等。自 20 世纪 70 年代开始应用以来，涌现出许多功能完备的集成控制电路。

二、单片集成开关稳压器

集成开关稳压器通常分为两类，一类是单片的集成 PWM 控制器，需要外接开关功率调整管，其电路复杂，但应用灵活，大功率开关电源多采用这类方式；另一类是把 PWM 控制器和功率 MOSFET 制作在同一芯片上，构成单片集成开关稳压器。

（一）单片集成开关稳压器的特点

单片集成开关器具有集成度高、外围电路简单、性能指标优良、使用方便等优点，已成为国际上开发中、小功率开关电源、精密和特种开关电源及电源模块的优选集成电路。目前，单片开关稳压器已形成了几十个系列、数百种型号，具有代表性的是美国 PI（Power Integrations）公司出品的 TOPSwitch 系列（TOPSwitch、TOPSwitchⅡ、TOPSwitchFX、TOPSwitchGX）、TinySwitch 系列（TinySwitch、TinySwitch Ⅱ）和 LinkSwitch 系列（LinkSwitch、LinkSwitchTN）等。随着技术的发展，单片集成开关稳压器内置的及用户可配置功能日益增多，电路性能也日益完善，已成为现代集成开关电源发展的主流。

（二）单片集成开关稳压器举例

TinySwitchⅡ系列为第二代增强型隔离式微型开关电源，结构简单、使用方便，开关频率为132kHz，可广泛用于23W以下小功率、低成本的高效开关电源。图5-20（a）为TinySwitchⅡ的外形，采用8脚双列直插式，S、D分别为源极和漏极，4个源极在内部是相通的。BP为旁路端，EN/UV为“使能/欠电压”双功能引出端，正常工作时由此端控制内部功率MOSFET管的断、通。

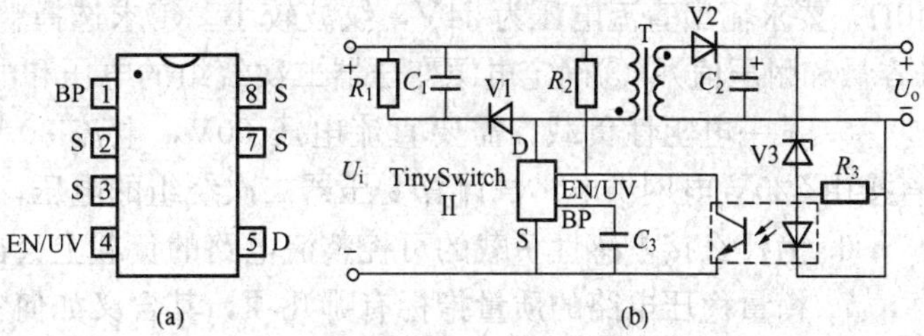

图5-20 TinySwitch Ⅱ

（a）外形图；（b）典型应用电路

图5-20（b）为TinySwitch Ⅱ的典型应用电路。在图中，R_1、C_1和V1组成钳位保护电路，可将漏极关断时产生的尖峰电压限定在安全范围之内。R_2是输入欠电压检测电阻，C_3是旁路电容。高频变压器输出的高频电压经过快恢复二极管V2和电容C_2整流滤波后，获得稳定的输出电压U_o。光耦反馈电路由稳压管和光耦合器组成，R_2是稳压器的偏置电阻。当U_o变化时，光耦合器中红外发射管的工作电流也相应变化，在通过光耦内的光敏三极管改变EN/UV的电流，从而控制内部MOSFET断、通，去调节U_o，保持U_o稳定。

图5-21为由TNY264构成的2.5W恒压/恒流手机电池充电器电路。电路采用单端反激式。85～265V交流电经桥式整流和$LC\pi$型滤波后，获得直流高压U_i。V6、C_3和R_2构成钳位保护电路，将功率MOSFET关断时加在漏极上的尖峰电压限制在安全范围内。光耦合器分别与V7、R_7、R_8构成电压控制环，与V8、R_4构成电流控制环，同时实现控制输出与强电部分的隔离。

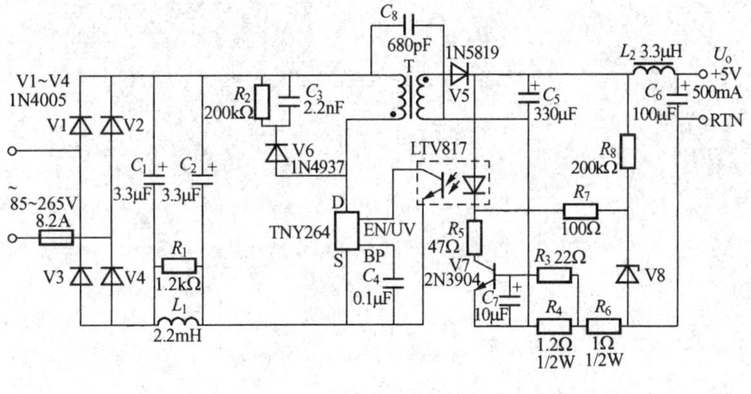

图5-21 2.5W恒压/恒流式手机充电器

当输出电流I_o低于500mA，V8截止，输出电压由光耦合器中的LED正向压降（≈1）和稳压管的稳压值（=3.9V）共同决定，即为5V。当输出电流I_o接近于500mA时，R_4上的压降升高使V8导通，进入放大区，此时电流控制环起作用，使输出呈恒流特性。

思 考 题

1. 整流二极管的反向电阻不够大，而正向电阻较大时，对整流效果会产生什么影响？

2. 在桥式整流电路中，若有一个二极管出现了以下情况：①短路；②开路；③反接。试分析电路会出现什么现象？

3. 在图5-3（a）所示桥式整流滤波电路中，已知$R_L=50\Omega$，$C=1000\mu F$。用交流电压表测得$U_2=20V$，用直流表测得R_L两端的电压U_o为：①$U_o=28V$；②$U_o=24V$；③$U_o=18V$；④$U_o=9V$。试分析电路是否正常工作？为什么？

4. 已知一桥式整流电容滤波电路的交流电源电压 $U_i=220V$，$f=50Hz$，负载电阻 $R_L=40\Omega$，要求输出直流电压为 24V，纹波较小。①求选择整流管的参数要求；②选择滤波电容（容量和耐压值）；③确定电源变压器二次绕组的电压和电流。

5. 某一电阻性负载，需要直流电压 60V，电流 30A。现采用单相半控桥式整流电路，直接由 220V 电网供电。试计算变压器二次绕组的电压，并选用整流元件。

6. 为什么接电感性负载的可控整流电路的负载上会出现负电压？应如何解决？

7. 衡量稳压电路的质量指标有哪几项，其含义如何？

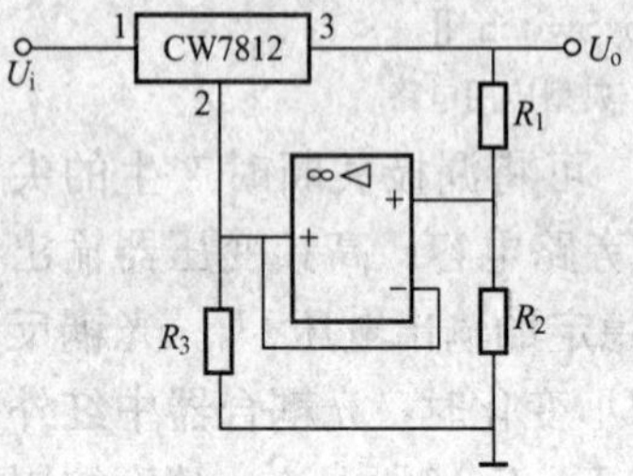

图 5-22 题 10 图

8. 串联型稳压电路由哪几部分组成？各部分的作用是什么？

9. 分别列举出两种输出电压固定和输出电压可调三端稳压器的应用电路，并说明电路中接入元器件的作用。

10. 电路如图 5-22 所示，试求输出电压 U_o，说明该电路具有什么作用。

11. 开关稳压电源与线性稳压电路相比，有什么的特点？

12. 试简述 PWM 开关稳压电源工作原理。

第 6 章

数字逻辑基础

6.1 概　　述

一、数字信号和数字电路

工程上把电信号分为模拟信号和数字信号两大类。模拟信号是指数值相对于时间上的变化是连续的信号；数字信号是指数值相对于时间的变化是离散的信号，例如，正弦波信号、话音信号就是典型的模拟信号，矩形波、方波信号就是典型的数字信号。将产生、存储、变换、处理、传送数字信号的电子电路叫做数字电路。目前，数字信号和数字电路的应用越来越广泛。

二、数字电路的特点

数字电路主要具有以下的特点：

（1）采用二进制，基本单元电路的结构简单，便于集成和系列化生产，且成本低，通用性强，使用方便。

（2）不仅能够完成算术运算，而且能够完成逻辑运算，具有逻辑推理和逻辑判断的能力。

（3）由数字电路组成的数字系统，抗干扰能力强，可靠性高，精确性和稳定性好，便于使用、维护和进行故障诊断。

三、数字电路的分类

根据电路所用器件的不同，数字电路可分为双极型和单极型电路。其中双极型电路有 DTL、TTL、ECL、IIL、HTL 等多种，单极型电路分为 JFET、NMOS、PMOS、CMOS 四种。

根据电路结构的不同，数字电路又可分为分立元件电路和集成电路两大类。数字集成电路按集成度可分为小规模（SSI）、中规模（MSI）、大规模（LSI）、超大规模（VLSI）、特大规模（ULSI）和巨大规模（GSI）集成电路。如表 6-1 所示。

表 6-1　　数字集成电路的分类

类　别	MOS 型 IC 的集成度	双极型 IC 的集成度
SSI	$<10^2$	<100
MSI	$10^2\sim10^3$	100～500
LSI	$10^3\sim10^5$	500～2000
VLSI	$10^5\sim10^7$	>2000
ULSI	$10^7\sim10^9$	
GSI	$>10^9$	

根据电路逻辑功能的不同，又可分为组合逻辑电路和时序逻辑电路。随着电子技术的发展，数字电路正向着大规模、低功耗、高速度、可编程、可测试和多值化的方向发展。

6.2　数制与编码

6.2.1　数制

数制是一种计数的方法，是计数进位制的简称。常用的数制有十进制、二进制和十六进制等。

一、十进制（Decimal）

十进制是以 10 为基数的计数体制，采用 0、1、2、3、4、5、6、7、8、9 共 10 个数码来表示数，相邻位数间的计数规律是"逢十进一"或"借一当十"。十进制数可写成以 10 为底的幂求和的形式。例如：

$$(234.76)_{10} = 2\times10^2+3\times10^1+4\times10^0+7\times10^{-1}+6\times10^{-2}$$

任意一个十进制数 $(N)_{10}$ 都可以写成：

$$\begin{aligned}(N)_{10} &= a_{n-1}\times10^{n-1}+a_{n-2}\times10^{n-2}+\cdots a_1\times10^1+a_0\times10^0\\ &\quad +a_{-1}\times10^{-1}+a_{-2}\times10^{-2}\cdots a_{-m}\times10^{-m}\\ &= \sum_{i=-m}^{n-1} a_i\times10^i \end{aligned} \qquad (6-1)$$

式（6-1）称为数的按权展开式。其中：a_i 为第 i 位数码；10^i 为第 i 位的权（Weight）；n 为整数部分的位数，m 为小数部分的位数。

二、二进制（Binary）

二进制是以 2 为基数的计数体制，采用 0 和 1 两个数码来表示数，计数规律是"逢二进一"，或"借一当二"。

任意一个二进制数 $(N)_2$ 可写成按权的展开式：

$$\begin{aligned}(N)_2 &= a_{n-1}\times2^{n-1}+a_{n-2}\times2^{n-2}+\cdots a_1\times2^1+a_0\times2^0\\ &\quad +a_{-1}\times2^{-1}+a_{-2}\times2^{-2}\cdots a_{-m}\times2^{-m}\\ &= \sum_{i=-m}^{n-1} a_i\times2^i \end{aligned} \qquad (6-2)$$

例如：$(11001.01)_2=1\times2^4+1\times2^3+0\times2^2+0\times2^1+1\times2^0+0\times2^{-1}+1\times2^{-2}$

由于二进制数只有 0 和 1 两个数码，与电路的两个状态（饱和与截止）相对应，所以二进制是数字电路中经常采用的。

三、十六进制（Hexadecimal）

十六进制采用 0、1、2、3、4、5、6、7、8、9、A、B、C、D、E、F 共 16 个数码，是以 16 为基数的计数体制，计数规律是"逢十六进一"或"借一当十六"。

任意一个十六进制数 $(N)_{16}$ 的按权展开式为：

$$\begin{aligned}(N)_{16} &= a_{n-1}\times16^{n-1}+a_{n-2}\times16^{n-2}+\cdots a_1\times16^1+a_0\times16^0\\ &\quad +a_{-1}\times16^{-1}+a_{-2}\times16^{-2}\cdots a_{-m}\times16^{-m}\\ &= \sum_{i=-m}^{n-1} a_i\times16^i \end{aligned} \qquad (6-3)$$

例如：$(4E6)_{16}=4\times16^2+E\times16^1+6\times16^0=4\times16^2+11\times16^1+6\times16^0$

6.2.2 数制间的转换

十进制是人们日常生活中最熟悉和常用的计数体制，任何数字系统（如数字计算机）的原始输入数据和终了输出数据一般均为十进制数。但数字电路运算都按二进制来进行，因为二进制运算规则简单，易于用电路实现。可是当位数较多时，难于记忆。为了减少位数，可将二进制数用十六进制数来表示。

一、其他进制数转换成十进制数

将二进制和十六进制数按权展开，然后各项相加，就可得到相应的十进制数。

【例 6-1】 $(1001)_2=1\times2^3+0\times2^2+0\times2^1+1\times2^0=(9)_{10}$

【例 6-2】 $(5DA)_{16}=5\times16^2+13\times16^1+10\times16^0=(1498)_{10}$

二、十进制转换成其他进制

十进制数的整数部分和小数部分需分别转换。

（一）整数部分

采用“连除基数取余法”，即将原十进制数连续除以要转换的数制的基数，一直除到商数为0，每次除完所得余数就作为要转换数的系数，最后一个余数为最高位。

【例 6-3】 将十进制数 $(26)_{10}$ 转换成二进制数。

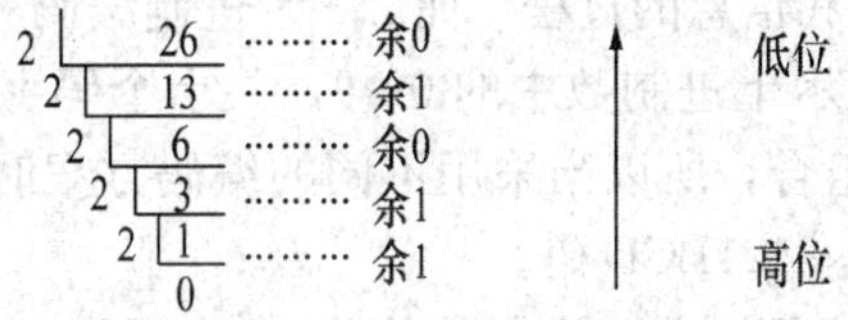

所以 $(26)_{10}=(11010)_2$

（二）小数转换

采用“连乘基数取整法”，即将小数部分连乘要转换数制的基数，取其积的整数部分作为系数，剩余的纯小数部分再乘基数，直至其纯小数部分为0或到一定精度为止，先得到的整数作为高位。

【例 6-4】 将十进制小数 $(0.875)_{10}$ 转换成二进制数。

$0.875\times2=1.750$………1　高位

$0.750\times2=1.500$………1

$0.500\times2=1.000$………1　低位

所以 $(0.875)_{10}=(0.111)_2$

即 $(25.875)_{10}=(11010.111)_2$

三、二进制与十六进制的互相转换

（一）二进制转换成十六进制

由于十六进制的基数16，即每位十六进制数对应4位二进制数，因此，二进制数转换为十六进制数的方法是：整数部分从低位开始，每4位二进制数为一组，不足四位的，则在高位加0补足为4位；小数部分从高位开始，每4位二进制数为一组，不足四位的，则在低位加0补足为4位，按顺序写出对应的十六进制数。

【例 6-5】 将二进制数 $(1001111101.10011)_2$ 转换成十六进制数。

0010　0111　1101. 1001　1000
↓　↓　↓　↓　↓
2　7　D　9　8

所以 $(1001111101.10011)_2=(27D.98)_{16}$

（二）十六进制转换成二进制

将每一位十六进制数用 4 位二进制数来代替，并按原来的顺序排列便可得到相应的二进制数。

【例 6-6】 将十六进制数 $(75E)_2$ 转换成二进制数

7　5　E
↓　↓　↓
0111　0101　1110

所以 $(75E)_{16}=(11101011110)_2$

6.2.3 二-十进制编码

在数字系统中，二进制码不仅可表示数值的大小，而且常用于表示特定的信息。将若干个二进制数码 0 和 1 按一定的规则排列起来表示某种特定含义的代码，称为二进制代码。编码就是用二进制代码来表示数据和信息的过程。而二-十进制编码（Binary Coded Decimal）就是用 4 位二进制代码来分别表示十进制数中的 0～9，共十个码字，简称 BCD 码。由于 4 位二进制代码共有 16 种不同的组合，所以当采用不同的编码方案时，可以得到不同形式的 BCD 码。最基本的和最常用的是 8421BCD 码。

8421BCD 码简称 8421 码，它用 4 位二进制数的前 10 个码组 0000～1001 来代表十进制的 0～9 这 10 个数码，去掉了后 6 种码组 1010～1111。这四位二进制数的“权”分别为 2^3，2^2，2^1，2^0（即 8、4、2、1），故称为 8421 码。表 6-2 所示的是十进制数与 8421BCD 码的对应关系。

表 6-2　十进制数与 8421BCD 码的对应关系

十进制数	0	1	2	3	4	5	6	7	8	9
8421BCD 码	0000	0001	0010	0011	0100	0101	0110	0111	1000	1001

6.3 基本逻辑门

在数字电路中，电子器件通常处于开关状态，如晶体管的饱和和截止，即它只有接通和断开二种状态，我们用 0 和 1 来表示，并把这种二值变量称为逻辑变量。这里的 0 和 1 并不代表数量的大小，只是用来表示两种对立的逻辑状态。而把一个数字电路的输出和输入信号之间的关系称为逻辑关系或逻辑函数，数字电路所进行的二值运算称为逻辑运算，故数字电路也称为逻辑电路。将研究二值变量运算规律的数学称为逻辑代数，又称为布尔代数。

6.3.1 基本逻辑门

在逻辑代数中，最基本的逻辑运算有与、或、非三种，实现这三种逻辑运算的电路称为基本逻辑门。

一、与逻辑门

（一）与逻辑

与逻辑关系是指只有当事情的条件全部具备之后，其结果才成立。如图 6-1 所示的串联开关电路中，灯亮的条件是开关 A 和 B 都接通。这里开关 A、B 的闭合与灯亮的关系称为与逻辑。

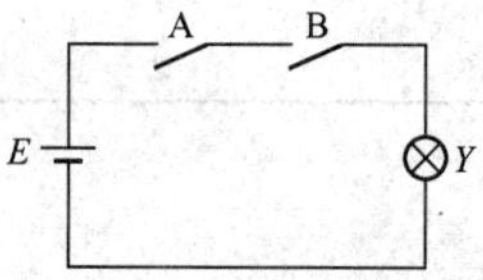

图 6-1 串联开关电路

表 6-3 与逻辑真值表

A	B	Y
0	0	0
0	1	0
1	0	0
1	1	1

若规定开关接通为 1，断开为 0；灯亮为 1，灯灭为 0。与逻辑可以用真值表来表示，如表 6-3 所示。所谓真值表，就是描述逻辑电路的输出逻辑变量和输入逻辑变量间逻辑关系的表格。由真值表可将与逻辑归纳为：有 0 出 0，全 1 出 1。与逻辑也称为与运算或逻辑乘，可用逻辑表达式表示为

$$Y = A \cdot B \tag{6-4}$$

式中：“·”表示逻辑乘。

（二）与门电路

能够实现与逻辑的门电路称为与门电路。图 6-2（a）所示为二极管组成的二输入与门电路，图 6-2（b）为其逻辑符号。由图 6-2（a）可知：在输入 A、B 中，只要有一个为低电平 0V 时，则与该输入端相连的二极管导通，使输出 Y 为低电平 0.7V；只有当输入 A、B 均为高电平 3V 时，二极管都导通，输出为高电平 3V。

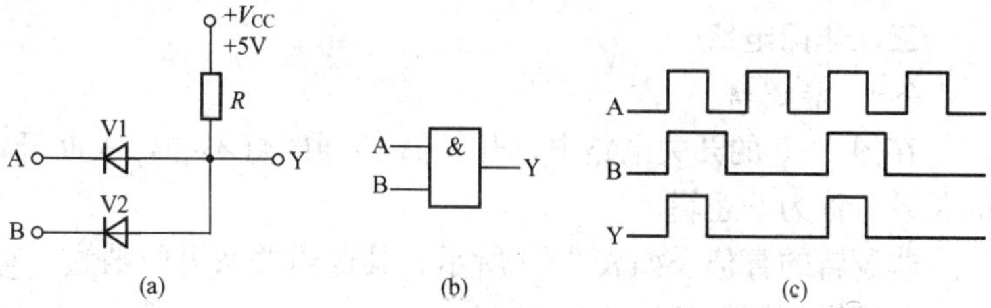

图 6-2 二极管与门电路

（a）电路；（b）逻辑符号；（c）波形图

如果规定高电平用逻辑 1 表示，低电平用逻辑 0 表示，则可得到和表 6-3 完全相同的真值表，而这种表示方法称为正逻辑。在本书中，如未说明，一律采用正逻辑。

与门电路的输入和输出的波形图如图 6-2（c）所示。

对于多输入端的与门，其逻辑表达式为

$$Y = A \cdot B \cdot C \cdots \tag{6-5}$$

二、或门电路

（一）或逻辑

或逻辑关系是指在事情的各个条件中，只要具备一个以上的条件，结果就会成立。如图 6-3中所示的并联开关电路，灯亮的条件是 A 或 B 中有一个以上的开关接通。

或逻辑的真值表如表 6-4 所示，其逻辑关系可归纳为：有 1 出 1，全 0 出 0。

或逻辑也称为或运算或逻辑加，其逻辑表达式为

$$Y = A + B \tag{6-6}$$

式中："+"表示逻辑加。

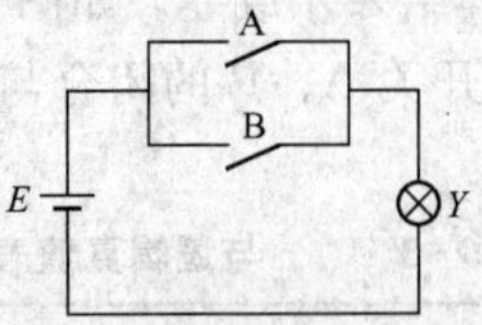

图 6-3 并联开关电路

表 6-4 或逻辑真值表

A	B	Y
0	0	0
0	1	1
1	0	1
1	1	1

（二）或门电路

能够实现或逻辑的门电路称为或门。图 6-4（a）为二极管组成的或门电路，只要输入 A、B 中有高电平，相应的二极管就导通，输出 Y 为高电平；只有两输入端同时为低电平时，输出才是低电平。图 6-4（b）为或门的逻辑符号。或与门电路的输入和输出的波形图如图 6-4（c）所示。

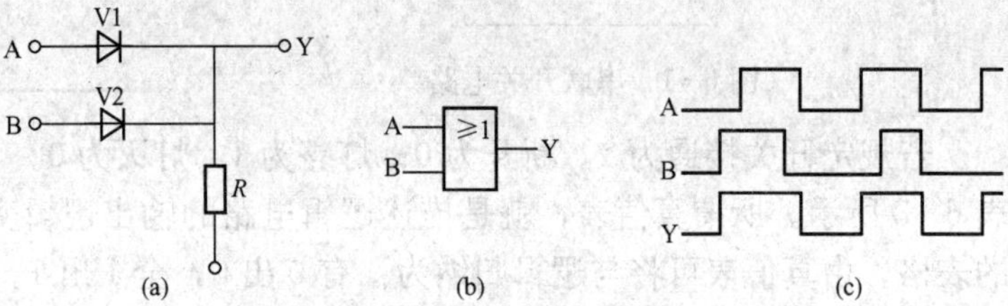

图 6-4 二极管或门电路

（a）电路；（b）逻辑符号；（c）波形图

对于多个输入端的或门，其逻辑表达式为：

$$Y = A + B + C + \cdots \tag{6-7}$$

三、非门电路

（一）非逻辑

在图 6-5 的开关电路中，开关 A 接通时灯不亮，A 断开时灯亮。这种条件和结果相反的关系，称为非逻辑。

非逻辑的真值表如表 6-5 所示，其逻辑关系可归纳为：有 0 出 1，有 1 出 0。

非逻辑的逻辑表达式为

$$Y = \overline{A} \tag{6-8}$$

式中："—"号表示逻辑非，读作"非"。

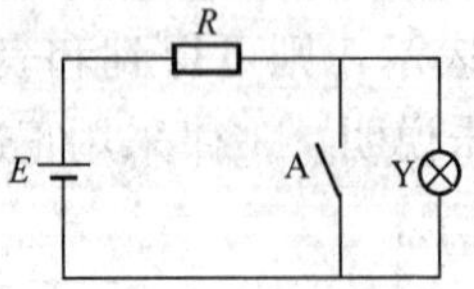

图 6-5 开关电路

表 6-5 非逻辑真值表

A	Y
0	1
1	0

（二）非门电路

非门又称反相器，用于实现非逻辑功能，其电路与逻辑符号如图 6-6 所示。由图中可知：当输入 A 为低电平时，三极管截止，输出 Y 为高电平 1；当输入 A 为高电平 1 时，三极管饱和，输出 Y 为低电平。其工作波形如图 6-6（c）所示。非门是只允许有一个输入端的门电路。

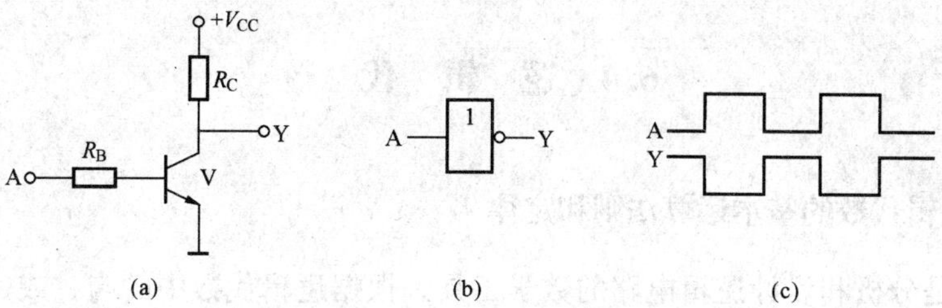

图6-6 三极管非门电路

(a) 电路；(b) 逻辑符号；(c) 波形图

6.3.2 复合逻辑门电路

与、或、非三种基本逻辑门电路可以组成多种复合逻辑门电路。常见的复合门电路有：与非门、或非门、与或非门、异或门、同或门等。表6-6列出了这些复合门电路的逻辑表达式、真值表、逻辑符号以及逻辑功能。

表6-6　　常见复合逻辑门电路

逻辑门	逻辑表达式	真值表	逻辑符号	逻辑功能
与非门	$Y=\overline{A \cdot B}$	A B Y 0 0 1 0 1 1 1 0 1 1 1 0	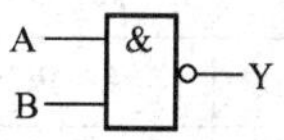	全1出0 有0出1
或非门	$Y=\overline{A+B}$	A B Y 0 0 1 0 1 0 1 0 0 1 1 0	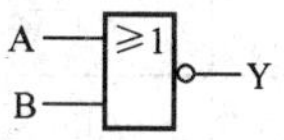	全0出1 有1出0
与或非门	$Y=\overline{AB+CD}$	AB CD Y 0 0 1 0 1 0 1 0 0 1 1 0	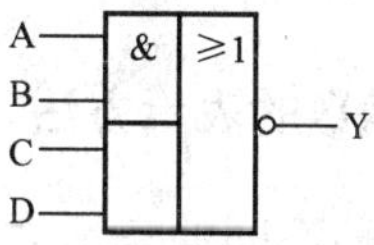	各组有0出1 一组全1出0
异或门	$Y=A\oplus B$ $=A\overline{B}+\overline{A}B$	A B Y 0 0 0 0 1 1 1 0 1 1 1 0	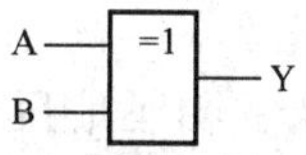	相同出0 相异出1
同或门	$Y=A\odot B$ $=AB+\overline{A}\overline{B}$ $=\overline{A\oplus B}$	A B Y 0 0 1 0 1 0 1 0 0 1 1 1	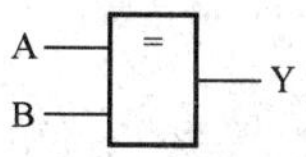	相同出1 相异出0

在表6-6中，符号“⊕”表示异或运算，符号“⊙”表示同或运算。到目前为止，实际的异或门和同或门都只有两个输入端，而与门、或门、与非门、或非门和与或非门都可以有多个输入端。比如与或非门，它不仅可以有多个与项输入，而且每个与项还可以有多个输入。

6.4 逻 辑 代 数

6.4.1 逻辑代数的基本运算法则和定律

逻辑代数是分析和设计逻辑电路的数学工具。根据逻辑代数中的与、或、非三种基本运算，可推导出逻辑运算的一些法则和基本定律，列于表 6-7 中。

表 6-7 逻辑代数的基本法则和定律

定律名称	表达式	
0-1 律	$A+1=1$	$A\cdot 0=0$
自等律	$A+0=A$	$A\cdot 1=A$
等幂律	$A+A=A$	$A\cdot A=A$
互补律	$A+\overline{A}=1$	$A\cdot\overline{A}=0$
否否律	$\overline{\overline{A}}=A$	
交换律	$A+B=B+A$	$A\cdot B=B\cdot A$
结合律	$A+(B+C)=(A+B)=C$	$A\cdot(B\cdot C)=(A\cdot B)\cdot C$
分配律	$A+BC=(A+B)(A+C)$	$A(B+C)=AB+AC$
吸收律 1	$AB+A\overline{B}=A$	$(A+B)(A+\overline{B})=A$
吸收律 2	$A+AB=A$	$A(A+B)=A$
吸收律 3	$A+\overline{A}B=A+B$	$A(\overline{A}+B)=AB$
多余项定律	$AB+\overline{A}C+BC=AB+A\overline{C}$	$(A+B)(\overline{A}+C)(B+C)=(A+B)(\overline{A}+C)$
反演律	$\overline{A+B}=\overline{A}+\overline{B}$	$\overline{AB}=\overline{A}+\overline{B}$

6.4.2 逻辑函数的表示方法

逻辑函数有多种不同的表示方法，常用的有真值表、逻辑函数式、逻辑图、波形图等 4 种。它们各有特点，既相互联系，又可以相互转换。

一、真值表

真值表可以直观、明了地反映逻辑函数与逻辑变量取值之间的一一对应关系，具有唯一性。若两个逻辑函数具有相同的真值表，则两个逻辑函数必然相等。n 变量的逻辑函数，共有 2^n 个不同的变量组合，在列真值表时，为避免遗漏，一般按 n 位二进制递增的方式列出。

二、逻辑函数式

逻辑函数式是用与、或、非等基本运算来表示输入变量和输出函数因果关系的逻辑代数式。书写简洁、方便，有利于用逻辑代数的公式进行化简和转换。

由真值表可以得到逻辑函数式：将真值表中每一组使输出函数值为 1 的输入变量都写成一个与项。在这些与项中，取值为 1 的变量写成原变量，取值为 0 的变量写成反变量，将这些与项相加，就得到了逻辑函数式。

三、逻辑图

逻辑图是用基本逻辑门和复合逻辑门的逻辑图形符号组成的对应于某一逻辑功能的电路图。根据逻辑函数式画逻辑图时，只要把逻辑函数式中的各逻辑运算用相应门电路的逻辑符号代替，就可以画出与逻辑函数对应的逻辑图。

四、波形图

波形图是按真值表画出的输入、输出关系的一系列波形，直观地反映了输入变量和输出函数在时间上的对应关系。

6.4.3 逻辑函数的化简

对逻辑函数进行化简，可以简化逻辑表达式，减少实现电路时所需的元件，这样既可以降低成本，还可以提高电路的可靠性。

一、最简与或式

最常见的逻辑函数的表达形式是与或式。如逻辑表达式 $Y=AB+\overline{A}C$ 就是一个与或式。最简与或式的标准是：

(1) 逻辑函数表达式中的与项最少。

(2) 每个与项中的变量数最少。

值得注意的是：由于同一个逻辑函数化简时所使用方法的不同，其最简表达式有时可能会有多个式子。

二、逻辑函数的代数化简法

代数化简法就是运用逻辑代数的运算法则和定律把复杂的逻辑函数化为最简式。

【例 6-7】 用代数法化简逻辑函数 $Y=AD+A\overline{D}+AB+\overline{A}C+\overline{C}D+A\overline{B}EF$。

解
$$\begin{aligned}Y&=AD+A\overline{D}+AB+\overline{A}C+\overline{C}D+A\overline{B}EF\\&=A(D+\overline{D})+AB+\overline{A}C+\overline{C}D+A\overline{B}EF\\&=A+AB+\overline{A}C+\overline{C}D+A\overline{B}EF\\&=A+\overline{A}C+\overline{C}D\\&=A+C+\overline{C}D\\&=A+C+D\end{aligned}$$

三、逻辑函数的卡诺图化简法

卡诺图是逻辑函数的图解化简法，它具有确定的化简步骤，克服了公式化简法对最终结果难以确定的缺点，能比较方便地获得逻辑函数的最简与或式。

(一) 最小项与最小项表达式

如果逻辑函数的与项中包含有全部的变量，并且每个变量都以原变量或反变量的形式仅出现一次，则称该与项为逻辑函数的最小项。n 个变量的最小项有 2^n 个。为了书写方便，通常用"m_i"表示最小项，"i"为最小项的编号。例如，三变量最小项标号如表 6-8 所示。

如果两个最小项中只有一个变量互为反变量，其余变量均相同时，则称这两个最小项为相邻最小项，简称相邻项。如 $AB\overline{C}$和$\overline{A}B\overline{C}$就互为相邻项。一个 n 变量的最小项有 n 个相邻项。

在逻辑函数的表达式中，如果每个与项都是最小项，则称该逻辑函数式为标准与或式，又称为最小项表达式。任何一种形式的逻辑式都可以利用基本公式化为最小项表达式，并且最小项表达式是唯一的。

表 6-8　　三变量最小项表

A	B	C	最小项	编　号	A	B	C	最小项	编　号
0	0	0	$\overline{A}\overline{B}\overline{C}$	m_0	1	0	0	$A\overline{A}\overline{B}$	m_4
0	0	1	$\overline{A}\overline{B}C$	m_1	1	0	1	$A\overline{B}C$	m_5
0	1	0	$\overline{A}B\overline{C}$	m_2	1	1	0	$AB\overline{C}$	m_6
0	1	1	$\overline{A}BC$	m_3	1	1	1	ABC	m_7

【例 6-8】　将逻辑函数 $Y=\overline{A}D+\overline{\overline{AB}\cdot(C+\overline{BD})}$化为最小项表达式。

解　(1) 利用摩根定律将函数展开为与或表达式

$$Y=\overline{A}D+\overline{\overline{AB}\cdot(C+\overline{BD})}=\overline{A}D+AB+\overline{C+\overline{BD}}$$
$$=\overline{A}D+AB+B\overline{C}D$$

(2) 再利用基本公式 $A+\overline{A}=1$ 对缺少变量的与项进行配项，使之成为最小项

$$Y=\overline{A}D+\overline{\overline{AB}\cdot(C+\overline{BD})}=\overline{A}D+AB+\overline{C+\overline{BD}}$$
$$=\overline{A}\overline{B}\overline{C}D+\overline{A}\overline{B}CD+\overline{A}B\overline{C}D+\overline{A}BCD+AB\overline{C}\overline{D}+AB\overline{C}D+$$
$$ABC\overline{D}+ABCD$$

利用最小项编号，上式又可写作

$$Y=m_1+m_3+m_5+m_7+m_{12}+m_{13}+m_{14}+m_{15}=\sum_m(1,3,5,7,12,13,14,15)$$

（二）逻辑函数的卡诺图化简法

卡诺图就是最小项方块图，它用 2^n 个小方格表示 n 个变量的 2^n 个最小项，并且使逻辑相邻的最小项在几何位置上也相邻。图 6-7 所示的是 2～4 变量的卡诺图。

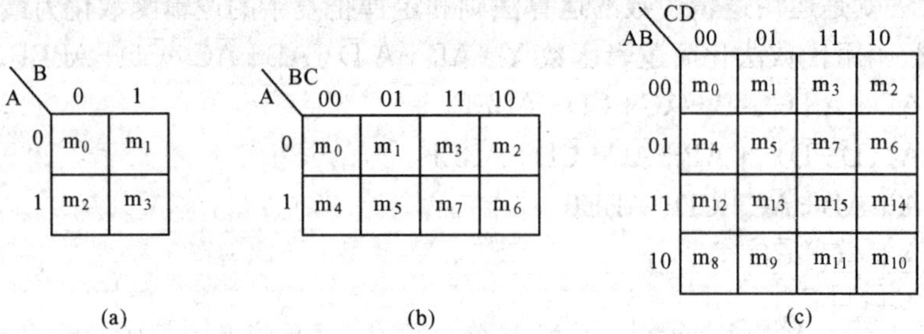

图 6-7　卡诺图

(a) 二变量卡诺图；(b) 三变量卡诺图；(c) 四变量卡诺图

图中变量的取值按循环码（00、01、11、10）的顺序排列，保证了卡诺图中最小项的相邻性。

卡诺图化简逻辑函数，实质上就是运用公式 $AB+A\overline{B}=A$，合并相邻最小项，消去相异的变量，从而得到最简的"与或"式。其合并规律是：2^n 个相邻项（包含 2^n 个方格）合并为一项时，可以消去 n 个相异变量。

用卡诺图化简逻辑函数的步骤和规则如下：

第一步：画出相应变量逻辑函数的卡诺图。

第二步："填 1"，就是把逻辑函数中出现的所有最小项，在卡诺图相应的方格中填上 1。

第三步："圈 1"，就是合并卡诺图中的相邻项。画圈应当遵循以下原则：

(1) 只有相邻的 1 才能合并，且每个包围圈只能包含 2^n 个 1，即只能按 1、2、4、8…这样的数目画圈。

（2）按照“从小到大”的次序，先圈孤立的1，再圈只能2个组合的1，必须包含函数所有的最小项。

（3）包围圈要尽可能的大，1可以重复圈多次，但每个圈至少要包含一个“尚未被圈过”的1。

（4）包围圈的数目要尽可能的少（即乘积项的总数要少）。

第四步：提取每个包围圈内最小项的公因子构成与项。

第五步：把所有与项相加，即为最简与或式。

【例6-9】 用卡诺图将逻辑函数 $Y=\sum_m(0,4,6,9,12,14,15)$ 化为最简。

解 （1）画出四变量逻辑函数的卡诺图，见图6-8。

（2）填卡诺图，有最小项的方格填1。

（3）画包围圈，如图所示。

（4）合并每个包围圈内的最小项。

（5）写出最简与或式，即

$$Y=\overline{A}\,\overline{C}\,\overline{D}+B\overline{D}+ABC+A\overline{B}\,\overline{C}D$$

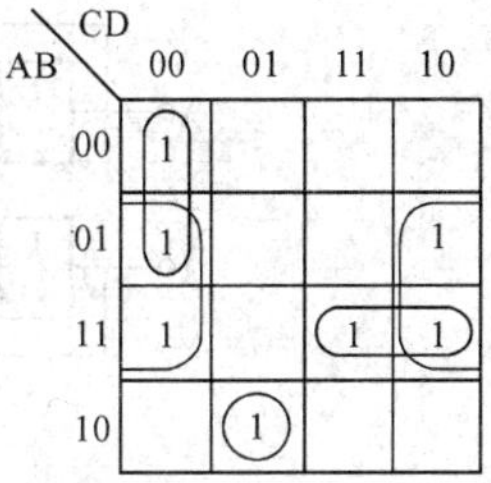

图6-8 例6-9的卡诺图

（三）*具有无关项的逻辑函数的化简*

无关项是指那些与逻辑函数值无关的最小项，也称随意项、约束项。如8421BCD编码中，1010～1111这6种代码是不允许出现的，即与8421BCD码无关，那它们就是无关项。无关项一般用 d_i 来表示，在填入卡诺图时用“×”或“Ø”来表示，其取1或取0都不会影响函数值。

用卡诺图化简逻辑函数时，无关项“×”是作为1还是作为0，要依据化简需要来确定。其原则是相邻项的包围圈要最大、数目要最少。每个包围圈必须包含有效最小项1，不能全是无关项。要将所有的1圈完，有些无关项并不是非利用不可。

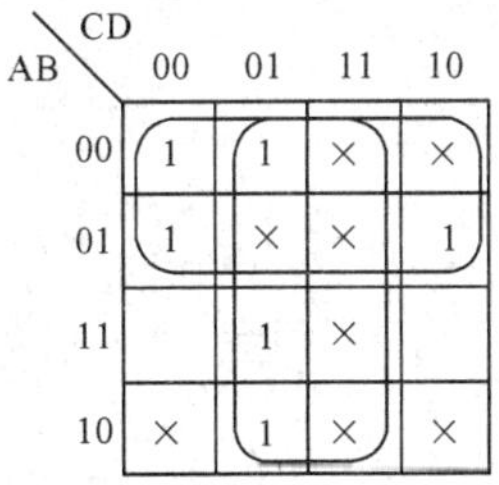

图6-9 例6-10的卡诺图

【例6-10】 用卡诺图化简含有无关项的逻辑函数

$$Y=\sum_m(0,1,4,6,9,13)+\sum_d(2,3,5,7,8,10,11,15)。$$

解 画出四变量逻辑函数的卡诺图，在最小项方格填1，无关项方格填×，见图6-9。画包围圈1，合并每个包围圈内的最小项，写出最简与或式为

$$Y=\overline{A}+D$$

思 考 题

1. 什么是数字信号和数字电路？数字电路有什么特点？

2. 对下列各数进行转换：

（1）将下列十进制数转换为二进制和十六进制数。

$(7)_{10}$；$(12)_{10}$；$(40)_{10}$；$(105)_{10}$。

（2）将下列二进制数转换为十进制和十六进制数。

$(1000101)_2$；$(101101.011)_2$；$(11101)_2$；$(0.10101)_2$。

3. 试说出：①从真值表写逻辑函数式的方法；②从函数式列真值表的方法；③从逻辑图写逻辑函数式的方法；④从逻辑函数式画逻辑图的方法。

4. 试用与非门电路实现下列逻辑函数（门电路类型不限）。

（1）$Y=AB+AC$

（2）$Y=(A+B)(C+D)$

（3）$Y=\overline{AB+CD}$

5. 写出图 6 - 10 中逻辑函数的函数式。

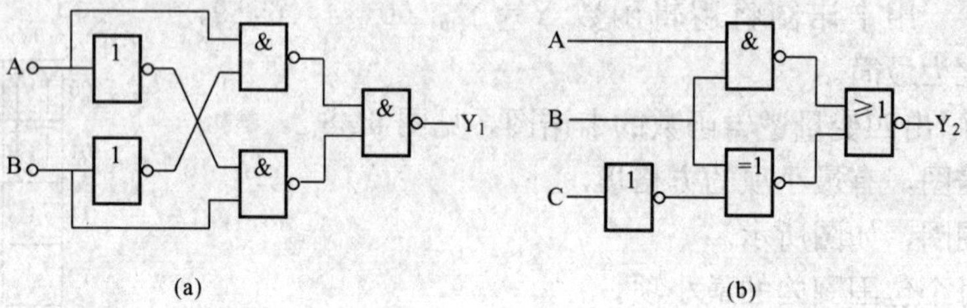

图 6 - 10　题 5 图

6. 证明下列逻辑恒等式（方法不限）。

（1）$\overline{A}\overline{C}+\overline{A}\overline{B}+BC+\overline{A}\overline{C}\overline{D}=\overline{A}+BC$

（2）$\overline{A}\overline{B}C++\overline{A}B\,\overline{C}+A\overline{B}\overline{C}+ABC=A\oplus B\oplus C$

（3）$(A+\overline{C})(B+D)(B+\overline{D})=AB+B\,\overline{C}$

（4）$\overline{\overline{(A+B+\overline{C})}\,\overline{C}D}+(B+\overline{C})(A\,\overline{B}D+\overline{B}\overline{C})=1$

7. 用代数法化简下列逻辑函数：

（1）$Y=A\,\overline{B}+B+\overline{A}B$

（2）$Y=\overline{A\,\overline{B}}+\overline{\overline{A}BC}$

（3）$Y=A+ABC+A\,\overline{B}\overline{C}+BC+\overline{B}C$

（4）$Y=\overline{\overline{A\,\overline{B}+\overline{A}B\,\overline{B}C+B\,\overline{C}}}$

8. 用卡诺图法将下列函数化为最简与或式：

（1）$Y=\overline{A}\overline{B}+AB+\overline{B}\overline{C}+BC$

（2）$Y=\overline{\overline{A}\overline{B}+ABD}\,(B+\overline{C}D)$

（3）$Y(A, B, C, D)=\sum_m(0, 2, 5, 7, 8, 10, 13, 15)$

（4）$Y(A, B, C, D)=\sum_m(3, 6, 8, 9, 11, 12)+\sum_d(0, 1, 2, 13, 14, 15)$

（5）$Y(A, B, C, D)=\sum_m(0, 13, 14, 15)+\sum_d(1, 2, 3, 9, 10, 11)$

第 7 章

集成逻辑门电路与组合逻辑电路

7.1 TTL 集成逻辑门电路

TTL 是三极管-三极管逻辑电路的简称。在 TTL 集成逻辑门电路中基本门是与非门，而不是与门、或门和非门。与非门不仅是 TTL 集成逻辑门电路的基本部件，而且也是 TTL 触发器的基本组成部分。

7.1.1 TTL 与非门

一、TTL 与非门的电路结构

图 7-1 是典型的 TTL 与非门电路，它属于国产型号中的 74（T1000）系列产品。A、B 为输入端，Y 为输出端，输入信号高电平为 3.6V，低电平为 0.3V。它由输入级、中间级和输出级三部分构成。

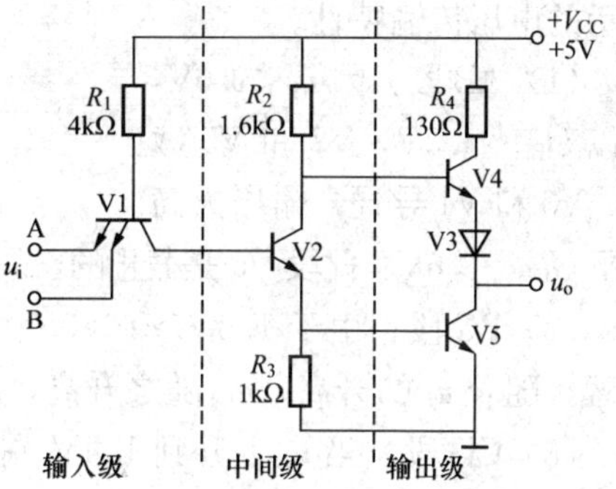

图 7-1 TTL 与非门电路图

输入级由多发射极三极管 V1 和 R_1 构成，多发射极三极管中的基极和集电极是共用的，发射极有两个或多个是独立的；中间级由 V2 和 R_2、R_3 构成，在 V2 的集电极和发射极产生两个相位相反的信号，用它们分别驱动 V4、V5 管；输出级由 V4、V3、V5 和 R_4 构成推拉式电路。

二、工作原理

（一）输入信号中有一个（或两个）为低电平

假定输入端 A、B 中至少有一个为低电平 0.3V，对应该端的发射结导通，V1 的基极电位被钳制在

$$U_{B1} = 0.3 + 0.7 = 1.0(\mathrm{V})$$

很显然，V2 和 V5 都处于截止状态，要使 V2 和 V5 都导通，至少需要 $U_{B1} = 2.1\mathrm{V}$。由于 V2 截止，电源 V_{CC} 通过 R_2 和与非门的负载（电路图中未画），使 V4 和 V3 导通，输出电平为

$$u_o = V_{CC} - I_{B4}R_2 - U_{BE4} - U_{V3}$$

其中 $I_{B4}R_2$ 很小，可以忽略不计，所以

$$u_o \approx V_{CC} - U_{BE4} - U_{V3} = 5 - 0.7 - 0.7 = 3.6(\mathrm{V})$$

输出为高电平 U_{OH}。电路的这种状态称为关闭状态。

（二）输入全为高电平

当输入 A、B 都为高电平 3.6V 时，电源 V_{CC} 通过电阻 R_1、V1 的集电结先使 V2 和 V5 导通，V1 基极电平 U_{B1} 就被钳制在 2.1V，多发射极管 V1 的两个发射结均处反向状态。

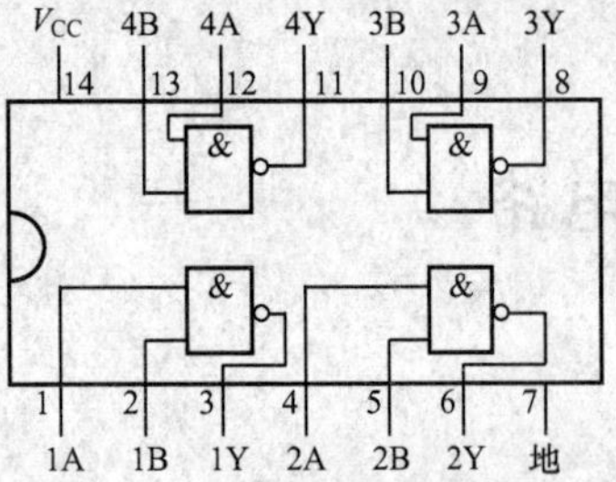

图 7-2 7400 外引脚排列图

由此

$$u_o = U_{CES(sat)} \approx 0.3(V)$$

输出电平为低电平 U_{OL}。电路的这种状态称为开启状态。

通过以上分析可知，该电路具有与非逻辑功能。

$$Y = \overline{AB} \tag{7-1}$$

图 7-2 是 7400 四 2 输入与非门的外引脚排列图。

三、电压传输特性

将 TTL 与非门的某一输入端的电压由 0V 逐渐增加到 5V，其他输入端接 5V，测量输出端电位，就得到了图 7-3 所示的电压传输特性。

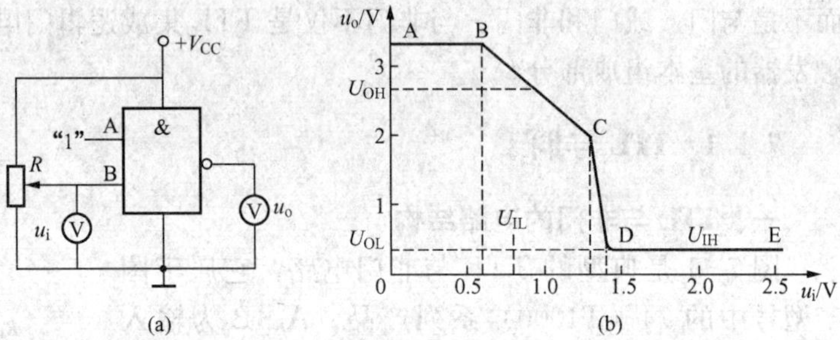

图 7-3 TTL 与非门电压传输特性

(a) 测试电路；(b) 电压传输特性

(1) AB 段。因 $u_i < 0.6$V，所以 $U_{B1} < 1.3$V，V2 和 V5 截止，V3 和 V4 导通，输出为高电平 $U_{OH} = 3.6$V。此段 V5 是截止的，故称为截止段。

(2) BC 段。由于 1.3V $> u_i >$ 0.7V，V2 开始导通，而 V5 依旧截止。此时 V2 工作在放大区，随着 u_i 的升高，u_{C1} 随之升高，u_{C2} 和 u_o 线性地下降。这一段称为线性段。

(3) CD 段。当 u_i 上升到 1.4V 左右时，U_{B1} 约为 2.1V，V5 开始导通。一旦 V5 导通，u_o 急剧下降为低电平。这一段称为转折段。转折段中点对应的输入电压称为阈值电压或门槛电压，用 U_T 表示。

(4) DE 段。此后 u_i 继续升高，V5 进入饱和状态，输出为低电平 $U_{OL} = 0.3$V，并保持不变。这一段称为饱和段。

四、TTL 与非门的主要参数

(一) 输出高电平 U_{OH} 和输出低电平 U_{OL}

当与非门有一个或几个输入端接地时的输出电平称为输出高电平。74LS00 输出高电平下限值为 $U_{OH} = 2.7$V（典型值为 3.5V）。

与非门所有输入全接高电平时的输出电平称为输出低电平。74LS00 输出低电平的上限值为 $U_{OLmax} = 0.5$V。

(二) 输入高电平 U_{IH}

与输出低电平上限值（U_{OLmax}）所对应的输入高电平下限值，称为输入高电平，又称开门电平用 U_{ON} 表示。74LS00 输入高电平 $U_{IHmin} = 2$V。

(三) 输入低电平 U_{IL}

与输出高电平下限值（U_{OHmin}）所对应的输入低电平上限值，称为输入低电平，又称关门电平用 U_{OFF} 表示。74LS00 输入低电平 $U_{ILmax} = 0.8$V。

(四) 噪声容限

是指在不影响电路正常逻辑功能的前提下，允许在输入信号上所叠加的噪声电压值。

（1）输入高电平噪声容限U_{NH}。U_{NH}指输出为低电平时，允许在输入高电平U_{IH}上叠加的负向噪声电压，即

$$U_{NH}=U_{IH}-U_{IHmin} \tag{7-2}$$

U_{NH}值越大，说明与非门输入高电平时抗干扰能力越强。74LS00 高电平噪声容限为 0.7V。

（2）输入低电平噪声容限U_{NL}。U_{NL}指输出为高电平时，允许在输入低电平U_{IL}上叠加的正向噪声电压，即

$$U_{NL}=U_{ILmax}-U_{IL} \tag{7-3}$$

U_{NL}值越大，说明与非门输入低电平时抗干扰能力越强。74LS00 低电平噪声容限为 0.3V。

（五）输入高电平电流 I_{IH}

将某一输入端接高电平，而其余输入端接地时，从这一输入端流进与非门的电流称为输入高电平电流。由于高电平电流是自前级与非门流出的拉电流负载，因此希望 I_{IH} 尽量小些。对于 74LS00，$I_{IH}=20\mu A$。

（六）输入低电平电流 I_{IL}

当某一输入端接低电平，而其余输入端悬空时，从这一输入端流出与非门的电流称为输入低电平电流。由于低电平电流是自前级与非门流入的灌电流负载，I_{IL}应尽量小些。对于 74LS00，$I_{IL}=0.4mA$。

（七）输出高电平电流 I_{OH}

与非门输出高电平时，自输出端流出的电流称为输出高电平电流，也称为拉电流。对于 74LS00，$I_{OH}=0.4mA$。

（八）输出低电平电流 I_{OL}

与非门输出低电平时，自输出端流入的电流称为输出低电平电流，也称为灌电流。对于 74LS00，$I_{OL}=4mA$。

（九）扇出系数 N_O

指与非门的输出允许带同类门的个数。74LS00 输出低电平时的扇出系数 $N_L=I_{OLmax}/I_{ILmax}-4/0.4-10$；输出高电平时的扇出系数 $N_H-I_{OHmax}/I_{IHmax}=400/20=20$，所以与非门的扇出系数取 N_L、N_H 中最小的 $N_O=10$。实际与非门扇出系数 $N_O=N_L=I_{OLmax}/I_{ILmax}$。与非门扇出系数越大，表明它带同类门的个数越多。

（十）低电平电源电流 I_{CCL}

输入端悬空，输出端空载，输出为低电平时的电源电流称为低电平电源电流。$P_D=I_{CCL}V_{CC}$为空载导通功耗。此值越小越好。

（十一）平均传输延迟时间 T_{PD}

在与非门输入端加一矩形脉冲，则输出波形对于输入波形在时间上将产生一定的延迟，T_{PD}就是反映这个延迟时间大小的一个参数。同时也反映了与非门的开关速度。T_{PD}越小，开关速度越快。

总之，与非门在实际使用中希望：I_{IH}、I_{IL}小一些，I_{OH}、I_{OL}大一些，扇出系数 N_O 就大；I_{CL}小一些，功耗就低；T_{PD}小一些，开关速度就快。表 7-1 列出了 TTL 与非门电路的主要参数。

表 7-1 7400、74H00、74S00、74LS00 系列四 2 输入与非门的主要参数

参数名称	单位	测试条件	7400	74H00	74S00	74LS00
输入高电平 U_{IHmin}	V		2	2	2	2
输入低电平 U_{ILmax}	V		0.8	0.8	0.8	0.8
输出高电平 U_{OHmin}	V	$V_{CC}=5.5V$，$U_{IL}=0.8V$，I_{OHmax}	2.4	2.4	2.7	2.7
输出低电平 U_{OLmax}	V	$V_{CC}=4.5V$，$U_{IH}=2V$，I_{OLmax}	0.4	0.4	0.5	0.5
输入高电平电流 I_{IHmax}	μA	$V_{CC}=5.5V$，$U_{IH}=-U_{IHmin}$	40	50	50	20
输入低电平电流 I_{ILmax}	mA	$V_{CC}=5.5V$，$U_{IL}=-U_{ILmax}$	1.6	2	2	0.4
输出高电平电流 I_{OHmax}	mA		0.4	0.5	1	0.4
输出电平电流 I_{OLmax}	mA		16	20	20	4
电源平均电流 I_{CCLmax}	mA		22	40	36	4.4
平均传输延迟时间 t_{pd}	ns		19	10	5	15

7.1.2 其他类型 TTL 逻辑门电路

在 TTL 数字集成电路中，集电极开路门（简称 OC 门）和三态门是应用比较广泛的电路。

一、集电极开路门（OC 门）

TTL 与非门输出采用推拉式结构具有输出电阻低的优点，但不能把它们的输出端并联使用，输出端并联后将造成逻辑混乱或器件的损坏（读者自行分析）。

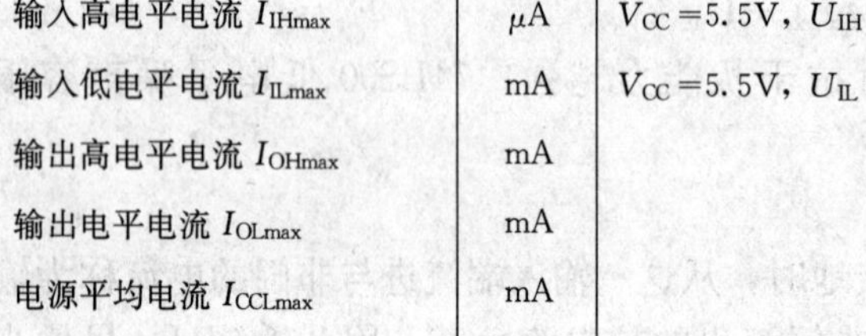

图 7-4 TTL OC 门
(a) 电路；(b) n 个 OC 门线与

（一）电路结构

集电极开路与非门的电路和逻辑符号如图 7-4 所示。同前面介绍的与非门电路比较，就是用外接电阻 R_C 代替了原来的 V4、V3 和 R_4 部分。在使用时，必须在输出端加外接电阻 R_C，并将其连接到电源上，OC 门才能正常工作。R_C 阻值的大小可用计算和测试两种方法得到。该电路具有与非逻辑功能

$$Y=\overline{AB} \tag{7-4}$$

（二）OC 门的线与功能

OC 门在应用中的主要特点是能实现线与功能。n 个 OC 门实现线与的电路如图 7-4(b) 所示。OC 门只要有一个输出是低电平，Y 就是低电平；只有当每一个 OC 门输出都是高电平时，Y 才是高电平。这种不用与门而完成的与运算称为线与逻辑。电路的逻辑关系式为

$$Y=\overline{A_1B_1}\cdot\overline{A_2B_2}\cdots\overline{A_nA_n}=\overline{A_1B_1+A_2B_2+\cdots+A_nB_n} \tag{7-5}$$

实际上该电路完成的是与或非功能。

二、三态门电路

（一）电路结构和工作原理

TTL 三态门的电路结构和逻辑符号如图 7-5 所示。A、B 为输入端，EN（$\overline{EN}$）为使能端，Y 为输出端。

工作原理：当 EN＝1 时，二极管 V 截止，电路处于正常工作状态，即

$$Y=\overline{AB}$$

当 EN＝0 时，低电平不仅使 V2 和 V5 截止，同时它还经二极管 V 将 V4 的基极电位钳制在 1V 左右，使其截止，从输出端看进去，电路处于高阻状态。这样输出端 Y 总共有三种可能的状态：高阻、高电平、低电平。故称为“三态门”。

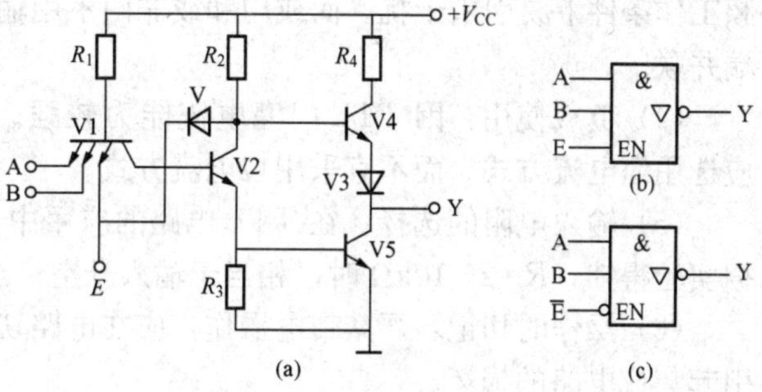

图 7-5　TTL 三态门

（a）电路；（b）、（c）逻辑符号

（二）应用

由三态门可以构成单向传输数据的总线电路如图 7-6（a）所示。这个单向总线是分时传送的总线，每次只能传送 $A_1 \sim A_3$ 中的一个信号。当某个三态门的使能端为 EN＝1 时，其对应输入的数据传送到总线上（数据的非），当三态门的使能端都为 EN＝0 时，不传送信号，总线与各三态门呈高阻状态。此电路常用作计算机系统中各部件的输出级。

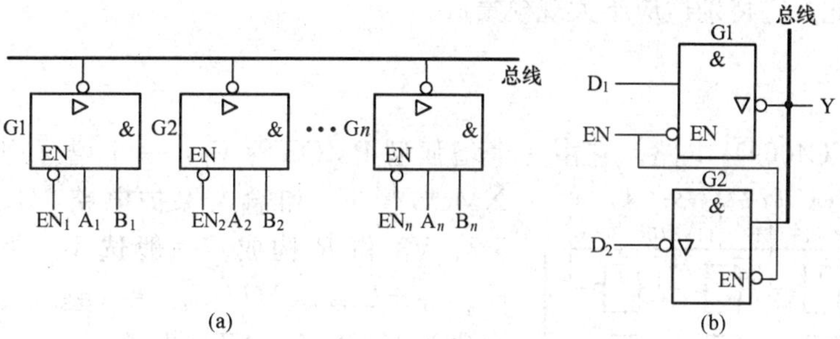

图 7-6　三态门用于总线传输

（a）单向传输；（b）双向传输

图 7-6（b）为三态门构成的双向总线。该电路可以实现总线上三态门之间的数据分时双向传送，$\overline{D_1}$ 传送到总线上，总线上数据的非传送给 D_2。

7.1.3　常用 74 系列集成门电路及使用注意事项

一、常用 74 系列集成门电路

为满足用户的不同需要，继上述 CT74（简称 74）标准系列之后，又相继研制和生产了 CT74H（简称 74H）高速系列，CT74S（简称 74S）肖特基系列（工作速度进一步提高），CT74LS（简称 74LS）低功耗肖特基系列，CT74AS（简称 74AS）和 CT74ALS（简称 74ALS）系列。74AS 系列进一步缩短了传输延迟时间，而 74ALS 系列获得了减小功耗、缩短延迟时间的双重收效。

二、使用注意事项

（1）电源：TTL 电路采用 5V 电源。为了防止干扰，一般要在电源和地之间接入滤波电容。

(2) 输出端的连接：TTL 电路输出端不允许直接接电源或地，否则将会使电路的逻辑功能混乱并损坏器件。

(3) TTL 电路不用输入端的处理。与门和与非门不用输入端处理有三种方法：①接电源+5V；②与使用端并联，但并联时对信号的驱动电流要求增加了；③悬空，但悬空在高频工作条件下易引入干扰。而或门和或非门不用输入端处理有两种方法：①接地；②与使用端并联。

(4) 负载使用：因 TTL 门灌电流能力较强。因此，如果用 TTL 门驱动较大负载时，应选用灌电流方式，而不宜采用拉电流方式。

(5) 输入电阻的选择：在 TTL 电路的应用中，有时需要在门的输入端连接电阻 R。根据实验得知，$R=2\sim10\text{k}\Omega$ 时，相当于输入悬空；当 $R=0\sim0.7\text{k}\Omega$ 时，相当于输入接地。

(6) 操作时切记：严禁带电操作，应在电路切断电源的时候，拔插集成电路，否则容易引起集成电路的损坏。

7.2 CMOS 集成电路

CMOS 门电路具有功耗极低、电源电压范围宽、输出幅度大、抗干扰能力强、工作稳定性好、集成度高等优点，因此，它特别适应于大规模集成。

7.2.1 CMOS 反相器

图 7-7 是 CMOS 非门（CC4069）电路。它由一个增强型 PMOS 管 V_P，一个增强型 NMOS 管 V_N 和输入保护电路 V1、V2、V3 和 R 构成。一般选 $V_{DD} \geqslant U_{GS(th)P}+U_{GS(th)N}$（$U_{GS(th)P}$ 和 $U_{GS(th)N}$ 分别为 V_P 和 V_N 的开启电压）。

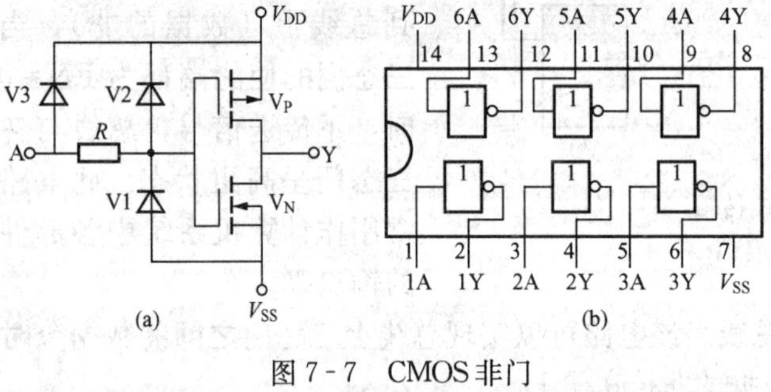

图 7-7 CMOS 非门

(a) 电路；(b) CC4069 外引脚排列图

当输入 $U_A=0\text{V}$ 时，V_P 导通、V_N 截止，输出为高电平 $U_{OH}=V_{DD}$。当输入 $U_A=V_{DD}$ 时，V_N 导通、V_P 截止，输出为低电平 $U_{OL}=0\text{V}$。故该电路实现了逻辑非的功能，即 $Y=\overline{A}$。

7.2.2 其他类型的 CMOS 逻辑门

一、CMOS 与非门（CC4011 与非门）

图 7-8 是两输入 CMOS 管与非门电路。它由两个串联的 NMOS 管（V_N1、V_N2）和两个并联的 PMOS 管（V_P1、V_P2）构成。每个输入分别控制一对 PMOS 管和 NMOS 管。

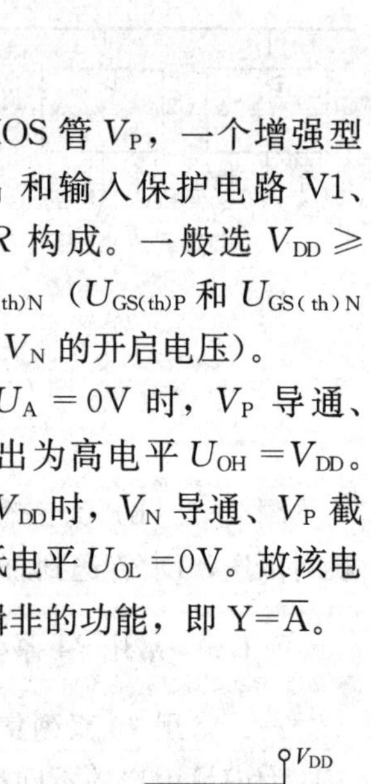

图 7-8 CMOS 与非门

当输入 A、B 中至少有一个为低电平时，与之相连的 NMOS 管截止、PMOS 管导通，输出为高电平。只有当输入 A、B 均为高电平时，才会使串联的两个 NMOS 管全导通，并联的两个 PMOS 管全截止，输出为低电平。故该电路完成了与非门的逻辑功能，即 $Y=\overline{AB}$。

可通过串接 NMOS 管，并接 PMOS 管，实现多于两个输入的与非门。

二、CMOS 或非门

图 7-9 是两输入 COMS 或非门电路。其电路构成正好和 CMOS 与非门相反，由两个 NMOS 管并联，两个 PMOS 管串联构成。

当输入 A、B 至少有一个为高电平时，与其相连的 NMOS 管导通，PMOS 管截止，输出为低电平。只有当输入 A、B 全为低电平时，才会使并联的两个 NMOS 管全部截止，串联的两个 PMOS 全导通，输出为高电平。故该电路实现了或非门的逻辑功能，即 $Y=\overline{A+B}$。

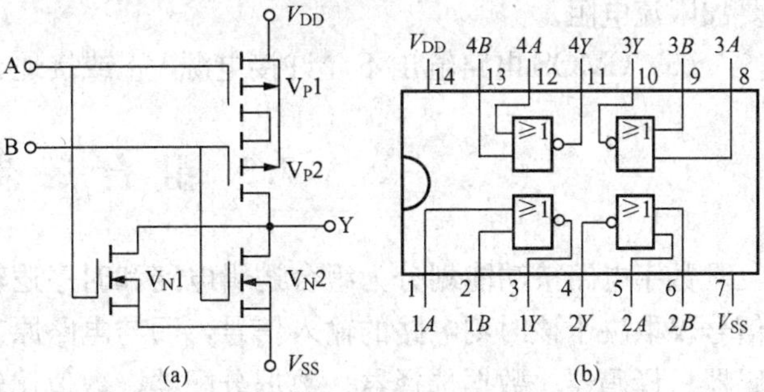

图 7-9　CMOS 或非门

（a）电路图；（b）CC4001 外引脚排列图

通过串接 PMOS 管，并接 NMOS 管，可实现多于两个输入的或非门。

三、CMOS 传输门和模拟开关

图 7-10 为 CMOS 传输门电路和逻辑符号。它由一个 NMOS 管和一个 PMOS 管并联构成。两管源极相连作为输入端 u_i，漏极相连作为输出端 u_o，栅极作为控制端 C 和 $\overline{C}$。信号电平变化范围为 0～V_{DD}。

当控制端 C=1，$\overline{C}$=0 时，输入信号电平变化范围在 0～V_{DD}，则 V_N 和 V_P 至少有一个导通，这样，$u_o=u_i$，信号由输入端传送到输出端。

当控制端 C=0，$\overline{C}$=1 时，V_N 和 V_P 都截止，相当于输入、输出端之间断开，信号不传送。

由以上分析可知，CMOS 传输门是一种控制信号是否通过的电子开关。CMOS 传输门可以双向传输，即可以由输入端向输出端传送，也可以由输出端向输入端传送。

由 CMOS 传输门和一个非门则可构成模拟开关，如图 7-11 所示。当 C=1 时，开关闭合，接通输入、输出端；当 C=0 时，开关断开，输入、输出端不通。

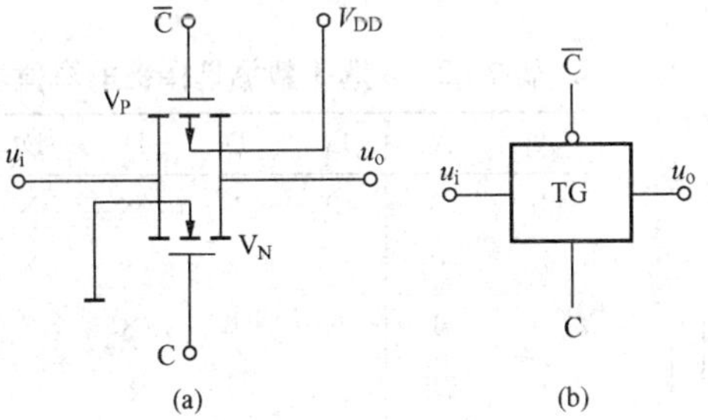

图 7-10　CMOS 传输门

（a）电路；（b）逻辑符号

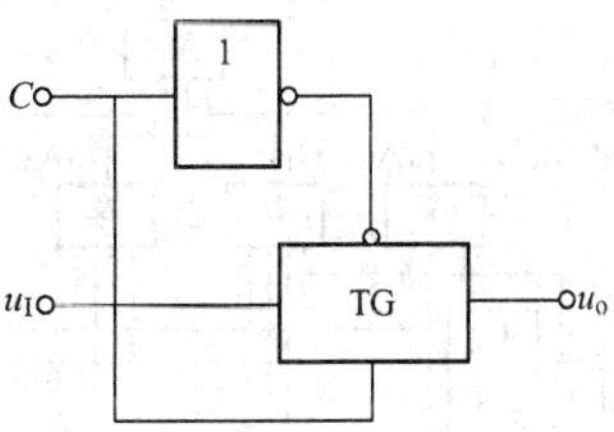

图 7-11　CMOS 模拟开关

四、CMOS 电路使用注意事项

（1）CMOS 集成电路为高输入阻抗器件，在存放和运输中，最好用防静电材料包装。

（2）组装、调试 CMOS 电路时，所有工具、仪表、工作台、服装、手套等注意接地或防静电。

（3）CMOS 电路不用的输入端一定不能悬空。与门和与非门多余输入端接电源 V_{DD}；或门和或非门多余输入端接地。

（4）CMOS 电路中有输入保护钳位二极管，为防止其过流损坏，对于低内阻信号源，要加限流电阻。

（5）CMOS 电路输出不允许接电源 V_{DD} 或接地，而且不同芯片的输出端不能并接。

7.3 组合逻辑电路

数字电路按功能划分为组合逻辑电路和时序逻辑电路。组合逻辑电路在任何时刻的输出信号仅取决于该时刻电路的输入信号，而与电路原来的状态无关。常见的组合逻辑电路有编码器、译码器、数据选择器、数据分配器、数值比较器、加法器等。

7.3.1 组合逻辑电路的分析和设计

一、组合逻辑电路的设计

组合逻辑电路的设计就是已知组合逻辑电路，分析其逻辑功能。主要分析步骤如下：

（1）由组合逻辑电路逐级写出各输出端的逻辑表达式。

（2）化简或变换逻辑表达式。

（3）列出真值表。

（4）根据真值表或最简式确定该电路的功能。

下面举例说明。

【例 7-1】 图 7-12 是一个 4 选 1 的数据选择器，试分析其逻辑功能。

解 （一）根据逻辑图写出逻辑表达式

$$Y = A_1A_0D_3 + A_1\overline{A_0}D_2 + \overline{A_1}A_0D_1 + \overline{A_1}\,\overline{A_0}D_0 \tag{7-6}$$

（二）列出真值表

为了分析方便，可将输入 A_1 和 A_0 划分为一类（数据选择输入端或地址输入端），输入 D_0、D_1、D_2 和 D_3 划为另一类（数据输入端），列出为表 7-2 所示的真值表。表中“×”表示 0、1 皆可的任意状态。

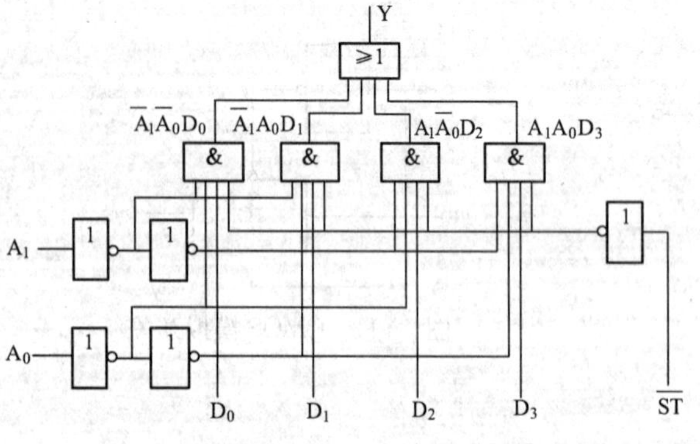

图 7-12 4 选 1 的数据选择器

表 7-2 4 选 1 数据选择器的真值表

A_1	A_0	D_0	D_1	D_2	D_3	Y
0	0	0	×	×	×	0
0	0	1	×	×	×	1
0	1	×	0	×	×	0
0	1	×	1	×	×	1
0	1	×	×	0	×	0
1	0	×	×	1	×	1
1	1	×	×	×	0	0
1	1	×	×	×	1	1

（三）分析逻辑功能

（1）由真值表可见：

当 $A_1A_0 = 00$ 时，$Y = D_0$，即 D_0 输出；当 $A_1A_0 = 01$ 时，$Y = D_1$，即 D_1 输出；当

$A_1A_0=10$ 时，$Y=D_2$，即 D_2 输出；当 $A_1A_0=11$ 时，$Y=D_3$，即 D_3 输出。由此可知，4 选 1 的数据选择器在 A_1 和 A_0 的控制下，能够从 D_0、D_1、D_2 和 D_3 数据中，选择一路数据信号作为输出。在数字系统中，常常需要把多路通道的数据信号分时传送到公共数据总线上，此电路就具有这种功能。中规模集成电路中的 4 选 1 数据选择器（74LS153）的逻辑电路图和图 7－12 基本相同。

（2）由式（7－6）可知：

当 $D_3=D_2=D_1=D_0=0$ 时，$Y=0$；

当 $D_3=D_2=D_1=0$、$D_0=1$ 时，$Y=\overline{A}_1\ \overline{A}_0$；

当 $D_3=D_2=0$、$D_1=1$、$D_0=0$ 时，$Y=\overline{A}_1A_0$；

当 $D_3=D_2=D_1=1$、$D_0=0$ 时，$Y=A_1A_0+A_1\overline{A}_0+\overline{A}_1A_0$；

当 $D_3=D_2=D_1=D_0=1$ 时，$Y=A_1A_0+A_1\overline{A}_0+\overline{A}_1A_0+\overline{A}_1\ \overline{A}_0$。

由以上分析可见，当 D_0、D_1、D_2、D_3 为不同组合时，Y 可以实现不同的逻辑函数运算。例如：要实现两变量的逻辑函数，可将 D_0、D_1、D_2、D_3 分别取 1 或 0。

【例 7－2】　用 4 选 1 的数据选择器实现两变量逻辑函数。

$$Y=\overline{A}B+A\overline{B}$$

解　将函数中变量 A 送地址输入端 A_1，B 送 A_0，逻辑函数中有的最小项 $\overline{A}B$、$A\overline{B}$对应的 D_1、D_2 输入端接 1，没有的最小项 D_3、D_0 接 0，则数据选择器输出端就是逻辑函数输出 Y。

二、组合逻辑电路的设计

设计步骤如下：

（1）根据命题的要求确定输入变量和输出变量，从而列出真值表。

（2）由真值表写出逻辑表达式。

（3）化简或变换逻辑表达式。

（4）画出逻辑电路。

【例 7－3】　设计一个半加器。

解　（一）列出真值表

设输入加数为 A_i，被加数为 B_i，输出和数为 S_i，进位数为 C_o。根据半加器的加法规律可列出表 7－3 所示的真值表。

表 7－3　半加器真值表

A_i	B_i	S_i	C_o
0	0	0	0
0	1	0	1
1	0	1	0
1	1	0	1

（二）由真值表写出逻辑表达式

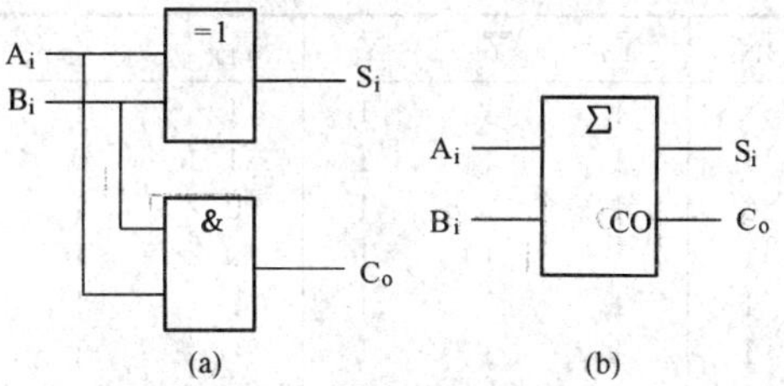

图 7－13　半加器

（a）电路；（b）逻辑符号

将真值表中 S_i 和 C_o 为 1 的那些最小项加起来，就可以得到逻辑表达式

$$S_i=\overline{A_i}B_i+A_i\overline{B_i}$$

$$C_o=A_iB_i$$

该逻辑表达式已为最简式。

（三）画出逻辑图

根据以上的逻辑表达式，画出逻辑图，如图 7－13 所示。

应当指出，如果命题中限定使用某种门电路时，就应该将逻辑表达式变换成所要求的形式。例如，若限定采用与非门，就将表达式变换成与非与非形式。

【例 7-4】 设计一个能比较两个一位数大小的数值比较器。

解 （一）列出真值表

两个数 A 和 B 进行比较，其结果有三种：A>B、A<B 及 A=B。把 A、B 作为输入，三种比较结果分别作为输出 Y_1、Y_2 和 Y_3。当 A>B 时，只有 $Y_1=1$；当 A<B 时，只有 $Y_2=1$；当时 A<B，只有 $Y_3=1$。所以该比较器的真值表如表 7-4 所示。

（二）由真值表写出逻辑表达式

$$Y_1 = A\overline{B}; Y_2 = \overline{A}B; Y_3 = \overline{A}\,\overline{B} + AB = \overline{A\overline{B} + \overline{A}B}$$

表 7-4 真 值 表

A	B	Y_1 (A>B)	Y_2 (A<B)	Y_3 (A=B)
0	0	0	0	1
0	1	0	1	0
1	0	1	0	0
1	1	0	0	1

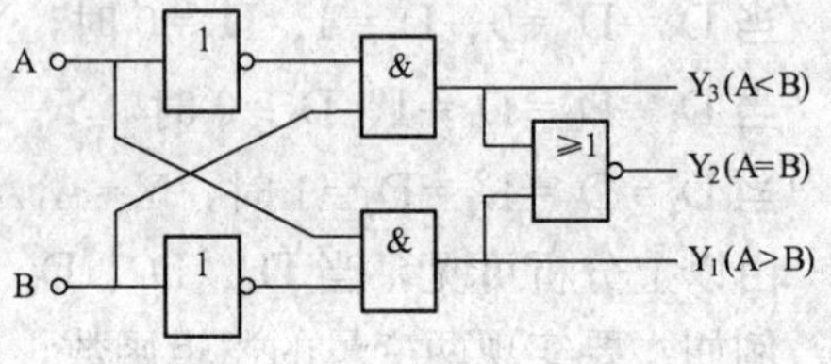

图 7-14 数值比较器的逻辑图

（三）画出逻辑图

根据以上的逻辑表达式，可画出如图 7-14 所示的逻辑图。

7.3.2 常用组合集成 IC 及应用简介

一、集成编码器 74LS148

编码器就是把输入的每一个高、低电平信号编成一组对应的二进制代码。

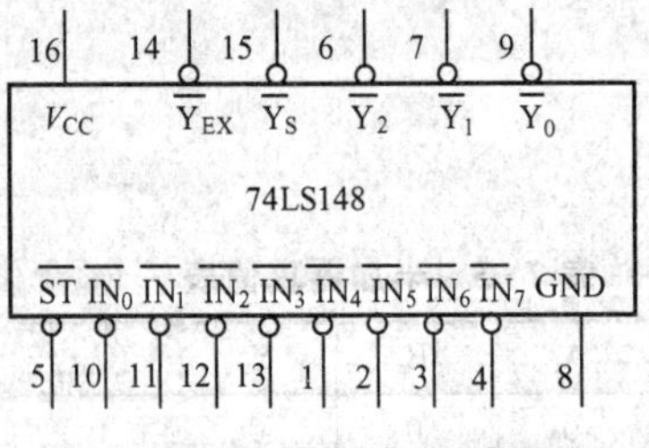

图 7-15 74LS148 编码器

目前常用的编码器有普通编码器和优先编码器两类。现以 8 线-3 线优先编码器 74LS148 为例，说明优先编码器的逻辑功能。

图 7-15 为 74LS148 集成编码器。$\overline{ST}$ 为选通输入端，$\overline{IN}_0 \sim \overline{IN}_7$ 为编码输入端，$\overline{Y}_0 \sim \overline{Y}_2$ 为编码输出端，$\overline{Y}_{EX}$ 为扩展端，$\overline{Y}_S$ 为选通输出端。它的输入和输出均以低电位为有效信号。根据 74LS148 集成电路的工作原理可以列出表 7-5 所示 74LS148 的功能表。

表 7-5 74LS148 的 真 值 表

$\overline{ST}$	$\overline{IN}_0$	$\overline{IN}_1$	$\overline{IN}_2$	$\overline{IN}_3$	$\overline{IN}_4$	$\overline{IN}_5$	$\overline{IN}_6$	$\overline{IN}_7$	$\overline{Y}_0$	$\overline{Y}_1$	$\overline{Y}_2$	$\overline{Y}_{EX}$	$\overline{Y}_S$
1	×	×	×	×	×	×	×	×	1	1	1	1	1
0	1	1	1	1	1	1	1	1	1	1	1	1	0
0	×	×	×	×	×	×	×	0	1	1	1	0	1
0	×	×	×	×	×	×	0	1	1	1	1	0	1
0	×	×	×	×	×	0	1	1	1	1	1	0	1
0	×	×	×	×	0	1	1	1	1	1	1	0	1
0	×	×	×	0	1	1	1	1	1	1	1	0	1
0	×	×	0	1	1	1	1	1	1	1	1	0	1
0	×	0	1	1	1	1	1	1	1	1	1	0	1
0	0	1	1	1	1	1	1	1	1	1	1	0	1

由表中不难看出，在$\overline{ST}=0$时电路正常工作，允许$\overline{IN_0}\sim\overline{IN_7}$当中同时有几个输入端为低电平，即有编码输入信号。$\overline{IN_7}$的优先权最高，$\overline{IN_0}$的优先权最低。当$\overline{IN_7}=0$时，无论其他输入端有无输入信号（表中用×表示），输出端只能给出$\overline{IN_7}$的编码，即$\overline{Y_2}\ \overline{Y_1}\ \overline{Y_0}=000$。当$\overline{IN_7}=1$、$\overline{IN_6}=0$时，无论其余的输入端有无输入信号，只对$\overline{IN_6}$编码，输出为$\overline{Y_2}\ \overline{Y_1}\ \overline{Y_0}=001$。其余的输入状态对应的输出状态依次类推。

对于表 7-5 中出现的 3 种$\overline{Y_2}\ \overline{Y_1}\ \overline{Y_0}=111$情况可以用$\overline{Y_{EX}}$和$\overline{Y_S}$的不同状态加以区分。$\overline{Y_S}\ \overline{Y_{EX}}=01$表示电路工作，但无编码输入；$\overline{Y_S}\ \overline{Y_{EX}}=10$表示电路工作，而且有编码输入；$\overline{Y_S}\ \overline{Y_{EX}}=11$表示电路不能正常工作。

$\overline{Y_S}$为低电平表示电路工作，但无编码输入；$\overline{Y_{EX}}$为低电平表示电路工作，而且有编码输入。采用$\overline{Y_S}$和$\overline{Y_{EX}}$信号还可以实现电路功能的扩展。

二、集成译码器

译码是编码的逆过程，译码器就是一个把表示一个确定信号或对象的一组代码“翻译”出来的电路。译码器的种类很多，常用的有二进制译码器、二-十进制译码器和显示译码器。这里主要介绍现二进制译码器和显示译码器的逻辑功能及应用。

（一）集成二进制译码器 74LS138

（1）逻辑功能。

将输入二进制代码译成相应输出信号的电路，称为二进制译码器。图 7-16 为 74LS138 集成译码器。ST_A、$\overline{ST_B}$、$\overline{ST_C}$为选通输入端，$A_0\sim A_2$为地址输入端，$\overline{Y_0}\sim\overline{Y_7}$为输出端。74LS138 逻辑功能表如表 7-6 所示。

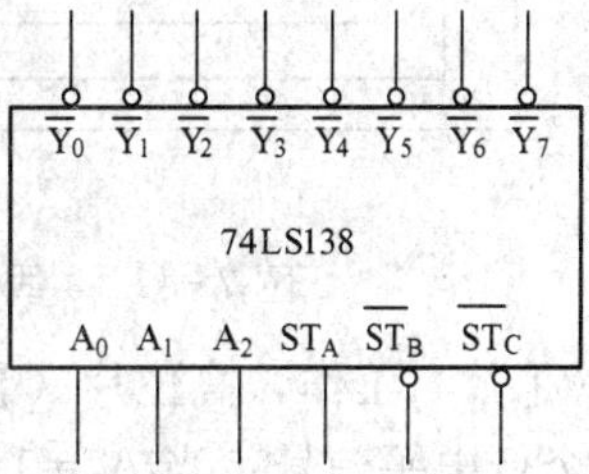

图 7-16　74LS138 译码器

表 7-6　　74LS138 的真值表

输入						输出							
ST_A	$\overline{ST_B}$	$\overline{ST_C}$	A_2	A_1	A_0	$\overline{Y_0}$	$\overline{Y_1}$	$\overline{Y_2}$	$\overline{Y_3}$	$\overline{Y_4}$	$\overline{Y_5}$	$\overline{Y_6}$	$\overline{Y_7}$
×	1	1	×	×	×	1	1	1	1	1	1	1	1
0	×	×	×	×	×	1	1	1	1	1	1	1	1
1	0	0	0	0	0	0	1	1	1	1	1	1	1
1	0	0	0	0	1	1	0	1	1	1	1	1	1
1	0	0	0	1	0	1	1	0	1	1	1	1	1
1	0	0	0	1	1	1	1	1	0	1	1	1	1
1	0	0	1	0	0	1	1	1	1	0	1	1	1
1	0	0	1	0	1	1	1	1	1	1	0	1	1
1	0	0	1	1	0	1	1	1	1	1	1	0	1
1	0	0	1	1	1	1	1	1	1	1	1	1	0

由 74LS138 逻辑功能表可见，当$ST_A=0$，或$\overline{ST_B}+\overline{ST_C}=1$时，译码器不工作，输出$\overline{Y_0}\sim\overline{Y_7}$都为高电平 1。当$ST_A=1$，且$\overline{ST_B}+\overline{ST_C}=1$时，译码器正常工作，输出低电平有效。此时译码器的输出$\overline{Y_0}\sim\overline{Y_7}$由输入二进制代码决定，即

$$\begin{cases} \overline{Y}_0 = \overline{\overline{A}_2\,\overline{A}_1\,\overline{A}_0} = \overline{m}_0, & \overline{Y}_1 = \overline{\overline{A}_2\,\overline{A}_1 A_0} = \overline{m}_0 \\ \overline{Y}_2 = \overline{\overline{A}_2 A_1\,\overline{A}_0} = \overline{m}_1, & \overline{Y}_3 = \overline{\overline{A}_2 A_1 A_0} = \overline{m}_2 \\ \overline{Y}_4 = \overline{A_2\,\overline{A}_1\,\overline{A}_0} = \overline{m}_3, & \overline{Y}_5 = \overline{A_2\,\overline{A}_1 A_0} = \overline{m}_4 \\ \overline{Y}_6 = \overline{A_2 A_1\,\overline{A}_0} = \overline{m}_5, & \overline{Y}_7 = \overline{A_2 A_1 A_0} = \overline{m}_7 \end{cases} \tag{7-7}$$

可见，二进制译码器的输出提供了输入变量全部最小项的反项。

（2）应用。

1）译码器的功能扩展。利用 ST_A、$\overline{ST}_B$、$\overline{ST}_C$ 三个选通输入端可以将多片 74LS138 连接起来以扩展译码器的功能。例如，用两片 3 线-8 线译码器 74LS138 可以组成 4 线-16 线译码器，将输入的 4 位二进制代码 $A_3A_2A_1A_0$ 译成 16 个独立的低电平信号 $\overline{Y}_0 \sim \overline{Y}_{15}$。由于 74LS138 仅有 3 个地址输入端 A_2、A_1、A_0。如果想对 4 位二进制代码译码，只有利用一个选通端（ST_A、$\overline{ST}_B$、$\overline{ST}_C$ 当中的一个）作为第四个地址输入端 A_3，电路功能框图如图 7-17 所示。

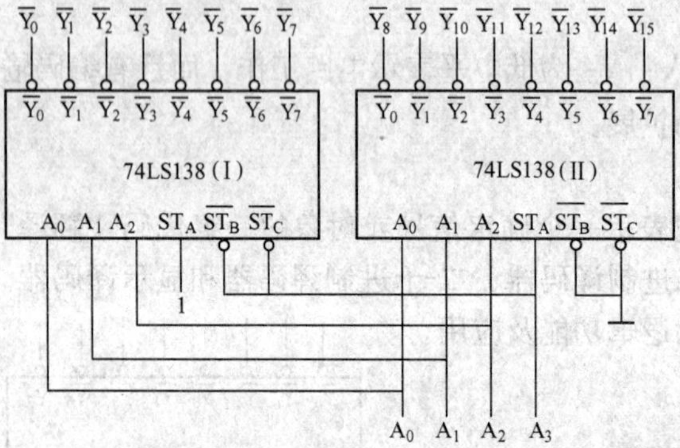

图 7-17 4 线-16 线译码器

由图 7-17 可见，当 $A_3=0$ 时低位片（Ⅰ片）工作，高位片（Ⅱ片）禁止，将 $A_3A_2A_1A_0$ 的 0000～0111 这 8 个代码译成 $\overline{Y}_0 \sim \overline{Y}_7$ 8 个低电平信号；当 $A_3=1$ 时低位片禁止，高位片工作，将 $A_3A_2A_1A_0$ 的 1000～1111 这 8 个代码译成 $\overline{Y}_8 \sim \overline{Y}_{15}$ 8 个低电平信号，实现了 4 线-16 线译码。

2）用作数据分配器。在数据传输系统中，有时需将一路数据分配到不同的数据通道上，实现这种功能的电路称为数据分配器，也称多路分配器。

3 线-8 线译码器 74LS138 可以作 1 路至 8 路的数据分配器，三个地址输入 $A_2A_1A_0$ 用作 3 个选通变量输入，8 个译码输出 $\overline{Y}_0 \sim \overline{Y}_7$ 用作八个数据输出，三个选通输入 ST_A、$\overline{ST}_B$、$\overline{ST}_C$ 中的一个可以改作数据输入端，例如 $\overline{ST}_C$ 选作数据端 D。由式（7-7）可知，把 $ST_A=1$、$\overline{ST}_B=0$，当 $A_2A_1A_0=000$ 时，把输入数据 $\overline{ST}_C=$ D 分配到 $\overline{Y}_0$ 端，即 $\overline{Y}_0=$D。当 $A_2A_1A_0=001$ 时，$\overline{Y}_1=$D。其余类推。图 7-18 是 74LS138 作 1 路 8 路数据分配器时的逻辑符号。

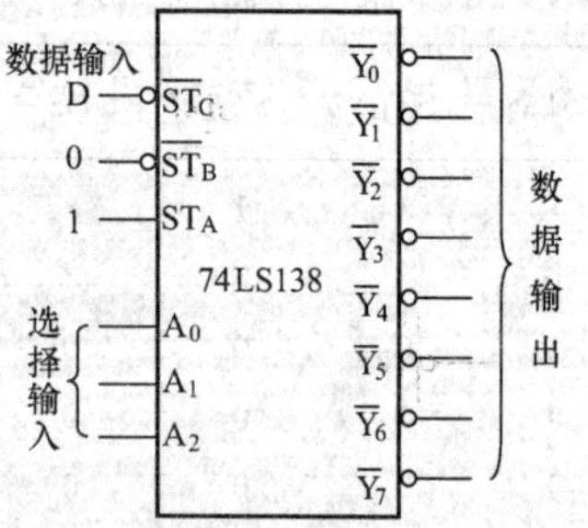

图 7-18 1 路 8 路数据分配器

3）实现组合逻辑函数。由于二进制译码器的输出为输入地址变量的全部最小项，而任何一个逻辑函数都可以变换为最小项之和的与或标准式，因此，用译码器和门电路可以实现任何单输出或多输出的组合逻辑函数。当译码器输出低电平有效时，选用与非门；当输出为高电平有效时，选用或门。

【例 7-5】 用 3 线-8 线译码器 74LS138 实现下列多输出逻辑函数。

$$\begin{cases} Y_A = \overline{A}\,\overline{B}C + BC \\ Y_B = \overline{A}B\,\overline{C} + A\,\overline{B} \end{cases}$$

解 首先将上式变换为最小项之和的形式，得到

$$Y_A = \overline{A}\,\overline{B}C + \overline{A}BC + ABC = m_1 + m_3 + m_7 = \overline{\overline{m}_1 \cdot \overline{m}_3 \cdot \overline{m}_7}$$

$$Y_B=\overline{A}B\overline{C}+A\overline{B}\overline{C}+A\overline{B}C=m_2+m_4+m_5=\overline{\overline{m_2}\cdot\overline{m_4}\cdot\overline{m_5}}$$

令 74LS138 的地址输入端 $A_2=A$、$A_1=B$、$A_0=C$，则它的各输出端就是各输入变量最小项的反函数，即 $\overline{Y}_0\sim\overline{Y}_7$ 分别对应 $\overline{m}_0\sim\overline{m}_7$，则有

$$Y_A=\overline{\overline{Y}_1\cdot\overline{Y}_3\cdot\overline{Y}_7}$$

$$Y_B=\overline{\overline{Y}_2\cdot\overline{Y}_4\cdot\overline{Y}_5}$$

这样在 74LS138 之后再加两个与非门就可以实现这些函数了。具体电路如图 7-19 所示。

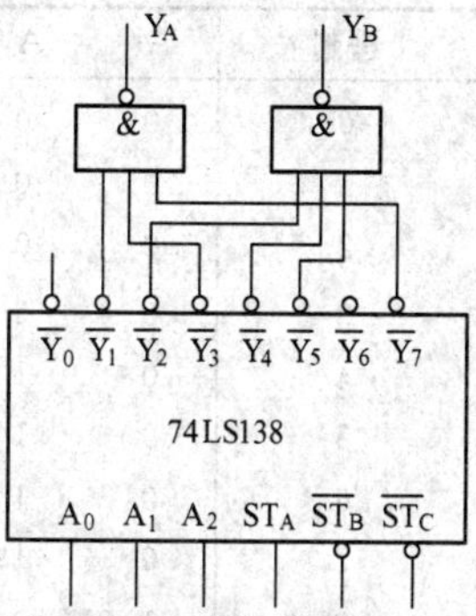

图 7-19　例 7-5 图

(二) 显示译码器

在数字系统中，经常需要将数字、文字、符号的二进制代码翻译出来，直观地显示，以便直接地读取或进行监视。数字显示系统包括译码器和数码显示器。

(1) 数码显示器。

图 7-20 (a)、(b) 是共阴极七段发光二极管（简称 LED）显示器 BS201A 的符号和等效电路，又称 LED 七段显示器（DP 表示小数点符号）。二极管发光是由高电平驱动的（但不可以将 a～g 段直接接+5V电源，否则烧坏 PN 结）。另一种 LED 七段显示器是共阳极电路如图 7-20 (c) 所示，二极管发光由低电平驱动，如 BS201B 器件。LED 七段显示器的优点是工作电压低（1.5～3V），体积小，工作可靠性高，寿命长等。缺点是工作电流大，每一段的工作电流在 10mA 左右。目前已有不同类型的产品，用来显示数字、文字和符号，数字显示器正朝向小型化，多位数，平面集成化发展。

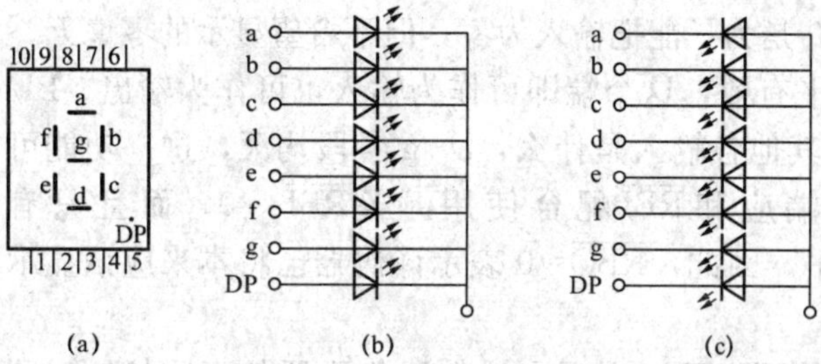

图 7-20　半导体数码管

(a) 外形；(b) 共阴极接法；(c) 共阳极接法

(2) BCD-七段显示译码器 74LS248。

七段显示译码器 74LS248 的逻辑符号如图 7-21 所示。其功能表如表 7-7 所示，它的输入信号为四位 BCD 码 $A_3A_2A_1A_0$，输出端有 $Y_aY_bY_cY_dY_eY_fY_g$ 分别去驱动七段显示器。74LS248 与 BS201A 的接法如图 7-22 所示。

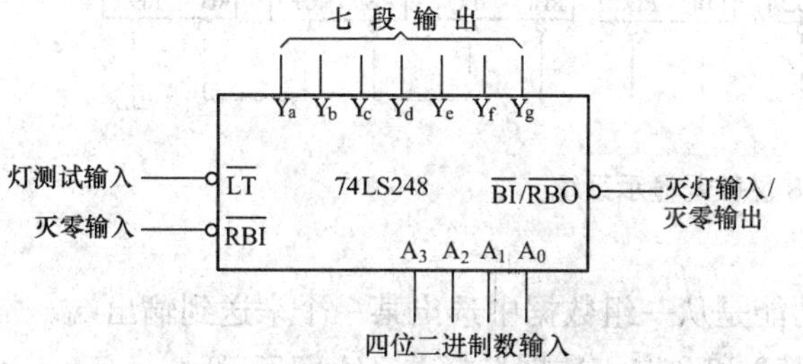

图 7-21　74LS248 译码器

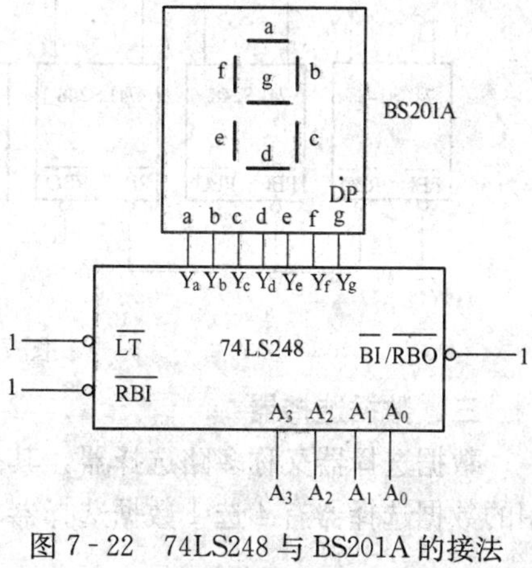

图 7-22　74LS248 与 BS201A 的接法

表 7-7　　　　74LS248 功能表

十进制数	A_3	A_2	A_1	A_0	Y_a	Y_b	Y_c	Y_d	Y_e	Y_f	Y_g	字形
0	0	0	0	0	1	1	1	1	1	1	0	0
1	0	0	0	1	0	1	1	0	0	0	0	1
2	0	0	1	0	1	1	0	1	1	0	1	2
3	0	0	1	1	1	1	1	1	0	0	1	3
4	0	1	0	0	0	1	1	0	0	1	1	4
5	0	1	0	1	1	0	1	1	0	1	1	5
6	0	1	1	0	0	0	1	1	1	1	1	6
7	0	1	1	1	1	1	1	0	0	0	0	7
8	1	0	0	0	1	1	1	1	1	1	1	8
9	1	0	0	1	1	1	1	0	0	1	1	9

74LS248 还有三个选择端。$\overline{LT}$灯测试输入端，低电平有效。当$\overline{LT}=0$ 时七段发光二极管同时点亮，以检查数码管各段是否正常发光。

$\overline{RBI}$灭零输入端，低电平有效。$\overline{RBI}=0$ 是为了能把输入为零，但不希望显示的零熄灭。

$\overline{BI}/\overline{RBO}$灭灯输入/灭零输出端，低电平有效，这个端即可作为输入也可作为输出。$\overline{BI}/\overline{RBO}$作输入端使用并接低电平时，则不论其他各输入是什么，a～g 各段均灭，这一功能可以用来控制整体不显示。$\overline{RBO}$作输出端应和$\overline{RBI}$配合使用，当$\overline{RBI}=0$，而且只有 $A_3A_2A_1A_0=0000$ 时，$\overline{RBO}$才会输出低电平。因此，$\overline{RBO}=0$ 表示译码器已将本来应该显示的零熄灭了。

灭零功能的应用：将$\overline{RBO}$和$\overline{RBI}$配合使用，可以实现多位数码显示器的灭零控制。图 7-23 是有灭零控制功能的 8 位数码显示系统的示意图。图中将整数部分最高位$\overline{RBI}$接“0”，最低位$\overline{RBI}$接“1”，其余位是高位的$\overline{RBO}$接低位的$\overline{RBI}$，小数部分是最高位$\overline{RBI}$接“1”，最低位$\overline{RBI}$接“0”，其余位是低位的$\overline{RBO}$接高位的$\overline{RBI}$这样就可以把前后多余的“0”熄灭。例如：数据为 0086.5600 而仅显示 86.56，使其结果更加醒目。

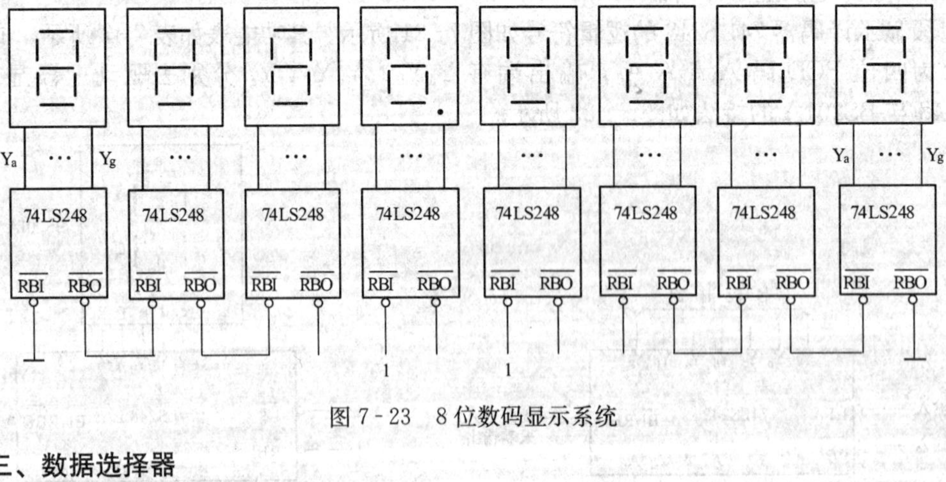

图 7-23　8 位数码显示系统

三、数据选择器

数据选择器又称多路选择器，其基本功能是从一组数据中选出某一个来送到输出端。常用的数据选择器有 4 选 1 数据选择器 74LS153 和 8 选 1 数据选择器 74LS151 等。

（一）4选1数据选择器74LS153

图7-24是74LS153逻辑符号，其功能见表7-8。一片74LS153中包含两个4选1数据选择器，它们有公共的地址输入端（选择变量端）A_1A_0，而选通信号$\overline{ST}$（低电平有效）、$D_3D_2D_1D_0$数据输入端和Y输出端是各自独立的。由功能表可知，输出Y的逻辑函数表达式为

$$Y=\overline{\overline{ST}}(A_1A_0D_3+A_1\overline{A_0}D_2+\overline{A_1}A_0D_1+\overline{A_1}\,\overline{A_0}D_0) \tag{7-8}$$

当选通信号$\overline{ST}=0$，若A_1A_0分别为11，10，01，00时，可分别把数据$D_3D_2D_1D_0$送到输出端Y。当$\overline{ST}=1$时，Y=0无数据输出。

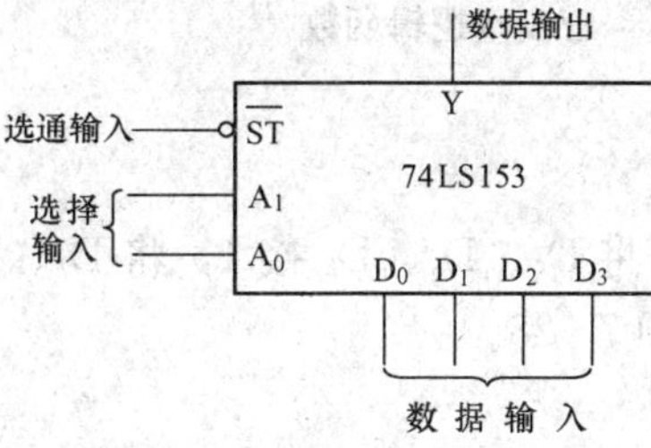

图7-24　74LS153逻辑符号

表7-8　　74LS153的功能表

输	入						输出
$\overline{ST}$	A_1	A_0	D_0	D_1	D_2	D_3	Y
1	×	×	×	×	×	×	0
0	0	0	0	×	×	×	0
0	0	0	1	×	×	×	1
0	0	1	×	0	×	×	0
0	0	1	×	1	×	×	1
0	1	0	×	×	0	×	0
0	1	0	×	×	1	×	1
0	1	1	×	×	×	0	0
0	1	1	×	×	×	1	1

（二）8选1数据选择器74LS151

图7-25是74LS151逻辑符号，其功能见表7-9。它有一个选通信号$\overline{ST}$，8个输入变量$D_0\sim D_7$，3个选择变量$A_2A_1A_0$，两个互补输出Y和$\overline{Y}$。输出逻辑函数表达式读者可自己根据表7-9写出。

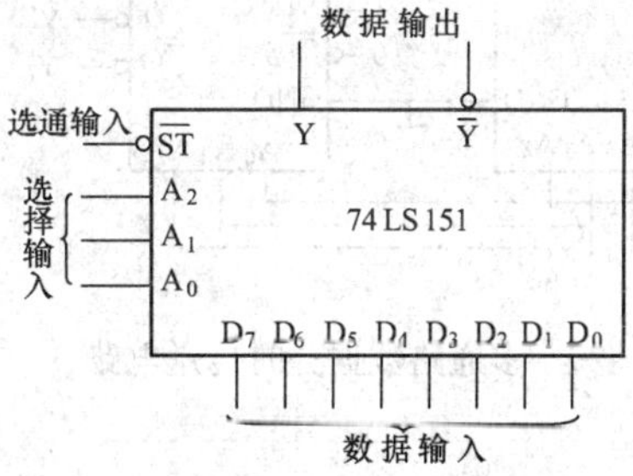

图7-25　74LS151逻辑符号

表7-9　　74LS151的功能表

输	入			输	出
$\overline{ST}$	A_2	A_1	A_0	Y	$\overline{Y}$
1	×	×	×	0	1
0	0	0	0	D_0	$\overline{D_0}$
0	0	0	1	D_1	$\overline{D_1}$
0	0	1	0	D_2	$\overline{D_2}$
0	0	1	1	D_3	$\overline{D_3}$
0	1	0	0	D_4	$\overline{D_4}$
0	1	0	1	D_5	$\overline{D_5}$
0	1	1	0	D_6	$\overline{D_6}$
0	1	1	1	D_7	$\overline{D_7}$

（三）数据选择器的应用

(1) 用74LS153实现两变量逻辑函数：

$$Y=\overline{A}B+A\overline{B}+AB$$

解　将数据选择器的$\overline{ST}$端接0，将函数中有的最小项对应数据输入端D_3、D_2、D_1接1，没有的最小项对应数据输入端D_0接0，则输出端就是逻辑函数输出，接法如图7-26所示。

(2) 用74LS153实现三变量逻辑函数：

$$Y=A\overline{B}C+AB\overline{C}+\overline{A}B$$

解　此逻辑函数的变量数多余数据选择器的地址输入端数，可以将逻辑函数中的多余变量C分离出来，作为引入变量加到数据输入端，$C=D_2$、$\overline{C}=D_3$、$D_1=1$、$D_0=0$，这样就实现

了以上三变量的逻辑函数。接法如图 7-27 所示。

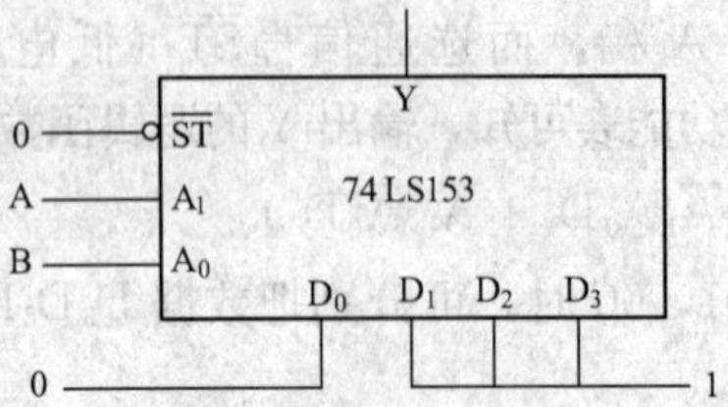

图 7-26 用 74LS153 实现两变量逻辑函数

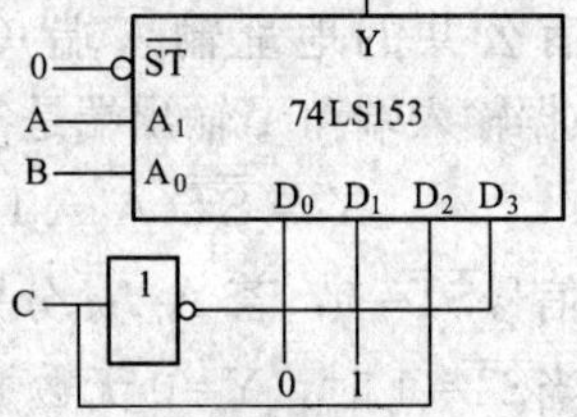

图 7-27 用 74LS153 实现三变量逻辑函数

(3) 用 74LS151 实现三变量逻辑函数：

$$Y = A\overline{B}C + AB\overline{C} + \overline{A}BC$$

解 由于逻辑函数的变量数等于数据输入端数，所以将 D_6、D_5、D_3 接 1，将 D_7、D_4、D_2、D_1、D_0 接 0，输出端 Y 就实现了逻辑函数。接法如图 7-28。

(4) 实现多通路数据分时传送。

数据选择器与数据分配器配合使用，可以实现多通路数据分时传送，电路如图 7-29 所示。发送端由数据选择器将各路数据分时传送到唯一的公共总线上。接受端由数据分配器将总线上的数据适时地分配到相应的输出端。这样在数据信号传送时可以减少传输线的数目。

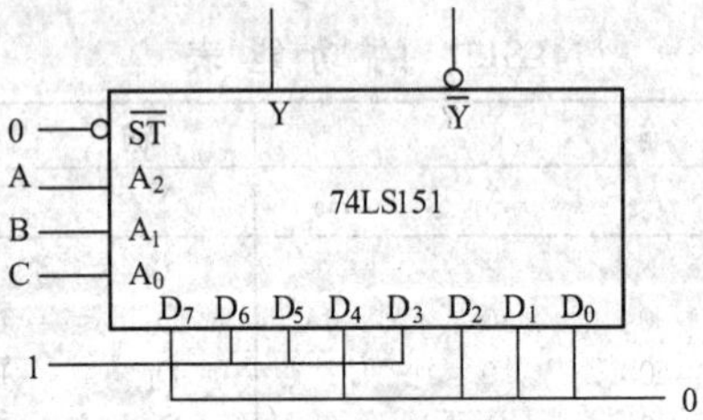

图 7-28 用 74LS151 实现三变量逻辑函数电路图

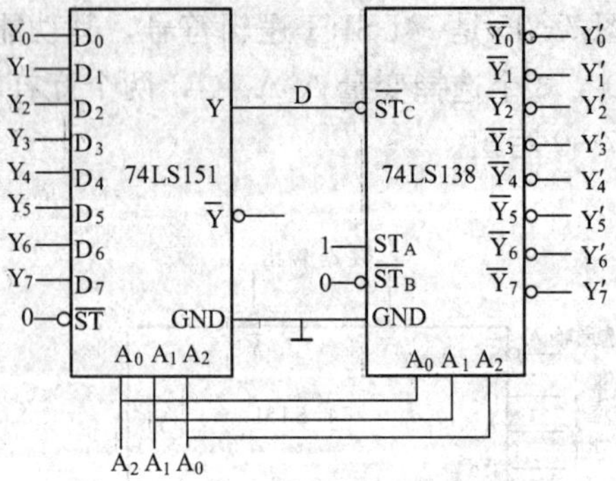

图 7-29 多通路数据分时传送电路

四、数值比较器

在数字系统中，用于比较两数大小或相等的逻辑电路，称为数值比较器。

(一) 四位数值比较器

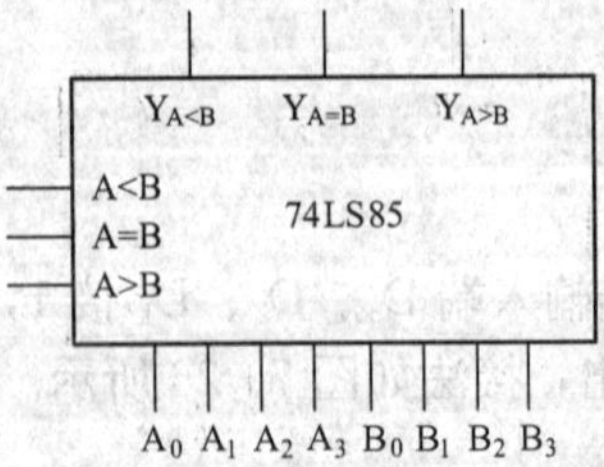

图 7-30 74LS85 四位数值比较器

两个四位二进制数 $A=A_3A_2A_1A_0$ 和 $B=B_3B_2B_1B_0$ 相比较，其结果有三种情况 A>B、A=B、A<B。比较时，需从高位向低位逐位进行。当比到某一位数值不相等时，则该位的比较结果就是两个四位进制数的比较结果。

74LS85 是四位数值比较器，逻辑符号如图 7-30 所示，功能表如表 7-10 所示。图中 $A_3A_2A_1A_0$ 和 $B_3B_2B_1B_0$ 为两个相比较的四位二进制数的输入端。

$Y_{A>B}$、$Y_{A=B}$、$Y_{A<B}$为比较结果输出端（高电平有效）。A>B、A=B、A<B是三个级连输出端又称扩展端，反映低位送来的比较结果。若本级输入的四位二进制数相等时，则总的比较结果取决于低位送来的结果。

表 7-10　74LS85 的功能表

比较输入				级联输入			输出		
A_3　B_3	A_2　B_2	A_1　B_1	A_0　B_0	A>B	A<B	A=B	$Y_{A>B}$	$Y_{A<B}$	$Y_{A=B}$
$A_3>B_3$	×	×	×	×	×	×	1	0	0
$A_3<B_3$	×	×	×	×	×	×	0	1	0
$A_3=B_3$	$A_2>B_2$	×	×	×	×	×	1	0	0
$A_3=B_3$	$A_2<B_2$	×	×	×	×	×	0	1	0
$A_3=B_3$	$A_2=B_2$	$A_1>B_1$	×	×	×	×	1	0	0
$A_3=B_3$	$A_2=B_2$	$A_1<B_1$	$A_0>B_0$	×	×	×	0	1	0
$A_3=B_3$	$A_2=B_2$	$A_1=B_1$	$A_0<B_0$	×	×	×	1	0	0
$A_3=B_3$	$A_2=B_2$	$A_1=B_1$	$A_0=B_0$	1	0	0	1	0	0
$A_3=B_3$	$A_2=B_2$	$A_1=B_1$	$A_0=B_0$	0	1	0	0	1	0
$A_3=B_3$	$A_2=B_2$	$A_1=B_1$	$A_0=B_0$	0	0	1	0	0	1

四位数值比较器 74LS85，用作四位二进制数比较时，三个级连端 A>B 和 A<B 接"0"，A=B 接"1"。74LS85 的输出为四位二进制数比较结果。

（二）应用举例

【例 7-6】 用四位数值比较器组成八位数值比较器。

解 用两片 74LS85 串联实现，其接线见图 7-31。输入的八位二进制码同时加到数值比较器的输入端。若高四位 $A_7 \sim A_4$ 和 $B_7 \sim B_4$ 不等时，则八位数值的比较结果由高四位决定；若高四位数值 $A_7 \sim A_4$ 和 $B_7 \sim B_4$ 相等时，则八位数值比较结果由低四位决定。比较结果从高四位数值比较器的输出端输出。由于没有比低位比较 74LS85 更低的比较器，故其扩展端输入为 A>B 和 A<B 端相连接地，A=B 端接高电平 1。

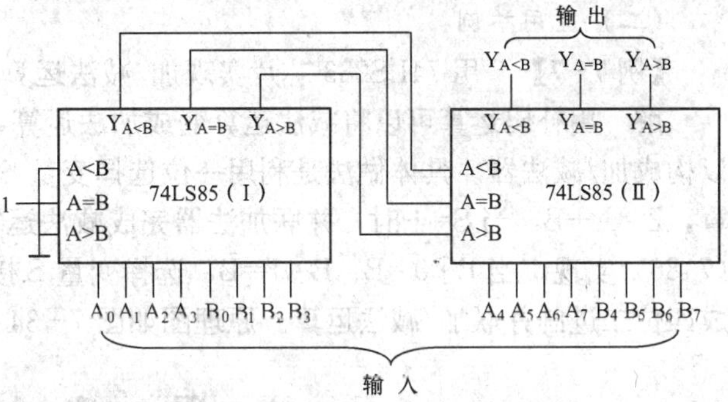

图 7-31　八位数值比较器

五、加法器

两个二进制数之间的算术运算无论是加、减、乘、除，目前在数字计算机中都是化做若干步加法运算进行的。因此，加法器是构成算术运算的基本单元。

（一）全加器

在实现多位二进制数相加时，对其中的一位而言（最低有效位除外），不仅有加数 A_i，被加数 B_i，而且有低位送来的进位 C_{i-1}，考虑低位进位的一位加法器称为全加器，全加器有三个输入端 A_i、B_i、C_{i-1}，两个输出端 S_i、C_o，根据二进制数的加法规则，可列出全加器的真值表，如表 7-11 所示。集成双全加器 74LS183 的逻辑符号及引脚排列如图 7-32 所示。

表 7-11 全加器的真值表

A_i	B_i	C_{i-1}	S_i	C_o
0	0	0	0	0
0	0	1	1	0
0	1	0	1	0
0	1	1	0	1
1	0	0	1	0
1	0	1	0	1
1	1	0	0	1
1	1	1	1	1

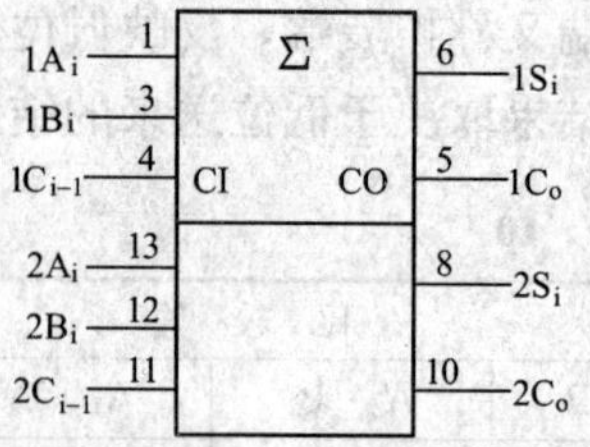

图 7-32 74LS183 全加器

用四个 74LS183 全加器和超前进位产生器可以构成并联四位超前进位加法器，74LS283 就是并联四位超前进位加法器（又称并联加法器）如图 7-33，它不仅能完成四位二进制数 $A_3A_2A_1A_0$ 和 $B_3B_2B_1B_0$ 的加法器运算，还可以使加法器的运算速度大大提高。

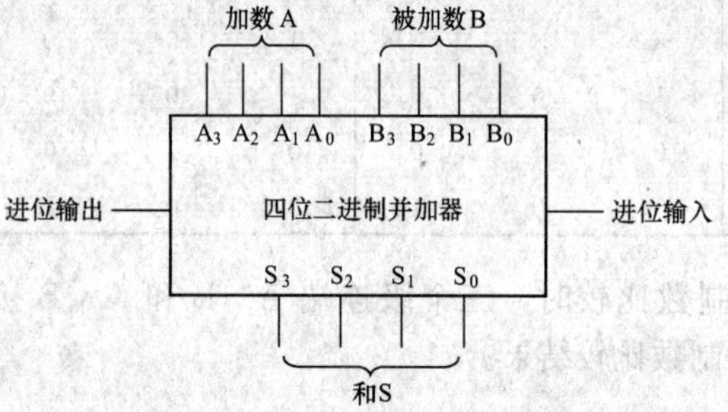

图 7-33 74LS283 并联四位超前进位加法器

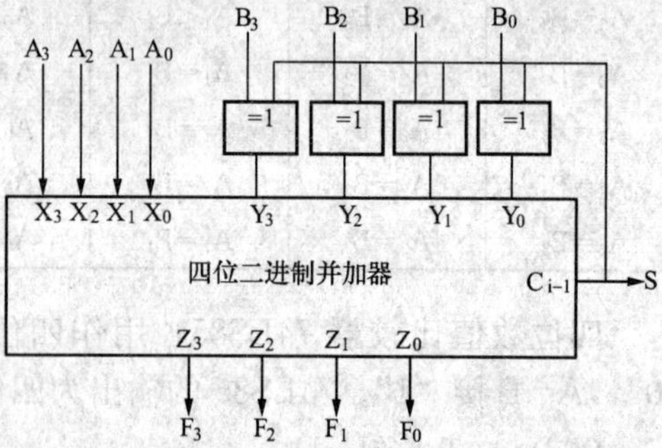

图 7-34 加/减法运算电路

（二）应用举例

【例 7-7】 用 74LS283 芯片实现加/减法运算。

解 用补码运算可以将减法运算变成加法运算，即 $A-B=A+\overline{B}+1$。所以并联加法器可以构成加/减法器。具体做法是利用一位选择变量 S，当 S=0 时，使并联加法器完成加法运算，Z=A+B，当 S=1 时，并联加法器完成减法运算 $Z=A+\overline{B}+1$。求反电路用四个异或门（7486）实现，当 $B\oplus 0=B$、$B\oplus 1=\overline{B}$，选择变量 S 接并联加法器的输入端 C_{i-1}，这样就能完成四位二进制并联加/减法运算。原理图如图 7-34 所示。

思 考 题

1. 试分析图 7-1TTL 与非门（7400）电路，在下列输入高、低电平的条件下，是否可以正常工作。

①输入高电平为 2.5V，低电平为 1.0V；②输入高电平为 2.0V，低电平为 0.5V；③输入高电平为 2.0V，低电平为 1.0V；④输入高电平为 2.5V，低电平为 0.5V。

2. 某 TTL 与非门电路有关参数为：输出低电平 $U_{OL}\leqslant 0.4V$，最大灌入电流 $I_{OL}=10mA$；输出高电平 $U_{OH}\geqslant 2.6V$，最大拉电流 $I_{OH}=1mA$，关门电平 $U_{OFF}=0.9V$，开门电平 $U_{ON}=1.8V$；输入低电平电流 $I_{IL}\leqslant 1.0mA$，输入高电平电流 $I_{IH}\leqslant 80\mu A$。试求该门电路的扇出系数 N_O、高电平噪声容限 U_{NH} 和低电平噪声容限 U_{NL}。

3. 如果实际应用需要 TTL 电路满足平均传输延迟时间 $T_{PD}\leqslant 5ns$，功耗小于 20mW，那么应选用什么系列的 TTL 集成电路。

4. 试说明下列电路是否允许将多个门输出端直接相连后输出 Y。①推拉式输出级的 TTL 门电路；②TTL OC 门电路；③TTL 三态门电路。

5. 试说明 TTL 与非门不用的输入端为什么可以悬空，而或非门不用的输入端要接地？

6. 使用 CMOS 电路应注意什么问题？

7. 为什么实际 CMOS 与非门和或非门的参数与非门相同？

8. 试述组合门电路的分析方法和设计方法。

9. 图 7 - 35 是一个多功能函数发生器。试写出当 $S_0S_1S_2S_3$ 为 0000~1111 十六种不同组合状态时输出 Y 的表达式。

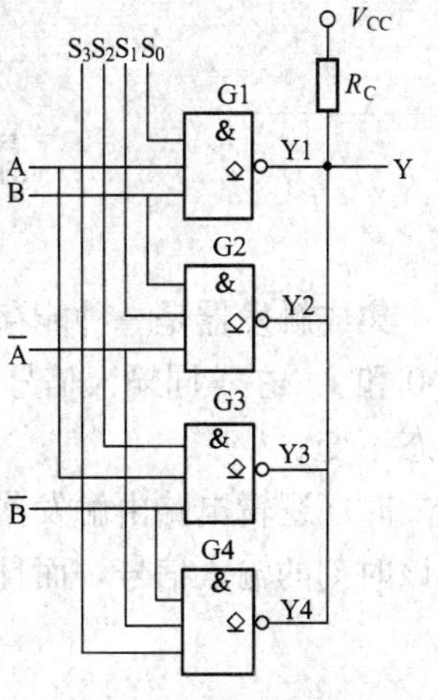

图 7 - 35　题 9 图

10. 根据 4 选 1 数据选择器 74LS153 的逻辑功能，试写出图 7 - 36 电路输出 Y 的逻辑函数式。

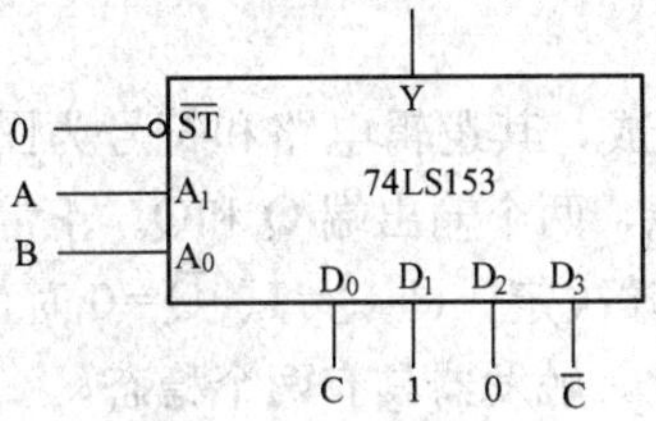

图 7 - 36　题 10 图

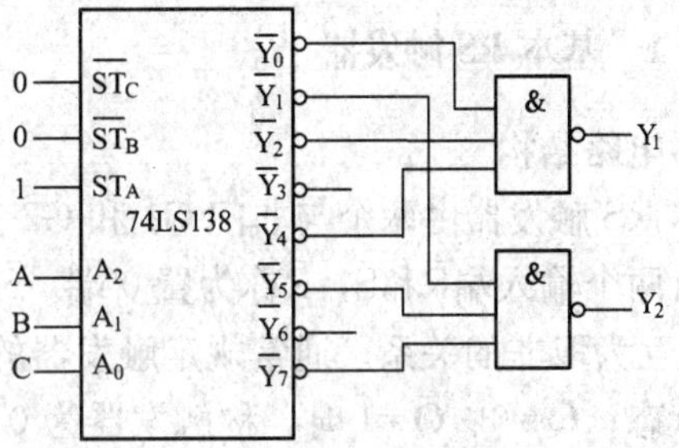

图 7 - 37　题 11 图

11. 根据 3 线-8 线译码器 74LS138 的逻辑功能，试写出图 7 - 37 电路输出 Y_1、Y_2 的逻辑函数式。（证明 74LS138 芯片可实现各种逻辑函数的运算）。

12. 分析图 7 - 38 电路，写出 Y 的逻辑函数式。CC4512 为 8 选 1 数据选择器，它的逻辑功能表如表 7 - 12 所示。

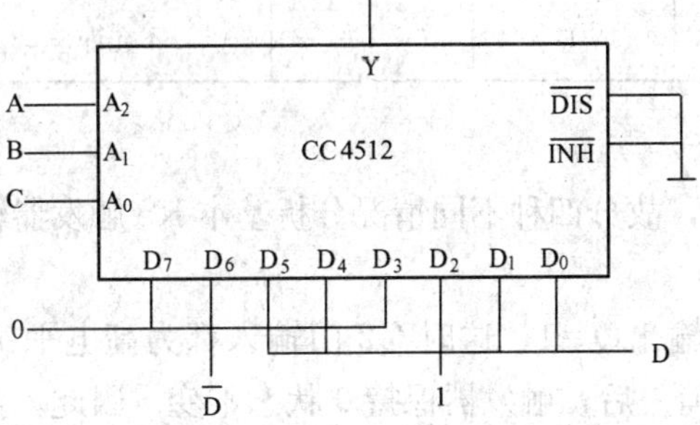

图 7 - 38　题 12 图

表 7 - 12　CC4512 的功能表

DIS	INH	A_2	A_1	A_0	Y
0	0	0	0	0	D_0
0	0	0	0	1	D_1
0	0	0	1	0	D_2
0	0	0	1	1	D_3
0	0	1	0	0	D_4
0	0	1	0	1	D_5
0	0	1	1	0	D_6
0	0	1	1	1	D_7
0	1	×	×	0	0
1	×	×	×	×	高阻

13. 试用 4 选 1 数据选择器实现以下逻辑函数。

$$Y = A\overline{B}\,\overline{C} + \overline{A}\,\overline{B} + ABC$$

14. 若使用 4 位数值比较器 74LS85 组成十位数值比较器，需用几片？各片之间应如何连接？

第 8 章

集成触发器和时序逻辑电路

集成触发器是一种能存储一位二进制信号的基本单元，它有两种稳定状态，用以表示逻辑 0 和 1。在不同输入信号作用下，可以置成 0 状态或 1 状态，输入信号消失后，能保持原状态不变。

时序逻辑电路由触发器和组合逻辑电路构成。时序逻辑电路在某一时刻的输出不仅取决于该时刻的输入信号，而且还和电路原来的状态有关。

8.1 集成触发器

触发器的种类很多，按逻辑功能可分为 RS 触发器、JK 触发器和 D 触发器。

8.1.1 基本 RS 触发器

一、电路结构

基本 RS 触发器由两个与非门 G1 和 G2 交叉耦合而成，其逻辑电路和符号为图 8-1 所示。它有两个输入端$\overline{R}$和$\overline{S}$，$\overline{R}$称为置 0 端，$\overline{S}$称为置 1 端，两个输出端 Q 和$\overline{Q}$。正常工作时，Q 和$\overline{Q}$是互为取非的关系。通常规定触发器的状态由 Q 端决定，即 Q=1、$\overline{Q}$=0 时，称触发器为 1 状态；Q=0、$\overline{Q}$=1 时，称触发器为 0 状态。因此，触发器具有两个稳态。

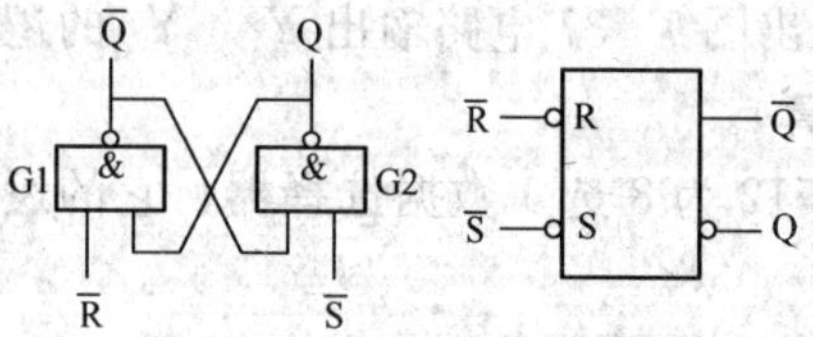

(a)　　(b)

图 8-1　基本 RS 触发器

(a) 逻辑图；(b) 逻辑符号

表 8-1　基本 RS 触发器的真值表

$\overline{R}$	$\overline{S}$	Q^{n+1}	$\overline{Q}^{n+1}$	逻辑功能
0	1	0	1	置 0
1	0	1	0	置 1
1	1	Q^n	$\overline{Q}^n$	保持
0	0	1	1	不允许

二、工作原理

由图 8-1 可知，G1 和 G2 门有两个输入变量，故分四种不同情况分析基本 RS 触发器输出和输入的逻辑关系。

(1) 当$\overline{R}$=0、$\overline{S}$=1 时，由于$\overline{R}$=0 时，G1 门输出$\overline{Q}$=1，这时 G2 门输入都为高电平 1，输出 Q=0，此时触发器处于 0 状态。在$\overline{R}$端的 0 消失后，触发器保持 0 状态不变。因此，称$\overline{R}$端为置 0 输入端，也称复位端，低电平有效。

(2) 当$\overline{R}$=1、$\overline{S}$=0 时，由于$\overline{S}$=0 时，G2 门输出 Q=1，这时 G1 门输入都为高电平 1，输出$\overline{Q}$=0，此时触发器处于 1 状态。在$\overline{S}$端的 0 消失后，触发器仍保持 1 状态不变。因此，称$\overline{S}$端为置 1 输入端，也称置位端，也低电平有效。

(3) 当$\overline{R}$=1、$\overline{S}$=1 时，触发器当$\overline{R}$、$\overline{S}$全为 1 时，G2 门输出 $Q=\overline{1\cdot\overline{Q}}=Q$，G1 门输出

$\overline{Q}=\overline{1\cdot Q}=\overline{Q}$，故触发器保持原状态不变，体现了触发器具有存储和记忆功能。

（4）当$\overline{R}=0$、$\overline{S}=0$ 时，当$\overline{R}$、$\overline{S}$全为 0 时，$Q=1$，$\overline{Q}=1$，这种情况不符合 Q 和$\overline{Q}$的逻辑要求，而且当$\overline{R}$、$\overline{S}$同时回到 1 时 Q 和$\overline{Q}$输出状态不确定，所以此情况不允许出现。

基本 RS 触发器逻辑关系可用表 8-1 所示的特性表示出来。在表中，Q^n 表示现态，指触发器输入信号变化前的状态；Q^{n+1}表示次态，指触发器输入信号变化后的状态。

四 RS 触发器 74279、74LS279 的内部包含 4 个基本 RS 触发器，它的外引脚排列如图 8-2 所示。

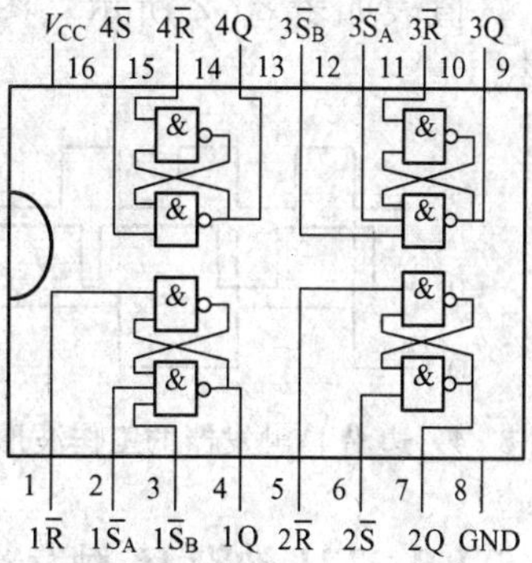

图 8-2　74279 和 74LS279 外引脚排列图

8.1.2　TTL 边沿 D 触发器

一、电路结构

图 8-3 为 TTL 边沿 D 触发器 74LS74 的逻辑图和符号图。它由三个基本 RS 触发器构成，CP 为时钟输入端，D 为信号输入端，$\overline{R}_D$ 和$\overline{S}_D$ 为异步置 0、置 1 输入端。一般在工作之初，在$\overline{R}_D$或$\overline{S}_D$ 端输入一负脉冲，使触发器预先置于 0 或 1，在工作开始后，$\overline{R}_D$、$\overline{S}_D$ 应处于高电平。逻辑符号图中 CP 端没有圆圈表示 CP 上升沿触发有效（CP 端有圆圈表示 CP 下降沿触发有效）。

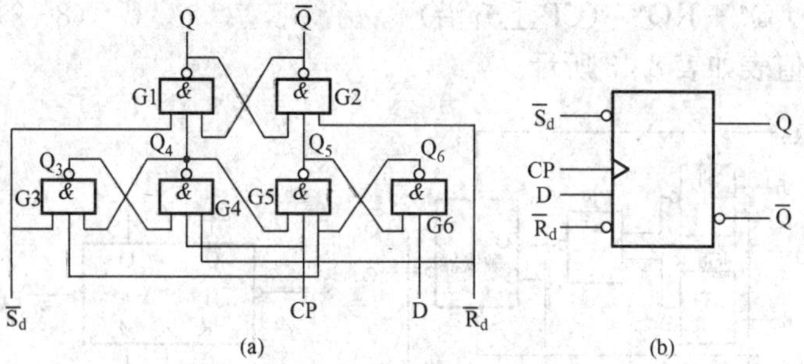

图 8-3　边沿 D 触发器 74LS74 的逻辑图和符号

（a）逻辑图；（b）符号图

二、工作原理

（一）CP=0 时

当 CP=0 时，G4、G5 门被封锁，使 $Q_4=Q_5=1$，由 G1、G2 门构成的基本 RS 触发器维持原来状态不变。此时，由于 Q_4、Q_5 反馈信号的作用，使 $Q_6=\overline{D\cdot Q_5}=\overline{D}$，$Q_3=\overline{Q_4\cdot Q_6}=\overline{Q_4\cdot\overline{D}}=D$。

（二）CP 由 0 变 1

当 CP 由 0 变 1（CP 上升沿到来）时，G4、G5 门开启，使 $Q_5=\overline{CPQ_4Q_6}=\overline{1\cdot 1\cdot\overline{D}}=D$、$Q_4=\overline{CPQ_3}=\overline{1\cdot D}=\overline{D}$，基本 RS 触发器 G1、G2 的输出状态将由 D 信号决定。

若 D=1，则 $Q_4=0$，$Q_5=1$，一方面使 $Q^{n+1}=1$ 触发器置 1，另一方面将 $Q_4=0$ 送至 G3、G5 产生维持阻塞作用，即使输入信号 D 发生变化也不会影响触发器输出 1 状态。

若 D=0，则 $Q_4=1$，$Q_5=0$，一方面使 $Q^{n+1}=0$ 触发器置 0，另一方面将 $Q_5=0$ 送至 G6 产生维持阻塞作用，即使输入信号 D 发生变化也并不影响触发器输出 0 状态。

由以上分析可见，边沿触发器是在 CP 上升沿到达时刻接收 D 输入信号。因此，特性方程为

$$Q^{n+1}=D\qquad (CP\text{ 上升沿})\qquad (8-1)$$

真值表如表 8-2 所示。图 8-4 是边沿 D 触发器在 CP 和 D 信号作用下 Q 的工作波形。

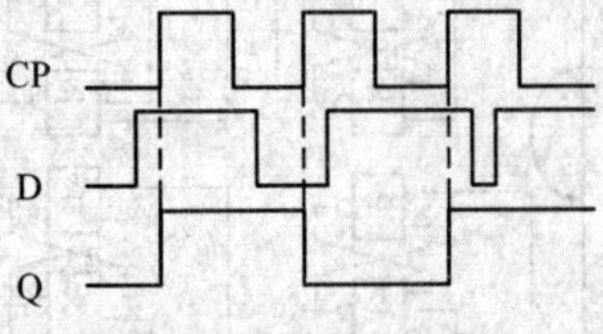

图 8-4 边沿 D 触发器的工作波形

表 8-2 D 触发器的真值表

D	Q^n	Q^{n+1}	逻辑功能
0	0	0	置 0
0	1	0	
1	0	1	置 1
1	1	1	

8.1.3 TTL 边沿 JK 触发器

TTL 边沿 JK 触发器可以在 D 触发器的 D 输入端增加 G7、G8、G9 门构成。逻辑电路和逻辑符号如图 8-5 所示。由图可知 G9 门的输出（相当于 D 触发器的 D 输入端）为

$$D=\overline{\overline{J+Q^n}+Q^nK}=(J+Q^n)(\overline{K}+\overline{Q^n})=J\overline{Q^n}+\overline{K}Q^n$$

由此可见，在 D 触发器输入端增加 3 个门电路后，触发器的输入端转变为 J 和 K，CP 时钟输入端不变，该触发器便转换成了边沿 JK 触发器。TTL 边沿 JK 触发器的特性方程为

$$Q^{n+1}=J\overline{Q^n}+\overline{K}Q^n \quad (\text{CP 上升沿}) \tag{8-2}$$

由特性方程得到的 JK 触发器真值表如表 8-3 所示。

表 8-3 JK 触发器的真值表

J	K	Q^n	Q^{n+1}	逻辑功能
0	0	0	0	保持
0	0	1	1	
0	1	0	0	置 0
0	1	1	0	
1	0	0	1	置 1
1	0	1	1	
1	1	0	1	计数
1	1	1	0	

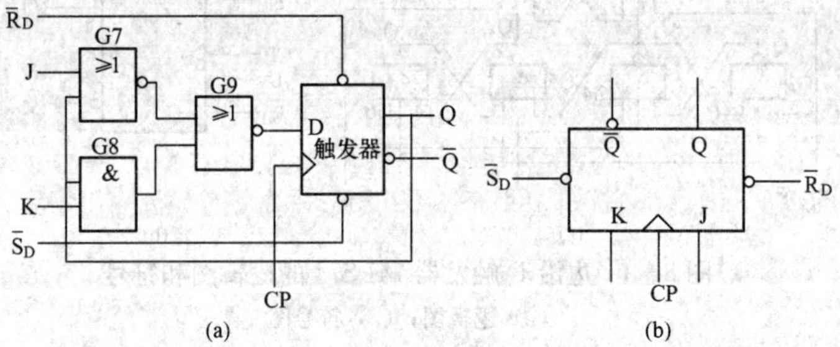

图 8-5 JK 触发器
（a）逻辑图；（b）符号图

图 8-6 是图 8-5 所示边沿 JK 触发器在 CP 和 J、K 信号作用下 Q 的工作波形。

图 8-7 为 CP 下降沿触发器有效的 JK 触发器的逻辑符号和工作波形。

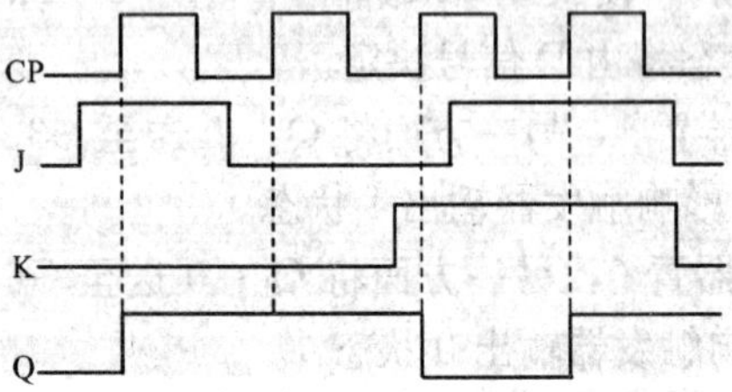

图 8-6 边沿 JK 触发器的工作波形

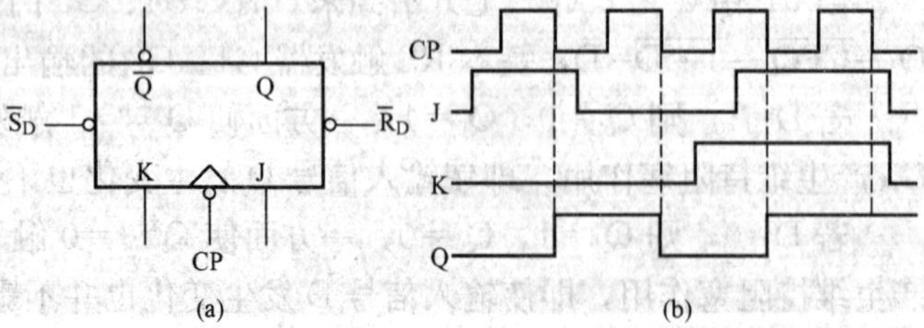

图 8-7 边沿 JK 触发器的逻辑符号和工作波形
（a）逻辑符号；（b）工作波形

8.1.4　T 触发器和 T′触发器

将 JK 触发器的 J、K 端相连，作为一个输入端 T，此时，JK 触发器就成了 T 触发器，如图 8 - 8 所示。在 CP 下降沿时，T=0，$Q^{n+1}=Q^n$，触发器处保持状态；T=1 时，$Q^{n+1}=\overline{Q^n}$触发器处翻转状态。即 T 触发器具有保持和翻转两种功能。

将 T 触发器的 T 端接 1，T 触发器就成了 T′触发器。它仅有一种功能：翻转（又称计数）功能，即 $Q^{n+1}=\overline{Q^n}$。

将 D 触发器的输出端$\overline{Q}$和 D 输入端相连也可以实现 T′触发器的计数功能，电路如图 8 - 9所示。

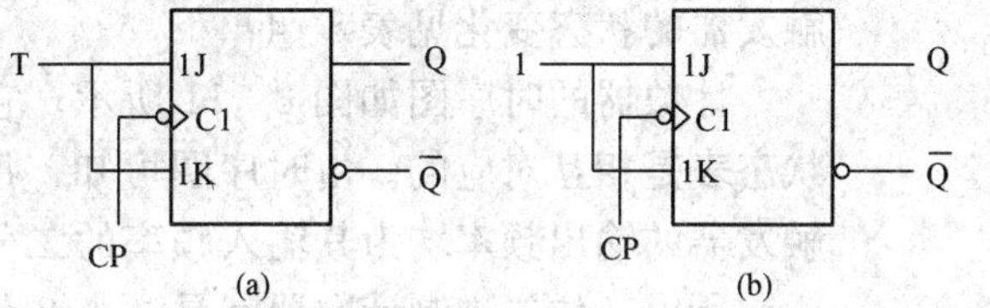

图 8 - 8　JK 转换为 T、T′的逻辑图

(a) JK 转换为 T 的逻辑图；(b) JK 转换为 T′的逻辑图

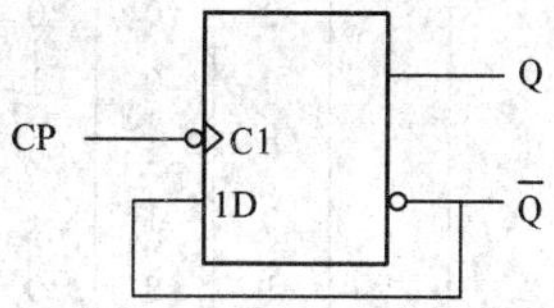

图 8 - 9　D 转换为 T′的逻辑图

应当指出，RS、D、JK、T、T′触发器不仅可以由 TTL 与非门构成，而且还可以由 CMOS 门电路构成，但它们实现的逻辑功能是相同的，所用的逻辑符号也是一样的。

8.2　集成计数器及其应用

计数器就是用来记录输入脉冲个数的时序电路，是数字系统中的基本数字部件，计数器除了用作计数外，还可以用于分频、定时等，应用十分广泛。计数器按输入计数脉冲方式的不同，可分为异步计数器和同步计数器；按计数值的加减不同，可分为加法计数器和减法计数器；按计数体制不同，又可分为二进制计数器、十进制计数器和其他进制计数器。

8.2.1　二进制计数器

二进制数只有 0 和 1 两个数码，可以用一个触发器的 0 和 1 两种状态来分别表示。因此，n 个触发器串联起来便构成了 n 位二进制计数器。

实现二进制加法计数应满足：①每输入一个计数脉冲，最低位触发器状态翻转一次；②当低位触发器由 1 变 0（下降沿）或 0 变 1（上升沿）时，其相邻高位触发器翻转一次。

一、四位异步二进制计数器 74LS393

图 8 - 10 为双四位二进制计数器 74LS393 的逻辑图，它由 4 个具有计数功能的 T′触发器（CP 下降沿触发有效）构成。计数脉冲从最低位触发器 FF_0 的 CP 端输入，每输入一个脉冲，它就翻转一次。低位触发器的 Q 端与相邻触发器的 CP 端相连，每当低位触发器的状态由 1 变或由 0 变 1 时，就向高位触发器的 CP 端送一负跳变的进位信号，使其翻转。可见，触发器之间的连接方式完全满足二进制加法计数规律。该计数器的工作过程如下：

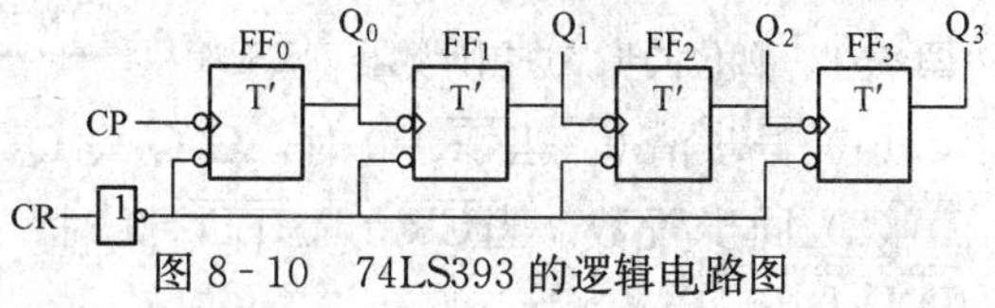

图 8 - 10　74LS393 的逻辑电路图

表 8-4 74LS393 的状态转换表

计数脉冲 CP	电路状态 Q_3	电路状态 Q_2	电路状态 Q_1	电路状态 Q_0	等效十进制
0	0	0	0	0	0
1	0	0	0	1	1
2	0	0	1	0	2
3	0	0	1	1	3
4	0	1	0	0	4
5	0	1	0	1	5
6	0	1	1	0	6
7	0	1	1	1	7
8	1	0	0	0	8
9	1	0	0	1	9
10	1	0	1	0	10
11	1	0	1	1	11
12	1	1	0	0	12
13	1	1	0	1	13
14	1	1	1	0	14
15	1	1	1	1	15
16	0	0	0	0	0

计数前，在清零端 CR 加一正脉冲，使计数器的初始状态 $Q_3Q_2Q_1Q_0=0000$。第 1 个计数脉冲下降沿到来时，触发器 FF_0 翻转 $Q_0=1$。Q_0 由 0 变为 1，是正跳变，对 FF_1 不起作用，此时计数的状态 $Q_3Q_2Q_1Q_0=0001$。第 2 个计数脉冲下降沿到来时，$Q_0=0$。Q_0 由 1 变为 0，是负跳变，它使 FF_1 由 0 变 1，所以计数器的状态 $Q_3Q_2Q_1Q_0=0010$。依次类推，其余计数脉冲输入后，各触发器的状态变化见表 8-4

计数器的时序图如图 8-11 所示。它与状态表是相互对应的。由时序图可知，每位触发器的输出频率均为其输入频率的二分之一，所以一位二进制计数器就是一个 2 分频器，四位二进制计数器（也是一位十六进制计数器）就是一个 2^4（16）分频器。总之，一位几进制计数器，就可构成几分频电路。

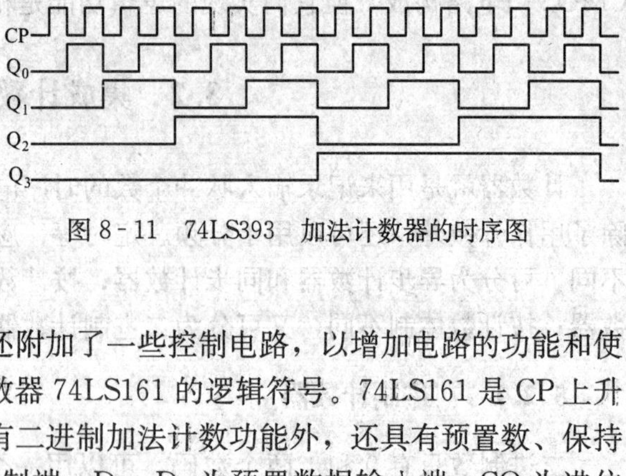

图 8-11 74LS393 加法计数器的时序图

应当指出，对于 CP 下降沿触发有效的二进制计数器，用低位端的 Q 作进位脉冲，此计数器满足加法计数。若用低位端的 $\overline{Q}$ 作进位脉冲，此计数器满足减法计数。而对 CP 上升沿触发有效的二进制计数器则相反。

二、四位同步二进制计数器 74LS161

在实际生产的集成计数器芯片中，往往还附加了一些控制电路，以增加电路的功能和使用的灵活性。图 8-12 为四位同步二进制计数器 74LS161 的逻辑符号。74LS161 是 CP 上升沿触发有效的四位二进制计数器，它除了具有二进制加法计数功能外，还具有预置数、保持和异步清零等附加功能。图中 $\overline{LD}$ 为预置数控制端，$D_3 \sim D_0$ 为预置数据输入端，CO 为进位输出端，$\overline{CR}$ 为异步置零（清零或复位）端。具体四个功能（见表 8-5）如下：

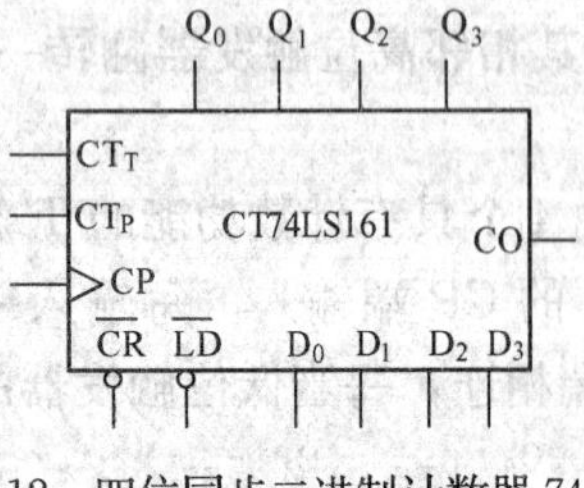

图 8-12 四位同步二进制计数器 74LS161

表 8-5 74LS161 的功能

CP	$\overline{CR}$	$\overline{LD}$	CT_P	CT_T	功能
×	0	×	×	×	异步清零
↑	1	0	×	×	同步预置
×	1	1	0	×	保持
×	1	1	×	0	保持 CO=0
↑	1	1	1	1	计数

（1）异步清 0。当 $\overline{CR}=0$ 时，$Q_3Q_2Q_1Q_0=0000$。

（2）同步置数。当 $\overline{CR}=1$、$\overline{LD}=0$ 时，在 CP 上升沿到来时计数器置数，$Q_3Q_2Q_1Q_0=D_3D_2D_1D_0$。

（3）计数器保持。当$\overline{CR}$=1、$\overline{LD}$=1、CT_T 和 CT_P 不全为 1 时，计数器保持。

（4）同步计数。当$\overline{CR}$=1、$\overline{LD}$=1、CT_T 和 CT_P 全为 1 时，在 CP 上升沿到来时计数器实现二进制加法计数。只有当 $Q_3Q_2Q_1Q_0$=1111 时，计数器进位输出 CO 才为 1，否则为 0。

如果得到八位二进制计数器，可利用 74LS161 的扩展功能将两个芯片级连，如图 8 - 13 所示。图中两个芯片的 CP、$\overline{CR}$、和 $\overline{LD}$端分别并联，低位芯片的进位输出 CO 接高位芯片的计数控制端 CT_T 和 CT_P。整个计数器便实现八位二进制计数，同一个芯片一样具有同步预置和异步清 0 功能。

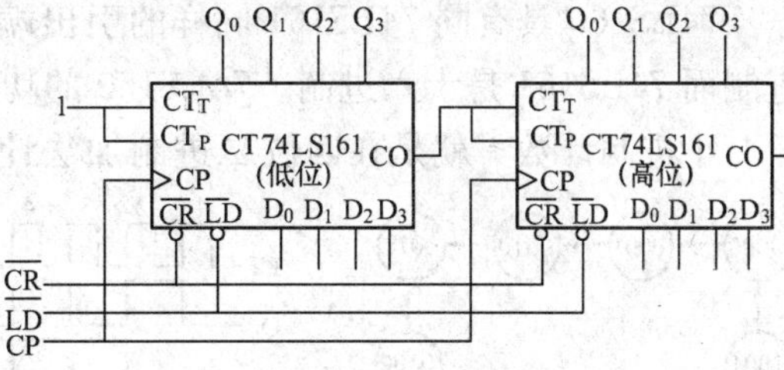

图 8 - 13　八位二进制计数电路

三、74LS161 应用举例

（一）用 74LS161 和 74LS138 构成顺序脉冲发生器

顺序脉冲发生器如图8 - 14的电路所示。CP 为输入时钟脉冲，将 74LS161 的低 3 位输出作为 74LS138 的三个输入信号，即 $Q_2Q_1Q_0=A_2A_1A_0$。为使 74LS161 工作在计数状态$\overline{CR}$、$\overline{LD}$、CT_T 和 CT_P 均应接 1，由于 $Q_2Q_1Q_0$ 输出端是按八进制计数，所以在连续输入 CP 信号的情况下，$Q_2Q_1Q_0$ 的状态按 000～111 的顺序反复循环，并在译码器输出端依次输出$\overline{Y_0}$～$\overline{Y_7}$的顺序脉冲。为消除竞争-冒险现象，可以在 ST_A 选通输入端加$\overline{CP}$脉冲。

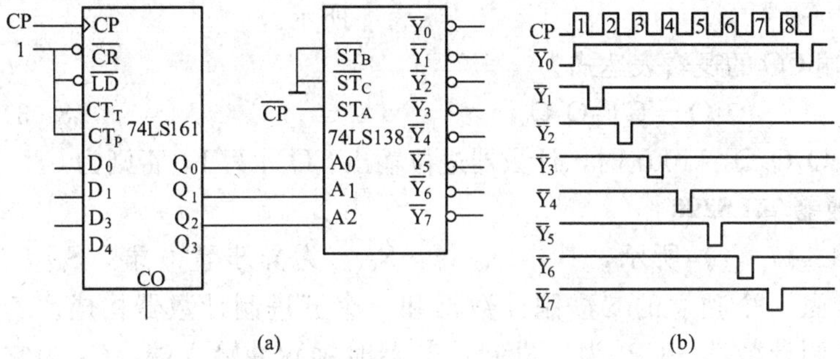

图 8 - 14　用 74LS161 和 74LS138 构成顺序脉冲发生器

(a) 电路图；(b) 电压波形

（二）用 74LS161 和 74LS151 构成序列信号发生器

在数字信号的传输中，有时需要一组特定的串行数字信号，即序列信号。将产生序列信号的电路称为序列信号发生器。

若要产生一个 8 位的序列信号 11101000，则需一个 74LS161 构成八进制计数，一个 8 选 1 数据选择器 74LS151，电路如图 8 - 15 所示。将 74LS161 的低 3 位输出作为 74LS151 的三个选择输入信号，即 $Q_2Q_1Q_0=A_2A_1A_0$。为使 74LS161 工作在计数状态$\overline{CR}$、$\overline{LD}$、CT_T 和 CT_P 均应接 1，由于 $Q_2Q_1Q_0$ 输出端是按八进制计数，所以连接输入 CP 信号，$Q_2Q_1Q_0$ 的状态便按照转换表中的顺序不断循环，D_0～D_7 的状态就循环不断地依次出现在 Y 端。只要使 $D_0=D_1=D_2=D_4=1$、$D_3=D_5=D_6=D_7=0$，则可在 Y 端得到不断循环的序列信号 11101000。在需要修改序列信号时，仅修改加到 D_0～D_7的高、低电平就可实现。

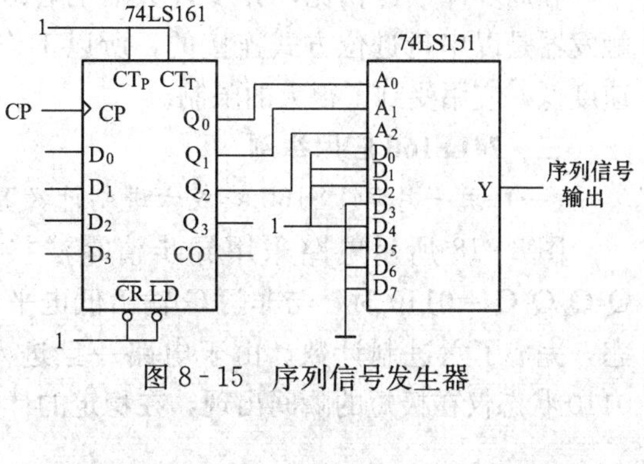

图 8 - 15　序列信号发生器

8.2.2　十进制计数器

一、同步二-十进制计数器 74LS160

74LS160 具有同 74LS161 同样的引出端，不同的是实现十进制计数，即 74LS160 是十进制而 74LS161 是十六进制。74LS160 的功能与 74LS161 的功能相同，见表 8-5。

十进制计数，就是在四位二进制加法计数器的基础上略加修改而成。十进制计数器从 0000 开始计数，直到第九个计数脉冲后电路进入 1001 状态为止，它的工作过程与四位二进制计数器相同。不同的是，当第十个计数脉冲输入后，电路返回 0000 状态。状态转换和波形图如图 8-16 所示。

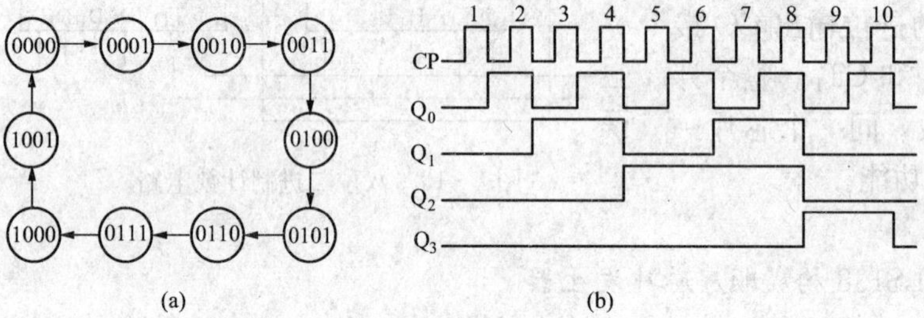

图 8-16　二-十进制计数器 74LS160

(a) 状态转换图；(b) 波形图

74LS160 计数器进位输出端 CO 的逻辑表达式为

$$CO = CT_T Q_3 Q_0 \tag{8-3}$$

可见，在计数时只有当 $Q_3Q_2Q_1Q_0=1001$ 时，计数器进位输出 CO 才为 1，否则为 0。

二、异步二-五-十进制计数器 74LS290

74LS290 引脚排列如图 8-17（a）所示，其中 $R_{0(1)}$、$R_{0(2)}$ 为异步置 0 端，$S_{9(1)}$、$S_{9(2)}$ 为异步置 9 端。74LS290 由一个独立的二进制计数器和一个五进制计数器构成。若将两个计数器串接可构成十进制计数器。CP_0 为二进制计数器时钟脉冲输入端，Q_0 为它的输出端。CP_1 为五进制计数器时钟脉冲输入端，Q_3、Q_2、Q_1 为它的输出端。若将 Q_0 与 CP_1 连接，计数脉冲从 CP_1 输入，由 $Q_3Q_2Q_1Q_0$ 端输出，则构成 8421BCD 码十进制计数器，逻辑符号如图 8-17（b）所示。无论是二、五或十进制计数器，只有在异步清 0 端和异步置 9 端均无有效输入信号时，电路才能正常计数。若 $R_{0(1)}=R_{0(2)}=1$ 时，$Q_3Q_2Q_1Q_0=0000$ 置 0；若 $S_{9(1)}=S_{9(2)}=1$ 时，$Q_3Q_2Q_1Q_0=1001$ 置 9。

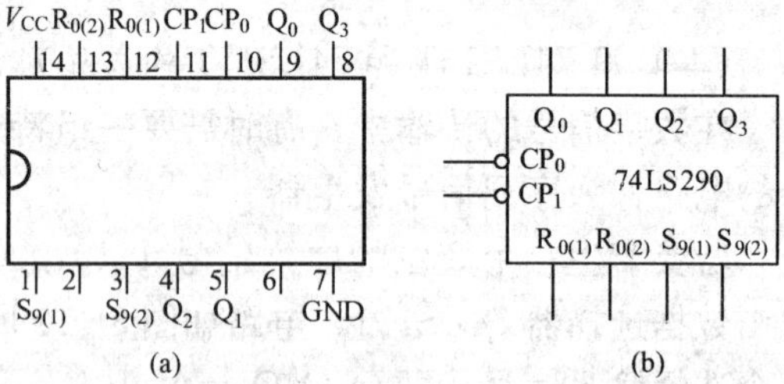

图 8-17　二-五-十进制计数器 74LS290

(a) 引脚排列；(b) 逻辑符号

和同步计数器相比，异步计数器的各级触发器是以串行进位方式连接的，所以工作速度低，应用受到了很大的限制。

三、74LS160 应用举例

（一）用一片 74LS160 接成六进制计数器

图 8-18 所示电路采用异步清零法接成六进制计数器。由图可知，当计数器计到 $Q_3Q_2Q_1Q_0=0110$ 时，与非门 G 输出低电平，使 $\overline{CR}=0$，此时，计数器清零，回到 0000 状态，完成了六进制计数。由于电路一旦进入 0110 状态后立即又被置成 0000 状态，所以 0110 状态仅在极短的瞬间出现，在稳定的计数状态中不包括 0110 状态。

由于异步清零法存在瞬间 0110 状态问题，所以一般可采用同步置数法接成六进制计数。采用置数法时可以从计数循环中任何一个状态置入适当的数值，得到六进制计数。电路如图 8-19（a）所示。此电路用 $Q_3Q_2Q_1Q_0$=0101 状态控制与非门 G 产生$\overline{LD}$=0 信号，等下一个 CP 信号到达时置入 0000 状态，从而跳过 0110～1001 这 4 个状态，得到六进制计数器。该电路的进位输出信号只能从 Q_2 端引出。若采用图 8-19（b）电路的方案，则可从 CO 端得到进位输出信号，则 $Q_3Q_2Q_1Q_0$ 的状态在 0100～1001 之间变化。

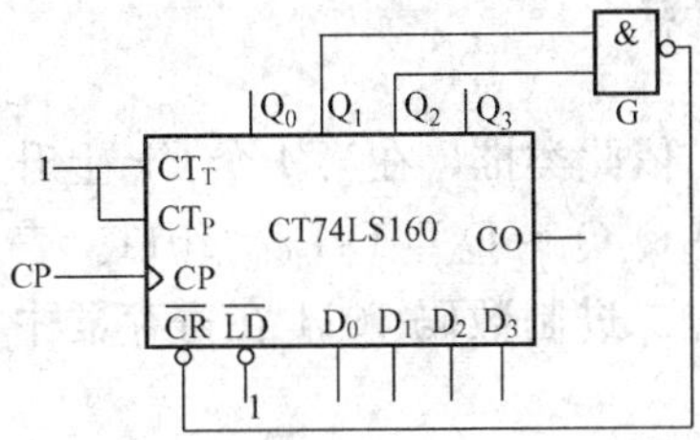

图 8-18　用异步清零法接成六进制计数器

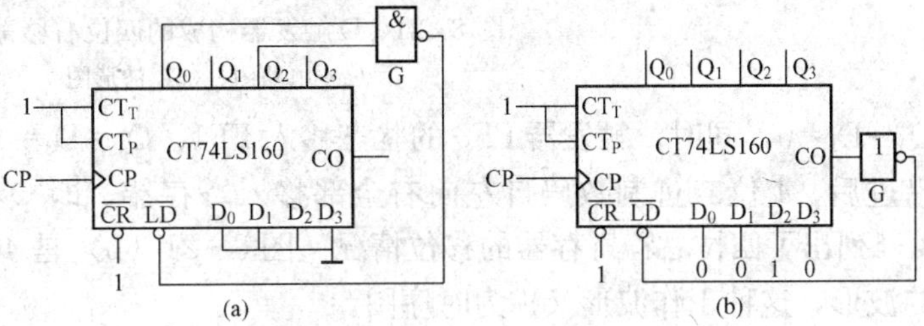

图 8-19　用同步置数法接成六进制计数

（a）置数 0000；（b）置数 1010

（二）用两片 74LS160 接成二十四进制计数器

图 8-20 所示电路仍采用异步清零法接成二十四进制计数器。由图可知，两片 74LS160 以并行进位方式先连成一百进制计数器。当计数器从全 0 状态开始计数，计到 24 个脉冲时，经与非门 G 产生低电平信号立刻将两片 74LS160 同时清零，返回到全 0 状态，于是完成了二十四进制计数。

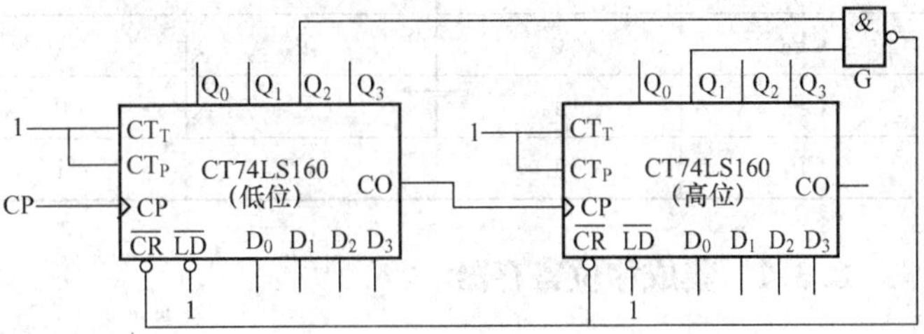

图 8-20　用 74LS160 接成二十四进制计数器

同理，也可用四位二进制计数器 74LS161 和异步二-五-十进制计数器 74LS290 实现任意进制计数器。

8.3　集成移位寄存器及其应用

集成移位寄存器具有存储二进制代码和移位双重功能。移位功能是指寄存器中存储的二进制代码在移位脉冲的作用下依次实现左移或右移。因此，移位寄存器不但可以用来寄存二进制代码，还可以用来实现数据串行-并行转换、数值的运算以及数据处理等。

8.3.1　移位寄存器

图 8-21（a）是由 D 触发器构成的四位右移寄存器。数码 D_{IR}从最低位触发器 FF_0 的 D 输入端依次输入，其余的每个触发器 D 输入端均与它相邻低位触发器的输出 Q 端相连，各个触发器的 CP 端都由同一个移位脉冲控制。

现以一组数码 $D_3D_2D_1D_0$=1011 移入寄存器为例，分析其工作原理。先在$\overline{CR}$清零端输入一个负脉冲，使 $Q_3Q_2Q_1Q_0$=0000。在第 1 个 CP 到达前，最高位数码 D_3 已送到 D 端，当第 1 个 CP 上升沿过后，$Q_0=D_0=1$。紧接着数码 D_2 送入 D 端，第 2 个 CP 上升沿过后，

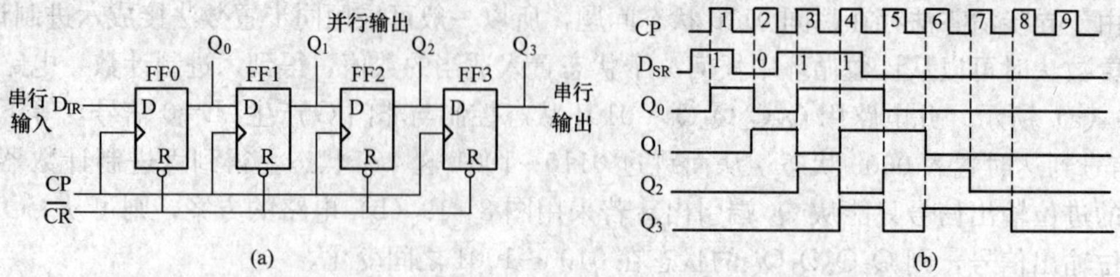

图 8-21 D触发器构成的四位右移寄存器

(a) 电路图；(b) 波形图

$Q_0=D_1=0$，同时，触发器 FF0 的状态移入 FF1，$Q_1=D_3=1$。依此类推，在第 4 个 CP 上升沿过后，4 位二进制数码自左向右全部移入寄存器，即 $Q_3Q_2Q_1Q_0=D_3D_2D_1D_0=1011$。表 8-6列出了四位右移寄存器的移位情况。图 8-21（b）是 4 位二进制数码 1011 在寄存器中的波形，这种工作波形又称为时序图。

表 8-6　　四位右移寄存器的移位情况

CP	D	Q_0	Q_1	Q_2	Q_3
0		0	0	0	0
CP_1	1 →	1	0	0	0
CP_2	0 →	0	1	0	0
CP_3	1 →	1	0	1	0
CP_4	1 →	1	1	0	1

8.3.2 集成移位寄存器

一、双向移位寄存器 74LS194

为便于扩展逻辑功能和增加使用的灵活性，在定型生产的移位寄存器集成电路上有的又附加了左、右移控制、数据并行输入、保持、异步清零（复位）等功能。图 8-22 所示的 74LS194 四位双向移位寄存器就是一个典型的例子。

74LS194 芯片中的 D_{SR} 为数据右移串行输入端，D_{SL} 为数据左移串行输入端，D_0～D_3 为数据并行输入端，Q_0～Q_3 为数据并行输出端。移位寄存器的工作状态由控制端 M_1 和 M_0 的状态决定。左移、右移和并入都是同步操作，在时钟脉冲 CP 上升沿出现时完成。$\overline{CR}$是异步清零，当$\overline{CR}=0$ 时，$Q_3Q_2Q_1Q_0=0000$，所以正常工作时应使$\overline{CR}=1$。74LS194 的功能表，如表 8-7 所示。

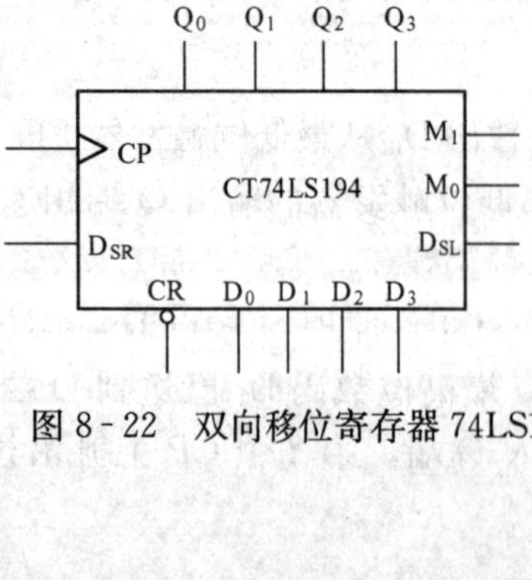

图 8-22　双向移位寄存器 74LS194

表 8-7　　74LS194 的功能表

$\overline{CR}$	M_1　M_0	工作状态
0	×　×	异步置零
1	0　0	保持
1	0　1	右移
1	1　0	左移
1	1　1	并行输入

二、集成移位寄存器 74LS194 应用举例

用 74LS194 的四位右移功能和或非门电路可以构成时序脉冲发生器，电路和工作波形如图 8-23 所示。因图中 $M_1M_0=01$，所以移位寄存器处右移工作状态。接通 5V 电源后，设寄存器的初始状态为 0000，则或非门输出为 1，使 $D_{SR}=1$，当第 1 个 CP 上升沿到来时 $Q_3Q_2Q_1Q_0=1000$。此时，或非门输出为 0，$D_{SR}=0$，当第 2 个 CP 上升沿到来时 $Q_3Q_2Q_1Q_0=0100$。又使或非门输出为 0，$D_{SR}=0$，当第 3 个 CP 上升沿到来时 $Q_3Q_2Q_1Q_0=0010$。依此类推，该电路在各输出端依次出现脉冲信号。

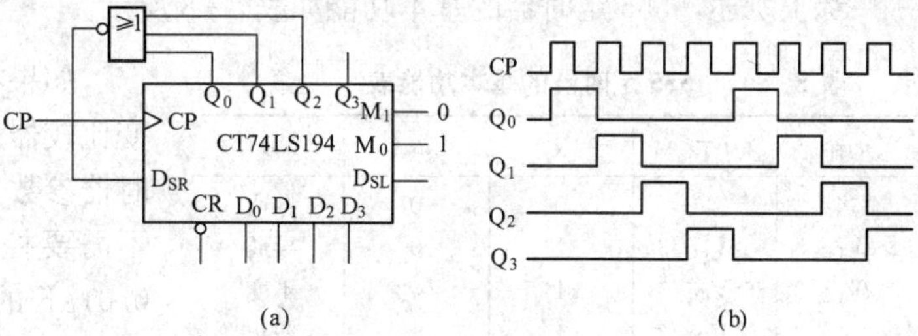

图 8-23　时序脉冲发生器
(a) 电路；(b) 工作波形

8.4　555 定时器及其应用

555 定时器是一种模拟和数字电路结合在一起的中规模集成电路，只要在外部加上几个适当的阻容元件，便可构成施密特触发器、单稳态触发器和多谐振荡器等脉冲产生与变换电路。

8.4.1　555 定时器结构及功能

图 8-24 是 555 定时器内部电路原理图和外引脚排列图。它由两个电压比较器 C_1 和 C_2、一个基本 RS 触发器、一个放电管 V、一个非门 G3 以及三个 5kΩ 电阻串联的分压器构成。2 是触发输入端 $\overline{TR}$，3 是输出端 u_0，4 是复位（置 0）端 $\overline{R}_D$，5 是控制电压输入端 CO，6 是阈值输入端 TH，7 是放电端 D。不加控制电压时，电压比较器 C1 和 C2 的参考电压分别为 $V_{CC}/3$ 和 $2V_{CC}3$。

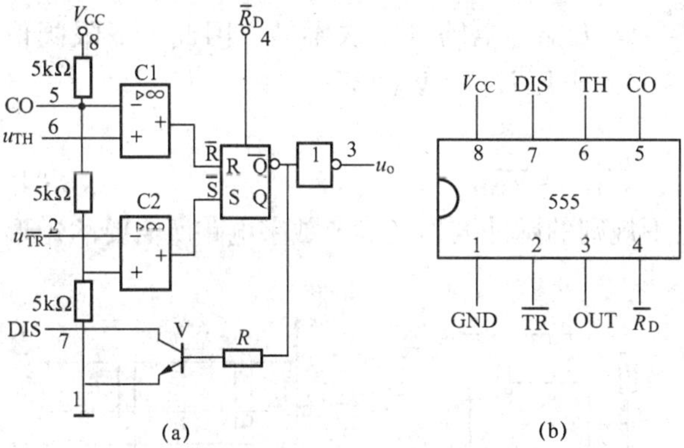

图 8-24　555 定时器原理图
(a) 原理图；(b) 外引线排列图

当 $\overline{R}_D=0$ 时，无论 $\overline{TR}$、TH 为何种电平，RS 触发器强制置 0，输出 $u_0=0$，同时放电管导通。正常工作时，应将复位端 4 接到高电平上。

当 $u_{\overline{TR}}<V_{CC}/3$、$u_{TH}<2V_{CC}/3$ 时，电压比较器的输出分别为 $u_{C1}=1$、$u_{C2}=0$，使 RS 触发器 $\overline{R}=1$、$\overline{S}=0$，触发器置 1，输出 $u_0=1$，同时放电管截止。

当 $u_{\overline{TR}}>V_{CC}/3$、$u_{TH}<2V_{CC}/3$ 时，电压比较器均输出高电平 $u_{C1}=u_{C2}=1$，使 $\overline{R}=\overline{S}=1$，触发器状态不变，放电管的状态也不变。

当 $u_{\overline{TR}} > V_{CC}/3$、$u_{TH} > 2V_{CC}/3$ 时，电压比较器 $u_{C1}=0$、$u_{C2}=1$，使 $\overline{R}=0$、$\overline{S}=1$，触发器置 0，输出 $u_o=0$，同时放电管导通。

综上所述，555 定时器的基本功能如表 8-8 所示。

表 8-8　555 定时器的基本功能表

u_{TH}	$u_{\overline{TR}}$	$\overline{R}$	u_o	D
×	×	0	0	导通
$>2V_{CC}/3$	$>V_{CC}/3$	1	0	导通
$<2V_{CC}/3$	$>V_{CC}/3$	1	不变	不变
×	$<V_{CC}/3$	1	1	截止

如果在控制端 CO 外接电压，则可改变比较器的参考电压，从而影响电路的定时器参数（如：多谐振荡器的输出频率）。不需要控制时，应在 CO 端和地之间接 0.01μF 的电容，以消除干扰，保证控制端电压稳定在 $2V_{CC}/3$。

8.4.2　555 定时器的应用

一、用 555 定时器构成的施密特触发器

图 8-25（a）是 555 定时器构成的施密特触发器。将 TH 端和 $\overline{TR}$ 端相连作为输入 u_i，将 $\overline{R}_D$ 端接高电平 V_{CC}，便构成了施密特触发器。

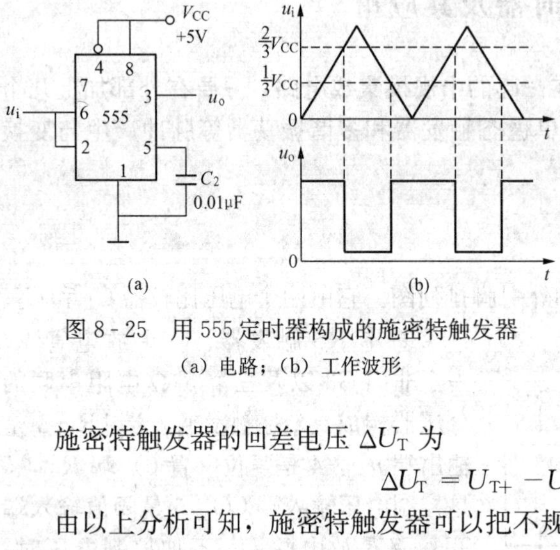

图 8-25　用 555 定时器构成的施密特触发器

（a）电路；（b）工作波形

由图 8-25（b）的工作波形可知：当输入 u_i 由 0 逐渐增大，且 $u_i<V_{CC}/3$ 时，输出 $u_o=U_{OH}$；当 $V_{CC}/3<u_i<2V_{CC}/3$ 时，输出 $u_o=U_{OH}$ 保持不变；当 $u_i \geqslant 2V_{CC}/3$ 时，输出 $u_o=U_{OL}$，电路发生翻转。因此，上限阈值电压 $U_{T+}=2V_{CC}/3$；当输入 u_i 再逐渐减小 $V_{CC}/3<u_i<2V_{CC}/3$ 时，输出 $u_o=U_{OL}$ 保持不变；当 $u_i \leqslant V_{CC}/3$ 时，输出 $u_o=U_{OH}$，电路又一次翻转。因此，下限阈值电压 $U_{T-}=V_{CC}/3$。

施密特触发器的回差电压 ΔU_T 为

$$\Delta U_T = U_{T+} - U_{T-} = V_{CC}/3 \tag{8-4}$$

由以上分析可知，施密特触发器可以把不规则的脉冲波形变换成数字电路所需要的矩形脉冲。

二、用 555 定时器构成单稳态触发器

图 8-26（a）是 555 定时器构成的单稳态触发器。$\overline{TR}$ 端作触发器输入 u_i，负脉冲触发有效，TH 端和 7 端相连后，一端经电阻 R 接电源 V_{CC}，另一端经电容接地，同时将 $\overline{R}_D$ 接 V_{CC}，便构成了单稳态触发器。

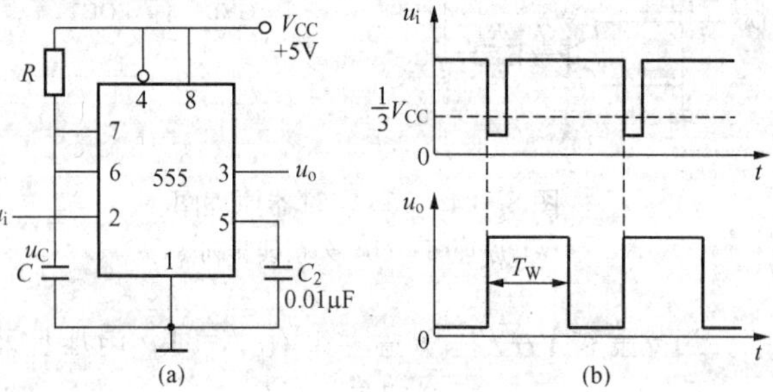

图 8-26　用 555 定时器构成的单稳态触发器

（a）电路；（b）工作波形

由图 8-26（b）的工作波形可知。在初始状态，$\overline{TR}$ 处于高电平。此时，电源 V_{CC} 通过电阻 R 对电容 C 充电，其电压 u_C 上升。当 $U_{TH}>2V_{CC}/3$ 时，输出 $u_o=U_{OL}$。同

时放电管导通，电容 C 经其迅速放电，使 $u_C=0$，输出 $u_o=U_{OL}$ 仍保持低电平。这是单稳态的稳定状态0态。

当 u_i 输入一个窄负脉冲时，$\overline{TR}<V_{CC}/3$，因此时 $u_C=0$（$TH<2V_{CC}/3$），输出 $u_o=U_{OH}$。同时放电管截止，此后电源经电阻 R 对电容 C 充电。电路进入暂稳态。

触发器进入暂稳态后，随着电容 C 的充电，电压 u_C 按指数规律上升。当 $U_{TH}=2V_{CC}/3$ 时，因触发脉冲很窄，$\overline{TR}$ 端已恢复高电平且 $\overline{TR}>V_{CC}/3$，输出 $u_o=U_{OL}$，暂稳态结束。同时放电管导通，电容 C 经其迅速放电到 $u_C=0$。电路恢复到初始稳定状态。

单稳态触发器输出脉冲宽度 T_W 可用以下公式计算

$$T_W = 1.1RC \tag{8-5}$$

调节外接电阻 R 和 C 的大小就可以调整输出脉冲宽度。

三、用555定时器构成多谐振荡器

图8-27（a）是555定时器构成的多谐振荡器。将 $\overline{TR}$ 端和TH端相连后接到定时电容 C 与电阻 R_2 的连接处，将D端接 R_1 和 R_2 的连接处，并将 $\overline{R}_D$ 接到电源 V_{CC} 上便构成了多谐振荡器。

由图8-27（b）的工作波形可知。刚接通电源 V_{CC} 时，由于电容 C 上电压 $u_C=0$，使 $U_{TH}=U_{\overline{TR}}=0$，故 $u_o=U_{OH}$，放电管截止，V_{CC} 经 R_1、R_2 对电容 C 充电，电路进入第一暂稳态。当 u_C 上升到 $2V_{CC}/3$ 时，输出端翻转为 $u_o=U_{OL}$，放电管导通，电路进入第二暂稳态。由于放电管导通，电容 C 将开始放电，当 C 上电压 u_C 下降到 $V_{CC}/3$ 时，电路又返回到第一暂稳态，$u_o=U_{OH}$，放电管截止。

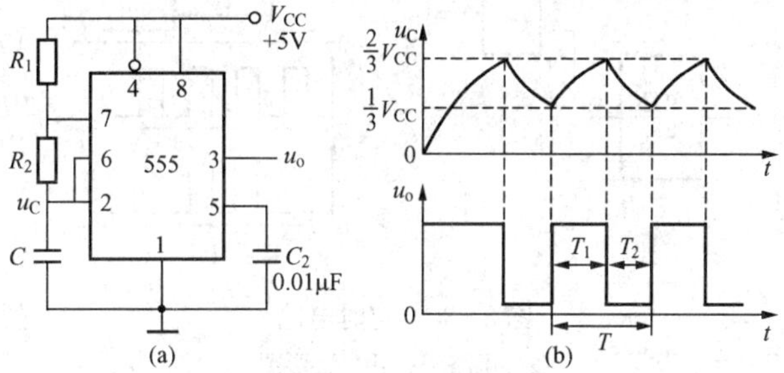

图8-27　用555定时器构成的多谐振荡器

（a）电路；（b）工作波形

此后，电容 C 上的电压 u_C 在 $V_{CC}/3$ 和 $2V_{CC}/3$ 之间不断来回变化，如此周而复始便形成了振荡而输出矩形脉冲。电路振荡频率为

$$f_0 = \frac{1}{0.7(R_1+2R_2)\cdot C} = \frac{1.43}{(R_1+2R_2)\cdot C} \tag{8-6}$$

输出脉冲的占空比 q 为

$$q = \frac{T_1}{T} = \frac{R_1+R_2}{R_1+2R_2} \tag{8-7}$$

调节电阻 R_1、R_2 和 C 就可以调整输出脉冲的周期和占空比。

四、555定时器应用举例

（一）施密特触发器的应用

（1）幅度鉴别。如图8-28所示。利用施密特触发器做脉冲鉴别器，可在一系列幅度不等的脉冲波形中，选出幅度较大的脉冲，消除幅度较小的脉冲（干扰信号）。在触发器后面加上一级反相器，就可以使输出和输入同相。

（2）波形整形。在数字电路中，矩形脉冲经放大后，或者在传输过程中会在波形的顶部叠加上干扰信号，如图 8-29 所示。为了消除这些干扰信号，让它通过施密特触发器后，可获得理想的矩形波。

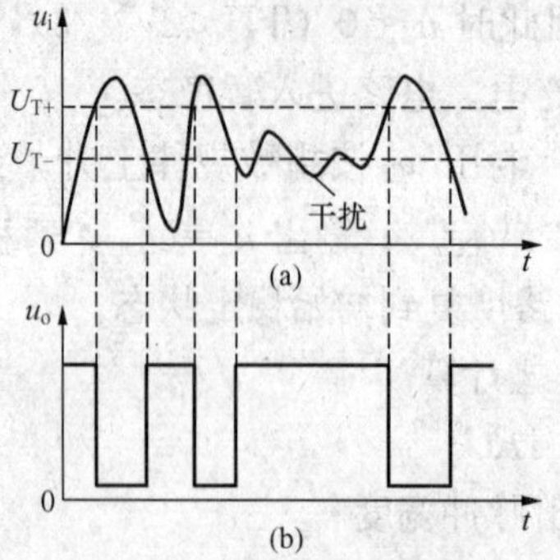

图 8-28　幅度鉴别电路

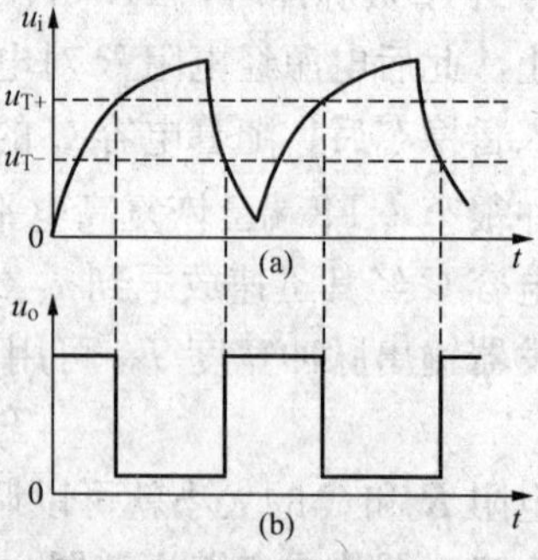

图 8-29　波形整形电路

（二）单稳态触发器的应用

（1）定时。单稳态触发器能产生一定宽度 T_W 的矩形脉冲，利用这个脉冲去控制一个与门的输入端，那么在 T_W 时间内，$u_B=1$，使与门打开，让信号 u_A 通过，使 $u_o=u_A$。其他时间因 $u_B=0$，所以 $u_o=0$ 没有输出。电路如图 8-30 所示。

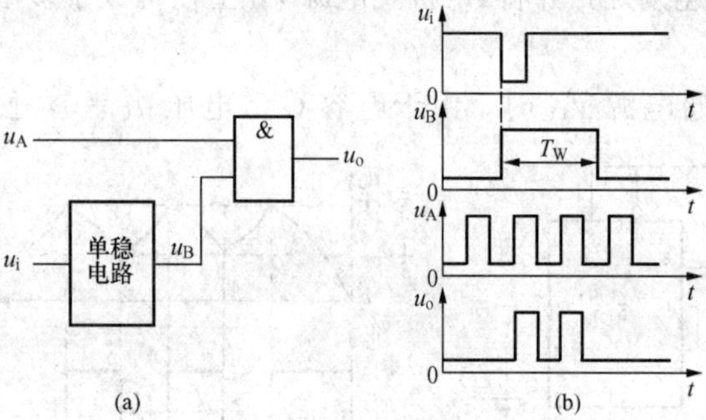

图 8-30　定时电路

（a）电路图；（b）波形图

如图 8-31 所示，利用单稳态触发器的定时作用，还可以对生产过程进行时间顺序控制。

（2）延时。如图 8-32 所示，利用单稳态触发器输出脉冲宽度 T_W 可将输入信号的下降沿延时 T_W。

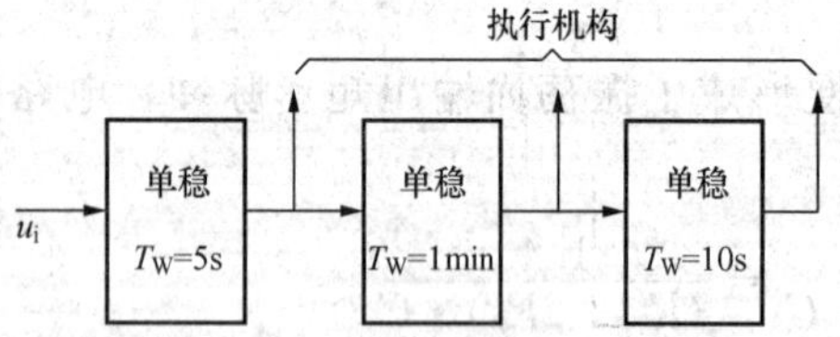

图 8-31　时间顺序控制电路

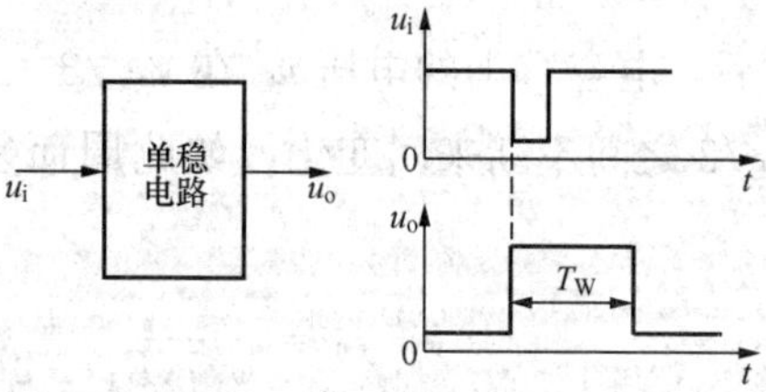

图 8-32　延时电路

（三）多谐振荡器的应用

用多谐振荡器构成了一个简易电子琴如图 8-33 电路，当琴键 $S_1 \sim S_n$ 均未按下时，三极管 V 接近饱和导通，$U_E=0V$，使振荡器停振。当按下不同琴键时，因 $R_1 \sim R_n$ 的阻值不等，输出频率就不同，扬声器便发出不同的声音。

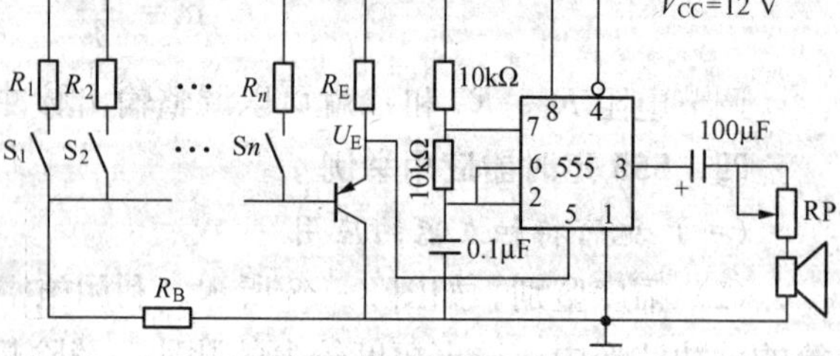

图 8-33　简易电子琴电路

思　考　题

1. 时序逻辑电路有何特点？它和组合逻辑电路有什么本质不同？

2. 什么叫计数？什么叫分频？和异步计数器相比，同步计数器有哪些优点？

3. 什么叫移位寄存器？移位寄存器具有哪些功能？

4. 分析图 8-34 所示电路，画出状态图，指出是几进制计数器。

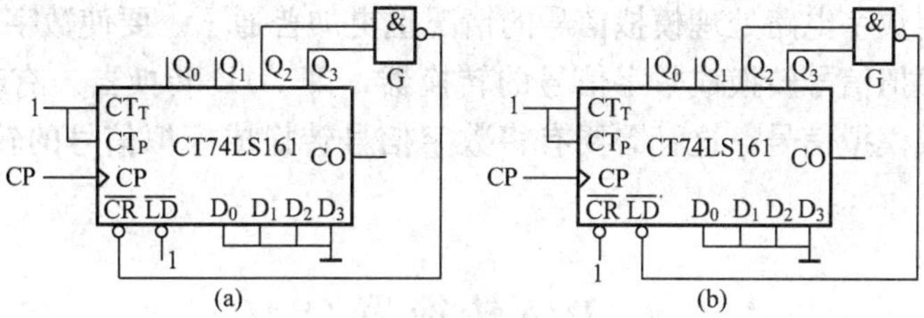

图 8-34　题 4 图

5. 分析图 8-35 所示电路，指出是几进制计数器。

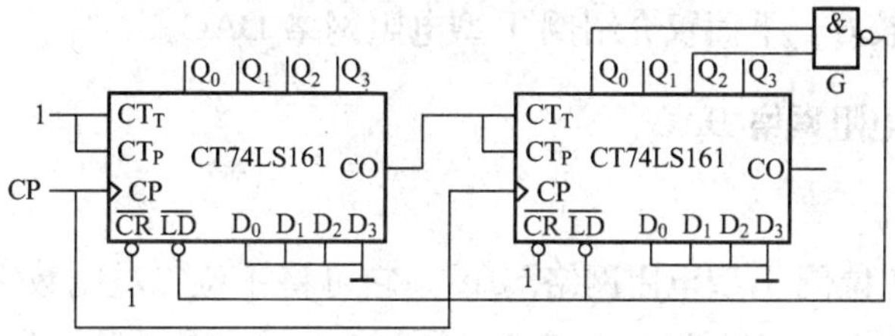

图 8-35　题 5 图

6. 试分别利用 74LS160 和 74LS161 的同步预置功能实现十二进制计数器，标出输入、输出端，可以附加必要的门电路。

7. 试利用 74LS290 的异步清零功能实现二十四进制计数器，可以附加必要的门电路。

8. 步进电机有四条输入线，要求的输入波形如图 8-36 所示。为驱动步进电机，试用四位右移寄存器加门控电路设计一个同步时序电路，输出图 8-36 的波形。

9. 施密特触发器的主要特点是什么？如何改变施密特触发器的回差电压？

10. 多谐振荡器的主要特点是什么？如何改变多谐振荡器的频率？

11. 单稳态触发器的主要特点是什么？如何改变其脉冲宽度？

12. 图 8-37 是用 555 定时器组成的开机延时电路。若给定 $C=25\mu F$，$R=91k\Omega$，$V_{CC}=12V$，试计算常闭开关 S 断开以后经过多长的延迟时间 u_o 才跳为高电平。

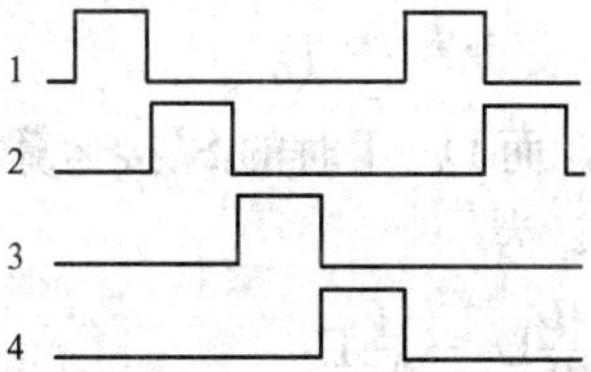

图 8-36　题 8 图

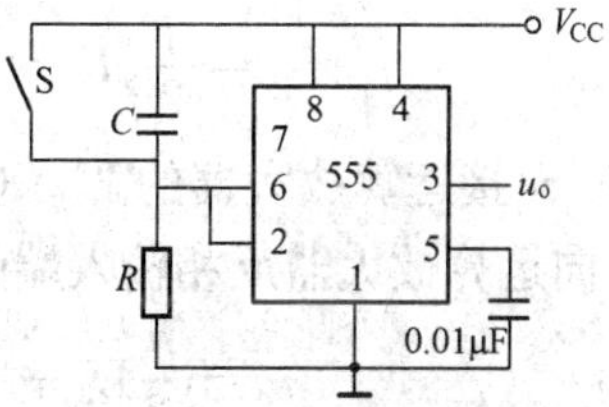

图 8-37　题 12 图

第 9 章

D/A 和 A/D 转换器

随着数字电子技术的迅速发展，尤其是计算机在自动控制、自动检测以及许多其他领域中的广泛应用，用数字电路处理模拟信号的情况也更加普通了。要使数字电路能处理模拟信号，必须有能将模拟信号转换成数字信号的转换器，即 A/D 转换器。有时还得把经处理后的数字信号转换成模拟信号，这又需要有将数字信号转换成模拟信号的转换器，即 D/A 转换器。

9.1 D/A 转换器 (DAC)

DAC 主要有 T 型电阻网络 DAC 和倒 T 型电阻网络 DAC 等几种，相比之下，倒 T 型电阻网络 DAC 的性能较好，下面仅介绍倒 T 型电阻网络 DAC。

9.1.1 倒 T 型电阻网络 DAC

一、工作原理

图 9-1 为一个 4 位倒 T 型电阻网络 DAC，它可将 4 位二进制数字信号 $D_3D_2D_1D_0$ 转换为对应的模拟信号输出 u_o。该 DAC 由参考电压 U_{REF}，S_3、S_2、S_1、S_0 电子开关，倒 T 型电阻网络和运算放大器构成。

由图可知，运算放大器反相输入端 $U_- \approx U_+$，所以无论开关合 S_3、S_2、S_1、S_0 到哪一边，都相当于接到了地，即“0”电位上，流过每个支路的电流也始终不变，电阻 $2R$ 皆可视为上端接地，这样，由 U_{REF}端向左看，整个倒 T 型电阻网络的等效电阻始终为 R，因此从参考电压端流入的总电流 $I=\dfrac{U_{REF}}{R}$，而每个支路的电流依次为

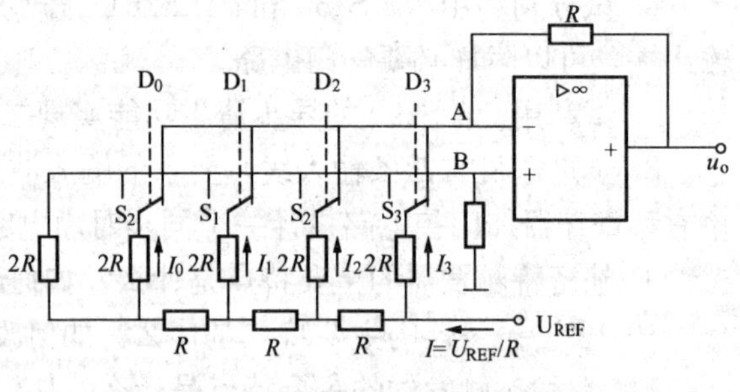

图 9-1 4 位倒 T 型电阻网络 DAC

$$I_3=\frac{I}{2}、I_2=\frac{I}{4}、I_1=\frac{I}{8}、I_0=\frac{I}{16}$$

若令 $D_i=0$ 时 S_i 接运算放大器的 U_+（接地），而 $D_i=1$ 时的 S_i 接运算放大器的 U_-，由图 9-1 可知，流向运算放大器反相输入端的电流 i_i 为

$$\begin{aligned} i_i &= \frac{I}{2}D_3+\frac{I}{4}D_2+\frac{I}{8}D_1+\frac{I}{16}D_0 \\ &= \frac{U_{REF}}{R\times 2^4}(D_3\cdot 2^3+D_2\cdot 2^2+D_1\cdot 2^1+D_0\cdot 2^0) \end{aligned}$$

$$=\frac{U_{REF}}{R\times 2^4}D$$

在运算放大器的反馈电阻值等于 R 的条件下，输出电压为

$$u_o=-i_iR=-\frac{U_{REF}}{2^4}(D_3\cdot 2^3+D_2\cdot 2^2+D_1\cdot 2^1+D_0\cdot 2^0)=-\frac{U_{REF}}{2^4}D \qquad (9-1)$$

由上式可见，它可将 4 位二进制数字信号 $D_3D_2D_1D_0$ 线性地转换为对应的模拟信号 u_o。

若输入数字量为 1000，则输出为

$$U_o=-\frac{U_{REF}}{2^4}(1\cdot 2^3+0\cdot 2^2+0\cdot 2^1+0\cdot 2^0)=-\frac{U_{REF}}{2}$$

二、DAC 的主要技术指标

(1) 分辨率。分辨率是指最小输出电压和最大输出电压之比。它取决于 D/A 转换器的位数。如 8 位 D/A 转换器，最小输出电压与数字信号 00000001 对应，而最大输出电压与 11111111 对应。所以分辨率为 $\frac{1}{2^8-1}\approx\frac{1}{2^8}$；对于 10 位 DAC，其分辨率为 $\frac{1}{2^{10}}$。可见，数字量位数越多，分辨率越高。

(2) 线性误差。线性误差指实际的 D/A 转换特性和理想转换特性之间的最大偏差。主要是参考电压偏离标准值，运放的零点漂移，电子开关的压降，阻值误差等引起的。

(3) 转换时间。转换时间指的是 D/A 转换器完成一次转换所需的最大时间。

9.1.2 DAC 的应用

DAC 电路目前广泛使用集成器件，常见的集成 DAC 芯片有 DAC0832、DAC1232、AD7520、ADC0808 等。这些芯片尽管都能实现 D/A 转换，但在性能指标上有较大差别，DAC0832 的分辨率为 8 位，AD7520 的分辨率为 10 位，而 DAC1232 的分辨率为 12 位，因此，使用时应根据实际需要选择不同型号的 DAC 芯片。下面仅介绍 DAC0832。

一、DAC0832

图 9-2 为 DAC0832 内部结构和引脚排列，它的输入为 8 位二进制数，采用 CMOS 电路构成的寄存器和电子开关。具有转换控制简单，价格便宜等优点。各引脚的功能和使用方法说明如下：

(1) $\overline{CS}$片选端，ILE 输入锁存选通端，当$\overline{CS}=0$、ILE=1 时选通$\overline{WR_1}$。

(2) $\overline{WR_1}$写信号 1 端，当$\overline{WR_1}=1$ 时，用来将输入数据送入输入寄存器中；当$\overline{WR_1}=0$ 时，输入到寄存器中的数据被锁定，即寄存器中的数据不随输入数据而变。

(3) $\overline{XFER}$传输控制信号端，当$\overline{XFER}=0$ 时，起选通$\overline{WR_2}$的作用。

(4) $\overline{WR_2}$写信号 2 端，当$\overline{WR_2}=1$ 时，输入寄存器中的数据传输到 D/A 寄存器中；当$\overline{WR_2}=0$ 时，传输到 D/A 寄存器中的数据被锁定。

(5) D_0～D_7 8 位数据输入端。D_7 为最高位，D_0 为最低位。

(6) I_{01}为电流输出端 1，I_{01}端应接外部运放的反相输入端；I_{02}为电流输出端 2，I_{02}端应接外部运放的同相输入端。

(7) R_f 为反馈电阻端，该端应接外部运放的输出端，因内部电阻 R 为运放的反馈电阻。

(8) U_{REF}参考电压输入端，外加参考电压必须保证有很好的稳定度，电压可在+10～−10V 内选择。V_{CC}为电源电压端，选择范围+5～+15V。

（9）DGND 输入数字信号接地端。AGND 输出模拟信号接地端。

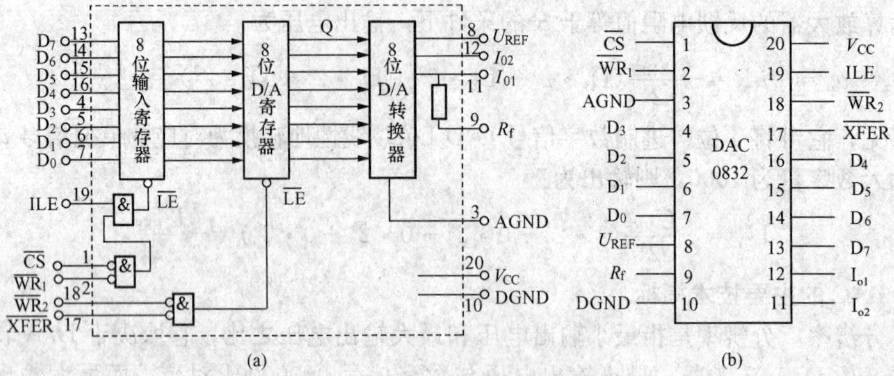

图 9-2 DAC0832 的内部结构和引脚排列

（a）内部结构；（b）外引脚排列

二、DAC0832 的应用

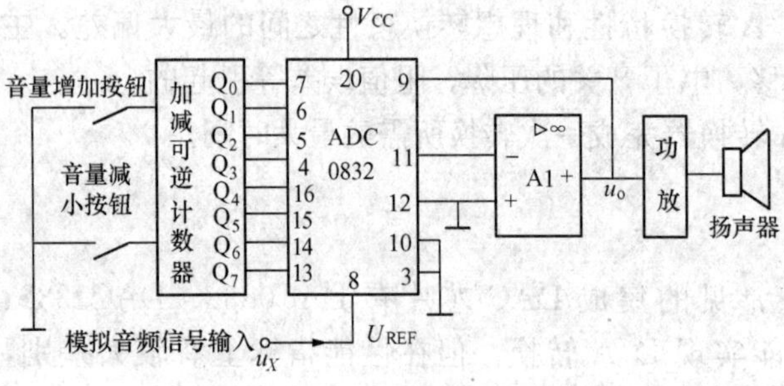

图 9-3 由 DAC0832 构成的数字音量调节电路

图 9-3 为一个由 DAC0832 构成的数字音量调节电路。因为 DAC0832 为电流输出型，所以要输出模拟电压，必须外接一个运算放大器构成电流/电压转换器，如图中 A1 所示。音频模拟输入信号 u_X 直接加在 U_{REF} 端，8 位二进制加减可逆计数器的输出端 $Q_0 \sim Q_7$ 接到 DAC0832 的数据输入端 $D_0 \sim D_7$。该电路的输出模拟电压应为

$$U_o = \frac{D}{2^8} \cdot U_{REF} = \frac{D}{2^8} u_X \tag{9-2}$$

式中：D 为输入 DAC 的数字量，也就是可逆计数器输出数字量的大小。

按动音量增加按钮，计数器做加法计数，每按一次，计数值 D 增 1，DAC 输出的模拟电压相应增加，此时扬声器的音量也增加；相反，若按动音量减小按钮，扬声器的音量将会相应地减小。

9.2 A/D 转换器（ADC）

A/D 转换器的种类很多，主要有逐次逼近式 ADC、双积分型 ADC 和并行式 ADC 等。如并行式 ADC，它的转换速度非常高，8 位二进制输出的单片集成 ADC，转换速度可以缩短至 50ns 以内，但分辨率较低，制造成本也高；再如双积分型 ADC，其分辨率可以做得很高，但转换速度不高，一般转换时间在几十毫秒到几百毫秒，常用在测量仪表中；逐次逼近式 ADC 具有速度快、转换精度较高的优点，个别快速的 8 位 ADC 转换时间可以不超过 1μs，在自动控制领域应用相当广泛。逐次逼近式 ADC 的器件较多，如 AD570（8 位）、AD571（10 位）、AD572（12 位）、AD0809（8 位）等。这里仅介绍四位逐次逼近式 ADC。

9.2.1 逐次逼近式ADC

一、工作原理

图9-4为一个4位的逐次逼近式ADC，它由数码寄存器、D/A转换器、电压比较器和控制电路等构成。当外部电路向逐次逼近式ADC发出“启动”命令后，A/D转换开始。首先时钟脉冲经控制电路将数码寄存器最高位置1，其输出数字为1000。经D/A转换器转换成相应的模拟电压 u_F，再送电压比较器与模拟输入电压 u_i 相比较，如果 $u_i>u_F$，说明寄存器中的数字比模拟信号小，于是寄存器最高位的1保留，寄存器的内容为1000；若 $u_i<u_F$，表明寄存器中数字过大，则控制电路将寄存器的最高位1清除，变为0，寄存器的内容为0000。然后在寄存器的次高位置1，同理，寄存器的输出经D/A转换器转换并与模拟信号 u_i 比较，根据比较结果，再决定次高位的1是保留还是清除，如此，逐位进行比较，直到最低位比较完毕，整个转换过程结束。这时，寄存器中的数字即为模拟输入信号的数字输出。

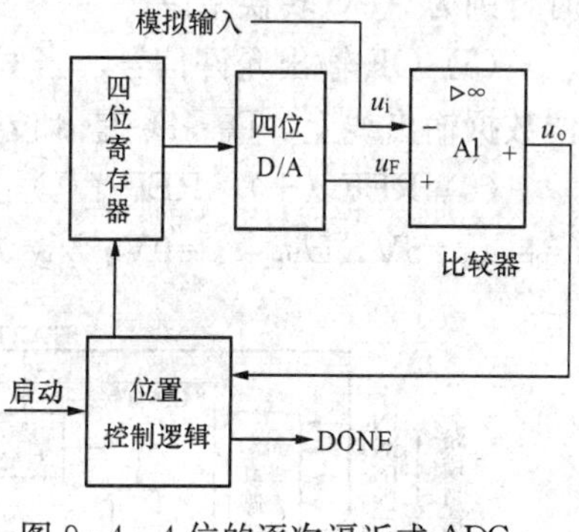

图9-4 4位的逐次逼近式ADC

二、ADC的主要技术指标

(1) 分辨率。分辨率是指输出的数字量变化一个相邻值所对应的输入模拟量的变化值，显然，ADC的输出数字量位数越多，能分辨出的最小模拟电压就越小，转换精度也越高，分辨率就越高。实用上也用ADC的位数表示分辨率。

(2) 相对误差。相对误差指A/D转换器实际输出数字量和理想输出数字量之间的差别，通常以最低有效位（LSB）的倍数表示。例如，相对误差≤LSB/2，表明实际输出数字量和理论计算出数字量之间的误差不大于最低位1的一半$\left(\frac{1}{2}\right)$。

(3) 转换时间。转换时间是指ADC完成一次转换所需要的时间。不同的转换电路，转换速度差异很大。并行式ADC的转换速度最高，逐次逼近式ADC次之，双积分型ADC较低。

9.2.2 ADC的应用

ADC0808/0809是单片8路8位逐次逼近型ADC，典型转换时间为100μs，能对8路模拟电压信号分时进行转换，价格低廉，应用十分广泛。

一、ADC0809的内部结构

ADC0809是由A、B、C三位地址码控制的8路模拟量选择开关，8位逐次逼近ADC和三态输出数据锁存器等构成，内部结构如图9-5所示。各引脚功能和使用方法说明如下：

(1) IN_0～IN_7 是8路模拟输入信号，ALE为地址锁存允许信号，C、B、A地址码输入端。当ALE=1时，根据C、B、A所确定的地址，在 IN_0～IN_7 8路模拟信号当中选择其中的一路送入8位ADC。三位地址码与被选通道之间对应关系如表9-1所示。

(2) CLOCK为外部时钟输入，时钟频率允许范围10～1280kHz，典型值为640kHz。提高或降低时钟频率，ADC转换速度也会相应提高或降低。

(3) START 为 ADC 启动控制端。正脉冲有效，正脉冲上升沿控制清除 8 位 ADC 中数码寄存器的内容，下降沿启动 8 位 ADC，即 ADC 转换开始。

(4) EOC 是 ADC 结束标志信号。当 EOC=0 时，表示 ADC 转换正在进行。当 EOC=1 时，则为 ADC 转换结束。

(5) OE 输出允许信号，当 OE=1 时，三态输出数据锁存器将 ADC 转换结果输出到 8 位数据输出线上。$D_0 \sim D_7$ 是 8 位数据输出线，D_7 为最高有效位，D_0 为最低有效位。

(6) REF (+)，REF (−) 正负基准电压输入端，为内部 DAC 提供基准电压，一般 $U_{REF(+)}=5V$，$U_{REF(-)}=0V$。V_{CC}为电源 (+5V) 输入端。

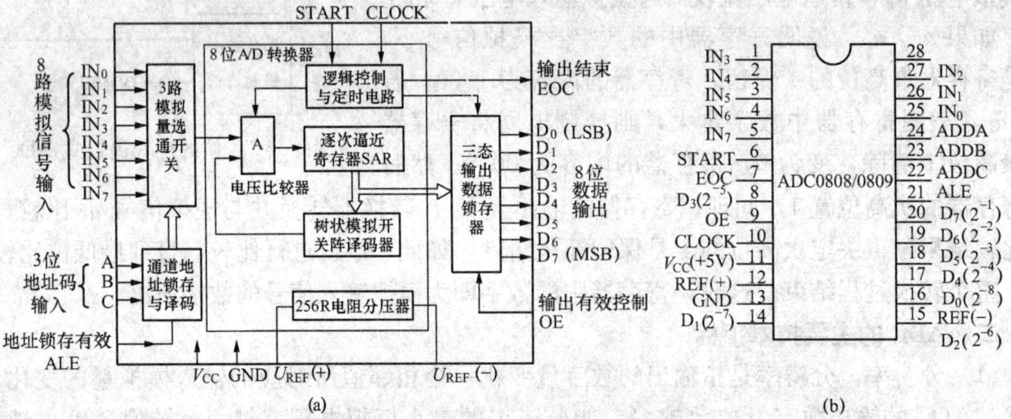

图 9-5　ADC0809 的内部结构引脚排列

(a) 内部结构；(b) 外引脚排列

表 9-1　　模拟通道的选择

地址码 C B A	选择的模拟通道	地址码 C B A	选择的模拟通道
0 0 0	IN_0	1 0 0	IN_4
0 0 1	IN_1	1 0 1	IN_5
0 1 0	IN_2	1 1 0	IN_6
0 1 1	IN_3	1 1 1	IN_7

二、ADC0809 的工作过程

首先将三位二进制地址码分别加在 C、B、A 端，当 ALE=1 时，根据三位地址码，选通与地址码对应的一个模拟信号通道，使该通道的模拟电压（$IN_0 \sim IN_7$ 其中之一）送入 8 位 ADC。当地址锁存后，再在 START 端加上启动脉冲，此时，ADC 端启动，EOC 变为低电平（EOC=0），表示转换正在进行。当 ADC 转换结束时，EOC 变为高电平（EOC=1），标志 ADC 转换已完成。同时 8 位 ADC 转换结果也被锁入三态数据锁存器中。当外部电路检测到 EOC=1 后，向 OE 端送入高电平（OE=1），可使三态数据锁存器中的数据送至 8 位数据线 $D_0 \sim D_7$，外部电路即可从 8 位数据线上取得本次 ADC 转换的结果。

思 考 题

1. 什么叫数/模转换？什么叫模/数转换？

2. 在图 9-1 所示的 4 位倒 T 型电阻网络 DAC 中，若参考电压为 9V，求输入数字量为 0001、0010、0100、1000、1001 时的输出电压。

3. DAC0832 的分辨率是多少？若参考电压为 $U_{REF}=5V$，试计算：

(1) 当输入数字量 $D_3D_2D_1D_0$ 的每一位为 1 时在输出端产生的电压；

(2) 输入全为 1、全为 0 时对应的输出电压值。

4. 试用 DAC0832 和同步十六进制计数器 74LS161 组成波形发生器电路。若已知 $U_{REF}=-10V$，试画出输出电压 u_o 的波形，并标出波形图上各点电压的幅度。

5. 比较并行式 ADC、逐次逼近型 ADC 和双积分型 ADC 各自的特点。

6. 在测量仪表中选用 ADC，你认为应选哪一类？为什么？若在自动控制系统中，又该如何选用？

7. ADC0808/0809 属于什么型的 ADC，有何特点？

第二篇 基本技能训练

第 10 章

模拟电子技能训练

训练一 示波器的使用

一、目的

学习示波器的使用方法。

二、要求

(1) 参阅附录一熟悉有关示波器原理和波形的合成原理。

(2) 参阅附录一掌握低频信号发生器和晶体管毫伏表的面板各旋钮的作用及其使用。

三、测试原理及参考电路

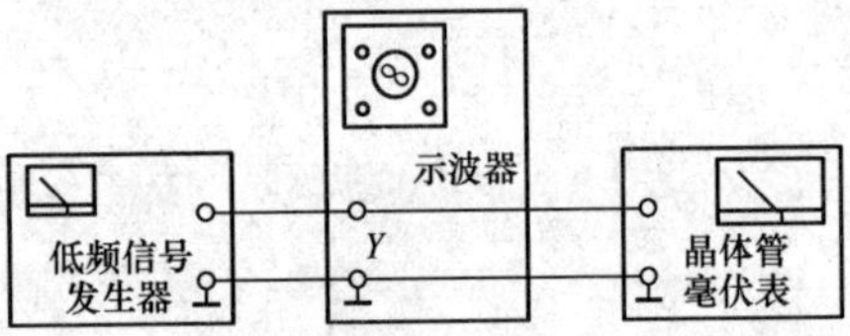

图 10-1 仪器连接图

示波器与低频信号发生器和晶体管毫伏表的连接电路如图 10-1 所示。

将低频信号发生器输出的信号，接到示波器的 Y 通道和晶体管毫伏表的输入端，在示波器上可以观察到信号的波形，并能测量被观察信号的参数；在晶体管毫伏表上能读出输入交流信号的电压有效值。

四、仪器设备

示波器、低频信号发生器各 1 台，晶体管毫伏表 1 只。

五、训练内容

(一) 按附录一说明，认清示波器各控制旋钮的位置和作用

开启电源，调节辉度、聚焦、水平和垂直移位，将同步极性开关、扫描（电压）和电平、稳定度等旋钮置于适当位置，使荧光屏上呈现一条清晰的水平线。反复练习上述操作，以求熟练。

(二) 电压的测量

(1) 参阅附录一中的有关说明，进行测量前校准。

(2) 测量交流电压峰-峰值 Uopp。

1) 将示波器的耦合选择开关置“AC”。

2) 令低频信号发生器输出为 1kHz 的正弦信号，用晶体管毫伏表测量信号发生器的输出电压，使输出电压有效值分别为 1、2、3、4、5V，送入示波器 Y 轴。

3) 根据被测信号的幅度和频率，合理选择 Y 轴衰减和 X 轴时基档级开关，并调节电平旋钮，使波形稳定如图 10-2 所示。

4) 读出被测信号 Uopp，并填入表 10-1 中。

信号电压峰-峰值为：

$$U_{opp}=A\times D \tag{10-1}$$

式中：A 是示波器无衰减的灵敏度，即每格代表的电压值，V/div；D 为被测量信号在 Y 轴方向峰-峰之间距离，div。

表 10-1 测量幅度

输出电压（V）	1	2	3	4	5
D（div）					
A（V/div）					
$U_{p\text{-}p}$					

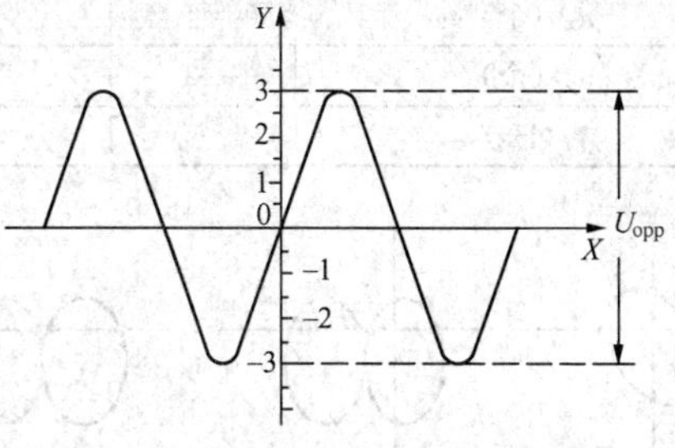

图 10-2 交流幅度测量

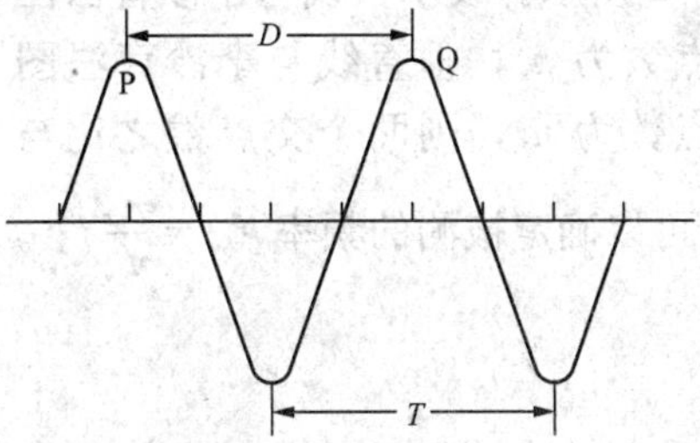

图 10-3 时间测量

（三）时间测量

（1）参阅示波器的使用说明，进行测量前校准。

（2）测量信号波形任意两点间的时间间隔 t。

将被测信号送入 Y 轴，调节有关旋钮，使其在荧光屏上呈现稳定波形，如图 10-3 所示，然后测量 P、Q 两点的时间间隔 t。

1）测出 P、Q 间在屏幕 X 轴上的距离 D（div）。

2）记录"t/div"扫描档级指示值，如为"A（ms/div）"。

3）用公式 $t=A\times D$，计算时间间隔。

（四）频率测量

（1）用 X 轴时基（t/div）测量。

利用 $f=1/T$ 关系，先按时间测量方法，测出周期 T，即可求出频率。

根据表 10-2 所给数据，改变低频信号发生器的输出频率，分别测量波形中相邻峰-峰（或谷-谷）之间在屏幕上的距离 D（div），并将 D 和 A（t/div）值填入表中，计算出相应的 T 和 f。

表 10-2 频率测量

低频信号发生器（Hz）	100	200	500	1k	5k	10k	20k
一周的间距 D（div）							
A（t/div）							
$T=A$（t/div）D（div）							
$f=1/T$（Hz）							

（2）用李沙育法测量。

1）参阅附录 1 中的有关说明，熟悉示波器在 $X-Y$ 方式下的开关选择。

2）按图 10-4 接线，将"t/div"置"$X-Y$"，以交流电源频率 50Hz 为标准，从 X 轴输入，将被测频率（即低频信号发生器的输出）信号从 Y 轴（CH2）输入。

3）当被测频率为标准信号频率的整数倍时，荧光屏将显示稳定的李沙育图形。根据李沙育图形的形状，测出低频信号发生器的输出信号频率，

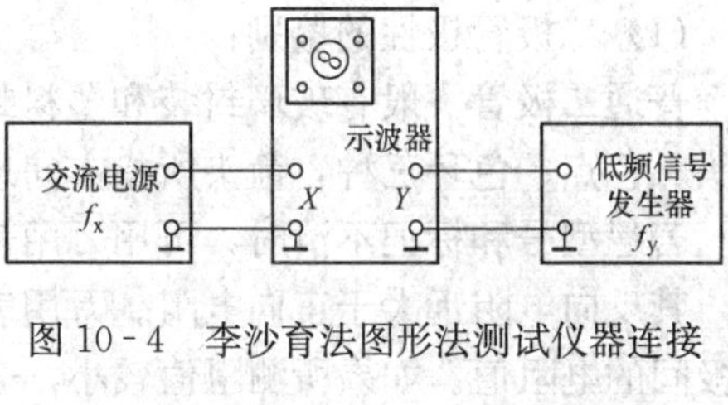

图 10-4 李沙育法图形法测试仪器连接

填入表 10-3 中。

表 10-3 用李沙育法测量信号频率

低频信号发生器（Hz）	25	50	100	150	200	250	300
n_x（个）							
n_y（个）							
f（Hz）							

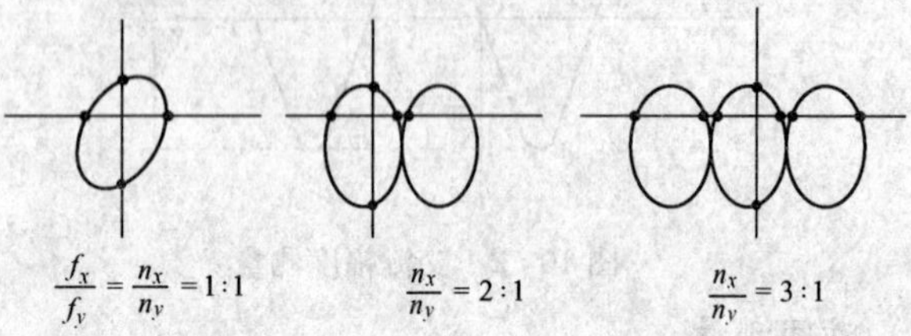

图 10-5 不同频率比的李沙育图形

要在李沙育法图中确定信号的频率，先在图形中的水平与垂直方向上作两条互相垂直的直线，而且这两条直线都不通过李沙育法图形中的任何一个交点，如图 10-5 所示。设水平线与李沙育法图形的交点数为 n_x，垂直线与李沙育法图形的交点数为 n_y，则两个交点数之比与两信号的频率比的关系为 $\frac{f_y}{f_x}=\frac{n_x}{n_y}$。若 f_x 是已知的频率，可以确定被测的频率 $f_y=\frac{n_x}{n_y}f_x$。

六、测试报告要求

(1) 总结如何正确使用示波器。

(2) 认真记录并整理数据。

七、思考题

(1) 欲测量信号波形上任意两点间的电压应如何测量？

(2) 若被测信号频率远大于示波器锯齿波扫描频率，则示波管屏幕上将呈何波形？反之又如何？

训练二 二极管、三极管的性能测试

一、目的

(1) 理解二极管、三极管的工作原理。

(2) 熟悉并掌握二极管、三极管的识别及测试方法。

二、要求

(1) 复习二极管、三极管的工作原理。

(2) 熟悉信号发生器、示波器的使用方法。

三、测试方法及参考电路

(一) 二极管的测试方法

(1) 二极管极性的鉴别：

普通二极管一般有玻璃封装和塑料封装两种。它们的外壳上均印有型号和标记。标记有箭头、色点、色环三种，箭头所指方向或靠近色环的一端为阴极，有色点的一端为阳极。

若遇型号和标记不清时，可用万用表的电阻档进行判别。主要是利用二极管的单向导电性，其反向电阻远大于正向电阻。万用表欧姆档一般选择 $R\times1k$ 或 $R\times100$，测量二极管两电极间的电阻值。如果所测阻值较小，表明为正向电阻值，此时黑表笔接触的一端为二极管的阳极，红表笔接触的一端为二极管阴极。如果所测阻值较大，则表明为反向电阻值，此时红表笔接触的一端为二极管的阳极，另一端为阴极。

(2) 检查二极管的好坏：

二极管好坏的鉴别最简单的方法是用万用表测量其正、反向电阻。一般二极管的反向电阻比正向电阻大几百倍。

(3) 判别硅管、锗管：

根据图 10-6 所示电路，用万用表测量二极管的正向压降，硅二极管一般为 0.6～0.7V，锗管为 0.2～0.3V。电路中 R 为限流电阻。

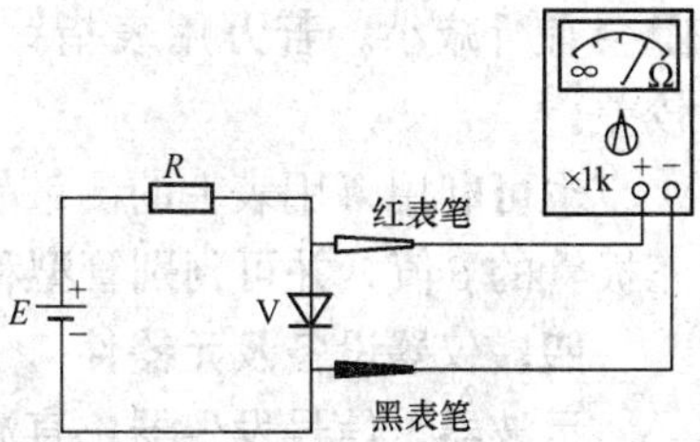

图 10-6　测量二极管的正向电压

(4) 二极管应用电路

利用二极管的单向导电性，可组成整流、限幅、门电路等，如图 10-7 所示。

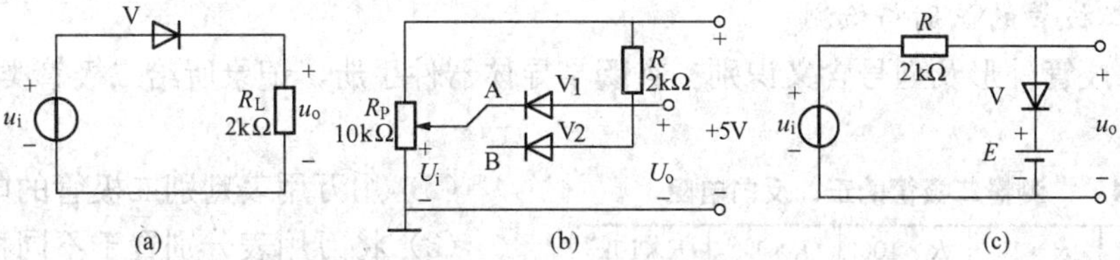

图 10-7　二极管应用电路

(a) 半波整流电路；(b) 限幅电路；(c) 门电路

(二) 三极管的简单测试

用万用表可以判断三极管的电极、类型及好坏。测量时一般将万用表置欧姆档“$R\times 100$”或“$R\times 1\text{k}$”。

(1) 判断基极 B 和三极管的类型：

先假设三极管的某极为“基极”，将黑表笔接在假定的基极上，再将红表笔依次接在另两个电极上，若两次测得的电阻都很大（约为几千欧到几十千欧）或者都很小（约为几百欧到几千欧），则对换表笔再重复上述测量，再次测得两个电阻都很小或都很大，则可确定假定的基极是正确的；否则假设另一电极为基极，重复上述的测试，以确定基极。

当基极确定后，将黑表笔接基极，红表笔分别接其他两极，若测得电阻都很小，则该管为 NPN 型；反之为 PNP 型。

(2) 判断集电极 C 和发射极 E：

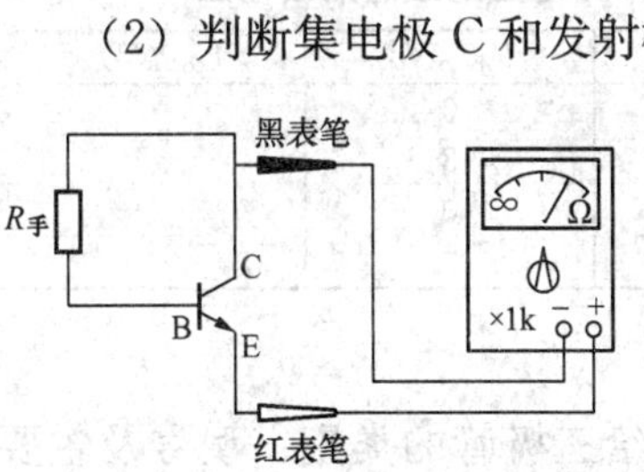

图 10-8　判断三极管类型

将黑表笔接在假设的集电极上，红表笔接在假设的发射极上，并用手捏住 B 和 C 极，如图 10-8 所示，读出表头所示 C、E 间的电阻值，然后将红、黑表笔反接重测。若第一次电阻值比第二次小，说明原假设成立。

(3) 电流放大能力估测：

将万用表置欧姆档“$R\times 1\text{k}$”，黑、红表笔分别与 NPN 型三极管的集电极、发射极相接，测量 C、E 间的电阻值。当用一电阻接于 B、C 两管脚间时，阻值示值会减小，即万用表指针右偏。三极管的电流放大能力越大，则万用表指针右偏的角度越大。

（4）穿透电流及热稳定性检测：

将万用表置欧姆档“$R\times1k$”，红表笔接NPN型管的发射极，黑表笔接集电极，基极悬空，所测C、E之间的电阻值越大，则漏电流就越小，管子的性能也就越好。

在测穿透电流的同时，用手捏住三极管的管帽，受人体温度的影响，C、E间的反向电阻会有所减小。若万用表指针变化不大，则该管的稳定性较好，否则，管子的热稳定性较差。

也可利用万用表上的测量晶体三极管插孔，将万用表置于h_{FE}档并经校正，就可以测出三极管的β值，并可判别管型和管脚。

四、仪器设备及元器件

示波器、信号发生器、直流稳压电源各1台，万用表1块，不同规格类型二极管、三极管若干，电阻，电位器，面板等。

五、训练内容

（一）二极管的识别与检测

（1）二极管外形及型号含义识别。查阅半导体器件手册，记录所给二极管类别、型号及主要参数。

表10-4　测量二极管的正、反向电阻

档位	$R\times10$	$R\times100$	$R\times1k$	$R\times10k$
正向电阻				
反向电阻				

（2）用万用表判别二极管的电极。

（3）将万用表分别置于不同档位，测量、观察二极管正、反向电阻的变化情况，并填入表10-4。

（4）二极管正向电压的测量。

根据图10-6所示电路，用万用表测量二极管的正向压降，硅二极管一般为0.6～0.7V，锗管为0.2～0.3V。电源电动势E为1.5V，限流电阻R取1kΩ。

（5）二极管应用电路的测试。

1）半波整流电路。按图10-7（a）所示电路在面包板上接线，在输入端加频率为1kHz、幅度为3V的正弦信号u_i，用示波器观察u_i和输出u_o的波形，并画下它们的对应关系。

2）限幅电路。按图10-7（b）所示电路在面包板上接线，使直流基准电压为5V，在输入端加频率为1kHz、幅度为8V的正弦信号u_i，用示波器观察u_i和输出u_o的波形，并画下它们的对应关系，并记下它们的幅值。

3）门电路。按图10-8（c）所示电路在面包板上接线，调节电位器R_P，使$U_i=3V$，按表10-5所示将U_i分别接至二极管门电路的输入端A点和B点，用万用表测出相应输出电压U_o，并记录于表10-5中。

表10-5　测量门电路的输出电压

U_A（V）	U_B（V）	U_o（V）
0	0	
0	3	
3	0	
3	3	

（二）三极管的识别与检测

（1）型号及外形的识别。查阅半导体器件手册，记录所给三极管的类别、型号及主要参数。

（2）用万用表检测三极管：判断基极和管型；判断集电极和发射极。比较各三极管的电流放大系数及穿透电流，并记录。

(3) 用万用表的 h_{FE} 档测量各三极管的 β 值，并记录结果。

六、测试报告要求

(1) 训练的目的、要求及内容。

(2) 整理被测二极管的类型、型号等测试结果，分析二极管应用电路的功能。

(3) 整理被测三极管的类型、型号、主要参数等测量结果。

七、思考题

(1) 将万用表分别置于不同档位，所测量二极管正、反向电阻有什么变化，为什么？

(2) 三极管的发射极和集电极是否可以调换使用，为什么？

训练三　单管共发射极放大电路的测试

一、目的

(1) 了解晶体管放大电路的静态工作点对其性能的影响。

(2) 掌握放大电路性能指标的测试方法。

(3) 训练简单电路的安装。

二、要求

(1) 复习放大电路工作原理的相关内容。

(2) 估算图 10-9 所示电路的静态工作点。

三、测试原理及参考电路

(一) 参考电路

单管共发射极放大电路如图 10-9 所示。

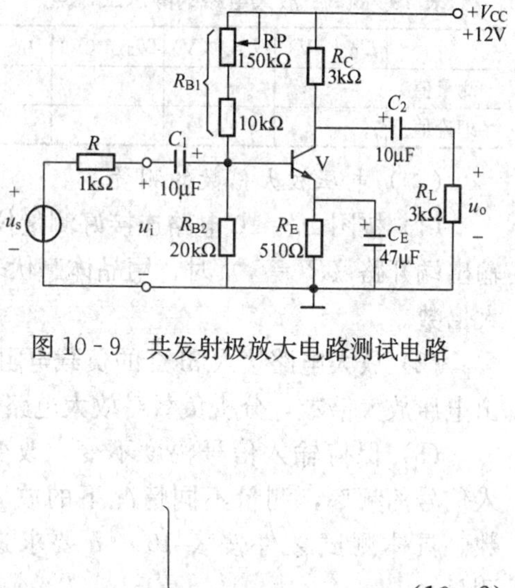

图 10-9　共发射极放大电路测试电路

(二) 静态工作点的估算和测量

放大电路的静态工作点要选择合适，应选择在输出特性曲线上交流负载线的中点，可通过调节电位器 RP 来实现工作点的调整。

静态工作点为

$$\left.\begin{aligned} U_{BQ} &= \frac{R_{B1}}{R_{B1}+R_{B2}}V_{CC} \\ I_{CQ} &\approx I_{EQ} = \frac{U_{BQ}-U_{BEQ}}{R_E}\ ,\ I_{BQ} = I_{CQ}/\beta \\ U_{CEQ} &= V_{CC} - I_{CQ}(R_C + R_E) \end{aligned}\right\} \quad (10-2)$$

测量 I_{CQ} 时，可先测量电阻 R_C 两端的压降 U_{RC}，然后根据 $I_{CQ}=U_{RC}/R_C$ 算出 I_{CQ}。

(三) 放大电路性能指标的测量

(1) 电压放大倍数 A_u。

$$A_u = \frac{U_o}{U_i} \quad (10-3)$$

式中：U_o 为放大器输出电压；U_i 为放大器输入电压。

用交流毫伏表分别测出 U_o 和 U_i，按上式可求得电压放大倍数，但应在输出电压没有失真的情况下进行。

(2) 输入电阻计算式为

$$R_i = \frac{U_i}{I_i} = \frac{U_i}{(U_S - U_i)/R} = \frac{U_iR}{U_S - U_i} \qquad (10-4)$$

式中：U_S 为信号源电压；U_i 为放大电路输入电压；R 为放大电路外接电阻，如图 10－9 所示。

用交流毫伏表分别测出 U_S 和 U_i，然后根据式（10－4）求得放大电路的输入电阻。测量时也应保持输出电压波形不失真。

（3）输出电阻计算式为

$$R_o = \left(\frac{U'_o}{U_o} - 1\right)R_L \qquad (10-5)$$

式中：U'_o 为放大电路输出端开路时的输出电压；U_o 为放大电路带上负载 R_L 后的输出电压。

有关放大电路性能指标测量的详细内容请参阅第 2 章。

四、仪器设备

示波器、低频信号发生器、直流稳压电源各 1 台，万用表、晶体管毫伏表各 1 块。

五、训练内容

（一）测量静态工作点

（1）按图 10－9 所给元件数值（三极管自选）连接好电路，经检查无误后接通电源。

（2）在无输入信号的情况下，调节上偏置电阻器 RP，使 $U_{Rc} = 6V$，即 $I_{CQ} = U_{Rc}/R_C = 2mA$；然后用万用表测量放大电路的静态工作点，记录在表 10－6 中。

表 10－6 放大电路的静态工作点

	U_{BQ}（V）	U_{BEQ}（V）	U_{CEQ}（V）	I_{BQ}（V）
测量值				
理论值				

（二）电压放大倍数的测量

（1）按图 10－10 电路连接好测量仪器，加入频率为 1kHz、幅度为 10mV 的正弦信号，输出端开路（$R_L = \infty$）时，用晶体毫伏表分别测出 U_S、U_i、U'_o 的大小，记录并计算电压放大倍数。

（2）放大电路接入 3kΩ 的负载电阻 R_L，保持输入电压 U_i 不变，测出输出电压 U_o，算出电压放大倍数，分析负载对放大电路电压放大倍数的影响。

（3）保持输入信号幅度不变，改变输入信号的频率，测量不同情况下的放大倍数。具体测试条件按表 10－7 要求进行测量。

（4）用双踪示波器观察 U_o 和 U_i 的波形，比较它们之间的相位关系。

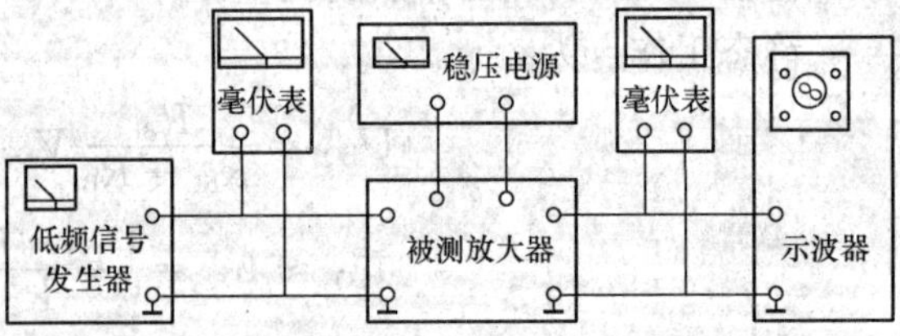

图 10－10 测量仪器的连接

表 10－7 电压放大倍数的测量

测试条件	实测值				理论值
	U_S（mV）	U_i（mV）	U'_o、U_o（mV）	A_u	A_u
$f = 1kHz$，$R_L = \infty$					
$f = 1kHz$，$R_L = 1k\Omega$					
$f = 100kHz$，$R_L = 1k\Omega$					
$f = 1MHz$，$R_L = 1k\Omega$					

（三）输入电阻和输出电阻的测量

（1）根据表 10-7 $f=1\text{kHz}$ 时所测得的 U_S 和 U_i 以及已知电阻 R 的阻值，利用公式 10-4 计算出放大电路的输入电阻。

（2）根据表 10-7 $f=1\text{kHz}$ 时所测得的 U_i、U'_o，利用公式 10-5 计算出放大电路的输出电阻。

（四）观察静态工作点对输出波形的影响

将频率为 1kHz 的正弦信号加在放大器的输入端，调节 U_S，使输出 U_o 为不失真的正弦波。

（1）将电位器 RP 的阻值调为最大，用示波器观察输出波形的失真，记录波形，若波形失真不够明显，可适当增大 U_S；

（2）将电位器 RP 的阻值调为最小，观察输出波形的失真，记录波形，将结果记录于表 10-8。

表 10-8　观察静态工作点对输出波形的影响

调节 RP	失真波形	失真性质
RP 阻值增大		
RP 阻值减小		

（五）测量最大不失真输出电压幅度

在放大电路的输入端加入一个频率为 1kHz 的信号，同时用示波器观察放大器输出波形；逐步增大输入信号幅度，若出现上下波形失真、不对称，可调节 RP 使输出波形不失真；继续加大输入信号幅度，直到再次出现不对称、失真，再次调节 RP，使失真消除。如此反复，达到最大不失真输出，测量此时输出电压的大小。

六、测试报告要求

（1）训练的目的、要求及内容。

（2）记录测量和观察结果。

（3）分析电路放大倍数在不同测试条件下变化的原因。

七、思考题

（1）如果在图 10-9 电路中，测得 $U_{CEQ}<0.5\text{V}$ 或 $U_{CEQ}=V_{CC}$，说明晶体管处于怎样的工作状态？应如何调整？

（2）为什么在同一条件下，由于输入信号频率不同（1kHz 和 1MHz），放大电路的放大倍数也不同呢？

训练四　射极输出器

一、目的

掌握射极输出器性能及其测量技术。

二、要求

（1）复习射极输出器的工作原理。

（2）根据图 10-11 电路元件参数值计算静态工作点。

三、测试电路

图 10-11 为射极输出器测试电路。它具有输入

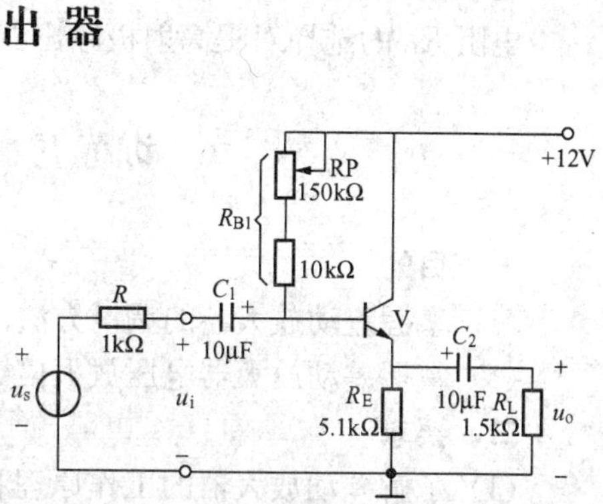

图 10-11　射极输出器测试电路

电阻高，输出电阻低，电压放大倍数接近于 1 和输出电压与输入电压同相的特点。其输出电压能够在较大的范围内跟随输入电压作线性变化，故又称跟随器。

四、仪器设备

示波器、低频信号发生器、直流稳压电源各 1 台，万用表、晶体管毫伏表各 1 块。

五、训练内容

（一）调整静态工作点

表 10-9　射极输出器的静态工作点

	U_{BQ}（V）	U_{BEQ}（V）	U_{CEQ}（V）	I_{CQ}（V）
测量值				
理论值				

（1）按图 10-11 接好电路（三极管自选），检查无误后接通直流电源。

（2）调节 R_B 使 $I_{EQ}=1mA$，测量电路的静态工作点，记录在表 10-9 中。

（二）电压放大倍数、输入电阻和输出电阻的测量

（1）放大电路输出端接上负载 R_L，在输入端加入频率为 1kHz、幅度为 1V 的正弦信号 u_S，用晶体毫伏表分别测出 U_S、U_i、U_o 的大小，并记录在表 10-10 中。

（2）保持输入信号幅度不变，去掉负载电阻 R_L，测出输出电压 U'_o，记录在表 10-10 中。

（3）根据测量结果，利用训练三中的式（10-3）、式（10-4）、式（10-5），计算射极输出器的电压放大倍数、输入电阻和输出电阻。

表 10-10　射极输出器的性能指标测量

U_S（V）	U_i（V）	U_o（V）	U'_o（V）	A_u	R_i（Ω）	R_o（Ω）

（4）用双踪示波器观察 u_o 和 u_i 的波形，比较它们之间的相位关系。

（三）观测射极输出器的电压跟随范围

保持输入信号频率 f 为 1kHz，逐渐增加输入电压 u_i，用示波器观察输出电压波形，并记录相应输出电压 u_o。

六、测试报告要求

（1）写出训练的目的、要求及内容。

（2）整理实验数据，计算电压放大倍数 A_u、输入电阻 R_i、输出电阻 R_o，并与理论值进行比较。

（3）根据实验结果总结射极输出器的主要性能特点。

七、思考题

电阻 R_B 的选择对提高射极输出器输入电阻有何影响？

训练五　差动放大器的测试

一、目的

（1）掌握差动放大器的调试方法。

（2）掌握差动放大器电压放大倍数和共模抑制比的测量方法。

二、要求

（1）了解差动放大器的工作原理和调试步骤。

（2）了解差动放大器共模抑制比的测量方法。

三、参考电路

图 10-12 所示是一个实用差动放大电路。两个特性相同的三极管 V1、V2 组成对称电路，V3 与电阻 R_E、R_1、R_2 组成恒流源电路，并作为 V1、V2 的有源负载，RP 为调零电位器（电阻为 RP），调节 RP 可使 V1、V2 的集电极静态电流相等。

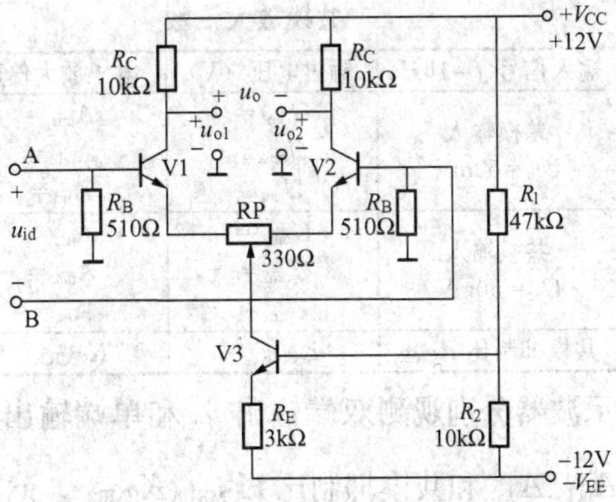

图 10-12　差动放大电路

如果电路完全对称，在静态时，$I_{CQ1}=I_{CQ2}=\frac{I_{CQ3}}{2}$，$U_{CEQ1}=U_{CEQ2}$，$U_o=0$。

当输入差模信号时，对于双端输出，其差模电压放大倍数为

$$A_{ud}=\frac{u_o}{u_{id}}=-\frac{\beta R_C}{r_{be}+(1+\beta)RP/2} \tag{10-6}$$

共模放大倍数 $A_{uc}\approx 0$，共模抑制比 $K_{CMR}=A_{ud}/A_{uc}=\infty$。

对于单端输出，其差模电压放大倍数为双端输出的一半，即

$$A_{ud1}=-A_{ud2}=\frac{1}{2}A_{ud}=\frac{u_{o1}}{u_{id}}=-\frac{1}{2}\frac{\beta R_C}{r_{be}+(1+\beta)RP/2} \tag{10-7}$$

而共模电压放大倍数为

$$A_{uc1}=A_{uc2}\approx-\frac{R_C}{2R'_E} \tag{10-8}$$

式中：R'_E 为恒流源的等效电阻。

共模抑制比为

$$K_{CMR}\approx\frac{\beta R'_E}{r_{be}+(1+\beta)RP/2} \tag{10-9}$$

四、仪表设备

示波器、低频信号发生器、直流稳压电源各 1 台，万用表、晶体管毫伏表各 1 块。

五、训练内容

（一）调零并测量静态工作点

（1）按图 10-12 接好电路（三极管自选），检查无误后接通电源。

（2）将 A、B、地三端短接，把万用表接入两管集电极之间，调节 RP 使 $U_o=0$。

（3）用万用表测量 V1、V2 的静态工作点，并算出相应的静态电流 I_{CQ1}、I_{CQ2}、I_{CQ3}，记录在表 10-11 中。

表 10-11　**差动放大电路的静态工作点**

U_{BQ1}（V）	U_{BQ2}（V）	U_{CQ1}（V）	U_{CQ2}（V）	U_{EQ}（V）	I_{CQ1}（mA）	I_{CQ2}（mA）	I_{CQ3}（mA）

（二）测量差模电压放大倍数

调节信号发生器，将频率 f=1kHz，幅度 U_{im}=50mV 的正弦波加到放大电路的输入端

表 10-12 测量差模放大倍数和共模放大倍数

输入信号 f=1kHz	输出电压（V）	电压放大倍数
差模输入 U_{id}=50mV	U_{om1}= U_{om2}= U_{om}=	A_{ud1}= A_{ud2}= A_{ud}=
共模输入 U_{ic}=50mV	U_{om1}= U_{om2}= U_{om}=	A_{uc1}= A_{uc2}= A_{uc}=
共模抑制比 K_{CMR}	K_{CMR1}=	K_{CMR2}=

A，B 端接地，组成单端输入方式。用示波器分别观测双端输出 u_o 和单端输出 u_{o1}、u_{o2} 的电压波形，注意比较它们相位关系，并计算差模电压放大倍数 A_{ud}、A_{ud1} 和 A_{ud2}，记录在表 10-12 中。

（三）测量共模电压放大倍数和共模抑制比

将放大电路的 A、B 两端短接，加入频率 f=1kHz，幅度 U_{im}=50mV 的正弦波，用示波器分别观测双端输出 u_o 和单端输出 u_{o1}、u_{o2} 的电压波形，并计算差模电压放大倍数 A_{uc}、A_{uc1}、A_{uc2} 和共模抑制比 K_{CMR1}、K_{CMR2}，记录在表 10-12 中。其中 $K_{CMR1}=\dfrac{A_{ud1}}{A_{uc1}}$，$K_{CMR2}=\dfrac{A_{ud2}}{A_{uc2}}$。

六、报告要求

（1）整理实验数据，画出输出波形，比较其相位关系。

（2）根据实验测试结果，试说明两种差分放大电路的差异。

七、思考题

（1）为什么要对差动放大电路进行调零？调零时能否用晶体管毫伏表来测试输出电压值？

（2）差动放大电路中产生零点漂移的主要原因是什么？

训练六 集成功率放大器的应用

一、目的

（1）进一步熟悉集成功率放大器（简称集成功放）的工作原理。

（2）掌握集成功率放大器的最大输出功率、效率等性能指标的测量。

二、要求

（1）了解 OTL 互补对称功率放大器的工作原理。

（2）参阅第 2 章内容了解集成功率放大器 LM386 的工作原理和特性。

三、测试原理和参考电路

由 LM386 构成的 OTL 集成功放电路如图 10-13 所示。图中外接电容 C_4 为功放输出电容，C_6 为外接直流电源去耦电容，1、8 脚外接电容 C_2 时，输出电压增益为 46dB，不接 C_2 时则为 26dB。

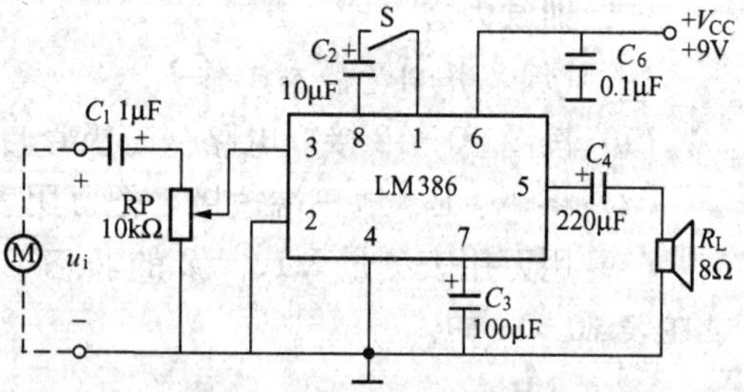

图 10-13 集成功放电路

在理想情况下，输出电压的最大幅度为 $U_{om}=V_{CC}/2$，则最大输出功率为

$$P_{om}=\frac{U_{om}^2}{2R_L}=\frac{(V_{CC}/2)^2}{2R_L} \tag{10-10}$$

则直流电源提供的功率为

$$P_D=V_{CC}I=\frac{2}{\pi}\frac{(V_{CC}/2)^2}{R_L} \tag{10-11}$$

可得最大效率为

$$\eta = \frac{P_{om}}{P_D} = \frac{\pi}{4}\frac{U_{om}}{V_{CC}} \approx 78.5\% \qquad (10-12)$$

实际上由于功放管的饱和压降，一般效率达不到这个数值。

四、仪表设备

稳压电源、示波器、低频信号发生器各 1 台，电子毫伏表和万用表各 1 块。

五、训练内容

(1) 按图 10-13 接好电路，将 S 闭合，检查无误后接通电源。

(2) 用万用表表笔轻触输入端，如果扬声器有声音，说明集成块和扬声器是好的。用万用表测量功放 5 脚电压，并记录在表 10-13 中。

(3) 将信号源输出电压幅度调到最小，频率调到 800Hz，加入到输入端，用示波器观察输出电压 u_o 的波形。

(4) 逐渐增大输入信号的幅度，直至输出电压幅度最大，且无明显失真为止。用毫伏表分别测出 u_o、u_i 的大小，用万用表的直流档测出电源提供的电流 I，记录在表 10-13 中，并根据公式 $P_o = U_o^2/R_L$ 计算最大不失真输出功率，式中 U_o 为最大不失真输出电压的有效值。

(5) 断开开关 S，重复 (4) 中的内容，并记录数据于表 10-13 中。

表 10-13 集成功率放大器的指标测试

	U_5 (V)	U_i (V)	U_o (V)	I (mA)	V_{CC} (V)	A_u	P_o (W)	P_D (W)	η
$C_2=10\mu F$									
C_2 断开									

(6) 将 S 闭合，用麦克风代替信号源，向麦克风说话，调节电位器 RP，观察扬声器声音的变化。

六、报告要求

(1) 写明训练的目的、要求及内容。

(2) 整理实验数据，计算出 P_o、P_D 和 η，并与理论值进行比较。

七、思考题

(1) 在理想情况下，乙类推挽电路的效率可达 78.5%，但实际测得的结果与此差距较大，其主要原因是什么？

(2) 在实验中，如果扬声器没有声音，如何解决？

训练七 集成运算放大器及其基本运算电路的安装、测试

一、目的

(1) 掌握集成运算放大器的基本特性，熟悉集成运放的使用方法。

(2) 掌握基本运算电路的构成、特性及测试方法。

(3) 熟悉电子电路的基本测试方法。

二、要求

(1) 复习运算放大器的工作原理，了解待测运算放大器的技术性能，分清各个管脚的

作用。

(2) 复习基本运算电路的构成及其特性，写出各种运算电路的输入、输出关系表达式。

三、测试原理及参考电路

(一) 运放的简易测试

用万用表电阻档对运放进行初步检查，判断是否有明显的短路损坏现象。其方法是：用万用表 $R\times1$k 档依次测量各引脚与接地脚之间的直流电阻，若所测得的各引脚的电阻值与标准值相符，说明这块集成块是好的，反之若与标准值相差过大，说明集成块内部损坏。测量时有一点必须注意，由于集成块内部有大量的三极管、二极管等非线性元件，在测量中单测得一个阻值还不能判断其好坏，必须互换表笔再测一次，获得正反向两个阻值。只有当正反向阻值都符合标准，才能断定该集成块完好。

用万用表只是粗测运放，若要全面判断运放器件的优劣，需用专用的集成运放测试仪。

(二) 运放的安装、调试与检测

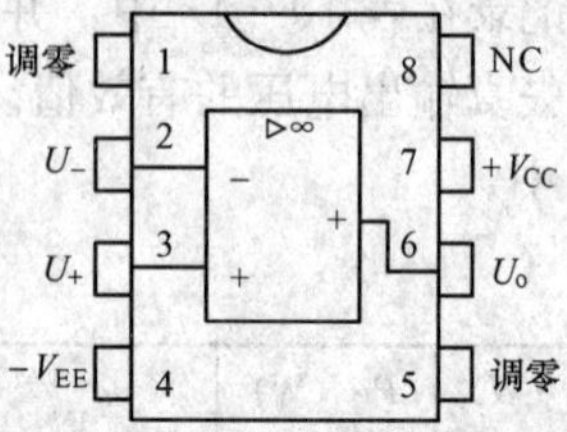

图 10-14 μA741 的引脚图

(1) 安装前，应认真查阅有关手册，了解所用运放的主要特性和各管脚排列位置。如运放 μA741 是通用型单运放，不需外部频率补偿，有短路保护，又提供了调零输出端，使用方便。其外形有圆形和双列直插式两种，图 10-14 为双列直插式 μA741 的引脚图，主要参数为

电源电压：±18V；

工作温度范围：0～70℃；

功耗：50mW；

焊接引线温度：300℃ (10s)；

差动输入电压：30V。

在使用时一定要注意运放的最大使用范围，以防止芯片损坏。

(2) 在安装时，要根据电路原理图和所用运放的管脚图，确定实际安装接线图。图 10-15 (a) 是反相放大器的电路原理图，图 10-15 (b) 是以 μA741 单运放为例组成的电路接线图。要注意图中用两路电源构成运放正负电源的接法。

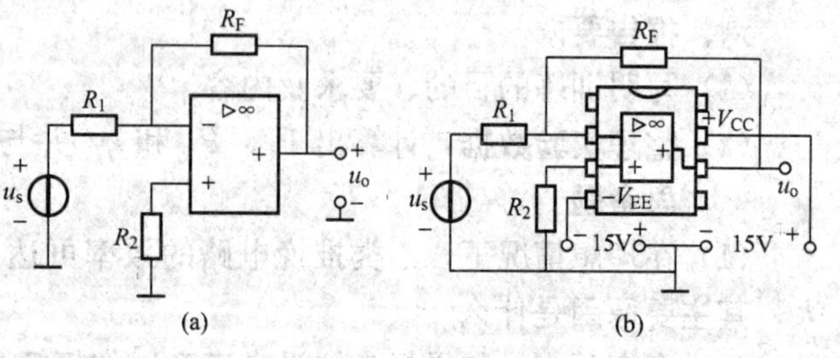

图 10-15 集成运放的接线
(a) 反相放大器电路原理图；(b) 单运放的电路接线图

(3) 当元件、连线都安装好后，用万用表欧姆档检查安装是否正确，有无断路或短路现象，尤其应注意运放输出端、电源端和接地端之间不能短路，否则将损坏元器件和电源。

(4) 经上述检查无误后，接通直流电源，进行静态调试，即将电路的输入端对地短路，用示波器观察是否有寄生振荡输出。

(5) 当静态检查正常后，拆去电路输入端的对地短路线，接入信号源进行测试。

四、仪表及元器件

稳压电源、示波器、低频信号发生器各 1 台，万用表和晶体管毫伏表各 1 块（运放自选）。

五、训练内容

（一）集成运放的检测

（1）用万用表简易测试运放。用万用表 $R\times 1\text{k}$ 档对 μA741（或其他待测运放）进行简易测试，将测得的阻值列表记录，并初步判断该器件是否良好。

（2）运放的静态调试。按反相放大器连接电路，并使输入信号为零，检查无误后，打开电源，用示波器观察输出端有无自激现象，判断静态是否正常。

注：用示波器 DC 档测量输出电压时，扫描迹线在零电平附近为正常。

（二）基本运算电路的测试

（1）反相比例运算电路。反相比例运算电路如图 10 - 16 所示，其运算关系为

$$u_o = -\frac{R_F}{R_1}u_i \tag{10-13}$$

1）按图 10 - 16 所示电路接线，检查无误后接通正、负直流电源，电源电压为±15V。

2）在输入端加入频率为 1kHz 的正弦信号，其有效值分别为 0.1、0.2、0.3V，用毫伏表分别测量输出电压 u_o 的大小，记录在表 10 - 14 中，并观察 u_i 与 u_o 的相位关系。

3）计算电压增益，是否符合理论值。

4）使输入电压保持不变，改变电阻 R_F 为 10kΩ，测量 u_o，计算电压增益。

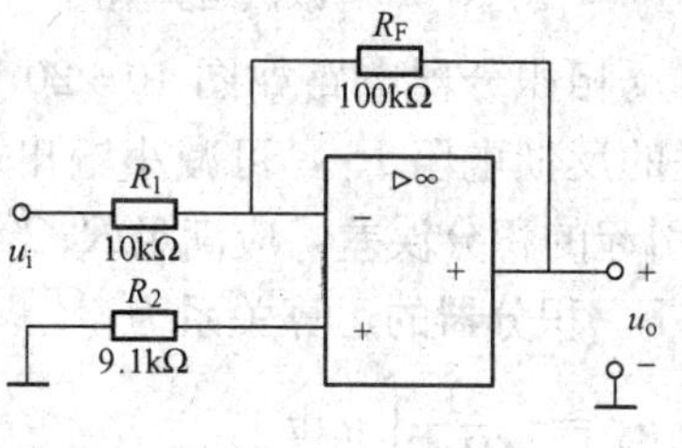

图 10 - 16　反相比例运算电路

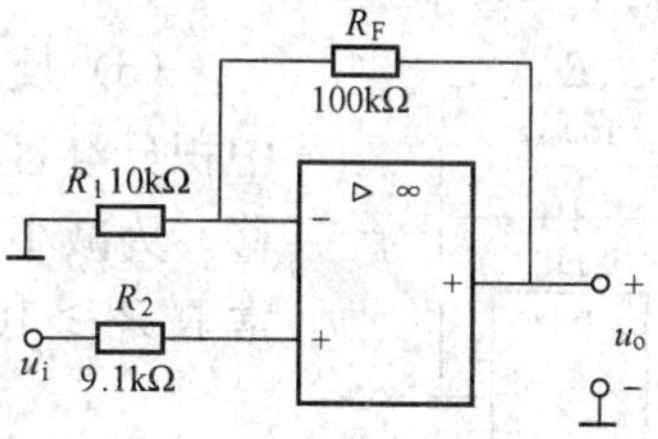

图 10 - 17　同相比例运算电路

（2）同相比例运算电路。同相比例运算电路如图 10 - 17 所示，其运算关系为

$$u_o = \left(1+\frac{R_F}{R_1}\right)u_i \tag{10-14}$$

1）按图 10 - 17 所示电路接线，检查无误后接通正、负直流电源。

2）重复内容（1）的步骤，将测量结果记录在表 10 - 14 中。

表 10 - 14　　电路测试结果

电路形式	反相比例运算			同相比例运算		
u_i（V）／u_o（V）	0.1V	0.2V	0.3V	0.1V	0.2V	0.3V
测量值						
理论值						

（3）反相加法运算电路。反相加法运算电路如图 10 - 18 所示，其运算关系为

$$u_o = -\left(\frac{R_F}{R_1}u_{i1}+\frac{R_F}{R_2}u_{i2}\right) \tag{10-15}$$

1）按图 10－18 所示电路在面板上接线，检查无误后接通正、负直流电源。

2）在输入端加入频率为 1kHz 的正弦信号，调节信号发生器和电位器 RP，使 u_{i1}、u_{i2} 的有效值分别为 0.3、0.2V，用电子毫伏表分别测量输出电压 u_o 的大小，记录在表 10－15 中。

（4）减法运算电路。减法运算电路如图 10－19 所示，其运算关系为

$$u_o = \frac{R_F}{R_1}(u_{i2} - u_{i1}) \tag{10-16}$$

表 10－15　加法运算电路和减法运算测试结果

电路形式	输入电压		输出电压 u_o（V）	
	u_{i1}（V）	u_{i2}（V）	测量值	理论值
反相加法运算				
减法运算				

按图 10－19 所示电路在面板上接线，重复上述内容（3）的步骤，将测量结果记录在表 10－15 中。

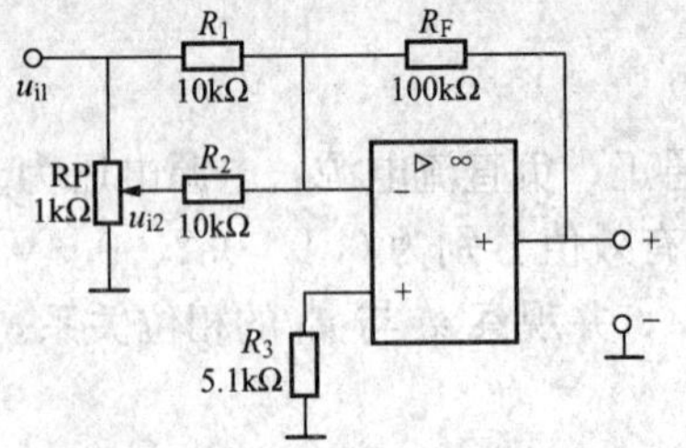

图 10－18　加法运算电路

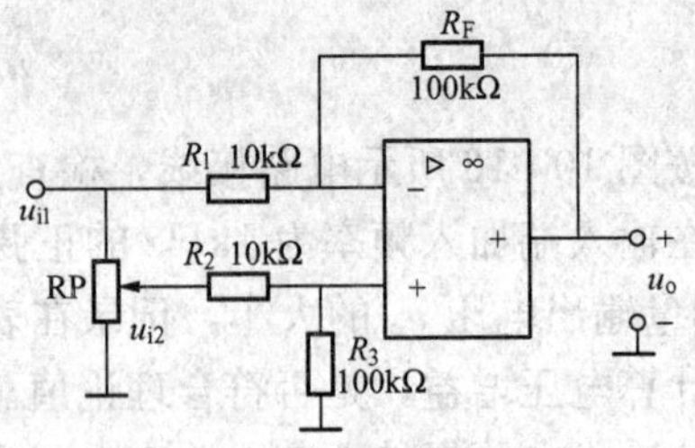

图 10－19　减法运算电路

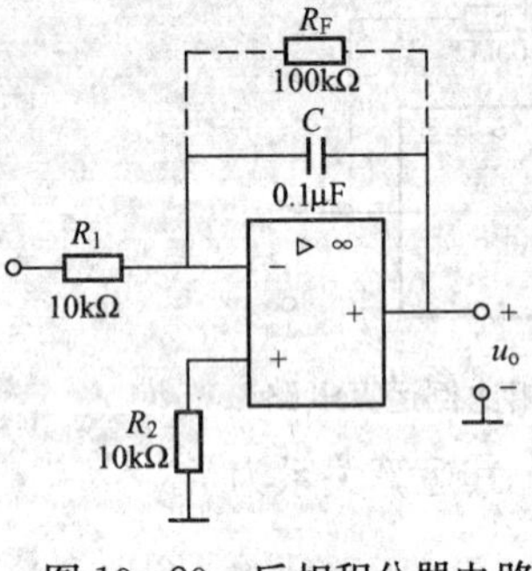

图 10－20　反相积分器电路

（5）反相积分器。反相积分器电路如图 10－20 所示。电路中积分电容器两端并联的反馈电阻 R_F，可减小输出端的直流漂移。为减小因 R_F 分流引起的积分误差，应满足 $R_F C >> R_1 C$，通常取 $R_F > 10R_1$，$C < 1\mu F$。积分器的运算关系为

$$u_o = -\frac{1}{R_1 C}\int u_i \mathrm{d}t \tag{10-17}$$

1）按图 10－20 所示电路接线，检查无误后接通正、负直流电源。

2）在输入端加入频率为 250Hz、幅度为 10V 的方波信号，用示波器观察 u_i 与 u_o 的波形，并在坐标纸上描绘 u_o 与 u_i 的相位关系，标出它们的幅度和周期。

六、测试报告要求

（1）写出训练的目的、要求及内容。

（2）整理测试数据，并与理论值进行比较。

（3）在坐标纸上描绘反相比例、同相比例运算电路及积分器的输入、输出波形，分析 u_o 与 u_i 的关系。

七、思考题

（1）同相输入和反向输入时，运放两个输入端之间的输入电压各等于多少？

（2）在加法运算电路中，若 $R_F = 10k\Omega$，会影响测量精度吗？为什么？

训练八　集成运放多级负反馈放大电路的调整与测试

一、目的

（1）熟悉集成运放多级负载电路（简称多级集成运放）的工作特点。

（2）研究负反馈对放大电路性能的影响，熟悉负反馈放大电路特性的测试方法。

二、要求

（1）复习负反馈对放大电路性能影响的有关内容。

（2）估算负反馈放大电路在开环和闭环时的电压放大倍数、输入电阻和输出电阻。

三、测试原理及参考电路

参考电路如图 10 - 21 所示，这是由集成运放组成的两级电压串联负反馈应用电路。A1、A2 构成两级基本放大电路，级间反馈电路由 R_{F1}、R_{F2} 组成，是联系放大电路的输出电路和输入电路的环节。

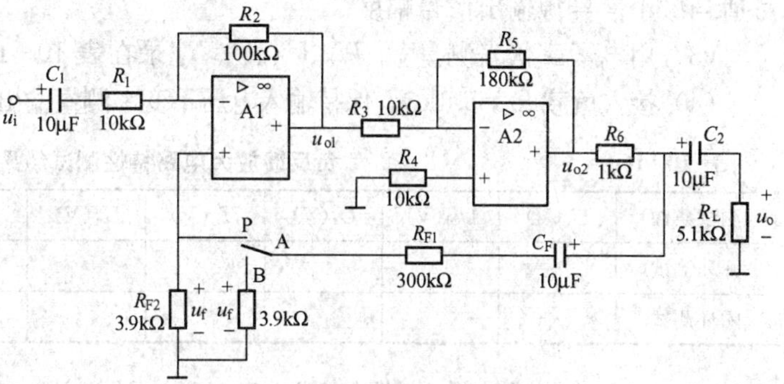

图 10 - 21　两级运放负反馈放大电路

图中 A1、A2 分别构成反相比例电路，将 A 点与 B 点连接，可得到两级基本放大电路，由此可测量开环放大倍数 A_u、开环输入电阻 R_i、开环输出电阻 R_o 和反馈网络的电压反馈系数 F_u，即

$$\left.\begin{aligned} A_u &= \frac{U_o}{U_i} \\ R_i &= \frac{U_i R_1}{U_i - U_N} \\ R_o &= (\frac{U'_o}{U_o} - 1)R_L \\ F_u &= \frac{U_f}{U_o} \end{aligned}\right\} \tag{10-18}$$

式中：U_N 为 A1 反相输入端对地电压；U'_o 为负载 R_L 开路时的输出电压；U_f 为 B 点对地电压。

由公式（10 - 18）可计算出多级负反馈放大电路的闭环电压放大倍数 A_{uf}、输入电阻 R_{if}、输出电阻 R_{of} 的理论值为

$$\left.\begin{aligned} A_{uf} &= \frac{A_u}{1 + A_u F_u} \\ R_{if} &= R_i(1 + A_u F_u) \\ R_{of} &= \frac{R_o}{1 + A_u F_u} \end{aligned}\right\} \tag{10-19}$$

将 A 点与 B 点断开，并使 A 点与 P 点连接，可得到串联电压负反馈电路，分别测出 U_i、U_o、U'_o、U_N、U_f 的大小，再利用公式（10 - 18）可得到闭环时的 A_{uf}、R_{if}、R_{of}、F_u。

在深度负反馈条件下，闭环电压放大倍数近似为

$$A_{uf}=1+\frac{R_{F2}}{R_{F1}} \tag{10-20}$$

在进行开环、闭环电路测量时，应保证各点信号波形与输入信号为同频率且不失真的正弦波。

四、仪器设备

稳压电源、示波器、低频信号发生器各1台，万用表和晶体管毫伏表各1块（运放自选）。

五、训练内容

（一）开环测试

（1）按电路图10-21接线，经检查无误后接通正、负电源±10V。

（2）将A点与B点连接，使电路处于开环状态，并断开负载R_L；将信号源频率调为1kHz，幅度为30mV，接入放大电路输入端，用示波器观察输出电压。若输出波形失真，可适当减小信号源输出信号幅度。

（3）用电子毫伏表测量U_i、U'_o、U_N、U_f，记录在表10-16中。

（4）接入负载R_L=5.1kΩ，保持输入电压不变，测量输出电压U_o，记录在表10-16中。

表10-16 负反馈放大电路特性测试结果

测试条件	U_i(V)	U_N(V)	U_f(V)	U'_o(V)	U_o(V)	A_u	R_i(kΩ)	R_o(kΩ)	F_u
开环测试									
闭环测试									

（5）由上述测量结果，利用公式（10-18）计算放大电路开环时的A_u、R_i、R_o、F_u，并由公式10-19算出A_{uf}、R_{if}、R_{of}的理论值。

（二）闭环测试

（1）将图中的A点与B点断开，将A点与P点连接，使电路处于闭环状态。

（2）逐渐增大电路的输入信号，使电路的输出电压达到开环时的值，分别测量U_i、U_o、U'_o、U_N、U_f，记录在表10-16中。

（3）由上述测量结果，利用公式（10-18）计算放大电路闭环时的A_{uf}、R_{if}、R_{of}、F_u。

六、测试报告要求

（1）写出训练的目的、要求及内容。

（2）整理实验数据，分别求出开环和闭环时电压放大倍数、输入电阻和输出电阻，并与理论值进行比较。

（3）说明负反馈对放大电路特性的影响。

七、思考题

为提高测量放大器放大倍数的准确度，对毫伏表或示波器的输入阻抗有什么要求？

训练九 集成运放的非线性应用及波形产生电路的安装与测试

一、目的

（1）熟悉电压比较器、方波发生器、三角波发生器的主要特点。

（2）熟悉和掌握上述各种波形产生电路的连接和调试方法。

（3）进一步熟悉集成运放的使用。

二、要求

（1）复习由运算放大器组成电压比较器的工作原理。

（2）参阅本书有关内容，了解各波形产生电路的工作原理。

三、测试原理及参考电路

（一）过零电压比较器

过零电压比较器及其电压传输特性如图 10－22 所示。这是一个参考电压 $U_{REF}=u_+=0$ 的比较器。当 u_i 每改变一次极性时，比较器的输出就改变一次状态，能将各种缓慢变化的信号变为开关信号。

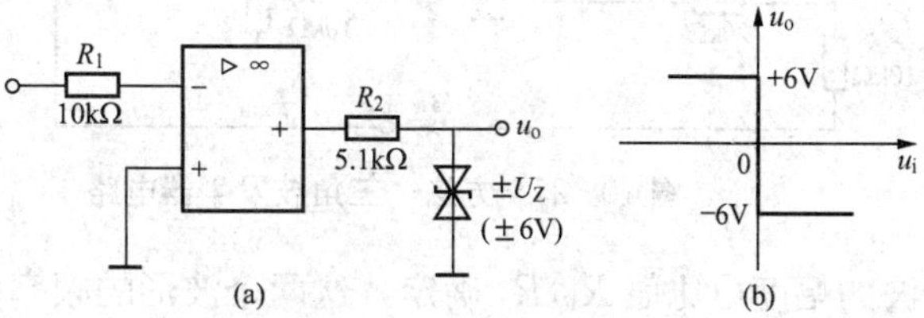

图 10－22　过零电压比较器

（a）电路；（b）传输特性

（二）迟滞比较器

迟滞比较器及其电压传输特性如图 10－23 所示。若双向稳压管的稳压值为 $\pm U_Z$，则比较器的上门限为

$$U_{T1}=\frac{R_1}{R_1+R_2}(+U_Z) \tag{10-21}$$

下门限为

$$U_{T2}=\frac{R_1}{R_1+R_2}(-U_Z) \tag{10-22}$$

由于上、下门限电平不重合，所以在识别高低电平时有较强的抗干扰能力，并根据此特性可方便地构成波形发生器等电路。

（三）方波发生器

方波发生器电路如图 10－24 所示。它是由图 10－23 所示迟滞比较器加一个 RC 充放电回路组成。RC 电路的作用是控制比较器的翻转时间，因此就决定了方波的宽度，可通过改变 RC 的大小来改变方波的周期（即频率）。

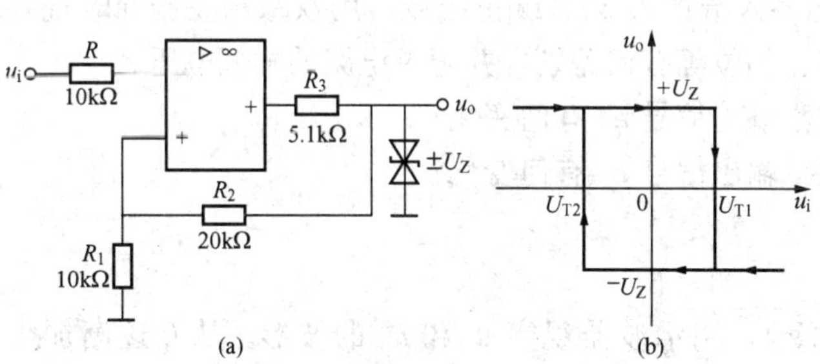

图 10－23　迟滞比较器

（a）电路；（b）传输特性

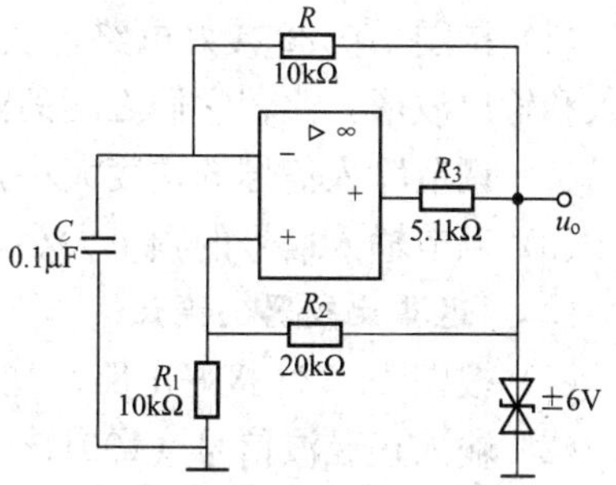

图 10－24　方波发生器

振荡波形的周期为

$$T=2RC\ln\left(1+\frac{R_1}{R_2}\right) \tag{10-23}$$

（四）方波—三角波发生器

方波—三角波发生器电路如图 10－25 所示。该电路在产生方波的同时还产生三角波。

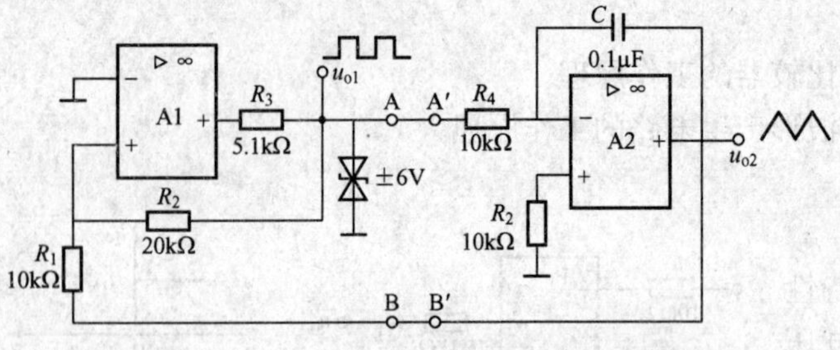

图 10-25 方法—三角波发生器电路

运放 A1 构成一个参考电压为零的比较器，A2 构成反相积分器，A1、A2 又共同构成正反馈支路，形成自激振荡，A1 的输出为正负对称的方波，同时该电压又作为 A2 的反相输入电压，经积分运算后，输出三角波。方波的输出幅度由 A1 的输出限幅值确定，而三角波的幅度由比值 R_1/R_2 确定，这两个波形的频率由下式给出

$$f_0=\frac{1}{4R_4C}\frac{R_2}{R_1} \tag{10-24}$$

（五）多级电路的调试

多级闭环电路一般使用的元件较多，较为复杂，加上相互之间有联系，所以实验调试时要注意正确的方法。其调试的原则是：先用分级拆环的方法将复杂电路分割成一个个简单电路，然后根据电路特性或实际电路工作时的情况，选择适当的外加测试信号，对单元电路分别进行调试，单元电路都调试好之后再连接起来进行总调。

如图 10-25 所示，我们可以先将 A-A′、B-B′处断开，在 A′处加入一个适当频率的方波，若在 B′处测得为一个三角波，说明积分器工作正常；在 B 处可加入一个幅度较大的正弦波，若在 A 处测得为一个方波，则说明比较器工作正常。然后将 A 和 A′、B 和 B′连接起来进行统调，一般情况下即能正常工作。

四、仪器设备

稳压电源、示波器、低频信号发生器各 1 台，万用表和晶体管毫伏表各 1 块（运放自选）。

五、训练内容

（一）过零电压比较器的调试

（1）按图 10-22 接好电路，从反相输入端加入 300Hz 正弦波，用双踪示波器同时观察输入和输出波形，比较它们之间的频率、相位等有何差别，并记录电路的阈值电压。

（2）调节输入信号的幅度大小，观察输出信号 u_o 有何变化？

（3）调节输入信号的频率大小，观察输出信号 u_o 有何变化？

（二）迟滞比较器的调试

（1）按图 10-23 接好电路。

（2）输入正弦波信号（100Hz～1kHz），用示波器观察 u_i 和 u_o 的波形。从 0 逐渐加大 u_i，直到 u_o 出现±6V 的方波，记录此时电路的阈值电压。

（3）不要拆掉电路，加上两个元件即构成下面的实验电路。

（三）方波发生器的调试

（1）按图 10-24 接好电路，然后接通电源，用示波器观察 u_o 和电容器两端电压 u_C 的波形，用电子毫伏表测量 u_o 的大小，用示波器测量 u_o 的周期，记录结果。

（2）关掉电源，换接 R=100kΩ，观察波形变化，并测出 u_o 的幅值和周期。

（3）不要全部拆掉电路，只需去掉 R、C，再加一级积分器即构成方波—三角波发生器实验电路。

（四）方波—三角波发生器的调试

（1）按图 10-25 接好电路，通电后观察并记录 u_o 波形，测量 u_o 的周期与幅值。

（2）改变 R_4 阻值，观察波形的变化。

如遇故障调不出波形，可按本实验介绍的方法（多级电路调试内容）分析排除。

六、测试报告要求

（1）写出训练的目的、要求及内容。

（2）整理实验数据，画出过零电压比较器和迟滞比较器的 u_i 和 u_o 的波形，并求出阈值电压，与理论值进行比较。

（3）画出方波发生器和方波—三角波发生器的工作波形，测量输出波形的周期，并与理论值进行比较。

七、思考题

（1）集成运放作为电压比较器和运算电路使用时，它们的工作状态有什么区别？

（2）过零电压比较器和迟滞比较器各有什么特点？

（3）分析方波—三角波发生器的工作原理，试构成一个锯齿波发生器。

训练十　*RC* 桥式振荡器的安装、调试

一、目的

（1）掌握 *RC* 桥式振荡器的调整和测试方法。

（2）进一步掌握测量信号频率（或周期）的方法。

（3）进一步熟悉集成运放的使用。

二、要求

（1）复习 *RC* 桥式振荡器工作原理和调整方法。

（2）熟悉示波器和数字式频率计测量频率的方法。

三、测试原理及参考电路

由集成运放和 *RC* 串并联选频的构成 *RC* 振荡电路如图 10-26 所示。*RC* 串并联选频网络接在运算放大器的输出端和输入端之间，构成正反馈，R_1、RP、V1、V2 构成负反馈，V1、V2 有利于起振和稳幅。电路的振荡频率为

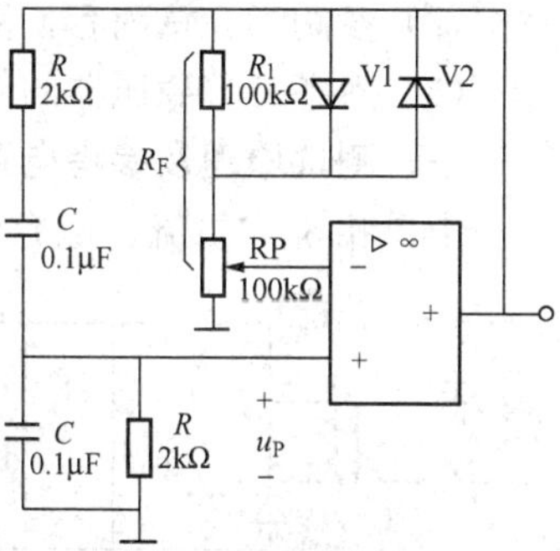

图 10-26　文氏电桥振荡器电路

$$f_0 = \frac{1}{2\pi RC} \qquad (10-25)$$

根据振荡电路的起振条件 $A_u F_u > 1$，要求集成运算放大器的放大倍数 $A_u > 3$。

四、仪器设备

稳压电源、示波器、低频信号发生器各 1 台，万用表、数字式频率计和晶体管毫伏表各 1 块（运放自选）。

五、训练内容

（1）按图 10-26 连接电路，检查无误后接通直流电源。

（2）用示波器观察输出端有无输出波形，若无输出波形，可调节电位器 RP，使输出为稳定且无明显失真的正弦波。

（3）利用示波器用李沙育法测出振荡器的振荡频率，再用数字频率计测量振荡频率，计算两者的相对误差。

（4）调节 RP，改变负反馈的强弱，观察输出波形有何变化。保证输出电压最大、稳定不失真的条件下，测量 u_o 和 u_p 的大小，计算反馈系数 $F_u=u_p/u_o$。

六、测试报告要求

（1）写出训练的目的、要求及内容。

（2）分析负反馈（调节 RP）引起输出波形变化的原因。

（3）按元件标称值计算 *RC* 桥式振荡器的振荡频率，并与实验值比较，分析误差的原因。

七、思考题

（1）振荡器有输出，但出现明显失真，试分析其原因。

（2）欲提高 *RC* 桥式振荡器的幅度和振荡频率的稳定度，可采取哪些措施？

训练十一 集成直流稳压电源的调整与测试

一、目的

（1）掌握单相桥式整流电容滤波电路的连接和测试方法。

（2）理解电容滤波元件参数对输出直流电压的影响。

（3）掌握三端稳压器构成典型应用电路的方法并测试其性能。

二、要求

（1）复习直流稳压电源的组成和各部分的工作原理。

（2）参阅第 5 章内容，复习直流稳压电源的主要性能指标及测试方法。

（3）熟悉三端稳压器的使用方法。

三、测试原理及参考电路

由单相桥式整流、电容滤波和三端集成稳压电路组成的直流稳压电源电路如图 10-27 所示。单相桥式整流利用二极管的单向导电性，把交流电转变为直流电，整流电路输出的直流电压平均值为 $U_o\approx0.9U_2$，式中 U_2 为变压器二次绕组电压有效值。整流后的输出电压经电容器 C_1 滤波后得到平滑的直流电，当 $R_LC\geqslant(3\sim5)T/2$（T 为输入交流电压的周期），桥式整流电容滤波电路的输出直流电压为 $U_o\approx1.2U_2$。再经三端集成稳压器进行调节，在输出端便可得到稳定的直流电压。

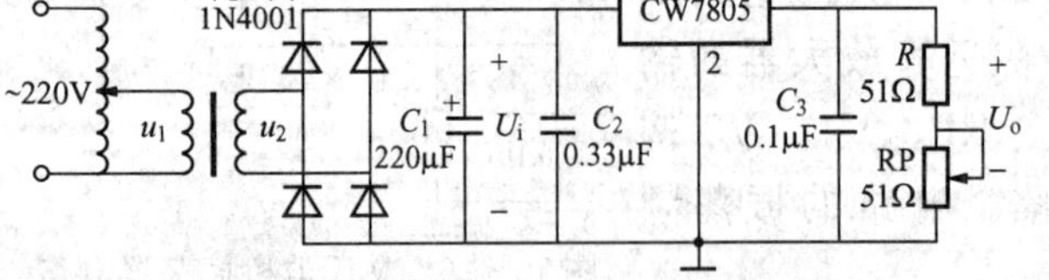

图 10-27 直流稳压电源电路

四、仪器设备

示波器、自耦变压器各 1 台，数字万用表 1 块，电源变压器 1 台。

五、训练内容

（一）单相桥式整流电路的测试

（1）按 10-28 图示电路接线，构成单相桥式整流电路。

（2）调节电位器 RP，使负载最大，经检查无误后接通 220V 交流电源。调节自耦变压器，使 u_1 接近 220V，然后用万用表测量 u_2、U_o 的大小，并用示波器分别观察 u_2 和 U_o 的波形。

（二）整流滤波电路的测试

（1）将 C_1 接上，如图 10－29 所示，构成单相桥式整流电容滤波电路，用万用表测量 u_2、U_o 的大小，并用示波器分别观察 u_2 和 U_o 的波形。

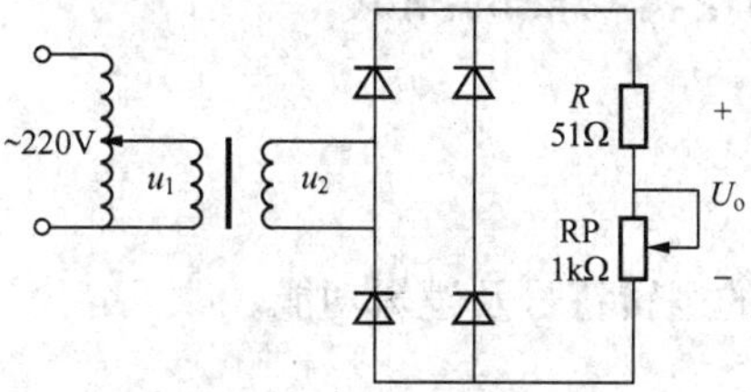

图 10－28　整流电路

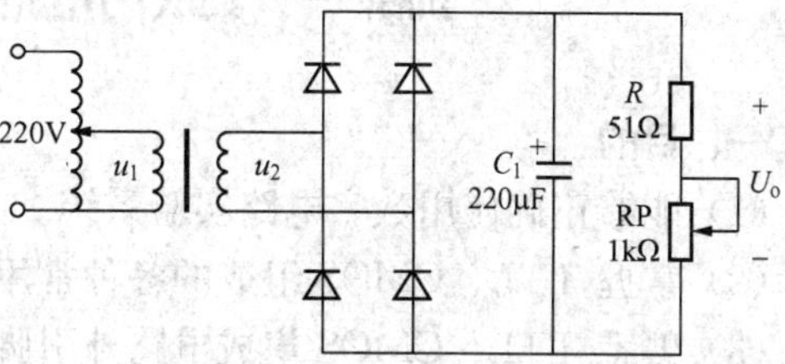

图 10－29　整流滤波电路

（2）调节电位器 RP，用示波器观察当负载最大和最小时，输出电压 U_o 的变化情况，并分析变化的原因。

（三）稳压电源性能指标的测试

（1）输出电阻 R_o 的测量。

按图 10－27 电路接线，使稳压器正常工作，用万用表测量输出电压 U_o；然后将负载断开，重新测量输出电压值，记为 U'_o，利用公式 $R_o = \left(\frac{U'_o}{U_o} - 1\right)R_L$，算出稳压电路的输出电阻。

（2）稳压系数 S_U 的测量。

调节电位器 RP，使负载最大，并使输入电压 u_1 变化±10%，然后分别测量稳压器 CW7805 的输入电压和输出电压及其变化量，利用公式 $S_U = \frac{\Delta U_o}{U_o} \Big/ \frac{\Delta U_I}{U_I} \Big|_{\substack{\Delta I_L = 0 \\ \Delta T = 0}}$，计算稳压系数。

（3）纹波电压的测量。

用示波器 AC 档较高灵敏度测量观察并测量输出的纹波电压。

六、测试报告要求

（1）写出训练的目的、要求及内容。

（2）整理实验数据和波形，计算稳压电源的性能指标。

七、思考题

测量稳压电源的输出电阻 R_o 和稳压系数 S_U 时，对测量仪器有什么要求？为什么？

第 11 章

数字电子技能训练

训练一 集成门电路参数与逻辑功能的测试

一、目的

(1) 能够正确使用数字电路实验系统。

(2) 掌握 TTL、CMOS 组成的各种常用门电路的逻辑符号及逻辑功能。

(3) 熟悉 TTL、CMOS 集成电路外引脚排列。

(4) 掌握 OC 门、三态门的典型应用。

(5) 熟悉 TTL 与非门各主要参数的含义。

二、要求

(1) 熟悉所用实验装置的结构，并掌握正确的使用方法。

(2) 能够用数字电路实验装置，测试 TTL 与非门的主要参数。

(3) 通过测试，能够掌握各种门电路的逻辑功能及典型应用。

三、参考电路及测试方法

(一) 与门功能测试

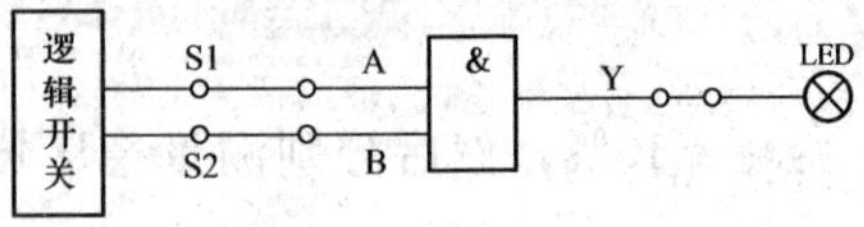

图 11-1 74LS08 与门电路接线图

在实验箱上插接好 74LS08 与门芯片，并把 A、B 输入端分别接逻辑开关 S1、S2，输出端接发光二极管 LED，接线见图 11-1。验证与门逻辑功能。由逻辑开关输入 A、B (0，1) 信号，观察输出结果，LED 亮为 1，不亮为 0，并将结果填入表 11-1 中。

表 11-1 **门电路逻辑功能表**

输入		输出				
		与门	或门	与非门	与或门	非门
A (S1)	B (S2)	$Y=AB$	$Y=A+B$	$Y=\overline{AB}$	$Y=A\oplus B$	$Y=\overline{A}$
0	0					
1	0					
0	1					
1	1					

(二) 74LS125 三态门应用测试

74LS125 三态门外引脚排列为图 11-2。利用三态门实现总线传输，实验电路见图 11-3。将三个三态门的输入端分别接高电平、地、连续脉冲。根据三个开关 S1、S2、S3 的不同状态 (S1、S2、S3 中每次只允许有一个为低电平)，观察输出端指示灯 LED 的变化，体会三态门实现总线传输的作用。

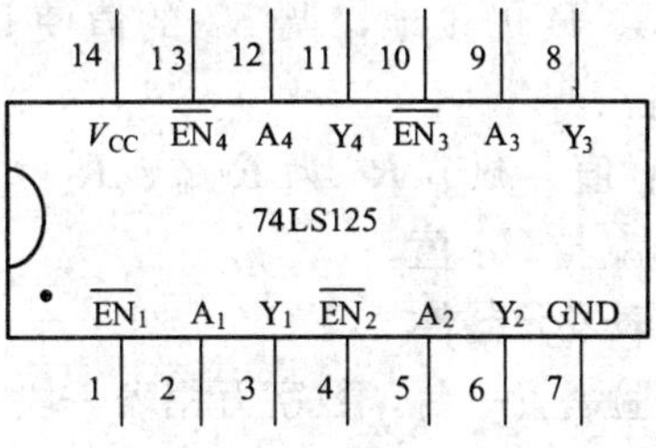

图 11-2 74LS125 三态门外引脚排列图

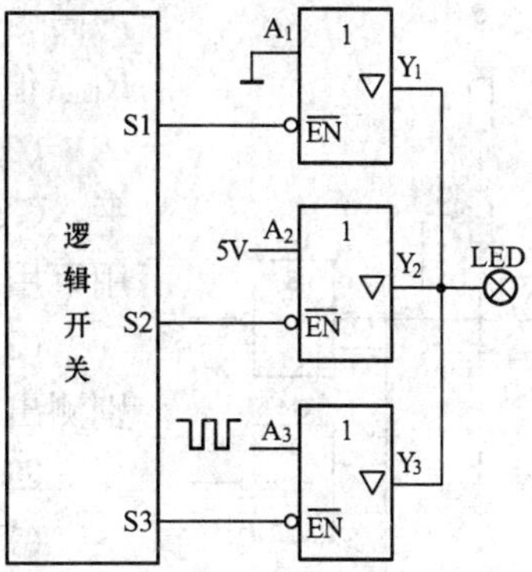

图 11-3 利用三态门实现总线传输电路图

（三）TTL 与非门主要参数和特性的测试

TTL 与非门主要参数和特性测试电路如图 11-4 所示。测试要求为：

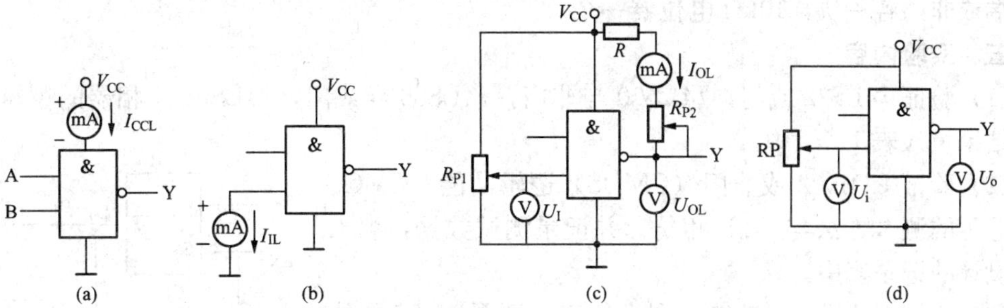

图 11-4 TTL 与非门主要参数和特性测试电路图

（1）测低电平电源电流 I_{CCL}，测试电路如图 11-4（a）。计算空载导通功耗 $P_{ON}=I_{CCL}V_{CC}$。

（2）测输入低电平电流 I_{IL}，测试电路如图 11-4（b）。

（3）测输出低电平电流 I_{OL}，测试电路如图 11-4（c）。测试条件是调节 R_{P1}，使 $U_I=1.8V$，其余端悬空；再调 R_{P2}，使 $U_{OL}-0.3V$，测出 I_{OL}。其中 $R_{P1}=10k\Omega$，$R_{P2}=1k\Omega$，$R=100\Omega$，计算扇出示数 $N=\dfrac{I_{OL}}{I_{IL}}$。

（4）测电压传输特性，测试电路如图 11-4（d）所示。将测试结果记入表 11-2 中，根据实验测试的数据作出电压传输特性曲线，并从曲线上读出 U_{OH}、U_{OL}、U_{ON}、U_{OFF} 等参数。

表 11-2 **电压传输特性测试数据表**

U_i（V）	0.3	0.8	1	1.1	1.2	1.3	1.5	2	3
U_o（V）									

（四）TTL OC 门外接电阻 R_L 的测试方法

在四 2 输入 OC 与非门 74LS03 中任选两个与非门驱动三个 TTL 与非门，TTL 与非门采用 74LS04，测试电路如图 11-5 所示。

（1）测试 R_{Lmax}。按图 11-5 接好测试电路，将 OC 门 G1、G2 的四个输入端均接地，Y

为高电平，调节 R_L 值使 $U_{OHmin}=3.0V$，用万用表测出 R_{Lmax} 值。

（2）测定 R_{Lmin}。将 OC 门 G1 输入端 A、B 均接高电平，G2 输入端 C、D 仍接地，调 R_L 的值使 $U_{OL}\leqslant 0.4V$，用万用表测出 R_{Lmin}。

（3）确定 R_L 值。调节 R_L 为 $R_{Lmin}<R_L<R_{Lmax}$，并分别测出 Y 点的 U_{OH} 与 U_{OL} 值。

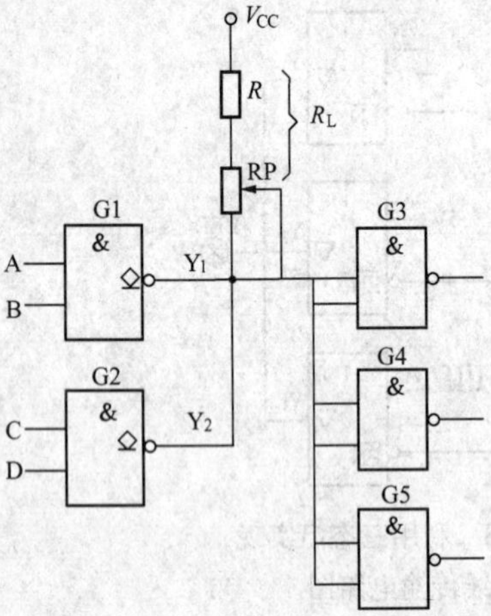

图 11-5 确定外接电阻值 R_L

四、实验仪表及元器件

（1）数字实验装置一台，数字万用表一块。

（2）TTL 集成芯片 74LS00 二输入端四与非门，74LS32 二输入端四或门，74LS08 二输入端四与门，74LS04 六反相器，74LS125 四三态门，74LS86 四异或门，74LS03 输入四与非门（OC），CMOS 集成芯片 CD4002 四输入端或非门各一块，10kΩ 电位器一个。

五、实验内容

（1）验证 74LS32 或门，74LS00 与非门，74LS86 异或门，74LS04 反相器的逻辑功能，并将结果填入表 11-1 中。

（2）验证 CD4002 或非门（CMOS）逻辑功能。CMOS 集成芯片的测试方法与 TTL 相仿。并记录测试数据，填入自己设计的记录表中。

（3）测试 OC 门线与功能。列真值表验证图 11-5 的线与功能。

（4）测试数据的双向传输。测试分析图 11-6 所示电路的逻辑功能。自拟实验测试步骤。

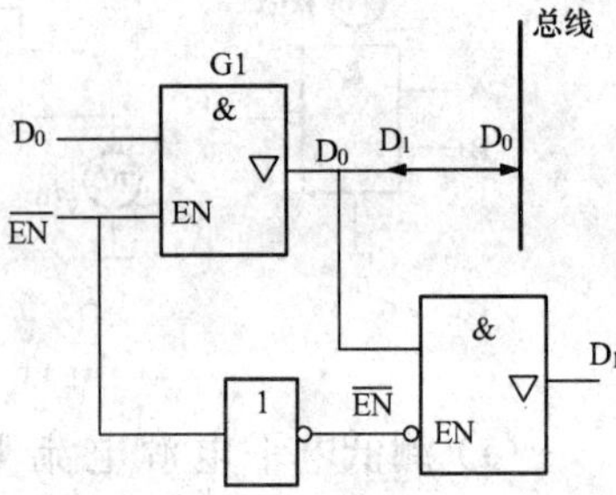

图 11-6 数据的双向传输测试图

六、报告要求

（1）画出实验用各逻辑门的逻辑符号，并写出逻辑表达式。

（2）整理实验表格和结果。

（3）总结三态门的功能及正确的使用方法。

（4）总结主要参数在实际使用中的作用。

（5）总结本次实验的收获和体会。

训练二 用集成逻辑门电路设计组合逻辑电路

一、目的

（1）掌握用 SSI 及 MSI 实现组合逻辑电路的设计方法。

（2）掌握实现组合逻辑电路的连接及调试方法，通过功能验证以提高解决实际问题的能力。

二、要求

（1）熟悉组合逻辑电路的设计方法。

（2）熟悉各种组合逻辑电路的连接和功能测试。

三、参考电路及测试方法

（1）SSI 及 MSI 设计组合逻辑电路的过程如图 11-7。

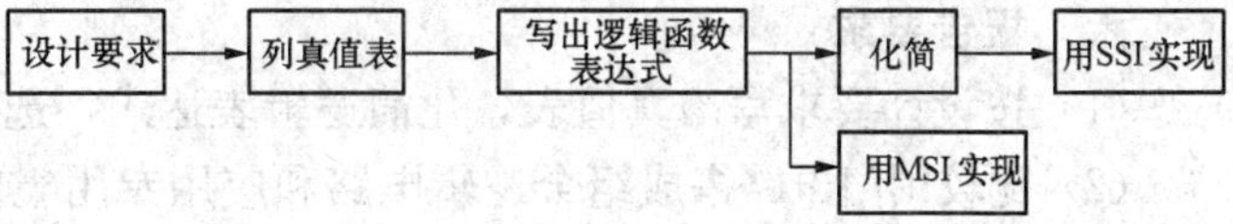

图 11-7　用 SSI 及 MSI 设计组合逻辑电路的过程图

（2）设计一个三人表决电路并验证。要求写出真值表、逻辑表达式。

1）试用与非门设计该电路。

2）试用 8 选 1 数据选择器设计该电路。

设计过程：①根据设计要求列出真值表，自己制表完成。②根据真值表写出逻辑表达式：$Y=\overline{A}BC+A\overline{B}C+AB\overline{C}+ABC$。

3）化简逻辑函数：$Y=\overline{\overline{AB}\cdot\overline{AC}\cdot\overline{BC}}$。

4）由化简后逻辑表达式得设计电路为图 11-8。

5）将输入 A、B、C 接至逻辑开关，输出 Y 按发光二极管 LED，按真值表要求，逐次改变输入变量，观察输出结果。验证所设计的逻辑电路是否符合要求。

6）用 74LS151 直接完成不需化简的逻辑表达式，电路如图 11-9。

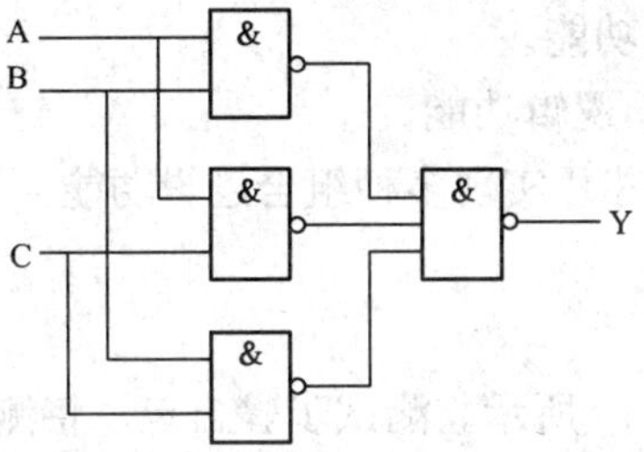

图 11-8　三人表决电路

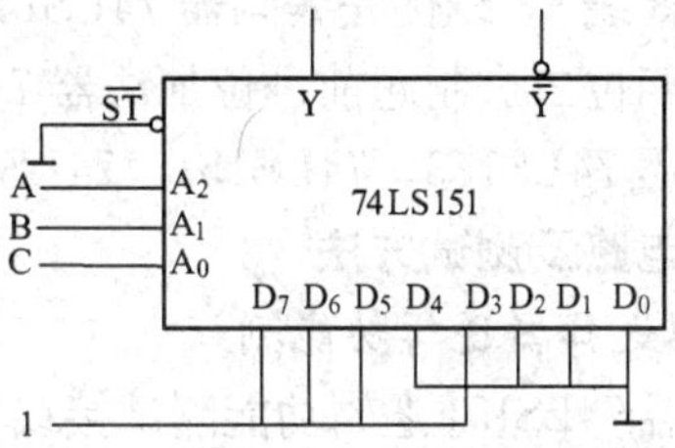

图 11-9　用 74LS151 构成三人表决电路

四、实验仪器及元器件

（1）数字实验装置。

（2）74LS005 非门、74LS02 或非门、74LS86 异或门、8 选 1 数字选择器 74LS151，其他自选或用相应 CMOS 芯片皆可。

五、实验内容

（1）设计一个能比较两个一位数字大小的数字比较器并验证。要求写出真值表、逻辑表达式（如何化简自己决定）。试用最简逻辑门设计该电路，具体电路形式不限，并在实验台上进行调试及验证。两个一位数字大小比较的结果，分别用三个发光二极管 LED 显示。

（2）设计一个二进制乘法器并验证（综合实验）。输入 A_1A_0 和 B_1B_0 两路二进制信号，输出为 $A_1A_0\times B_1B_0$ 的乘积，通过数码管显示出来。例如 A_1A_0 和 B_1B_0 两路二进制信号为 10 和 11 时，显示 6，具体电路形式不限。

具体要求：

①列出真值表、写出逻辑表达式。

②试用与非门设计该逻辑电路，选择尽可能少的元器件。

③可利用实验装置上已连接好的 BCD 七段译码/驱动电路和数码管，并在实验台上进行

调试及验证。

（3）设计一个一位全加器，要求用异或门、与门、或门构成并验证。

六、报告要求

（1）按设计要求写出真值表，化简逻辑表达式，选择元器件，画出逻辑图。

（2）比较用门电路搭成组合逻辑电路和应用专用集成芯片接成组合逻辑电路各有什么优缺点。

（3）总结设计实验心得体会。

训练三　用MSI实现多种逻辑功能

一、目的

（1）掌握数据选择器、数据分配器、全加器、编码器、译码器的工作原理和逻辑功能。

（2）掌握用数据选择器、译码器设计组合逻辑电路的方法。

二、要求

（1）掌握4选1数据选择器74SL153、8选1数据选择器74LS151的逻辑功能。

（2）掌握3线-8线译码器74LS138的逻辑功能。

（3）掌握8线-3线优先编码器74LS148的逻辑功能。

（4）熟悉四位二进制超前进位加法器74LS283的逻辑功能。

（5）能够用74LS153、74LS151、74LS138集成芯片实现多种组合逻辑功能。

三、参考电路及测试方法

（一）数据选择器逻辑功能测试

数据选择器74LS151逻辑功能测试接线如图11-10所示。测试步骤自定，将测量结果填入表11-3。由实验观察确定每组 $A_2A_1A_0$ 取值时，输出端对应哪一个输入数据（D_0～D_7）。

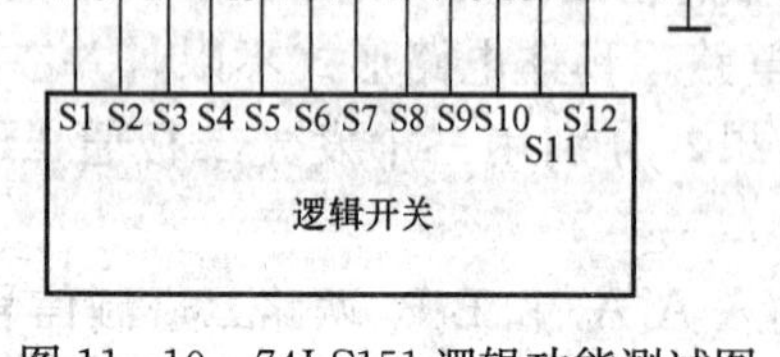

图11-10　74LS151逻辑功能测试图

表11-3　74LS151逻辑功能测试表

输入		输出	
$\overline{ST}$	A_2 A_1 A_0	Y	$\overline{Y}$
1	× × ×		
0	0 0 0		
0	0 0 1		
0	0 1 0		
0	0 1 1		
0	1 0 0		
0	1 0 1		
0	1 1 0		
0	1 1 1		

（二）数据分配器逻辑功能测试

用3线-8线译码器74LS138构成数据分配器，逻辑功能测试接线如图11-11所示。将 $\overline{ST}_C$ 作为数据输入端D、ST_A、$\overline{ST}_B$ 为使能端，$A_2A_1A_0$ 为选择变量输入端，$\overline{Y}_7\overline{Y}_6\overline{Y}_5\overline{Y}_4\overline{Y}_3\overline{Y}_2\overline{Y}_1\overline{Y}_0$ 作为数据输出端接LED发光二极管，测试当 $A_2A_1A_0$ 为不同输入状态时，$\overline{Y}_7\overline{Y}_6\overline{Y}_5\overline{Y}_4\overline{Y}_3\overline{Y}_2\overline{Y}_1\overline{Y}_0$ 输出状态的变化。测试步骤自拟，将测试结果填入表11-4。

（三）全加器逻辑功能测试

四位二进制超前全加器 74LS283 逻辑功能测试接线如图 11－12 所示。测试步骤自拟，将测试结果填入表 11－5。

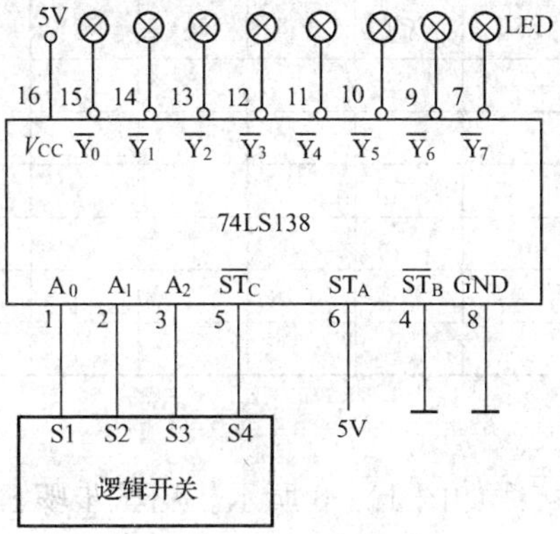

图 11－11 用 74LS138 构成数据分配器逻辑功能测试图

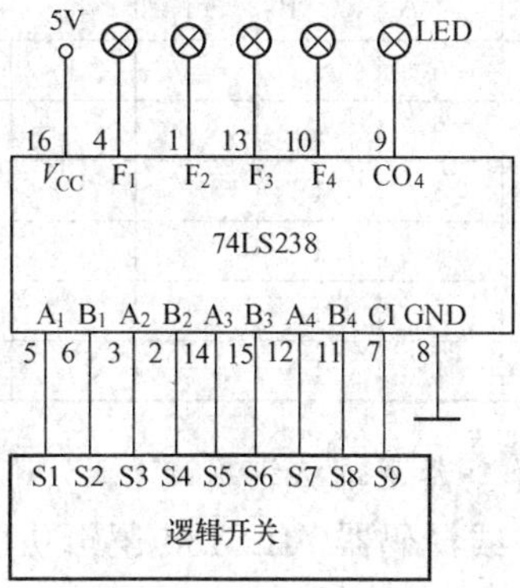

图 11－12 74LS283 逻辑功能测试图

表 11－4 用 3 线－8 线译码器 74LS138 构成数据分配器

输入端						输出端							
$\overline{ST_C}=D$	ST_A	$\overline{ST_B}$	A_2	A_1	A_0	$\overline{Y_0}$	$\overline{Y_1}$	$\overline{Y_2}$	$\overline{Y_3}$	$\overline{Y_4}$	$\overline{Y_5}$	$\overline{Y_6}$	$\overline{Y_7}$
D	1	0	0	0	0								
D	1	0	0	0	1								
D	1	0	0	1	0								
D	1	0	0	1	1								
D	1	0	1	0	0								
D	1	0	1	0	1								
D	1	0	1	1	0								
D	1	0	1	1	1								

表 11－5 四位二进制超前全加器 74LS283 逻辑功能测试表

输入端				输出端									
				CI=0					CI=1				
A_1 / A_3	B_1 / B_3	A_2 / A_4	B_2 / B_4	F_1	F_2	F_3	F_4	CO_4	F_1	F_2	F_3	F_4	CO_4
0	0	0	0										
1	0	0	0										
0	1	0	0										
1	1	0	0										
0	0	1	0										
1	0	1	0										
0	1	1	0										
1	1	1	0										
0	0	0	1										
1	0	0	1										

续表

输入端				输出端									
A_1 / A_3	B_1 / B_3	A_2 / A_4	B_2 / B_4	CI=0					CI=1				
				F_1	F_2	F_3	F_4	CO_4	F_1	F_2	F_3	F_4	CO_4
0	1	0	1										
1	1	0	1										
0	0	1	1										
1	0	1	1										
0	1	1	1										
1	1	1	1										

（四）译码器逻辑功能测试

3 线 - 8 线译码器 74LS138 逻辑功能测试接线如图 11 - 6 所示。测试步骤自定，将测试结果填入表 11 - 6。

（五）编码器逻辑功能测试

8 线 - 3 线优先编码器 74LS148 逻辑功能测试接线如图 11 - 14 所示。步骤自定，将测试结果填入表 11 - 7。

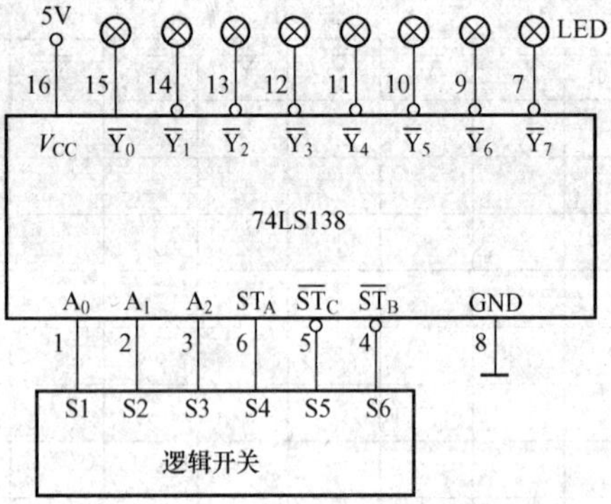

图 11 - 13 74LS138 逻辑功能测试图

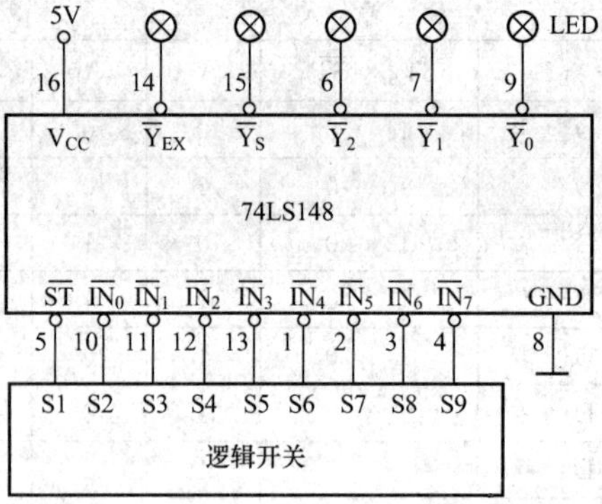

图 11 - 14 74LS148 逻辑功能测试图

表 11 - 6 74LS138 逻辑功能测试表

输入端					输出端							
ST_A	$\overline{ST_B}+\overline{ST_C}$	A_2	A_1	A_0	$\overline{Y}_0$	$\overline{Y}_1$	$\overline{Y}_2$	$\overline{Y}_3$	$\overline{Y}_4$	$\overline{Y}_5$	$\overline{Y}_6$	$\overline{Y}_7$
×	1	×	×	×								
0	×	×	×	×								
1	0	0	0	0								
1	0	0	0	1								
1	0	0	1	0								
1	0	0	1	1								
1	0	1	0	0								
1	0	1	0	1								
1	0	1	1	0								
1	0	1	1	1								

表 11-7　　8 线-3 线优先编码器 74LS148 逻辑功能测试表

输入端									输出端				
$\overline{ST}$	$\overline{IN_0}$	$\overline{IN_1}$	$\overline{IN_2}$	$\overline{IN_3}$	$\overline{IN_4}$	$\overline{IN_5}$	$\overline{IN_6}$	$\overline{IN_7}$	$\overline{Y_2}$	$\overline{Y_1}$	$\overline{Y_0}$	$\overline{Y_S}$	$\overline{Y_{EX}}$
1	×	×	×	×	×	×	×	×					
0	1	1	1	1	1	1	1	1					
0	×	×	×	×	×	×	×	0					
0	×	×	×	×	×	×	0	1					
0	×	×	×	×	×	0	1	1					
0	×	×	×	×	0	1	1	1					
0	×	×	×	0	1	1	1	1					
0	×	×	0	1	1	1	1	1					
0	×	0	1	1	1	1	1	1					
0	0	1	1	1	1	1	1	1					

（六）用 4 选 1 数据选择器 74LS153 实现逻辑函数

接线如图 11-15 所示，测试当 A_1A_0 端输入不同逻辑电平时，Y 端相应的输出电平。列真值表，判别 Y 是什么函数。

（七）用 3 线-8 线译码器实现逻辑函数

接线如图 11-16 所示。测试当 A_3、A_1、A_0 端输入不同逻辑电平时，Y_1、Y_2 端相应的输出。列真值表，判别 Y_1、Y_2 是什么函数。

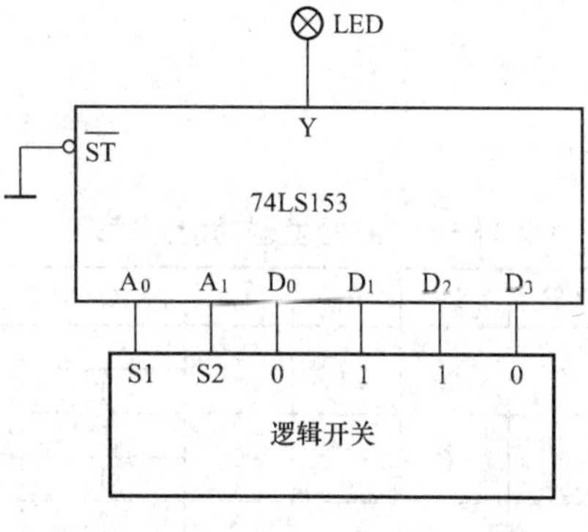

图 11-15　用 4 选 1 数据选择器 74LS153 实现逻辑函数接线图

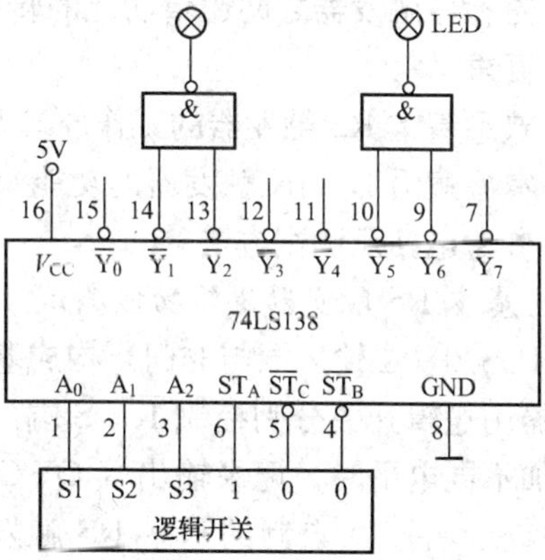

图 11-16　用 3 线-8 线译码器实现逻辑函数接线图

（八）集成四位数值比较器的应用

将四位数值比较器 74LS85 构成图 11-17 所示电路，将输入数据 a、b、c 分别接逻辑开关 S1、S2、S3，测试当输入数据 a、b、c 为不同组合状态时输出端 Y_1、Y_2、Y_3 的功能。

四、实验仪器及元器件

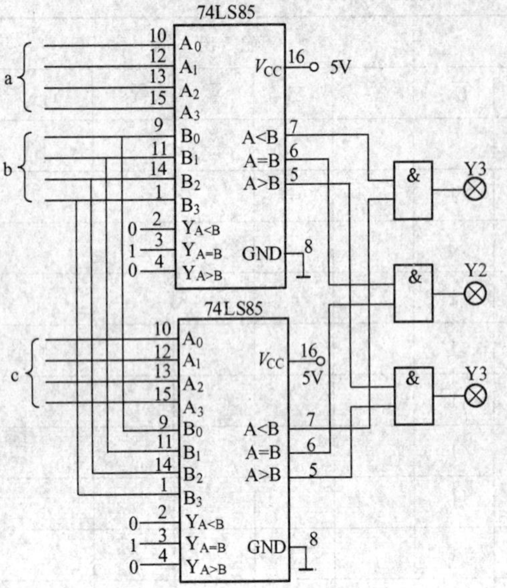

图 11-17 由 74LS85 构成的逻辑电路

(1) 数字电子实验箱。

(2) 集成芯片 74LS153、74LS151、74LS283、74LS138、74LS148、74LS20、74LS00 各一片、74LS85 两片。

五、实验内容

(1) 设计一个逻辑函数发生器 $Y=AB+BC+AC$，用 CT74LS151 实现并验证。

(2) 奇偶校检电路的设计与验证。用一片 74LS138 和最少的门电路设计一个奇偶校检电路，要求当输入的三个变量中有偶数个 1 时输出为 1，否则为 0。

六、实验报告

(1) 整理实验线路图和实验数据及表格。

(2) 设计题可选做一题，按设计要求写出其步骤。

(3) 总结本次实验心得和体会。

训练四 集成触发器及其应用

一、目的

(1) 掌握各种集成触发器的逻辑功能和测试方法。

(2) 熟悉各触发器之间逻辑功能的转换。

二、要求

(1) 熟悉基本 RS 触发器的工作原理及应用。

(2) 掌握边沿 D、JK 触发器的功能及应用。

三、参考电路及测试方法

(一) 基本 RS 触发器逻辑功能测试

用 74LS00（二输入端与非门）构成基本 RS 触发器用逻辑开关分别控制 $\overline{R}$、$\overline{S}$ 端。当 $\overline{R}$、$\overline{S}$ 端加不同电平时，记录输出端 Q、$\overline{Q}$ 端相应的状态，并记入自制的基本 RS 触发器的真值表中。当 $\overline{R}$、$\overline{S}$ 同时为 0 后再恢复到同时为 1 时，重复几次看其输出 Q 的状态是否不定。

表 11-8 D 触发器功能测试表

CP	D	$\overline{R}_D$	$\overline{S}_D$	Q^n	Q^{n+1}
×	×	0	1	0	
				1	
×	×	1	0	0	
				1	
↑	1	1	1	0	
				1	
↑	0	1	1	0	
				1	

(二) D 触发器逻辑功能测试

用 74LS74（双上升沿 D 触发器）连接好 D 触发器测试电路，请根据表 11-8 中条件观察 D 触发器输出端 Q^{n+1} 的变化情况，将测试结果填入表 11-8 中。

（三）JK 触发器逻辑功能测试

用 74LS112（双下降沿 JK 触发器）连接好 JK 触发器测试电路，请根据自制的测试表中的条件，观察 JK 触发器输出端 Q^{n+1} 的变化情况。

四、实验仪表及元器件

（1）数字实验系统一台，双踪示波器一台。

（2）集成电路芯片 74LS74、74LS112、74LS00 各一片。

五、实验内容

（1）用 74LS74 D 触发器接成 T′ 触发器，电路如图 8-9 所示，用逻辑箱上的连续脉冲作 CP 时钟，用示波器（或发光二极管 LED）观察并记录 CP 和 Q 的同步波形（或看发光二极管，灯亮为 1、灯灭为零的输出结果），同时分析一下触发器的分频作用。

（2）用 74LS112 JK 触发器分别接成 T 和 T′ 触发器，电路如图 8-8 所示，用逻辑箱上的连续脉冲作 CP 时钟，用示波器（或发光二极管 LED）观察当 $T=0$、$T=1$ 时 Q 的波形（或看发光二极管，灯亮为 1、灯灭为零的输出结果）并记录下来，同样体会一下触发器的分频作用。

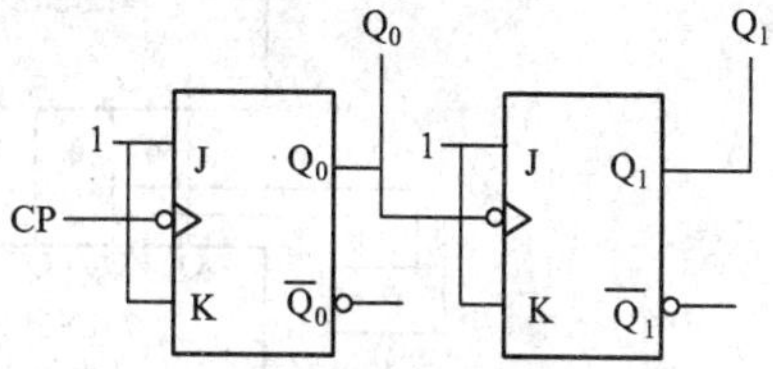

图 11-18　用 74LS112 构成的触发电路

（3）用 74LS112 两个 JK 触发器接成如图 11-18 所示电路，用逻辑箱上的连续脉冲作 CP 时钟，用示波器观察 Q_0 和 Q_1 的波形并记录下来，认真分析 CP、Q_0、Q_1 的波形，体会一下触发器的分频作用。

六、报告要求

（1）画出各部分的实验接线图，整理实验结果，说明基本 RS 触发器、D 触发器、JK 触发器的逻辑功能。

（2）认真总结本次实验的收获和体会。

训练五　计数、译码和显示电路

一、目的

（1）综合运用所学知识，进一步提高逻辑电路的识图能力。

（2）了解各中规模集成芯片的性能及应用。

二、要求

（1）掌握 74LS290、74LS160 计数器的逻辑功能及使用方法。

（2）掌握任意进制的构成方法。

（3）掌握 74LS248 显示译码器和数码管的逻辑功能及使用方法。

三、参考电路及测试方法

60 进制计数、译码和显示电路的连接与测试。

用两片十进制计数器 74LS290，加上适当的门电路与显示译码器 74LS248（译码器和显示器参见 7.3.2 章节有关内容）和数码管构成的 60 进制计数、译码和显示电路，如图 11-19 所示。首先按图 11-19 在数字实验系统台上接好线，检查接线无误后，接通电源。输入 1Hz（秒信号）的 CP 脉冲后，在数码管上可观察到 60 进制计数器的变化，用双踪示波器可观测到计数器的输入、输出波形。

四、实验仪表及元器件

(1) 数字实验系统。

(2) 74LS290、74LS161、74LS248各两片，LC5011两个，74LS00一片。

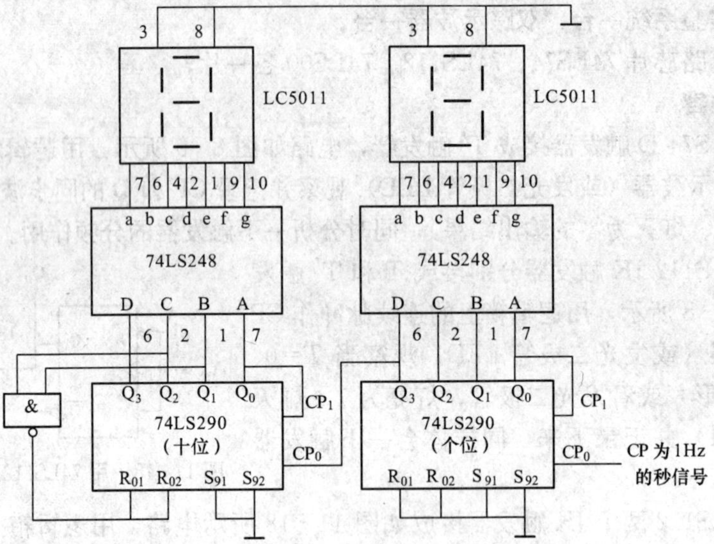

图11-19 60进制计数、译码、显示电路

五、实验内容

(1) 将图11-19所示电路中74LS290换成74LS160，按74LS160计数器功能（见图8-16）搭接计数、译码、显示电路，用示波器观测计数器的输入、输出波形。

(2) 用74LS290（或74LS160）构成六进制计数器，并与译码器相连，由显示器显示数码，用示波器观测计数器的输入、输出波形。

(3) 用74LS290（或74LS160）构成一百进制计数器，并与译码器相连，由显示器显示数码。

(4) 用74LS290（或74LS160）构成二十四进制计数器，并与译码器相连，由显示器显示数码。

六、报告要求

(1) 详细阐述电路的工作原理，画出电路接线图。

(2) 总结各芯片的使用方法。

(3) 总结系统实验方法。

(4) 写出本次实验的收获和体会。

训练六 移位寄存器的应用

一、目的

(1) 熟悉移位寄存器的逻辑功能。

(2) 掌握4位双向移位寄存器的逻辑功能及使用方法。

二、要求

（1）掌握4位双向移位寄存器74LS194的功能及使用方法。

（2）熟悉使用74LS194芯片构成顺序脉冲发生器和扭环计数器。

三、参考电路及测试方法

（一）74LS194的性能测试

（1）按图11-20所示电路，在实验室装置中插入74LS194。

（2）接线完毕，检查无误后，按表11-9逐项测试其逻辑功能，并将结果记入表11-9中。

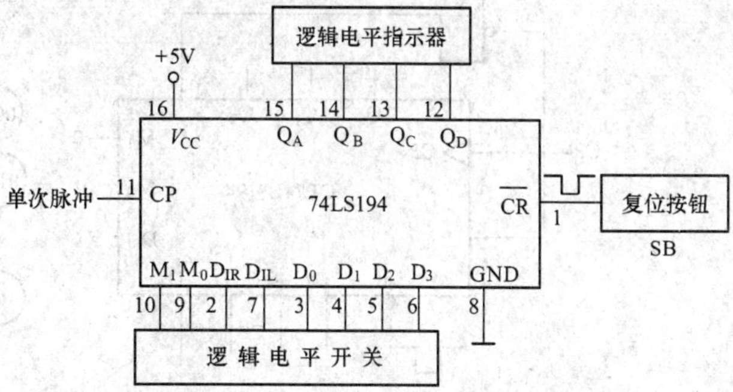

图11-20　74LS194的功能测试图

表11-9　**74LS194的功能测试表**

输入						输出	
$\overline{CR}$	模式		CP	串行	并行	Q_A Q_B Q_C Q_D	功　能
	M_1　M_0			D_{IL}　D_{IR}	A B C D		
0	× ×		×	× ×	× × × ×		
1	1 1		↑	× ×	A B C D		
1	0 1		↑	× 1	× × × ×		
1	0 1		↑	× 0	× × × ×		
1	1 0		↑	1 ×	× × × ×		
1	1 0		↑	0 ×	× × × ×		
1	0 0		×	× ×	× × × ×		

（3）循环右移应用（环形计数器）。

若将图11-20中的D_{IR}端接到Q_D端，在M_1M_0端加预置信号11，将寄存器初始状态预置成$Q_A Q_B Q_C Q_D$=0001。预置信号结束后，将寄存器处于右移工作方式，即置$\overline{CR}=1$，$M_1=0$，$M_0=1$，伴随着时钟脉冲寄存器的内容顺次循环右移一位，每4个时钟脉冲循环一次。所以此电路称为环形计数器。

（二）扭环计数器

（1）构成扭环计数器的原理。

图11-21（a）即扭环计数器电路图。它将Q_3取非后，再送至D_{IR}端。扭环计数器的状态图如图11-21（b）所示。状态图中有两个循环回路，把上面的一个循环作为主循环，就可以实现八进制计数。在电路开始工作之前，在异步清零端$\overline{CR}$加一负脉冲，就可以使扭环计数器的状态变成0000。

该电路的问题是无自启动能力。例如：由于噪声原因，电路一旦离开主循环回路，便不能自动返回了。

（2）七进制扭环计数器。

若将74LS194输出Q_3和Q_2的信号通过与非门加在右移输入端D_{SR}，可构成七进制扭

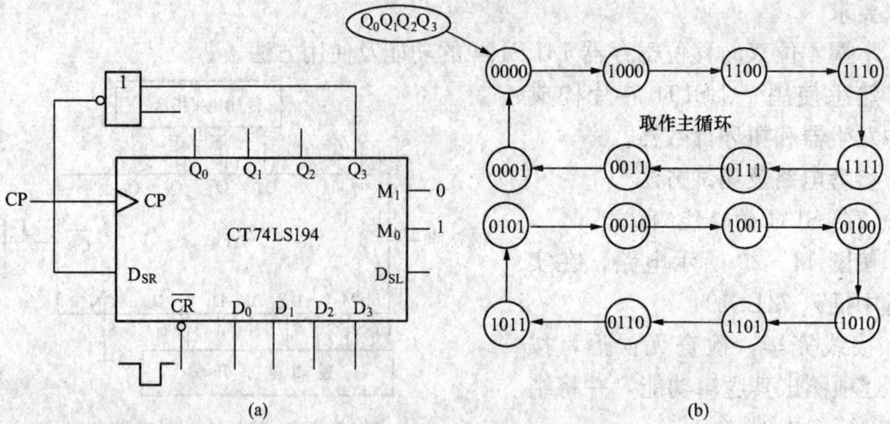

图 11-21　无自启动八进制扭环计数器

（a）电路图；（b）状态图

环计数器，如图 11-22 所示。

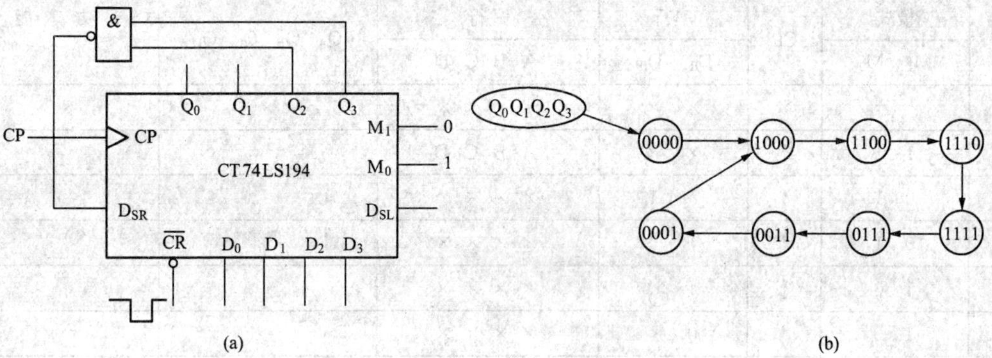

图 11-22　七进制扭环计数器

（a）电路图；（b）状态图

当移位寄存器的第 N 位输出通过非门加到 D_{SR} 端时，则构成 $2N$ 进制扭环计数器；当移位寄存器的第 N 位和第 $N-1$ 位的输出通过与非门加到 D_{SR} 端时，则构成 $2N-1$ 进制扭环计数器。

四、实验仪表及元器件

（1）数字实验系统一台。

（2）4 位双向移位寄存器 74LS194 一片。

五、实验内容

（1）时序脉冲发生器。

①在实验装置上按图 11-20 所示电路搭接好时序脉冲发生器。

②置 CP 脉冲为 1Hz，用四个发光二极管 LED 及示波器观测 $Q_AQ_BQ_CQ_D$ 工作状态。

（2）循环左移寄存器。

①仿照循环右移寄存器搭接好循环左移寄存器电路，并将寄存器 $Q_AQ_BQ_CQ_D$ 初态置为 1000。

②置 CP 为单次脉冲，用四个 LED 发光二极管观测 $Q_AQ_BQ_CQ_D$ 的工作状态。

按图 11-22 要求搭接电路，将四个发光二极管 LED 分别接 74LS194 的 $Q_AQ_BQ_CQ_D$ 端。置 CP 为单次脉冲，用四个 LED 发光二极管观测 $Q_AQ_BQ_CQ_D$ 的工作状态。

(3) 用移位寄存器构成8进制扭环计数器。

①按8进制扭环计数器电路图，在实验室装置上搭接好电路。

②将四个发光二极管LED分别接74LS194的$Q_AQ_BQ_CQ_D$端。置CP为单次脉冲，用四个LED发光二极管观测$Q_AQ_BQ_CQ_D$的工作状态。

(4) 用移位寄存器构成5进制扭环计数器，并用四个LED发光二极管观测$Q_AQ_BQ_CQ_D$的工作状态。

六、报告要求

(1) 整理各项测试结果。

(2) 认真总结本次实验的收获和体会。

训练七　555定时器的应用

一、目的

(1) 熟悉555定时器的工作原理和引脚功能。

(2) 掌握555定时器的各种应用。

二、要求

(1) 掌握运用555定时器构成施密特触发器、单稳态触发器和多谐振荡器的方法。

(2) 了解由555定时器构成压控振荡器的原理。

三、参考电路及测试方法

(一) 施密特触发器

(1) 施密特触发器的实验电路如图11-23所示。按图在实验装置上接好电路。

(2) 接线完毕，检查无误后，接通电源。

(3) 在输入端输入频率为1kHz，幅值为1V的正弦信号u_i，测量对应输出u_o的电压幅值，并用示波器观察其波形，或用发光二极管LED观察输出结果。

(二) 多谐振荡器

(1) 按图8-26所示多谐振荡器在实验装置上接好电路。取$R_1=5.1k\Omega$，$R_2=10k\Omega$，$C_1=0.01\mu F$，$C_2=0.1\mu F$，$V_{CC}=+5V$。

(2) 接线完毕，检查无误后，接通电源。

(3) 用示波器观察输出波形，并测出其频率，或用发光二极管LED观察输出结果。

(三) 单稳态触发器

(1) 单稳态触发器的实验电路如图11-24所示。按图在实验装置上接好电路。

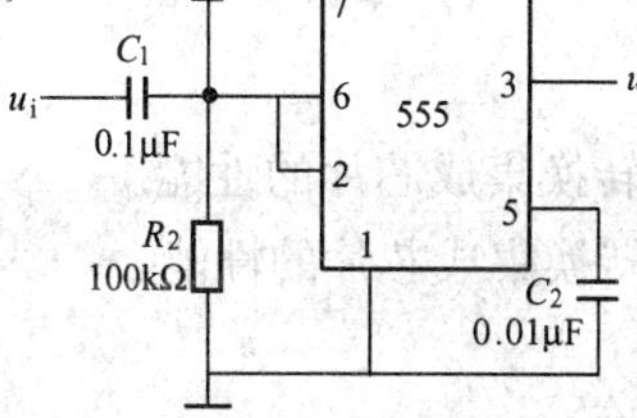

图11-23　施密特触发器

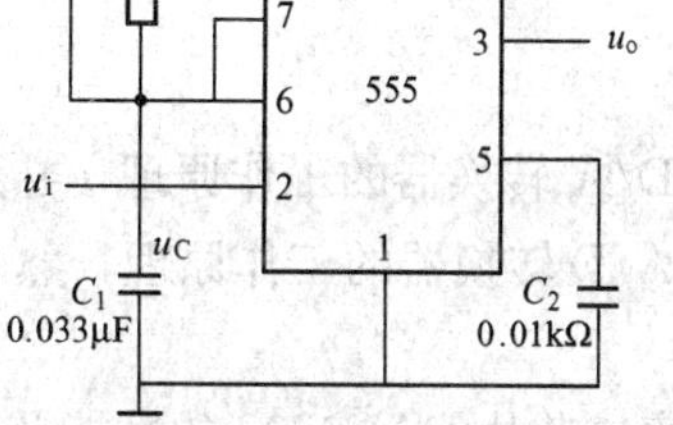

图11-24　单稳态触发器

（2）接线完毕，检查无误后，接通电源。

（3）将上述多谐振荡器的输出波形输入到单稳态电路的2端，用双踪示波器观测输出电压 u_o 和输入电压 u_i 的波形。从大到小地调节 R_P，观察 u_o 和电容 C_1 上的波形，或用发光二极管LED观察输出结果。

四、实验仪表及元器件

（1）数字实验系统一台，双踪示波器一台。

（2）555定时器7555或7556一块，二极管、电位器、电阻、电容自选。

五、实验内容

（一）占空比可调的多谐振荡器

（1）在实验装置上按图11-25搭接好占空比可调的多谐振荡器。

（2）调节 R_P，用示波器观测输出端的振荡波形、振荡频率、幅度和占空比可调范围，并与理论计算值进行比较，或用发光二极管LED观察输出结果。

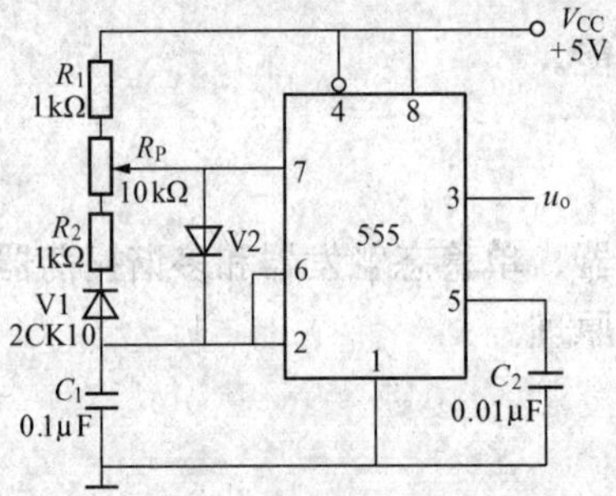

图11-25 占空比可调的多谐振荡器

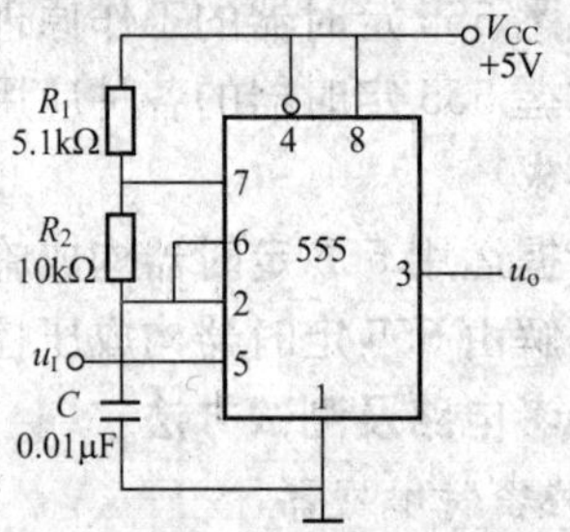

图11-26 压控振荡器

（二）压控振荡器

（1）在图11-26所示电路的控制端（5脚）加入一个0～5V可变的直流电压，构成压控振荡器。

（2）用示波器观测控制端直流电压 u_I 在0～5V范围内变化时，输出频率的变化范围，并画出 u_I 与 f_o 的关系曲线。

六、报告要求

（1）整理各项测试结果，记录各测量电路的被测波形。

（2）分析定时元件对输出波形的影响。

（3）总结实验心得体会。

训练八 D/A和A/D转换器

一、目的

（1）了解D/A转换器的工作原理，熟悉D/A转换集成芯片的性能。

（2）了解A/D转换器的工作原理，熟悉A/D转换集成芯片的性能。

二、要求

（1）掌握集成芯片DAC0832的性能及使用方法。

（2）掌握集成芯片ADC0809的性能及使用方法。

三、参考电路及测试方法

（一）DAC0832的测试

DAC0832测试电路如图11-27所示。测试步骤如下：

（1）将DAC0832芯片插入实验装置上，按图11-27接线。

（2）接线检查无误后，将数字量输入端D_7～D_0置00000000，接通电源，调节运算放大器的调零电位器R_{P1}，使输出电压U_o。

（3）再将数字量输入端DAC0832置11111111，调整R_{P2}，改变运算放大器的放大倍数，使运算放大器输出满量程。

（4）从输入数字量的最低位起，逐位置1，测量输出模拟电压U_o的值。

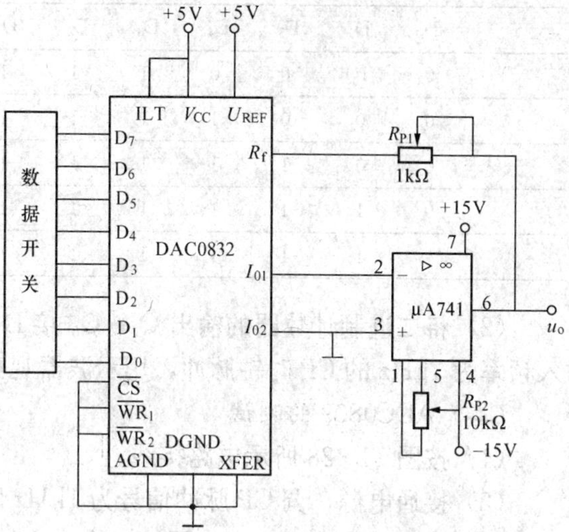

图11-27　ADC0832实验电路

（二）ADC0809的测试

ADC0809测试电路如图11-28所示。

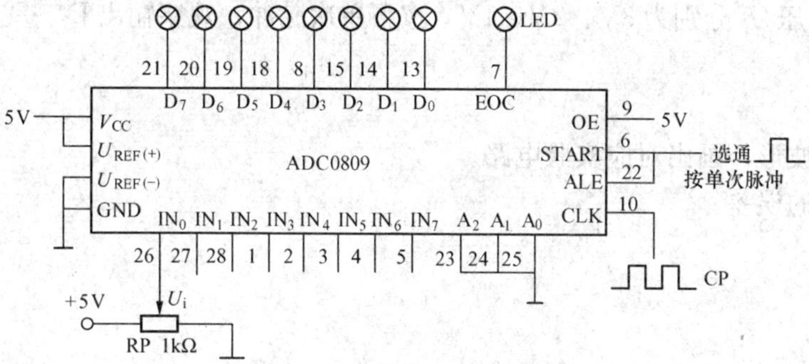

图11-28　ADC0809测试电路

在图中，输出端D_7～D_0分别接发光二极管LED，时钟端CLK接连续脉冲，地址输入端A_2、A_1、A_0接地，输入模拟信号U_i从通道IN_0输入。调节电位器R_P，可以改变输入信号U_i的大小。

四、实验仪表及元器件

（1）数字实验系统，数字万用表一块。

（2）DAC0832、μA741、ADC0809各一片，10kΩ、1kΩ电位器各一只。

五、实验内容

（一）测试DAC0832的特性

（1）按图11-27接线，参照上述测试步骤，测量测量输出模拟电压U_o的值，记入表11-10中，并与理论值进行比较。

表11-10　　ADC0832性能测试表

输入数字量								输出模拟量	
D_7	D_6	D_5	D_4	D_3	D_2	D_1	D_0	实测值	理论值
0	0	0	0	0	0	0	0		
0	0	0	0	0	0	0	1		
0	0	0	0	0	0	1	1		
0	0	0	0	0	1	1	1		

续表

输入数字量								输出模拟量	
D_7	D_6	D_5	D_4	D_3	D_2	D_1	D_0	实测值	理论值
0	0	0	0	1	1	1	1		
0	0	0	1	1	1	1	1		
0	0	1	1	1	1	1	1		
0	1	1	1	1	1	1	1		
1	1	1	1	1	1	1	1		

（2）将二进制计数器的输出 $Q_3\sim Q_0$ 接 DAC0832 $D_3\sim D_0$，并将 $D_7\sim D_4$ 接低电平 0，接入频率为 1kHz 的 CP 时钟脉冲，用示波器观察输出波形。

（二）ADC0809 的测试

（1）按图 11-28 所示电路接线。

（2）接通电源，调 CP 脉冲信号为 1kHz 以上，再置数据开关为 000，调节 R_P，并用万用表测量输入电压 U_i 为 4V，再按一次单次脉冲（指平时处于 0 电平，开始转换为 1），观察输出 $D_7\sim D_0$ 发光二极管的值，并记录下来。

（3）再调节 R_P，使输入电压 U_i 分别为 3V、2V、1V，按下单次脉冲，观察输出 $D_7\sim D_0$ 的值，并记录下来。

六、报告要求

（1）整理所测实验数据和波形，画出对应实验电路。

（2）分析理论值和实际值的误差。

（3）写出心得体会。

第 12 章

电子产品制作工艺

12.1 焊接工艺

12.1.1 焊接工具

一、电烙铁

电烙铁是手工焊接的基本工具，它利用热源熔化焊料、加热被焊金属，使熔融的焊料润湿被焊金属表面并生成合金。随着焊接的需要和发展，电烙铁的种类也不断增多，有外热式电烙铁、内热式电烙铁、恒温电烙铁、吸锡电烙铁等多种类型。

（一）外热式电烙铁

外热式电烙铁是应用最广泛的普通型电烙铁，其外形及结构如图12-1所示。它一般由烙铁头、烙铁芯、外壳、手柄、后盖、电源线和插头等部分组成。烙铁头由导热性好的铜为基体的铜合金材料制成，外热式电烙铁的烙铁头插在导热筒内，用螺丝固定，调节其深度可控制烙铁头的温度。烙铁头的形状和温度对焊接质量影响很大，烙铁头一般有凿式、尖锥式、圆斜面形和圆形等不同的形状，以适应不同焊接面的需要。烙铁头的形状如图12-2所示。

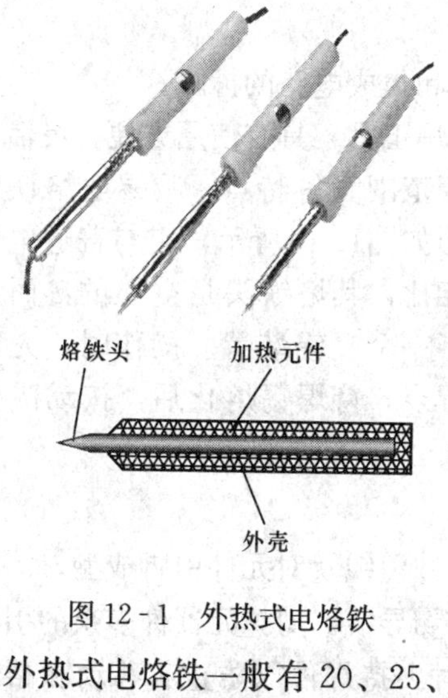

图 12-1 外热式电烙铁

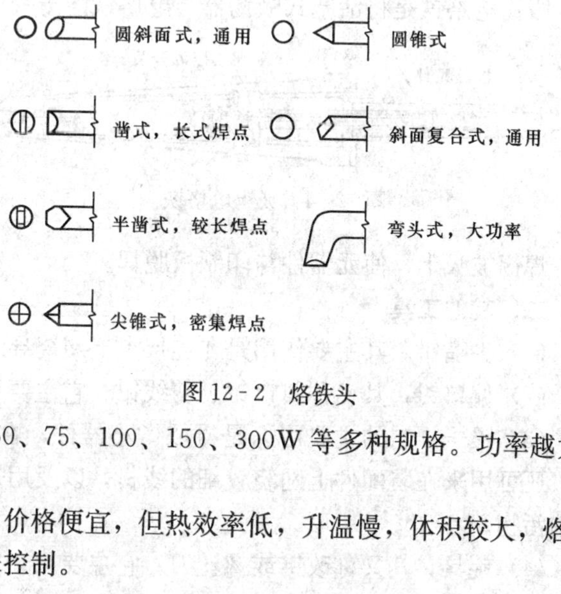

图 12-2 烙铁头

外热式电烙铁一般有20、25、30、50、75、100、150、300W等多种规格。功率越大，烙铁的热量越大，烙铁头的温度越高。

外热式电烙铁的特点是：构造简单，价格便宜，但热效率低，升温慢，体积较大，烙铁的温度只能靠改变烙铁头的长短和形状来控制。

（二）内热式电烙铁

内热式电烙铁的烙铁头套在加热体外面，其热效率高，加热速度快。内热式电烙铁的结构如图12-3所示。烙铁芯采用镍铬电阻丝绕在瓷管上制成，一般 20W 电烙铁的电阻为 2.4kΩ 左右，35W 电烙铁的电阻为 1.6kΩ 左右。常用的内热式电烙铁的工作温度如表12-1所示。

表 12-1 内热式电烙铁工作温度

烙铁功率（W）	20	25	45	75	100
端头温度（℃）	350	400	420	440	455

内热式电烙铁的规格有 20、30、50W 等，主要用于印制电路板的焊接，是手工焊接半导体器件的理想工具。

内热式电烙铁的特点是：体积小、重量轻、升温快、耗电省、热效率高；因其烙铁芯的镍铬电阻丝较细，很容易烧断；另外，瓷管易碎，不耐敲击。

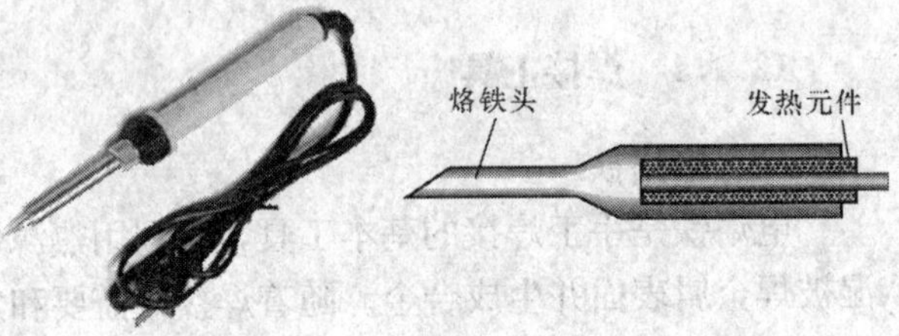

图 12-3 内热式电烙铁

（三）恒温电烙铁

恒温电烙铁的烙铁头温度可以控制，根据控制方式不同，分为电控恒温电烙铁和磁控恒温电烙铁两种。

电控恒温电烙铁采用热电偶检测和控制烙铁头的温度。目前，采用较多的是磁控恒温电烙铁。它的烙铁头内装有一个强磁性全传感器，用以吸附磁芯开关（加热器的控制开关）中的永磁铁来控制通电时间，实现恒温的目的，比普通电烙铁节电 1/2 左右。在焊接温度不宜过高、焊接时间不宜过长的元器件时，应选用恒温电烙铁，但它价格较高。

由于恒温电烙铁的烙铁头始终保持恒温，在焊接过程中焊锡不易氧化，可减少虚焊，提高焊接质量；烙铁头也不会产生过热现象，使用寿命较长。

（四）吸锡电烙铁

吸锡电烙铁主要用来吸掉焊点处的锡，以便于元器件和集成电路的拆除。

吸锡电烙铁是将活塞式吸锡器与电烙铁溶于一体的拆焊工具，具有使用方便、灵活、适用范围宽等特点。吸锡电烙铁的外形如图12-4所示，它与普通电烙铁相比，其烙铁头是空心的，而且多了一个吸锡装置。操作时，先加热焊点，待焊锡熔化后，按动吸锡装置，焊锡被吸走，使元器件与印制板脱焊。

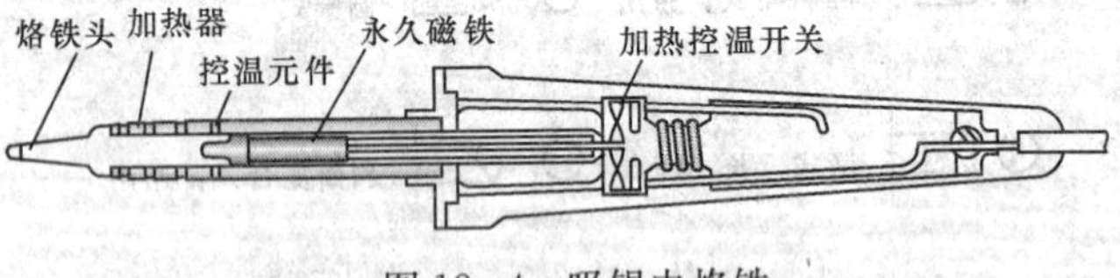

图 12-4 吸锡电烙铁

二、其他工具

（1）尖嘴钳。其主要作用是在连接点上网绕导线、元件引线及对元件引脚成型。

（2）偏口钳，其又称斜口钳、剪线钳。它主要用于剪切导线，剪掉元器件多余的引线。

（3）镊子。它的主要用途是摄取微小器件，在焊接时夹持焊件以防止其移动和帮助散热，还可用来在装配件上网绕较细的线材，以及用来夹蘸有汽油或酒精的小团棉纱清洗焊点上的污物。

（4）旋具。其又称改锥或螺丝刀。它主要用于拧动螺钉及调整可调元器件的可调部分。

(5) 小刀。其主要用来刮去导线和元件引线上的绝缘物和氧化物，使之易于上锡。

三、电烙铁的选用及使用

(一) 电烙铁的选用

选用电烙铁的功率应根据被焊接元器件的大小、导线的粗细和焊接面的大小等方面来选择。如在印制电路板上焊接小功率晶体管、集成电路和小型元器件时，可选用 20～30W 的电烙铁；焊接面积较大时，可选用 50W 的电烙铁；焊接较粗导线及同轴电缆、大面积散热点、大型元器件时，可考虑选用 75～100W 电烙铁。

烙铁头的形状要适应被焊件物面要求和产品装配密度。

(二) 电烙铁的使用

(1) 电烙铁的握法。根据电烙铁的大小、形状和被焊件的要求等不同情况，电烙铁的握法分为三种，如图12-5所示。

1) 反握法，如图12-5 (a)所示。此法用五指把电烙铁的柄握在掌内，适用于大功率电烙铁，焊接散热量大的被焊件。

2) 正握法，如图12-5 (b)所示。此法适用于较大的电烙铁，弯形烙铁头的一般也用此法。

3) 握笔法，如图12-5 (c)所示。此法用握笔的方法握电烙铁，适用于小功率电烙铁，焊接散热量小的被焊件，如焊接及维修收音机、电视机的印制电路板等。

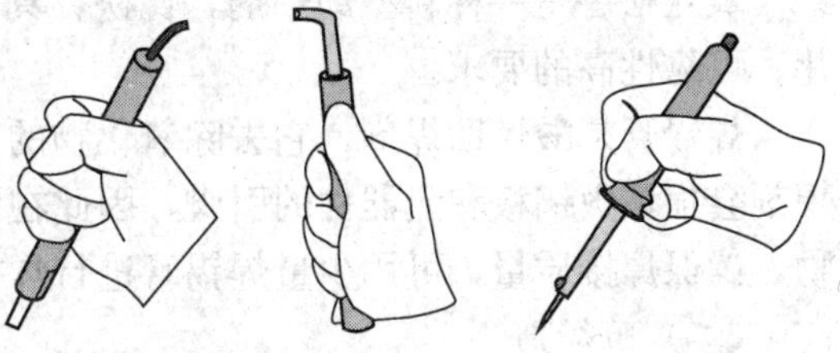

图 12-5　电烙铁的握法
(a) 反握法；(b) 正握法；(c) 握笔法

(2) 电烙铁使用前的处理。烙铁头在使用前要用锉刀去掉烙铁头表面的氧化物，接通电源，应先用含松香的焊锡丝摩擦烙铁头，使烙铁头挂上一层薄锡，这样可防止烙铁头长时间加热被“烧死”而不“吃锡”的情况出现。

(3) 烙铁头长度的调整。电烙铁的功率选定后，已基本能满足焊接温度的要求。工作中还可通过调整烙铁头的长度来调整烙铁头的温度，烙铁头向前调整温度降低，向后调整则温度升高。

12.1.2　焊料、焊剂

一、焊料

能熔合两种或两种以上的金属，使之成为一个整体的易熔金属或合金叫做焊料。焊料的性质、成分对于保证产品的焊接质量具有决定性的影响。焊料的种类很多，按成分可分为锡铅焊料、银焊料、铜焊料等，按耐温情况可分为高温焊料、低温焊料以及低熔点焊料等。

在一般电子产品装配中，通常使用锡铅焊料，俗称焊锡。焊锡大多是锡和铅的合金，具有熔点低、流动性好、对元器件和导线附着力强、机械强度高、不易氧化、抗腐蚀性好等优点。

焊锡按含锡量的多少可分为 15 种，按含锡量和杂质的化学成分分为 S、A、B 三个等级。手工焊接常用丝状焊锡。焊锡丝有直径为 0.8、1.0、1.2、1.5mm 等多种规格，可根据被焊接件的大小和形状等进行选用。

二、助焊剂和阻焊剂

(一) 助焊剂

助焊剂的作用是在焊接时去除被焊金属表面的氧化物及杂质，并在焊接加热时包围金属的表面，使之与空气隔绝，防止金属在加热时氧化，增加焊锡的流动性，提高焊点的质量。助焊剂一般由活性剂、树脂、扩散剂和溶剂四部分组成。

松香或松香酒精溶液助焊剂是中性焊剂。焊接时，松香可以除去焊件表面的氧化物，从而达到助焊的目的；焊接后，在焊点表面形成一层松香薄膜，可保护焊点表面不被氧化。松香的助焊能力和电气绝缘性能好、不吸潮、无毒、无腐蚀、成本低、容易清洗、无污染等优点，在电子线路的焊接中被广泛采用。

应该注意：松香反复加热后会炭化（发黑）而失效，因此发黑的松香不起作用。

氧化松香是一种新型助焊剂，比松香具有更多的优点，能满足电子产品的超密度、小型化、可靠性高的要求。

焊锡膏是酸性助焊剂，它去除氧化物的能力很强，但对金属有腐蚀作用，残存的酸性助焊剂会损坏敷铜板和元器件的引脚，因此在电子线路的焊接中很少使用。有时为了清除氧化物，确保焊接质量，可用少量焊锡膏进行焊接，但焊接后应及时用酒精清洗干净。

(二) 阻焊剂

在对印制电路板进行手工焊接和自动焊接时，需要焊接的只是焊点部分，但实际焊接时，往往会造成和其他部分搭接、短路等问题，特别是在焊接高密度的电子产品时，这个问题尤为严重。为克服上述缺点，采用阻焊剂是十分必要的。

阻焊剂是一种耐高温、附着力较强的阻焊涂料。将它涂在印制电路板上不需要焊接的地方，将焊料限制在焊盘（焊点）上，从而有效地防止了不需要焊接的导线间的搭接、短路等，起到阻焊的作用；同时保护印制板在焊接时受到的热冲击小，不易起泡。

使用阻焊剂时，必须根据被焊件的面积大小和表面状态适量施用。用量过小则影响焊接质量；用量过多，阻焊剂残渣将会腐蚀元件或使电路板绝缘性能变差。

12.1.3 焊接工艺

一、焊点质量要求

在电子产品装配中，要保证焊接的高质量，否则会影响电子设备稳定可靠地工作。一个良好焊点的产生，除了焊接材料具有可焊性，焊接工具（即电烙铁）功率合适，采用正确的操作方法外，最重要的是操作者的技能，只有经过相当长时间的焊接练习，才能掌握焊接技术。

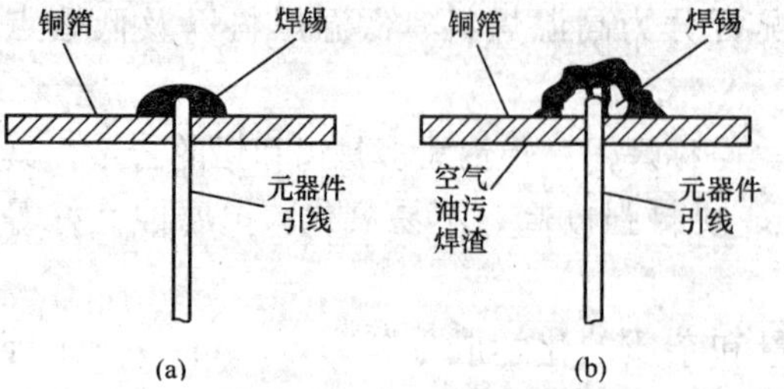

图 12-6 焊点质量要求
(a) 符合要求；(b) 虚焊

焊点要有足够的机械强度，保证被焊件在受振动或冲击时不致脱落、松动。焊接可靠，具有良好导电性，必须防止虚焊。不能用过多焊料堆积，这样容易造成虚焊和焊点与焊点的短路。焊点表面要光亮、清洁、呈扁圆形，不应有毛刺、空隙和污垢，且焊锡与引线、焊盘间紧密结合而成为不可分割的整体，如图12-6 (a)所示。

有些焊点表面看来焊锡包住了导线，似乎也焊牢了，但这些焊点大都表面粗糙，内部有空气、油污及焊渣，实际上并没有焊牢，如图12-6（b)所示。这些焊点会出现接触不良，出现虚焊。造成虚焊的主要原因有：元器件引脚、导线、铜箔等没有做好清洁工作；焊接时间太短，电烙铁温度不够，焊锡冷却过程中引线抖动等。

二、焊接的操作步骤

（一）焊前准备

（1）净化焊接金属表面。焊接前，必须对焊件表面进行清洁处理。清洁焊件表面的氧化层或污物，可用酒精擦洗，或用刀刮或细砂纸磨，然后沾上松香焊剂并镀上锡。对于很细的导线，可用烙铁头沾上锡，将其压在有松香的木板上，边烫边轻擦，直至导线表面涂上锡为止。对于多股导线，应先剥去绝缘皮，并将导线拧在一起后进行镀锡。

大多数晶体管和集成电路的引脚都已镀金或镀锡，可直接进行焊接。如引脚已氧化或沾污时，也需做清洁处理。集成电路引脚一般由铁镍铬合金组成，在清洁处理时，不可将表面镀层刮掉，否则会造成虚焊。

（2）安装并检查元器件。首先要熟悉所焊印制电路板的装配图，对照印制电路板的装配图，检查元器件型号、规格及数量是否符合图纸要求，并做好装配前元器件引线成型等准备工作。此时应注意元器件的极性、集成电路的型号和方向等，管脚不能插错。

（二）焊接顺序

元器件焊接顺序依次为：电阻器、电容器、二极管、三极管、集成电路、大功率管，其他元器件为先小后大。

（三）焊接操作步骤

（1）准备阶段。右手拿电烙铁，烙铁头上应熔化少量焊锡，左手拿焊锡丝，烙铁头和焊锡丝同时移向焊接点，处于随时可焊接状态。

（2）加热焊接部位。用烙铁头同时加热元器件引脚和焊盘，如图12-7所示。

（3）放上焊锡丝。当焊盘和元器件表面加热到焊锡熔化的温度时，立即将左手中的焊锡丝放到焊接部位，熔化焊锡丝，使之熔为一体。

（4）先移开焊锡丝。当焊锡丝熔化到一定量后，迅速撤离焊锡丝。

（5）移开电烙铁。当焊料的扩散范围达到要求后，迅速移开电烙铁。撤走电烙铁时手腕动作要快。在焊锡凝固后，元器件的引脚才能动，以防止焊点出现裂纹而影响焊接质量。

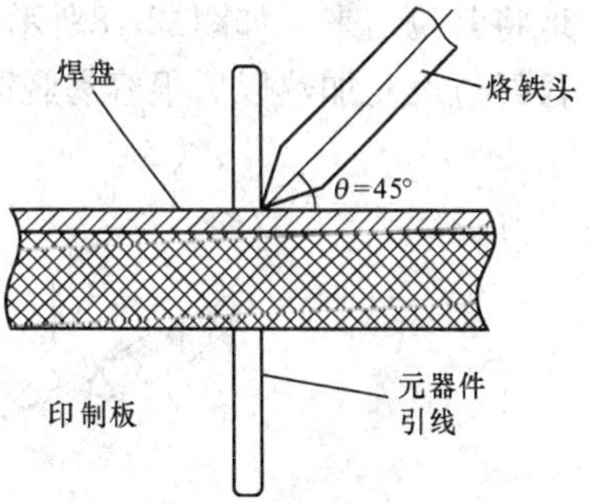

图12-7 焊接示意图

烙铁头以斜上方45°角方向撤离，这样可使焊点圆滑，并且烙铁头只能带走少量焊料。

（四）焊接注意事项

（1）焊接的温度要适当。合适的焊接温度是提高焊点质量的保证。焊接温度过低时，焊锡流动性差，容易凝固，助焊剂不能充分发挥作用，容易形成虚焊；温度过高时，使焊锡流淌，焊点存不住锡，容易造成和邻近电路的短路。另外焊剂分解速度加快，会加速金属表面氧化，导致印制电路板上的焊盘脱落。通常要求烙铁头的温度略高于焊锡的熔点。

（2）焊接的时间要适当。焊接的整个过程从加热被焊部位到焊锡熔化并形成焊点，一般在几秒钟之内完成，如果是印制电路板的焊接，一般以 2～3s 为宜。烙铁头与焊盘的接触时间应以使焊点光亮、圆滑为宜。如被焊处沾不上锡，或成“豆腐渣”状时，则说明焊接时间太短，容易形成虚焊。这时，只要烙铁头在焊盘上多停留一会儿就可以；但焊接时间不能太长，否则，会使焊点表面氧化，造成焊点表面粗糙、发黑不光亮等缺陷，同时易烫坏元器件或使印制电路板上的铜箔翘起。因此，一次没有焊好时，应稍停片刻再焊。每个焊点最好一次成功。

(3) 焊料的使用应适当。手工焊接使用的焊锡丝本身带有一定量的焊剂，焊接时不必再使用其他焊剂。焊接时还应注意焊锡的使用量，焊锡使用量以能包住被焊物体并形成一个圆滑的焊点为宜。焊锡过多，焊点太大，影响美观，而且多余的焊锡会流入元器件管脚的底部，可能造成管脚之间的短路或降低管脚之间的绝缘；若焊锡使用量过少，易使焊点的机械强度降低，焊点不牢固。

(4) 焊点凝固过程中不要触动焊点。焊接时，必须扶稳元器件，特别是在电烙铁移走后焊锡凝固的过程中，此时即使有微小的振动也会使焊点变形，造成虚焊。

(5) 对于抗热性差的元器件（如三极管），应使用镊子等帮助散热，同时应注意烙铁在一个焊点上停留的时间不能过长，以免造成焊盘的剥离和元器件的损坏。

(6) 在焊接 MOS 器件时，必须使用接地的电烙铁，或断开电源后再焊，以免烙铁的漏电流产生感应高压而击穿 MOS 管。

(7) 金属化孔和双面板焊接时，焊锡不仅要注满孔的内部，而且要充分流到元器件另一面的焊盘上，因此焊接时应充分加热，以保证双面板两面的焊点光滑、可靠。

（五）拆焊

在电子产品的调试、维修过程中，常需要更换一些元器件，对元器件进行更换时就需拆焊。拆焊方法不当，往往会造成元器件的损坏、印制导线的断裂或焊盘的脱落。

对于一般电阻器、电容器、晶体管等管脚不多的元器件，可以采用电烙铁直接进行分点拆焊。方法是一边用烙铁加热元器件的焊点，一边用镊子或尖嘴钳夹住元器件的引线，轻轻地将其拉出来，如图12-8所示。但这种方法不宜在一个焊点上多次使用，因印制导线和焊盘经过反复加热以后很容易脱落，造成印制板的损坏。

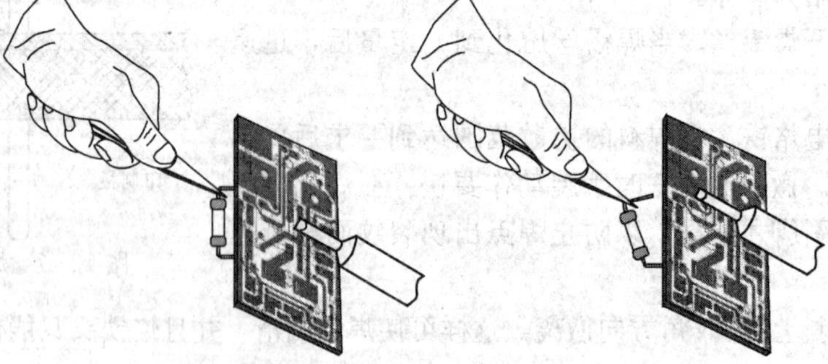

图 12-8 分点拆焊示意图

在拆卸多个引脚的集成电路或中等元器件时，一般有以下几种方法：

(1) 采用专用工具。采用专用烙铁头、拆焊专用热风枪等专用工具，可将所有焊点同时加热熔化后取出插孔，对表面安装元件用热风枪拆焊更有效。专用工具拆焊速度快，操作方便，不易损伤元器件和印制板的铜箔。

（2）采用吸锡烙铁或吸锡器。吸锡烙铁或吸锡器在拆焊元器件时必须逐个焊点除锡，并且要及时清除吸入的锡渣。吸锡器与吸锡烙铁拆焊原理相似，但吸锡器自身不具备加热功能，需与烙铁配合使用。拆焊时先用烙铁对焊点进行加热，待焊锡熔化后再使用吸锡器除锡。

（3）用吸锡材料。在没有专用工具和吸锡烙铁时，可采用屏蔽线纺织层、细铜网以及多股导线等吸锡材料进行拆焊。操作方法是：吸锡材料浸上松香水贴到待拆焊点上，用烙铁头加热吸锡材料，经吸锡材料传热使焊点熔化。熔化的焊锡被吸附在吸锡材料上，取走吸锡材料后焊点即被拆开。此方法简便易行，且不易损坏印制板，其缺点是拆焊后的板面较脏，需要用酒精等溶剂擦拭干净。

12.1.4 SMT

随着电子工业的发展，电子整机产品正朝着多功能、小型化、高可靠性方向发展。表面安装技术（SMT）正是为了适应这种发展需要而出现的一种新型组装技术。目前，表面安装技术已在计算机通信、军事、工业自动化、消费类电子产品等领域获得了广泛应用。

一、SMT的特点

表面安装技术是把无引线或短引线的小型化的表面安装元器件，直接贴装在印制板的焊接面上，印制板不需要钻孔。电子产品采用表面安装技术后，与传统的通孔插装技术相比，具有如下优点：

（1）表面安装技术可实现高密度组装，与通孔插装技术相比可节约印制面积60%～70%，重量可减轻70%～90%。

（2）提高产品的可靠性。表面安装元器件本身的可靠性高，且印制板上无引线孔，采取直接贴装方式，使产品具有良好的耐机械冲击和耐振动能力。表面安装技术采用了新的焊接工艺——再流焊，提高了焊接质量。另外，表面安装元器件无引线或短引线，使电路的信号联合路径缩短，分布参数大大减小，改善了电路的高频性能。

（3）适合自动化生产。在表面安装技术中，由于表面安装元器件外形很规则，且体积小、重量轻，采用自动贴装机不需要加大印制板面积，还可以提高元器件安装密度及安装的自动化程度。

（4）降低了生产成本。表面安装元件无引线或短引线，在生产过程中减少了引线制造、成形、剪切等工序，不仅节约了工时，还节约了大量的铜材；表面安装不需要在印制板上钻孔，与通孔插装相比印制板面积相应减小，可节省基板材料和互连材料；另外表面安装的自动化生产大大提高了生产效率。这些都有效地降低了生产成本。

二、SMT的基础材料

（一）表面贴装元件（SMD）

凡适合表面贴装的微小型、无引线或短引线的元器件均称为表面贴装元件，又称片式元件。

表面贴装元件按功能分为片式无源元件和片式有源元件。片式无源元件如电阻器、电感器、电容器和复合元件（电阻网络、滤波器、谐振器）等；片式有源元件如分立器件、集成组件等；片式机电元件如片式开关、片式继电器等。片式元件按其形状可分为矩形、圆柱形和不规则形状等。

（二）SMT电路基板

SMT电路基板按材料不同可分有无机材料和有机材料两大类。

(1) 无机材料电路基板主要为陶瓷电路基板，主要用于厚、薄膜混合集成电路、多芯片微组装电路中。

陶瓷电路基板比有机材料电路基板具有更好的耐高温性能，表面粗糙度好，化学稳定性好，耐腐蚀。但陶瓷电路基板难于加工成大而平整的基板，难以适应自动化生产的需要；陶瓷材料的介电常数高不适合用作高速电路基板；另外，陶瓷电路基板的价格较贵，一般的表面安装难以承受。

(2) 有机材料电路基板有环氧玻璃纤维电路板、聚酰亚胺玻璃纤维电路板、环氧芳族聚酰胺纤维电路板等。

目前，电子产品中应用最广的是环氧玻璃纤维电路板，可用作单面、双面和多层印制电路板。这种电路基板有良好的强度和延展性。环氧玻璃纤维电路板作电路基板的制造工艺成熟，单块电路基板的尺寸基本不受限制，电性能、热性能和机械强度均能满足一般电路的要求。但环氧玻璃纤维电路板的热膨胀系数比较高，一般不在这种板上安装大尺寸的片式元件。环氧玻璃纤维电路板的热膨胀系数与无引线陶瓷芯片载体的热膨胀系数不匹配，不能在这种基板上组装无引线陶瓷芯片载体。

(三) 表面贴装技术对印制板的要求

(1) 采用表面贴装技术后，元器件安装密度提高，印制板面积减小，印制板的布线密度提高，线条宽度减小为0.12～0.15mm，导线间距减小为0.12～0.2mm，甚至为0.08mm。

(2) 表面贴装用电路板，使用再流焊接后还可能需要进行波峰焊接，因此电路板的焊盘表面需要锡铅合金覆盖层，并具有良好的可焊性。电路板要求表面平整，尽量减小翘曲、扭曲度。

(3) 目前，许多印制电路板采用表面贴装与穿孔插装相混合的装配方式，这不仅要求印制电路板的密度、精度要高，而且还要求印制板的通孔尺寸要小，一般穿孔直径为0.3～0.6mm，焊盘的圆环最小宽度可达0.25mm左右。

(4) 印制板上用于贴装的定位孔尺寸精度要高，一般允许误差仅为0.025～0.03mm。

三、SMT工艺流程

(一) SMT的安装方式

表面安装方式分为单面混合安装、双面混合安装和完全表面安装三种。

(1) 单面混合安装采用单面印制电路板和双波峰焊接工艺。根据表面安装元件的粘贴顺序有两种不同形式，先贴法的特点是工艺简单、安装密度低；后贴法的特点是工艺较复杂，安装密度高。

(2) 双面混合安装采用双面印制电路板、双波峰焊接或再流焊工艺。这种安装方式分为两种，一种是把表面贴装元件（SMD）和通孔插装元件（THC）都放在印制板的A面，工艺较复杂，组装密度高；另一种是把THC放在A面，SMD放在A、B两面，这种组装方式组装密度相当高。

(3) 完全表面安装分为单面表面安装和双面表面安装两种安装方式，单面安装采用单面印制电路板，双面安装采用双面印制电路板在两面安装SMD，安装密度更高。此类安装方式是在细线图形印制板或陶瓷基板上，采用细间距器件运用再流焊工艺进行组装的。

(二) SMT的焊接工艺

(1) 波峰焊工艺。在SMT中的波峰焊中，一般采用双波峰焊接工艺，以避免采用单波峰焊接时出现的质量问题，如漏焊、桥接和焊缝不充实等缺陷。

（2）再流焊工艺。再流焊是先将焊料加工成粉末，并加上液态粘合剂，使之成为有一定流动性的糊状焊膏，用它将元器件粘在印制板上，通过加热使焊膏中的焊料熔化而再次流动，达到将元器件焊接到印制板的目的。

再流焊的加热方法有红外线加热、热风加热、热板加热、激光加热、加热工具（如热棒）等多种形式。

12.2 印制电路板的设计及制作

12.2.1 印制板设计原则

在电子产品的设计、制造和安装过程中，印制电路板起着支撑和连接各种电子元器件和集成电路的作用。随着电子技术的迅速发展，电子元器件从分立元器件向中、大规模集成电路方向发展，使得电子产品更趋于小型化、轻量化和高功能化。因此，印制电路板质量的优劣对电子产品质量的影响也越来越大。

印制电路板的基板是在环氧树脂布板上覆盖铜箔而制成的。根据铜箔层的多少可将印制电路板分为单面板、双面板和多层板等。采用单面印制电路板时，元器件装在正面，引脚焊在反面的铜箔连线上。采用双面板时，两面都有连线，元器件仍装在正面。多面板表面看来像双面板，实际上其中间有多层连线，层间用绝缘材料隔开后粘合形成的。

印制电路板的设计方法通常有两种：一种是人工设计，另一种是计算机辅助设计（CAD）。无论采用哪种方法，都必须符合电原理图中的电气连接以及电气、机械性能的要求。

一、印制电路板设计的基本原则

（一）电气连接准确

印制电路板上布设印制导线的电气连接必须与电原理图相符。如因布线的局限以及出于对电气或机械性能的考虑，如功率元件或较重的机电器件的安装，在印制电路板上不便布设而需另加连线时，应在电气装配图中标出，并说明其连接的方式。

（二）电子元器件和集成电路的布局要合理

根据电原理图的要求，应按照信号的流程合理安排各功能单元电路的位置，使布局便于信号流通，并使信号流向尽可能保持一致。一般情况下，信号流向应从右到左，从输入级到输出级。

（三）元器件排列应均匀、整齐、紧凑

每个单元电路，应以核心器件为中心，围绕它进行布局。元器件应尽可能平行或垂直排列，集成电路的方向应一致，应尽量减少和缩短各单元电路之间的连线和引线。印制电路板引出线的数量应尽量少，以减少插头和插座触头的数目，提高工作可靠性。位于边缘的元件，离印制电路板边缘的距离至少应大于2mm（一般应空出5～10mm），以便于印制板的固定。

发热量较大的元件，应加装散热器，或尽可能放置在有利于散热的位置以及靠近机壳处。对于比较大、重的元件，要另加支架或紧固件，不能直接焊在印制电路板上。热敏元件要远离发热元件。可调器件布置时，要考虑到调节方便。

对称式的电路，如推挽功放、差动放大器、桥式电路等，应注意元件的对称性，尽可能使其分布参数一致。

（四）信号线、电源线和地线之间的布局应合理

布线时应首先考虑信号线，信号线应尽量短，以减少干扰。电源线和地线的长度可以不受限制。易受干扰的元件应加屏蔽。在一块印制板上，如同时存在模拟电路和数字电路时，应考虑将数字地和模拟地分开而自成回路，最后引到公共地线上去。

（五）印制电路图和印制电路板的比例

印制电路图和印制电路板一般取 3 种比例，即 1∶1、2∶1 和 3∶1，通常取 2∶1。取 2∶1时，印制电路图的尺寸、元器件位置的大小及相互间的间距、焊盘和元器件引脚插孔的直径都应增大 1 倍。

二、印制电路板的设计技巧

（一）布线技巧

布线面的选择顺序应是单面、双面和多层。双面板应采取两面布线，一面以横线为主，另一面则以竖线为主。有时也采用斜交或弯曲走线，以避免互相平行，减小耦合。在同一面板上布线的原则是：

（1）布线要短，尤其是晶体管的基极、高频引线、高低电位差比较大而又相邻近的引线，要尽可能的短，间距要尽量大，以免发生信号反馈或相互干扰。

（2）一般将公共地线布置在边缘部位，边缘应留有一定距离，一般不应小于 2mm，便于将印制电路板安装在机壳上。

（3）高频元件和高频引线一般布置在中间，以减小它们对地和机壳的分布电容。

（4）导线拐弯处的外拐角应成圆形或圆弧形，以免在高频电路和布线的高密度区的绝缘电阻和耐压等下降，弯处圆弧半径 R 应大于 2mm。

（二）导线宽度和间距

印制导线的宽度主要由流过它的电流大小来决定，1mm 宽的印制导线允许通过的电流可按 200mA 计算。在布线密度允许的条件下，应尽量加宽导线的宽度，一般取 1.0～1.5mm 左右。电源线和地线应尽可能宽些，提高可靠性。

导线间距的确定，应考虑最坏的工作条件下导线间的绝缘电阻和击穿电压。导线越短，间距越大，则绝缘电阻按比例增加。实验证明，导线间的距离为 1.5mm 时允许电压为 300V；间距为 1mm 时允许电压为 200V。通常导线间距取 1.0～1.5mm。

（三）焊盘大小

焊盘是装焊元器件的地方，焊盘中心为元器件的引脚插孔，其孔径应比所焊接的元器件引脚的直径略大一些，以便于插装元器件。但孔径也不能太大，否则在焊接时不但用锡多，而且会由于元器件的引脚松动而造成虚焊。小功率电子元器件和集成电路的引脚孔直径 d 一般在 0.8～1.2mm 之间。焊盘的外径 D 一般应比引脚孔径直径大 1.3mm 以上，即 $D \geqslant (d+1.3)$ mm。如果外径太小，则焊接时焊盘容易脱落；太大则影响布线密度。

12.2.2 印制电路板的制作方法

一、印制电路板的手工制作方法

（一）选择敷铜板，清洁板面

根据电路要求，裁好敷铜板的尺寸和形状，然后用细水磨砂纸将敷铜板打磨，加入少量去污粉将铜箔面磨亮，再用布擦干净。

（二）复印电路和描板

将设计好的印制电路图用复写纸复印在敷铜板上，用毛笔或直线笔蘸调和漆按复印电路图描板。描板要求线条均匀，焊盘要描好。

注意复印过程中，电路图一定要与敷铜板对齐，并用胶带纸粘牢，等到用铅笔或复写笔描完图形并检查无误后再将其揭开。

（三）腐蚀电路板

腐蚀液一般为三氯化铁的水溶液，按一份三氯化铁、二份水的比例配制而成。腐蚀液应放置在玻璃或陶瓷平盘容器中。描好的线路板待漆干后，放入腐蚀液中。通过加温和增加三氯化铁溶液的浓度，可加快腐蚀速度。但温度不可超过50℃，否则会损坏漆膜。还可以用木棍子夹住电路板轻轻摆动，以加快腐蚀速度。腐蚀完成后，用清水冲洗线路板，用布擦干，再用粘有稀丙酮的棉球擦掉保护漆，铜箔电路就可以显露出来。

（四）修板

将腐蚀好的电路板再一次与原图对照，用刀子修整导电条的边缘和焊盘，使导电条边缘平滑无毛刺，焊点圆滑。

（五）钻孔和涂助焊剂

按图样所标尺寸钻孔。孔必须钻正，孔一定要钻在焊盘的中心，且垂直板面。钻孔时一定要使钻出的孔光洁、无毛刺。

打好孔后，可用细砂纸将印制电路板上铜箔线条擦亮，并用布擦干净，涂上助焊剂。涂助焊剂的目的是容易焊接、保证导电性能、保护铜箔、防止产生铜锈。

防腐助焊剂一般是由松香、酒精按互1：2的体积比例配制而成的溶液，将电路板烤至烫手时即可喷、刷助焊剂。助焊剂干燥后，就得到所要求的电路板。

二、印制电路板的工业化生产简介

在产品批量生产时，印制电路板的生产则需专业化生产厂家完成。工业化生产通常包括照相、制版、钻孔、孔金属化、图形光亮电镀铜、电镀锡铅合金、蚀刻、热熔、印制电路板插头镀金、丝网漏印阻焊层和字符等工序。随着电子计算机的发展，不但增加了对印制电路板的需求量，而且也促进了印制电路板的设计、制造和检测技术的进步。目前，计算机辅助设计（CAD）、计算机辅助制造（CAM）、计算机辅助测试（CAT）都已进入了印制电路工业领域，确保印制电路板的质量。

12.3 电子产品的安装、调试和电路故障检查常用方法

12.3.1 电子元器件的引线成型和安装

一、元器件引线成型工艺

为了方便地将元器件插到印制板上，提高插件效率，应预先将元器件的引线加工成一定的形状，元器件引线加工形状有卧式和竖式，如图12-9和图12-10所示。图12-9中（a）、（b）、（c）为卧式安装的折弯成型，（d）、（e）、（f）为立式安装的折弯成型。

在成型工艺中应注意以下几点：

（1）引线弯折处离根部至少要有2mm。

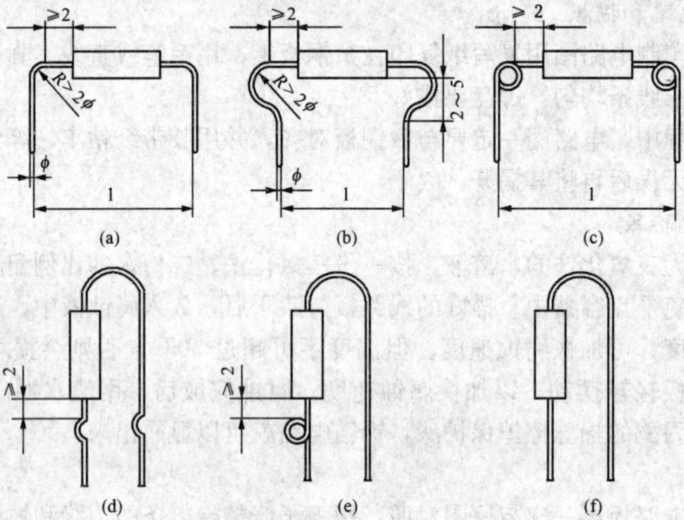

图 12-9 元器件引线折弯成型

(a)、(b)、(c) 卧式安装；(d)、(e)、(f) 立式安装

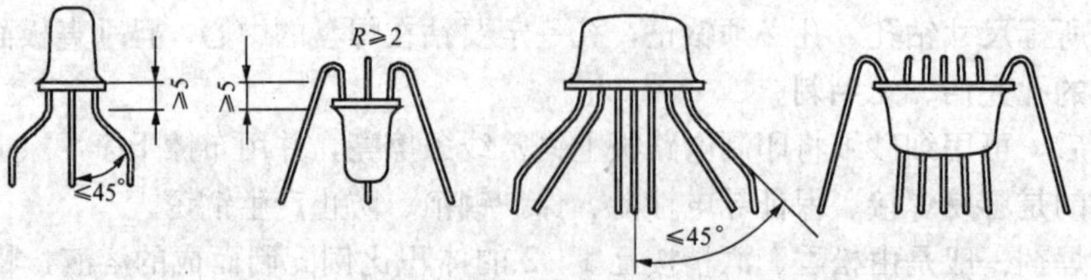

图 12-10 二极管、三极管的引线折弯成型

(2) 弯曲处的圆角半径 R 应要大于 2 倍的引脚直径，以减小机械应力，防止引线折断或被拔出。

(3) 引线成型后其标称值应处于方便查看的位置。

(4) 元件安装时与印制板保持 2～5mm 的距离。

折弯所用的工具在工厂大批量生产时用自动折弯机、手动折弯机和手动绕环器等，实验室条件下一般使用圆嘴钳，使用圆嘴钳折弯时应注意勿用力过猛，以免损坏元器件。

二、元器件的插装方法

(一) 元器件安装的技术要求

(1) 元器件安装应遵循先小后大、先低后高、先里后外、先一般元器件后特殊元器件的基本原则。

(2) 对于电容器、三极管等立式插装元件，应保留适当长的引线。引线太短会造成元件焊接时因过热而损坏；太长会降低元器件的稳定性或者引起短路。元器件间的间距不能小于 1mm，引线间隔要大于 2mm。插装过程中，应注意元器件的电极极性，有时还需要在不同电极上套上相应的套管。

(3) 元器件引线穿过焊盘后应保留 2～3mm 的长度，以便沿着印制导线方向将其打弯固定。

(4) 安装水平插装的元器件时，应使标记号和色码向上，且方向一致，易于辨认。

（5）插装体积、重量较大的大容量电解电容器时，应采用胶粘剂将其底部粘在印制电路板上或用加橡胶衬垫的办法，以防止其歪斜、引线折断或焊点焊盘的损坏。

（6）插装CMOS集成电路、场效应晶体管时，操作人员须戴防静电腕套进行操作。

（7）元器件的引线直径与印制板焊盘孔径应有0.2～0.3mm的间隙。太大了，焊接不牢，机械强度差；太小了，元器件难以插装。

（二）元器件在印制电路板上插装

（1）一般元器件的装置方法。电子元器件种类繁多，结构不同，引出线也多种多样，因而元器件的插装形式也就有差异，但必须根据产品的要求、结构特点、装配密度及使用方法来决定。

焊接在印制电路板上的一般元器件，以板面为基准，装置方法通常有直立式和水平式两种。直立式装置是将元器件垂直装置在印制电路板上，其特点是装配密度大、便于拆卸，但机械强度较差，元器件的一端在焊接时受热较多。直立式装置示意图如图12-11所示。

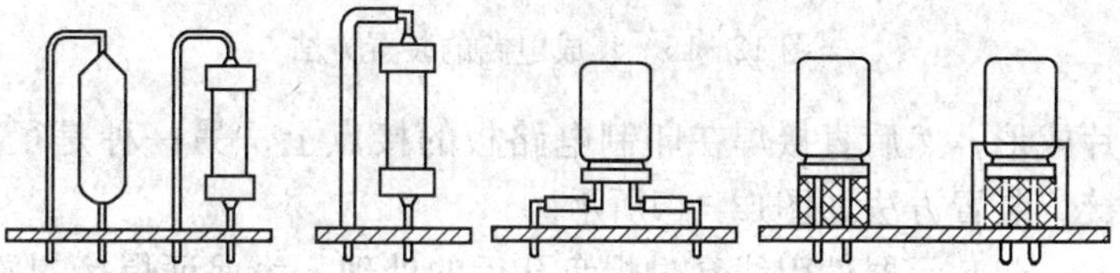

图12-11　直立式装置

水平式装置的优点是机械强度高，元器件的标记字迹清楚，便于查对维修，适用于结构比较宽裕或者装配高度受到一定限制的地方，缺点是占据印制电路板的面积大。水平式装置示意图如图12-12所示。

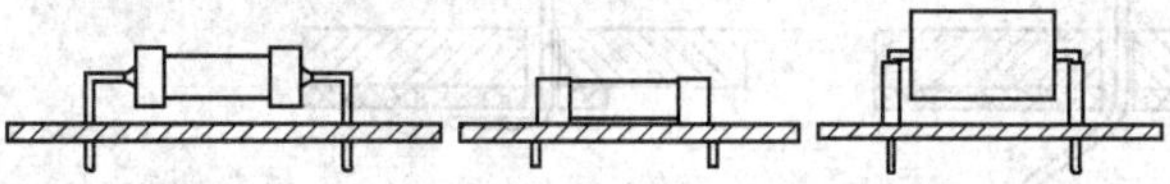

图12-12　水平式装置

（2）晶体管的装置方法。

1）二极管的装置方法。装置时可采用如图12-13所示方法。对于玻璃壳体的二极管其根部受力容易开裂，在装置时，可按图12-13（a）所示，将引线绕1～2圈成为螺旋形，以增加引线长度。装置金属壳体的二极管时，按图12-13（b）所示，不要从根部折弯，以防止点焊处开脱。装置二极管时必须注意极性，正、负极一定不能装错。

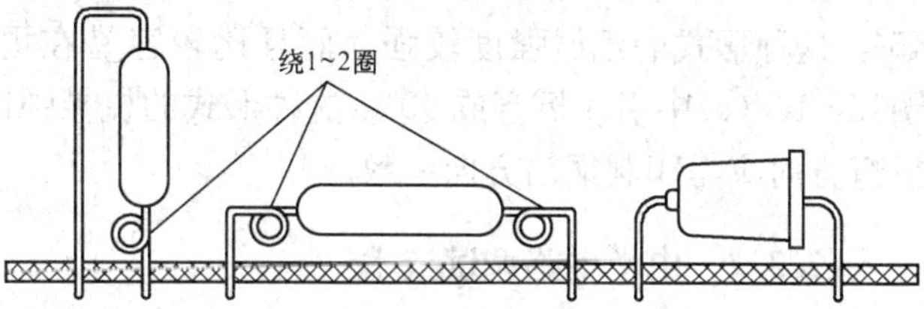

图12-13　二极管的装置方法

2）功率三极管的装置方法。小功率三极管有正装、倒装、卧装及横装等几种方式，应根据需要及安装条件来选择。其装置方法示意图如图12-14所示。

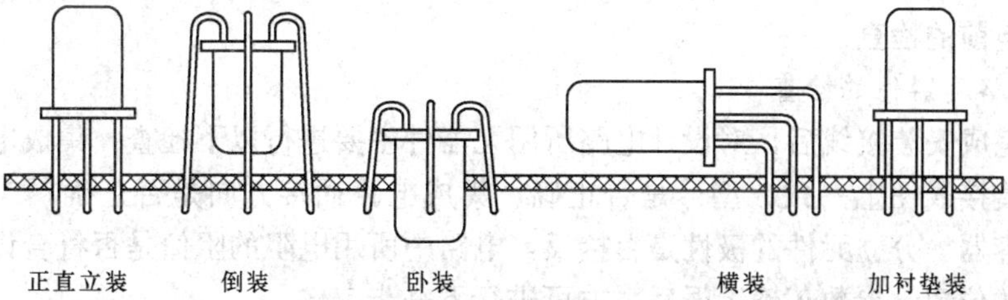

图12-14　小功率三极管的装置方式

（3）集成电路的装置方法。常用的集成电路的外形有晶体管式和扁平式两类。晶体管式器件与晶体管相似，但引线较多，例如运算放大器，这类器件的装置方法与小功率三极管直立装置法相同，其引线从器件外壳凸出部分开始等距离排列。扁平式器件有两种触片外形：一种是轴向式，应先将触片成形，然后直接焊在印制电路板的接点上；另一种是径向式，可直接插在印制电路板焊接。装置方法如图12-15所示。

(a) (b)

图 12-15 集成电路的装置方法

（4）元器件引线穿过焊盘孔后的处理。为保证焊接的质量，元器件引线穿过焊盘的小孔后，应留有一定的长度。露出的引线可根据需要弯成不同的角度，如图12-16所示。

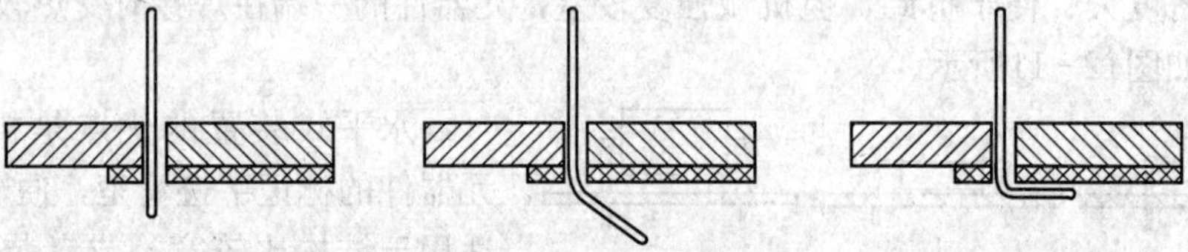
(a) (b) (c)

图 12-16 元器件引线穿过焊盘孔后的处理

(a) 引线不折弯；(b) 引线折弯成 45°；(c) 引线折弯成 90°

图 12-16（a）中引线不折弯，这种形式焊接后强度较差。图12-16（b）中引线折弯成45°，这种形式的机械强度较强，而且比较容易在更换元件时拆除重焊，所以采用得较多。图12-16（c）中引线折弯成 90°，这种形式的机械强度最强，但拆焊困难，采用此种方法时，折弯方向应与印制铜箔方向一致。

12.3.2 电子电路调试技术

电子电路的调试在电子工程技术中占有重要地位，电子电路在设计、安装完成后，还需要调试才能使电路达到技术指标的要求。调试除可对理论设计进行检查外，还可发现问题。通过调试、修改、再调试、再修改，可使电路设计更加完善。

电子电路调试，包括测试与调整两个方面。测试是指在完成安装接线后对电路的参数及工作状态进行测量。调整是指在测试的基础上，对电路参数进行修正，使之满足设计要求。

一、通电前的检查

（一）电路元器件的检查

在电路完成安装接线后，对设计电路所用元器件主要进行以下检查：集成电路的安装位置是否与安装接线图上一致，型号是否正确，集成电路插接方向是否正确；二极管、三极管、电解电容器等分立元件的极性是否接反，电路中所用电阻的阻值是否符合设计要求。只有当元器件的位置、参数正确无误后，方可进行下一步工作。

(二) 连线的检查

检查电源线、地线、信号线、元器件引脚之间有无短路，连线处有无接触不良。检查电源是否短路，可借助万用表欧姆档测量电源线和地线之间的电阻值，若电阻为零或很小，则应从最后一部分断开电源线，逐级向前检查，先找出短路点在哪一部分电路，再找出电源短路处，然后加以排除。

调试前，先认真检查电路接线是否正确，避免接错线、少接线和多接线。多接线一般是因接线时看错引脚，或者改接线时忘记去掉原来的旧线造成的，在实验中时常发生，而查线时又不易发现，调试时往往会给人造成错觉，以为问题是由元器件造成的。

连线检查通常采用以下两种方法：

一种是按照设计电路图对照检查安装的线路，把电路图上的连线按一定顺序在安装好的线路中逐一对应检查。这种方法较容易找出错接线与少接线。

另一种是按照实际安装线路来对照原理电路图，把每一元件引脚连线的去向一次查清，检查每个去处在电路图上是否存在。这种方法不但可查出错接线和少接线，还很容易查出多接线。

不论用什么方法查线，一定要在电路图上对查过的线做出标记，并且还要检查每个元件的引脚的使用端数是否与图纸相符。查线时，最好用指针式万用表的“$R\times1$”档，数字万用表的“Ω”档来测量。

(三) 调试用仪器准备

调试前要做好调试用仪器准备的选用工作：①选用的仪器仪表应经过计量检定并在有效期之内；②量程和精度必须满足调试要求；③使用前应对仪器仪表进行检查，是否调节方便、有无故障等；④仪器仪表必须放置整齐，较重的放下部，较小较轻的放上部，经常用来监视整机信号的仪器仪表应放置在便于观察的位置上。

此外，为了调试的顺利进行，应准备好完整的电路原理图和元器件安装接线图，并在设计电路图上标注各点的参考电压值、相应的波形以及其他数据；还应制定完整的调试方案，包括要测量的主要参数、拟订测量步骤、预期的测量结果、调试中可能出现的问题及解决方案等。

在调试过程中应采用边调试、边分析、边解决问题、边记录的科学方法。

二、通电检查

在上述检查无误后，根据设计要求，接入电压相符的电源。电源接通后，不要急于测量数据和观察结果，首先要观察有无异常现象，包括有无打火冒烟，是否闻到异常气味，手摸元器件是否发烫，电源是否有短路现象等；如发现异常，应立即关断电源，等排除故障后方可重新通电。然后测量电路总电源电压及各元器件引脚的电压，以保证各元器件正常工作。

三、静态调试

静态调试是在电路无输入信号的条件下，对电路的直流工作状态进行测量和调试。静态测量时，应选用高内阻万用表进行。

对于模拟电路，是对各级放大电路的静态工作点进行测量，三极管的U_{BE}、U_{CE}是否正常，若$U_{BE}=0$说明管子截止或已损坏，$U_{CE}=0$说明管子饱和或已损坏。对于集成运算放大器则应测量各有关管脚的直流电位是否符合设计要求。

对于数字电路，在输入端加上固定电平，测量电路中各点电位与设计值是否相符，各部分的逻辑关系是否正确。

通过静态调试可以判断电路的工作状态是否正常。如果电路的工作状态不符合设计要求，应调整电路参数，使各测量值达到设计要求。对已损坏的元器件应及时更换，并分析原因进行处理。

四、动态调试

电路经过静态调试并达到设计要求后，可在输入端接入信号进行动态调试。对于模拟电路，一般应按照信号的流向，从输入级开始逐级向后进行调试。当输入端加入一定频率和幅度的信号后，各级的输出端应有相应的信号输出，测量各有关点信号的波形、信号幅度、频率和相位关系，根据测量结果，估算电路的性能指标，凡达不到设计要求的，应对电路有关参数进行调整，使之达到要求。若调试过程中发现电路工作不正常时，应及时切断电源和输入信号，找出原因并排除故障后再进行动态调试。经过动态调试后，如电路性能已基本达到设计要求，便可进行电路性能指标的全面测量。

对于数字电路的动态调试，一般应先调整好振荡电路，以便为整个数字系统提供标准的时钟信号；然后再分别调试控制电路、信号处理电路、输入输出电路及各种执行机构。在调试过程中要注意各部分电路的逻辑关系和时序关系，应对照设计时序图，检查各点波形是否正常。

在有微机系统的电路中，先进行硬件和软件调试，最后通过软件、硬件联调实现目的。

必须指出，掌握正确的调试方法，不仅可以提高电路的调试效果，缩短调试过程，而且还可保证电路的各项性能指标达到设计要求。

五、调试注意事项

（1）调试前，应仔细阅读调试说明及调试工艺文件，熟悉整机工作原理、技术条件及性能指标；还要熟悉有关测量仪器的使用方法和注意事项，检查仪器性能是否良好，有的仪器在使用前需进行校正，避免使用不当或仪器出现故障时做出错误判断。

（2）测量时所有仪器地线应与被测电路地线连在一起，使之建立一个公共参考点，测量结果才能正确。测量交流信号的测试线应使用屏蔽线，并将屏蔽线的屏蔽层接到被测电路的地线上，这样可避免干扰，保证测量的准确。在信号频率比较高时，应采用带探头的测试线，以减小分布电容的影响。

（3）调试过程中，始终要有严谨细致的科学作风和实事求是的态度，出现故障时要认真查找故障原因，仔细分析判断，不能主观感觉和印象，而始终应借助仪器进行测量和观察；不但要认真观察和测量，还要善于记录，包括记录观察的现象、测量的数据、波形及相位关系，必要时在记录中要附加说明，尤其是那些和设计不符的现象，更是记录的重点。依据记录的数据才能把实际观察到的现象和理论预计的结果加以定量比较，从中发现电路设计和安装上的问题，加以改进，以进一步完善设计方案。

（4）在电路调试过程中，要保持良好的心态，出现故障或异常现象时不要手忙脚乱，草率从事，而应切断电源，认真查找原因，不可一遇到问题就拆掉线路重新安装。

12.3.3 电子电路故障检查常用方法

电子电路的故障，指的是由于一个或多个元器件的损坏，或由于类似于元器件损坏的其他损坏（如安装、焊接的错误，印制电路板连线的错误等）而造成的电路系统功能的错误。

要确定电路有无故障，应重复地实验。

一、电路故障产生原因

电路在设计、安装完成后，调试过程中出现的故障，常见原因如下：

（1）设计电路时忽视了元器件参数和工作条件。在设计电路时，未考虑所用元器件的参数和特性等，如不同型号集成电路之间的接口问题，元器件的极限电流、耐压等。

（2）实际安装接线的电路与设计的原理电路不符。这主要表现为电路接线时的错误、元器件使用错误或引脚接错等，致使电路工作不正常。

（3）元器件、实验电路板、印制电路板的损坏。一个电子系统通常由很多个元器件和集成芯片组成，当器件损坏或印制电路板中的接线出现断裂或短路，整个电路系统就处于故障状态。对于实验电路板，如底板内部出现短路、开路等现象，也会使整个系统处于故障状态。

（4）安装和布线不当。在安装时出现的断线、漏线、接线浮空、插错元器件、集成电路的方向插反、集成电路闲置端处理不当等，都会造成电路系统工作不正常。

（5）工作环境不当。电子电路在高温或严寒环境下工作，特别是在强干扰源环境中工作时将会受到不可忽视的影响，严重时电路将无法正常工作。安装时对强干扰源没有采取屏蔽措施等，都会造成电路系统工作不正常。

（6）测试操作错误。如测试仪器的连接方法不当，测试点位置接错，测试线断线或接触不良等会造成电路调试过程中的故障。此外，测试仪器本身故障或使用方法不当等都会造成电路调试过程中的故障。

二、故障检测的常用方法

一个电路系统出了故障后，首先要通过对原理图的分析，把系统分成不同功能的电路模块，通过逐一测量找出故障模块，然后对故障模块内部加以测量并找出故障，即从一个系统或模块的预期功能出发，通过实际测量，确定其功能是否正常来判断它是否存在故障，然后逐层深入，进而找出故障的原因并加以排除。

（一）直观检查法

直观检查法可分为不通电观察法和通电观察法。

在不通电检查的情况下，对照电路原理图和装配图，检查每个元器件和集成电路的型号是否正确，极性有无接反，管脚有无损坏，连线有无接错（包括漏线、错线、短路和接触不良等）。若不通电检查未发现问题，可进行通电检查，检查有无打火、冒烟、异味、异常声音发生，用手摸管子、集成电路等是否烫手；如有异常现象应立即关机，找出故障部位，并马上关断电源。

（二）信号寻迹法

对于自己设计安装或非常熟悉的电路，由于对电路各部分的工作原理、工作波形、性能、指标等都比较了解，因此可以按照信号的流向逐级寻找故障。一般在电路的输入端加适当信号，然后用示波器或电压表逐级检查信号在电路内部的传输情况，从而观察并判断其功能是否正常，找出故障点。如有问题应及时处理。

信号寻迹法也可以从输出级向输入级倒退进行，即先从最后一级的输入端加合适信号，观察输出端是否正常，然后将信号加到前一级的输入端，继续进行检查，直至各电路都正常为止。

（三）分割测试法

对于一些有反馈回路的故障判断是比较困难的，如振荡器、带有各种类型反馈的放大器等，因为它们各级的工作情况互相有牵连，查找故障时需把反馈环路断开，接入一个合适的信号，使电路成为开环系统，然后再逐级查找发生故障的部分。

（四）对半分割法

当电路由若干串联模块组成时，可将其分割成两个相等的部分（对半分割），通过测试先判断这两部分中究竟哪一部分有故障，然后把有故障的部分再分成两半来进行检查，直到找出故障位置。显然，采用对半分割法可减少调试的工作量。

（五）替代法

把经过调试且工作正常的单元电路，代替相同的但存在故障或有疑问的相应电路，以便很快判断故障的部位。有些元器件的故障往往不是很明显，如电容器漏电、电阻器变质、晶体管和集成电路性能下降等，用相同规格的优质元器件逐一替代，可以很快地确定有故障的元器件。

应当指出，为了迅速查找电路的故障，可以根据具体情况灵活运用上述一种或几种方法，切不可盲目检测，否则不但不能找出故障，反而可能引出新的故障。

12.4 电子产品制作实例

实例一 串联型稳压电源

一、工作原理

串联型稳压电源稳压精度高，内阻小，本电源的输出电压在3～6V范围内调节，输出电流100mA。

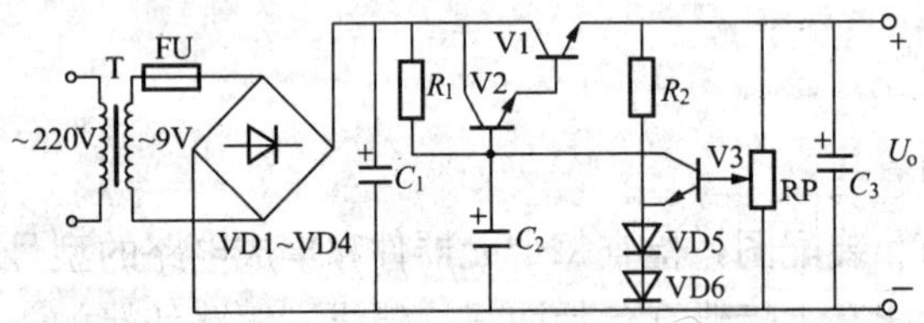

图12-17 串联型稳压电源电路原理图

稳压电路原理如图12-17所示，变压器T二次的低压交流电，经过VD1～VD4整流、电容C_1滤波后获得直流电，送到稳压部分。稳压部分由四部分组成：复合调整管V1、V2；比较放大管V3；R_2、VD5、VD6组成的基准电压源和由微调电位器RP组成的取样电路。

取样电路将输出电压及其变化量一部分取出送至比较放大管V3的基极，比较放大电路将取样电压和基准电压进行比较，将差值电压进行放大，然后送给复合调整管，控制其管压降U_{CE}，从而使输出电压保持稳定。

R_2、VD5、VD6组成的基准电压源可得到约1.4V左右的稳定电压。R_1是V3的集电极负载电阻，又是复合调整管基极的偏流电阻。C_2是考虑到在市电电压降低的时候，为了减小输出电压的交流成分而设置的。C_3的作用是降低稳压电源的交流内阻和纹波。

二、元器件选择

(1) 万用表1块。

（2）常用电工工具 1 套。

（3）焊接工具 1 套。

（4）元器件选择见表 12 - 2。

表 12 - 2　　串联型稳压电源元器件参数

名　称	代　号	型　号	名　称	代　号	型　号
二极管	VD1～VD4	1N4001	电解电容器	C_1	470μF/16V
	VD5～VD6	1N4148		C_2	47μF/16V
三极管	V1～V2	9013		C_3	100μF/16V
	V3	9011	电源变压器	T	220V/9V
电阻	R_1	2kΩ	印制电路板	PCB	
	R_2	680Ω	熔断丝		0.5A
微调电位器	R_P	2kΩ			

三、安装、调试与检测

（1）用万用表检测所有元器件，并对元器件引脚做好镀锡、成型等准备工作。

（2）PCB 板图如图 12 - 18 所示，正确安装元器件。安装焊接工艺参考如下要求：

1）电阻、二极管均采用水平安装，贴紧印制板。电阻的色环方向一致。

2）三极管采用直立式安装，底面离印制板（5±1）mm。

3）电解电容器尽量插到底，元件底面离印制板最高不能大于 4mm。

4）微调电位器尽量插到底，不能倾斜，三只脚均需焊接。

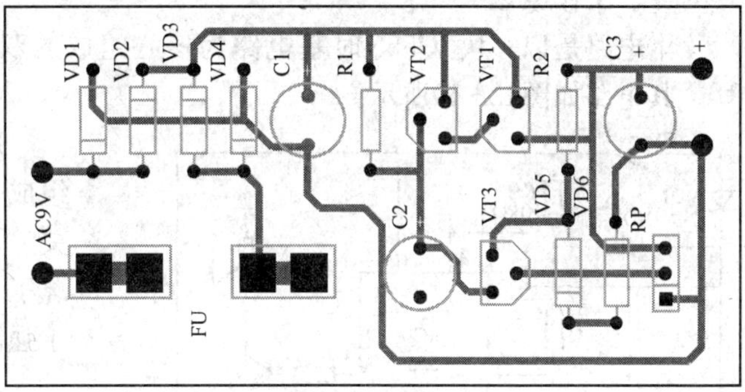

图 12 - 18　串联型稳压电源 PCB 板图

5）电源变压器用螺钉紧固在印制电路板上，螺母均放在导线面，伸长的螺钉用作支撑。靠印制电路板上的一只紧固螺母下垫入接线片，用于固定 220V 电源线。变压器二次绕组向内，引出线焊在印制板上。变压器一次绕组向外，接电源线。引出线和电源线接头焊接后需用绝缘胶布包妥，绝不允许露出线头。

6）插件装配美观、均匀、端正、整齐，不能歪斜，要高低有序。

7）所有插入焊片孔的元器件引线及导线均采用直脚焊，剪脚留头在焊面以上（1±0.5）mm，焊点要求圆滑、光亮，防止虚焊、搭焊和散锡。

（3）检查元器件安装正确无误后，接通电源，将万用表拨至直流电压档，测量 U_o 两端电压，调节 RP 的阻值，使输出电压在 3～6V 之间变动。

（4）接上负载调试。在输出 3V 时接入 30Ω 负载电阻。负载电阻接入前和接入后，输出电压的变化应小于 0.5V。

四、故障检修

由于元器件损坏、虚焊、漏焊、连焊等均会引起电路故障，可用万用表电压档测量电压，对数据进行分析比较，从而判断故障的所在，并进行排除。

(1) 变压器一、二次绕组短路，烧熔丝；若断路，则无低压输出。

(2) 整流二极管其中一只开路，带负载能力差；若短路，烧熔丝。

(3) C_1 若短路，烧熔丝；若漏电，则输出纹波大。

(4) C_2 击穿，输出电压低或为0；若断路，则输出纹波大。

(5) R_1 开路，将无输出。

(6) V1的C~E、C~B间短路，输出高且不可调；B~E、C~E断路，则无输出。V1、V2饱和，输出高且不可调。

(7) R_2 开路，输出低或为0。

(8) VD5或VD6开路或装反，输出高；若击穿，输出低或为0。

(9) V3的C~E间短路或饱和，输出低；B~E断路或管子开路，输出高且不可调。

(10) RP上端或中心抽头断路，输出高。

(11) C_3 若短路，无输出；若漏电或断路，则输出纹波大。

对于以上述情况，只能看作是相对的。

实例二　叮咚音响电子门铃

一、工作原理

本电路是以一块IC555时基电路为核心组成的双音门铃，它发出的叮咚声音色优美悦耳。其电路如图12-19所示。

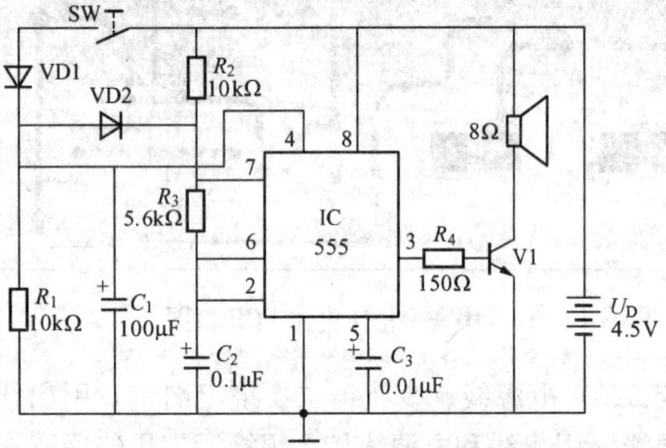

图12-19　叮咚音响电子门铃

IC555和 R_1 ~ R_3、VD1、VD2、C_2 等组成一个多谐振荡器。SW为门上的按钮开关，平时处于断开状态。在SW关断的情况下，IC555的4脚为低电位，使IC555处于强制复位状态，3脚输出为低电位。

当有人按压SW后，VD1对 C_1 快速充电至 U_D，IC555的4脚为高电位，IC555振荡器起振。此时的振荡频率为

$$f_1 = 1.44/(R_D + 2R_3)C_2$$

式中：R_D 为VD1、VD2的直流电阻，约500Ω左右。

此时振荡器的充电回路为 V_{DD}→VD1→VD2→R_3→C_2；放电回路为 C_2→R_3→芯片内放电管。此时的振荡频率约为1230Hz。

松开SW后，C_1 上的电压继续维持IC555的4脚为高电平，IC555振荡器仍将振荡，但此时的充电回路为 V_{DD}→R_2→R_3→C_2，充电时间常数增大，放电时间常数仍为 R_3C_2。这时电路的振荡频率为

$$f_2 = 1.44/(R_2 + 2R_3)C_2$$

图12-19所示参数的振荡频率为680Hz左右，比按压SW时的振荡频率低。随着 C_1 通过 R_1 放电，C_1 上电压逐渐降低，当降至0.4V以下后，IC555处于强制复位状态，随即停振。

由此，门铃在初始发高音“叮”声，后发“咚”声，即“叮咚”音响。

IC555 的输出经 R_4 限流，V1 功率管放大后，驱动扬声器发出优美悦耳的叮咚声响。

二、元器件选择

所用器件如表 12-3 所示。

表 12-3　叮咚音响电子门铃元器件参数

名称	代号	型号	名称	代号	型号
二极管	VD1～VD2	1N4148	集成块	IC	5G7555
三极管	V1	9013	扬声器	B	8Ω
电阻	R_1～R_2	10kΩ	按钮开关	SW	
	R_3	5.6 kΩ	印制电路板	PCB	
电解电容器	C_1	100μF	干电池		5 号 3 节
	C_2	0.1μF			
	C_3	0.01μF			

三、安装、调试与检测

（1）清理检测所有元器件和零部件，按照 PCB 板图，如图 12-20所示，正确安装元器件和零部件。

（2）元器件安装工艺见有关内容。焊接要牢靠，高度适中，集成电路、按钮开关底面与印制板贴紧。

（3）检查无误后，接上电池，扬声器发出悦耳的门铃声。

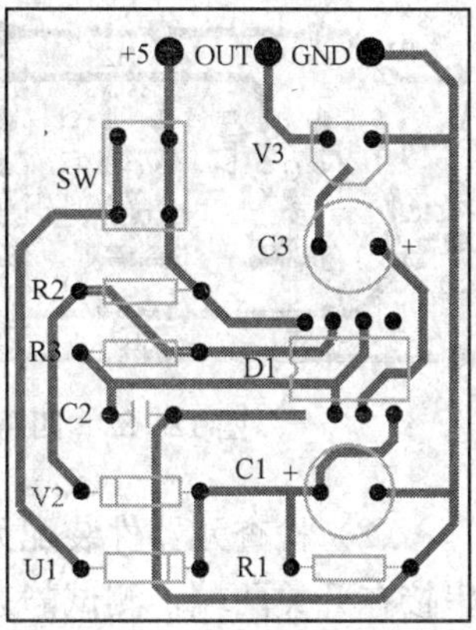

图 12-20　叮咚音响电子门铃 PCB 板图

实例三　用晶闸管制作的四路抢答器

一、工作原理

图 12-21 所示为由晶闸管组成的四路抢答器的电路原理图。主持人闭合 SA，抢答开始。假设按钮开关 SB1 先按下，则晶闸管 VH1，触发导通，指示灯 H1 亮，振荡器工作，扬声器发声，表示持 SB1 按钮者获优先抢答权。由于 VD1、VD2 导通，使电路中 A、B 两点电位很接近，此时其他按钮再按下，已没有足够的触发电压使尚未导通的晶闸管导通，即其他指示灯不会再亮。当主持人断开 SA，再闭合，即可进行下一轮抢答。

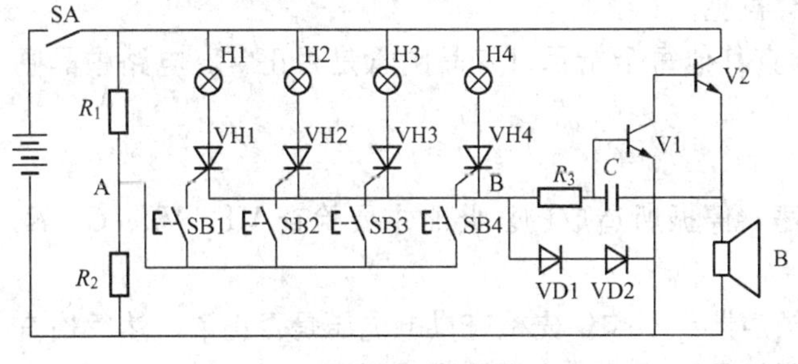

图 12-21　四路抢答器原理电路图

二、元器件选择

所用器件如表 12-4 所示。

表 12-4　四路抢答器元器件参数

名称	代号	型号	名称	代号	型号
二极管	VD1～VD2	1N4001	涤纶电容器	C	0.1μF

续表

名 称	代 号	型 号	名 称	代 号	型 号
三级管	V1	9011	指示灯	H1～H4	0.3A、2.5V
	V2	3AX31	扬声器	B	
晶闸管	VH1～VH4	MCR100-6	扳手开关	SA	
电阻	R_1	3kΩ	按钮开关	SB1～SB4	
	R_2	2kΩ	电池		1.5V×4
	R_3	20kΩ	印制电路板	PCB	

三、安装、调试与检测

（1）由晶闸管构成的四路抢答器 PCB 板图如图12-22所示，按 PCB 板图正确安装各元器件。

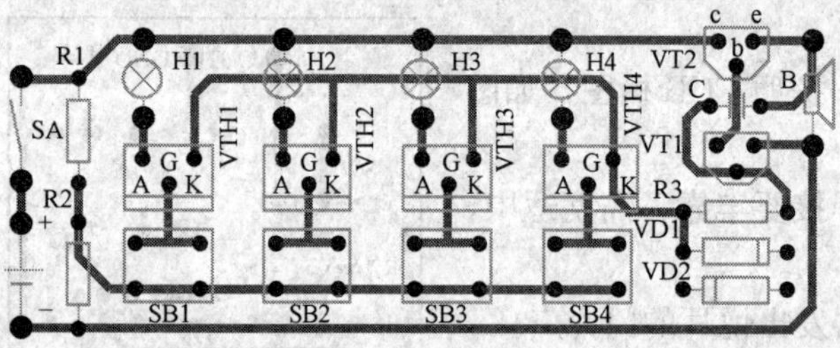

图 12-22 四路抢答器 PCB 板图

三极管、单向晶闸管采用直立式安装，底面离印制板（5±1）mm。其他元器件按本章装配工艺进行安装。插件装配力求美观、整齐，要高低有序。

元器件引线及导线均采用直脚焊，剪脚留头在焊面以上（1±0.5）mm，焊点要求圆滑、光亮，防止虚焊、搭焊。

（2）检查元器件装配无误后，接上 6V 电源。在开关 SA 处于断开状态情况下把电流表串接在开关两端，测试静态电流，正常情况下应为 1.25mA 左右，用镊子短路晶闸管阳极和阴极，扬声器发声，电流表读数应为 1.75mA 左右。

（3）接通扳手开关 SA，按下按钮开关，其中相对应的一只指示灯亮，扬声器发声，此时再按下其他按钮开关，其他指示灯不会再亮。

（4）断开扳手开关 SA，再闭合。检查其他每个指示灯，晶闸管是否正常。电路中晶闸管、指示灯可根据情况增减。

四、常见故障及原因

（1）扬声器不响。一般此故障是振荡器停振所造成的。此时主要检查 V1、V2、C、R_3 和扬声器。

（2）按钮开关按下，指示灯不亮，扬声器也不响。先检查供电电压是否正常，然后检查按钮开关接触是否良好，晶闸管阳极、阴极是否装反，指示灯是否损坏。

实例四 门锁防盗报警器

一、工作原理

门锁防盗报警电路如图 12-23 所示。门锁金属部分 M 和与非门 G1、R_1、C_1 等组成触摸式开门延时电路；与非门 G3、G4、R_3、C_2 和 V 组成报警器延时开关电路，其中 G3、G4 构成单稳态电路。HA 为会喊“抓贼呀”的语音报警专用扬声器。

当有人开锁时，人体从周围空间感应到的杂波信号（主要为 50Hz 交流电信号），经门锁钥匙和锁体 M 传递给二极管 VD1 整流，反相器 G1 的输入端获得负脉冲信号，输出为一正脉冲信号。该脉冲信号经 VD2 隔离、R_1 限流后，向 C_1 充电。如果开锁时间超过 8s，C_1 上的充电电压将大于 $1/2V_{DD}$，使反相器 G2 翻转，其输出端由原来的高电平变为低电平，给单稳态电路输入一个负触发脉冲。使单稳态进入暂态，G4 输出负脉冲，三极管 V 通过限流电阻 R_5 获得合适偏流而饱和导通，语音报警扬声器 HA 通电工作，反复发出宏亮的“抓贼呀”喊声。约经 70s 左右，单稳态电路由暂态翻回稳态，V 截止，HA 断电自动停止发声。

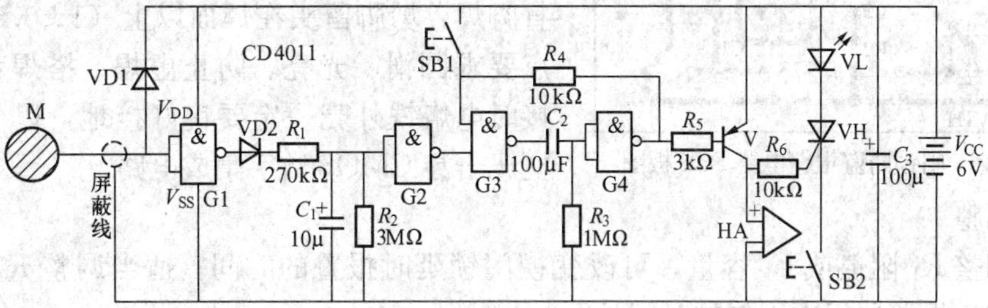

图 12-23　门锁防盗报警电路原理图

发光二极管 VL、单向晶闸管 VH、限流电阻 R_6 和常闭型按钮 SB2 组成了报警记忆电路。在报警扬声器尚未工作时，VH 无触发电压截止，VL 不工作。一旦 HA 通电工作，VH 就会经 R_6 从 HA 两端获得触发电压而导通，使 VL 通电发光；报警结束后，VL 将一直闪光，直到主人按动一下 SB2 复位按钮，才能解除 VL 的闪光状态。

电路中，VD1 除用作对人体感应杂波信号整流外，还利用二极管反向电阻高的特性将 G1 门的输入端置于高电平；单稳态电路的暂态时间约为 $0.7R_3C_2$。

二、元器件选择

所用器件如表 12-5 所示。

表 12-5　门锁防盗报警电路元器件参数

代　号	名　称	型　号	代　号	名　称	型　号
G1～G4	4-2 输入与非门	CD4011	R_1	碳膜电阻器	3kΩ
VD1、VD2	二极管	1N4001	C_1	电解电容器	10μF/16V
V	三极管	9012	C_2、C_3	电解电容器	100μF/16V
VH4	单向晶闸管	BT169	SB1	微型轻触开关	
VL	发光二极管	BTS11405	SB2	自复位常闭开关	
R_1	碳膜电阻器	270kΩ	HA	语音报警扬声器	
R_2、R_3	碳膜电阻器	3MΩ	V_{CC}	电池	1.5V×4
R_4、R_6	碳膜电阻器	20kΩ			

三、安装、调试与检测

（1）按常规检测所有元器件并对元器件引脚进行镀锡、成型等处理。然后按如图12-24 所示的 PCB 板图安装元器件。

①电阻、二极管均采用水平安装，电阻的色环方向应该一致。发光二极管直立式安装，

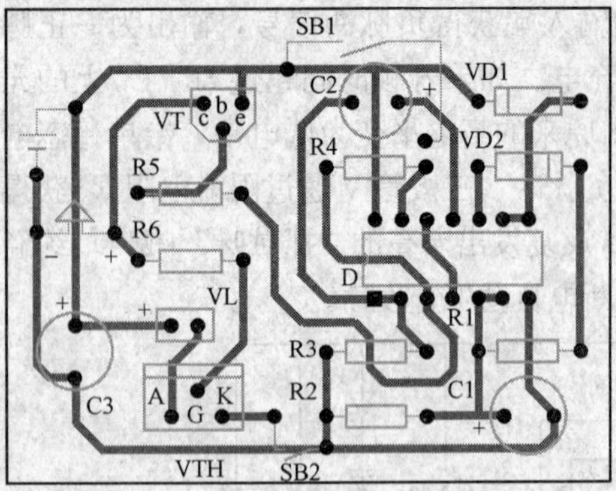

图 12-24 门锁防盗报警电路 PCB 板图

底面离印制板（6±2）mm。电解电容器尽量插到底，元件底面离 PCB 板最高不能大于 4mm。集成电路、轻触式按钮开关底面与 PCB 板贴紧。

②三极管、单向晶闸管采用直立式安装，底面离 PCB 板（5±1）mm。

所有插入焊片孔的元器件引线及导线均采用直脚焊，剪脚留头在焊面以上（1±0.5）mm，焊点要求圆滑、光亮、防止虚焊、搭焊和散锡。焊接时电烙铁外壳一定要良好接地，以免交流感应电压击穿 CMOS 数字集成电路。

（2）调整

适当调整 R_1 阻值或 C_1 容量，可改变摸门锁延时报警的时间；适当调整 R_3 阻值或 C_2 容量，可改变报警器每次工作的时间长短。

第 13 章

电子电路的设计

电子电路设计就是综合运用电子技术理论知识，构成一个有效、可行、适用的电子电路的过程。它是电子技术课程教学的一个重要实践性环节，不但可以训练学生的设计和调试技能，还可以提高学生运用基础理论去解决工程实际问题的能力，培养学生的创新精神。

13.1 模拟电子电路的设计

13.1.1 模拟电子电路的设计方法

模拟电子电路的设计的一般方法是：首先要明确设计任务要求，进行方案论证与总体设计，然后根据确定的方案将电路化分成若干个单元电路，并对各单元电路进行设计，包括电路形式的确定、参数的计算、元器件的选用等。最后将设计好的各单元电路连接在一起，画出完整的总体电路图。

理论设计出来的电路，还要通过安装、调试来发现和纠正设计中可能存在的问题，使设计方案逐步完善，以达到设计要求。

一、方案论证和总体设计

总体设计就是根据设计任务的要求和性能指标，用具有一定功能的若干个单元电路构成一个整体，来实现系统的各项性能。由于符合要求的总体方案可能有多种，设计时首先应该针对设计任务和要求，查阅资料，利用自己掌握的知识提出各种不同的可行性方案，这些方案要尽可能合理、可靠、经济、功能齐全、技术先进，然后逐个筛选比较，进行方案论证，选择出最佳方案，最后画出总体方案的原理框图。框图不必画得太详细，应能正确体现出系统要完成的任务、各组成部分的功能及相应关系。

二、单元电路的设计

单元电路的设计就是确定一个具体的电路。设计的一般步骤为：

（一）确定各单元电路的任务指标

根据设计要求和已选定的总体方案原理图，明确各单元电路的任务，详细拟定单元电路的性能指标，同时要考虑到各单元电路之间的配合，注意各单元电路输入信号、输出信号、控制信号之间的关系，如电压、电流、阻抗等的衔接、匹配与转换等。

（二）设计单元电路的结构形式

应在保证电路性能指标的前提下，尽可能选用典型电路或参考较成熟的常用电路，同时通过查阅各种资料，寻找更好的电路形式，对电路进行改进。

（三）计算电路参数

根据单元电路性能指标要求，运用模拟电路的理论知识，计算各单元电路的有关元器件的参数。一般理论上满足要求的参数值不是唯一的，应对参数进行合理选择，确定所选元器件参数的额定值，并留有足够的裕量，使其在低于额定值的条件下工作。

（四）合理选择元器件

电子电路的设计过程，实际上是选择最合适的元器件，用最合理的电路形式把它们组合起来，以实现要求的功能。因此，在进行电路总体方案设计和单元电路的参数计算时，都应考虑如何选择元器件的问题。

（1）元器件的选用原则。选择元器件时，一方面要根据电路的性能指标，确定所需要元器件的类型、功能及额定参数；另一方面还要考虑在保证满足电路设计指标要求的前提下，尽可能减少元器件的品种和规格，提高它们的复用率。要在仔细分析比较同类元器件在品种、规格、型号和制造厂商之间的差异后，选用便于安装、货源充足、价格低廉、信誉好、产品质量高的制造厂生产的元器件。

常用的电子元器件有电阻器、电容器、半导体分立器件、集成电路等。由于集成电路具有体积小、功耗低、工作性能好、安装调试方便等优点，因此，在电子电路设计中优先选用集成电路。但是对于一些功能相当简单的电路，只要用少量半导体器件就能解决问题的电子电路，一般可以选用半导体分立器件。另外有些特殊应用情况（如高电压、大电流输出时），采用分立元件往往比集成电路更切实际。

（2）模拟集成电路的选用。常用模拟集成电路主要有运算放大器、仪用放大器、函数发生器、电压比较器、模拟乘法器、集成稳压器、功率放大器等。选择模拟集成电路时，首先应根据总体设计方案确定集成电路的类型，再全面了解它的性能指标与主要参数，同时要重视厂家推荐的工作条件和典型应用电路，充分发挥其功能，最后综合考虑价格、质量、易于购买等因素确定集成电路的具体型号。

电阻器、电容器及半导体分立元件的选用请参照第 1 章有关内容。

在单元电路设计过程中，由于电路的形式很多，器件选择的灵活性也很大，因此在设计的某些环节上可能需要多次反复交叉进行，以达到设计要求。

三、画总体电路图

在完成各单元电路设计之后，应画出总体电路图，以便为电路的组装、调试和维修提供依据。电路图在绘制过程中应注意以下几点：

（1）电路图的总体要布局合理，元器件尽可能按信号流程走向均匀排列。通常从输入端或信号源画起，由左至右或由上至下按信号流向依次画出各单元电路。

（2）尽可能把电路图画在一张纸上。如果电路复杂，需要绘制几张图时，应把主电路画在同一张图纸上，把独立的或次要的电路画在另外的图纸上，并标明各图纸中电路连线之间的关系。

（3）连线要清楚，应画成水平线或垂直线，一般不画成斜线。

（4）图中的元器件符号要规范标准，要标出型号和主要参数。在电路图中集成电路一般用方框表示，但方框中应标出其型号，在方框的边线的两侧标出管脚编号及其功能名称。

（5）将电路图中关键点的电压、电流及波形要标注出来。

四、安装调试

在电子电路设计完成之后，需要进行安装调试，测量电路的性能指标是否与设计指标相符，找出问题，然后进一步修改参数，直至达到设计要求。

在安装调试过程中应注意的事项以及具体的调试方法与步骤可参见第 12 章有关内容。

13.1.2 设计举例

一、设计任务和指标

设计一个压控方波-三角波发生器，指标要求如下：

（1）输入控制电压：$u_I=1\sim2V$。

（2）输出频率范围：500Hz～1kHz。

（3）方波输出电压幅度：$U_{om}=6V$。

（4）三角波输出电压幅度：$U_{om}=2V$。

二、总体方案的确定和工作原理

压控振荡器（VCO）是利用输入电压控制输出信号频率的电路，应用十分广泛。目前集成压控振荡器种类很多，使用也很方便。为了使学生进一步掌握压控振荡器的工作原理和集成运算放大器的应用，这里主要介绍由集成运放组成的压控方波-三角波产生电路。其电路组成框图如图 13-1 所示。

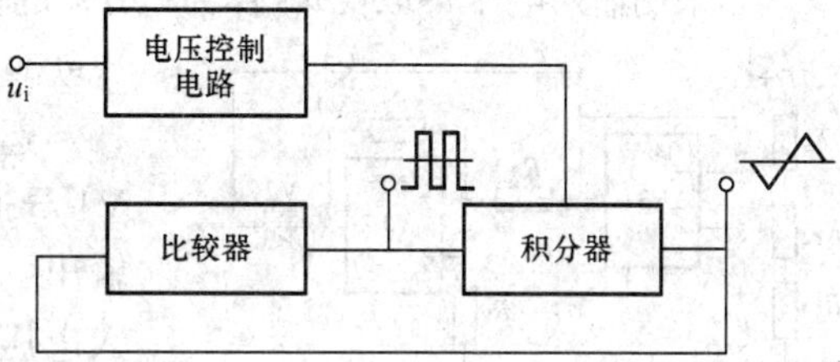

图 13-1 压控方波-三角波组成框图

（一）方波-三角波产生电路

图 13-2（a）所示的是由集成运放组成的一种常见的方波-三角波产生电路。图中运放A1组成同相输入迟滞比较器，运放A2与RC组成积分器，并由A1输出方波，A2输出三角波，工作波形如图13-2（b）所示（详细内容参见4.2章节）。

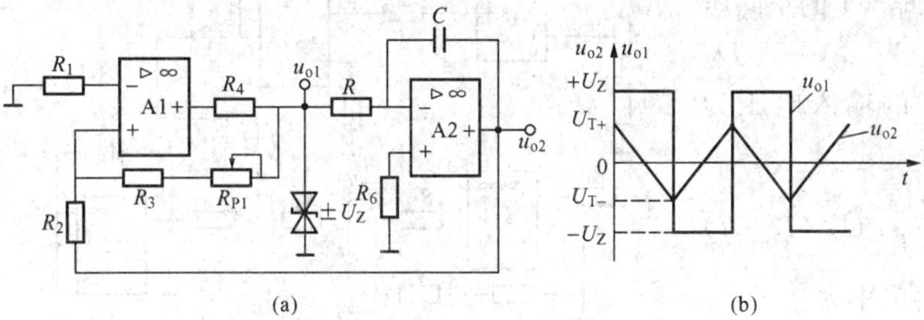

图 13-2 方波-三角波产生电路

（a）电路；（b）工作波形

电路正常工作时，方波的输出幅度取决于稳压管的稳定电压 U_Z，即

$$U_{om1}=|\pm U_Z| \tag{13-1}$$

积分器通过对 $\pm U_Z$ 的反复积分，u_{o2} 输出三角波。三角波的电压幅度取决于比较器的门限电压，即

$$U_{om2}=\left|\pm\frac{R_2}{R_3+R_{P1}}U_Z\right| \tag{13-2}$$

由图 13-2 可知，积分器输出电压 u_{o2} 从 0 上升到 U_{T+} 所需的时间为 $T/4$，由积分器的运算关系可得

$$\frac{1}{RC}\int_0^{\frac{T}{4}}U_Z\mathrm{d}t=\frac{R_2}{R_3+R_{P1}}U_Z \tag{13-3}$$

即

$$\frac{U_Z}{RC}\frac{T}{4}=\frac{R_2}{R_3+R_{P1}}U_Z \tag{13-4}$$

由此可得振荡周期为

$$T = \frac{4R_2RC}{R_3 + R_{P1}} \tag{13-5}$$

故方波、三角波的振荡频率为

$$f = \frac{R_3 + R_{P1}}{4R_2RC} \tag{13-6}$$

调节电位器 R_{P1} 可以微调方波的输出幅度，但也会影响输出信号的频率。

（二）电压控制电路

如果用输入电压 u_I 取代 u_{O1} 作为积分器的输入信号，就可以控制三角波的上升、下降的斜率，也就改变了振荡频率。电压控制电路如图 13-3 所示。

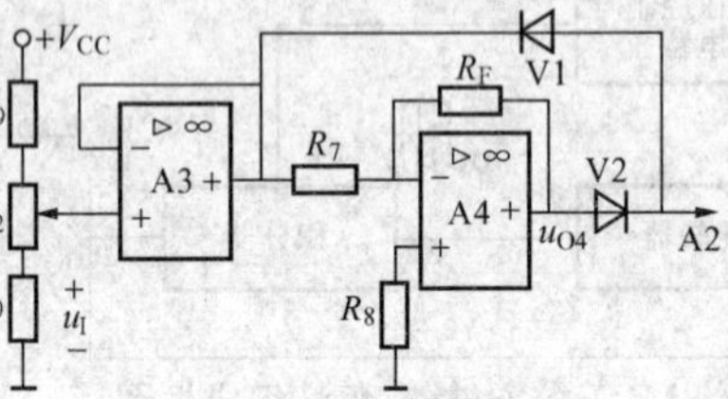

图 13-3　电压控制电路

运放 A4 构成一反相比例运算放大电路，当二极管 V1 导通时，电路输出 u_I；当二极管 V2 导通时，电路输出 $-u_I$。A3 为电压跟随器，防止后级输出信号对输入电压的影响。调节 R_{P2}，可以改变输入电压 u_I。

将电压控制电路的输出接到积分器的输入端，就得到压控方波-三角波发生器的整体结构图，如图 13-4 所示。

此时，A1、A2 的输出幅度仍然为式（13-1）和式（13-2）。当 $u_{O1} = +U_Z$ 时，二极管 V1 导通，若忽略 V1 的正向压降，A2 的输入电压为 u_I；当 $u_{O1} = -U_Z$ 时，二极管 V2 导通，A2 的输入电压为 $-u_I$。由式（13-3）可得

$$\frac{1}{RC}\int_0^{\frac{T}{4}} u_I \mathrm{d}t = \frac{R_2}{R_3 + R_{P1}}U_Z \tag{13-7}$$

则方波、三角波的振荡频率为

$$f = \frac{R_3 + R_{P1}}{4R_2RC}\frac{u_I}{U_Z} \tag{13-8}$$

调节 u_I 就可以控制电路的振荡频率。

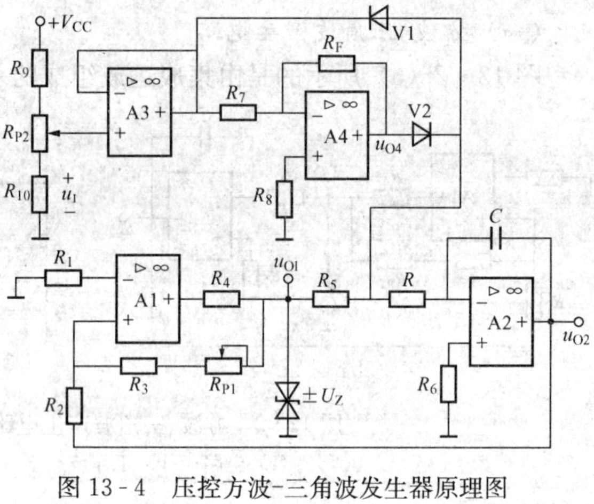

图 13-4　压控方波-三角波发生器原理图

三、单元电路的设计

（一）集成运放的选择

根据设计要求，电路的工作频率较低，对运算精度并无特殊要求，因此选用通用型运放即可。这里 A1、A2、A3、A4 均选用通用型运放 CF741（也可选用四运放 LM324），其主要指标为 $S_R = 0.5\text{V}/\mu\text{s}$，$BW_G = 1\text{MHz}$。采用双电源供电，工作电压取 $+V_{CC} = 12\text{V}$，$-V_{EE} = -12\text{V}$。

（二）电压控制电路的元件参数计算

由电路的工作原理可知，A4 的放大倍数为

$$|A_{u4}| = R_F/R_7 = 1 \tag{13-9}$$

即 $R_F = R_7$。R_F 一般取值要小于 1MΩ，因此取 $R_F = R_7 = 20\text{k}\Omega$，则平衡电阻

$$R_8 = R_7 \,//\, R_F = 10\text{k}\Omega$$

根据设计要求 $u_I = 1\sim2\text{V}$，若选取 $R_9 = 10\text{k}\Omega$，则 $R_{10} = 1\text{k}\Omega$，R_{P2} 为 1kΩ 的电位器。

由于 A3 的输出电流约为几个毫安，因此开关二极管 V1、V2 选 2AK7 即可。

（三）积分器的元件参数计算

由设计要求可知三角波的输出电压幅度 $U_{om}=2V$，则由式（13-2）可知，

$$U_{om2}=\left|\pm\frac{R_2}{R_3+R_{P1}}U_Z\right|=2V \tag{13-10}$$

将式（13−10）代入式（13-8）中，可得

$$f=\frac{1}{4RC}\frac{u_I}{2} \tag{13-11}$$

由于 $u_I=1\sim2V$，考虑到2AK7上有0.4V的压降，则有

$$\left.\begin{aligned}f_{min}&=\frac{1}{4RC}\frac{u_{Imin}+0.4}{2}\\f_{max}&=\frac{1}{4RC}\frac{u_{Imax}+0.4}{2}\end{aligned}\right\} \tag{13-12}$$

先选取电容器 C 的容量。C 的容量选择要合适，选择过大会使泄漏电阻相应增大，增大了积分误差；过小则使积分漂移显著，一般选值在0.01～1μF之间。取 $C=0.01\mu F$，且 $f=500Hz\sim1kHz$，根据式（13-12）可得 $R=30\sim35k\Omega$，取 $R=33k\Omega$。

（四）比较器的元件参数计算

根据设计要求，方波的输出电压幅度为6V，因此稳压器的稳定电压 $U_Z=6V$。为了得到对称的方波输出，通常选用高精度的双向稳压二极管。这里选取2DW7A型稳压管，其主要参数为 $U_Z=5.8\sim6.6V$，$I_Z=10mA$。

由式（13-12）可得

$$\frac{R_2}{R_3+R_{P1}}=\frac{2}{6}=\frac{1}{3} \tag{13-13}$$

选取 $R_2=10k\Omega$，则 $R_3+R_{P1}=30k\Omega$。取 $R_3=27k\Omega$，则 R_{P1} 用10kΩ的电位器。平衡电阻 $R_1=R_2\,/\!/\,(R_3+R_{P1})=7.5k\Omega$。

若取 $R_5=10k\Omega$，限流电阻 $R_3\approx(V_{CC}-U_Z)/I_Z=6V/10mA=600\Omega$，取 $R_3=560\Omega$。

四、电路安装与调试

（一）安装电路

（1）首先根据总电路图画出相应的装配图，并在图上标出每个元件的型号、参数、引脚编号灯，以便于检查。

（2）按照单元电路的先后顺序进行分级安装。

（3）各单元电路的元器件在安装时要相对集中，走线要尽量合理，不要过长。

（4）在组装整体电路时，各单元电路必须共地。

（二）电路的调试

（1）电路安装完毕后，通电前先检查元器件安装是否正确，特别注意运放引脚和正、负电源的接线不能接错，并用万用表欧姆档检查电路安装有无短路、断路或接触不良等问题。

（2）经检查无误后，才能接通电源，然后对单元电路逐级进行调试。

（3）调试电压控制电路时，要注意运放的调零和自激振荡的消除。调节电位器 R_{P2}，用万用表测量 u_I 和A4输出电压的变化。

（4）由于比较器和积分器级联组成正反馈电路，并同时分别输出方波和三角波，因此它们可同时进行调试。先调节电位器 R_{P1} 使电路起振，用示波器分别观察方波、三角波的波形

是否正常，然后调节 R_{P1} 使三角波的幅度达到设计要求。

（5）将电压控制电路和方波-三角波发生电路连接起来，调节电位器 R_{P2}，测量电路输出频率的变化。

13.2　小型数字系统的设计

13.2.1　小型数字系统的设计方法

一、小型数字系统的组成

数字系统是由若干个数字电路或数字集成器件所构成的、能用于传递和处理各种数字信息的电路。小型数字系统的原理框图如图 13-5 所示，它由以下四个部分组成：

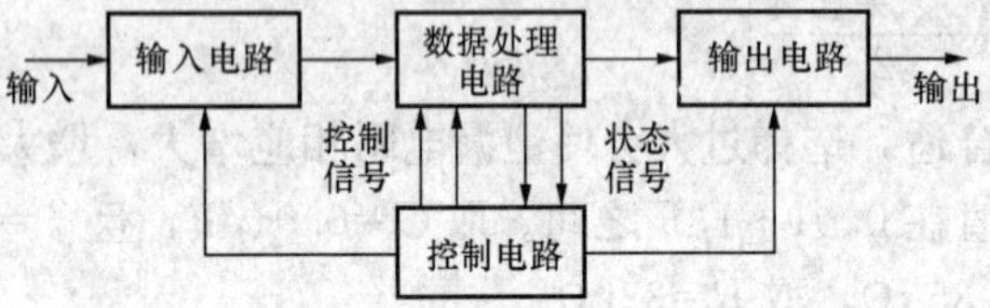

图 13-5　数字系统的组成

（一）输入电路

输入电路将待处理的输入信号进行必要的变换和处理，以适应数据处理电路的要求，并在控制信号的作用下，送入数据处理电路。如各种传感器、A/D 转换器、波形变换电路、输入接口电路等。

（二）数据处理电路

数据处理电路在控制信号的作用下对输入数据信号进行传送、加工和存储等方面的处理。在处理的过程中，向控制电路发回状态信号，告知控制电路数据处理的情况，以便控制电路做出进一步处理的决策，并在控制信号的作用下，将处理结果送至输出电路。如各种逻辑运算电路和各类存储记忆电路等。

（三）控制电路

控制电路则为整个数字系统提供各种控制信号，使系统各部分协调工作。如时钟振荡器和各种控制门电路等。

（四）输出电路

输出电路是将处理好的结果再进行必要的转换和处理，在控制信号的作用下输出处理结果。如 D/A 转换器、输出接口电路、驱动电路等。

二、数字系统的设计步骤

对于小型数字系统，一般可按如下步骤进行设计：

（一）分析系统功能，确定总体方案

根据数字系统的设计任务书，分析系统要实现的功能和具体要求，将系统要求完成的总任务分解成为一些功能性的分任务，画出系统的总体组成框图，并简要说明各组成部分的功能及相应关系。

（二）设计子系统

数字系统中的每一个组成部分相当于一个子系统或若干个子系统的组合。在进行子系统设计时，要明确各子系统的任务，以及每个子系统的输入、输出信号和时序要求。一般可采用组合电路和时序电路的设计方法进行设计，也可直接采用中、大规模的集成逻辑组件来构成。由于集成器件的种类和性能不同，构成同一子系统的电路形式也可能有多种，因此在设计时，要反复比较，选择一个满意的方案。

（三）连接各子系统完成总体设计

将设计好的子系统连接成一个完整的数字系统，要保证各子系统的输入、输出的逻辑功能的实现及时序上的协调一致。同时注意排除在连接中出现的不需要或不希望出现的异常信号。

（四）画出逻辑电路图

在逻辑电路图中要将各子系统的逻辑电路以及它们之间的相互连接情况详细地画出来。电路图应当工整，所有元器件和连线都应符合绘图规则。

（五）进行安装调试

根据总逻辑图画出相应的装配图，安装电路，测试电路的性能指标是否与设计指标相符，若存在问题，则对设计方案进行必要的修改，再进行调试，直至达到设计要求。具体的调试方法与步骤可参见第12章。

三、设计中需要考虑的问题

下面主要介绍应用广泛的TTL和CMOS集成器件的选用依据，以及在设计中要考虑的不同类型集成器件的接口和器件带负载时的接口等问题。

（一）器件的选择

器件选择应该依据设计任务中所要求的速度、功耗、抗干扰能力等指标，在满足指标要求的前提下再考虑降低成本和缩小体积等其他问题。常用TTL、COMS器件的主要特性如表13-1所示，从表13-1可见TTL电路的工作速度高，带负载能力强，但功耗大，抗干扰能力差；COMS电路功耗小，抗干扰能力强，输出逻辑摆幅大，但工作速度较低，输出驱动负载能力差。因此，一般需要高速时多选用TTL器件，需要低耗时多选用COMS器件，其他情况则根据特殊需要进行考虑。

表13-1　TTL、COMS器件的主要特性

电路类型	电源电压 (V)	速度 t_{pd} (ns)	功耗	扇出系数	U_{OH} (V)	I_o (mA)	噪声容限 (V)
TTL	5	10～50	30～50mW	≥8	≈3	10～50	≤1
CMOS	3～15	150～200	<10μW	≥15	4～15	≥0.3	2

在选用同类型的器件时，应根据电路的功能确定器件的系列，尽可能选用通用性强、价格低廉的器件。

我国TTL集成器件分为CT54和CT74系列两大类。CT74系列又有CT74标准、CT74H、CT74L、CT74S、CT74LS、CT74AS、CT74ALS等子系列。其中CT74LS子系列的功耗低，而且具有便于与CMOS电路连接、工作可靠、电源电流瞬变小的优点，其生产量大、品种多，而且价格便宜，是目前TTL数字集成电路的主要产品，故应优先选择。

国产CMOS集成器件有CC4000系列和高速CMOS（HCOMS）系列，目前HCOMS主要有CC54HC/CC74HC和CC54HCT/74HCT两个子系列。HCOMS系列在保留了4000系列低功耗、高抗干扰能力的同时，还具有更高的工作频率和更强的输出驱动负载能力，其中CC54HCT/74HCT子系列还与TTL电路兼容。

随着集成技术的迅速发展，目前中、大规模的集成器件产品种类越来越多，功能也日趋完善。因此，在进行器件选择时，器件的规模和功能也应予以考虑。在可能的条件下，应尽量采用中、大规模的集成器件来构成系统，以降低成本、提高工作可靠性和缩短设计周期。

（二）不同类型集成器件之间的接口问题

当数字系统中选用了不同类型的器件时，要注意各类器件之间的连接问题，即接口问题。常用的 TTL 器件输出低电平一般为 0.3～0.5V，输出高电平一般为 2.7～3.2V，CMOS 电路输入低电平小于 1.5V，输入高电平不低于 4.4V，因此当用 TTL 驱动 4000 和 74HC 系列 CMOS 器件时，如果 TTL 与 CMOS 器件都采用+5V 电源，可在 TTL 器件输出与+5V 之间接一上拉电阻来提高 TTL 的输出高电平，如图 13-6（a）所示；如果 TTL 的电源与 CMOS 器件的电源不同，需用 OC 门接一上拉电阻至 CMOS 电源，来提高 TTL 的输出高电平，如图 13-6（b）所示；也可以采用具有电平转移作用的专用芯片，如 40109、7406、7416 等，如图 13-6（c）所示。而 TTL 电路的输出端可以与 74HCT 电路的输入端相连接。

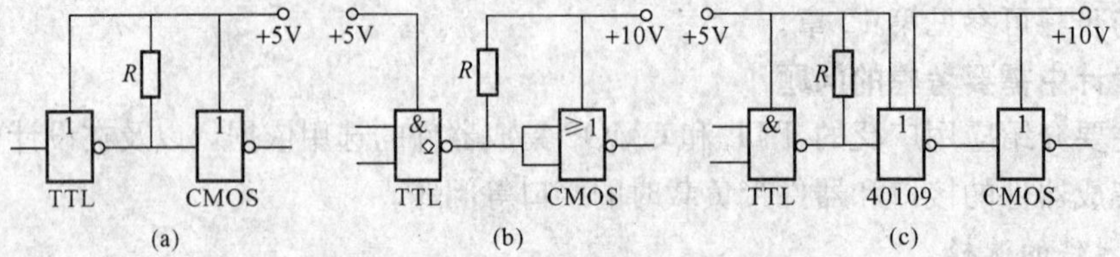

图 13-6　TTL 与 CMOS 电路的接口

（a）接入上拉电阻；（b）OC 门与 CMOS 的接口；（c）用电平转换器的接口

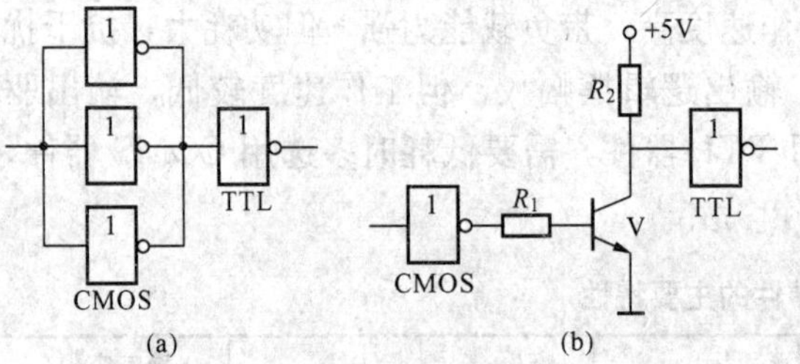

图 13-7　用 CMOS 驱动 TTL 电路

（a）CMOS 反相器并联使用；

（b）用三极管放大器驱动 TTL 电路

当用 CMOS 驱动 TTL 电路时，如果 TTL 与 CMOS 电路都采用＋5V 电源，CC74HC 和 74HCT 系列可直接驱动 TTL 电路。而由于 4000 系列输出的低电平电流很小，为扩大其输出低电平时的带负载能力，可将同一封装内的 CMOS 门并联使用，如图 13-7（a）所示；也可用三极管放大器组成电平转换电路，如图 13-7（b）所示。

（三）器件带负载时的接口电路

当用集成器件驱动执行性负载时，应根据负载的要求进行正确的接口。图 13-8（a）所示的是用 TTL 电路直接驱动显示器件；将两个 CMOS 反相器并联可驱动小型继电器，如图 13-8（b）所示，图中 L 为继电器线圈，二极管 V 用以消除过电压，起保护作用。用 CMOS 或 TTL 电路驱动大电流负载时，可采用三极管电路组成的驱动器，如图 13-8（c）所示。

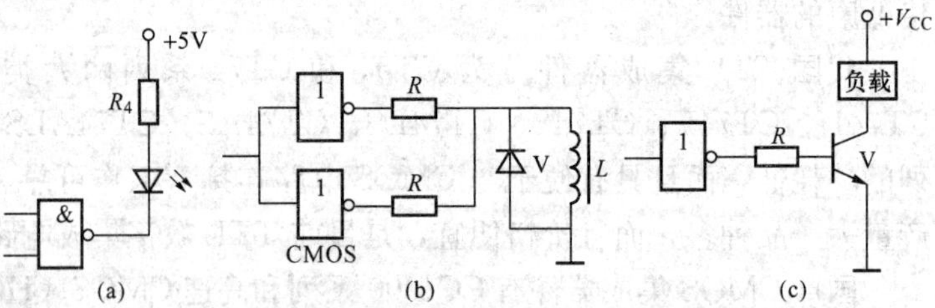

图 13-8　器件的负载驱动

（a）驱动发光二极管；（b）驱动抵压继电器；

（c）用三极管组成驱动器

13.2.2　设计举例

一、设计指标

设计一个智力竞赛抢答器，其主要指标为：

（1）可供四组抢答，有人抢答时，蜂鸣器发声，同时优先抢答者对应的指示灯亮，而后抢答者对应的指示灯不亮。

（2）主持人具有将抢答器复原和控制抢答计时开始的功能。

（3）抢答器具有抢答计时功能，一次抢答时间为 30s，倒计时计数，要求计时显示时间精确到秒。

（4）当主持人按下开始键后，计数器开始计时，若在设定的时间内进行抢答，则抢答有效，计时器停止工作；若在设定的时间内没有人抢答，则本次抢答无效，蜂鸣器发声报警，并封锁输入电路，禁止超时后抢答。

（5）蜂鸣器每次发声持续 0.5s。

二、确定总体方案

智力竞赛抢答器是用来鉴别第一个信号的电路，其总体框图如图 13-9 所示。它主要由抢答电路、计数显示和控制电路三个部分构成。抢答电路完成第一信号的鉴别任务，计数显示电路实现抢答定时功能，而控制电路则控制抢答电路、计数显示和报警的正常工作。

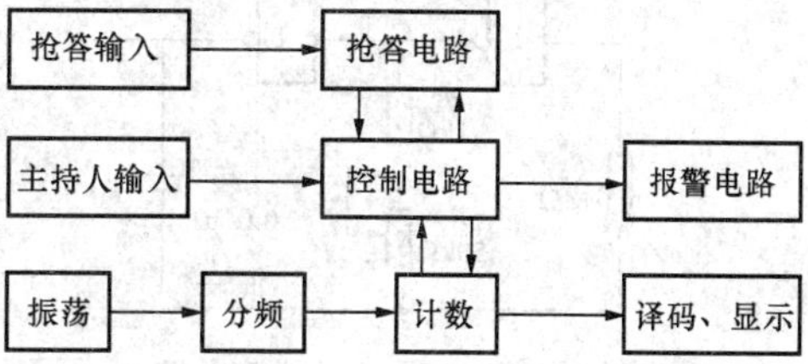

图 13-9　智力抢答器框图

三、单元电路设计

（一）抢答电路

抢答电路可用 CMOS 四 D 锁存器 CC4042（功能表见表 13-2）和门电路组成，如图 13-10 所示。抢答开始前，抢答者的四个按钮 S0～S3 均未按下，锁存器的输入端 D_0～D_3 都为 0，主持人将开关 S4 闭合，使时钟端 CP 为 1，将锁存器清零，四个 LED 均不亮；同时 G1 门输出为 0，送入控制电路，使蜂鸣器不发声。

表 13-2　CC4042 功能表

CP	POL	Q
0	0	D
↑	0	锁定
1	1	D
↓	1	锁定

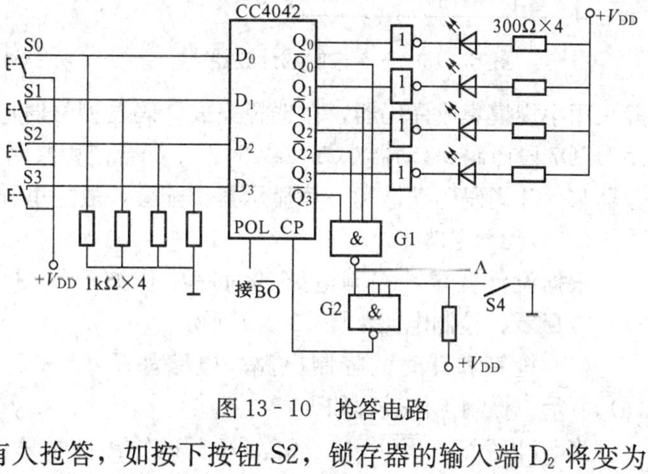

图 13-10　抢答电路

当主持人将 S4 断开时，此时若有人抢答，如按下按钮 S2，锁存器的输入端 D_2 将变为 1，则输出端 Q_2 由 0 变为 1，对应的 LED 亮；同时 $\overline{Q_2}$ 由 1 变为 0，使 G1 门输出为 1，经控制电路，使蜂鸣器发声。G1 门输出的高电平经 G2 门使锁存器时钟端 CP 由 1 变 0，则锁存器为锁存状态，禁止后抢答者的信号存入锁存器。

（二）计时显示电路

（1）振荡器。由于只要求计时显示时间精确到秒，可采用与非门组成的 *RC* 振荡器。由 CMOS 器件组成的不对称 *RC* 振荡电路如图 13-11 所示。考虑到振荡本身的稳定性和经分频后可能引入的最大误差，选取 $f=1\text{kHz}$。

由

$$f=\frac{1}{2.2(R+R_P)C}$$

$$R_S \approx 10(R+R_P)$$

若选取 $C=0.01\mu F$，则 $R+R_P=45k\Omega$，可取 $R=10k\Omega$，$R_P=50k\Omega$，$R_S=1M\Omega$。

(2) 分频器。由于振荡器输出为 1kHz，则要求分频器具有除以 1000 的分频功能，才能输出为 1Hz。此类分频电路一般都采用中、大规模集成器件。这里采用双二-十进制加计数器 CC14581 组成三级十分频电路，如图 13-12 所示。

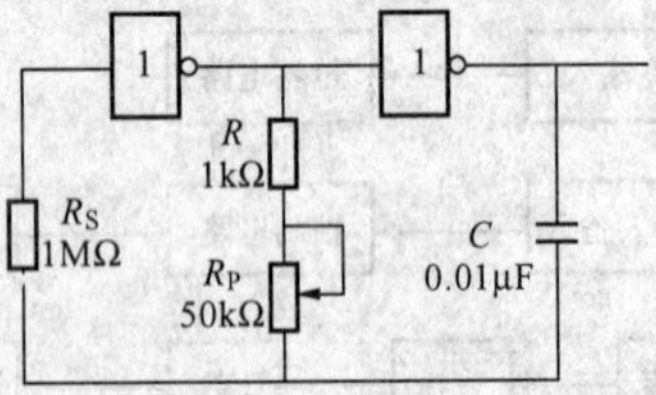

图 13-11 RC 振荡电路

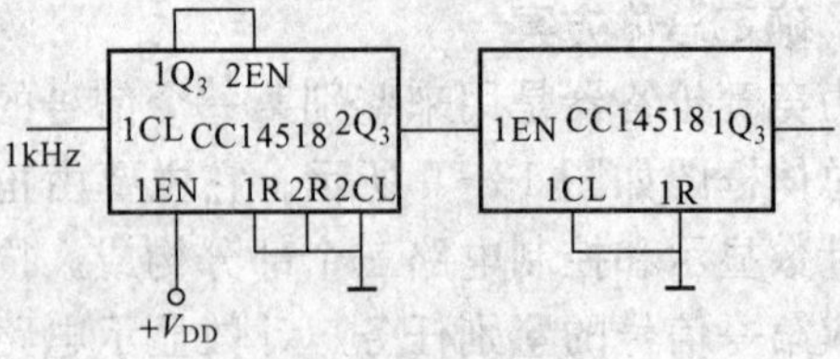

图 13-12 分频电路

(3) 计数器。根据设计要求，计时电路是一个三十进制的减计数器，可选用两片同步十进制可逆计数器 CC40192 构成，电路如图 13-13 所示。

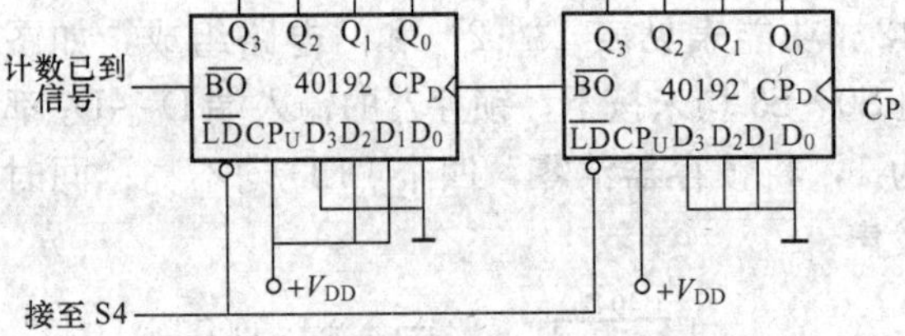

图 13-13 三十进制减计数器

计数器的置数端 $\overline{LD}$ 接开关 S4，当 S4 闭合时，计数器置数；S4 断开时，允许计数器计数。当计数器状态减计数至 0000 时，借位端 $\overline{BO}$ 输出为 0。因此将 $\overline{BO}$ 作为计时已到信号。

(4) 译码和显示。译码器将计数器并行输出的 BCD 码转换成 7 段数字显示。一般采用中规模集成译码器，在选择集成译码器型号时应考虑所用 LED 显示器的类型。当选用 BCD7 段译码/驱动器 CC14547 时，应配合使用共阴极型 LED 显示器 BS201。由于一片计数器与一片译码驱动器和一片显示器相配套，故这里选用 2 块 14547 和 2 块 BS201。

（三）控制电路

根据设计要求，控制电路的时序工作波形如图 13-14 所示，控制电路如图 13-15 所示。

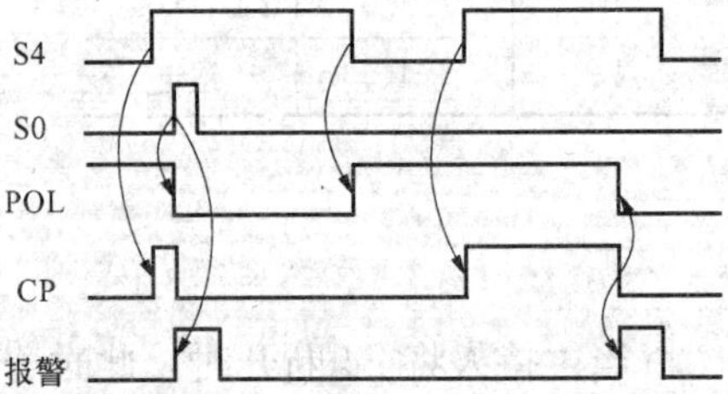

图 13-14 控制电路的时序工作波形

(1) 抢答和计时的控制电路。电路如图 13-15 (a) 所示。控制工作过程如下：

当 S4 断开时，$\overline{BO}=1$，来自 G1 门的输出信号 A 为 0，经 G4 门反相后变为 1，则 G3 门打开，允许 CP 加到计数器的时钟脉冲输入端，计数器进行递减计时。同时计时时间未到时，$\overline{BO}=1$，接锁存器的 POL 端，使抢答电路正常工作。

当有人在抢答计时时间内按下抢答键，G1 门的输出信号 A 为 1，经 G4 门反相后使 G3 门封锁 CP 信号，计数器停止计数。同时，G2 门输出为 0，使锁存器处于锁存状态。

当抢答计时时间到，即 $\overline{BO}=0$，使 G3 门封锁 CP 信号，使计数器保持在 0000 状态不变，同时使锁存器的 $POL=\overline{BO}=0$，禁止锁存器正常工作。

(2) 报警控制电路。可用单稳态触发器控制发声时间，如图 13-15 (b) 所示。集成单

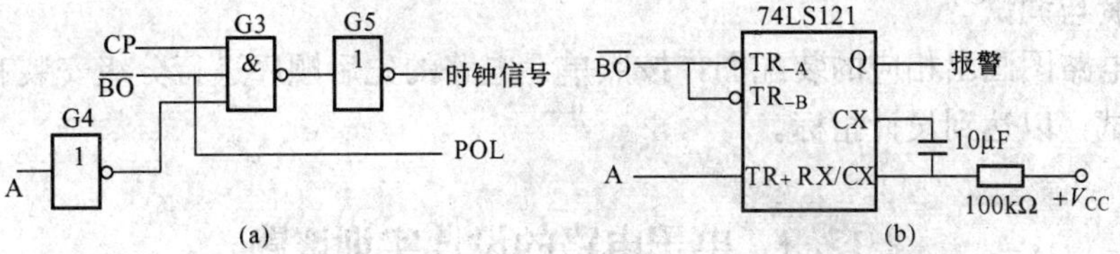

图 13 - 15　控制电路

(a) 抢答和计时控制电路；(b) 报警控制电路

稳态触发器 74LS121 有两个触发信号：TR_+ 接 G1 的输出信号 A，为上升沿触发；TR_{-A} 接 $\overline{BO}$，为下降沿触发。在没有触发信号时，输出为 0，蜂鸣器不发声。当有人在抢答计时时间内抢答时，G1 门的输出信号 A 由 0 变 1，74LS121 输出变为暂态 1，蜂鸣器发声。而当抢答计时时间到时，$\overline{BO}$由 1 变为 0，74LS121 输出变为 1，蜂鸣器发声。

74LS121 输出高电平脉冲宽度取决于外接电阻 R_{ext} 和电容 C_{ext}，即输出脉冲宽度 $t_W \approx 0.7R_{ext}C_{ext}$。若取 $C_{ext}=10\mu F$，则 $R_{ext}=100k\Omega$。

（四）报警电路

报警电路如图 13 - 16 所示，当报警控制信号为 1 时，控制门选通报警脉冲信号，进行报警。报警脉冲信号可用振荡器输出的 1kHz 信号。

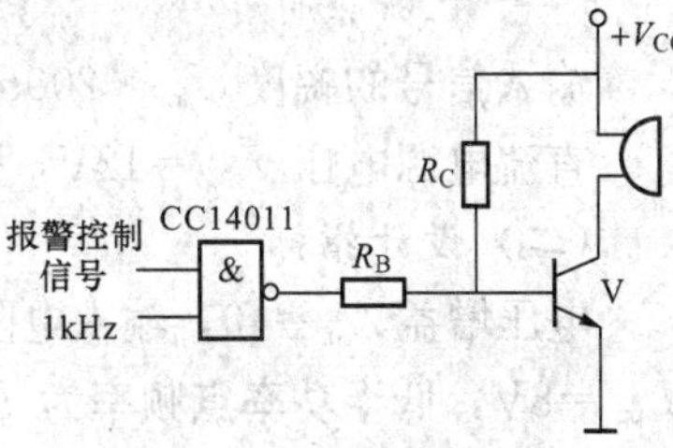

图 13 - 16　报警电路

四、连接单元电路，画出总逻辑电路图

由于电路中选用了 TTL 和 CMOS 器件，为使接口尽量简单，这里采用公共的+5V 电源。在连接各单元时，要注意不同型号器件之间的电平匹配问题。图 13 - 15（b）中 74LS121 输出为 TTL 电平，驱动由 CMOS 器件 14011 组成的控制门动作，在公共+5V 电源情况下，TTL 器件的输出应接一个上拉电阻。智力竞赛抢答器的总体电路图如图 13 - 17 所示。

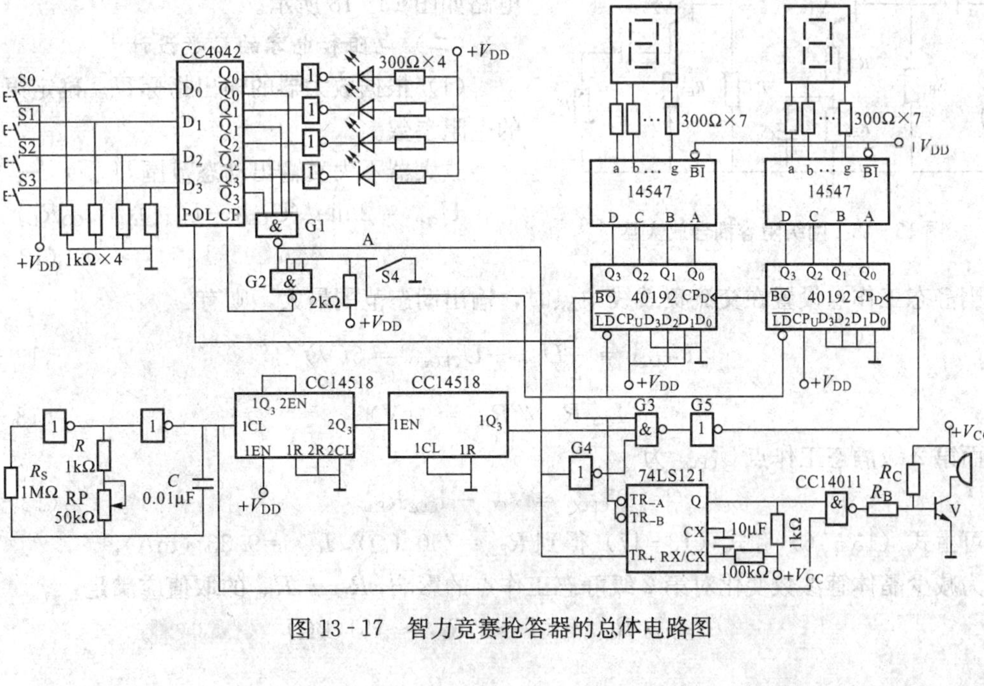

图 13 - 17　智力竞赛抢答器的总体电路图

五、安装与调试

根据总电路图画出相应的装配图，按照单元电路的先后顺序进行分级安装和调试，最后整体连接调试，以达到设计指标。

13.3 电子电路的设计实训课题

13.3.1 模拟实训课题

课题一 两级阻容耦合放大器的设计

一、设计指标

（一）已知条件

输入信号的幅度 $U_{im} \leqslant 200\text{mV}$，信号源内阻 $R_S = 60\Omega$，负载电阻 $R_L = 1\text{k}\Omega$；

直流电源电压 $V_{CC} = 12\text{V}$，晶体管参数 $\beta = 200$，$r'_{bb} = 200\Omega$，$U_{CE(sat)} = 1\text{V}$。

（二）设计指标

电压增益 $A_u = 40$，输入电阻 $R_i \geqslant 10\text{k}\Omega$，输出电阻 $R_o \leqslant 10\Omega$，不失真输出电压动态范围 $U_{opp} = 8\text{V}$，低半功率点频率为 $f_L = 100\text{Hz}$。

二、设计指导

（一）确定电路形式

从设计指标要求来看，放大器的电压放大倍数不高，输出电阻较小，因此可采用两级阻容耦合放大器。第一级采用串联负反馈方式的共射放大电路，以满足电路对输入电阻的要求；第二级为射极跟随器，降低电路的输出电阻。参考电路如图 13-18 所示。

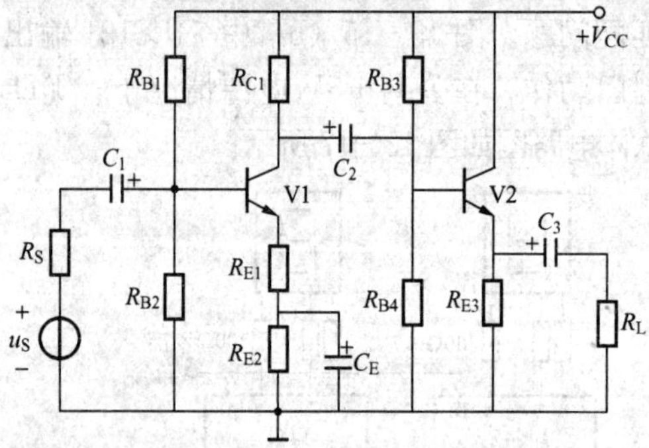

图 13-18 两级阻容耦合放大器

（二）电阻和电容的参数设计

（1）根据放大器的输出指标 U_{opp} 确定第 2 级的电阻参数。

放大器不失真输出动态范围 U_{opp} 为

$$U_{opp} = 2\min\{(U_{CEQ} - U_{CE(sat)}), I_{CQ}R'_L\} \tag{13-14}$$

当静态工作点设置在交流负载线中点时，输出动态范围最大，则有

$$U_{CEQ2} = \frac{1}{2}U_{opp} + U_{CE(sat)} = 5(\text{V}) \tag{13-15}$$

$$I_{CQ2}R_L \;//\; R_{E3} = 4(\text{V}) \tag{13-16}$$

而第 2 级静态工作点 U_{CEQ2} 为

$$U_{CEQ2} = V_{CC} - I_{CQ2}R_{E3} \tag{13-17}$$

可由式（13-16）和式（13-17）得到 $R_{E3} = 750$（Ω），$I_{CQ2} = 9.33$（mA）。

为减少晶体管参数变化对第 2 级静态工作点的影响，$R_{B3} \;//\; R_{B4}$ 的取值应满足

$$R_{B3} \;//\; R_{B4} \ll (1+\beta)R_{E3} \approx 151(\text{k}\Omega)$$

但作为第1级的负载，$R_{B3} // R_{B4}$ 的取值不能太小，故选取

$$R_{B3} // R_{B4} = 20(k\Omega) \tag{13-18}$$

由电路图可知，第2级静态工作点的电流为

$$I_{CQ2} = \frac{\frac{R_{B4}}{R_{B4}+R_{B3}}V_{CC} - U_{BEQ2}}{R_{E3}} \tag{13-19}$$

由式（13-18）和式（13-19），得到 $R_{B3}=27.7k\Omega \approx 27k\Omega$，$R_{B4}=77.1k\Omega \approx 75k\Omega$。

（2）根据放大器的放大倍数、输入电阻和输出电阻指标，确定第2级的电阻参数。

由输出电阻 R_o 可以确定 R_{C1}。放大电路的输出电阻 R_o 为

$$R_o = R_{E3} // \frac{r_{be2} + R_{C1} // R_{B3} // R_{B4}}{1+\beta} \tag{13-20}$$

式中：$r_{be2} = r'_{bb} + (1+\beta)\frac{U_T}{I_{CQ2}} = 200 + 201 \times \frac{26}{9.33} = 0.76\ (k\Omega)$。

利用式（13-18）和式（13-20）可得到 $R_{C1}=1.36k\Omega \approx 1.5k\Omega$。

电路的电压放大倍数近似为

$$A_u \approx \beta\frac{R_{C1} // R'_{i2}}{r_{be1} + (1+\beta)R_{E1}} \approx \frac{R_{C1} // R'_{i2}}{\frac{U_T}{I_{CQ1}} + R_{E1}} \tag{13-21}$$

式中：$R'_{i2} = R_{B3} // R_{B4} // [r_{be2} + (1+\beta)R_{E3} // R_L] \approx 16.26\ (k\Omega)$。

当第1级的静态工作点设置在交流负载线中点时，输出动态范围最大，即有

$$U_{CEQ1} = \frac{1}{2}U_{opp} + U_{CE(sat)} = 5(V) \tag{13-22}$$

$$I_{CQ1}(R_{E1} + R_{C1} // R'_{i2}) \approx \frac{1}{2}U_{opp} = 4(V) \tag{13-23}$$

由式（13-21）和式（13-23）可得到 $R_{E1} \approx 50\Omega$，$I_{CQ1} \approx 3.05mA$。

则
$$r_{be1} = r'_{bb} + (1+\beta)\frac{U_T}{I_{CQ1}} = 200 + 201 \times \frac{26}{3.05} = 1.913(k\Omega)$$

从电路图中可知，第1级静态工作点 U_{CEQ1} 为

$$U_{CEQ1} = V_{CC} - I_{CQ2}(R_{C1} + R_{E1} + R_{E2}) \tag{13-24}$$

由式（13-22）和式（13-24）可以得到 $R_{E2}=745\Omega \approx 750\Omega$。

电路的输入电阻为

$$R_i = R_{B1} // R_{B2} // [r_{be1} + (1+\beta)R_{E1}] \tag{13-25}$$

第1级静态工作点电流 I_{CQ1} 为

$$I_{CQ2} = \frac{\frac{R_{B2}}{R_{B1}+R_{B2}}V_{CC} - U_{BEQ1}}{R_{E1}+R_{E2}} \tag{13-26}$$

由式（13-25）和式（13-26）可以得到 $R_{B1}=179\ (k\Omega) \approx 180\ (k\Omega)$，$R_{B2}=92k\Omega \approx 91\ (k\Omega)$。

（3）由 f_L 确定旁路和耦合电容。

在两级阻容耦合放大器中，射极旁路电容 C_E 对 f_L 的影响最为显著，C_E 的取值为

$$C_E = \frac{1}{2\pi R_{E2} // (R_{E1} + \frac{r_{be1}}{1+\beta})f_L} = 20\mu F \approx 22\mu F \tag{13-27}$$

取 $C_1=C_2=C_3=\frac{C_E}{10}=2.2$（μF）。

三、设计要求

（1）根据放大器指标的要求，确定电路的形式。

（2）计算各级电路的元件参数，并选择器件。

（3）运用 Multisim7 模拟仿真，修改电阻、电容的设计数值，以满足放大器设计指标。

（4）安装、调试放大器，用逐级调试的方法，使放大器电路正常工作。

（5）测试放大器参数，写出总结报告。

课题二　两级交流放大电路设计

一、设计指标

工作频率 10Hz～10kHz，最大不失真输出电压幅度 $U_{om}=5V$，负载电阻 $R_L=2k\Omega$，输入电阻 $R_i=20k\Omega$，中频放大倍数 $A_u=1000$。

二、设计指导

（一）确定放大电路级数和电路形式

由于集成运放同相放大器的放大倍数在 1～100 之间，而反相放大器在 0.1～100 之间，本设计要求 $A_u=1000$，则至少需要两级放大。

同相放大器的输入电阻较高，反相放大器的输入电阻取决于 R_1，取值一般在 1kΩ～1MΩ 之间。根据设计指标，仅要求输入电阻 $R_i=20k\Omega$，而其他指标如噪声及共模信号的幅值等并无特殊要求，所以无需增加阻抗变换和隔离。因此输入级无论是采用同相放大电路还是反相放大电路均能满足输入电阻的要求。

当最大不失真输出电压 $U_{om}=5V$，负载电阻 $R_L=2k\Omega$，要求最大不失真输出电流 $I_{om}=5V/2k\Omega=2.5mA$。而一般运放的输出电流在几毫安和十几毫安之间，故输出端无需特殊处理。

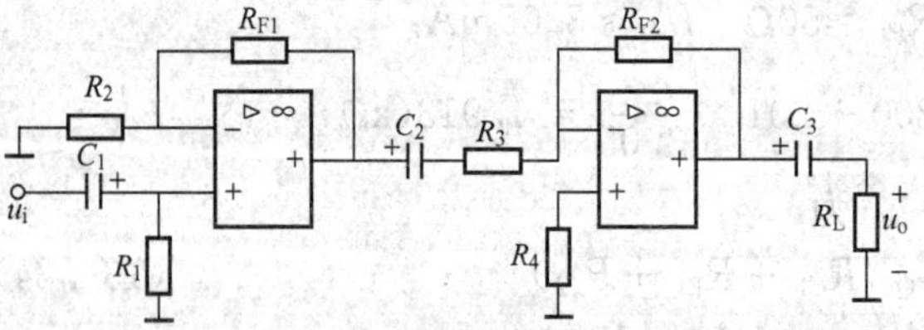

图 13-19　集成运放两级交流放大电路

本设计采用一级同相放大电路与一级反相放大电路以阻容耦合的方式级联，参考电路如图 13-19 所示。对于高增益放大电路，为了尽量降低放大电路的信噪比，第一级的增益应适当小些，使运放工作在小信号条件下，而只有后一级运放工作在大信号条件下。这样，在选择第一级所用运放时，只需要考虑满足带宽要求，无需考虑转换速率的影响。故可选取 $A_{u1}=10$，$A_{u2}=100$。

（二）集成运放的选择

选择集成运放时，应尽量选用失调温漂小、开环电压增益高、输入电阻高、输出电阻低的运算放大器，以提高放大电路的工作稳定性。为减小放大电路的动态误差（即频率失真和相位失真），要求集成运放的增益带宽积 BW_G 和转换速率 S_R 要满足：

$$BW_G \geqslant A_u f_{max} \tag{13-28}$$

$$S_R \geqslant 2\pi f_{max} U_{om} \tag{13-29}$$

式中：f_{max} 为输入信号的最高工作频率；U_{om} 为输出电压的最大幅值。

由于第一级运放工作在小信号状态，主要考虑满足其频带宽度。即选用 $BW_G \geqslant A_{u1} f_{max}$

$=10\times10kHz=100kHz$ 的集成运放。

第二级运放工作在大信号状态，选择运放主要是满足转换速率 S_R 的要求，即 $S_R \geqslant 2\pi f_{max}U_{om}=2\pi\times10kHz\times5V=0.314V/\mu s$。

综上所述，可选择通用型运放 CF741，其主要指标为：$S_R=0.5V/\mu s$，$BW_G=1MHz$，满足设计要求。

（三）电阻、电容元件的选择

电路中的反馈电阻 R_F 的阻值不宜过大，一般阻值在 1MΩ 以上电阻稳定性较差，会使电路稳定性变差、误差电压过大；R_F 也不能太小，否则会使运放输出电流较大，导致漂移误差增大。通常，R_F 一般取值应在几千欧至 1 兆欧之间。

在第一级中，由输入电阻的要求，可取 $R_1=R_i=20k\Omega$。再由 $A_{u1}=1+R_{F1}/R_2=10$ 和 $R_1=R_{F1}\,/\!/\,R_2$，确定电阻 $R_2=22k\Omega$ 和 $R_{F1}=200k\Omega$。对于第二级，由于 $A_{u2}=100$，若取 $R_3=10k\Omega$，则 $R_{F2}=1M\Omega$，$R_4=10k\Omega$。电阻可选用误差较小的金属膜电阻。

耦合电容的数值可由放大器的最低工作频率 f_L 得到，即

$$C_1\geqslant\frac{3\sim10}{2\pi f_L R_1},C_2\geqslant\frac{3\sim10}{2\pi f_L R_3},C_3\geqslant\frac{3\sim10}{2\pi f_L R_L}\tag{13-30}$$

三、设计要求

（1）按照放大器指标的要求，计算各级电路的元件参数，并选择器件。

（2）运用 Multisim7 模拟仿真，修改电阻、电容的设计数值，以满足放大器设计指标。

（3）安装、调试放大器，用逐级调试的方法，使放大器电路正常工作。

（4）调整测试放大电路，使其指标达到设计要求。

（5）写出总结报告。

课题三　有源滤波器的设计

一、设计指标

设计一个带通滤波器，通带频率范围为 200Hz～2kHz。

二、设计指导

（一）设计方案一

二阶有源压控带通（BPF）滤波器如图 13-20 所示，其中 R、C 组成低通滤波器，R_3、C_1 组成高通滤波器。若 $R_2=R$，$R_3=2R$，$C_1=C$，则 BPF 的中心频率 f_0、品质因素 Q 和带宽 BW 分别为

$$f_0=\frac{1}{2\pi RC},Q=1/(3-A_{uf}),BW=f_0/Q\tag{13-31}$$

式中：$A_{uf}=1+R_F/R_1$ 为同相比例运算放大电路的电压增益。

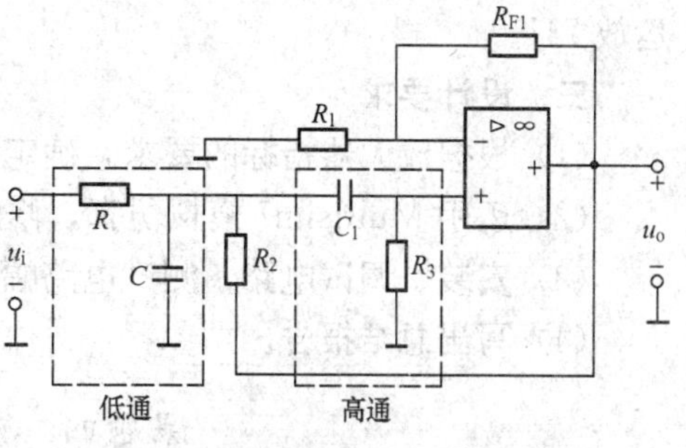

图 13-20　二阶有源压控带通滤波器

这种带通滤波器的优点是元件少，输出阻抗低，品质因数可达 20 左右。Q 值越高，滤波器的选择性越好，但带宽 BW 越窄。一般取 $Q\leqslant10$ 较好，否则 Q 太高电路元件值分布范围大，

难以调整，适合带宽要求不太宽的场合。

（二）设计方案二

有源带通滤波器也可由用一级二阶高通滤波器与一级二阶低通滤波器相级联，参考电路如图 13-21 所示，A1 为有源二阶压控高通滤波器，A2 为有源二阶压控低通滤波器。这种带通滤波器的通带较宽，其阻带的衰减速率为 -40dB/10 倍频程，滤波器的带宽由两个滤波器的截止频率所决定，通频带截止频率易于调整。根据设计指标的要求，本设计选用方案二。

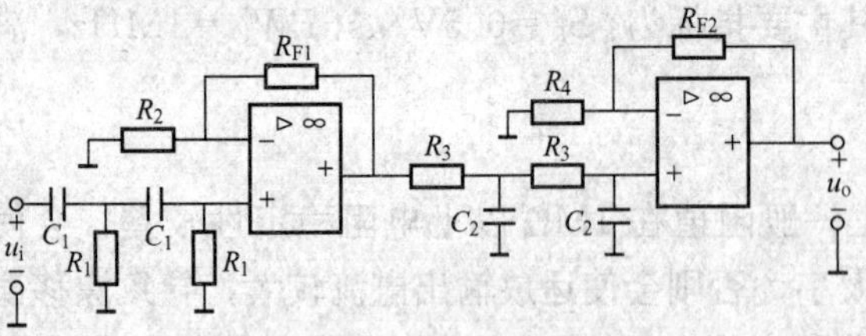

图 13-21 宽带带通滤波器

（1）有源低通滤波器的设计。

二阶压控低通滤波器的上限频率 f_H、品质因素 Q 和通带增益 A_{uf} 分别为

$$f_H = \frac{1}{2\pi R_3 C_2}, Q = 1/(3 - A_{uf}), A_{uf} = 1 + \frac{R_{F2}}{R_4} \qquad (13-32)$$

由截止频率 f_H 可以确定 R_3 与 C_2 的值。一般滤波电路中的电容器容量要小于 1μF，但不宜过小（一般不小于几百皮法），电阻值至少要千欧级（几十千欧～几百千欧）。

由设计指标可以知道，f_H =2kHz。考虑到电容系列少，先取 C_2 =0.01μF，由 f_H 可以得到 R_3 =7.96kΩ，取 R_3 =8.2kΩ。

取 Q=0.707，即为巴特沃斯滤波器，可得到 $A_{uf}=3-1/Q=1.586$。而 $A_{uf}=1+R_{F2}/R_4$，并且 $R_{F2} /\!/ R_4=2R$，故 R_{F2} =25.25kΩ，R_4 =43.09kΩ，取 R_{F2} =27kΩ，R_4 =43kΩ。

（2）有源高通滤波器的设计。

二阶压控高通滤波器的下限频率 f_L、品质因素 Q 和通带增益 A_{uf} 分别为

$$f_L = \frac{1}{2\pi R_1 C_1}, Q = 1/(3 - A_{uf}), A_{uf} = 1 + \frac{R_{F1}}{R_2} \qquad (13-33)$$

由设计指标可以知道，f_L =200Hz，取 C_1 =0.1μF，由 f_L 可以得到 R_1 =7.96kΩ。然后取 Q=0.707，确定电阻 R_2 和 R_{F1} 的值。

（3）集成运放的选择。根据设计指标的要求，电路通带频率较低，故可选用通用型集成运放 741。

三、设计要求

（1）根据放大器指标的要求，确定电路元件参数。

（2）运用 Multisim7 模拟仿真，修改电阻、电容的设计数值，以达到设计指标。

（3）安装、调试电路，测试电路幅频特性，分析测试结果。

（4）写出总结报告。

课题四 测量放大器的设计

一、设计指标

设计并制作一个由集成运放组成的测量放大器，其指标要求如下：

（1）差模电压放大倍数：A_{ud} =500。

（2）最大输出电压：$U_{om}=\pm10V$。

（3）差模输入电阻：$R_{id}>1M\Omega$。

（4）在输入共模电压+7.5V～-7.5V范围内，共模抑制比 $K_{CMR}>70dB$。

（5）通频带为0～100Hz。

二、设计指导

（一）参考电路

由三运放组成的测量放大器具有输入电阻高、共模抑制比高等优点，参阅第3章相关内容。测量放大器的原理图如图13-22所示。

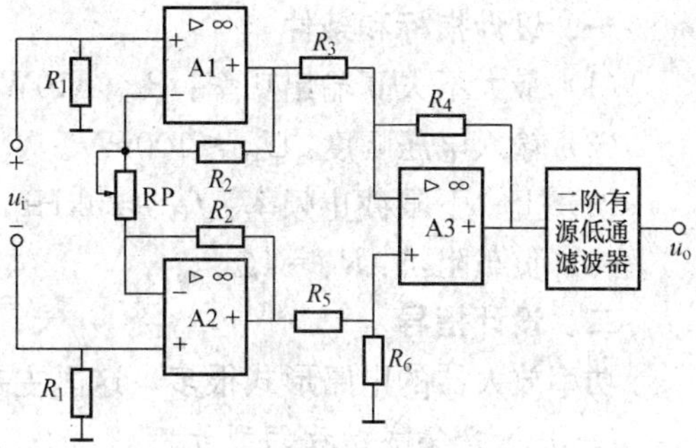

图13-22　测量放大器的原理图

若输入端两运放A1、A2的特性相同，且 $R_3=R_5$，$R_4=R_6$，则测量放大器的差模放大倍数为

$$A_{ud1}=-\left(1+\frac{2R_2}{R_P}\right)\frac{R_4}{R_3} \quad (13-34)$$

调节 R_P 可以改变放大倍数。

（二）参数计算

测量放大器对共模输入信号没有放大作用，运放特性完全对称时，电路的共模电压放大倍数为零。若运放A1和A2的漂移相同时，那么漂移就作为共模信号出现，不仅没有被放大，还能被第二级抑制，从而降低了对A1和A2的漂移要求。因此，A1和A2前置放大级的差模增益要做得尽可能高，相比之下，第二级（A3）的漂移和共模误差就可以忽略，对放大器的要求就可以大大降低。

根据设计指标，电路总增益 $A_{ud}=A_{ud1}A_{u2}=500$，考虑到后级低通滤波器的电压放大倍数 $A_{u2}=1.586$（有源低通滤波器的设计请参照“有源滤波器的设计”），则前级的放大倍数为 $A_{ud1}=A_{ud}/A_{u2}\approx300$。可令 A_3 的增益为1，即 $R_3=R_5=R_4=R_6$。

取　$R_3=R_5=R_4=R_6=10k\Omega$

则A1和A2的放大倍数为

$$|A_{ud}|=\left(1+\frac{2R_2}{R_P}\right)=300$$

先选取 $R_P=1k\Omega$，由上式可得 $R_2=149.5k\Omega$，取 $R_2=150k\Omega$。

由图可知，电路的差模输入电阻 $R_{id}=2R_1$，可取 $R_1=1M\Omega$。

（三）集成运放和电阻元件的选择

为了提高电路共模抑制比，在选用运放时，应使A1、A2参数严格对称，二者共模抑制比之差不大于0.5dB，故以选用四运放（如LM324等）为宜。其次要求集成运放A1、A2和A3应具有较高的共模抑制比。

选用电阻时，应该使用低温度系数的电阻，以获得尽可能低的漂移，电阻 R_3、R_5 和 R_4、R_6 应精密匹配。

三、设计要求

（1）根据设计要求，选择电路形式。

（2）计算电路的元件参数，并选择器件。

(3) 运用Multisim7模拟仿真，修改设计参数值，以满足放大器设计指标。

(4) 安装、调试放大器，测试放大器的性能指标。

(5) 写出总结报告。

课题五 功率放大器的设计

一、设计指标和条件

(1) 最大不失真输出功率：$P_{om} \geqslant 10W$。

(2) 输入电压幅度：$U_{im} \leqslant 100mV$。

(3) 上、下限截止频率：$f_H \geqslant 20kHz$，$f_L \leqslant 200Hz$。

(4) 负载阻抗：$R_L = 4\Omega$。

二、设计指导

功率放大器的电路形式很多，这里主要介绍集成功放电路的设计。

(一) 选择集成功放的型号

选择集成功放时，应使集成功放的主要性能参数要满足电路的要求，而且不要超出集成功放的极限参数。根据设计指标的要求，查阅资料手册可知，选用一只TDA2040集成功率放大器就可实现。TDA2040的主要参数：直流电源电压范围±2.5～±20V，开环增益80dB，负载为4Ω时，输出功率可达22W，带宽100kHz，输入阻抗50kΩ。用TDA2040构成的单电源供电的OCL电路如图13-23所示。

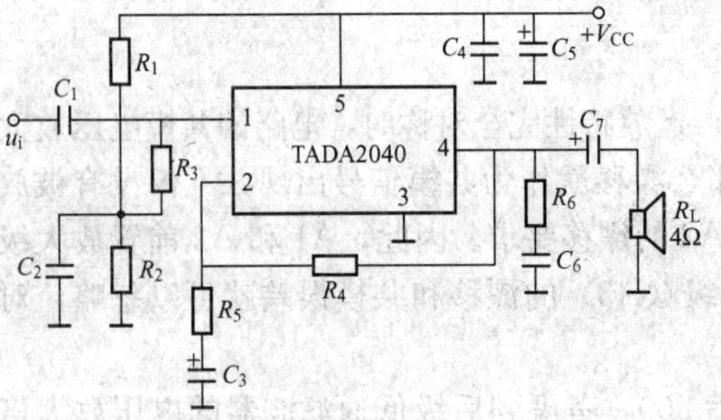

图13-23 集成功率放大器电路

(二) 确定电路的元件参数

(1) 确定电源电压 V_{CC}。

功率放大电路的最大不失真输出功率为

$$P_{om} = \frac{U_{om}^2}{2R_L} \approx \frac{\left(\frac{1}{2}V_{CC}\right)^2}{2R_L} \tag{13-35}$$

根据 $P_{om} \geqslant 10W$ 和 $R_L = 4\Omega$，可以得到 $U_{om} = 9V$。取 $V_{CC} = (1.2 \sim 1.5)\ 2U_{om}$。

(2) 确定 R_1、R_2、R_3、R_4 和 C_2。

R_1 和 R_2 对 V_{CC} 进行分压，经 R_3 为输入端1脚提供 $V_{CC}/2$ 的直流电压，故 $R_1 = R_2$。此时，输出端4脚的直流电压为 $V_{CC}/2$，经 R_4 为2脚提供 $V_{CC}/2$ 的直流电压。为保证1、2脚的直流输入电阻相同，应使 $R_3 = R_4$。故可取 $R_1 = R_2 = R_3 = R_4 = 22k\Omega$。

C_2 为旁路电容，一般取

$$C_2 \geqslant \frac{1}{2\pi f_L R_2} \tag{13-36}$$

(3) 确定 C_3 和 R_5。

由于放大器的最大输出幅度 $U_{om} = 9V$，而且要求 $U_{im} \leqslant 100mV$，故放大器的最大增益为90。由于 R_4、R_5 构成交流负反馈，则电路的闭环增益为

$$A_{uf} \approx 1 + \frac{R_4}{R_5} \tag{13-37}$$

将 $R_4 = 22\text{k}\Omega$ 代入上式中，可得 $R_5 = 247\Omega$，取 $R_5 = 240\Omega$。

C_3 为隔直电容，在 f_L 时应保证反馈电压增益不变，因此

$$C_3 \geqslant \frac{1}{2\pi f_L R_5} \tag{13-38}$$

（4）确定输入、输出耦合电容 C_1 和 C_7。

C_1 和 C_7 可由放大器的 f_L 确定。一般取

$$C_1 \geqslant \frac{3 \sim 5}{2\pi f_L R_i}, \quad C_7 \geqslant \frac{1 \sim 3}{2\pi f_L R_L} \tag{13-39}$$

式中：$R_i = 50\text{k}\Omega$，为放大器的输入电阻。

（5）确定消振补偿电容 C_6 和电容 R_6。

C_6、R_6 用以防止电路高频自激，一般取

$$f_H \geqslant \frac{1}{2\pi C_6 (R_6 + R_o)} \tag{13-40}$$

式中：R_o 为放大器的输出电阻。查手册，一般取 $C_6 = 0.1\mu\text{F}$，$R_6 = 4.7\Omega$。

（6）电源滤波电容 C_5、C_4。

C_5 用以滤除低频，一般选 100～220μF 的电解电容；C_4 用以滤除高频，一般选小容量的无感电容，取值为 0.1μF。

（三）集成功放的安装和调试

（1）在安装集成功放时，按前后级顺序接线，尤其是功放的输入回路和输出回路应尽量远离。高电平地线应和低电平地线严格分开，并远离。

（2）应单独连接电源线，接线要短，不要交叉；并在电源引脚旁边加去耦电容，以防自激。

（3）各级电路元件应做到"一点接地"，电源的接地端（包括电源滤波电容接地端），应和输出回路的负载接地端靠在一起。

（4）集成功放要选用合适的散热器，尤其是中、大功率器件，必须按手册要求加装散热器方能正常工作。

（5）调试时，先将输入端对地短接，用示波器测有无振荡，如有振荡，采取措施消除振荡。

三、设计要求

（1）根据设计指标，计算和选取外电路的元件参数。

（2）组装电路，调试和测量电路的实际性能指标，以满足设计要求。

（3）写出设计报告。

课题六　函数发生器

一、设计指标

（1）用集成专用电路 ICL8038 设计一个函数发生器，要求分别输出三角波、正弦波和方波。

（2）输出幅度 $U_{om} \geqslant 5\text{V}$，并可连续调节。

(3) 输出信号频率范围 1～100kHz。

二、设计指导

(一) ICL8038 工作原理

ICL8038 是性能优良的集成函数发生器，可以产生高精度的方波（或矩形波）、三角波（或锯齿波）和正弦波，其振荡频率可通过外加的直流电压进行调节，所以是压控集成信号产生器。它可在单双电源下工作，频率的可调范围为 0.001Hz～300kHz，占空比可调范围为 2%～98%。

ICL8038 由电流源、电压比较器、触发器、正弦变换器、缓冲器及电子开关组成，其内部电路框图和引脚功能图如图 13-24 和图 13-25 所示。在图 13-24 中，电压比较器 C1、C2 的门限电压分别为 $2/3\,V_S$ 和 $1/3\,V_S$（$V_S = V_{CC} + V_{EE}$），电流源 I_1、I_2 与外接的电容 C 组成积分电路。当 RS 触发器的输出 Q 为低电平，电子开关 S 断开，I_1 对电容 C 恒流充电，使电容两端电压 u_C 线性上升。当 $u_C \geqslant 2/3\,V_S$ 时，比较器 C1 的输出跃变为高电平，使 RS 触发器的输出 Q 由低电平变为高电平，使电子开关 S 闭合，电容 C 开始以电流（$I_2 - I_1$）恒流放电，u_C 线性下降。当 $u_C \leqslant 1/3\,V_S$ 时，比较器 C2 的输出电压跃变为低电平，Q 又回到原来的低电平，使电子开关 S 断开，电容 C 又开始充电。如此周而复始产生了振荡。

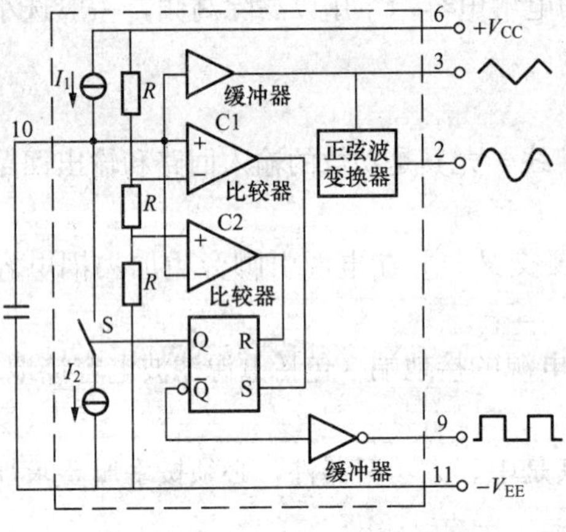

图 13-24 8038 的内部电路框图

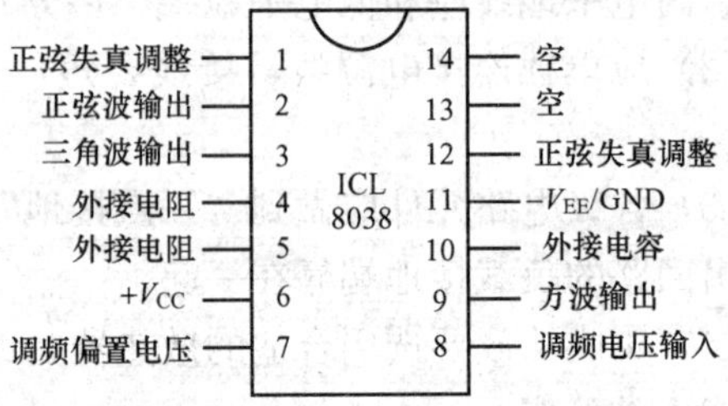

图 13-25 8038 的引脚排列图

当 $I_2 = 2I_1$ 时，电容两端电压 u_C 的上升时间与下降时间相等，则 u_C 为三角波，经缓冲器从引脚 3 输出，同时正弦波变换器将三角波变为正弦波，从引脚 2 输出。而触发器输出的方波经缓冲器从引脚 9 输出。

当 $I_1 < I_2 < 2I_1$ 时，电容的上充放电时间不相等，输出的三种波形均不对称，三角波将变成锯齿波，方波将变成矩形波，正弦波也将严重失真。通过调节 I_1、I_2 就可以改变矩形波的占空比。I_1、I_2 的值可分别通过引脚 4 和 5 的外接电阻调节，但 I_2 要大于 I_1。

ICL8038 的引脚 8 为调频电压输入端，调频电压是指电源 V_{CC}（引脚 6）与引脚 8 之间的电压值，其变化范围不应超过 $1/3\,V_S$。电路的振荡频率与调频电压成正比，线性度为 0.5%。引脚 7 输出调频偏置电压，它与引脚 8 之间的电压为 $1/5\,V_S$，也可作为引脚 8 的输入电压。引脚 9 的输出为集电极开路形式，故输出要接一个 10kΩ 的上拉电阻。

（二）参考电路

图13-26所示是由ICL8038组成的函数发生器，可产生三角波、方波和正弦波，频率范围从0.1Hz～100kHz，其值与R_1、R_2、C和8端的电压有关。

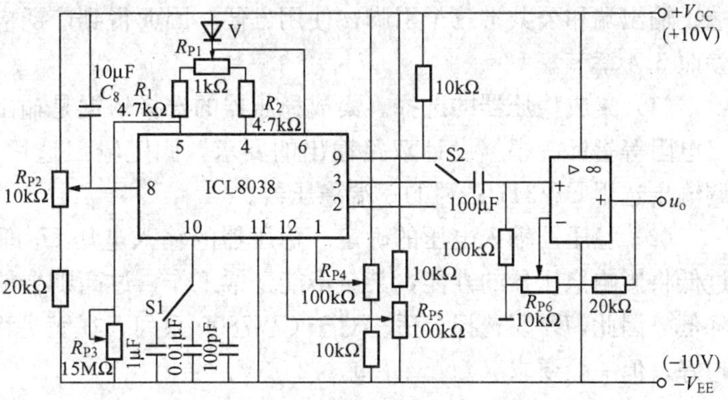

图13-26　ICL8038组成的函数发生器

与R_1、R_2串接的电位器R_{P1}可以对占空比进行微调，使其达到50%。通常R_{P1}选用阻值为1kΩ多圈电位器。调节R_{P2}可以改变引脚8的电压，从而改变输出信号的频率。二极管V可以使引脚8的最大电压比R_1、R_2上的电压大几百毫伏，实现1000∶1的频率变化范围。5脚所接大电位器R_{P3}有助于减小频率变化对占空比的影响。振荡频率量程可用开关S1选择。双联电位器R_{P4}、R_{P5}可以减小输出正弦波的失真度，使失真度达到0.5%左右。

由于正弦波输出阻抗较大，为了使函数发生器实现低阻抗输出，在输出端接一个集成运放，调节R_{P6}可调节运放的放大倍数。输出波形用开关S2选择。

三、设计要求

（1）分析ICL8038的工作原理，设计函数发生器。

（2）画出函数发生器的电路图和装配图。

（3）安装、调试函数发生器，测试电路的性能指标，以达到设计指标。

（4）写出总结报告。

课题七　直流稳压电源的设计

一、设计指标和条件

（1）输入交流电压：220±10%，50Hz。

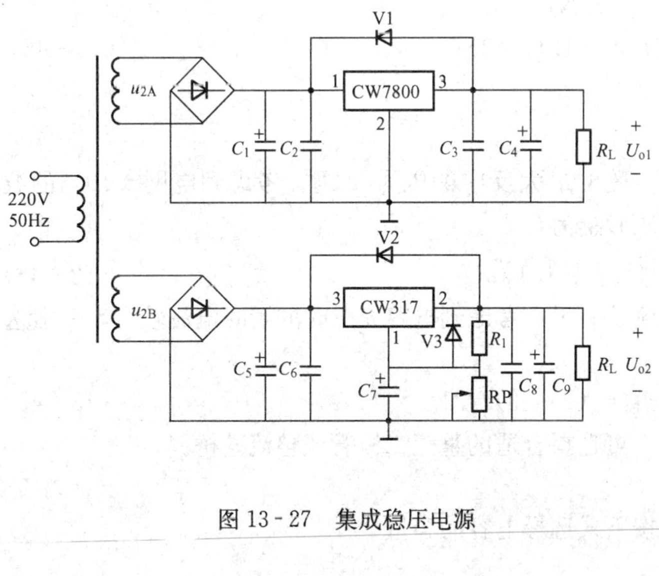

图13-27　集成稳压电源

（2）输出直流电压：双路输出，其中一路为固定输出5V、500mA；另一路输出为可调输出为3～9V、1A。

（3）稳压系数$S_U \leqslant 0.5\%$。

（4）电源内阻：$R_o < 0.1\Omega$。

（5）纹波电压峰值：<5mV。

二、设计指导

直流稳压电源一般由整流电路、滤波电路和稳压电路三个部分组成。根据设计要求，以参考电路图13-27为例，介绍各部分电路的器件选择。

（一）稳压电路

集成稳压器具有性能稳定、体积小、价格低等优点，特别是集成三端稳压器，只有输入端、输出端和公共端三个引脚，使用方便，因而得到广泛应用。关于三端稳压器的详细内容参照5.4章节。

（1）集成稳压器的选择。集成稳压器的选择依据是输出电压、负载电流、稳压系数和输出电阻等指标。根据设计双路输出的要求，固定输出选用CW7800系列的三端稳压器，可调输出选用CW317系列的三端稳压器。

（2）稳压器输入电压的确定。稳压器的输入电压U_i即为整流滤波电路的输出电压。U_i过低将影响稳压器的性能，甚至不能正常工作；过高则会使稳压器功耗增大，引起电压效率降低。因此，U_i要选择合适。对于CW7800系列，在满足稳压器正常工作的条件下，U_i越小越好，但一般要求（U_i-U_o）>2～3V。

CW317系列在输入、输出电压差为3～40V的范围内，电路均能正常工作。一般选取$U_{omax}+(U_i-U_o)_{min}\leqslant U_i\leqslant U_{omin}+(U_i-U_o)_{max}$。

若忽略CW317调整端电流，其输出电压为

$$U_o=1.25\left(1+\frac{R_P}{R_1}\right) \tag{13-41}$$

调节电位器R_P的大小，就可实现输出电压的调节。

（二）电源变压器的选择

通常根据变压器二次输出的功率选择变压器。变压器二次电压有效值U_2与稳压器输入电压U_i的关系为

$$\frac{U_{imin}}{1.2}\leqslant U_2\leqslant\frac{U_{imax}}{1.2} \tag{13-42}$$

在此范围内，U_2越大，稳压器的压差越大，功耗也就越大，一般取二次电压为

$$U_2\geqslant U_{imin}/1.2 \tag{13-43}$$

则变压器的匝比为

$$n=\frac{N_1}{N_2}=\frac{220}{U_2} \tag{13-44}$$

二次电流的有效值一般取为

$$I_2=(1.1\sim3)I_o \tag{13-45}$$

式中：I_o为稳压器输出电流。

（三）整流管的选择

对于单向桥式整流电路，二极管承受的最大反向电压为$\sqrt{2}U_2$，考虑到电网±10%的波动，故选择二极管的最高反向工作电压U_{RM}为

$$U_{RM}\geqslant1.1\sqrt{2}U_2 \tag{13-46}$$

通过二极管的平均电流为负载电流的一半，考虑到电容充电时的瞬时电流较大，一般选择整流管最大整流电流I_F为

$$I_F=(2\sim3)I_o/2 \tag{13-47}$$

根据式（13-46）和式（13-47）可选择合适的整流二极管或整流硅桥。

（四）滤波电容的选择

为了获得较好的滤波效果，通常按下式选择电容的容量

$$RC \geqslant (3 \sim 5)T/2 \tag{13-48}$$

式中：T 为交流电压的周期，$T=(1/50)\ \mathrm{s}=0.02\mathrm{s}$；$R$ 为整流滤波电路的负载，$R \approx U_i/I_o$。

电容器承受的最大峰值电压为$\sqrt{2}U_2$，考虑到电网的波动，滤波电容器的工作电压常取为（1.5～2）U_2。由于滤波电容器的容量都较大，通常选用电解电容。

三、设计要求

（1）根据设计指标，确定电路形式，画出原理电路图。

（2）选择电路元器件的型号及参数，并列出材料清单。

（3）安装电路，拟定调试内容及步骤。

（4）调试电路，测量有关数据，以满足设计指标的要求。

（5）写出设计总结报告。

课题八　语音放大电路

一、设计任务和指标

设计并制作一个由集成运算放大器组成的语音放大电路，设计指标为：

（1）输入信号：$u_i \leqslant 1\mathrm{mV}$。

（2）输入阻抗：$R_i \geqslant 100\mathrm{k\Omega}$。

（3）共模抑制比：$K_{CMR} \geqslant 60\mathrm{dB}$。

（4）通频带：200Hz～2kHz。

（5）最大输出功率：$P_{om} \geqslant 5\mathrm{W}$，可连续调节。

（6）负载阻抗：$R_L = 4\Omega$。

（7）输入端路时，直流输出电压：≤50mV。

二、设计指导

语音放大电路的原理框图如图 13-28 所示。

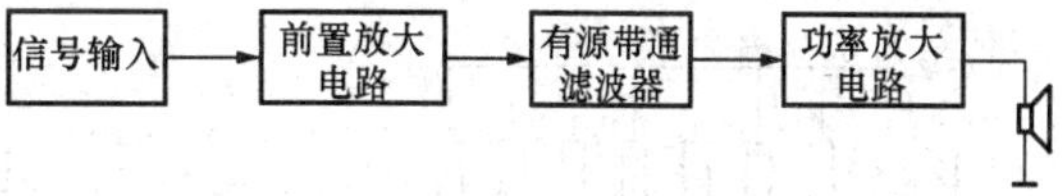

图 13-28　语音放大电路原理框图

（一）确定各级电路形式

（1）前置放大电路。根据设计要求，前置放大电路实际上是测量用小信号放大电路，有较高的输入阻抗、高共模抑制比和低漂移。电路可参考图 13-22。

（2）有源带通滤波器。由于要求电路通频带为 200Hz～2kHz，可用二阶有源 HPF 和二阶有源 LPF 串联组成带通滤波器。可参考设计课题三。

（3）功率放大电路。可根据输出功率，选择合适的集成功率放大器。参阅“功率放大器的设计”一节。

（二）确定各级放大电路的电压放大倍数

（1）确定放大电路的总电压增益。由设计要求可知，语音放大电路由三级构成，即总的电压增益 $A_u = A_{u1}A_{u2}A_{u3}$。可由输入信号 u_i、最大不失真输出功率 P_{om} 和负载电阻 R_L，求出总增益 A_u。

（2）合理分配各级的电压放大倍数。一般前置放大电路的放大倍数可以适当取大，约为几十倍。同时还要考虑到各级基本放大电路所能达到的放大倍数。

（三）根据设计指标和各级放大倍数，确定各级单元电路的元件参数

三、设计要求

（1）确定各单元电路的电路形式，计算和选择元件参数。

（2）安装调试前置放大电路，测量电压放大倍数、输入电阻、共模抑制比、带宽等指标，并与设计要求值进行比较。

（3）安装调试有源带通滤波电路，测量电压放大倍数和带宽，并与设计要求值进行比较。

（4）安装调试功率放大电路，测量电路输出功率。

（5）整体电路调试。

（6）写出设计报告。

13.3.2 数字实训课题

课题一 病房呼叫系统

一、设计指标

（1）有 7 个病房，每个病房门口设有呼叫显示灯，室内有紧急呼叫开关。其中 1 号病房的优先级别最高，其他病房优先级递减，7 号病房最低。

（2）护士值班室内有显示器和蜂鸣器，无请求呼叫时，显示器显示“0”，蜂鸣器不发声。

（3）同时有多个请求呼叫时，相应病房的指示灯均亮，值班室的蜂鸣器发声，但只显示当前相对优先级别最高病房的号码。

（4）护士先处理当前相对优先级最高的病房，处理完后，关掉该病房的呼叫开关，再去处理下一个相对最高优先级的病房。

二、参考电路

病房呼叫系统参考电路如图 13-29 所示。它是由 8 线-3 线优先编码器 74LS148、译码显示电路和报警电路组成。其中在报警电路中，CMOS 门电路 G1 和 G2 与 *R*、*C* 构成音频振荡电路，驱动蜂鸣器工作。

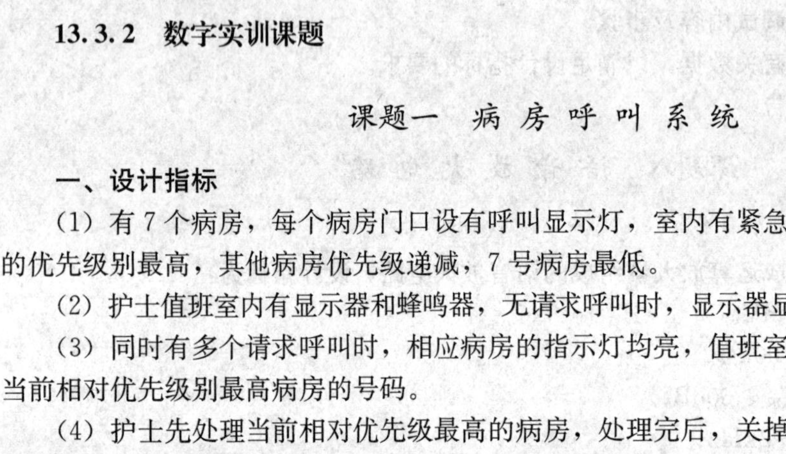

图 13-29 病房呼叫系统电路图

74LS148 的输入端接 7 个病房的呼叫开关 S1～S7，当呼叫开关都没有按下时，74LS148 的输入均为 1，指示灯不亮，此时，74LS148 的输出均为高电平，经 74LS48 译码后数码管显示 0；同时 Y_S 输出为 0，封锁 G1 门，振荡器不工作，蜂鸣器不发声。当有任何呼叫开关按下时，相应开关上的指示灯均发光，同时数码管显示优先级别相对最高的病房号，Y_S 输出为 1，G1 门导通，振荡器产生振荡，蜂鸣器发声。

三、设计要求

（1）设计电路，确定各元件型号和参数。

（2）画出逻辑图，运用 Multisim7 模拟进行仿真。

（3）画出电路的装配图，组装电路。

（4）自拟调试步骤，调试电路以达到设计要求。

（5）写出设计总结报告。

课题二　四路彩灯显示系统

一、设计指标

（1）程序由三个节拍组成：第一个节拍时，四路输出 $Q_1 \sim Q_4$ 依次为 1，即第 1 路彩灯先亮，接着第 2、第 3、第 4 路彩灯点亮；第二节拍时，$Q_4 \sim Q_1$ 依次为 0，即第 4 路彩灯先灭，接着第 3、第 2、第 1 路彩灯灭；第三节拍时，$Q_1 \sim Q_4$ 输出同时亮 1 秒，然后同时灭 1 秒，共进行 2 次。

（2）第一、第二、第三节拍各用时 4 秒，执行一次程序用时 12 秒。

（3）要求开机自动置入初态后即能按规定程序进行循环显示。

二、设计指导

四路彩灯显示系统的逻辑框图如图 13 - 30 所示。

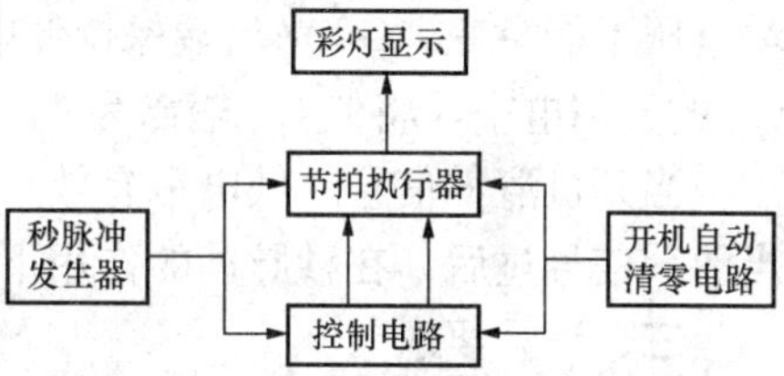

图 13 - 30　四路彩灯显示系统框图

（一）节拍执行器

由设计要求可知，要求功能器件具有右移、左移和并行置数的功能，可选用通用移位寄存器 74LS194。74LS194 的模式控制输入 M_1、M_0 有四种组合 00、01、10 和 11。当 $M_1M_0=00$ 时，时钟被禁止；当 $M_1M_0=01$ 时，在时钟上升沿的作用下，右移输入数据将被同步右移，右移输入数据应为 1；当 $M_1M_0=10$ 时，在时钟上升沿的作用下，左移输入数据将被同步左移，左移输入数据应为 0；当 $M_1M_0=11$ 时，在时钟上升沿的作用下，并行置数，并行置入数据为 0.5Hz 的方波信号。电路如图 13 - 31 所示。

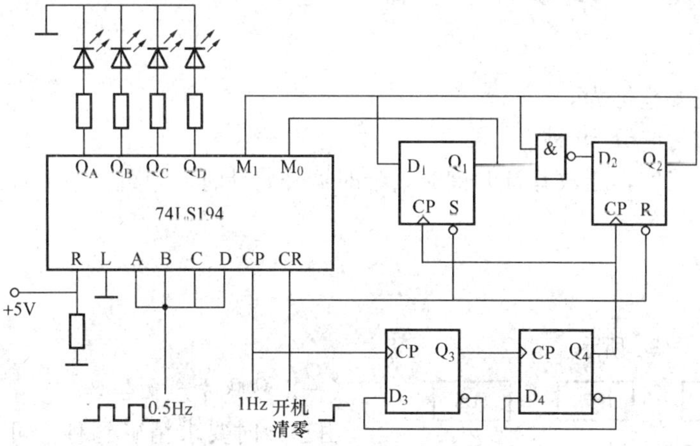

图 13 - 31　控制和显示电路

（二）控制电路

控制电路由节拍控制电路和 4 分频电路组成。由于彩灯显示程序有三个节拍，节拍控制电路实际上是一个三进制计数器，可用小规模双 D 触发器 74LS74。图 13 - 31 中所示计数器的三个计数状态为 01、10、11，与 M_1M_0 三个控制模式对应。

由设计要求可知，每个节拍为 4 秒，需对秒脉冲进行 4 分频，用于计数器工作。分频电路也可用 74LS74 构成。

（三）秒脉冲产生电路

振荡器可采用 555 构成多谐振荡器，输出 1Hz 的脉冲信号，参考电路如图 13 - 32 所示，调节 100kΩ 电位器可改变电路的输出频率。

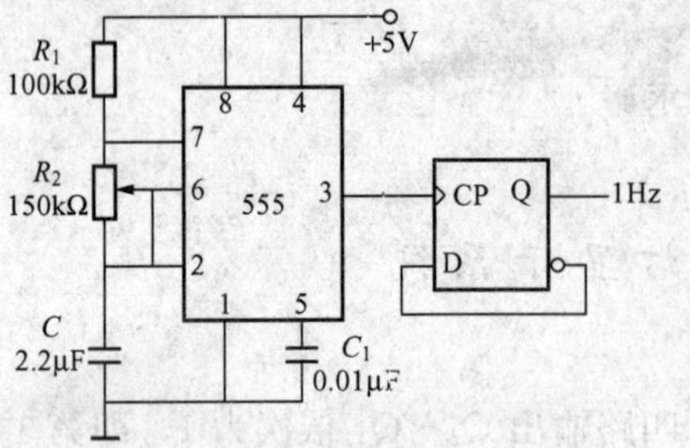

图 13-32 秒脉冲产生电路

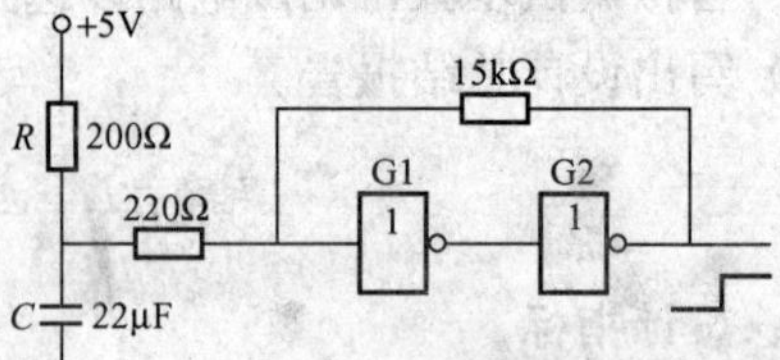

图 13-33 开机清零电路

（四）开机自动清零电路

开机自动清零电路利用开机输出清零脉冲使寄存器与计数器复位，电路如图 13-33 所示。电路由 R、C 充电回路、施密特触发器（G1 和 G2）组成，接通电源的瞬间由于电容两端电压不能突变，G2 输出端保持低电平；随着电源经 R 对 C 进行充电，当 C 上的电压超过 G1 的开门电平，将使 G1 输出为 0，则 G2 输出为 1。

当开机清零信号（低电平有效）到来时，寄存器清零，并将计数器状态置于 $Q_2Q_1=01$。当清零信号过后，在秒脉冲的作用下，电路就按规定程序进行循环显示。

三、设计要求

（1）设计电路，确定各元件型号和参数。

（2）画出总逻辑图，运用 Multisim7 模拟进行仿真，并修改设计方案。

（3）画出装配图，组装电路。

（4）自拟调试步骤，调试电路以达到设计要求。

（5）写出设计总结报告。

课题三 比 赛 计 时 器

一、设计指标

设计一个比赛计时电路，其主要指标为：

（1）显示三位数字，最大计时为 9 分 59 秒。

（2）按下计时键时，计数器不工作，当放开计时键时，计时器开始计时；当再次按下计时键并放开时，计时器停止计时。

（3）计时要求精确到秒。

二、设计指导

比赛计时电路原理框图如图 13-34 所示。

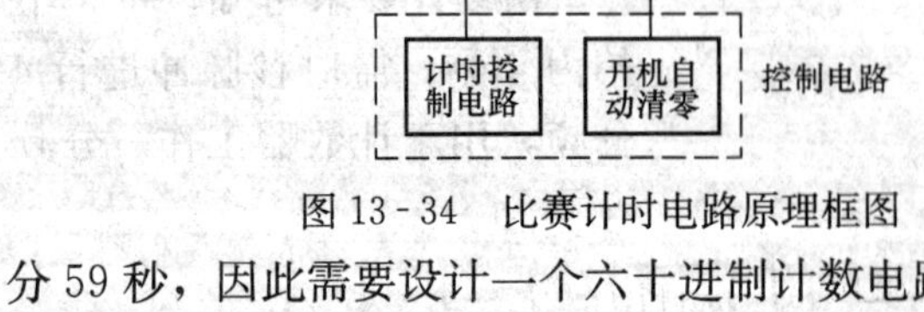

图 13-34 比赛计时电路原理框图

（一）秒脉冲产生电路

由于计时要求精确到秒，可参考图 13-32 所示电路。

（二）计数、译码和显示电路

由于要求最大显示时间为 9 分 59 秒，因此需要设计一个六十进制计数电路（用于秒计时）和一个十进制计数电路（用于分计时）。用 CC4518 双二-十进制加法计数器构成的计数电路如图 13-35 所示，右边低两位计数器接成 60 进制，构成秒计数器，当秒计数器计数到第 60 个脉冲后，向高位的分计数器送入进位脉冲。

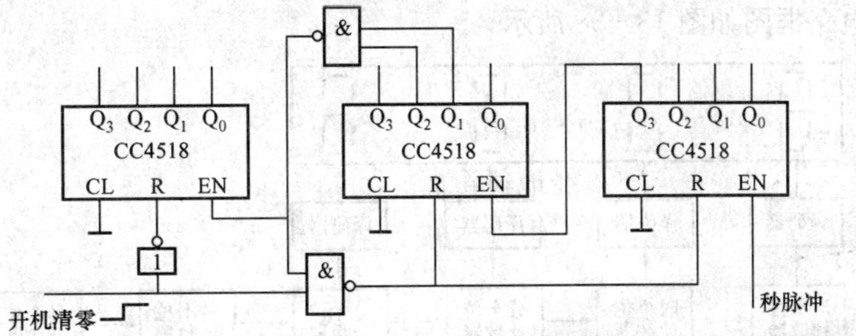

图 13-35　六十进制计数器

译码和显示电路可选用 BCD 七段锁存/译码/驱动器 CC14513 和共阴极 LED 显示器。

（三）控制电路

控制电路包由计时控制电路和开机自动清零电路组成，其中开机自动清零电路可参考图 13-33。

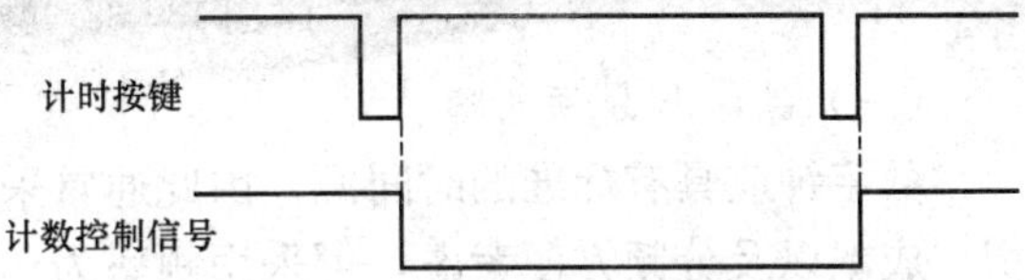

图 13-36　控制电路时序图

计时控制电路用于控制计数器的工作和停止。根据设计要求，计数按键与计数控制信号之间的时序关系如图 13-36 所示。

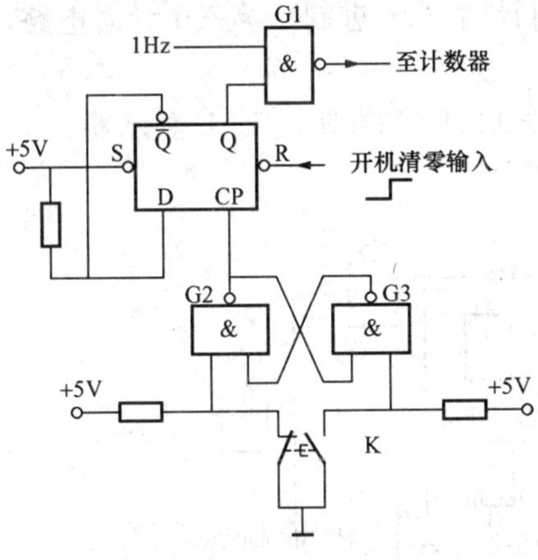

图 13-37　计时控制电路图

为获得图 13-36 所示的时序图，可采用图 13-37 所示的计时控制电路。当开机时，开机清零信号使触发器 Q=0，$\overline{Q}$=1，控制门 G1 封锁，计数电路不工作。按下 K 时，G3 门输出为 1，G2 门输出为 0；再放开 K 后，G2 门输出变为 1，形成一个上升沿，使触发器状态翻转，Q=1，$\overline{Q}$=0，控制门 G1 被打开，秒计数脉冲就进入计数器。此时若再次按下 K 然后放开，则因 Q=0，$\overline{Q}$=1，而使控制门 G1 封锁，计数停止。

三、设计要求

（1）设计电路，确定各元件型号和参数。

（2）画出逻辑电路图，运用 Multisim7 模拟进行仿真。

（3）画出装配图，组装电路。

（4）自拟调试步骤，调试电路以达到设计要求。

（5）写出设计总结报告。

课题四　数　字　钟

一、设计指标

（1）具有“秒”、“分”、“时”计时的功能，小时计数器按 24 小时制计时。

（2）4 位的数字显示时、分，秒十位和秒个位用两个发光二极管显示。

（3）具有校时的功能，能够对“分”和“小时”进行调整。

二、设计指导

数字钟的电路框图如图 13 - 38 所示。

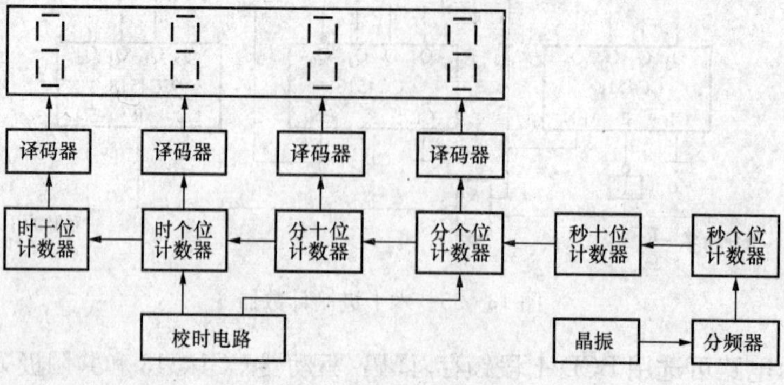

图 13 - 38 数字钟电路框图

(一) 晶振和分频电路

数字钟应具有标准的时间源，因此通常采用石英晶体振荡器和分频器构成。从电路的体积、成本以及分频方便考虑，可采用频率为 32.768kHz 的晶振，经 15 级二分频电路，从而得到 1Hz 的秒脉冲信号。具体电路如图 13 - 39 所示，它选用 CC4060（14 位二进制串行计数器）和 D 触发器实现。

(二) 计时、译码和显示电路

数字钟有秒计时（60 进制）、分计时（60 进制）和时计时（24 进制）等三个计时电路，可用二 - 十进制加法计数器 CC4518 来实现。

译码和显示电路可选用 BCD7 段锁定/译码/驱动器 CC14513 和共阴极 LED 显示器。

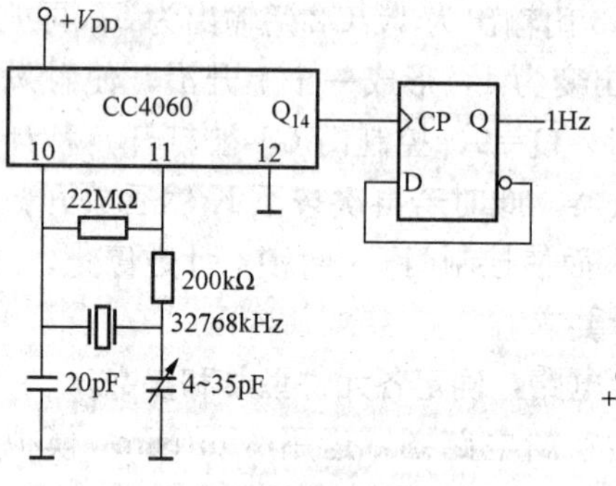

图 13 - 39 晶振和分频电路

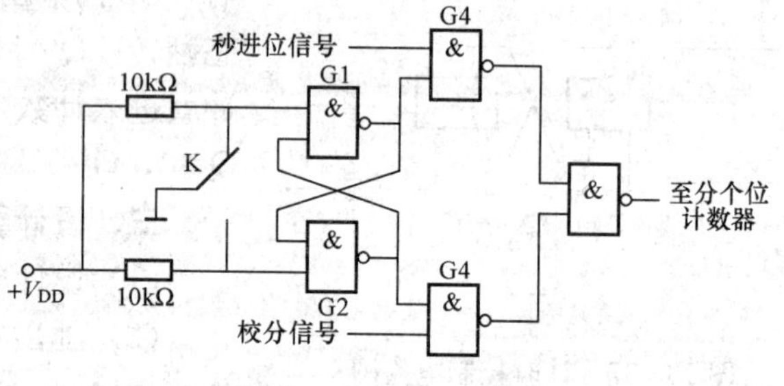

图 13 - 40 校时电路图

(三) 校时电路

校时电路可以对数字钟进行时间校准。图 13 - 40 所示是一种实现分校准的参考电路。当开关 K 接 G1 门输入时，G1 门输出为 1，G2 门输出为 0，G4 门被封锁，秒计数器的进位信号送至分计数器的时钟端，计数器正常计数；当开关 K 接 G2 门输入时，G1 门输出为 0，G2 门输出为 1，G3 门被封锁，校分信号可以对分计数进行校分。校分信号可采用 1Hz 脉冲信号。时校准电路的工作原理与分校准电路相同。

三、设计要求

(1) 设计电路，确定各元件型号和参数。

(2) 画出逻辑电路图，运用 Multisim7 模拟进行仿真。

(3) 画出装配图，在面包板上组装电路。

(4) 自拟调试步骤，调试电路以达到设计要求。

(5) 写出设计总结报告。

课题五 交 通 灯

一、设计指标

设计一个十字路口交通灯电路，其主要指标为：

(1) 甲、乙两条道路上的车辆交替运行。

(2) 交通灯工作循环次序为：红→绿→黄。

(3) 交通灯一个工作周期为60s，其中红灯亮30s，绿灯亮25s，黄灯闪5s。

二、设计指导

(一) 交通灯的工作原理

交通灯的原理框图如图13-41所示。在图中，秒脉冲产生电路为控制电路提供标准时钟信号，控制电路产生信号灯的控制信号，经译码电路输出后，分别控制两组信号灯的工作。

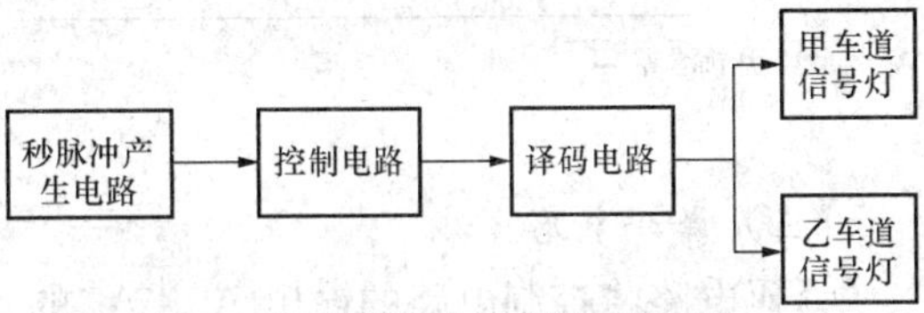

图13-41 交通灯电路原理框图

(二) 控制电路

一般十字路口交通灯有4种工作状态，因此控制电路也有4个控制状态，如表13-3所示。若用两位二进制数 A_1A_0 对这四个控制状态进行编码，即用00、01、10、11分别表示 S_0、S_1、S_2、S_3，则控制信号 A_1、A_2 的时序图如图13-42所示。由图可以知道，A_0 的工作周期为30秒，A_1 的工作周期为60秒，并在 A_0 的下降沿到来时，状态发生变化。

表13-3　控制电路的工作状态

控制电路状态	信号灯状态	车道运行状态
S_0 (00)	甲红，乙绿	甲车道禁止通行，乙车道通行
S_1 (01)	甲红，乙黄	甲车道禁止通行，乙车道通行
S_2 (10)	甲绿，乙红	甲车道通行，乙车道禁止通行
S_3 (11)	甲黄，乙红	甲车道通行，乙车道禁止通行

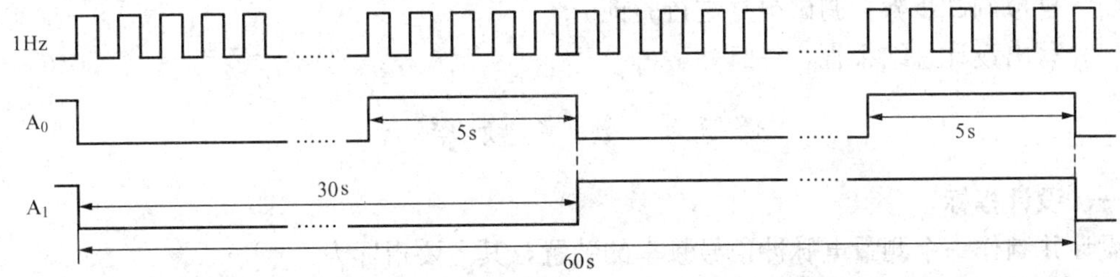

图13-42 控制信号时序图

为获得图 13-43 所示的时序图，可采用图 13-43 所示的控制电路。用两片具有同步置数功能的同步十进制计数器 74LS160 组成一个 30 进制的计数器，低位和高位计数器都采用反馈置数法分别构成 5 进制和 6 进制计数器。当低位计数器计到 5 个脉冲后，向高位进位，则高位反馈置数控制信号 $\overline{LD}$ 的工作波形就是控制信号 $\overline{A}_0$。对 $\overline{A}_0$ 再进行二分频，就得到控制信号 A_1。二分频电路可用 D 触发器构成。

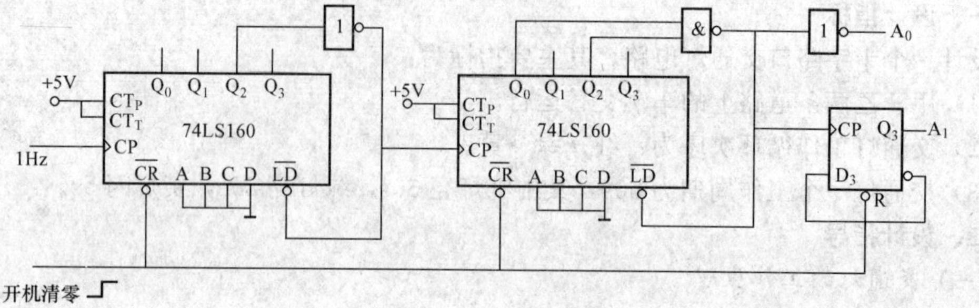

图 13-43 控制电路

（三）译码电路

译码电路将控制电路的输出 A_1、A_0 的 4 种工作状态，转换成甲、乙车道上 6 个信号灯的工作状态。根据控制电路的状态表，可以得到控制信号 A_1、A_0 和 6 个信号灯的关系如表 13-4 所示。译码电路可用组合逻辑电路实现。

表 13-4 控制信号与信号灯关系表

A_1A_0	$Y_{甲红}$	$Y_{甲绿}$	$Y_{甲黄}$	$Y_{乙红}$	$Y_{乙绿}$	$Y_{乙黄}$
00	1	0	0	0	1	0
01	1	0	0	0	0	1
10	0	1	0	1	0	0
11	0	0	1	1	0	0

三、设计要求

（1）设计电路，用发光二极管代替信号灯，确定各元件型号和参数。

（2）画出逻辑电路图，运用 Multisim7 模拟进行仿真，并修改电路以达到设计要求。

（3）画出装配图，在面包板上组装电路。

（4）自拟调试步骤，调试电路进行验证。

（5）写出设计总结报告。

课题六 数字频率计

一、设计指标

设计并制作一个测量电脉冲信号频率的装置，其主要指标为：

（1）显示三位数字。

（2）测量频率范围是 10Hz～9.99kHz。

（3）测量误差±1 个数字。

二、设计指导

数字频率计一般都由振荡器、分频器、脉冲整形电路、控制器及计数、译码和显示等几部分组成。频率计的电路原理框图如图13-44所示。

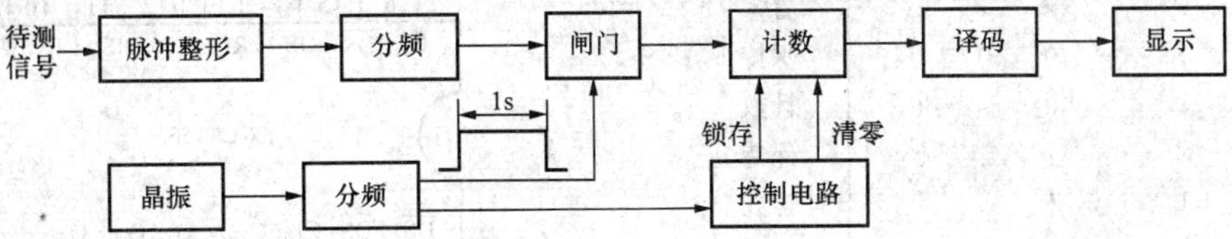

图13-44 频率计电路原理框图

晶振产生的基准信号经分频后得到0.5Hz的门控信号，一路送入闸门电路，与经整形、分频后的待测信号产生计数信号，使待测信号在标准时间1s内去计数；另一路门控信号送入控制电路，分别产生锁存和计数清零信号。计数信号与锁存和计数清零信号共同控制计数器的计数、锁存和清零三个状态，然后通过显示器就可以显示待测信号的频率。

（一）晶振和分频电路

频率计要求具有标准的时间源，因此通常采用石英晶体振荡器，经分频器得到频率为0.5Hz的门控信号。可选用频率为32.768kHz的晶振和CC4060组成振荡、分频电路，得到2Hz的频率信号，再用双D触发器进行四分频，就可以获得0.5Hz的门控信号。具体电路可参考电路图13-39。

（二）脉冲整形和分频电路

脉冲整形电路对输入待测信号的进行整形处理，输出一个与待测信号同频率的矩形脉冲信号，可采用施密特触发器CC40106。

分频电路可以对待测信号进行分频。由于三位频率计的最大测量频率为999Hz，而设计要求测量的最高频率为9.99kHz，因此要对输入待测信号进行分频，可选用CC4518构成十分频电路。

（三）闸门电路

闸门电路将整形后的待测信号与门控信号合成，产生计数信号，控制计数器的计数，其工作波形如图13-45所示。

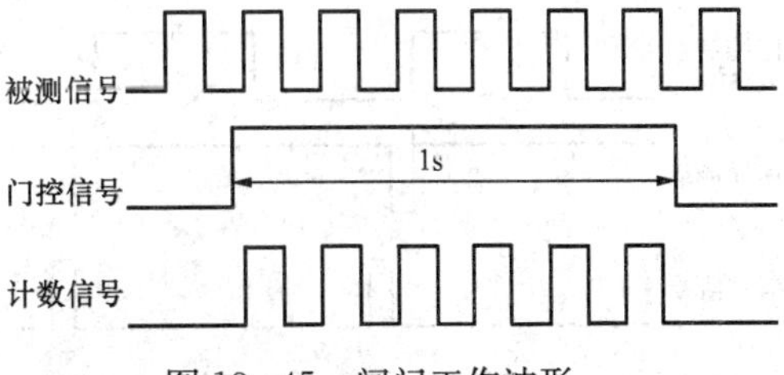

图13-45 闸门工作波形

（四）计数、译码和显示电路

计数器可采用三位十进制计数器CC14553，该芯片有锁存控制端，可对计数进行锁存。这样计数部分只显示锁存后的数据，每锁定一次，计数部分跳动一次，更新数据。

CC14553引脚排列和功能表如图13-46所示。其内部包含3个十进制计数器，当$\overline{DS_1}$输出为低电平，$\overline{DS_2}$、$\overline{DS_3}$输出为高电平时，计数器输出个位；当$\overline{DS_2}$输出为低电平，$\overline{DS_1}$、$\overline{DS_3}$输出为高电平时，计数器输出十位；当$\overline{DS_3}$输出为低电平，$\overline{DS_1}$、$\overline{DS_2}$输出为高电平时，计数器输出百位。$\overline{DS_1}$、$\overline{DS_2}$、$\overline{DS_3}$的输出由芯片内部扫描振荡电路决定。C_{1A}和C_{1B}为扫描振荡电路的外接电容端。其功能见表13-5。

表 13-5　　CC14553 功能表

输入				输出
R	CP	DIS	LE	
1	×	×	0	置零
0	↑	0	0	保持
0	↓	0	0	计数
0	×	1	×	保持
0	1	↑	0	计数
0	1	↓	0	保持
0	0	×	×	保持
0	×	×	↑	锁存
0	×	×	1	锁存

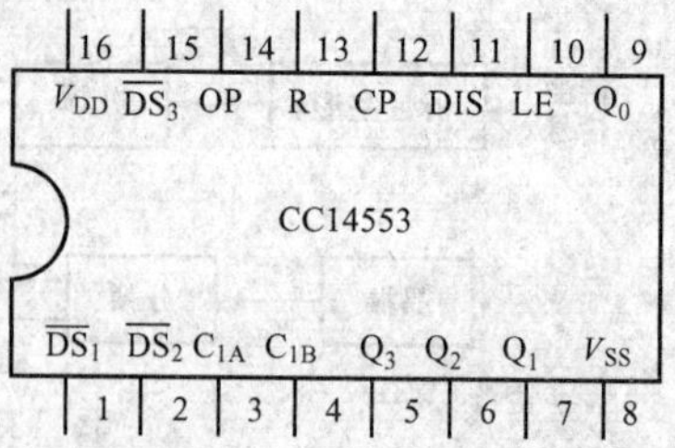

图 13-46　CC15533 引脚图

CC14553 的计数、译码和显示电路如图 13-47 所示。

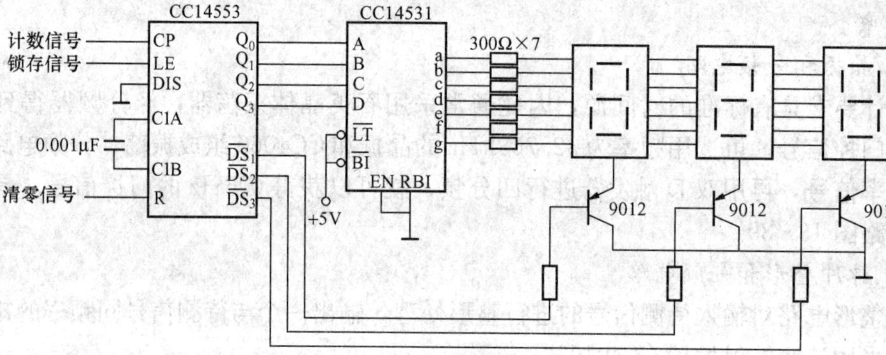

图 13-47　CC14533 计数、译码和显示电路

（五）控制电路

控制电路产生的锁存信号和计数清零信号，与闸门产生的计数信号共同控制计数器的计数、锁存和清零三个状态，门控、锁存、清零信号间的关系如图 13-48 所示。即在门控信号关闭前的下降沿要通过单稳态电路产生一个负脉冲加到计数器的锁存端 LE，在锁存信号的上升沿通过单稳态电路产生一个正脉冲加到计数器清零端 R。单稳态电路可采用双重可触发单稳态触发器 CC4538 构成。

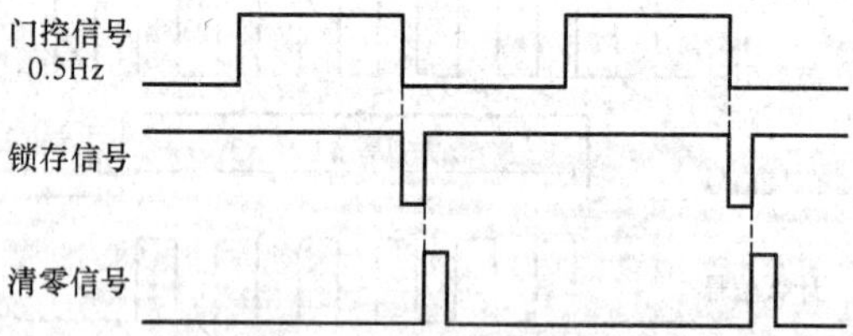

图 13-48　计数、锁存和消零信号时序图

三、设计要求

（1）根据电路原理框图，进行电路设计，确定元件型号和参数。

（2）画出逻辑图和装配图，并组装电路。

（3）自拟调试步骤，调试电路以达到设计要求。

（4）写出设计总结报告。

课题七　阶梯波发生器

一、设计指标

设计一个阶梯波产生电路，其主要指标为：

(1) 阶梯波的台阶数为 5。

(2) 当输入信号 $u_i=1\sim2V$ 时，阶梯波的周期 $T=5\sim10ms$。

二、设计指导

阶梯波发生器的原理框图如图 13-49 所示。输入电压信号由 V/F 电路将电压信号转换成相应频率的脉冲信号，作为五进制计数器的计数信号。计数器的输出经缓冲器后，送入 D/A 转换器，将数字信号变为阶梯信号经反相器输出。

图 13-49　阶梯波发生器原理框图

(一) V/F 转换电路

V/F 转换电路可将电平变换为相应频率的脉冲变换电路。LM331 是一种精密频率电压转换的专用集成芯片，其主要性能特点为：外接电路简单，转换精度高，最大非线性误差为 0.01%，可双、单电源工作；电压范围宽，满量程频率范围为 1Hz～100kHz；集电极开路输出，可得到 TTL、CMOS 不同的逻辑电平。其内部电路结构及引脚如图 13-50 所示。

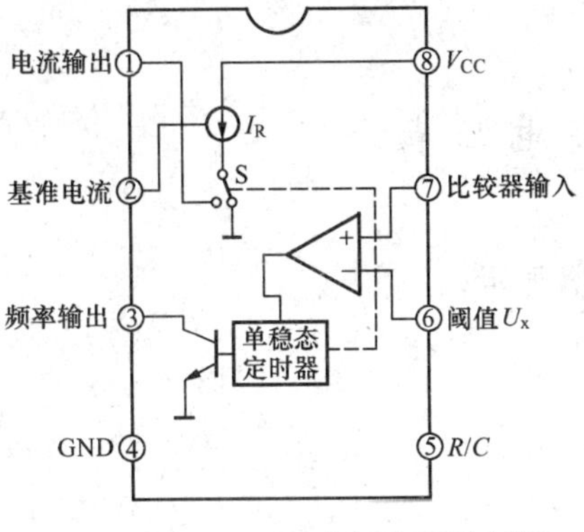

图 13-50　LM331 内部电路及引脚

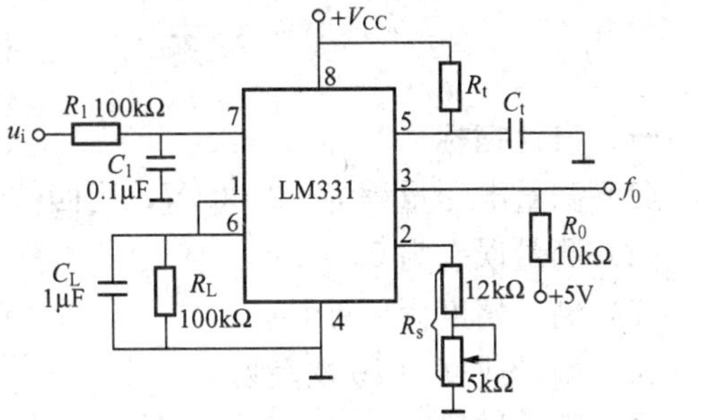

图 13-51　V/F 转换电路

LM331 通过不同的外接元件，可实现 V/F、F/V 的双重转换。由 LM331 组成的 V/F 转换电路如图 13-51 所示。

当输入端（引脚 7）的输入电压 u_i 大于引脚 6 电压 U_x 时，比较器输出高电平，触发单稳态定时器，产生一宽度为 $t_w=1.1R_tC_t$ 的高电平脉冲，驱动三极管导通，引脚 3 输出低电平。同时使 S 置引脚 1，电流源电流 I_R 对电容 C_L 充电，U_x 上升。t_w 结束后，定时器复位，三极管截止，引脚 3 输出高电平，同时 S 断开，C_L 通过 R_L 放电，直至放电电压 U_x 小于输入电压 u_i 时，再次触发单稳态定时器。如此反复循环，构成了自激振荡。

在一个周期中，C_L 上的平均充电电流为 $I=I_R\times t_w\times f_0$，$C_L$ 上的放电电流为 $U_x/R_L\approx u_i/R_L$。平均充电电流与放电电流相同，所以有

$$u_i/R_L=I_R\times t_w\times f_0$$

其中 I_R 由内部基准电压源 1.90V 和外接电阻 R_S 决定，$I_R=1.90V/R_S$。因此 V/F 转换

电路的输出频率与输入电压成正比，即有

$$f_o = \frac{R_S}{2.09 R_t C_t R_L} u_i \tag{13-49}$$

在电路中，R_S 由 12kΩ 的电阻和 5kΩ 的电阻器组成，调节 R_S 可以调节 LM331 的增益偏差以及由 R_t、C_t、R_L 引起的频率偏差。R_1、C_1 组成低通滤波器，以提高电路的精度。引脚 3 输出为集电极开路形式，要接一个 10kΩ 的上拉电阻。

由于阶梯波的周期 T=5～10ms，而台阶数为 5，因此可确定计数脉冲频率为 500Hz～1kHz，即 V/F 电路的工作频率为 500Hz～1kHz。因此，可选取 R_t =12kΩ，C_t =0.01μF。

（二）D/A 转换电路

D/A 转换电路可用权电阻网络进行数模转换，电路如图 13-52 所示。

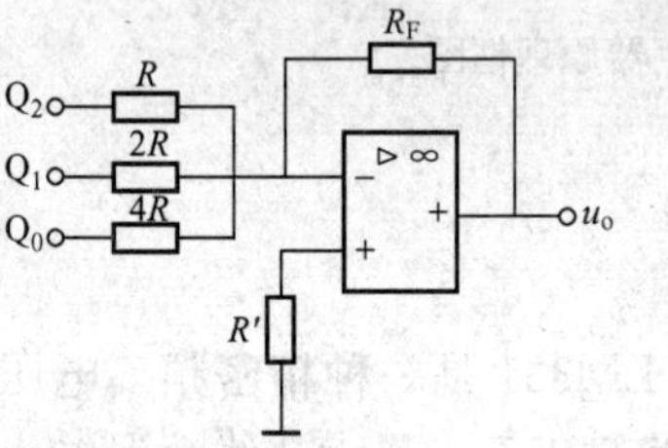

图 13-52　D/A 转换电路

则输出电压与输入 Q_0～Q_2 的关系为

$$u_o = -\frac{R_F}{R}(2^2 Q_2 + 2^1 Q_1 + 2^0 Q_0) \tag{13-50}$$

计数器可选用异步二-五-十进制计数器 CT74LS290；反相器可用集成运放构成。

三、设计要求

（1）设计电路，确定各元件型号和参数。

（2）画出逻辑图和装配图，并组装电路。

（3）自拟调试步骤，调试电路以达到设计要求。

（4）写出设计总结报告。

课题八　直流数字电压表

一、设计指标

（1）测量电压量程为+2.000V，用四位十进制数显示。

（2）测量误差为 0.001V。

（3）测量精度为±两个字。

（4）测量速度为 20 次/秒。

二、设计指导

直流数字电压表一般由 A/D、计数、译码和显示 4 部分组成，其中 A/D 转换有多种不同的工作方式，这里主要介绍电压-频率（V-F）变换型和电压-时间（V-T）变换型的工作原理。

（一）V-F 变换型

V-F 变换型是先把输入的模拟电压信号转换成与之成正比的频率信号，然后在一个固定的时间间隔里对得到的频率信号计数，所得到的计数结果就是正比于输入模拟电压的数字量。其原理框图如图 13-53 所示。

若 V/F 电路（参见课题七）的输出频率 f_x 与被测输入电压 u_x 的关系为 $f_x = ku_x$，k 为比例常数，而计数器在固定的门控时间 T 内

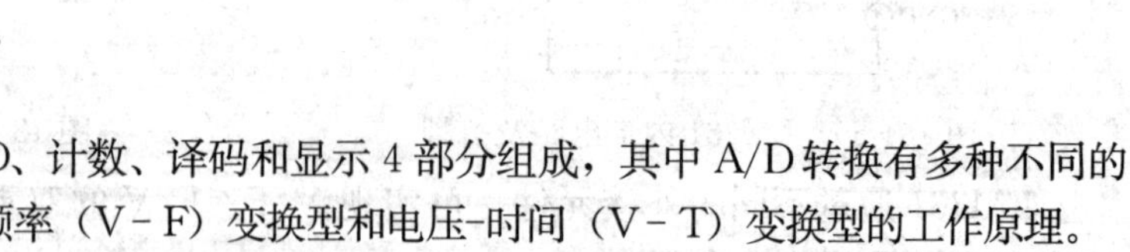

图 13-53　电压-频率变换型原理框图

测得 n 个脉冲，则 $T=n/f_x$，故 $n=kTu_x$。若令 $kT=1$，则 n 值就是 u_x 的值。门控时间 T 取决于测量速度。

V－F 变换型数字电压表的测量精度取决于 V－F 变换的精度和计数器容量，只有利用精密的 V－F 变换电路和较大的计数容量，才能达到高测量精度。同时，由于每次测量都需要在固定的门控信号内令计数器计数，而计数脉冲的频率一般不可能很高、计数器的容量又要求足够大，所以门控时间就会较长，测量速度就会较慢。

（二）V－T 变换型

在 V－T 变换型中，首先把输入的模拟电压信号转换成与之成正比的时间宽度信号，然后在这个时间宽度里对固定频率的时钟脉冲计数，计数的结果就是正比于输入模拟电压的数字信号。下面以双积分 V－T 变换为例来说明它的工作过程。

(1) 双积分 V－T 变换工作原理。图 13－54 为双积分 V－T 变换工作原理框图和工作波形。u_x 是被测电压，$-V_{REF}$ 是基准电压，取 $|-V_{REF}|$ 等于满量程电压。电路开始工作时，控制逻辑电路先将计数器清零，并接通开关 S2，使积分电容 C 完全放电后，S2 再断开。

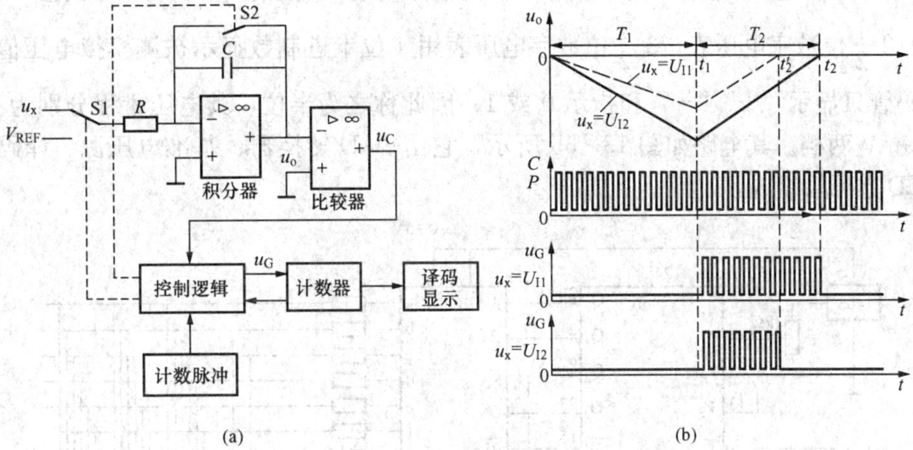

图 13－54　电压-时间变换原理框图和工作波形
(a) 原理框图；(b) 工作波形

第一次积分：

开关 S1 接通 u_x，积分器对 u_x 进行固定时间 T_1 的积分。T_1 结束时积分器的输出电压为

$$u_o=\frac{1}{C}\int_0^{T_1}-\frac{u_x}{R}=-\frac{T_1}{RC}u_x$$

可见 u_o 与 u_x 成正比。

第二次积分：

第一次积分结束后，控制电路将开关 S1 接置 $-V_{REF}$，积分器反向积分，同时令计数器计数。当积分器的输出电压 u_c 上升到零时，比较器输出低电平，使计数器停止计数。若 u_c 上升到零所经历的时间为 T_2，则可得

$$u_o=\frac{1}{C}\int_0^{T_2}\frac{V_{REF}}{R}-\frac{T_1}{RC}u_x=0$$

因此有

$$T_2=\frac{T_1}{V_{REF}}u_x \tag{13-51}$$

即 T_2 与 u_x 成正比。若计数脉冲的周期为 T_{CP}，计数器在 T_2 时间内的计数脉冲数为 n，而令固定时间 $T_1=NT_{CP}$，则有

$$u_x=\frac{V_{REF}}{N}n \tag{13-52}$$

可见$\frac{V_{REF}}{N}$为分辨率，其值为 0.001V，则计数值 n 就是被测电压 u_x。

双积分 V-T 变换的工作性能比较稳定，在两次积分中 RC 时间常数相同，故 R、C 参数不影响电路的测量精度，因此，可以用精度比较低的元、器件制成精度很高的双积分 V-T 变换。另外，具有较强抗干扰能力，能有效地抑制来自电网的工频干扰。主要缺点是工作速度低，满量程测量一次的时间为 $2NT_{CP}$。但由于它的优点十分突出，所以在数字式电压表或数字式测量仪表等对工作速度要求不高的场合用得非常广泛。

现在已有多种单片集成的双积分型 A/D 转换器，将模拟和数字电路同时集成在一个芯片上，可将输入的模拟电压转换成 BCD 码或七段数码 a～g 输出，只需外接少量的电阻和电容元件及（译码）显示电路，用这些芯片就能很方便地接成数字电压表。

（2）$3\frac{1}{2}$位数字电压表。$3\frac{1}{2}$位数字电压表用 4 位十进制数显示被测模拟电压值，其最高位数码管只显示"+""-"和指示 0 或 1，因此称之为半位，其电压量程分别为 1.999V 和 1.999mV 两档。其电路如图 13-55 所示，它由 A/D 转换器、基准电压源、译码、驱动器和 LED 数码管组成。

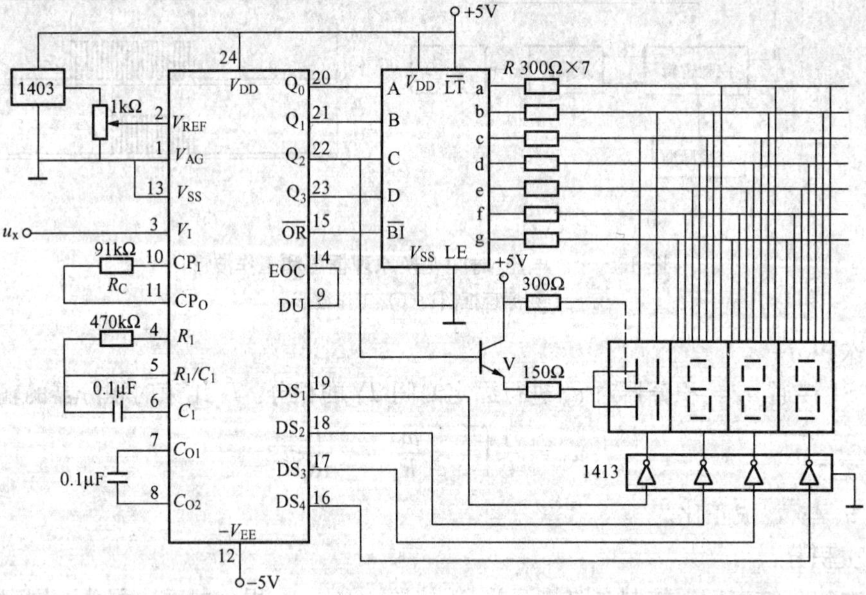

图 13-55 $3\frac{1}{2}$位数字电压表

双积分 A/D 转换器采用大规模 14433，外加少量元件，便可将输入的模拟信号变换成数字信号输出。基准电压源 1403 为 14433 提供基准电压 V_{REF} 。

14433 内部有 4 位十进制计数器，用来计数 0～1999，输出数字量 Q_0～Q_3。14433 电路采用双电源，CP_O 和 CP_I 端外接电阻 R_C，其阻值大小可改变电路内部的时钟频率。当 R_C 取

91kΩ 时，振荡频率 f_0 约为 320kHz。C_{O1}、C_{O2} 端用于外接失调补偿电容，取 0.1μF。R_1、R_1/C_1 和 C_1 端为内部积分电路的外接阻容元件 R_1、C_1 的连接端，C_1 一般取 0.1μF，R_1 的选用与量程有关，当量程为 1.999V 时，R_1 取 470kΩ；当量程为 1.999V 时，R_1 取 27kΩ。

EOC 为转换周期结束标志输出端，在每一个转换周期结束时输出一宽度为时钟周期的二分之一正脉冲。DU 端为更新显示输入控制端，当 DU 端和 EOC 端相连，则 EOC 作为 DU 的输入，在此正脉冲作用下，允许将转换结果输出，否则将保持数据不变。$\overline{OR}$为过量程溢出标志输出端，当输入电压 $|u_x| > |V_{REF}|$ 时，$\overline{OR}$输出低电平，而平时为高电平。

14433 完成一次转换约需 16400 个时钟脉冲。当时钟频率为 320kHz 时，每秒可进行 20 次转换。

DS_1～DS_4 端输出位选通信号，分别是千位、百位、十位和个位的选通信号。即当 DS_1 为高电平时，Q_3～Q_0 对应千位的 BCD 码输出，依次到 DS_4 为高电平时，Q_3～Q_0 对应个位的 BCD 码输出。DS_1～DS_4 输出信号经达林顿管 1413 缓冲后，去驱动共阴极数码管。

4511 为 BCD-七段译码/驱动器电路，将 14433 的 Q_3～Q_0 BCD 码译成数码管 a～g 七段码，使 LED 显示相应的十进制数。

最高位数码管只接 b、c 段，显示“1”。极性由 14433 的 Q_2 控制，当输入为负电压时，$Q_2=0$，数码管亮“－”；若输入为正电压时 $Q_2=1$，使 V1 导通，亮“＋”。点亮最高位小数点，可得到四位显示值 0.000～1.999。

三、设计要求

（1）根据实际情况，选择设计方案。

（2）设计电路，确定各元件型号和参数。

（3）画出逻辑图和装配图，并组装电路。

（4）自拟调试步骤，调试电路以达到设计要求。

（5）写出设计总结报告。

13.4 电子电路的抗干扰问题

电子电路在一定的环境条件下进行工作时，要求不受外界的影响，同时不向其他设备传播不必要的电磁信号。但在实际环境中，必然存在着自然界或人为因素产生的电磁信号，如通过电源进来的 50Hz 交流电压，发电机、电动机、日光灯带来的杂散电磁场等等，这些电磁信号通过一定的途径进入电子设备，影响电路的正常工作；同时电子设备内部也会产生影响电路正常工作的信号，这些信号通称为干扰。

13.4.1 干扰的类型

按照干扰产生和传播途径的不同，一般可分为以下主要几种：

（1）元件自身的噪声干扰。由于元器件质量或特性不良等原因产生的噪声及接插件和开关的接触不良等产生的噪声而形成的干扰。

（2）热动干扰。它是阻性元件在不合适的温度下因热运动所形成的干扰，随着温度的升高而增大。

（3）电源干扰。由于不同的电子系统共用同一个电源时，因公共阻抗（电源内阻）的耦合形成自身噪声的输出或对外来干扰的接收，而引起相互间的干扰。

（4）自激振荡形成的干扰。该干扰是在具有放大功能的电路中由于不正当的正反馈耦合引起的自激振荡所形成的噪声干扰。

（5）感应噪声干扰。由于电路布线或元器件安装位置不合理而形成的互相间的电场感应、磁场感应等噪声所产生的干扰。

（6）失真噪声干扰。信号在传输过程中，因电路工作异常而导致信号波形发生畸变，当这种畸变大到一定程度时，就会对其他正常工作的电路产生干扰。

此外还有尖峰及振铃噪声干扰、放电干扰、光线干扰、射线辐射干扰等等。

13.4.2 电子电路的抗干扰措施

干扰影响电子电路的可靠性和稳定度，从而影响电子电路的性能。干扰严重时，使电子电路无法工作。在实际环境中，干扰是很难完全消除的，但可以采取抗干扰的措施，使电路具有抑制干扰的能力，从而减小干扰的影响。抗干扰的基本思想为：

（1）消除或隔离噪声源：经常使用的有滤波、屏蔽、接地等措施。

（2）切断及阻碍噪声的干扰通道：对于以路的形式耦合的干扰主要采用隔离变压器、光电耦合器等来切断地线回路；用滤波、信号鉴别、整形、削波等来切断传播途径；而屏蔽、接地等措施对以场的形式耦合的干扰非常有效。

（3）减小接受电路对噪声干扰的敏感性：低输入阻抗、大信号传输、滤波、屏蔽线、恒温或温度补偿都会起到一定的作用。

下面简要介绍常用的一些抑制干扰措施以及应注意的问题。

一、电子电路设计中应注意的抗干扰问题

在电子电路设计中，不能仅仅只考虑如何实现电路的功能，而要将其功能和抗干扰综合考虑，防止电路在完成其功能的同时产生大量的功能性干扰及其它干扰。因此，在电子电路设计中应注意以下几个问题：

（1）波形选择：在逻辑电路设计中，选择方波时不能只考虑波形的上升和下降时间要短，因为波形的上升和下降时间越短，其傅立叶的频谱范围越宽。一般要求在满足功能的前提下，逻辑元件电压、电流波形的陡峭前沿及后沿都应受到限制。

（2）电路参数选择：电路参数选择不当，有可能使电路本身成为干扰源。如负反馈放大电路没有充分的稳定性余量，就可能产生自激振荡。

（3）工作区域的选择：当电路工作在非线性区域时，会产生大量的谐波分量，成为干扰源，因此应尽量使电路工作在线性区域。

（4）逻辑电路的选择：尽量避免选择 TTL 逻辑电路，而选用 ECL 高速逻辑电路和 CMOS 电路，因为 TTL 逻辑电路产生的干扰比 ECL 和 CMOS 逻辑电路要高 20dB。

（5）大功率、高损耗元器件本身可能成为很强的辐射源，因此在选用时尽可能使用小功率、低损耗的元器件，以减小元器件本身产生的干扰，且元器件引线应尽可能短。对于工作在开关状态的大功率器件会产生许多尖峰电流，需加缓冲网络来抑制大功率器件产生的干扰。

二、合理布线

合理的布线可减小电子电路中的分布电容、杂散电感，从而减小因此产生的干扰。在电子线路印刷电路板的设计中应注意：应选择优质印制板基材；强弱信号、交直流、高低压分开布线；信号线尽可能走直线，切忌往返交错；应尽可能缩短条状平行线的长度，采用隔离走线，以减小布线的分布电容，在线条拐弯处尽可能光滑过度，线条间相互距离不要太近；输入与输出尽可能远离，地线不要形成环路等。

如从放大器的结构布线来说，电源变压器要尽量远离放大器第一级的输入电路，特别是有些仪器中装有散漏磁场很强的铁磁稳压器，更应远离放大器。在安装变压器时要选择它们的安装位置，使之不易对放大器产生严重干扰。对有输入变压器的放大器，应特别注意将输入变压器的线圈安装得和干扰磁场垂直，以减小感应干扰电压。

三、屏蔽

屏蔽可以将干扰源或受干扰元件用屏蔽罩屏蔽起来，从而切断通过空间辐射的干扰传输途径。根据其性质的不同，屏蔽可分为电场屏蔽、磁场屏蔽和电磁屏蔽三种。

电场屏蔽可以屏蔽以电场形式耦合的干扰。它用接地的良导体包围干扰源或需要防护的电路，使干扰电流经屏蔽罩外层短路入地。因此，电场屏蔽的屏蔽罩的妥善接地是十分重要的，否则不但不能减小干扰，反而会使干扰增大。

磁场屏蔽可以屏蔽以磁场形式耦合的干扰。它利用高磁导率做成的屏蔽罩，旁路噪声干扰源或包围需要防护的电路。磁场屏蔽的屏蔽作用与屏蔽罩是否接地无关。

电磁屏蔽可以屏蔽电磁波辐射干扰。它用导电性能良好的金属材料（一般是铜或铝）制作屏蔽罩，利用高频电磁场在屏蔽体中产生的涡流作用，使电磁波得到极大的衰减。同时，涡流产生的反电磁场可以抵消原干扰电磁场，达到屏蔽的目的。

在工程上，一个实际的屏蔽罩既有电场屏蔽，又有电磁屏蔽和磁场屏蔽，因此，屏蔽罩是由既是高磁导率又是高电导率的材料做成。

在放大电路中，对于在抗干扰要求较高时，可把放大器的前级或整个放大器都屏蔽起来。多级放大器的第一级的输入线可采用具有金属套的屏蔽线，屏蔽线的外套要接地。

四、正确的工作接地

正确的工作接地是抑制噪声和防止干扰的主要方法。为了有效控制电路在工作中产生各种干扰，通常根据电路的性质可以将工作接地分为直流地、交流地、数字地、模拟地、信号地、功率地、电源地等不同的种类。这里主要介绍信号地、模拟地和数字地的抗干扰方法。

（一）信号地之间的干扰及其抑制

信号地是指信号电路、逻辑电路的地。由于信号地必须通过导线连线，而任何导线又都具有一定的阻抗，流过各线的电流不同，因此，各个接地点的电位不完全相同。正确地设计接地点，既可以消除各电路电流流经公共地线时由于地线阻抗所产生的噪声电压，又可以避免受磁场和地电位差的影响，即不要形成地环路，免受地环路产生的噪声耦合。信号地的连接方法有下列几种：

(1) 单点接地。单点接地分为串联单点接地和并联单点接地两种形式，如图13-56所示。在串联单点接地中［图13-56 (a)］，共用地线电流是各个电路地线电流的总和，每个电路的地线电位都受其他电路的影响，噪声通过公共地线互相耦合。从防止干扰的角度出发，这种接法是不合理的，但因为它接法简单，在许多地方仍被采用。如常用在印制电路板设计中。

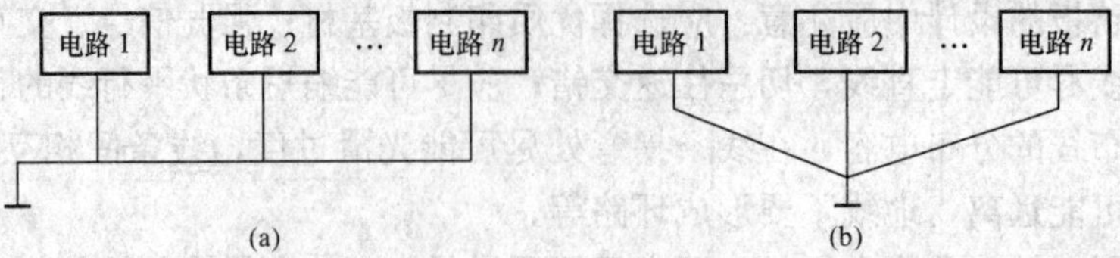

图 13-56 单点接地
(a) 串联接地；(b) 并联接地

并联单点接地［图 13-56（b）］是把各电路的地线接在一点上，这种方法的优点是不存在环形地回路，各电路的接地点只与本电路的地电流和地阻抗有关，但接地导线多，并且导线过长会引起接地阻抗较大。因此，在实际工作中多采用串联、并联混合接地。

单点接地通常用于信号频率 1MHz 以下的情况。

（2）多点接地。多点接地是指所有的电路就近接到地线点上，以减小地线长度，如图 13-57 所示。这种接法较单点接地简单，且可最大限度地减小高频驻波效应，但易形成多个地回路，可能会造成干扰。通常为了降低阻抗，地线一般用宽铜皮镀银作为接地母线。这种方法多用于高频电路和数字电路中，适合于信号频率在 10MHz 以上的情况。

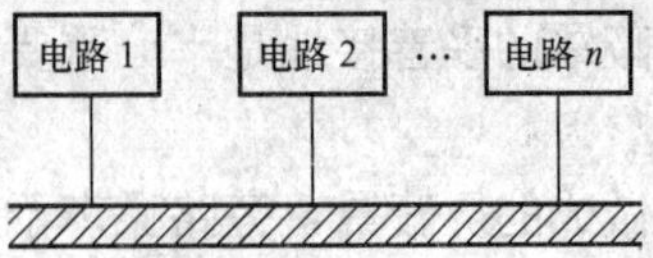

图 13-57 多点接地

（3）混合接地。混合接地综合了单点接地和多点接地。当系统具有多个电路时，各个电路接地系统都接在一起，然后将各个电路接地线用母线相互连起来，再接到整个系统的唯一参考地上。实际电子设备中，通常采用混合接地。

（二）模拟地和数字地

模拟地是模拟电路零电位的公共基准地线。模拟电路中有小信号放大电路，多级放大，整流电路，稳压电路等等，不适当的接地会引起干扰，影响电路的正常工作。数字地是数字电路零电位的公共基准地线。由于数字电路工作在脉冲状态，特别是脉冲的前后沿较陡或频率较高时，会产生大量的电磁波干扰电路。如果接地不合理，也会使干扰加剧。

当在一些电子电路中（如数字仪表和自动控制设备中），同时有数字信号和模拟信号时，若两种信号间的耦合还采用电耦合，则在其地线间必定会产生相互干扰，造成模数转换间的不稳定。为了消除这种干扰，最好采用两套整流电路，分别供给模拟部分和数字部分，信号间采用光耦合器进行耦合，即可实现两套电源间的地线的电隔离。

五、电源的抗干扰措施

电子电路的直流电源一般是由电网来的交流电压经变压器变压，再经整流、滤波、稳压等电路产生的直流电压提供的。当交流电网的负载突变时（如电动机的启动和制动），在负载突变处交流电源线与地之间将产生高频干扰电压，这个电压引起的高频电流经过直流稳压电源、电子电路等与地之间的分布电容，经地线再回到电网。其中变压器的分布电容引起的干扰电压最大，从而影响电子电路的正常工作。而电源电路本身也是一个干扰源，例如电源电路产生的纹波、自激振荡；开关式电源产生的尖峰脉冲噪声等，都会对电子电路造成干扰，因此必须采取措施加以抑制。

（1）稳压电源中电源变压器一次侧、二次侧之间加屏蔽层，同时屏蔽层要很好接地，如图 13-58 所示。此时高频电流由变压器一次侧通过屏蔽层流入地线而不经后面的电路。

(2) 在稳压电源交流进线处加滤波器，如图 13-59 所示。此滤波器的作用是滤去高频干扰，一般 L 为几十毫亨，C 为几千微法。

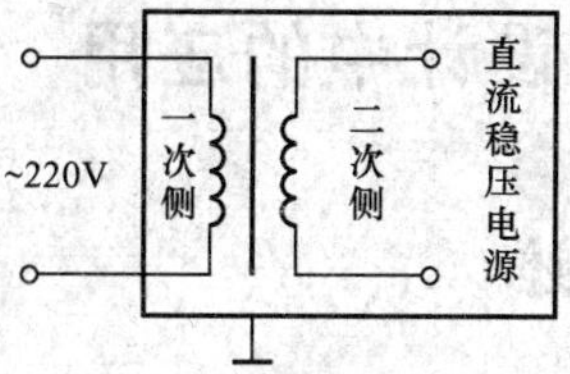

图 13-58　变压器一次侧、二次侧之间加变压器

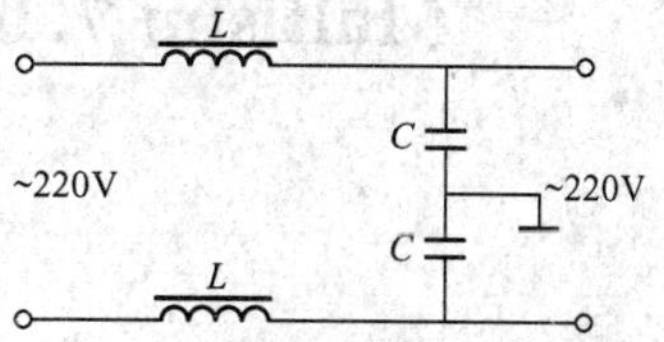

图 13-59　交流电源进线加滤波器

(3) 采用“浮地”，即交流地线和直流地线分开，而且只有交流地线接大地，这样可以避免交流干扰由公共地线串入，影响电路正常工作。

(4) 由于直流电源是用 50Hz 的交流电经整流、滤波后得到的，如滤波不良，直流电源输出电压就会有 50Hz 或 100Hz 的交流电压使放大电路的输出电压发生波动，特别是对放大电路的第一级影响很大，应采取措施加以解决，一般是加大电容或在稳压电路中加以解决。另外，直流电源内阻太大，会使放大器产生低频自激振荡。要抑制这种低频振荡，应减小电源的内阻，或在各级电源回路中加 RC 去耦电路。

(5) 数字集成电路在输出状态变化时，会产生很大的冲击电流，使稳压电源难以稳定调节，可以在集成电路附近加接旁路电容将其抑制。一般要在每五块集成电路附近接一个 0.01μF 的陶瓷电容；而每一块大规模集成电路或每一块运算放大器也最好旁接一个电容。另外，在电源输入处，也应旁接一个 100μF 左右的钽电容和一个 0.01μF 左右的陶瓷电容。

第 14 章

Multisim 7.0 在电子电路设计中的应用

14.1 概　　述

14.1.1 Multisim 7.0 的特点

Multisim 的前身是加拿大 Interactive Image Technologies 公司于 20 世纪 90 年代初推出的 EDA 工具 EWB（Elestronics Work Bench）。对电路设计工作者来说，EWB 是个优秀的 EDA 工具，功能全面、高效、易操作，与其他 EDA 工具相比较，主要具有这样的一些特点：

（1）采用直观的图形界面创建电路，在计算机屏幕上模仿真实实验室的工作台，绘制电路图需要的元器件、电路仿真需要的测试仪器均可直接从屏幕上选取。

（2）高度集成，可以对模拟、数字及数/模混合电路和射频电路进行仿真。专业版本支持 VHDL 和 Verilog 语言的电路设计与仿真。

（3）带有丰富的元器件库，有大量与现实元件对应的元件模型，使电路的实用性很强。

（4）提供了丰富而全面的虚拟仪表，且仪表的控制面板外形和操作方式都与实物相似，可以实时显示测量结果。

（5）具有强大的分析功能，提供了 14 种分析工具。

（6）作为设计工具，它可以同其它流行的电路分析、设计和制板软件交换数据。

（7）是一个优秀的电子技术训练工具，利用它提供的虚拟仪器可以用比实验室中更灵活的方式进行电路实验，仿真电路的实际运行情况，熟悉常用电子仪器测量方法。

在国内应用较广的主要有 EWB4.0、5.0 等版本。从 6.0 版开始，IIT 公司对其进行了较大的改进，并更名为 Multisim6.0，在现在市场上较普及的是 Multisim2001。我们这里介绍的 Multisim 7 是最新版本，即高版本的 EWB，在很多方面都进行了改进，包括：界面更加人性化；取用元器件更加方便；虚拟仪器和分析方法更加丰富、强大；速度更快等。

14.1.2 系统要求

Multisim 7 的安装和运行要求如下：

操作系统：Win98/2000/NT/XP。

CPU：PentiumⅡ以上。

内存：64MB（推荐 128MB 以上）。

硬盘空间：可用空间 200MB 以上。

显示器分辨率：800×600dpi 以上。

以上为基本配置，要使 Multisim7 充分发挥其所具有的强大功能，配置应尽量高。

14.2　Multisim 7 的基本操作

14.2.1　窗口界面

双击图标，进入 Multisim 7 窗口界面。

从图 14-1 中可以看到，在窗口界面中主要有以下几个部分：电路窗口（Circuit Window）、菜单栏（Menus）、标准工具栏（Standard Tools）、元器件栏（Component Toolbar）、虚拟工具栏（Virtual Toolbar）、仪表工具栏（Instruments Toolbar）、仿真开关（Simulation Switch）和状态栏（Status Bar）等。

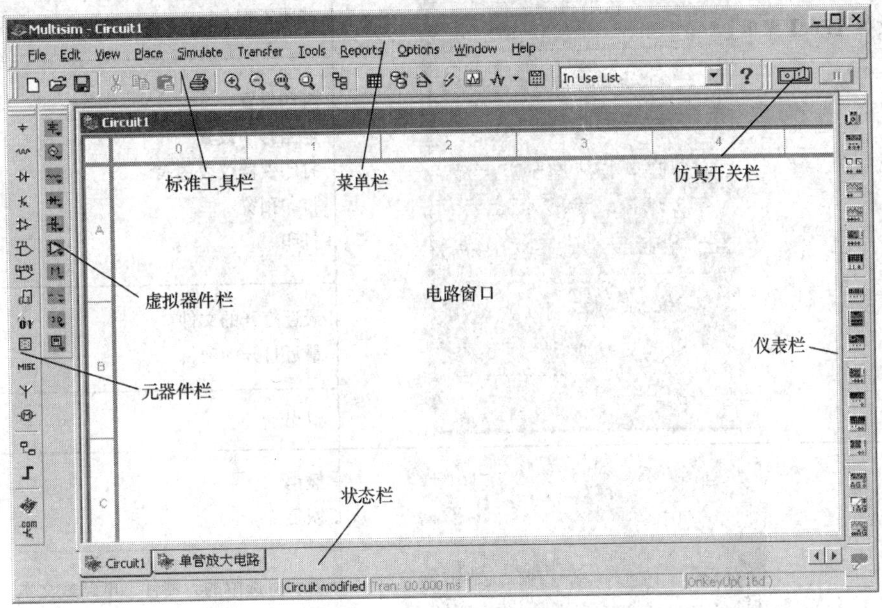

图 14-1　Multisim 7 用户界面

14.2.2　菜单命令

Multisim 7 提供了功能强大的菜单，菜单栏如图 14-2 所示。

图 14-2　Multisim 7 的菜单栏

表 14-1 主菜单命令

命令名称		功能说明
文件【File】菜单	New Ctrl+N	新建一个电路文件
	Open... Ctrl+O	打开一个已存在的电路与网表文件
	Close	关闭文件
	Save Ctrl+S	保存正活动的电路文件
	Save As...	另存为
	New Project...	新建工程
	Open Project...	打开工程
	Save Project	保存工程
	Close Project	关闭工程
	Print Setup...	打印设置
	Print Circuit Setup...	电路打印设置
	Print Instruments	打印仪器仪表图表
	Print Preview	打印预览
	Print... Ctrl+P	打印
	Recent Files	最近打开的文件
	Recent Projects	最近打开的项目
	Exit	退出
编辑【Edit】菜单	Undo Ctrl+Z	撤销
	Redo Ctrl+Y	恢复
	Cut Ctrl+X	剪切所选中的元器件、电路或文本
	Copy Ctrl+C	复制所选中的元器件、电路或文本
	Paste Ctrl+V	粘贴
	Paste Special...	特殊粘贴
	Delete Delete	删除
	Delete Multi-Page	删除页
	Select All Ctrl+A	全选
	Find... Ctrl+F	查找图中元器件
	Flip Horizontal Alt+X	水平翻转
	Flip Vertical Alt+Y	垂直翻转
	90 Clockwise Ctrl+R	顺时针 90 度翻转
	90 CounterCW Ctrl+Shift+R	逆时针 90 度翻转
	Properties Ctrl+M	被选元件属性

续表

命令名称		功能说明
视图【View】菜单	Toolbars ▸	工具条
	✓ Show Grid	显示栅格
	Show Page Bounds	显示页边
	✓ Show Title Block	显示标题栏
	✓ Show Border	显示边界
	Show Ruler Bars	显示规则栏
	Zoom In　F8	放大
	Zoom Out　F9	缩小
	Zoom Area　F7	默认比例
	Zoom Full	显示全图显示
	Grapher	显示分析图表
	Hierarchy	打开树状结构图
	✓ Circuit Description Box　Ctrl+D	显示电路描述框
报告【Reports】菜单	Bill of Materials	材料清单
	Component Detail Report	元器件明细表
	Netlist Report	网络表报告
	Schematic Statistics	原理图统计
	Spare Gates Report	共享门报告
	Cross Reference Report	元器件参照表
放置【Place】菜单	Component...　Ctrl+W	放置元件
	Junction　Ctrl+J	放置节点
	Bus　Ctrl+U	放置总线
	Bus Vector Connect...	总线矢量连接
	HB/SB Connector　Ctrl+I	HB/SB 连接器（IO 端口）
	Hierarchical Block　Ctrl+H	放置分等级块电路
	Create New Hierarchical Block	建立新分等级块电路
	Subcircuit　Ctrl+B	放置子电路
	Replace by Subcircuit　Ctrl+Shift+B	用子电路替代
	Off-Page Connector	脱页连接器
	Multi-Page	多页
	Text　Ctrl+T	放置文本
	Graphics ▸	制图下拉菜单
	Title Block...	标题栏

续表

命令名称		功能说明
仿真【Simulate】菜单	Run F5	运行
	Pause F6	暂停
	Instruments ▸	选择仿真仪表
	Default Instrument Setting...	默认仪表设置
	Digital Simulation Settings...	数字仿真设置
	Analyses ▸	选择分析方法
	Postprocessor...	后处理器
	Simulation Error Log/Audit Trail	仿真错误记录/检察仿真踪迹显示
	XSpice Command Line Interface	Xspice 命令行界面
	VHDL Simulation	VHDL 仿真
	Verilog HDL Simulation	Verilog HDL 仿真
	Auto Fault Option...	自动设置电路故障
	Global Component Tolerances...	全局元件容差设置
选项【Options】菜单	Preferences...	优选项
	Customize	自定义设置
	Global Restrictions...	全局限制设置
	Circuit Restrictions...	电路限制设置
	Simplified Version	简化版本
转换【Transfer】菜单	Transfer to Ultiboard V7	转换到 Ultiboard 7
	Transfer to Ultiboard 2001	转换到 Ultiboard 2001
	Transfer to other PCB Layout	转换到其他的 PCB 页面
	Forward Annotate to Ultiboard V7	向前传送给 Ultiboard V7 的注释
	Backannotate from Ultiboard V7	从 Ultiboard V7 返回的注释
	Highlight selection in Ultiboard V7	在 Ultiboard V7 中高亮选择
	Export Simulation Results to MathCAD	导出仿真结果到 MathCAD
	Export Simulation Results to Excel	导出仿真结果到 Excel
	Export Netlist	输出网表

续表

命令名称	功能说明
工具【Tools】菜单 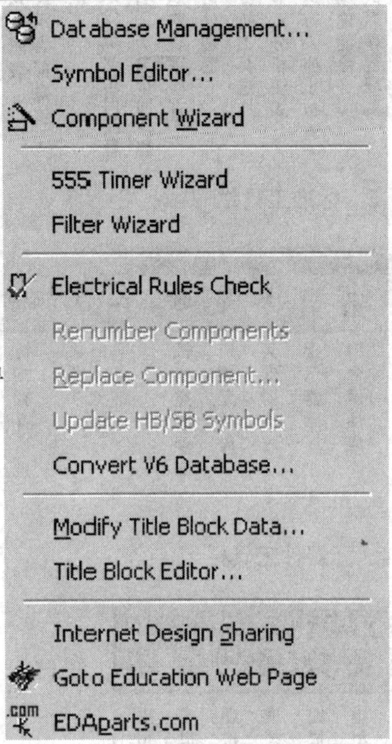	数据库管理器 符号编辑器 创建元件向导 555 定时器向导 滤波器向导 电器规则检查 重新给元件编号 替换元件 升级 HB/SB 组件 转换 6.0 版数据 修改标题栏数据 标题栏编辑器 远程控制/设计共享 链接教育站点链接 EDAparts. com 网址
窗口【Window】菜单 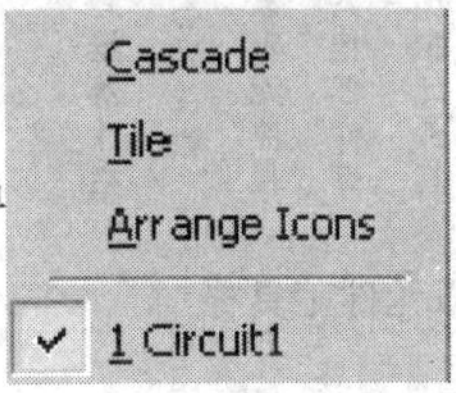	层叠 平铺 重排图示 视图中的电路
帮助【Help】菜单 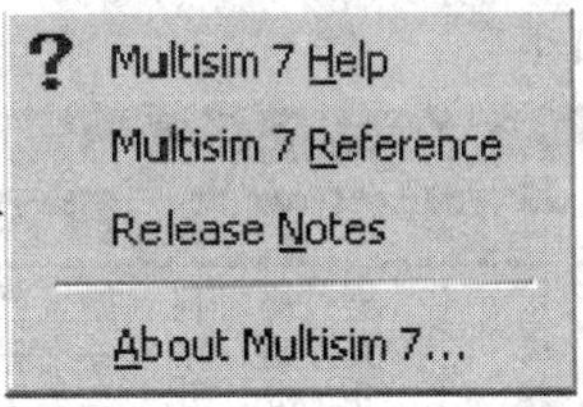	帮助主题目录 帮助主题索引 版本注释 关于 Multisim7

14.2.3 工具栏

一、标准工具栏

Multisim 7 的标准工具栏和各图标的功能如图 14-3 所示。

二、元器件工具栏

元器件工具栏和各图标的功能如图 14-4 所示。

三、虚拟工具栏

虚拟工具栏和各图标的功能如图 14-5 所示。

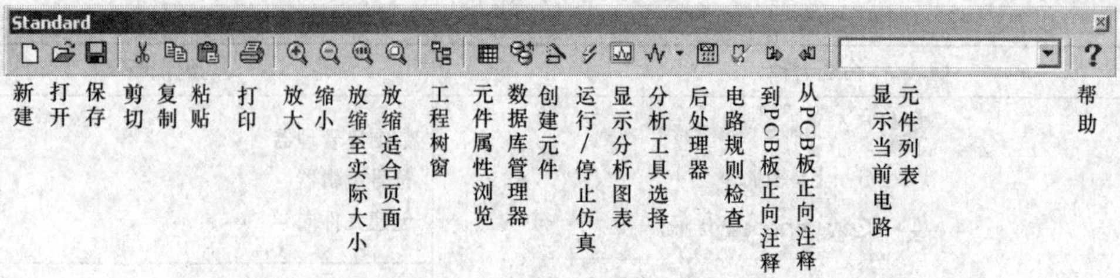

图 14-3 标准工具栏

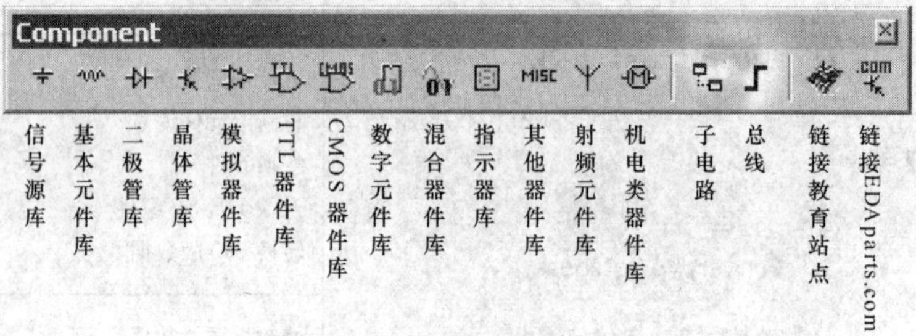

图 14-4 元器件工具栏

图 14-5 虚拟元件工具栏

四、仪表工具栏

仪表工具栏和各图标的功能如图 14-6 所示。

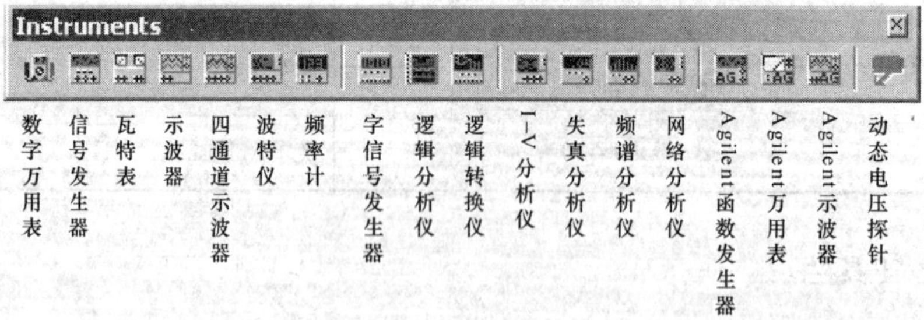

图 14-6 仪表工具栏

14.2.4 电路的创建过程

在 Multisim 工作界面上创建一个仿真电路过程如下：

一、设置电路窗口

在创建一个电路之前，用户可根据电路的要求和自己的习惯自定义一个特定的电路窗口。设置方法如下：

（1）运行 Options/Preferences 命令，即出现 Preferences 对话框，如图 14-7 所示。

Preferences 对话框有 8 页，基本包括了电路界面中所有的设置，各页功能如下：

- Font 页：设置电路字符的字体、字形、字号等。
- Miscellaneous 页：设置电路的自动备份、存盘路径、数字仿真速度及写字板滚动栏速度。
- Rule check 页：设置电气检查的规则及图例。
- PCB 页：设置 PCB 的接地方式、导出方式及铜层数目。
- Circuit 页（见图 14-7）。

Show 区：设置电路中元件及连线上字符的显示特性。

Color 区：设置编辑窗口内各元件和电路背景的颜色。

- Workspace 页：设置电路显示窗口图纸的显示格式、图纸大小及方向、缩放比例等。
- Wiring 页：设置电路导线的宽度与连线的方式。
- Component Bin 页：设置放置元件的方式和元件的符号标准（见图 14-8）。

Place Component mode 区：选择放值元件的方式。

Symbol standard 区：设置元件符号标准。符号标准有 ANSI 和 DIN 两种。根据我国的电气符号标准，一般选 DIN 标准。如图 14-9 所示。

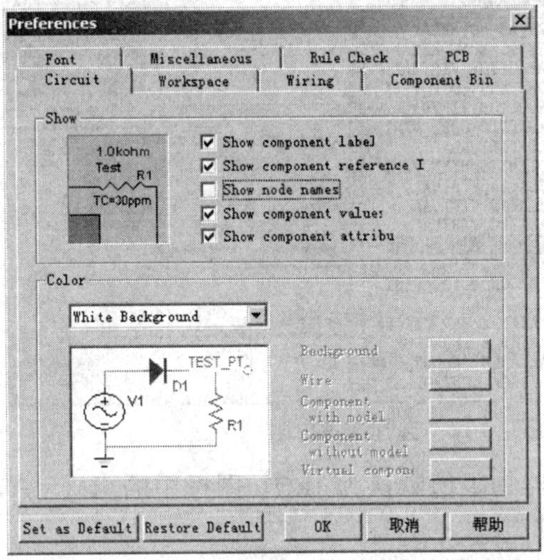

图 14-7　Preferences/Circuit 页对话框

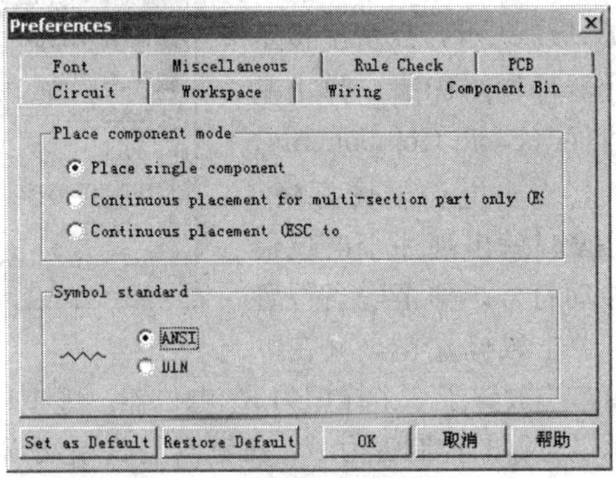

图 14-8　Preferences/Component Bin 页对话框设置

图 14-9　选中 DIN 标准

（2）根据用户要求，对电路窗口进行设置。

（3）单击 OK 按钮，保存对当前电路的设置。

注意：Set as Default 是按默认值保存；Restore Default 是恢复以前的设置。

二、选放元器件

（一）选取元器件

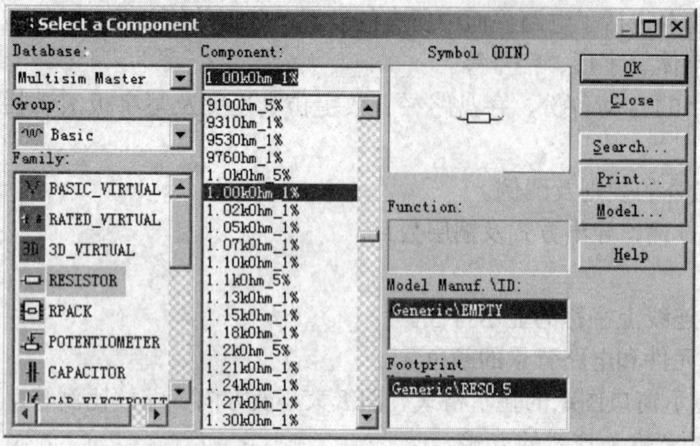

图 14-10 选择电阻元件

点击元件工具栏的图标或执行 Place/Component 命令，即弹出元件选择对话框。如图 14-10 所示。先在组（Group）的下拉框中选择相应的元件组，再在族（Family）中选择不同的类别，然后在元件（Component）栏中选中所需的元件，单击“OK”按钮，就在电路窗口出现一个元件的移动符号，移至适当位置后，单击鼠标左键，就完成元件的放置。单击鼠标右键可取消本次操作。图 14-10 所示的是放置一个值为 1.00kΩ _ 1%的真实电阻；图 14-11为放置一个虚拟电阻，虚拟电阻的值默认为 1kΩ。

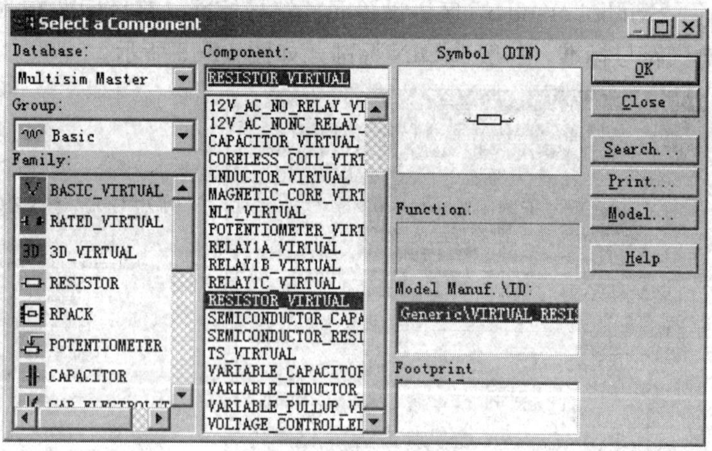

图 14-11 选择虚拟电阻

注意：虚拟元件还可以直接用虚拟元件栏选放。如图 14-12 所示，点击虚拟基本元器件栏图标，弹出基本器件（Basic Components）库栏，点击电位器图标，电路窗口就出现一个电位器的移动符号，移至适当位置后，单击鼠标左键，就在电路窗口中放置了一个标识为 R_1 电位器。虚拟电位器的阻值默认为 1kΩ，图标中的 Key=A，表示电位器的控制键为 A，按键盘上 A 键可调节其阻值。

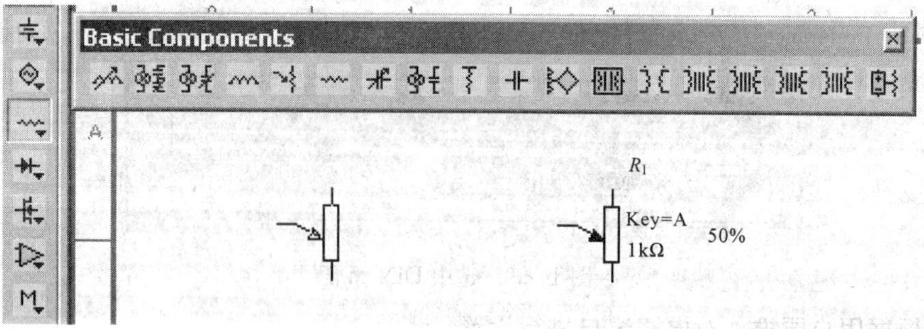

图 14-12 放置虚拟电位器

（二）元器件的基本操作

（1）元器件的参数设置。双击元件图标，就可弹出元器件属性对话框（也可先用光标选中元件，再使用 Edit/Properties 命令）。在对话框中有四页：

• Lable（标识）页：设置元件的标识（如图 14-13 所示），其中 Reference ID 为元件的序号，必须设置且不允许重复。

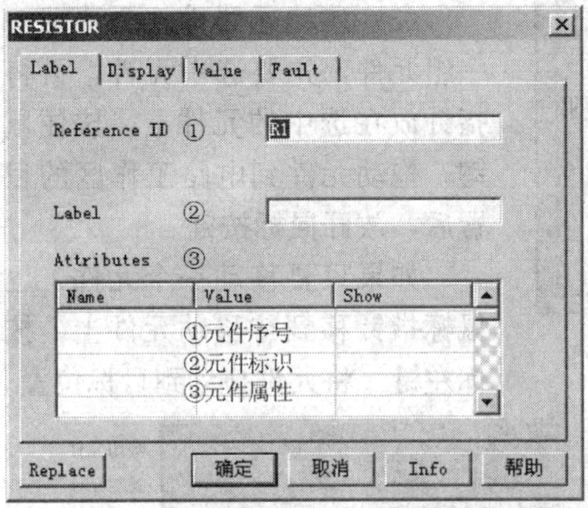

图 14-13　电阻属性 Lable 面对话框

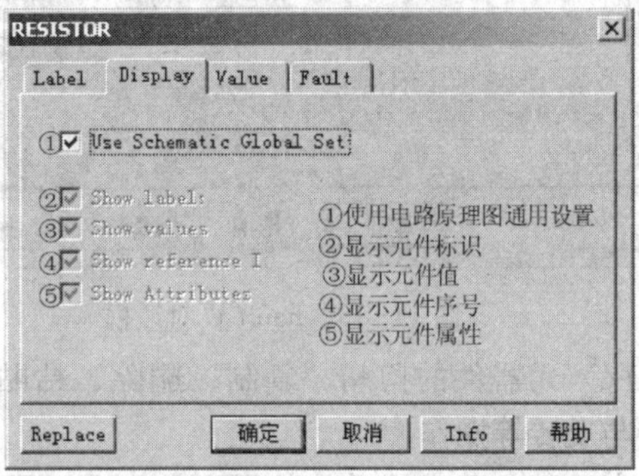

图 14-14　Display 页对话框

• Display（显示）页：用以确定元件在电路窗口中所要显示的信息（如图 14-14 所示）。

• Value（元件值）页：设置元件参数值，只有虚拟元器件的参数值可以修改。

图 14-15（a）为真实电阻元件 Value 页，其参数值是不能修改。

注意：只有在真实元件的 Value 页中，有 Edit Component in DB、Edit Model 和 Edit Footprint 按钮。

图 14-15（b）为虚拟电阻元件 Value 页，其参数值可以修改。

• Fault（故障设置）页：设置元件可能出现的故障（如图 14-16 所示）。

（2）选中元器件。选中一个元件时，先将鼠标指针移到待移动元件上，单击鼠标左键，被选中的元件四周将出现四个黑色的小方块，即可选中元件。

若要同时选中多个元件，有两种方法：一是按住 Shilft 键不放，分别

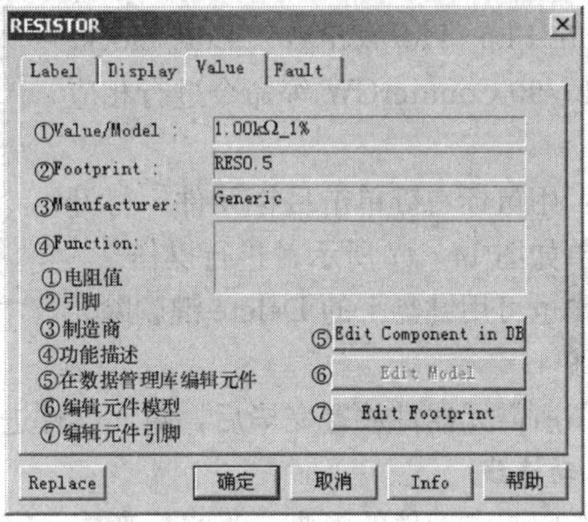

(a)

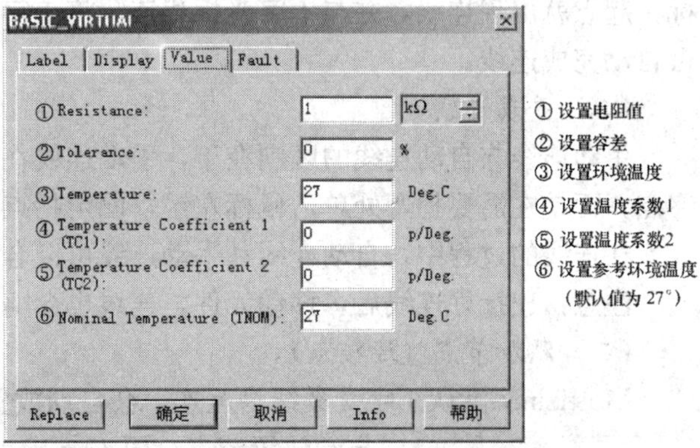

(b)

图 14-15　Value 页对话框

（a）真实电阻元件 Value 页；（b）虚拟电阻元件 Value 页

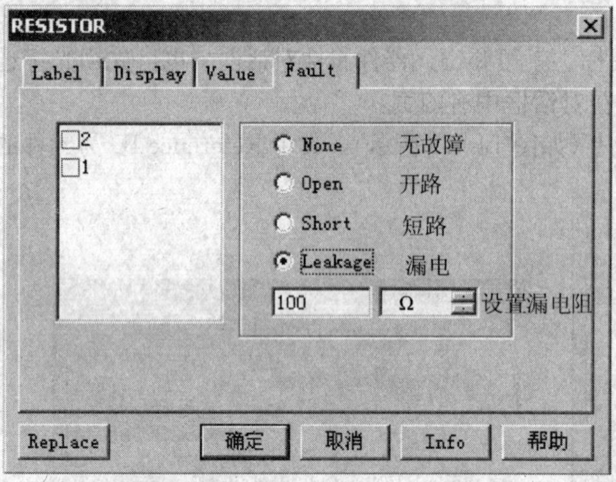

图 14-16 Fault 页对话框

单击各个元器件；二是可在电路工作区的适当位置，按住鼠标左键，拖动鼠标画出一个矩形区域，包围所有的待选元件，然后松开鼠标按键，则将该区域中的所有元件选中。

(3) 移动元器件。要移动一个或一组元件，先要选中元件，再将鼠标指针放在选中的元件上，按住鼠标左键，拖动元件到电路工作区的目标位置后，放开鼠标按键。

如果只要移动一个元件，也可将鼠标指针移到待移动元件上，按住鼠标左键，将元件拖动到目标位置。

(4) 元器件的剪切、复制、删除、粘贴、旋转与反转等操作。

方法一：选中元件，使用 Edit/Cut、Edit/Copy、Edit/Paste、Edit/Delete、Edit/Flip Vertcal、Edit/Flip Horizonta1、Edit/clockwise 90、Edit/90 CounterCW 等命令进行相应操作。

方法二：用鼠标右键单击目标元件，打开元件操作菜单如图 14-17 所示，进行操作。

删除操作也可用键盘上的 Delete 键删除。

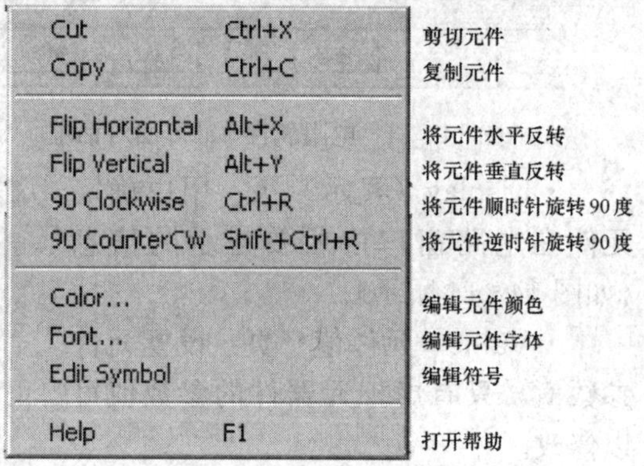

图 14-17 右键菜单

三、连线

将电路图所需元器件放置完毕后，对元器件进行连线。

(一) 自动连线

将光标指向起点元件的引脚，当光标变成十字，单击鼠标左键，确定连线起点，移动鼠标，起点就出现连线，并与十字光标相连。将十字光标移至第二个元件的引脚，单击左键即可自动完成连线。

(二) 手动连线

手动连线与自动连线的区别在于，手动连线在固定了连线起点后，并不直接固定连线的终点，而是在需要拐弯处单击鼠标左键，固定拐点，通过这样的方法控制连线的走势。

在连线的过程中，自动连线和手动连线可以合并起来使用。

注意：连接好连线后，移动元件，连线也会随之移动。

(三) 添加节点 (连接点)

Multisim7 默认丁字交叉线为互连，会自动放置节点；而十字交叉线不互连，因此不会自动放置节点。图 14-18 为交叉线的两种状态。若希望十字交叉线互连，可使用 Place/Junction 菜单命令放置一个节点，但是这种连接不太可靠，建议采用分段画线。即先从第一个元件引脚到节点，再

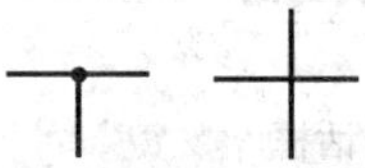

图 14-18 交叉线

从节点到第二个元件的引脚。

注意：一个节点最多只能接四根线。

（四）连线的调整

（1）设置连线属性。双击目标连线，在打开的属性对话框中设置连线属性（如图 14-19 所示）。

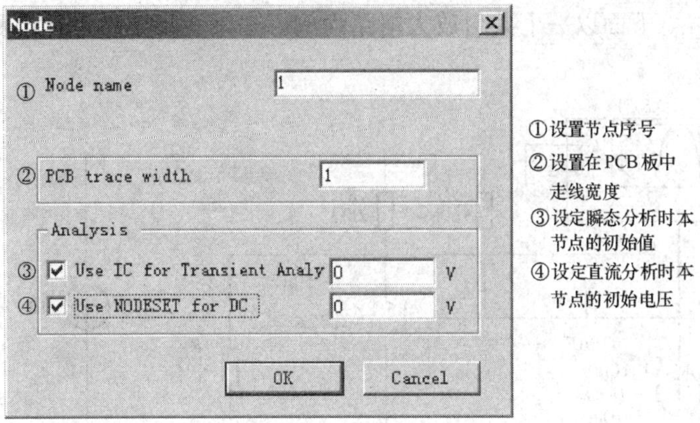

图 14-19　连线属性对话框

（2）调整连线的轨迹。在对已连接好的连线轨迹进行调整时，先将光标指向目标连线，点击鼠标左键将其选中。选中的连线上会出现很多调整点。如图 14-20 所示。将光标放到调整点上，按住鼠标左键并拖动线上的小方块，即可改变连线的轨迹。或将光标移到两个调整点之间的连线上，光标会变为⇕，拖拽光标即可平移连线。

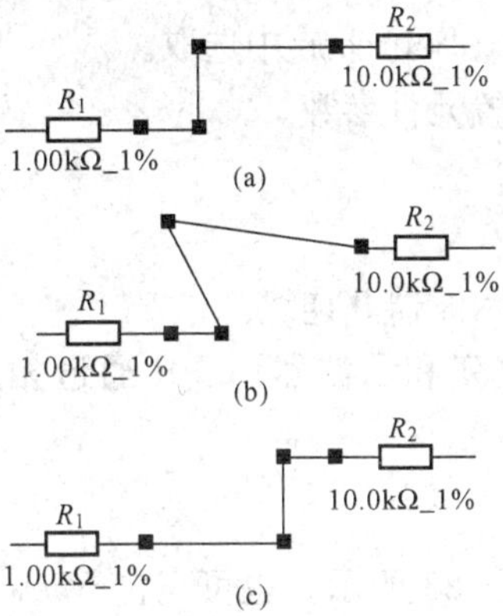

图 14-20　调整连线轨迹

（a）选中连线；（b）移动调整点；（c）平移连线

（3）设置连线的颜色。将光标指向目标连线或节点，单击鼠标右键，出现快捷菜单如图 14-21 所示。选择 Color 命令将打开“颜色”对话框，即可选取所需的颜色，然后点击“确定”按钮。

注意：这时连接点及其直接相连的连线的颜色将同时改变。

（4）删除连线及节点。将光标指向目标连线或节点，单击鼠标右键，用右键菜单中 Delete 命令删除。也可点击左键选中目标连线，点 Delete 键删除。

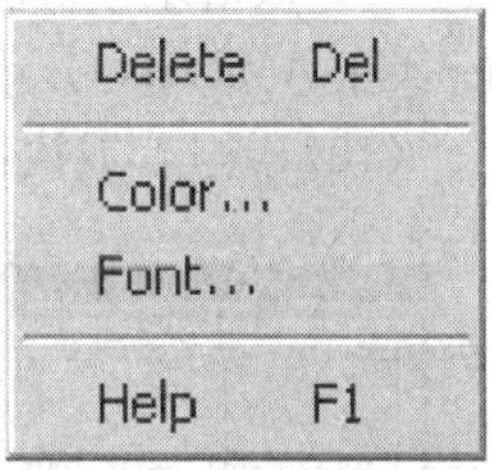

图 14-21　右键菜单

四、调用虚拟仪表

电路连接完毕后，根据电路的要求，从仪表工具栏中选择所需的仪表，用鼠标将仪表拖到电路窗口中，同连接元件一样连接将仪表与电路相连接。具体操作方法可参阅 14.4.2 章节有关内容。

五、运行电路

电路搭接完成后，按下标准工具栏上的 Run/Stop 按钮或仿真开关栏的按钮，电路就开始工作。双击使用的仪表，可以观察仿真结果。若要暂停运行，按 F6 键或点击仿真开关栏的暂停按钮。

14.2.5 仿真实例

下面以一个共射放大电路为例，来进一步熟悉创建电路原理图的步骤。

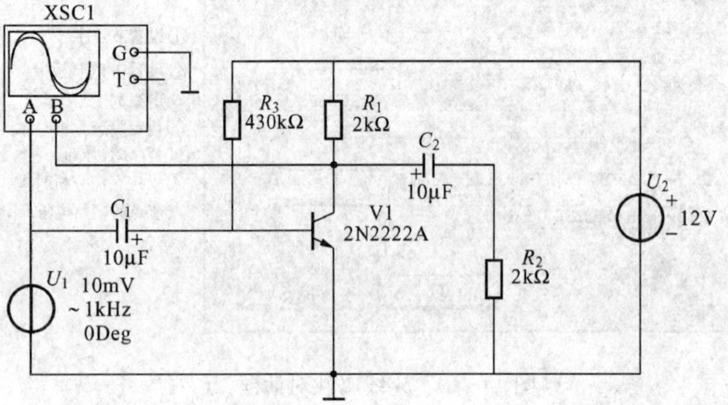

图 14-22 共发射极放大电路

（1）点击或执行菜单命令 File/New，新建一个电路文件，并根据用户要求进行电路界面设置。

（2）按照电路图 14-22 的要求选放元件。

电阻和电容在基本元件（Basic）库中选取，直流电源和地在电源库（Source）中的 Power-Sources 族中选取，信号源在电源库中的 Signal-Voltage-Source 族中选取。

（3）双击元件打开其属性对话框，按电路图中要求设置元件参数。

（4）打开元件右键菜单，按电路的要求调整元件方向。

（5）进行连线，注意交叉点处的节点。

（6）用光标点击仪表工具栏中示波器图标，选取一台示波器并连线。

（7）为了便于观察仿真结果，执行右键 Color 命令改变和示波器 A、B 通道相连线的颜色。

（8）点击仿真 Run/Stop 按钮，开始仿真。

（9）双击示波器图标，观察输入、输出波形，如图 14-23 所示。也可点击 View/Grapher，在 Analysis Graphs 窗口观测波形。如图 14-24 所示。

（10）点击或执行菜单命令 File/Save 保存电路图。

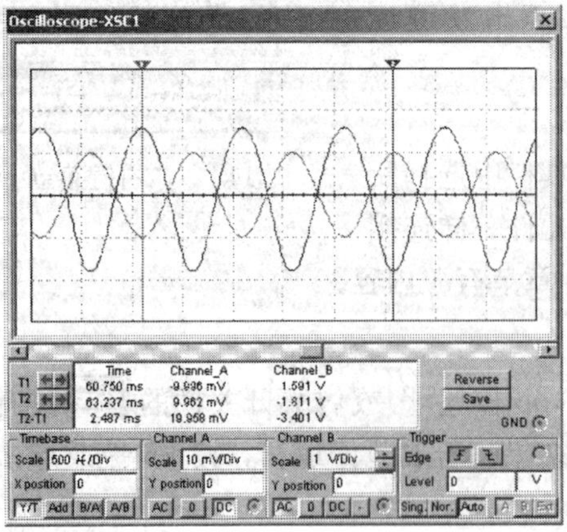

图 14-23 用示波器观测输入和输出波

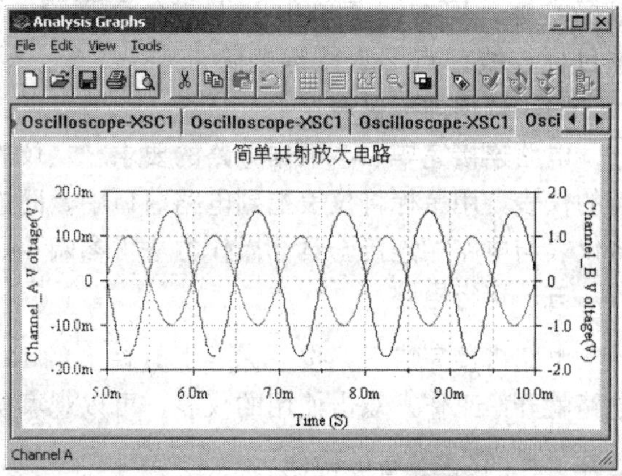

图 14-24 用 Grapher 观测放大电路的波形

14.3　Multisim 7 的元器件库

14.3.1　元器件库

点击元器件库图标，就打开元器件库。元器件名称如表 14-2 所示。

表 14-2　元器件名称

Sources	电源库
POWER_SOURCES	电源
SIGNAL_VOLTAGE_SOURCES	电压信号源
SIGNAL_CURRENT_SOURCES	电流信号源
CONTROL_FUNCTION_BLOCKS	控制功能模块
CONTROLLED_VOLTAGE_SOURCES	受控电压源
CONTROLLED_CURRENT_SOURCES	受控电流源
Basic	基本元件
BASIC_VIRTUAL	基本虚拟元器件
RATED_VIRTUAL	额定虚拟元器件
3D_VIRTUAL	3D 虚拟元器件
RESISTOR	电阻
RPACK	封装电阻
POTENTIOMETER	电位器
CAPACITOR	电容
CAP_ELECTROLIT	电解电容
VARIABLE_CAPACITOR	可变电容
INDUCTOR	电感
VARIABLE_INDUCTOR	可变电感
SWITCH	开关
TRANSFORMER	变压器
NON_LINEAR_TRANSFORMER	非线性变压器
Z_LOAD	Z 负载
RELAY	继电器
CONNECTORS	连接器
SOCKETS	插座
Diodes	二极管
DIODES_VIRTUAL	虚拟二极管
DIODE	普通二极管
ZENER	齐纳二极管

续表

LED	发光二极管
FWB	全波桥式整流器
SCR	可控硅整流器
DIAC	双向开关二极管
TRIAC	三端开关可控硅
VARACTOR	变容二极管
Analog	模拟集成电路元件
DIODES_VIRTUAL	虚拟模拟元器件
OPAMP	运算放大器
OPAMP_NORTON	诺顿运放
COMPARATOR	比较器
WIDEBAND_AMPS	宽带运放
SPECIAL_FUNCTION	特殊功能运放
TTL	TTL 元件
74STD	74STD 系列
74LS	74LS 系列
Misc Digital	其他数字元件
TIL	TTL 系列
VHDL	VHDL 仿真元件
VERILOG_HDL	VERILOG _ HDL 元件
Transistors	晶体管
TRANSISTORS_VIRTUAL	虚拟晶体管
BJT_NPN	NPN 晶体管
BJT_PNP	PNP 晶体管
DARLINGTON_NPN	达林顿 NPN 晶体管
DARLINGTON_PNP	达林顿 PNP 晶体管
BJT_ARRAY	BJT 晶体管阵列
IGBT	IGBT
MOS_3TDN	三端 N 沟道耗尽型 MOS 管
MOS_3TEN	三端 N 沟道增强型 MOS 管
MOS_3TEP	三端 P 沟道增强型 MOS 管
JFET_N	N 沟道 FFET
JFET_P	P 沟道 JFET
POWER_MOS_N	NMOS 功率管
POWER_MOS_P	PMOS 功率管
UJT	单结晶体管

续表

THERMAL_MODELS	温度模型
CMOS	CMOS 元件
CMOS_5V	电压为 5V 的 CMOS4000 系列
74HC_2V	电压为 2V 的 74HC 系列
CMOS_10V	电压为 10V 的 CMOS4000 系列
74HC_4V	电压为 4V 的 74HC 系列
CMOS_15V	电压为 15V 的 CMOS4000 系列
74HC_6V	电压为 6V 的 74HC 系列
Misc	其他器件
MISC_VIRTUAL	虚拟的其他部件
TRANSDUCERS	变频器、传感器
CRYSTAL	晶振
VACUUM_TUBE	真空管
FUSE	保险丝
VOLTAGE_REGULATOR	三端稳压器
BUCK_CONVERTER	开关电源降压转换器
BOOST_CONVERTER	开关电源升压转换器
BUCK_BOOST_CONVERTER	开关电源升降压转换器
LOSSY_TRANSMISSION_LINE	有损耗传输线
LOSSLESS_LINE_TYPE1	无损耗传输线 1
LOSSLESS_LINE_TYPE2	无损耗传输线 2
NET	网络
MISC	混合器件
Mixed	混合集成电路元件
MIXED_VIRTUAL	虚拟混合器件
TIMER	555 定时器
ADC_DAC	AD-DA 转换器
ANALOG_SWITCH	模拟开关
Indicators	指示元件
VOLTMETER	电压表
AMMETER	电流表
PROBE	探测器
BUZZER	蜂鸣器
LAMP	灯泡
VIRTUAL_LAMP	虚拟灯泡
HEX_DISPLAY	十六进制显示器
BARGRAPH	条形光柱

续表

RF	射频元件
RF_CAPACITOR	射频电容器
RF_INDUCTOR	射频电感器
RF_BJT_NPN	射频 NPN 晶体管
RF_BJT_PNP	射频 PNP 晶体管
RF_MOS_3TDN	射频 MOSFET
TUNNEL_DIODE	通道二极管
STRIP_LINE	传输线
Electro_Mechanical	电气器件
SENSING_SWITCHES	感测开关
MOMENTARY_SWITCHES	开关
SUPPLEMENTARY_CONTACTS	接触器
TIMED_CONTACTS	计时接点
COILS_RELAYS	线圈与继电器
LINE_TRANSFORMER	线性变压器
PROTECTION_DEVICES	保护装置
OUTPUT_DEVICES	输出设备

14.3.2 虚拟元器件库

点击虚拟源器件栏图标，就打开虚拟元件库。

（一）虚拟电源库

交流电源　直流电压源　数字接地端　接地端　三相△电压源　星型连接三相电压源　TTL电源　CMOS电源　数字电源　CMOS电源

（二）虚拟信号源库

交流电压源　交流电流源　调幅信号源　时钟电流源　时钟电压源　直流电流源　指数电流源　指数电压源　调频电流源　调频电压源　分段线性电流源　分段线性电压源　电流源　脉冲电压源脉冲　白噪声源

（三）虚拟基本元件库

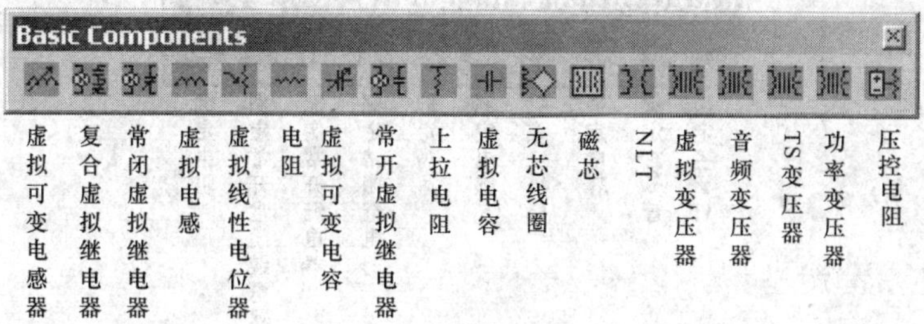

（四）虚拟二极管库

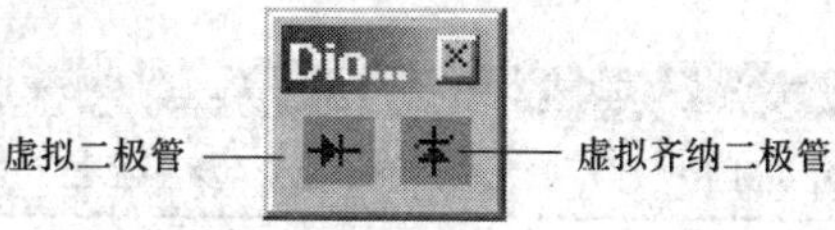

（五）虚拟晶体管库

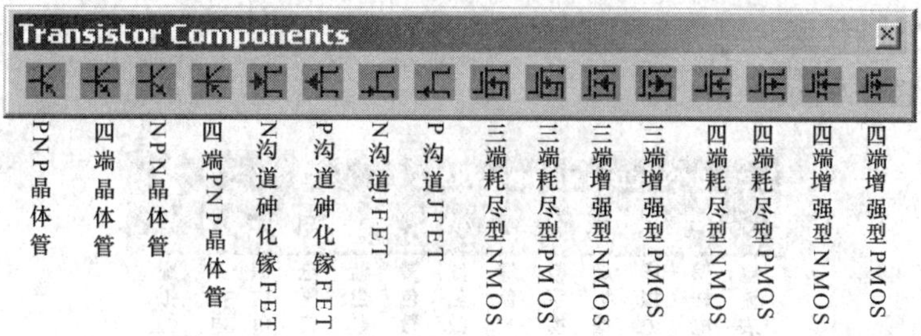

（六）虚拟模拟集成器件库

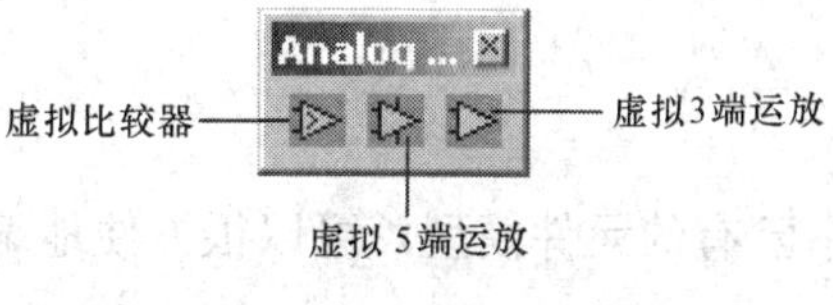

（七）其他器件库

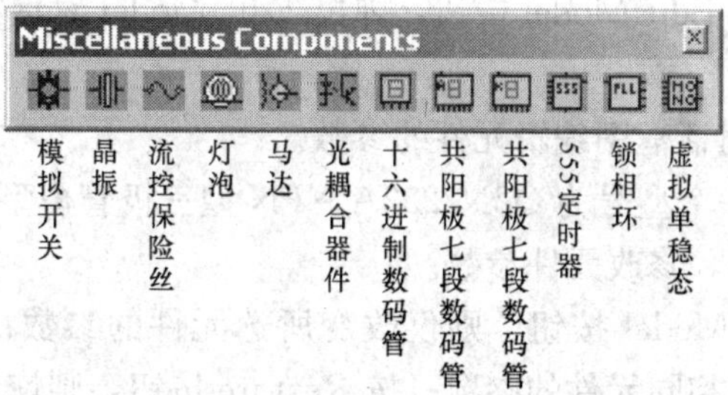

（八）额定虚拟元器件库

（九）虚拟3D元件库

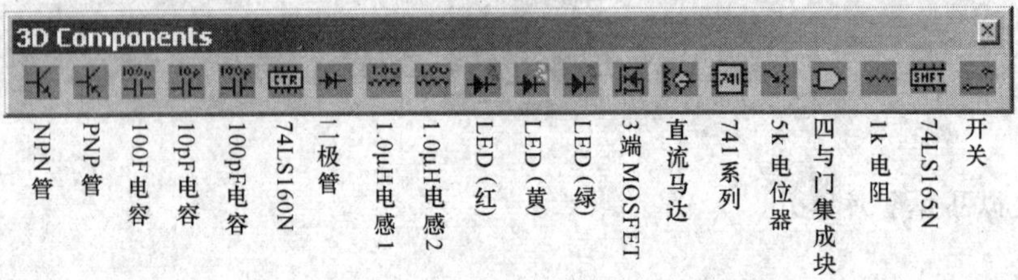

（十）测量器件库

14.3.3 编辑元件模型

利用Multisim7元件库中已有的元件模型，可以很方便地编辑自己需要的元件。编辑元件模型的过程如下：

（1）用左键双击要编辑的元件，打开元件属性对话框。

（2）在Value页点击Edit Model按钮，弹出Edit Model对话框，显示所要编辑元件的参数。

（3）在Edit Model对话框图编辑元件的参数。

图14-25所示的是一个型号为Q2N2222A NPN型三极管模型参数列表，用光标点击选中表中Value列的单元格，修改元件参数。

（4）按Change Part Model按钮，则仅改变所选元件的参数；按Change All Model按钮，则改变当前电路图中相同元件的参数；按Restore按钮，则恢复以前模型参数。

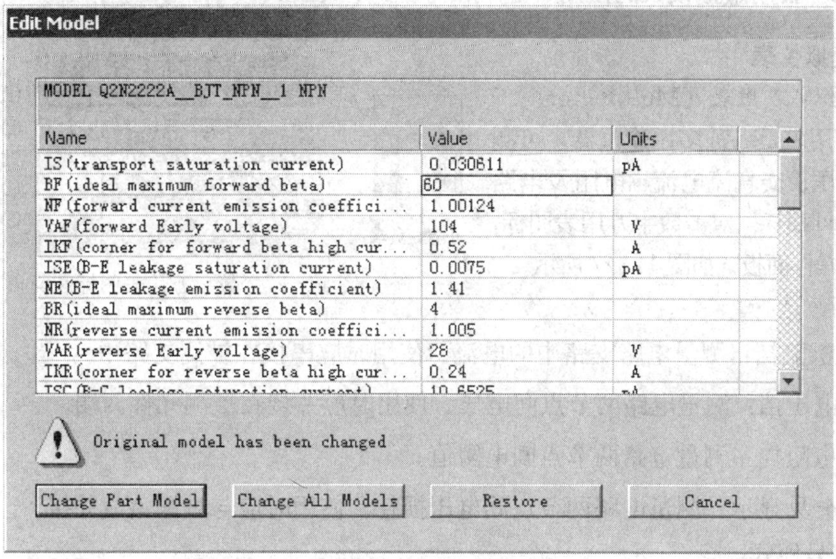

图 14 - 25　编辑元件模型对话框

14.4　虚拟仪表的使用

14.4.1　虚拟仪表使用的一般步骤

Multisim7 提供了种类齐全的虚拟测试仪表。使用虚拟仪表的一般步骤为：

(1) 在仪表工具栏中点击想要使用的仪表图标。

注意：若工作界面上没有显示仪表工具栏，可执行 View/Toolbars/Instrument Toolbar 菜单命令，或是在空白的工具栏区域单击鼠标右键，在弹出来的工具栏菜单中选择 Instrument Toolbar，如图 14 - 26 所示。

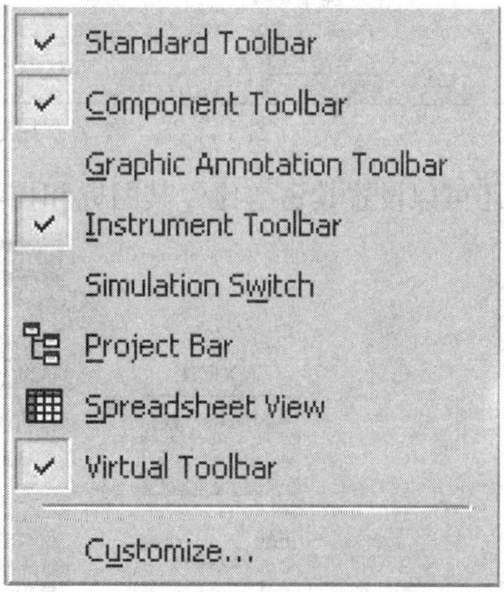

图 14 - 26　工具栏菜单

(2) 移动光标到电路窗口上的合适位置，然后单击鼠标左键，将仪表放置在电路窗口中。

(3) 连接仪表，方法同元器件的连接。

(4) 双击仪表图标，出现仪表面板，根据使用需要，在操作仪表面板上进行相应的参数设置。

(5) 按下标准工具栏上的 ⚡ 按钮，Multisim 开始仿真，在仪表面板上将显示仿真结果。也可点击 View/Grapher，来观测波形。

注意：电路在仿真时，可以调整仪表设定和变更元件值（可变的元件），但不能够改变电路。

14.4.2 常用虚拟仪表的使用

一、模拟仪表

(一) 数字万用表（Multimeter）

数字万用表是一种多用途仪器，可测量交直流电压、交直流电流、电阻及电路两点间的分贝损耗。双击数字万用表图标，则可打开其操作面板，如图 14-27 所示。

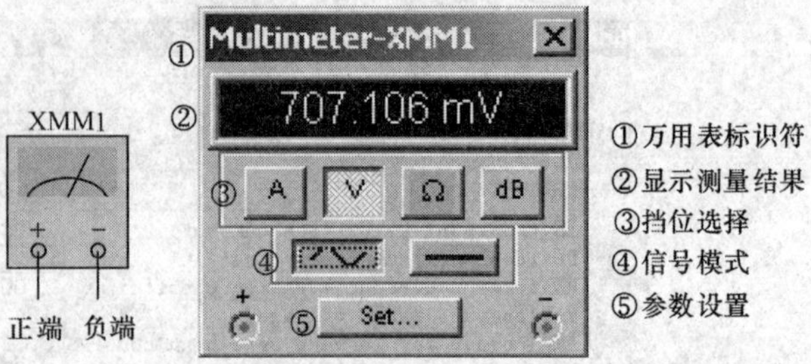

图 14-27 数字万用表图标和面板

(1) 挡位选择。

A 电流挡：测量电路支路中的电流。使用时应串接在被测支路中。

V 电压挡：测量电路两节点间电压。使用时应并接在被测元件两端。

Ω 电阻挡：测量电路两节点间电阻值。

dB 分贝显示：测量电路两节点间电压损耗。使用时应与被测负载并接。

(2) 信号模式。

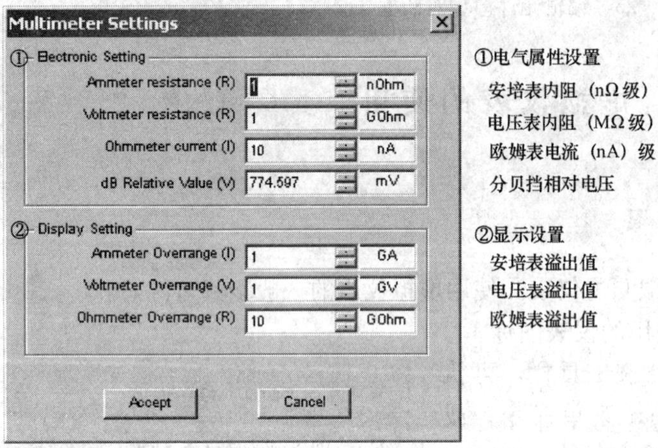

图 14-28 数字万用表的设置

按钮设定为测试交流电压或电流的有效值。

按钮设定为测试直流电压或电流值。

(3) 设置万用表参数。

点击 Set... ，出现万用表设置对话框，设置参数（如图 14-28 所示）。

(二) 函数信号发生器（Function Generator）

函数信号发生器常用来产生正弦波、方波和锯齿波，对方波还可以设置其占空比。其图标和控制面板如图 14-29 所示。

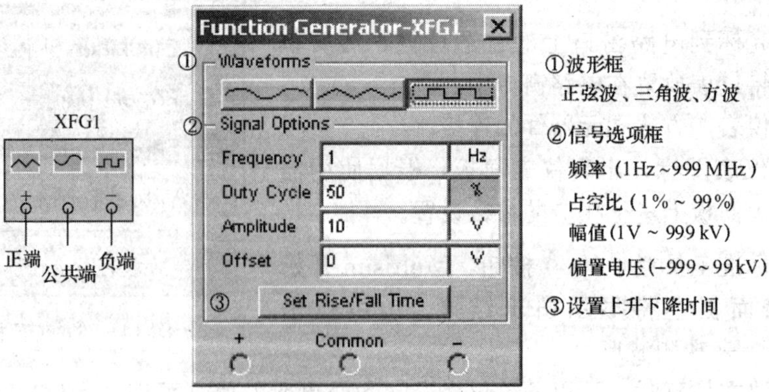

图 14-29 函数信号发生器的图标和面板

点击 Set Rise/Fall Time 打开设置方波的上升、下降时间对话框，如图 14 - 30 所示。点击 Accept 按钮即完成设置，点击 Default 按钮恢复默认值。

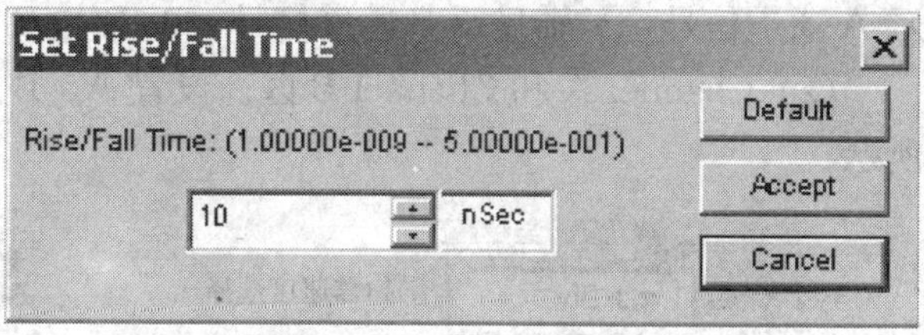

图 14 - 30　设置上升下降时间

（三）瓦特表（Wattmeter）

瓦特表是测量电路功率的仪表，其图标和操作面板如图 14 - 31 所示。在面板上将显示测量的功率和功率因素值。

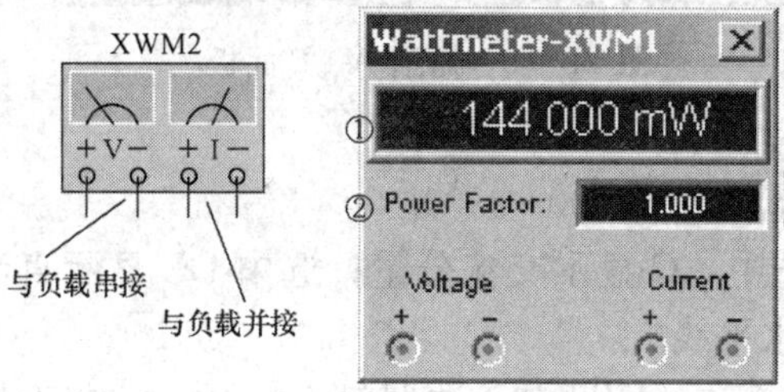

图 14 - 31　瓦特表的图标和面板

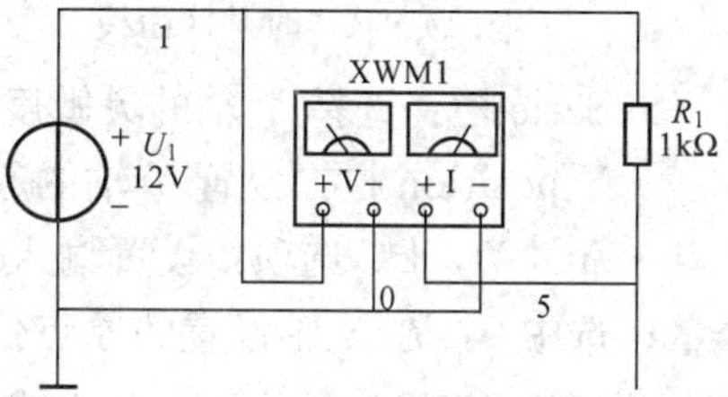

图 14 - 32　用瓦特表测量电阻功率

图标中的 V（+，−）接线端应与负载串接，测负载的电压；I（+，−）接线端应与负载并接，测负载的电流。其连接方式如图 14 - 32 所示。

（四）示波器（Oscilloscope）

示波器是电子实验中使用频率最高的仪器之一，可用来观察波形，测量信号幅值、频率、周期等众多参数。其图标和操作面板如图 14 - 33 所示。

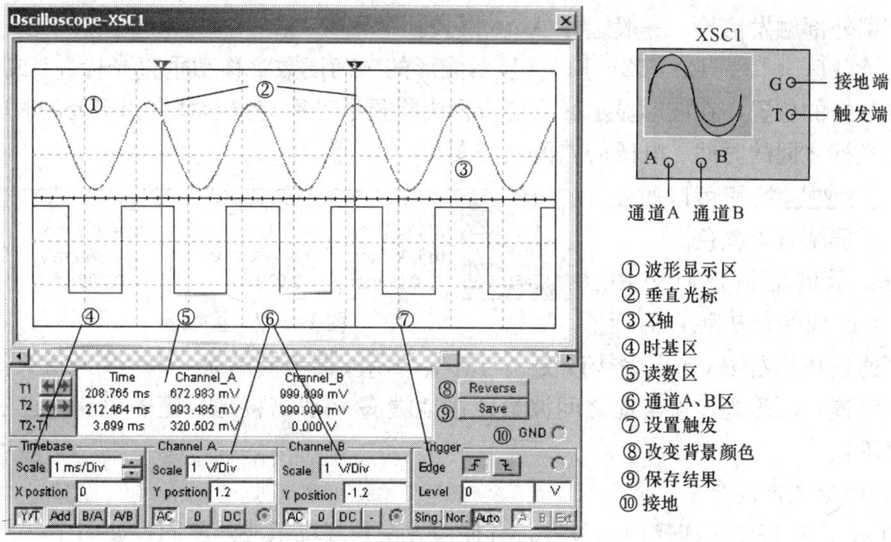

图 14 - 33　示波器的图标和面板

(1) 时基（Timebase）区。设定 X 轴时间基线扫描时间。如图 14 - 34 所示。

• Scale 栏：选择示波器的时间扫描速度，其范围为 0.1ns/Div～1s/Div。

• X position 栏：设置信号在 X 轴的起始位置，其范围为−5.00～5.00。

• Y/T，Add，B/A，A/B 选项：选择显示方式。其中：Y/T 方式为 X 轴显示时间，Y 轴显示 A 或 B 通道输入信号；Add 方式为将 A 和 B 通道输入信号叠加；B/A 方式为 X 轴显示A通道信号，Y轴显示B通道信号；A/B与B/A方式恰好相反。

（2）Channel A和Channel B区。设置A、B通道Y轴的灵敏度，控制面板如图14-35所示。

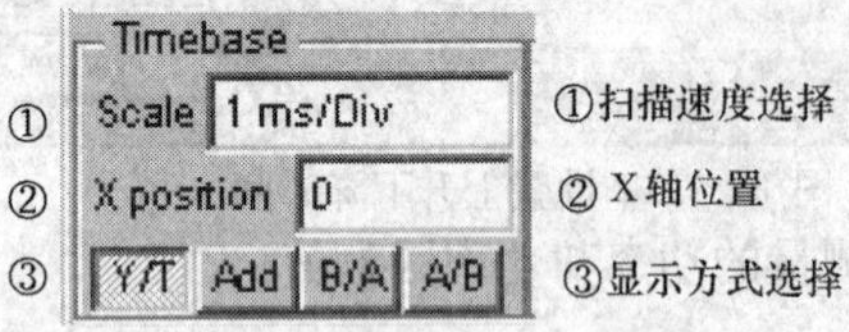

图14-34　时基区面板

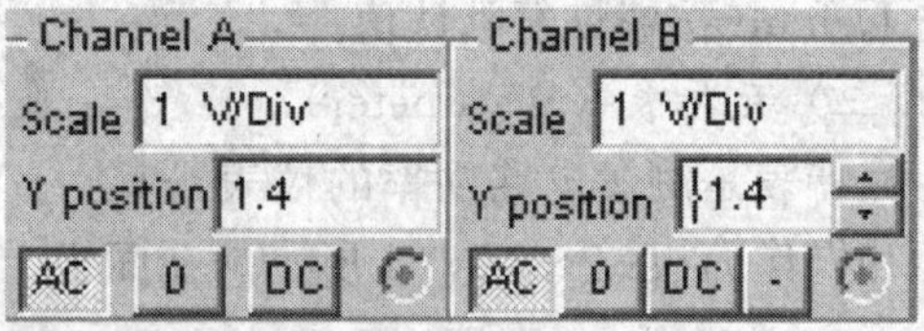

图14-35　通道A、B面板

·Scale栏：选择Y轴的灵敏度，其范围为10μV/Div～5kV/Div。

·Y position栏：设置Y轴的起始位置，其范围为－3.00～3.00。

·AC，0，DC选项：设置输入耦合方式。选中AC显示交流分量；选中DC显示直流分量；选中0，在Y轴设置的原点位置显示一条水平线。

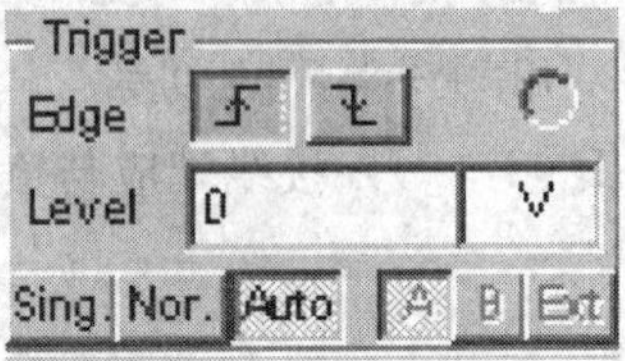

图14-36　触发区面板

（3）触发区（Trigger）。设定示波器触发模式，控制面板如图14-36所示。

·Edge：选择上升沿触发或下降沿触发。

·Lever：设置触发电平，其值为－999kV～999kV。

·Sing，Nor，Auto，A，B，Ext选项：选择触发信号。选中Sing为单脉冲触发；Nor为一般触发模式；Auto为自动触发模式；A为选择A通道信号为触发信号；B为选择B通道信号为触发信号；Ext为通过T端点使用外部触发信号。一般选择Auto模式。

（4）读数区（T1，T2，T2－T1）。显示波形的精确读数。移动垂直光标T1或T2到需要读取的数据的位置，在波形显示区下的方框内将显示光标与波形垂直相交处的时间和电压值以及两光标之间的时间、电压的差值。如图14-37所示。

按下 Reverse 按钮可以改变示波器显示屏幕背景颜色。

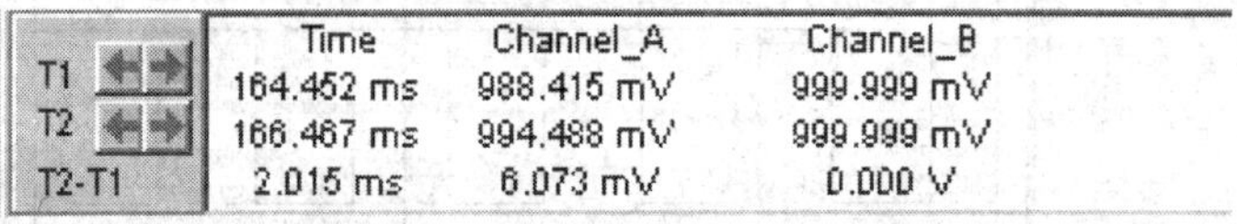

图14-37　读数区

注意：示波器波形颜色由A、B端点连线颜色决定，而连线颜色可通过执行右键Color命令改变。与真实的示波器不同的是：A、B通道只需一根线与被测点相连，所测为该点与地之间波形；接地端G一般需接地，但若电路中已有接地符号，亦可不接。

（五）四通道示波器

Multisim7还提供了四通道示波器，其使用方法与双踪示波器相同，如图14-38所示。

（六）波特图仪（Bode Plotter）

波特图仪可以测量和显示电路幅频特性和相频特性，其图标和面板如图14-39所示。在图标中IN（+，－）接电路输入端的正端和负端，OUT（+，－）接电路输出端的正端和负端。使用波特图仪时，必须在电路的输入端接交流信号源或函数信号发生器。

（1）选择工作模式（Mode）。

按下 Magnitude 按钮，显示幅频特性曲线；按下 Phase 按钮，显示相频特性曲线。

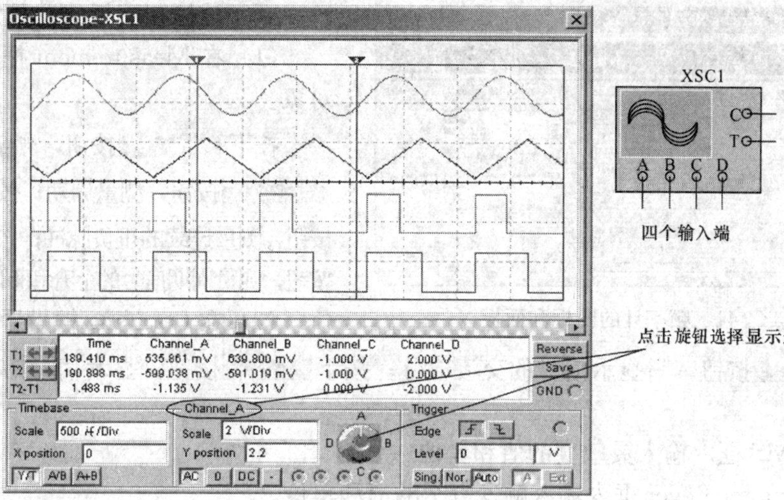

图 14 - 38　四通道示波器图标和面板

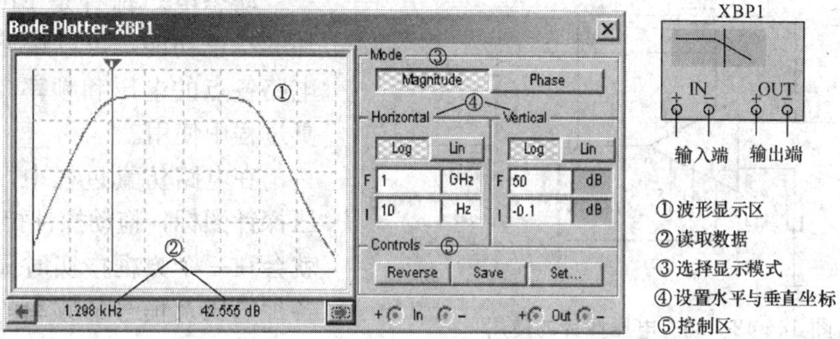

图 14 - 39　波特图仪的图标和面板

（2）设置水平和垂直坐标。

· 坐标基准设置

按下[Log]按钮，坐标以对数形式显示；按下[Lin]按钮，坐标采用线性刻度。测量相频特性时，Vcrtical 区坐标采用线性刻度。

· F 栏显示水平和垂直坐标轴终止值。

· I 栏显示水平和垂直坐标轴起始值。

注意：I 栏中的值一定要小于 F 栏中的值。

（3）设定扫描分辨率。

按下[Set...]按钮，出现设置对话框，如图 14 - 40，可设定扫描分辨率。

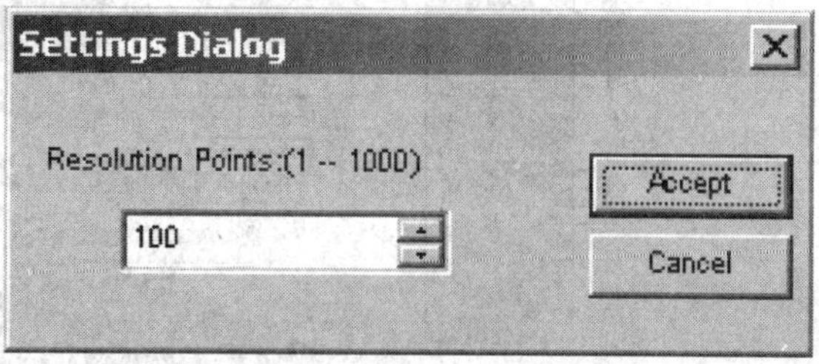

图 14 - 40　设置扫描分辨率对话框

（4）读数：

移动垂直光标 T1 或点击移动按钮←→，在波形显示区下的方框内将显示该点的频率和幅度（或相位）。

（七）频率计

频率计用来测量信号的频率，其图标和面板如图14 - 41所示。

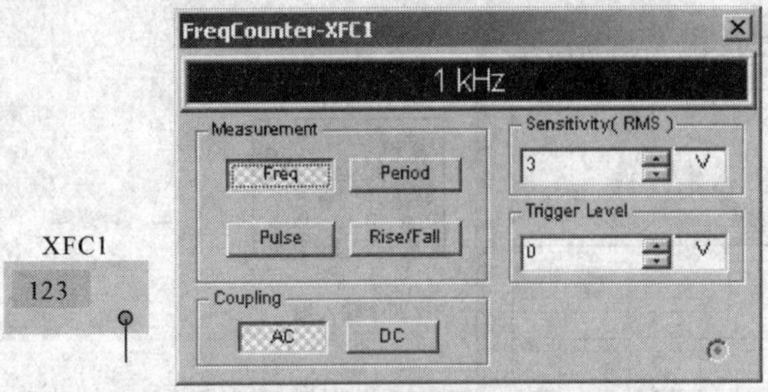

图 14-41　频率计的图标和面板

频率计控制面板的设置如下：

（1）在 Measurement 框设置在测量对象。

按下 Freq 按钮，测量频率；按下 Period 按钮，测量周期；按下 Pulse 按钮，测量连续的正负脉冲；按下 Rise/Fall 按钮，测量周期信号的上升和下降时间。

（2）在 Coupling 框设置耦合方式。按下 DC 按钮，只显示信号的交流成分；按下 AC 按钮，显示信号的交流和直流成分之和。

（3）在 RMS 框内输入灵敏度的值和单位。

（4）在 Trigger Lever 框内输入触发电平的值和单位。

（八）动态电压探针

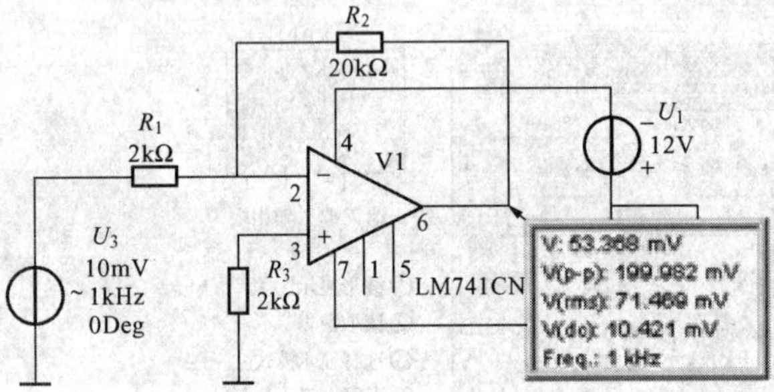

图 14-42　动态电压探针的使用

动态电压探针是 Multisim7 新添加的特色功能，可以快速方便地测量电路各点的电压和频率。它只能在仿真过程中使用。

在电路仿真过程中，点击动态电压探针图标，拖动探针指向任一连线，就会在一个方框中实时显示该连线的各种电压及信号的频率等数值。如图 14-42 所示。

二、虚拟数字仪器仪表的使用

（一）字信号发生器

字信号发生器是一个多路逻辑信号源，它能产生 32 路（位）同步逻辑信号，用于对数字逻辑电路进行测试。字信号发生器的图标及面板如图 14-43 所示。

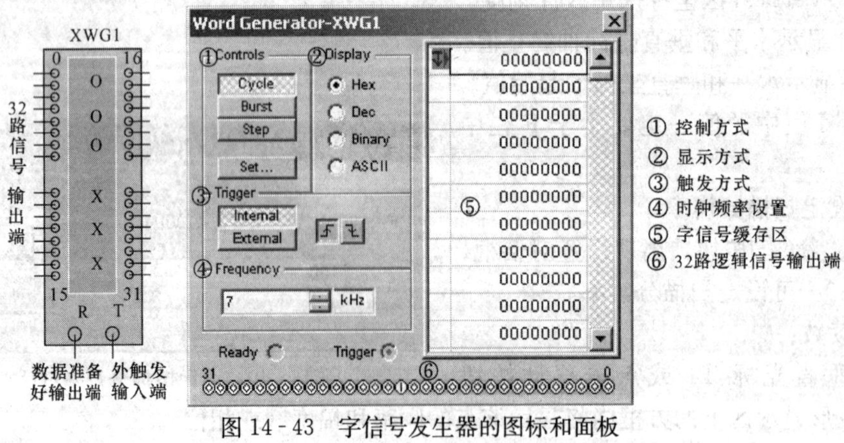

图 14-43　字信号发生器的图标和面板

（1）字信号缓存区。

· 在字信号缓存区，32 位的字信号以 8 位十六进制数编辑和存放。可写入的十六进制数为 00000000～FFFFFFFFH。缓存区地址范围为 0000～2000H，共计 8192 条字信号。

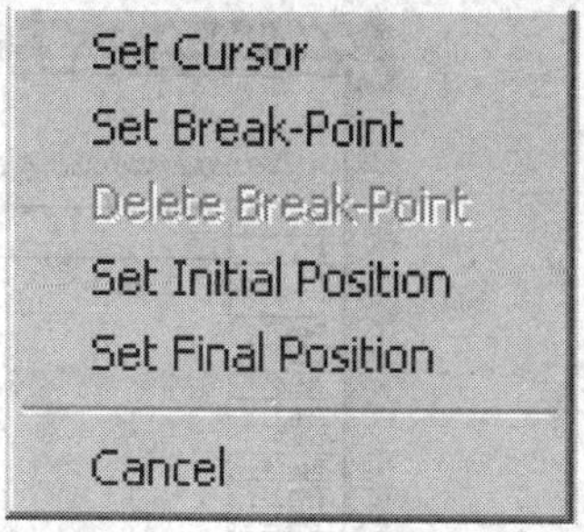

图 14-44　右键菜单

· 点击缓存区滚动条，可移动缓存区的显示内容。

· 点击某一条字信号即可写入或改写字信号。

· 将光标放在某一字信号上击右键，利用弹出的菜单（如图 14-44 所示），在这条字信号处设置光标、放置或删除中断点、设置起始位置和结束位置。可放置多个中断点。

· 字信号发生器被激活后，字信号按照一定的规律逐行从底部的输出端送出，同时在面板的底部对应于各输出端的 32 个小圆圈内，将实时显示输出字信号各个位的值。

(2) Display（显示）区。设置字信号的显示方式，有十六进制（Hex）、十进制（Dec）、二进制（Binary）和 ASCⅡ码等四种选择。

(3) Controls（控制）区。设置字信号发生器的输出方式。

· Cycle 按钮：循环输出方式，选中则循环不断地输出。

· Burst 按钮：单帧输出方式，选中则从首地址开始至末地址连续逐条地输出字信号。

· Step 按钮：单步输出方式，单击一次 Step 按钮，输出一条字信号。

注意：单击 Step、Burst 或 Cycle 按钮，字信号发生器就向电路注入 32 位字信号。在 Cycle 方式下，点击 ⚡，停止字信号发生器工作。Burst 和 Cycle 方式在运行至中断点时输出暂停，要恢复输出按 F5 键。

· Set... 按钮：设置输出模式。按下 Set 按钮弹出一个对话框，如图 14-45 所示。

(4) Triggering（触发方式）。

· Internal 按钮：内部触发方式，选中时以字信号发生器的时钟信号进行触发，输出字信号。字信号发生器的时钟信号可在面板的 Frequency 栏内设置。

· External 按钮：外部触发方式，选中时，则以 T 端所接的外触发脉冲进行触发。

· ↑ ↓ 按钮：定义“上升沿触发”或“下降沿触发”。

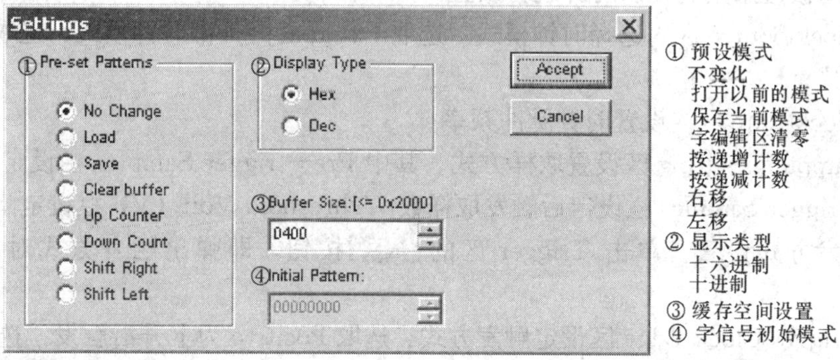

图 14-45　设置输出模式

（二）逻辑分析仪

逻辑分析仪可以同步记录和显示 16 位数字信号，可用于对数字逻辑信号的迅速采集和时序分析，是分析与设计复杂数字系统的有力工具。逻辑分析仪的图标和面板如图 14-46

所示。

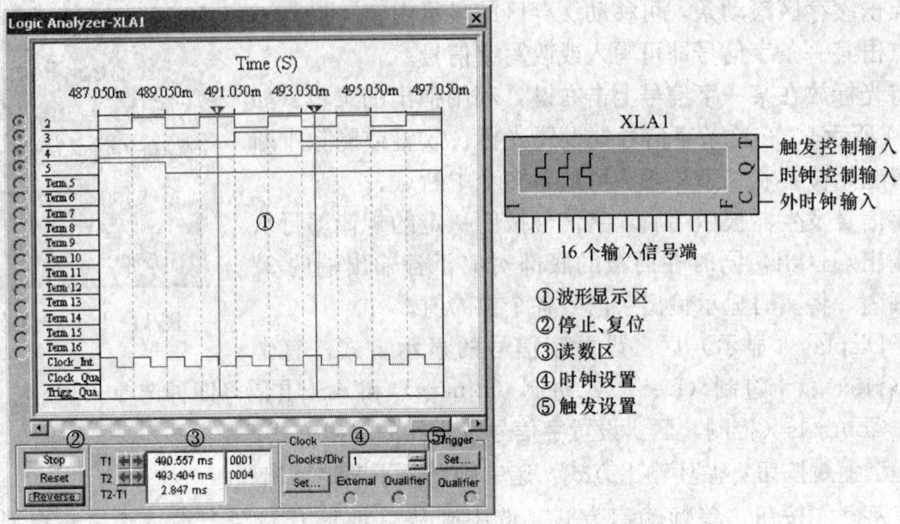

图 14-46　逻辑分析仪的图表和面板

（1）波形显示区。面板左边的 16 个小圆圈对应 16 个输入端，从上到下依次为最低位至最高位。当输入端与被测节点相接时，小圆圈内显示一个黑点，同时显示该节点的名称和颜色。波形显示区以方波形式显示 16 路逻辑信号的波形，波形显示的时间轴刻度可在 Clocks/Div 栏内设置。

（2）停止（Stop）和 Reset（复位）。

• Stop 按钮：选中则停止仿真。

• Reset 按钮：选中则将逻辑分析仪复位并清除显示波形。

（3）读数区。在面板下部的两个方框为读数区，显示指针所处位置的时间和逻辑值（4 位十六进制数），移动指针可读取所处位置波形的数据。

（4）时钟设置。点击 Clock 区 Set... 按钮，弹出时钟设置对话框，如图 14-47 所示。该对话框用于对波形采集的控制时钟进行设置。

• 在 Clock Source 区内选择时钟模式。选取 External 为外部时钟模式；选取 Internal 为内部时钟模式。

• 在 Clock Rate 区内设置时钟脉冲频率。

• 在 Sampling Setting 区设置取样方式。其中 Pre－trigger Samples 栏设定预触发取样数；Post－trigger Samples 栏设定后触发取样数；Threshold Volt（V）栏设定门限电压。

（5）触发方式设置。单击 Trigger 区的 Set... 按钮，即弹出触发方式对话框，如图 14-48 所示。

• 在 Trigger Clock Edge 区设定触发方式。选取 Positive 为上升沿触发；选取 Negative 为下降沿触发；选取 Both 为上升下降都触发。

• 在 Trigger Qualifier 栏选择触发限定字，有 0、1 及 X（任意项）等 3 个选项。

• 在 Trigger Patterns 区设置触发样式。可以在 Pattern A、Pattern B 及 Pattern C 栏内设定触发样式，也可在 Trigger Combinations 栏内选取组合的触发样式。

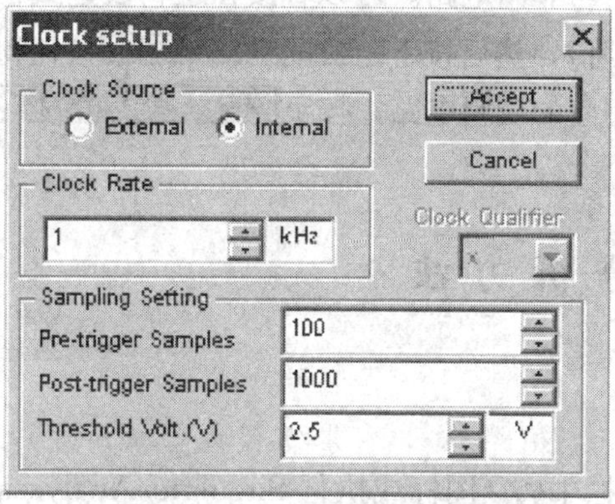

图 14－47　时钟设置对话框

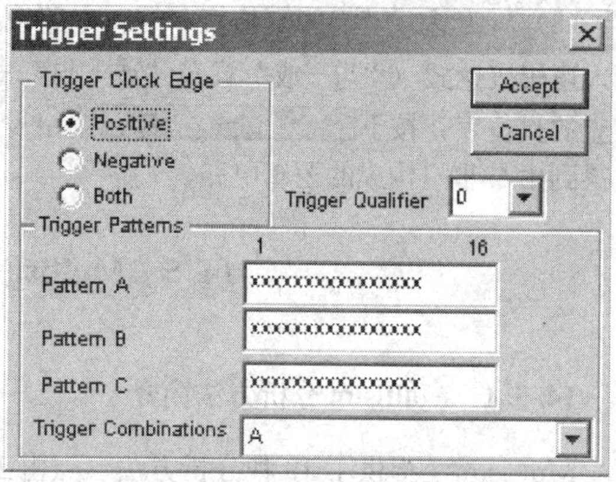

图 14－48　触发方式设置对话框

（三）逻辑转换仪

逻辑转换仪能够完成真值表、逻辑表达式和逻辑电路三者之间的相互转换，它是 Multisim 特有的仪器，实际工作中不存在与此对应的设备。其图标和面板如图 14－49 所示。

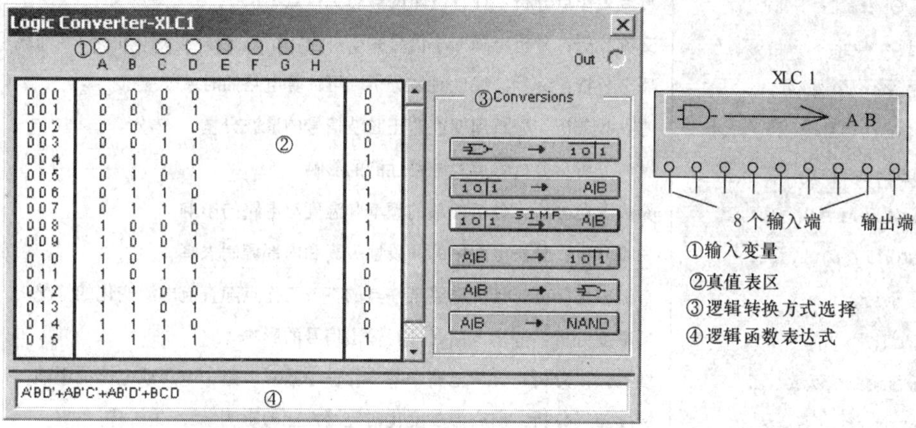

图 14－49　逻辑转换仪的图表和面板

（1）将逻辑电路转换为真值表。逻辑转换仪可以将有多路（最多八路输入）输入的逻辑电路转换为真值表。首先画出逻辑电路，并将其输入端接至逻辑转换仪的输入端，输出端接至逻辑转换仪的输出端。按下按钮，在逻辑转换仪的显示窗口，即真值表区将出现该电路的真值表。

（2）将真值表转换为逻辑表达式。真值表的建立方法有两种。一种方法是根据输入端数，用鼠标单击逻辑转换仪面板顶部代表输入端的小圆圈，选定输入信号（A~H）。此时真值表区自动出现输入信号的所有组合，而输出列的初始值全部为零。可根据所需要的逻辑关系个性真值表的输出值而建立真值表。另一种方法是由电路图通过逻辑转换仪转换成真值表。

对已在真值表区建立的真值表。用鼠标单击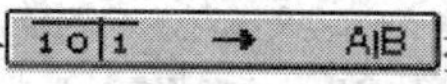按钮，在面板的底部逻辑表达式栏将出现相应的逻辑表达式。如果要简化该表达式或直接由真值表得到简化的逻辑表达式，则单击按钮后，在逻辑表达式栏中将出现相应的该真值表的简化逻辑表达式。在逻辑表达式中的“－”表示逻辑变量的“非”。

（3）将表达式转换为真值表、逻辑电路或逻辑与非门电路。可以直接在逻辑表达式栏中输入逻辑表达式（“与－或”式及“或－与”式均可），然后按下 AIB → 101 按钮得到相应的真值表；按下 AIB → ⊐ 按钮得到相应的逻辑电路；按下 AIB → NAND 按钮得到由与非门构成的逻辑电路。

14.5 Multisim 分析方法

14.5.1 Multisim 分析方法简介

Multisim 7 提供了 19 种分析方法。点击工具栏中 ∿ ▾ 图标或执行 Simulate/Analyses 菜单命令，就会显示分析菜单，各分析方法名称和功能如表 14－3 所示。

表 14－3 分析菜单和分析方法

分析菜单	分析方法的名称和功能
DC Operating Point...	直流工作点分析：计算电路的静态工作点
AC Analysis	交流分析：分析电路的小信号频率响应，结果显示幅频和相频特性曲线
Transient Analysis...	瞬态分析：一种非线性时域分析，可计算电路的时域响应
Fourier Analysis...	傅立叶分析：分析周期性非正弦波信号的谐波分量
Noise Analysis...	噪声分析：分析噪声对电路性能的影响
Noise Figure Analysis...	噪声图形分析：分析外部的频率和温度对电路的影响
Distortion Analysis...	失真分析：分析电路中的非线性失真和内部调制失真
DC Sweep...	直流扫描分析：计算电路某一点的直流工作点随直流电源变化的情况
Sensitivity...	灵敏度分析：分析电路元件对输出信号的影响
Parameter Sweep...	参数扫描分析：分析电路中某些元件参数对电路中电压或电流的影响
Temperature Sweep...	温度扫描分析：研究温度变化对电路性能的影响
Pole Zero...	极点-零点分析：分析求解交流信号电路传递函数中极点和零点
Transfer Function...	传递函数：分析直流小信号的传递函数，计算输入和输出阻抗
Worst Case...	最坏情况分析：一种统计分析，估算电路性能相对于标称值时的最大偏差
Monte Carlo...	蒙特卡罗分析：估算电路性能的统计分布规律
Trace Width Analysis...	轨迹宽度分析
Batched Analyses...	批处理分析：可实现对同一个电路进行多种分析
User Defined Analysis...	用户自定义分析
Stop Analysis	
RF Analyses	RF 分析

14.5.2 Multisim 分析的一般过程

进行 Multisim 分析的一般过程如下：

（1）点击工具栏中 ∿ ▾ 图标或执行 Simulate/Analyses 菜单命令，显示分析菜单。

（2）选择所需的分析方法，在弹出的分析对话框中设置分析选项。在分析对话框中一般包括以下几页：

• Analysis Parameters 页：设置本次仿真的参数，如图 14－50 所示。不同的分析本页要设置的参数也不同。

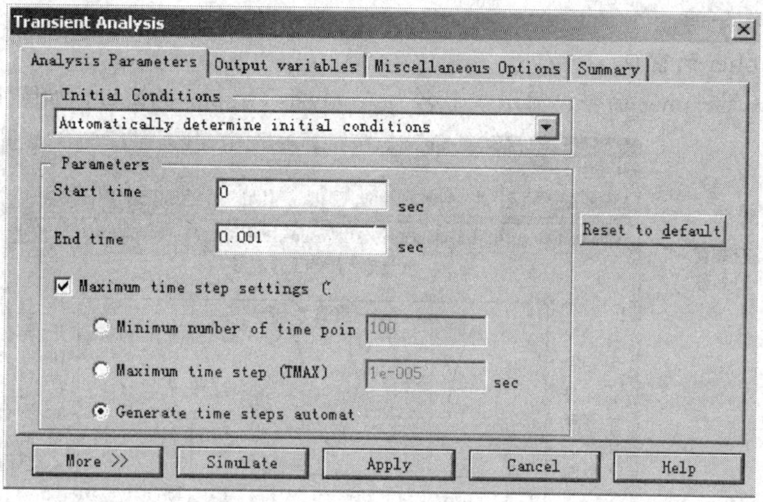

图 14－50　Analysis Parameters 页

• Output variables 页：确定仿真的输出变量（即节点），如图 14－51 所示。

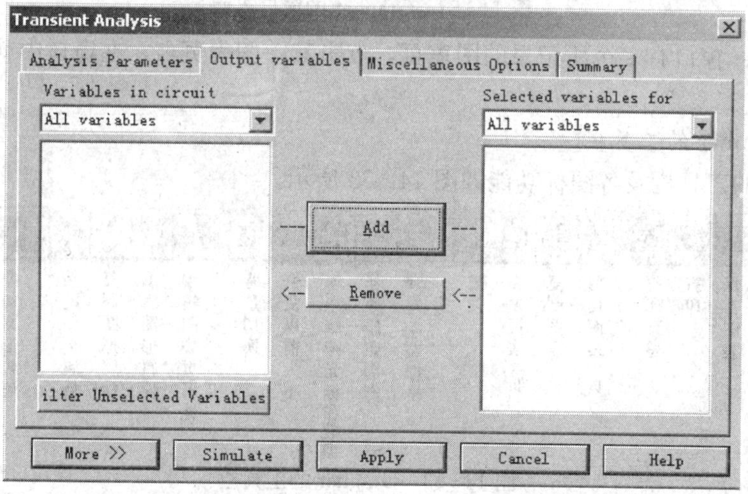

图 14－51　Output variables 页

电路中所有变量的节点编号显示在 Variables in circuit 栏内，选择所要分析变量的节点编号，按 Add 按钮选择到右边的 Selected variables for analysis 栏中即可。

注意：并不是所有的分析方法都包括这页。

• Miscellaneous Option 页：设置自定义分析数值，一般选取默认值。

• Summary 页：汇总本次分析的所有设置情况。

（3）点击 Simulate 按钮，电路按当前设置进行仿真。

（4）分析结果显示在Analysis Graphs 窗口中。

（5）若要结束分析，执行 Simulate/Analysis/Stop Analysis 菜单命令。

14.5.3 Grapher 的使用

Grapher 是一个多任务显示工具，可以观测、调整、保存、输出图和图表。它主要用来显示所有 Multisim 分析产生的图和图表，以及一些仪表所示的轨迹图，如示波器、后处理器和波特仪的图形等。

（一）Grapher 的窗口

执行 View/Grapher 命令，显示一个名为 Analysis Graphs 的窗口，如图 14-52 所示。

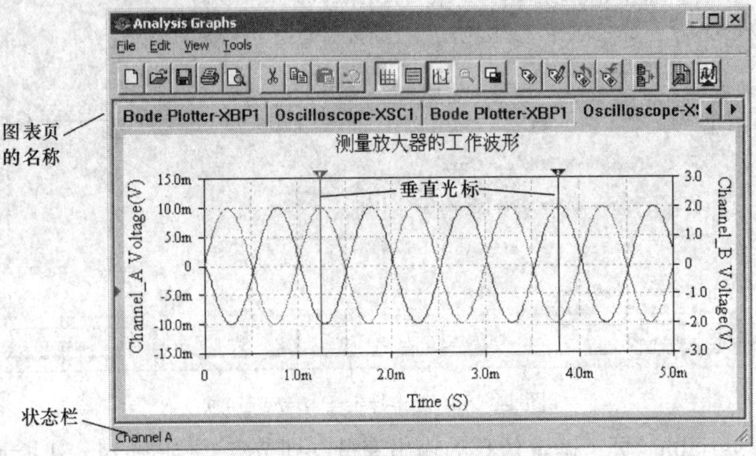

图 14-52 Grapher 的窗口界面

在 Grapher 窗口有多个所记录的图表页，点击某一图表页名，在窗口中就会显示该页记录的图或图表。

（二）Grapher 的工具栏

Grapher 的工具栏及各图标功能如图 14-53 所示。

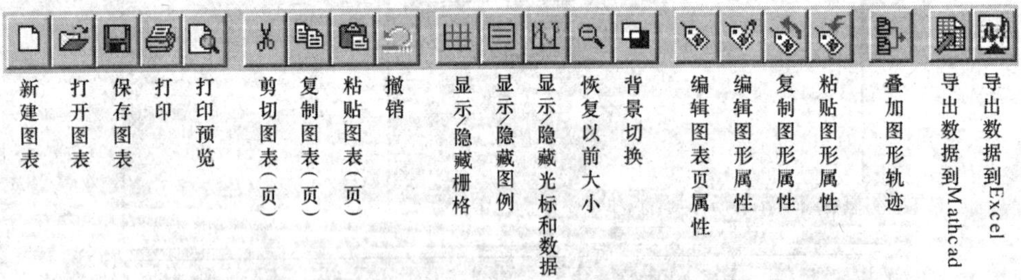

图 14-53 Grapher 的工具栏

（三）图表页属性编辑

点击图标，打开图表页属性对话框，设置图表属性，如图 14-54 所示。

（四）图形属性编辑

用光标选中要编辑的图形，然后点击图标或击右键在弹出菜单中，执行 Properties 命令，打开图形属性对话框。如图 14-55 所示。

图形属性对话框有多页：在 General 页中可以编辑图形的标题、栅格和光标（见图 14-55）；在 Left Axis、Bottom Axis、Right Axis 和 Top Axis 页中设置坐标的标识、字体、范围和刻度等属性；在 Trace 页中设置图形轨迹的粗细、颜色、范围等属性。

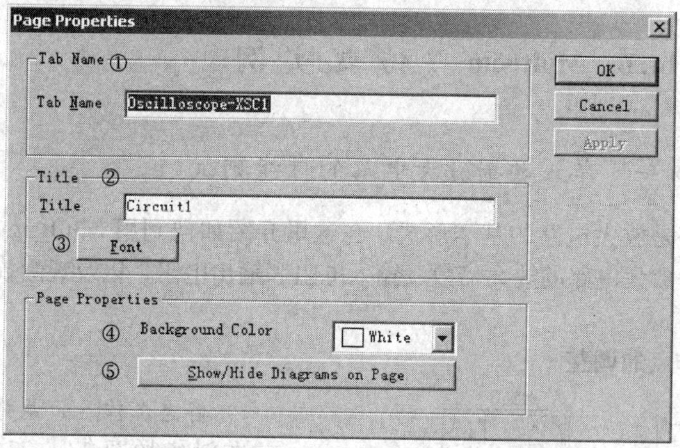

① 修改图表页名称
② 修改图 / 图表标题
③ 选择字体
④ 选择背景颜色
⑤ 显示 / 隐藏页面中的图表

图 14-54　图表页属性

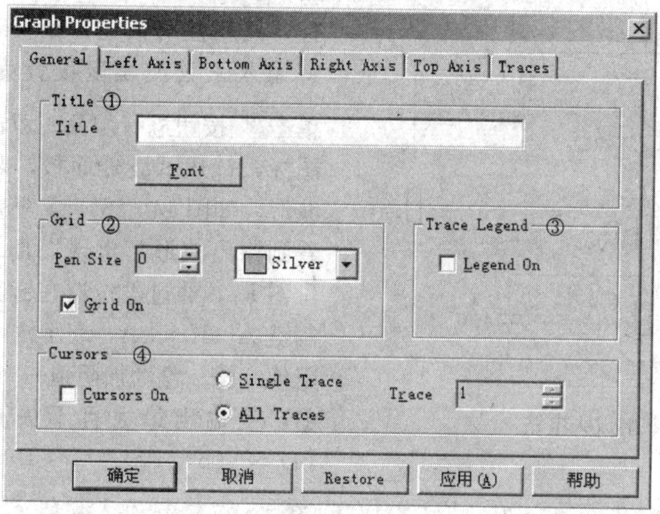

General 页
① 修改图形的标题和字体
② 设置栅格
③ 显示轨迹图例
④ 设置光标

图 14-55　图形属性对话框

（五）用光标读取图形数据

用光标选中图形，然后点击图标，就在图形上出现两个垂直光标（见图 14-53），同时弹出一个窗口，显示所有图形轨迹的数据。如图 14-56 所示。

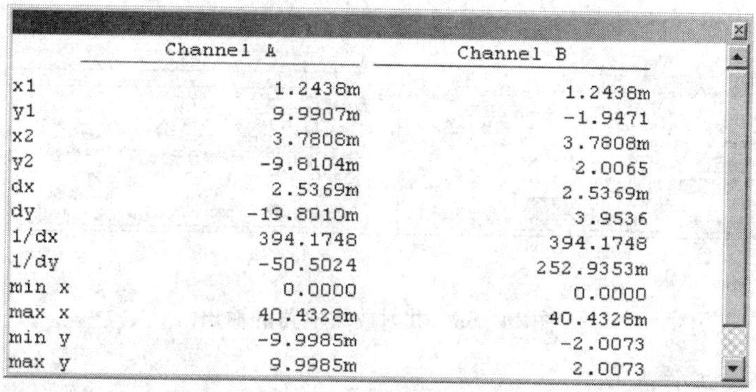

	Channel A	Channel B
x1	1.2438m	1.2438m
y1	9.9907m	-1.9471
x2	3.7808m	3.7808m
y2	-9.8104m	2.0065
dx	2.5369m	2.5369m
dy	-19.8010m	3.9536
1/dx	394.1748	394.1748
1/dy	-50.5024	252.9353m
min x	0.0000	0.0000
max x	40.4328m	40.4328m
min y	-9.9985m	-2.0073
max y	9.9985m	2.0073

图 14-56　读数窗口

14.6 Multisim 7 仿真实例

实例一 单级共射放大电路的性能测试

单级共发射级放大电路是放大电路的基本形式。在这里介绍如何利用 Multisim 测试放大电路的静态工作点，测量放大电路的放大倍数、输入电阻和输出电阻，以及观测放大电路的频率特性。

一、放大电路静态工作点的调整

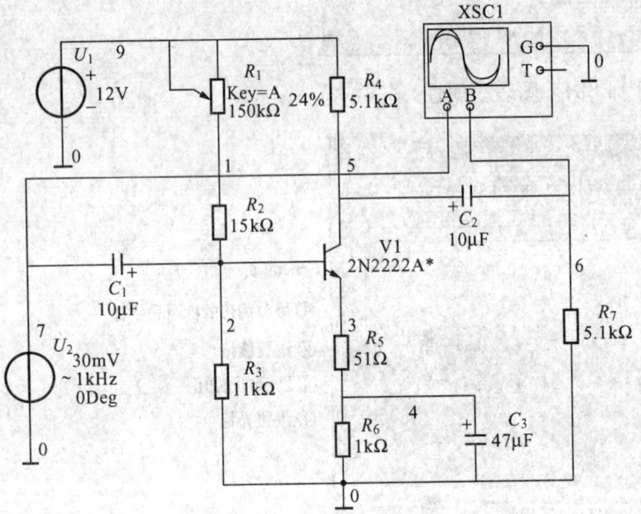

图 14-57 共射放大电路

（一）静态工作点的调整

首先创建如图 14-57 所示电路，双击正弦波弦号源 V2 的符号，打开其属性对话框，在 Value 页中将输入正弦波幅度设置为 30mV。单击按钮进行仿真。双击示波器图标，打开示波器面板，观察输出波形，如图 14-58（a）所示。可以看到输出波形已出现失真。点击电位器 R_1，通过电位器在键盘上的控制键 A（Key=A，表示按 A 键减小阻值，按 a 键增加阻值），调节电位器，使输出最大且不失真，见图 14-58（b）。

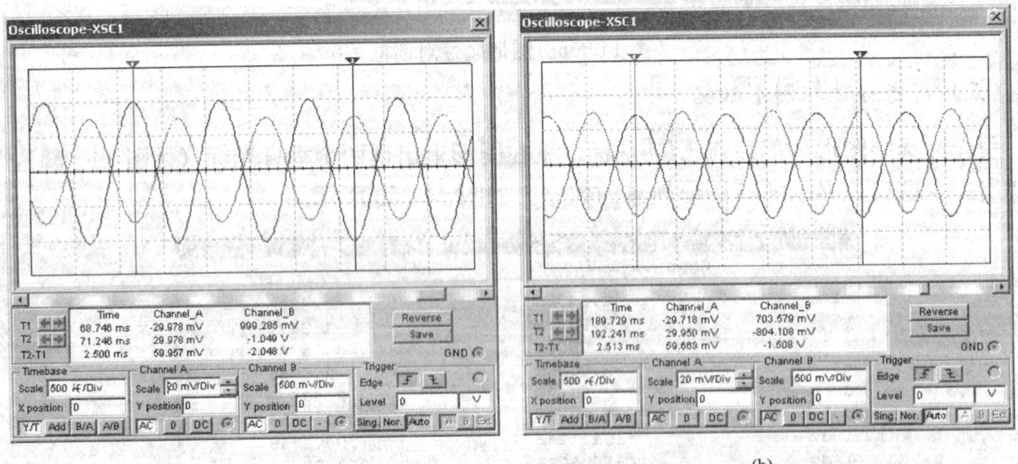

(a) (b)

图 14-58 共射放大电路的输出

（二）测试静态工作点

执行 Option/Prefrences 命令，在 Prefences 对话框中选中 Circuit 页，在 Show 区选中

Show node Names 项，单击 OK 按钮即可在电路中显示各节点的编号。

执行 Simulate/Analysis/DC Operating Point 命令，在打开的直流工作点分析对话框中选中 Output variable 页（图 14-59），分别点击节点 2、3、5，按 Add 按钮添加到右边的 Selected variables for analysis 栏中，单击 Simulate 按钮进行分析，在 Analysis Graphs 窗口中就显示出指定节点的静态电压（见图 14-60）。

（三）观察温度对静态工作点的影响

将输入正弦波幅度设置为 5mV，观察温度变化对三极管基极 B 点（节点 2）电压的影响。执行 Simulate/Analysis/Temperature Sweep 命令，在 Temperature Sweep 分析对话框的 Analysis Parameter 页设置分析参数：在 Sweep Variation Type 栏内选 List 选项；在 Value栏内输入要仿真的温度：24℃、27℃和 30℃，用逗号（或空格、分号）分隔。如图 14-61 所示。

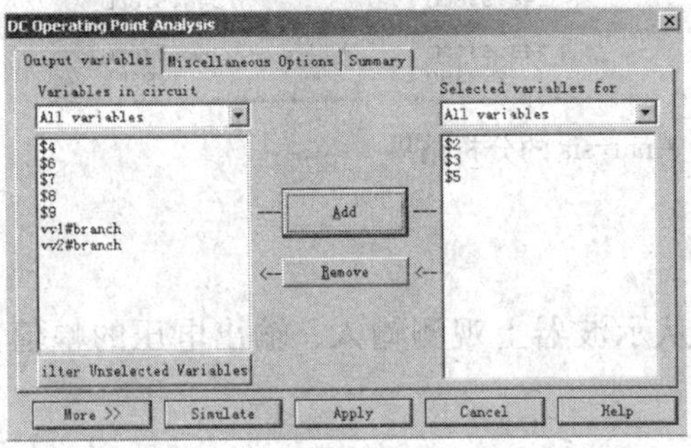

图 14-59　Output variable 页的设置

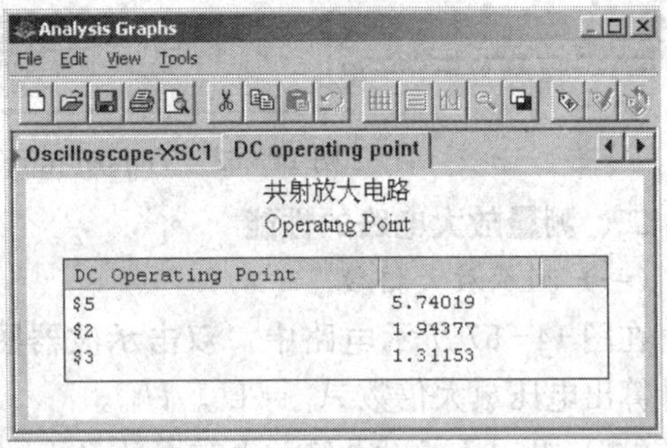

图 14-60　DC Operating Point Analysis 的分析结果

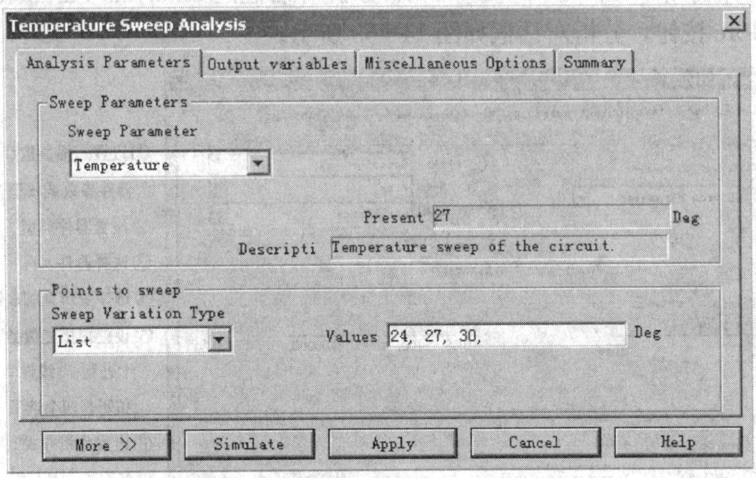

图 14-61　温度扫描分析 Analysis Parameter 页的设置

然后在 Output variable 页中将节点 2 添加到 Selected variables for analysis 栏中，运行仿真，仿真结果见图 14-62。从图中可知，在温度从 24℃变化到 30℃时，B 点电压的变化为 0.0013V。可见分压式偏置放大电路具有稳定静态工作点的作用。

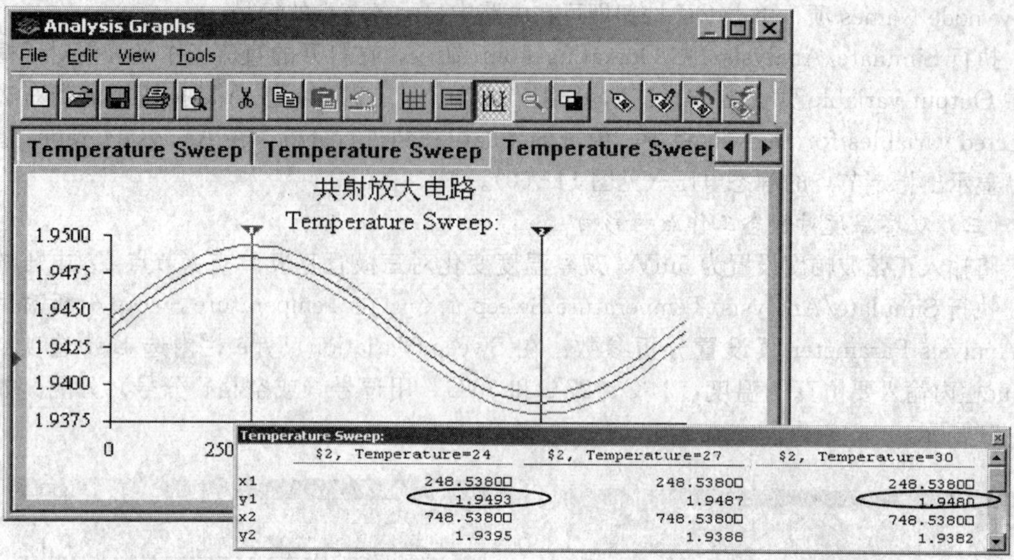

图 14-62 Temperature Sweep Analysis 的分析结果

二、测量放大电路的性能

(一) 测量放大倍数

在图 14-57 所示电路中，双击示波器图标，从示波器上观测输入、输出电压的幅值，可计算出电压放大倍数 $A_u = U_{om}/U_{im}$。

(二) 观测负载对电路放大倍数的影响

运用参数扫描分析方法分析负载 R_7 对电路放大倍数的影响。执行 Simulate/Analysis/Parameter Sweep 命令，在 Parameter Sweep 分析对话框的 Analysis Parameter 页设置分析参数，点击 More 按钮，分析对话框如图 14-63 所示。

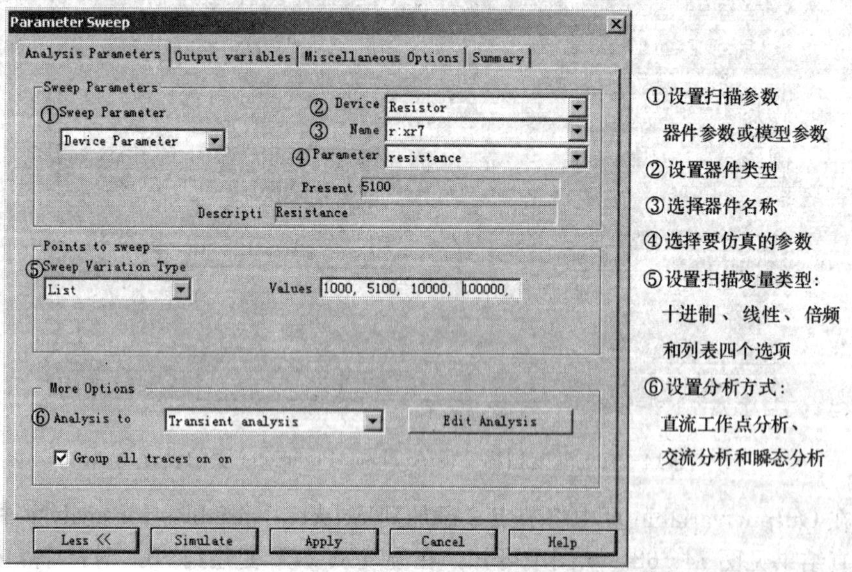

图 14-63 参数扫描分析 Analysis Parameter 页的设置

参数设置如下：

Sweep Parameter 栏内选 Device Parameter；

在 Device 栏内选 Resister 选项；

在 Name 栏内选择要仿真的电阻标识 r7；

在 Parameter 栏内选择 resistance（阻值）；

在 Sweep Variation Type 栏内选 List 选项；

在 Value 栏内输入要仿真的阻值：1k、5.1k、10k、100k、1M，用逗号（或空格、分号）分隔；

在 More Options 区的 Analysis to 栏内选择 Transient Analysis。

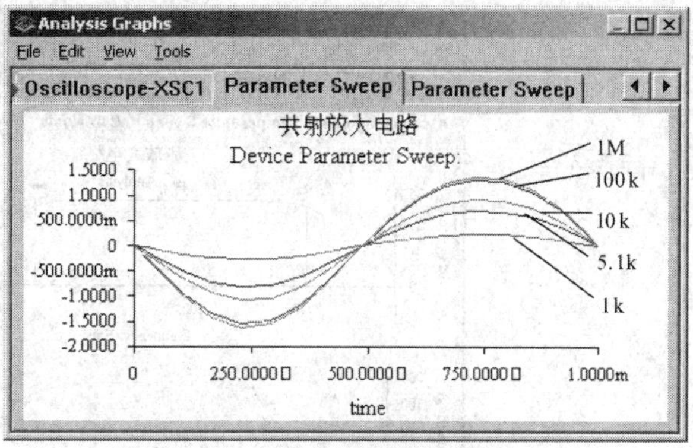

图 14-64 参数扫描分析结果

然后在 Output variable 页中将节点 6 添加到 Selected variables for analysis 栏中，运行仿真，仿真结果见图 14-64。

（三）测量输入电阻

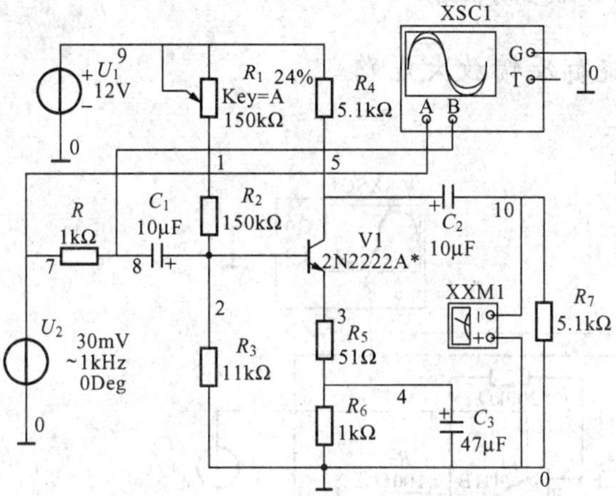

图 14-65 测量输入、输出电阻

在电路的输入端串入一个 1kΩ 的电阻，将示波器 B 通道接在晶体管基极，如图 14-65 所示。运行仿真，在示波器面板观测信号源的电压幅值 U_s 和基极电压幅值 U_{im}，然后用公式 $R_i=\frac{U_{im}}{U_s-U_{im}}R$，计算出放大电路的输入电阻。

（四）测量输出电阻

在图 14-65 所示电路中，将万用表（设置为交流 AC）与负载并接，运行仿真，从电压表 XMM1 上输出电压 U_o（有效值）。然后关闭仿真，双击负载 R_7，在其属性对话框的 Fault 页设置 R_7 为开路状态，再次测量输出电压 U_o'。用公式 $R_o=\left(\frac{U_o'}{U_o}-1\right)R_L$，计算出输出电阻。

三、观测放大电路的频率特性

执行 Simulate/Analysis/AC Analysis 命令，在弹出的 AC Analysis对话框（图 14-66）中进行设置后，单击 Simulate 按钮对电路输出（节点 6）进行分析，得到电路的幅频和相频曲线（图 14-67）。用垂直光标测量放大器

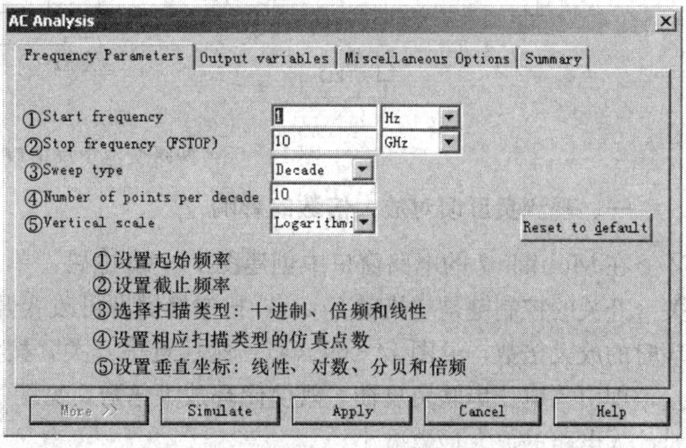

图 14-66 AC Analysis 的参数设置

的下限频率 f_L 和上限频率 f_H，即幅度下降 3dB 时对应的频率，则放大电路的通频带 $BW = f_H - f_L$。

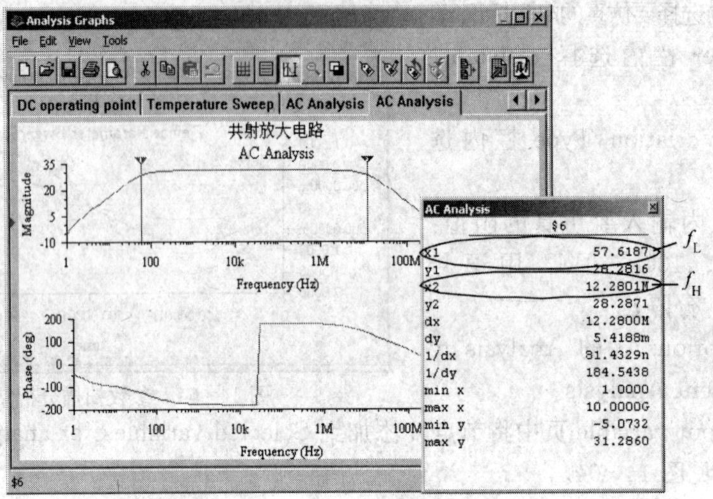

图 14-67 AC Analysis 的分析结果

实例二 两级交流负反馈放大电路

两级交流负反馈放大电路如图 14-68 所示。

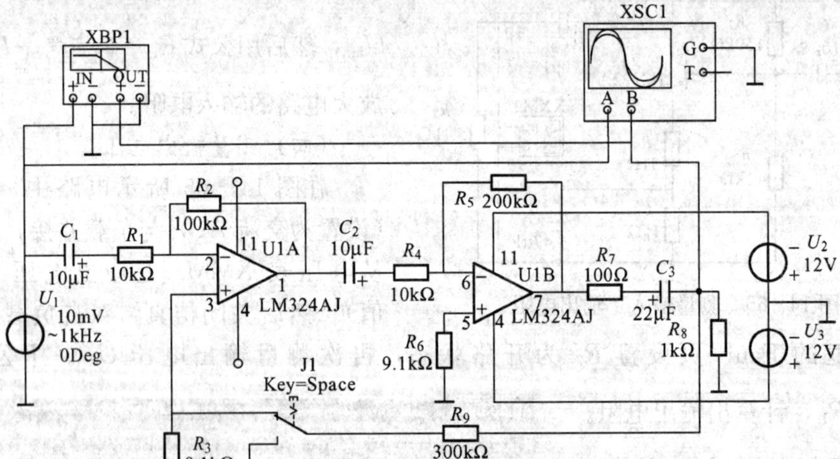

图 14-68 两级交流负反馈放大电路

一、观测负反馈对放大倍数的影响

在 Multisim7 的电路窗口中创建图 14-68 电路，单击按钮进行仿真。首先将图中开关（开关的控制键是空格键 Space，按空格键即可改变开关位置）接地，双击示波器观测开环时的放大倍数，见图 14-69（a）；然后点击开关，按空格键使反馈电阻 R_9 与电阻 R_3 相接，即引入电压串联负反馈，观测闭环放大倍数，见图 14-69（b）。由图可知，引入负反馈时放大电路的放大倍数减小。

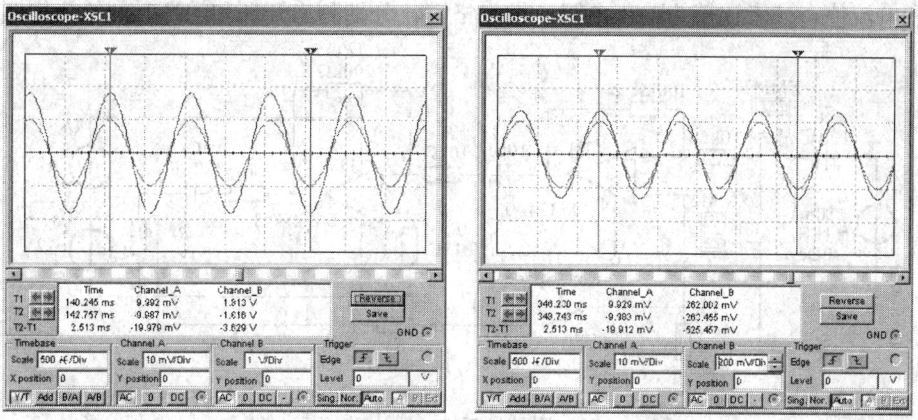

(a)　　(b)

图 14-69　两级交流负反馈放大电路

(a) 开环；(b) 闭环

二、观测负反馈对电路通频带的影响

运行电路，双击波特仪图标，可观测放大电路的幅频特性如图 14-70 所示。移动垂直光标，可测量幅度下降 3dB 时的频率。

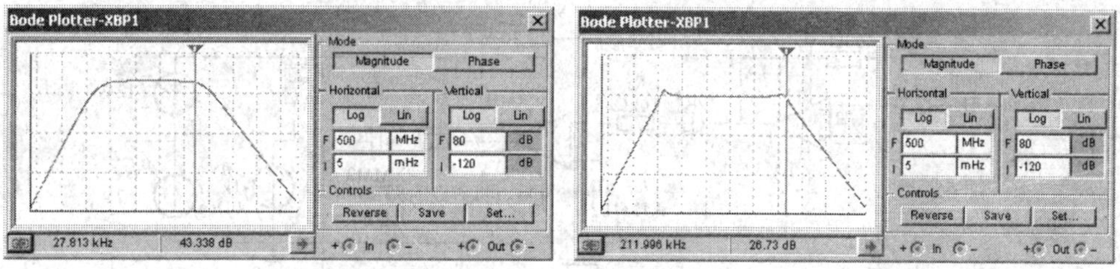

(a)　　(b)

图 14-70　两级交流负反馈放大电路的幅频特性

(a) 开环；(b) 闭环

也可点击 View/Grapher，在 Analysis Graph 窗口观测波特仪的结果，如图 14-71 所示。

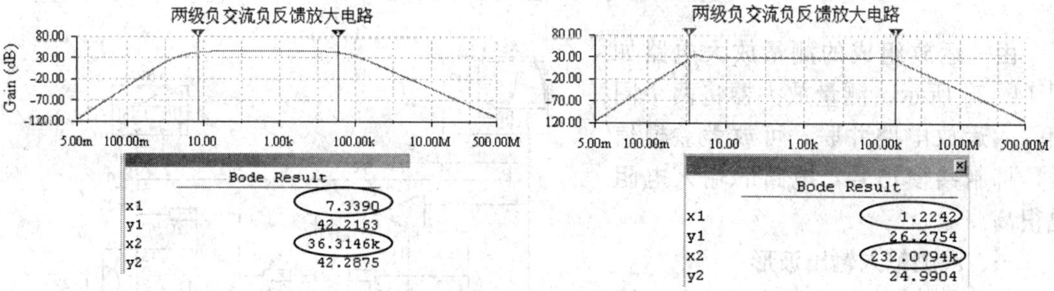

(a)　　(b)

图 14-71　在 Analysis Graph 窗口观测放大电路的幅频特性

(a) 开环；(b) 闭环

三、观测负反馈对输入电阻的影响

测量负反馈放大电路的输入电阻电路如图 14-72 所示。万用表 XMM1 串接在输入回路测输入电流，XMM2 并接在输入端测量输入电压。运行电路，双击万用表图标，即可观测到输入电压和电流值，二者比值为输入电阻。按空格键，分别测出开环和闭环时的输入电阻。

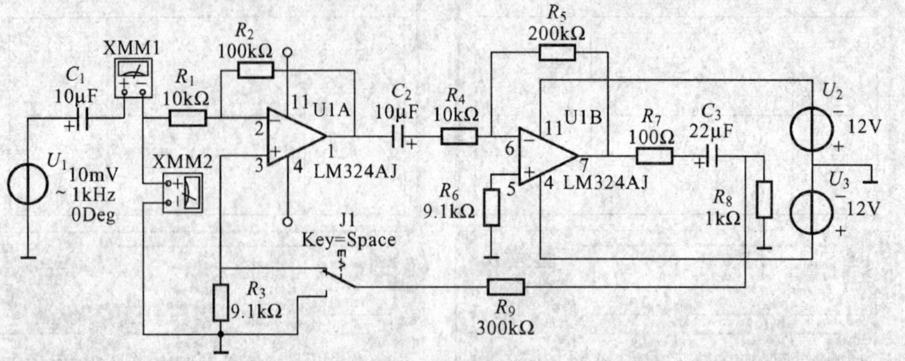

图 14-72 测量负反馈放大电路输入电阻

四、观测负反馈对输出电阻的影响

测量负反馈放大电路的输出电阻电路如图 14-73 所示。将输入端接地，输出端接入一交流信号，用万用表 XMM1 测输出电流，XMM2 测量输出电压。运行电路，双击万用表图标，即可观测到输入电压和电流值，二者比值为电路的输出电阻。按空格键，改变开关位置，分别测出开环和闭环时的输出电阻。

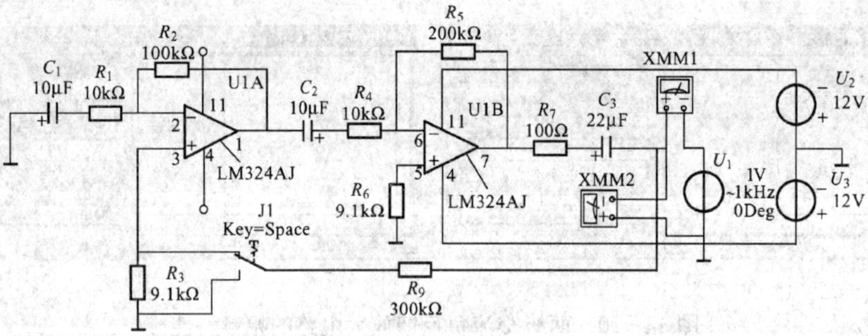

图 14-73 测量负反馈放大电路输出电阻

实例三 测量放大电路

由三运放组成的测量放大电路如图 14-74 所示。测量放大器将两个同相输入运放电路并联，可放大差模信号、抑制共模信号，电路的输入电阻也很高。

一、观测输入输出波形

在 Multisim7 的电路窗口中创建图 14-74 电路，单击按钮进行仿真。双击示波器图标，打开示波器面板，观察输入、输出波形，如图 14-75 所示，可测得使放大倍数为 200。

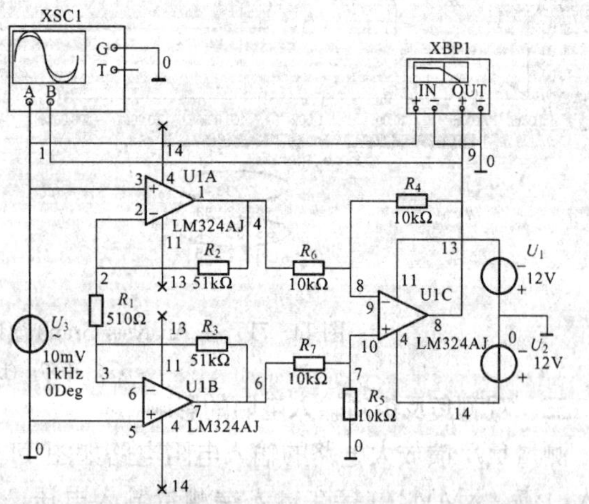

图 14-74 测量放大电路

二、测量电路的性能

运用 Transfer Function Analysis 方法测量放大器的放大倍数、输入电阻和输出电阻。首先执行 Option/Preferences 命令，在 Preferences 对话框中选中 Circuit 页，在 Show 区选中 Show node Names 项，单击 OK 按钮即可在电路中显示各节点的编号。

然后执行 Simulate/Analysis/Transfer Function 命令，在 Transfer Function Analysis 分析对话框的 Analysis Parameter 页设置分析参数，如图 14－76 所示。

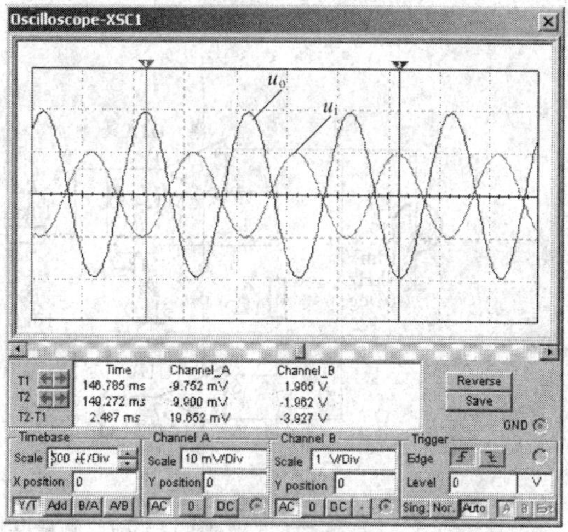

图 14－75　测量放大电路的输入、输出波形

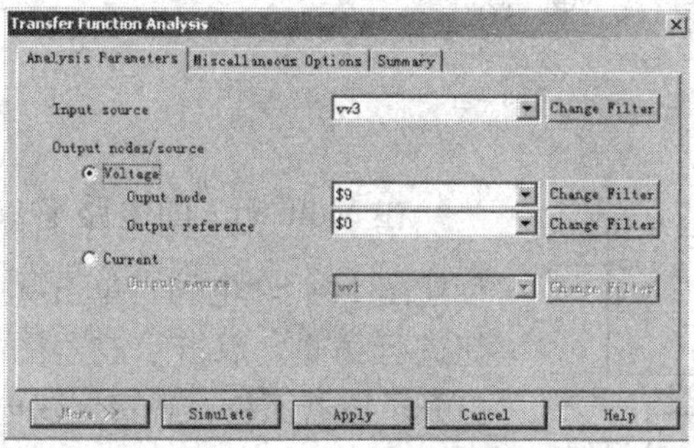

图 14－76　Transfer Function Analysis 的参数设置

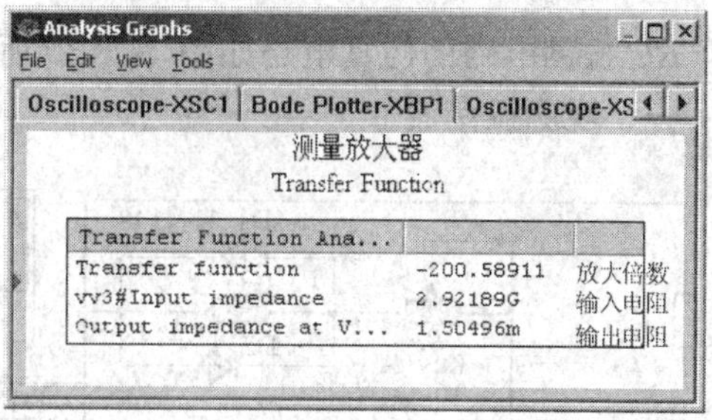

图 14－77　Transfer Function Analysis 的仿真结果

参数设置如下：

在 Input Source 栏内选输入信号源 V3；

在 Output nodes/source 区中选中 Voltage（电压），在 Output node 栏内选要仿真的输出节点 9，在 Output reference 选择输出的参考点为 0 即地。

按 Simulatc 按钮运行仿真，结果如图 14－77 所示。

三、测量放大电路的通频带

运行电路，双击波特仪图标，打开波特仪面板，观察电路的幅频特性曲线。移动垂直光标，测量幅度下降 3dB 时的频率，即为电路通频带，见图 14－78。

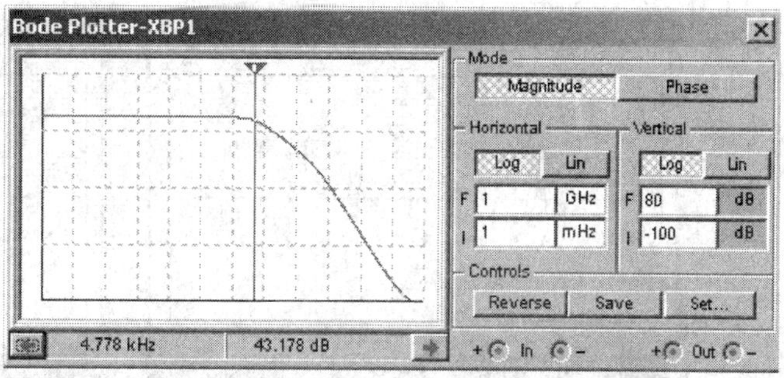

图 14－78　测量放大电路的幅频特性

四、测量共模抑制比

测量共模抑制比的电路如图 14－79 所示。将输入两运放接同一输入信号，即为共模输入方式，用示波器观测输出波形，将输出电压与输入电压相比，可得到共模电压放大倍数。然后用差模电压放大倍数比共模电压放大倍数即得到电路的共模抑制比。

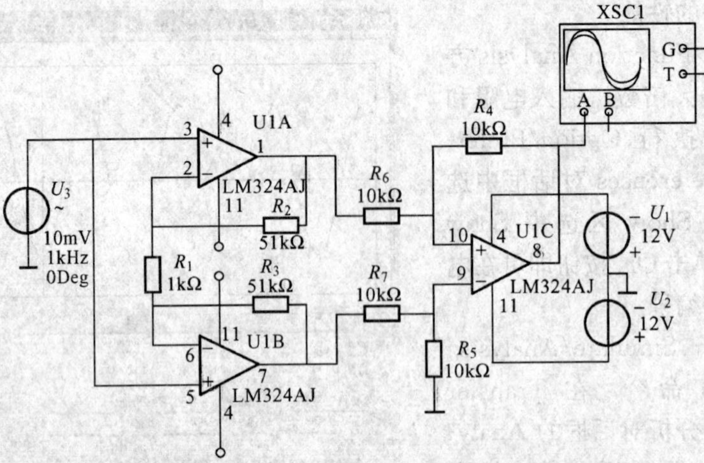

图 14-79 测量共模抑制比电路

实例四 RC 振荡电路

RC 振荡电路的仿真电路如图 14-80 所示。

一、观测振荡波形

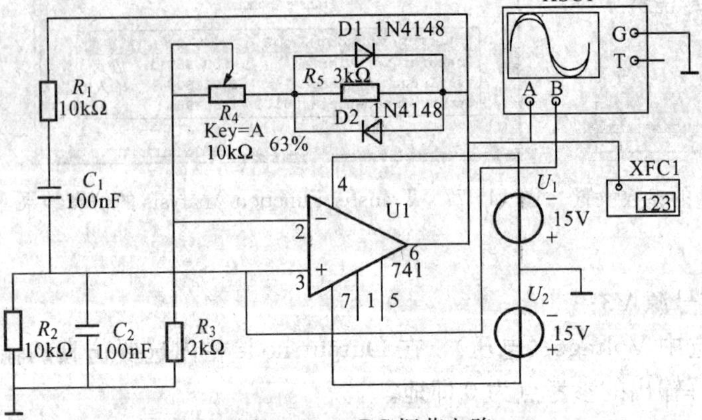

图 14-80 RC 振荡电路

在 Multisim7 的电路窗口中创建图 14-80 电路，单击按钮进行仿真。双击示波器图标，打开示波器面板，观察振荡电路输出波形。当电位器 R_4 阻值调节为 50%时，输出波形为方波，如图 14-81（a）所示；按电位器的控制键 A 调节电位器，使电路输出波形为最大、不失真正弦波，如图 14-81（b）所示，但是电路的起振时间要长一些。

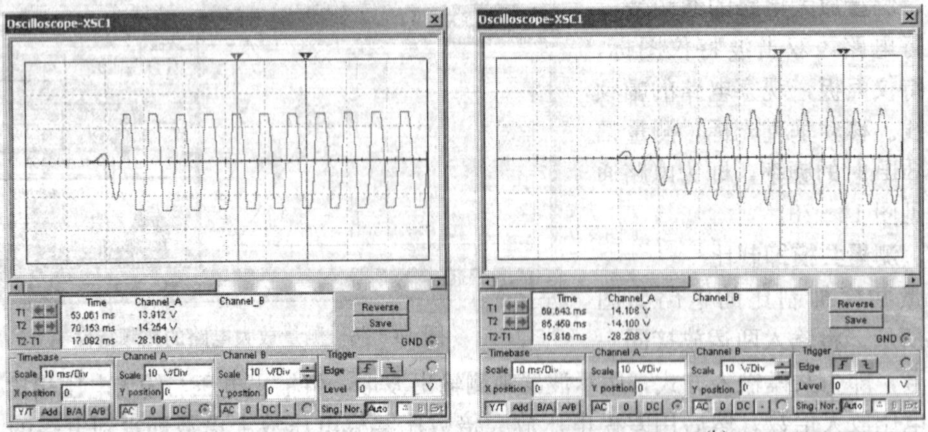

(a) (b)

图 14-81 RC 振荡电路的输出波形

二、观测二极管稳幅电路的作用

当电路输出为最大不失真正弦波时，双击电路中的二极管 D1，在其属性对话框的 Fault 页，将二极管设置为开路（Open）。然后运行电路，可观察到当二极管开路时，输出波形失真，变成方波，如图 14-82 所示。

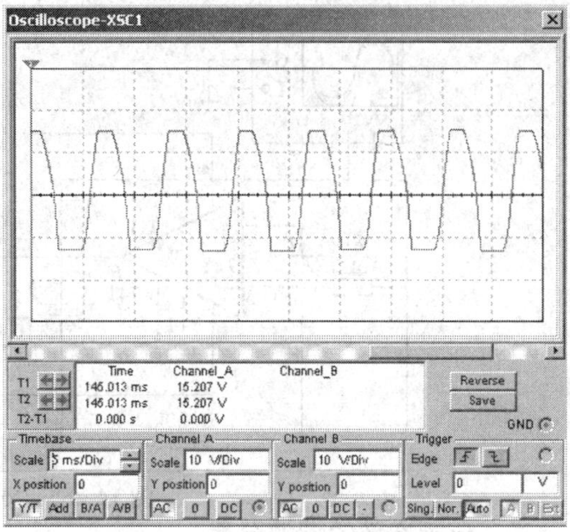

图 14-82　二极管开路时的输出波形

三、测量反馈系数

将示波器通道 B 接到运放的同相输入端，观测输出与反馈信号，如图 14-83 所示。反馈系数为反馈电压和输出电压之比，由图可知电路的反馈系数约为 1/3。

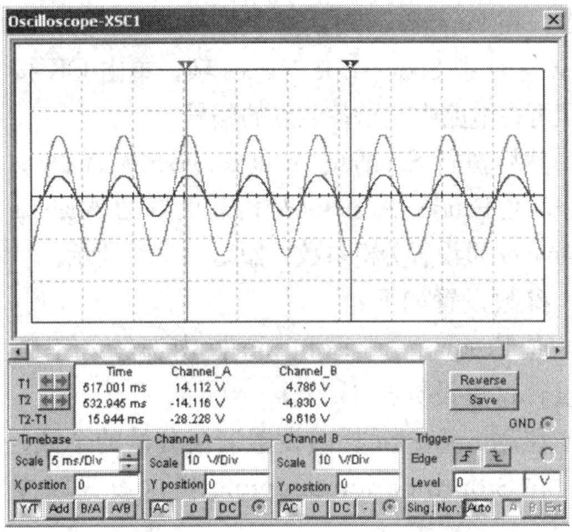

图 14-83　RC 振荡电路的输出和反馈信号

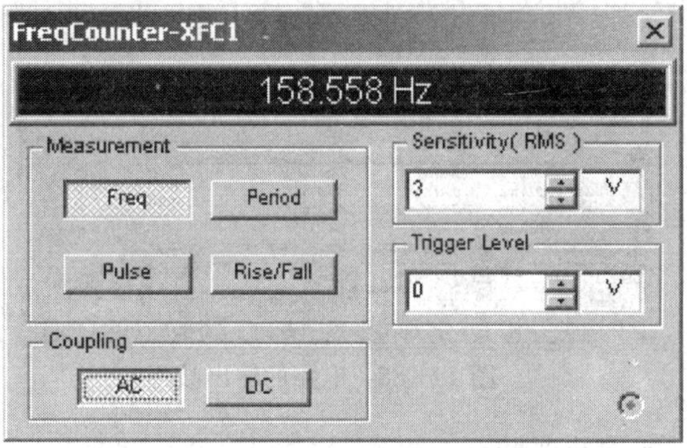

图 14-84　测量输出信号的频率

四、测量振荡频率

运行电路，双击频率计图标，打开其控制面板，点击 Frequency 按钮，即可显示输出信号的频率。如图 14-84 所示。

实例五　方波-三角波发生器

方波-三角波发生器的仿真电路如图 14-85 所示。

一、观测电路输出波形

在 Multisim7 的电路窗口中创建图 14-85 电路，单击按钮进行仿真。双击示波器图标，打开示波器面板，观察振荡电路输出波形，输出 u_{o1} 为方波，输出 u_{o2} 为三角波，如图 14-86 所示。

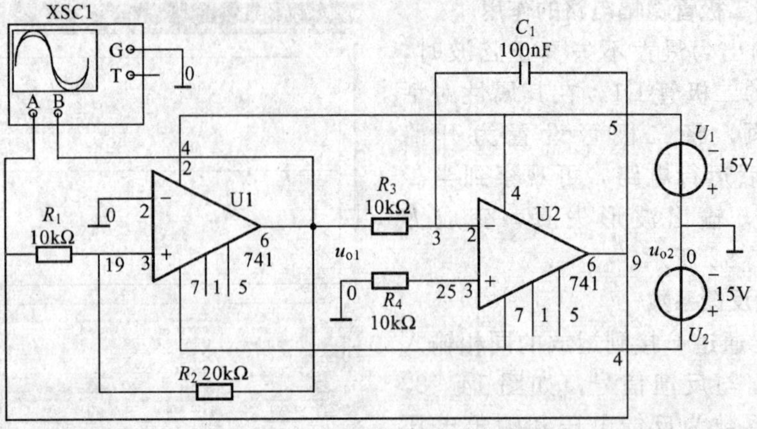

图 14 - 85　方波-三角波电路

二、分析方波的谐波分量

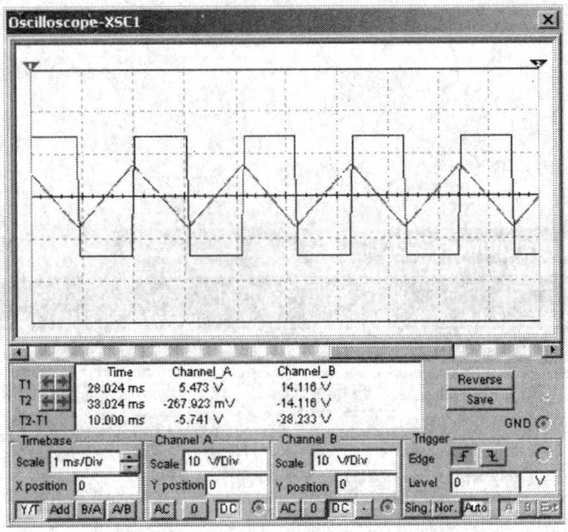

图 14 - 86　电路的输出波形

方波含有多次谐波分量，可用 Fourier Analysis 方法进行分析。首先执行 Option/Preferences 命令，在 Perefences 对话框中选中 Circuit 页，在 Show 区选中 Show node Names 项，单击 OK 按钮即可在电路中显示各节点的编号。

然后执行 Simulate/Analysis/Fourier Analysis 命令，在 Fourier Analysis 分析对话框的 Analysis Parameter 页设置分析参数，如图 14 - 87 所示。

参数设置如下：

在 Frequency resolution 栏内选输入基频分量，这里设置为 1kHz；

在 Number of 栏内设置谐波分量的个数；

在 Stop time for sampling 栏内设置取样的停止时间；

在结果显示 Result 区选中 Display as bar graph，在 Display 栏内选 Graph，在 Vertical 栏内选 Decibel。

再在 Output variable 页中将节点 2 添加到 Selected variables for analysis 栏中，按 Simulate 按钮运行仿真，结果如图 14 - 88 所示。

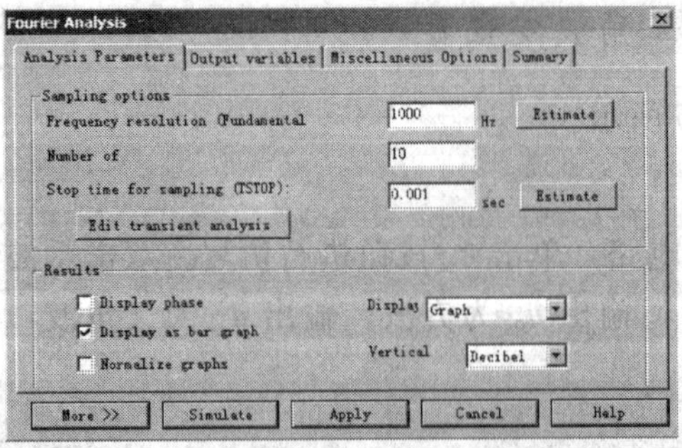

图 14 - 87　Fourier Analysis 的参数设置

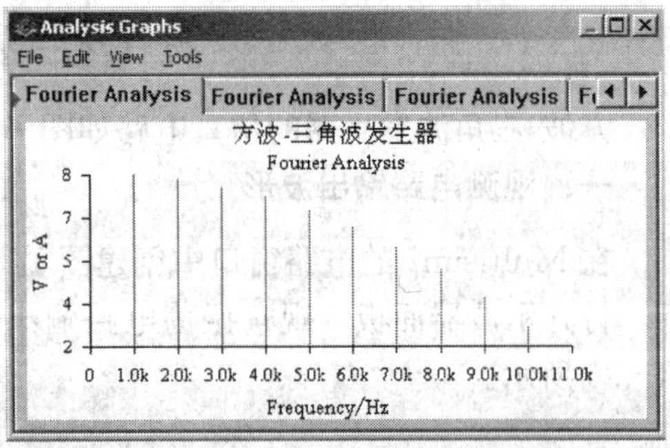

图 14 - 88　Fourier Analysis 的分析结果

实例六　直 流 稳 压 电 路

一、整流滤波电路

整流滤波电路如图 14 - 89 所示。

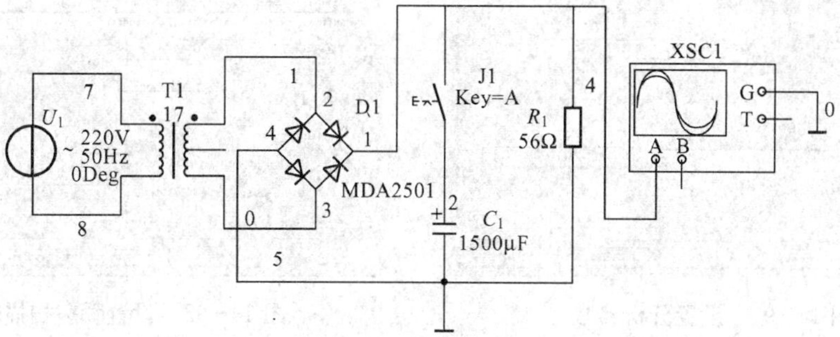

图 14 - 89　整流滤波电路

首先创建图 14 - 89 电路，单击 按钮进行仿真。双击示波器图标，打开示波器面板，观察整流电路输出波形，如图 14 - 90（a）所示。然后，用光标选中开关 J1，按控制键 A，使开关闭合，观测滤波后的输出波形，见图 14 - 90（b）。

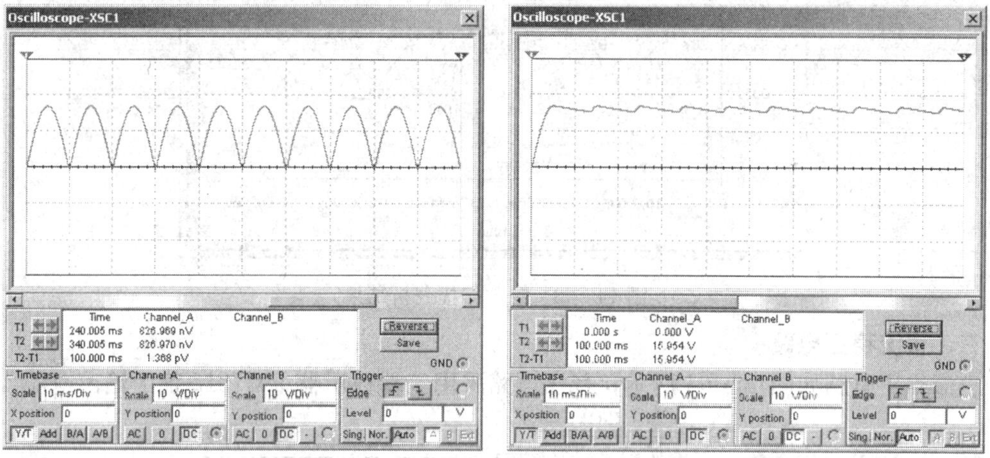

（a）　　（b）

图 14 - 90　整流滤波电路输出波形

（a）整流电路输出波形；（b）滤波后的输出波形

二、观测整流滤波电路的负载特性

执行 Simulate/Analysis/Parameter Sweep 命令，在 Parameter Sweep 分析对话框的 Analysis Parameter 页设置分析参数，点击 More 按钮，分析对话框如图 14 - 91 所示。参数设置参照实例一相关内容。在 Value 栏内输入要仿真的阻值分为 10、56、100、560Ω、1kΩ。

在 More Options 区点击 Edit Analysis to 按钮，在弹出 Sweep of Transient Analysis 对话框将 End time 栏内设置扫描结束时间为 0.05s，见图 14 - 92。

然后在 Output variable 页中将节点 4 添加到 Selected variables for analysis 栏中，运行

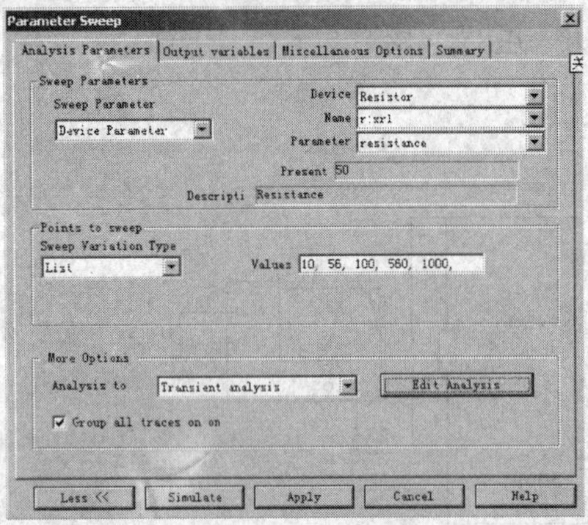

图 14-91 设置分析参数

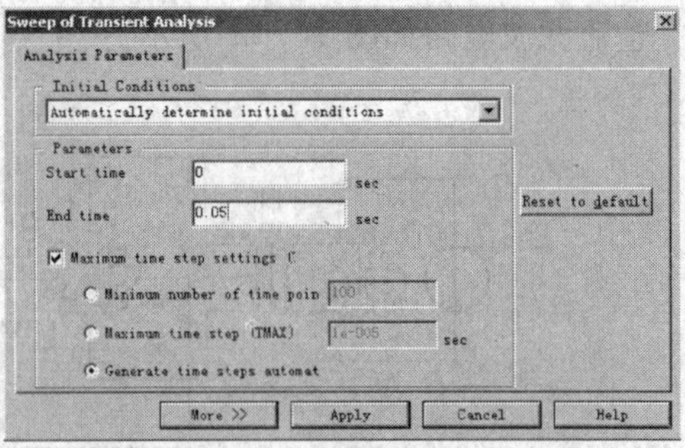

图 14-92 设置瞬态扫描时间

仿真，仿真结果见图 14-93。可以看到，负载值越大，输出波形越平滑。

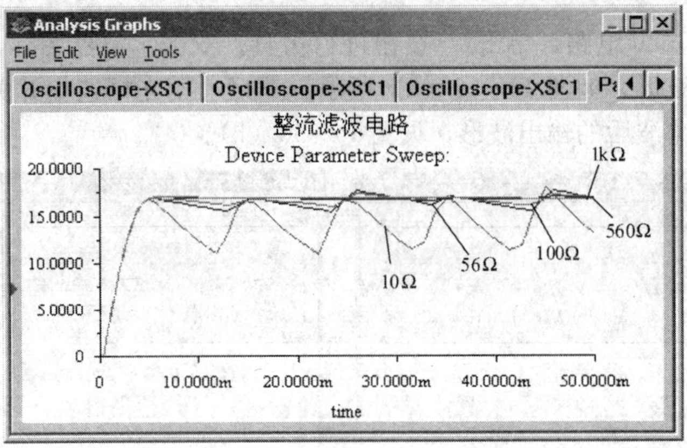

图 14-93 参数扫描分析结果

三、直流稳压电路

直流稳压电路如图 14-94 所示，稳压电路采用三端稳压器 LM7812 稳定输出电压。

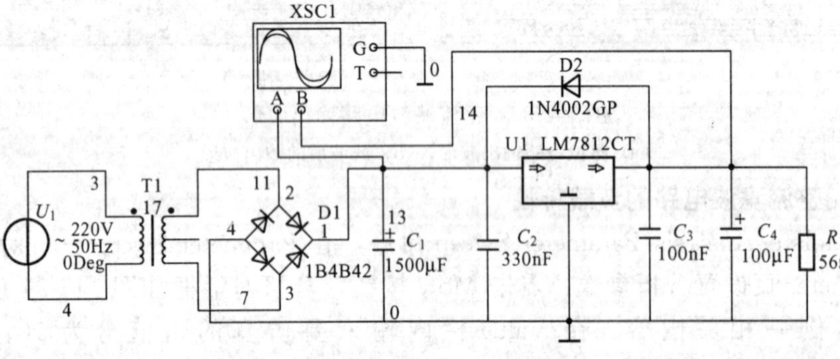

图 14-94 直流稳压电路

在电路窗口创建图直流稳压电路，单击 按钮进行仿真。双击示波器图标，打开示波器面板，观察滤波和稳压输出波形，如图 14-95 所示。由图可知，滤波后的电压含有较大的纹波分量，经稳压电路稳压后，输出几乎是一条平滑的直线。

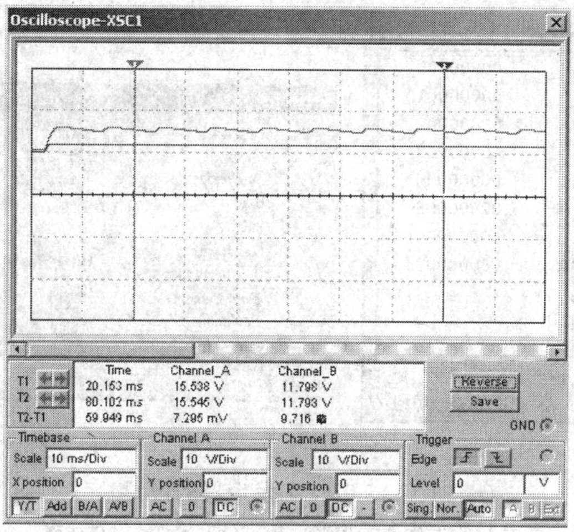

图 14 - 95　输出波形

实例七　全加器电路的设计

全加器可实现二进制加法运算，其真值表见表 14 - 4。其中，A、B 为加数和被加数，C 为低位向本位的进位，S_i 为相加的和，C_{i+1} 为本位向高位产生的进位。

表 14 - 4　全加器的真值表

A	B	C	S_i	C_{i+1}
0	0	0	0	0
0	0	1	1	0
0	1	0	1	0
0	1	1	0	1
1	0	0	1	0
1	0	1	0	1
1	1	0	0	1
1	1	1	1	1

一、用逻辑门电路设计全加器

由真值表可以得到全加器的输出表达式为

$$S_i(A,B,C)=\overline{A}\,\overline{B}C+\overline{A}B\overline{C}+A\overline{B}\,\overline{C}+ABC$$
$$=A\oplus B\oplus C$$
$$C_{i+1}(A,B,C)=\overline{A}BC+A\overline{B}C+AB\overline{C}+ABC$$
$$=AB+BC+AC$$

根据输出表达式，创建仿真电路，如图 14 - 96 所示。执行 Option/Preferences 命令，在 Circuit 页的 Show 区选中 Show node Names 项，单击 OK 按钮显示各节点的编号。图 14 - 96 中的节点 19 为和输出端，节点 21 为进位输出端。

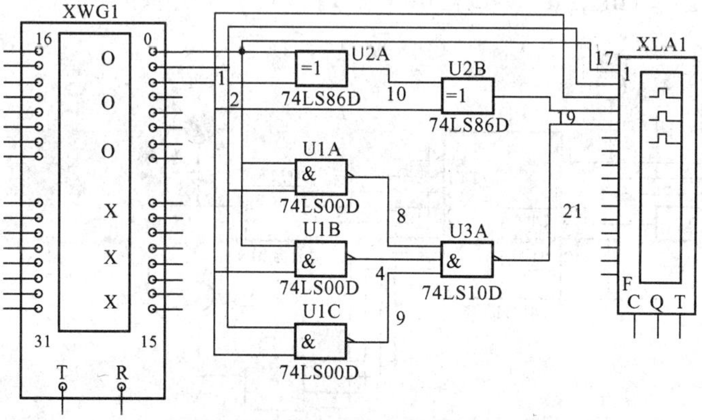

图 14 - 96　用逻辑门电路实现全加器

双击字信号发生器图标 XWG1，进入字发生器的控制面板［见图 14 - 97（a）］。点击 Control 区的 set 按钮，进入 Settings 对话框［见图 14 - 97（b）］，在 Pre-set Patterns 选中 Up Counter；在 Buffer Size 栏内设置缓存空间为 0008，在 Initial Patterns 栏内设置起始地址为 0000，按 Accept 按钮，退回到 XWG1 的控制面板，将 Frequency 栏设置为 1kHz，点击 Cycle 按钮进行仿真。

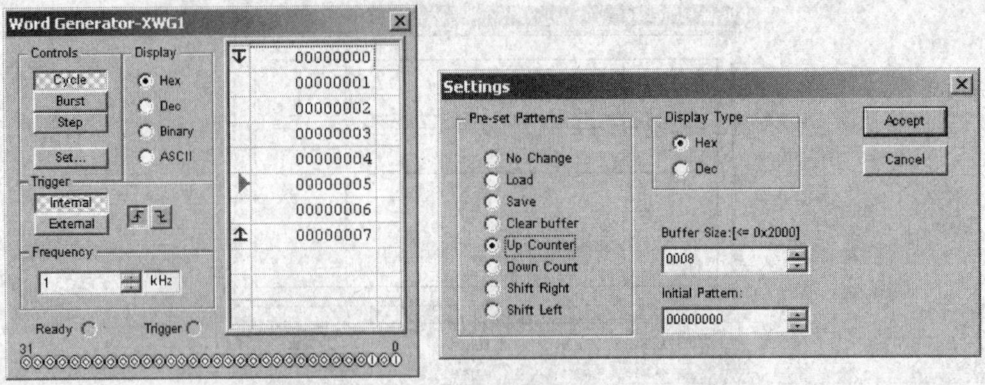

(a)　　　　　　　　　　　　(b)

图 14-97　字发生器的设置

(a) 字发生器的控制面板；(b) Settings 对话框

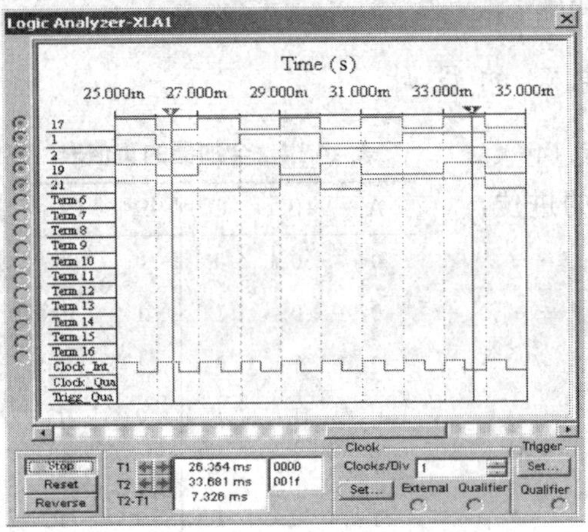

图 14-98　用逻辑分析仪观察仿真结果

双击逻辑分析仪图标 XLA1，打开其控制面板，可观测仿真结果，如图 14-98 所示。在面板的 Clock 区选中 Set 按钮，在弹出的 Clock setup 对话框将时钟频率 Clock Rate 栏设置为 1kHz，点击 Accept 按钮回到控制面板。在图中，节点 2、1、17 分别对应输入变量 A、B、C，当三变量由 000 变化到 111 时，即图中两垂直光标之间的波形，和输出（节点 19）和进位输出（节点 21）变化与真值表相同。

二、用译码器设计全加器

可用 3-8 译码器设计全加器。由全加器的真值表可得到输出变量的最小项表达式为

$$S_i\ (A,\ B,\ C)=\sum_m (m_1,\ m_2,\ m_4,\ m_7)=\overline{\overline{Y_1}\ \ \overline{Y_2}\ \ \overline{Y_4}\ \ \overline{Y_7}}$$

$$C_{i+1}\ (A,\ B,\ C)=\sum{}_m (m_3,\ m_5,\ m_6,\ m_7)=\overline{\overline{Y_3}\ \ \overline{Y_5}\ \ \overline{Y_6}\ \ \overline{Y_7}}$$

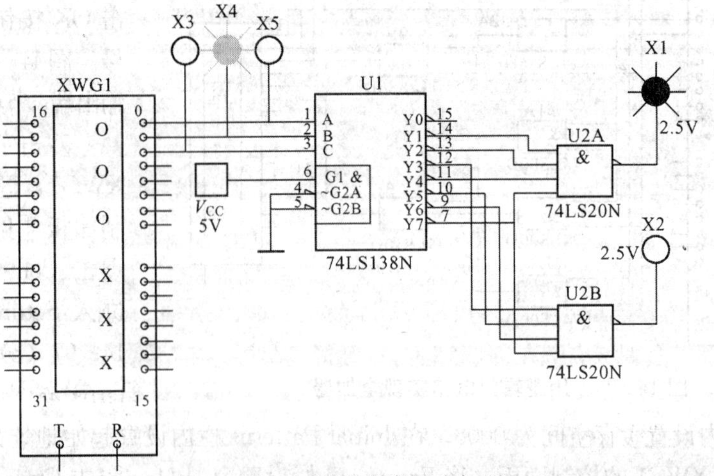

图 14-99　用译码器实现全加器

根据输出表达式，创建仿真电路，如图 14-99 所示。在字发生器输出接探针 X3、X4、X5，观测全加器的输入变量 A、B、C 的状态；在电路输出端分别接探针 X1、X2 来观测输出 S_i 和 C_{i+1}。探针发光表示变量为 1，不发光表示变量为 0。

双击字信号发生器图标 XWG1，进入字发生器的控制面板，参照前面内容进行设置，点击 Step 按钮进行仿真。观测探针的亮、灭是否与真值表相同。

三、用数据选择器设计全加器

四选一数据选择器的输出逻辑表达式为

$$Y=\overline{A_1}\,\overline{A_0}D_0+\overline{A_1}A_0D_1+A_1\overline{A_0}D_2+A_1A_0D_3$$

故全加器可用双四选一数据选择器 74LS153N 实现。若选取输入变量 $B=A_1$，$C=A_0$，输出 1Y 为和 S_i，输出 2Y 为进位 C_{i+1}，根据 S_i 和 C_{i+1} 的表达式可得到：

$$1D_0=1D_2=A, 1D_1=1D_3=\overline{A};$$

$$2D_0=0, 2D_1=2D_2=A, 2D_3=1。$$

创建仿真电路，如图 14-100 所示。用探针 X3、X4、X5 观测输入变量 A、B、C；用探针 X1、X2 来观测输出 S_i 和 C_{i+1}。双击字信号发生器图标 XWG1，进入字发生器的控制面板，参照前面内容进行设置，点击 Step 按钮进行仿真。观测探针的亮、灭是否与真值表相同。

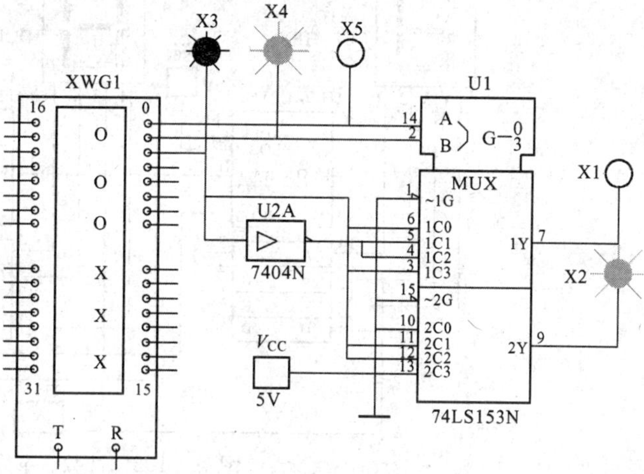

图 14-100　用数据选择器实现全加器

实例八　计数、译码和显示电路

一、计数、译码和显示电路

计数、译码和显示电路如图 14-101 所示。74LS160N 为同步十进制集成计数器，74LS74N 为 4 线–7 线显示译码器，用非门 74LS04N 驱动显示器，显示器为共阴极七段 LED 数码管。

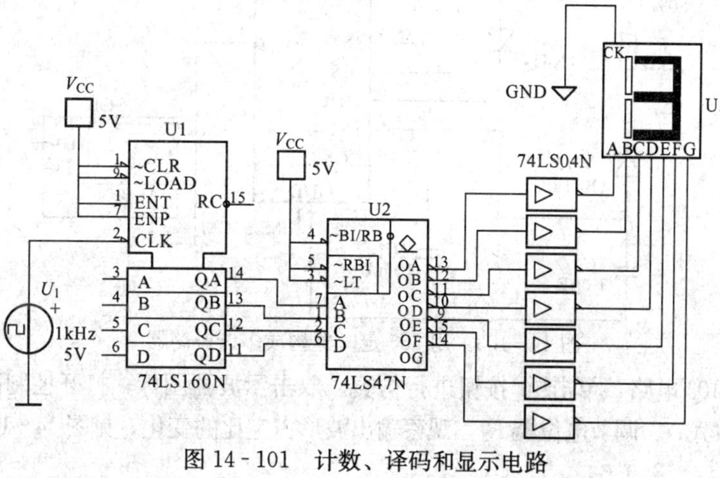

图 14-101　计数、译码和显示电路

在电路窗口创建图 14-101 电路，执行 Simulate/Digital Simulation Settings 菜单命令，在弹出的对话框选中 Ideal 选项，点击 OK 按钮确认。启动仿真开关，数码管将循环显示 0，1…9。

二、任意进制计数、显示电路

利用集成计数器可以构成任意进制计数器。图 14-102 所示的是由两片 74LS160N 和数码管构成的 24 进制计数、显示电路。在图中，U1 为低位片，U2 为高位片，二者接成同步电路，采用反馈清零方式。U3 和 U4 为带译码的七段 LED 数码管。

在电路窗口创建图 14-102 电路，启动仿真开关，数码管将循环显示 00，01，…，23。

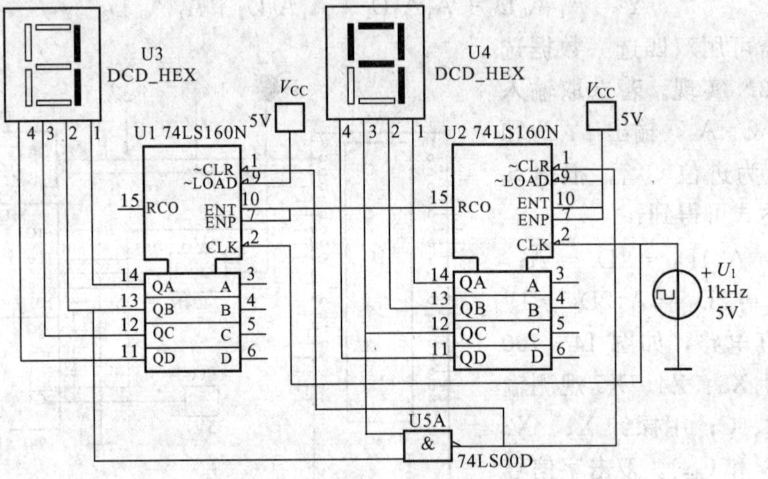

图 14-102　计数、显示电路

实例九　555 定时器的应用

一、用 555 定时器构成多谐振荡器

用 555 定时器［在混合器件库（Mixed)］构成的占空比可调的多谐振荡器电路如图 14-103 所示。调节电位器 R_3，可改变电路冲、放电的时间常数，从而改变输出的占空比。

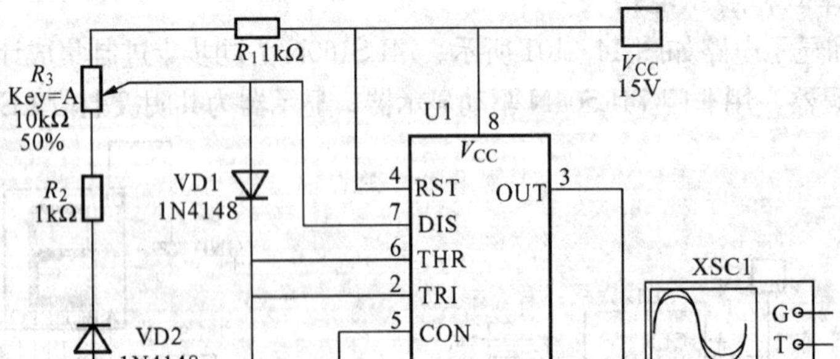

图 14-103　用 555 定时器构成多谐振荡器

创建图 14-103 电路，单击 ⚡ 按钮进行仿真。双击示波器图标，打开控制面板观察输出波形，见图 14-104（a)。调节电位器 R_3，观察输出波形占空比的变化，见图 14-104（b)。

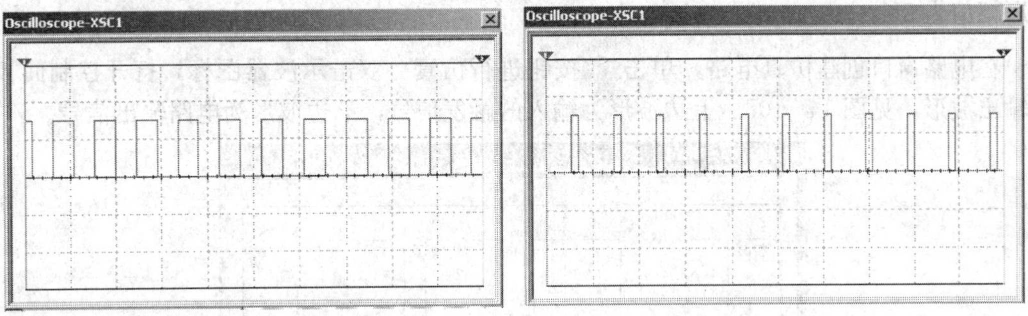

(a)　　　　(b)

图 14 - 104　多谐振荡器的输出波形

(a) 占空比为 50%时的波形；(b) 占空比为 20%时的波形

二、用 555 定时器构成施密特触发器

仿真电路如图 14 - 105 所示。信号发生器产生三角波，电压幅值设置为 10V。创建图 14 - 105 电路，单击 按钮进行仿真。双击示波器图标，打开控制面板观察输出波形，移动垂直光标可测量上、下门限电压，见图 14 - 106。

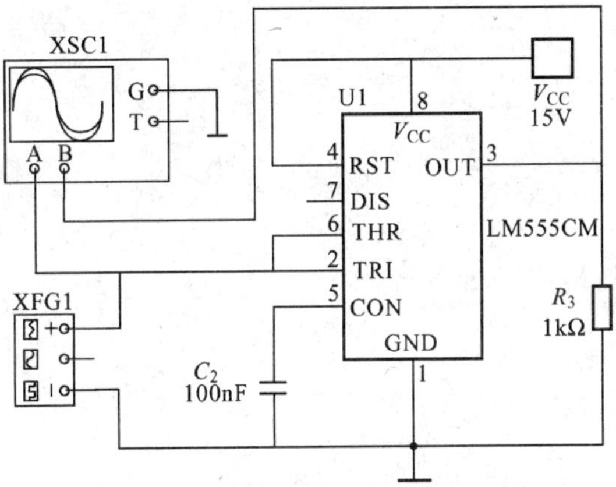

图 14 - 105　用 555 定时器构成施密特触发器

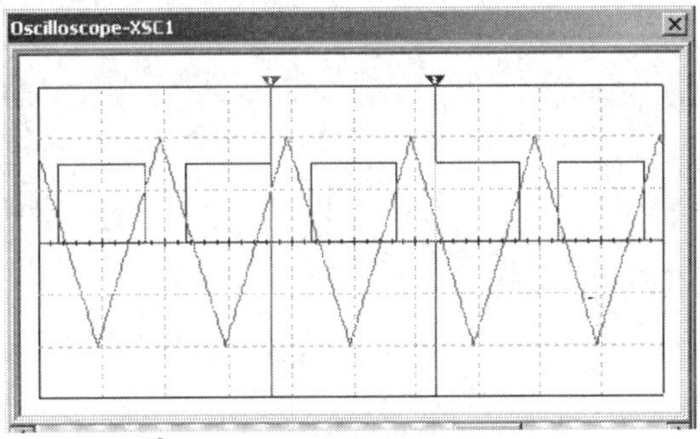

图 14 - 106　施密特触发器的输入、输出波形

三、用 555 定时器构成单稳态电路

仿真电路如图 14 - 107 所示。信号发生器产生方波，占空比设置为 80%，频率为 100Hz，

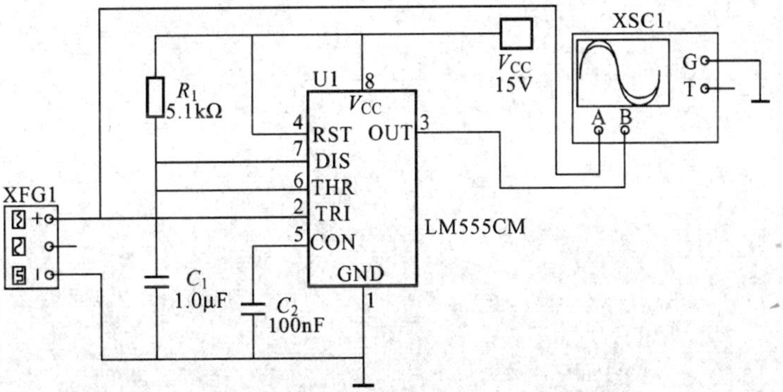

图 14 - 107　用 555 定时器构成单稳态触发器

电压幅值为 5V。

在电路窗口创建仿真电路，单击 按钮进行仿真。双击示波器图标，打开控制面板观察输出波形，见图 14-108。上边波形为输入的触发信号，下边波形为电路输出信号。

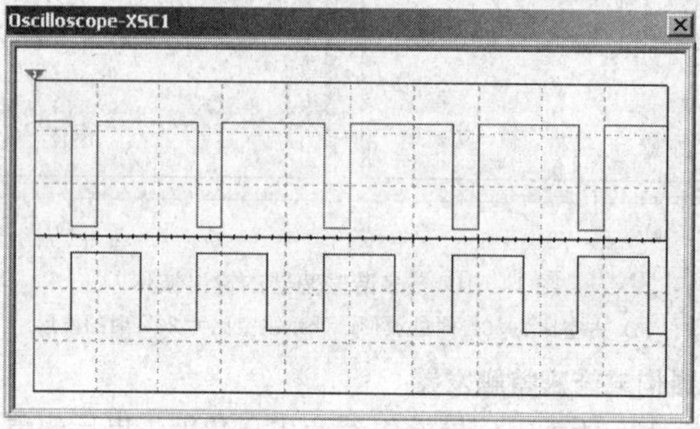

图 14-108 单稳态触发器的输入、输出波形

附录1　通用示波器和函数发生器

1.1　通 用 示 波 器

电子示波器是电子测量中一种常用的电子仪器，它不仅能够直接观测和真实显示被测信号的波形，还可以定量测量电信号的幅度、频率、周期、相位等参数。示波器的种类多种多样，其中通用示波器使用最为广泛，这里主要介绍通用示波器的工作原理及使用方法。

1.1.1　通用示波器的工作原理

一、示波器的基本结构

通用示波器的结构包括示波管、垂直（Y 轴）放大、水平（X 轴）放大、扫描、触发及电源等六个部分，框图如附图 1-1 所示。

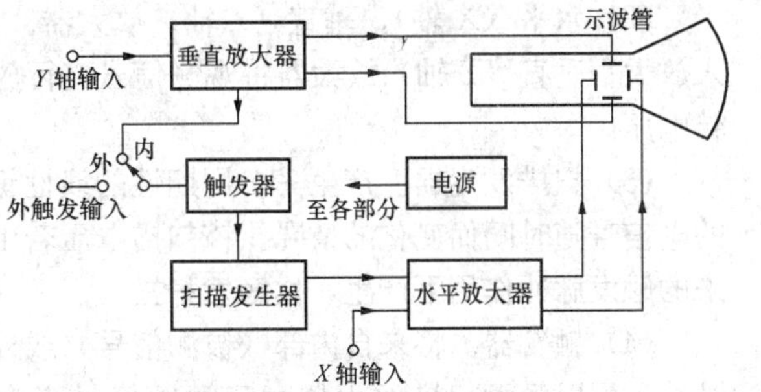

附图 1-1　通用示波器的组成框图

各部分的主要作用简述如下：

（1）示波管。将所观察的电信号变成发光的图形。主要由电子枪、偏转系统和荧光屏三部分组成，并全部密封在真空的玻璃壳内。其基本结构如图 1-2 所示。

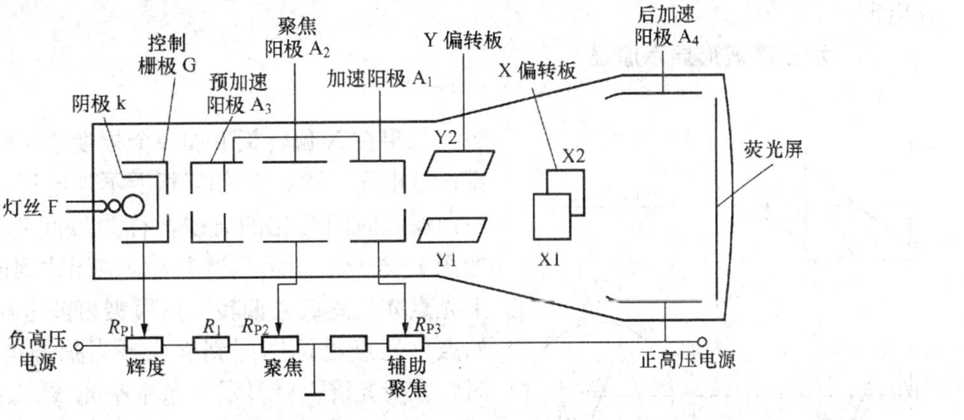

附图 1-2　示波管结构示意图

电子枪由灯丝 F、阴极 K、栅极 G、阳极 A_1、A_2、A_3、A_4 组成，可以发射并形成很细的高速电子束。灯丝用于加热阴极，使表面涂有氧化物的阴极发射电子。栅极 G 是一顶端带孔的无底圆筒，套在阴极外边，它的电位低于阴极，控制阴极发射出来的电子数目，只有初速度高的电子能穿过栅极奔向荧光屏，初速度低的电子则返回阴极。如果栅极电位足够低，就可以使电子全部返回阴极。因此，调节 R_{P1} 可调节栅极电位（即示波器面板上的“辉度”旋钮），就可以调节电子密度，进而调节光点亮度。A_1、A_2、A_3 的电位均远高于阴极，它们与 G 栅极组成聚焦系统，对电子束进行聚焦和加速，使高速电子打到荧光屏上时恰好聚成很细的一束。调节 R_{P2}（即面板上“聚焦”旋钮）能改变 A_2 与 A_3、A_1 之间的电场分布情况，直接影响电子束在荧光屏上的会聚。调节 R_{P3}（即面板上的“辅助聚焦”旋钮）可以补偿偏转板电位变化时对聚焦性能的影响，使光点在荧光屏上尽可能形成细小的亮点，以保证显示波形的清晰度。

偏转系统由两对互相垂直的偏转板组成，其作用是用偏转板所加电压控制电子束在垂直方向和水平方向的偏转。当两对偏转板上的电位两两相同时，电子束打到荧光屏的正中。Y偏转板上电压的变化影响光点在荧光屏上的垂直位置，X偏转板影响光点在荧光屏上的水平位置。

荧光屏一般为内壁上涂有荧光物质形成荧光膜的圆形曲面或矩形平面，它在受到高速电子轰击后，将电子动能转变为光能，形成光点。当电子束随信号电压偏转时，光点的移动轨迹就形成信号波形。当电子束从荧光屏移去后，光点仍能在屏上保持一定的时间而会产生余辉。

（2）水平（*X*轴）、垂直（*Y*轴）放大器。水平（*X*轴）放大器可将扫描电压或*X*轴输入放大；垂直（*Y*轴）放大器将观测信号进行放大，从而分别为X、Y偏转板提供足够的偏转电压。

（3）扫描发生器。产生一个周期性的线性锯齿波电压（称为扫描电压），以展示被观察的电信号随时间而变化的情况。该扫描电压若由扫描发生器产生，称自动扫描；若由触发器来的触发脉冲作用下产生，称触发扫描。

（4）触发器。将来自内部（被测信号）或外部触发信号经过整形，变为波形统一的触发脉冲，用以触发扫描发生器。若触发信号来自内部，称内触发；若来自外部，则称为外触发。

（5）电源。将市电220V的交流电压转变为各个数值不同的直流电压，作为各部分的工作电源。

二、示波器波形显示原理

（一）扫描

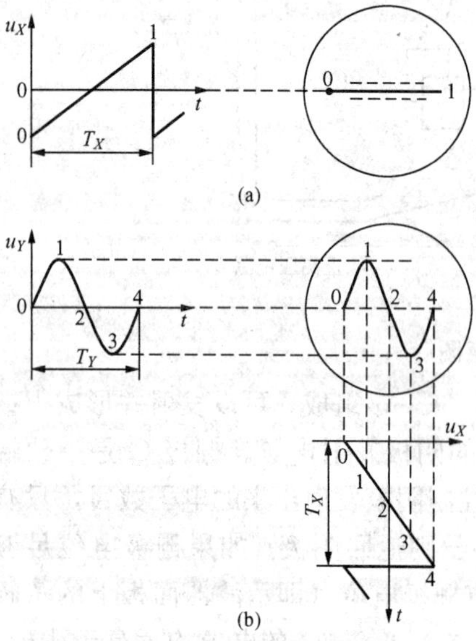

附图1-3 双踪示波器Y通道方框图
（a）时间基线；（b）信号波形的产生

如果在X偏转板上加一个幅度随时间线性增长的锯齿波电压，而在Y偏转板上不加电压，则屏上显示一条反映时间变化的直线，称为时间基线或扫描线，如图1-3（a）所示。当锯齿波电压达到最大值时，屏上光点亦达到最大偏转，然后锯齿波电压迅速回到起始点，光点也迅速回到起点，当扫描电压重复变化时，在荧光屏上就显示一条水平亮线。这个过程称为扫描。由于扫描电压 u_X 随时间线性变化，屏上*X*轴就转换成了时间轴。

若在X偏转板上加扫描电压 u_X，同时在Y偏转板上加被测信号 u_Y，则屏上光点在Y方向和X方向偏转的距离分别与这一瞬间信号电压和扫描电压成正比。因为扫描电压与时间成比例，所以屏上显示的就是被测信号随时间变化的波形。如果 u_Y 为一正弦信号，那么屏上光点的轨迹是一条与 u_Y 相同的正弦曲线，如图1-3（b）所示。

（二）同步

当扫描电压的周期 T_X 是被测信号周期的整数倍时，后一个扫描周期所显示的信号波形与前一个周期的完全一样，屏上得到清晰而稳定的波形，这叫做被测信号与扫描电压同步。若 T_X 不是 T_Y 的整数倍，没有同步关系，则后一次扫描周期所描绘的波形与前一次的不重合，如图1-4所示。

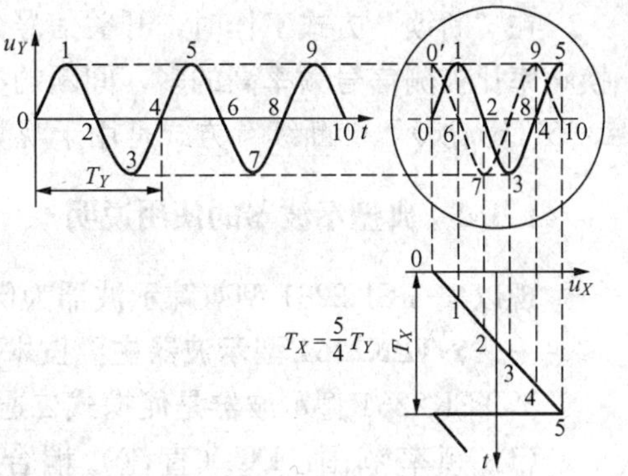

附图1-4　扫描电压与被测信号不同步

图中 $T_X=5T_Y/4$，第一个扫描周期开始，光点沿 0→1→2→3→4→5 移动，并在5点迅速回到0′，再开始第二个扫描周期，光点沿 0′→6→7→8→9→10 移动。这样所显示的波行不稳定，图中的波形好象向左跑动一样。同理，当 $T_X=3\ T_Y/4$ 时，波形向右跑动，这是由于 T_X 与 T_Y 不成整数倍，使每次扫描起始点不一致造成的。

在示波器中，利用被测信号产生一个同步触发信号（或用与 u_Y 相关的其他信号）去控制扫描发生器的振荡周期，迫使它们同步。

三、多踪显示

多踪示波器与普通示波器类似，只是具有多个垂直通道，并多了一个电子开关。电子开关在不同的时间里，分别把两个垂直通道的信号轮流接至Y偏转板，而在荧光屏上显示多踪波形。

双踪示波器的Y通道原理框图如图1-5所示。电子开关轮流接通A门和B门，则输入信号 V_A 和 V_B，按一定时间分割轮流接至Y偏转板，显示在荧光屏上。

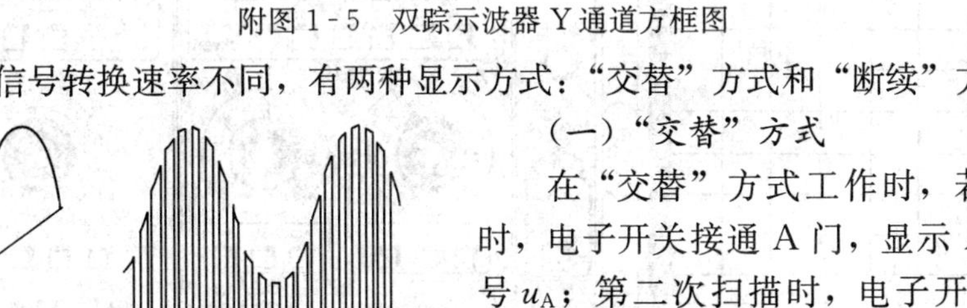

附图1-5　双踪示波器Y通道方框图

根据开关信号转换速率不同，有两种显示方式："交替"方式和"断续"方式。

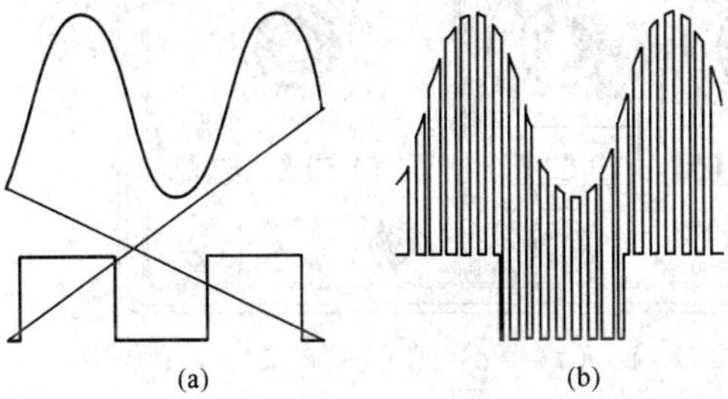

附图1-6　双踪显示
(a)"交替"方式；(b)"断续"方式

（一）"交替"方式

在"交替"方式工作时，若第一次扫描时，电子开关接通A门，显示A通道输入信号 u_A；第二次扫描时，电子开关接通B门，显示 u_B 波形，如此重复，在荧光屏上轮流显示 u_A 和 u_B 的波形。由于扫描信号频率较高（大于每秒25次），并利用荧光屏余辉和人眼残留效应，我们感到屏上同时显示两个波形，如图1-6（a）所示。

（二）“断续”方式

在“断续”方式工作时，开关信号分别将两个被测信号分成很多小段轮流显示，由于转换频率比被测信号频率高的多，间断的亮点靠得很紧，人眼看到的波形好象是连续的，如图1-6（b）所示。“断续”方式是用于观测频率较低的信号。

1.1.2 典型示波器的使用说明

现以Y-TEK2261型双踪示波器为例说明通用示波器的基本使用方法。

一、Y-TEK2261型示波器主要技术指标

Y-TEK2261型示波器是便携式二通道示波器，其主要指标为：

（1）频率范围：DC（直流）耦合时为0～20MHz；AC（交流）耦合时，为10Hz～20MHz。

（2）垂直灵敏度V/div：共10档，为5mV/div～5V/div，其微调调节范围大于2.5倍。校准后，各档误差小于等于±5%。

（3）输入阻抗：直接输入电阻为1MΩ±2%；输入电容为30pF±5pF。

（4）最大允许输入电压：≤400V（DC+AC峰值）。

（5）扫描速率：共分20档，为0.2s/div～0.1μs/div，校准后各档误差≤±5%；使用“扩展×5”时，最快扫描速度为20ns/div，误差≤±8%。微调范围大于2.5倍。

（6）输出标准信号：频率为1kHz，峰峰值为0.5V的方波。

二、Y-TEK2261型示波器面板结构及说明

Y-TEK 2261型双踪示波器的面板结构如图1-7所示。各种控制按键（旋钮）主要分为三大部分：示波器显示部分、垂直（Y轴）偏转系统控制部分和水平（X轴）偏转系统控制部分。

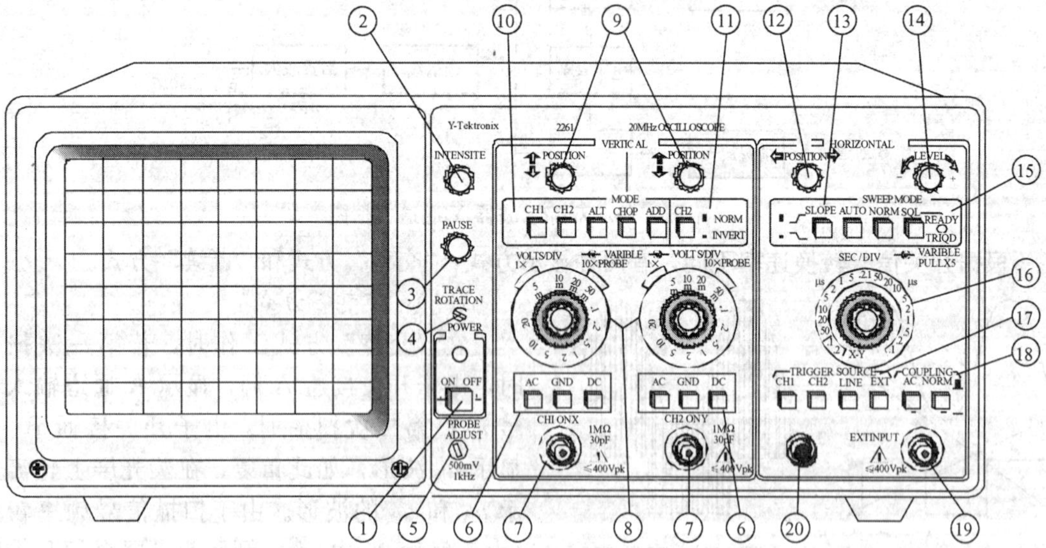

附图1-7 Y-TEK 2261型双踪示波器面板

（1）电源开关（POWER）：按下此按键后，仪器接通工作电源，指示灯亮。

（2）辉度（INTENSITY）：光迹亮度调节旋钮，顺时针旋转时亮度增加，反时针旋转时亮度减弱，直至光迹消失。

（3）聚焦（FOCUS）：调节使光点成为细小而清晰的圆点。

（4）光迹旋转（TRACE ROTATION）：用于调节扫描线的水平角度。

（5）标准信号（PROBE ADJUST）：用于提供1kHz、0.5V的标准方波信号。

（6）输入耦合方式选择按键（AC-GND-DC）：按下“AC”时用于观测交流信号；按下“DC”时用于观测直流信号；按下“GND”时无信号输入。

（7）垂直通道输入插口（CH1 OR X）：被测信号由该插口直接接入，也可经探头后接入。

（8）灵敏度选择开关（VOLTS/DIV）：用于选择Y轴的偏转灵敏度。该开关为套轴结构，外层开关起粗调作用，调节范围5mV/div～20V/div；共分12个量程，可根据被测信号的幅度来选择合适的量程；内层旋钮用以连续调节输入信号增益，在作定量测量时，应将该旋钮顺时针旋到底，此时Y轴处于“校准”位置。该旋钮向外拉出时，灵敏度增大5倍（即扩展×5）。

（9）垂直移位旋钮（POSITION）：用于调节光迹在垂直方向的位置。

（10）垂直工作方式选择按键（VERTICAL MODE）：这是用来转换两个垂直通道CH1、CH2前置放大器工作状态的控制按键。按下CH1或CH2时为单踪显示；按下ALT时为交替显示；按下CHOP时为断续显示；按下ADD时可获得两个信号（CH1和CH2）的叠加。

（11）CH2通道极性转换按键：垂直工作方式在“ADD”方式时，该按钮按下时实现两通道的减法显示，不按下时为加法显示。

（12）X轴移位旋钮（POSITION）：用于调节光迹在水平方向的位置。

（13）触发极性选择按键（SLOPE）：用于选择触发信号的上升或下降部分来对扫描进行触发的控制按键。

（14）触发电平旋钮（LEVEL）：用于选择被测信号电平的触发点，使触发信号在该电平上启动扫描。

（15）扫描方式选择按键（SWEEP MODE）：这是为按不同目的或用途选择触发方式而设置的。当按下“自动（AUTO）”时，不必调整电平旋钮就能与被测信号同步，形成连续扫描；按下“常态（NORM）”时采用来自Y轴或外接触发源的输入信号进行触发扫描，这是常用的触发方式；“单次（SINGLE）”在“自动”和“常态”两个按键未按下时为单次扫描，按下此按键复位。

（16）扫描速度选择开关（SEC/DIV）：用于选择扫描速度。该开关为套轴结构，外层开关起粗调作用，调节范围0.2s/div～0.1μs/div，共分20个量程；内层旋钮起微调作用，作定量测量时，应将此旋钮顺时针旋到底，使仪器处于“校准”位置。该旋钮向外拉出时，扫描速率扩展5倍（即扩展×5）；当外层开关置于“X-Y”时，⑩置CH2，触发源开关17置CH1，示波器为“X-Y”工作方式。

（17）触发源选择按键（TRIGGER SOURCE）：用于选择触发源。按下CH1时选CH1信号作内触发信号；按下CH2时选CH2号作内触发信号；按下LINE时选市电作触发信号；按下EXT时选择外接信号作同步信号源。

(18) 触发耦合方式按键（COUPLING）：用于选择触发信号的输入方式。AC/DC 仅适用于外触发信号的耦合，内触发信号的耦合被固定在 AC 状态。当需要观察电视信号时，将耦合方式置于“TV”。

(19) 外触发信号输入插口（EXT INPUT）：当触发信号用外触发（EXT）时，触发信号由此插口输入。

(20) 机壳接地端。

三、操作步骤及注意事项

(1) 在开机前，首先应检查电源电压是否符合仪器要求。然后将 Y 轴工作方式（VERTICAL MODE）置“CH1”，扫描方式（SWEEP MODE）置“AUTO”，触发源（TRIGGER SOURCE）置“CH1”，通道输入耦合方式置“AC”。

(2) 接通电源，指示灯亮，等仪器预热几分钟后再进行操作。

(3) 调节辉度（INTENSITY）和聚焦旋钮（FOCUS），使光迹亮度适中，扫描基线最细，并调节 Y 轴和 X 轴“移位”旋钮，使荧光屏合适的位置上显示时基线。

(4) 检查测试线是否良好，为避免干扰，测试线不宜过长，并尽量使用屏蔽线。

(5) 用本机校准信号检查示波器。将通道“CH1”输入端由探头接置标准信号输出端，保持上述旋钮及开关位置不变，将电压灵敏度（VOLTS/DIV）置于“0.1V”，微调旋钮顺时针旋到底；将扫描速率开关（SEC/DIV）置于“0.5ms”，也将微调旋钮顺时针旋到底，此时屏幕上映出现一个周期性的方波。若波形不稳定，可调节触发电平（LEVEL）旋钮。若探头采用 1∶1，则波形的垂直方向应占 5 格，波形的一个周期在水平方向应占 2 个，说明示波器的工作正常。

(6) 观测被测信号。将被测信号接置“CH1”输入端，适当调节“电压灵敏度”、“扫描速率”、“触发电平”等旋钮，使屏幕上显示稳定的被测信号。若需要同时观测被测两个信号，则分别接到 CH1、CH2 输入端，并选择“垂直工作方式按键（VERTICAL MODE）”，来显示一个或两个信号，其他调节方式同上。

(7) 当进行定量测量时，应尽量在屏幕的中心区域进行，以减小测量误差。所有微调旋钮一定要顺时针旋到底，置于“校准”位置。

(8) 调节各种开关、旋钮时，不要同时按下两个以上的垂直方式开关按钮，以免造成仪器损坏。

(9) 在观测波形时“辉度”要调得适当，不可过亮。示波器暂时不用时，不必关掉电源，只需将“辉度”调到最暗的位置，重新使用时再做适当的调节。

1.2 函数发生器

函数发生器是一种多功能的信号源，它可以输出正弦波、方波或三角波等，其输出电压的大小和频率都可以方便调节，因而在电子技术实验中被广泛采用（其工作原理可参考 13.2.1 章节有关内容）。

目前生产的函数发生器种类很多，但结构基本类似。下面以 SP1641D 型函数发生器为例说明函数发生器的特性和基本使用方法。

一、主要性能指标

（1）频率范围：0.1Hz～3MHz（8档调节），5位LED数显。

（2）输出波形：正弦波、三角波、方波（对称或非对称输出）和脉冲波。

（3）波形特性：正弦波失真度<1%；三角波线性度>99%；脉冲波上（下）升沿时间≤30ns。

（4）输出幅度：1mV$_{P-P}$～20V$_{P-P}$连续可调，3位LED数显，显示单位V$_{P-P}$或mV$_{P-P}$。

（5）输出阻抗：函数、点频输出50Ω，TTL/CMOS、单脉冲输出600Ω。

（6）功率输出：最大输出功率5W（频率20Hz～20kHz）；输出波形：正弦波；负载电阻≥10Ω；输出频率范围0.1Hz～50kHz。

（7）频率计数：测频范围0.1Hz～50MHz；输入电压范围30mV～2V（1Hz～50MHz）；适应正弦波、方波；5位LED数显，显示范围0.100Hz～50000kHz。

二、面板及功能说明

SP1641D型函数发生器面板结构如图1-8所示，各开关和旋钮的名称及作用说明如下：

（1）电源开关：按下接通电源，5位LED亮。

（2）频率显示：显示输出信号的频率或外测频信号的频率，5位LED数显，单位为kHz。

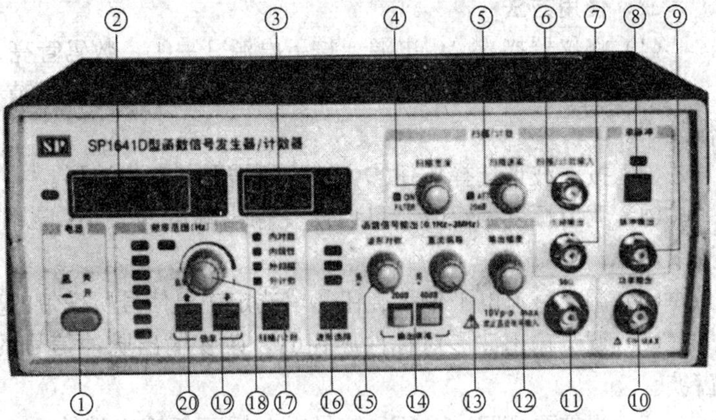

附图1-8　SP1641D型函数发生器面板

（3）幅度显示：显示函数输出信号和功率输出信号的幅度，3位LED数显。

（4）扫描宽度调节旋钮：可调节扫频输出的频率范围。在外测频时，逆时针旋到底（绿灯亮），为外输入测量信号经过低通开关进入测量系统。

（5）扫描速度调节旋钮：调节可改变内扫描的时间长短。在外测频时，逆时针旋到底（绿灯亮），为外输入测量信号经过衰减“20dB”进入测量系统。

（6）扫描/计数输入插座：当“扫描/计数键”功能选择在外扫描或外测频功能时，外扫描控制信号或外测频信号由此输入。

（7）点频输出：输出频率为100Hz的正弦信号，输出幅度2V$_{P-P}$（−1～+1V），输出阻抗50Ω。

（8）单秒脉冲按钮：按此按钮可输出TTL高电平（指示灯亮），再按此按钮可输出TTL低高电平（指示灯灭）。

（9）单脉冲信号输出端：通过单脉冲按钮输出TTL跳变电平。

（10）5W功率输出端：可输出5W功率的正弦信号。

（11）函数信号输出端：输出多种波形受控的函数信号。输出幅度20V$_{P-P}$（1MΩ负载），10V$_{P-P}$（50Ω负载）。

（12）输出幅度调节旋钮：电压输出调节范围20dB，功率输出调节范围0～5W输出功率。

(13) 函数输出信号直流电平偏移调节旋钮。调节范围：−5～+5V（50Ω负载），−10～+10V（1MΩ负载）。当处在关的位置时，则为0电平。

(14) 输出幅度衰减开关：开关按下衰减20dB或40dB，同时按下，衰减60dB。

(15) 对称性调节旋钮：调节可改变输出信号的对称性。当处在关位置时，则输出对称信号。

(16) 函数输出波形选择按钮：可选择正弦波、三角波、脉冲波输出。

(17) 扫描/计数按钮：可选择多种扫描方式或外测频方式。

(18) 频率微调旋钮：调节此旋钮可微调输出信号频率，调节基数范围为从>0.1到<1。

(19) 倍频选择按钮：每按一次此按钮可递减输出频率的1个频段。

(20) 倍频选择按钮：每按一次此按钮可递增减输出频率的1个频段。

三、使用方法

(1) 将仪器接入AC电源，按下电源开关①，数码管亮，仪器可以工作。

(2) 由频率选择按钮⑲或⑳选定输出信号的频段，调节频率微调旋钮⑱，输出所需的工作频率。

(3) 按下波形选择按钮⑯，选择所需要的工作波形。

(4) 调节幅度旋钮⑫，可以改变输出幅度的大小；若需要小信号时，则将衰减开关⑭按下。

(5) 调节直流电平偏移旋钮⑬，选定输出信号所携带的直流电平。

(6) 调节输出波形对称性旋钮⑮，改变输出脉冲信号的占空比，或将三角波调边为锯齿波。

(7) 当需要TTL/CMOS信号时，后面板输出端输出，调节TTL/CMOS旋钮，“关”为TTL电平，打开为CMOS电平，输出幅度可从5V调节到15V，其重复频率、调控操作与函数输出信号一致。

(8) 内扫描信号输出时，选择扫描/计数按钮⑰为内扫描方式，分别调节扫描宽度④和扫描速度旋钮⑤，获得所需的扫描频率。函数输出插座⑪、TTL脉冲输出插座均输出相应的内扫描的扫频信号。

(9) 外内扫描信号输出时，选择扫描/计数按钮⑰为外扫描方式，由外部输入插座⑥输入相应的控制信号，可得到相应的受控扫描信号。

(10) 进行外测频时，选择扫描/计数按钮⑰为外计数方式，将被测信号引入外部输入插座⑥，由5位LED显示频率。

附录 2　常用集成器件管脚图

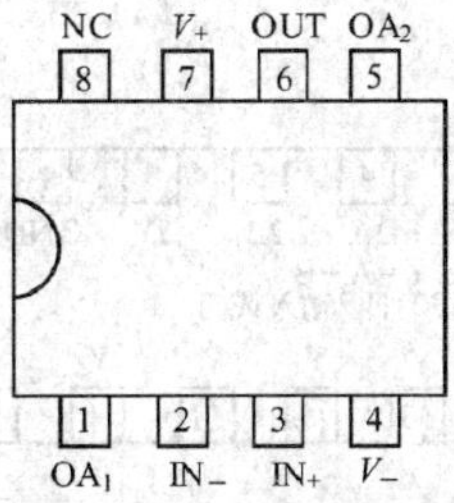

μA741/LM741

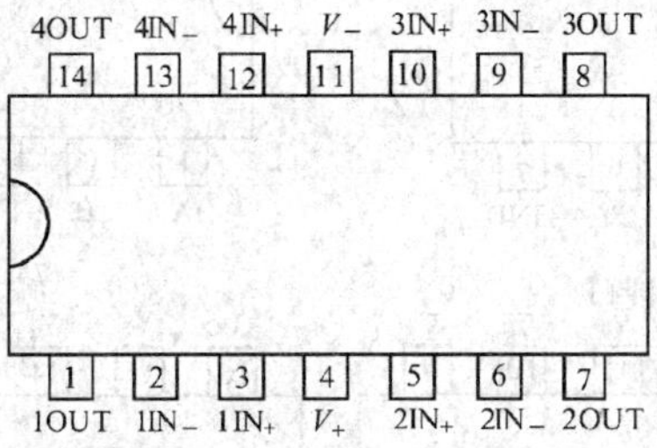

LM324

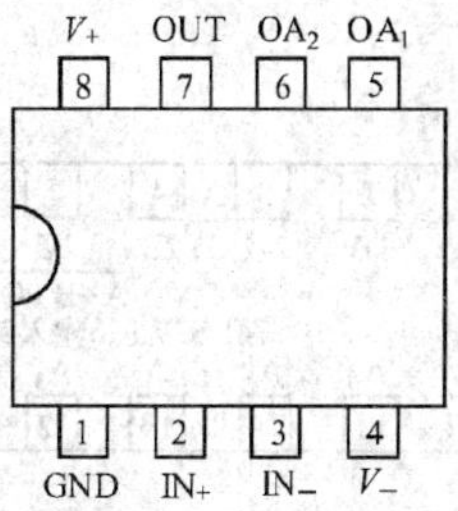

LM311

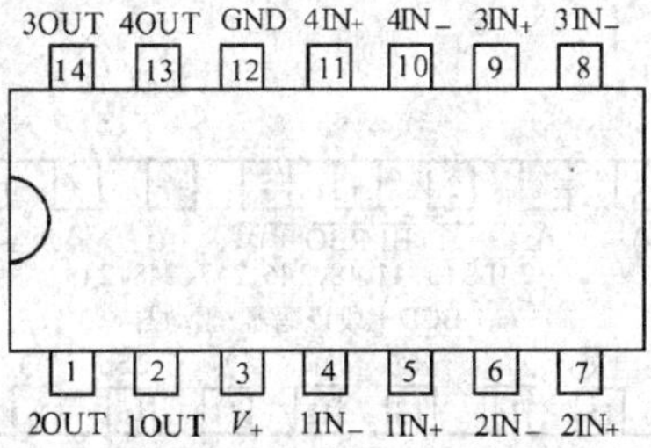

LM339

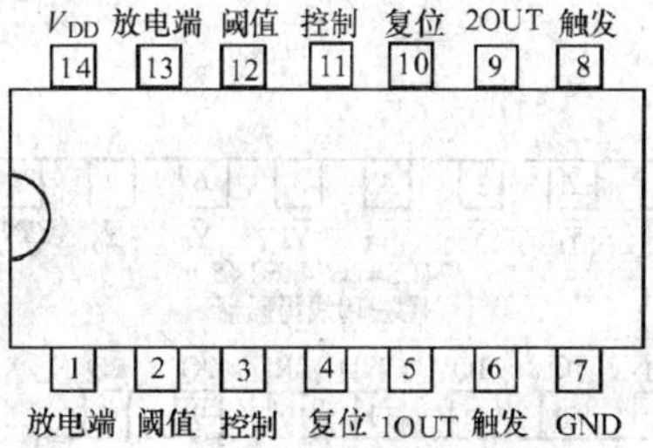

556双时基电路

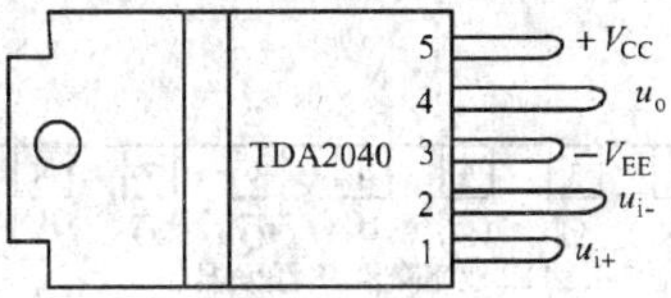

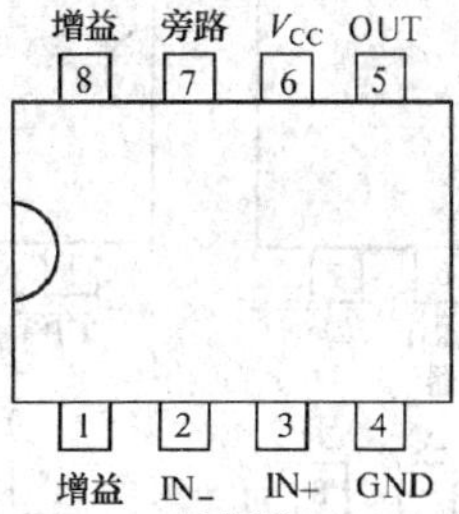

LM386

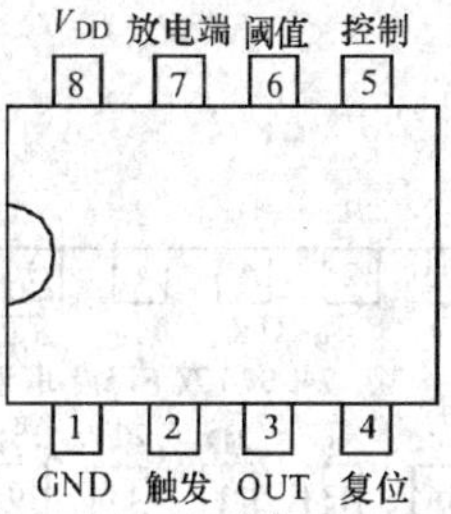

555时基电路

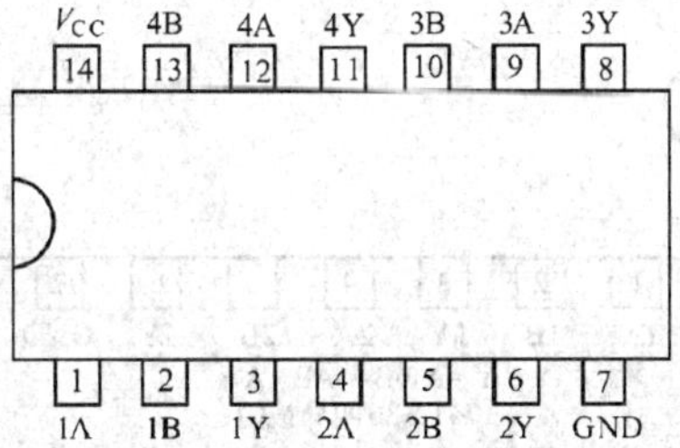

$Y=\overline{A\cdot B}$
74LS00 四2输入与非门

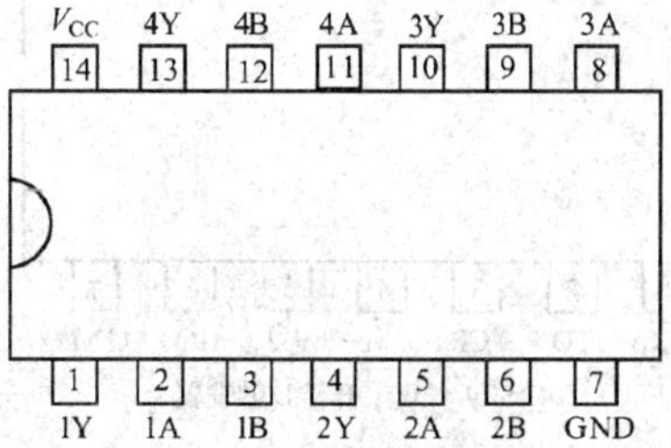

$Y=\overline{A+B}$
74LS02 四2输入或非门

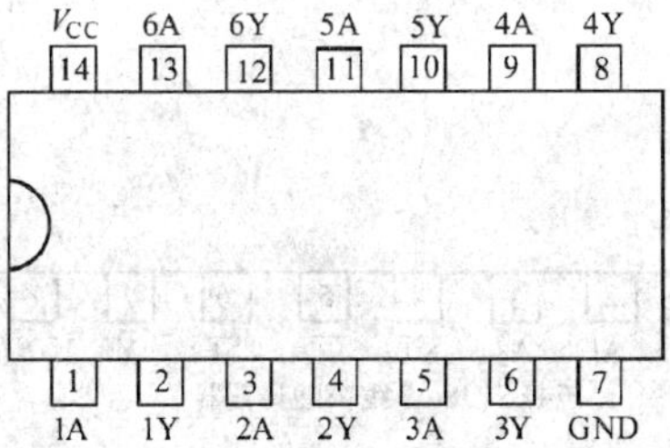

$Y=\overline{A}$
74LS04 六反相器

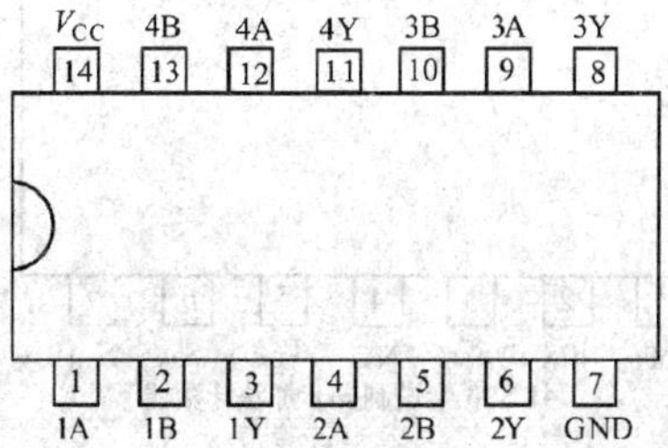

$Y=A\cdot B$
74LS08 四2输入与门

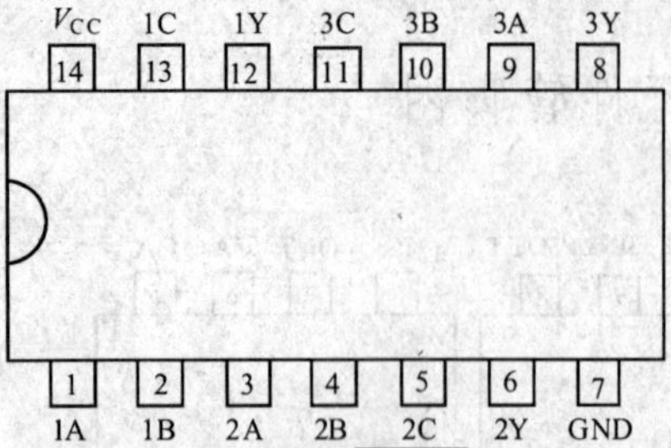

$Y=\overline{A+B+C}$

74LS27 三3输入或非门

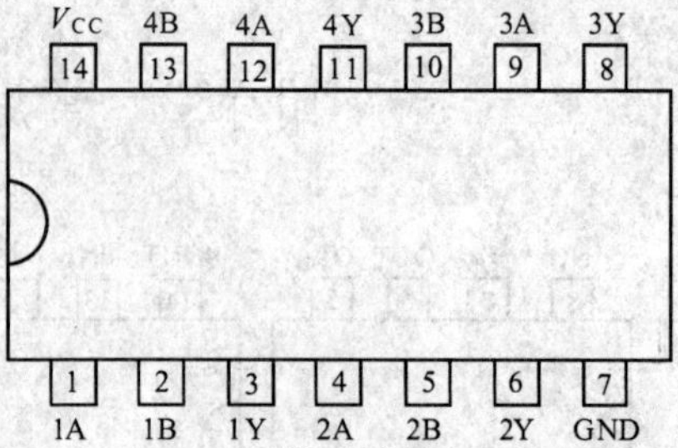

$Y=A+B$

74LS32 四2输入或门

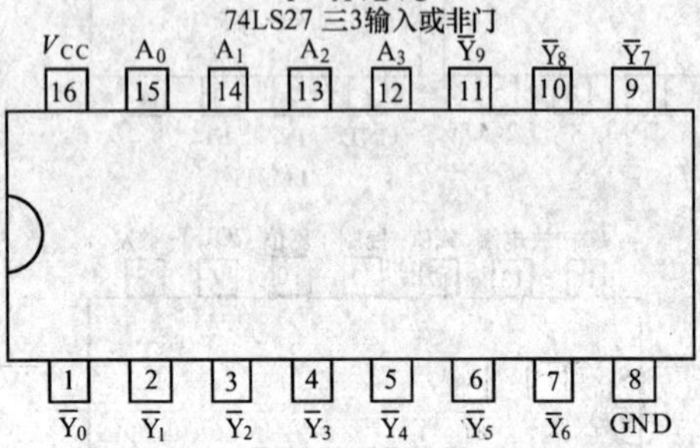

74LS42、74LS145

4线-10线译码器

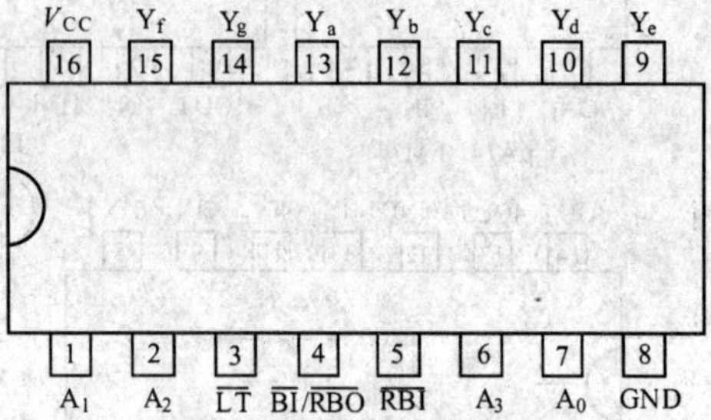

74LS46、47、48、246、247、248、249

BCD七段译码器/驱动器

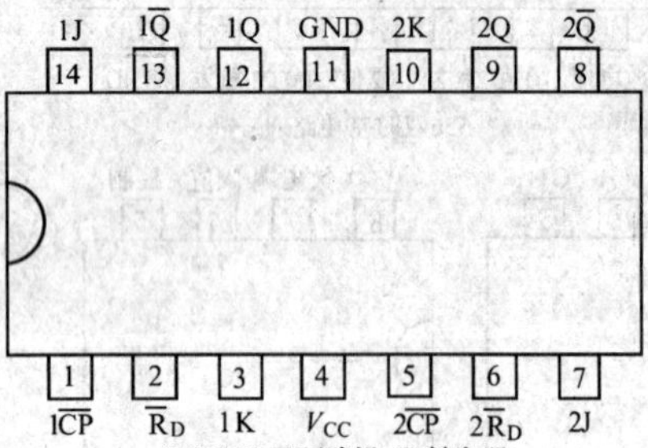

74LS73 双下降沿 JK触发器

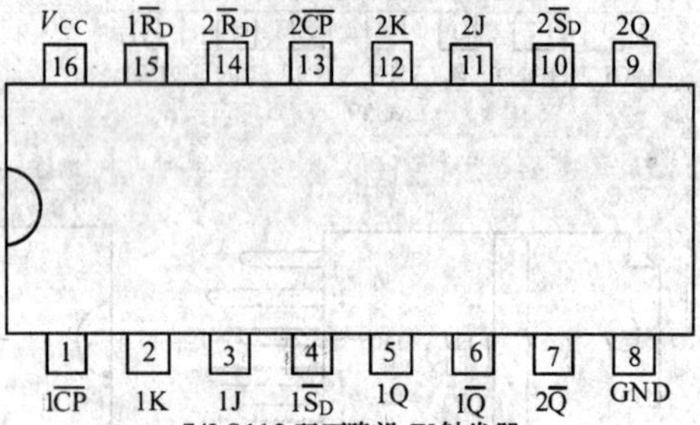

74LS112 双下降沿 JK触发器

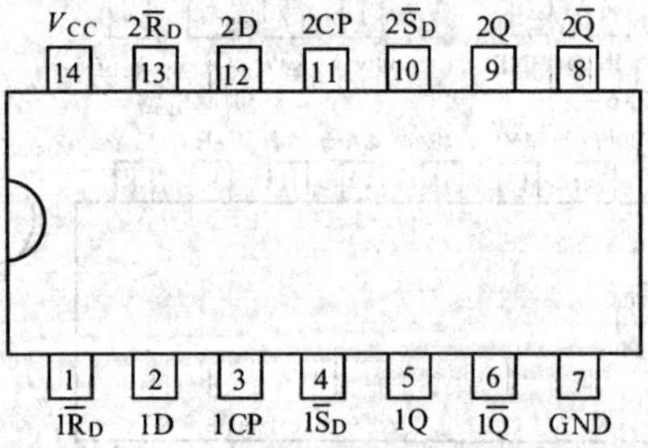

74LS74 双上升沿D触发器

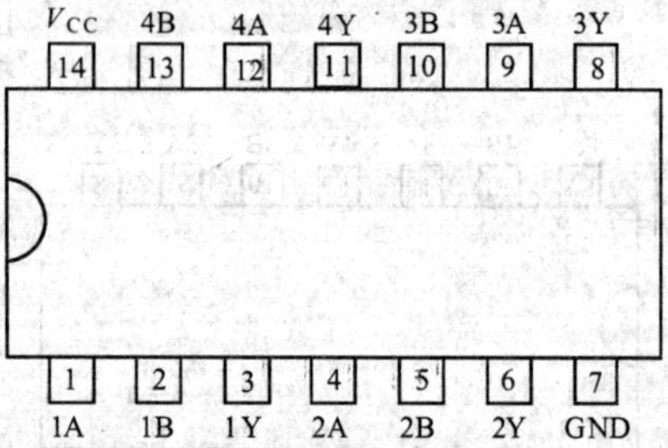

$Y=A\oplus B=\overline{A}B+A\overline{B}$

74LS86四异或门

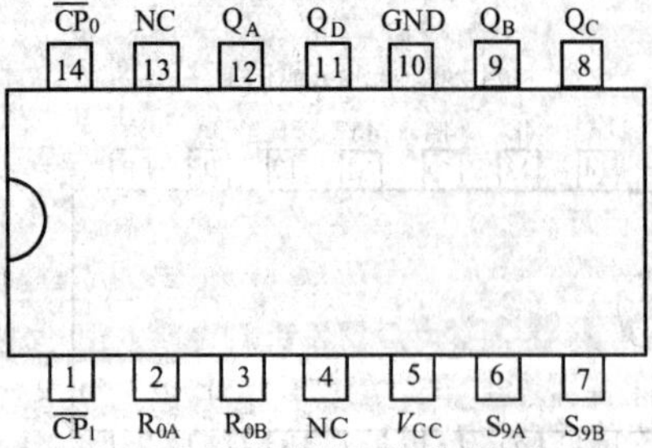

74LS90 十进制异步加法计数器

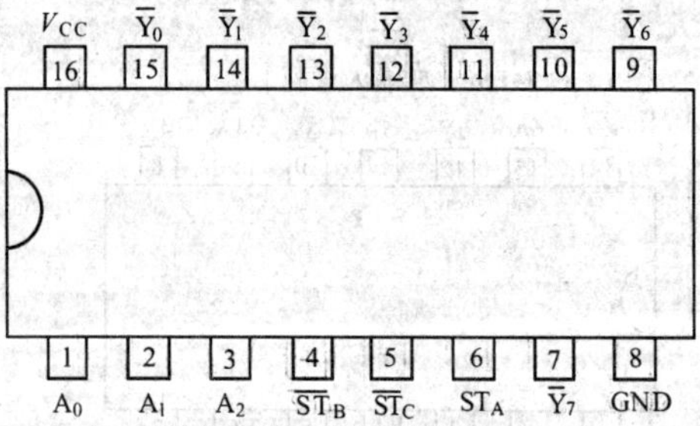

74LS138 3线-8线译码器

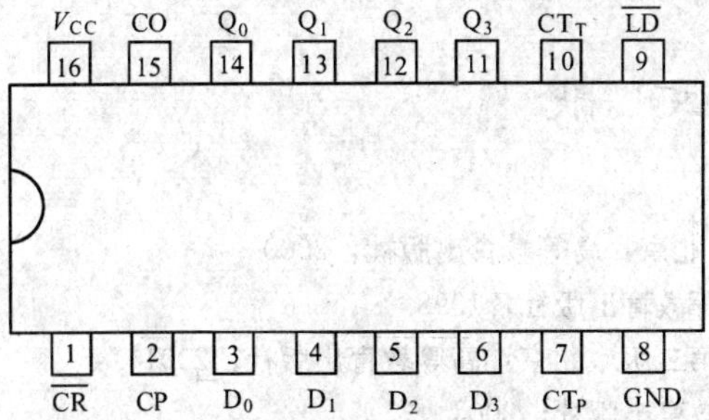

74LS160 十进制同步加法计数器

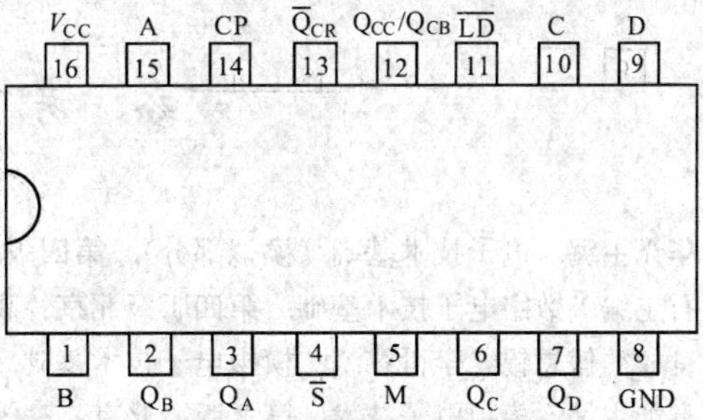

74LS190 十进制同步加/减计数器

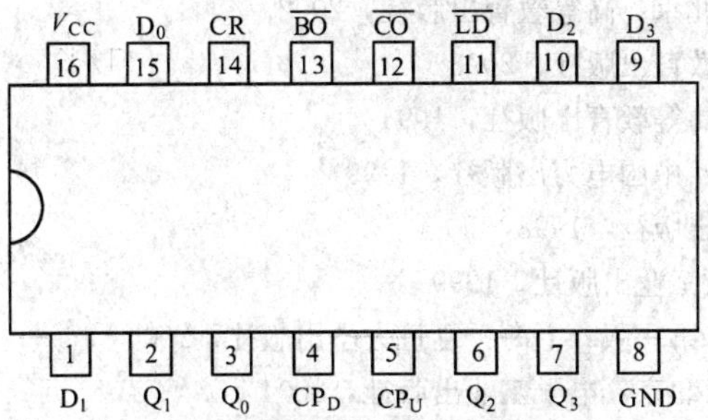

74LS192 十进制同步加/减计数器(双时钟)

74LS193 4位二进制同步加/减计数器(双时钟)

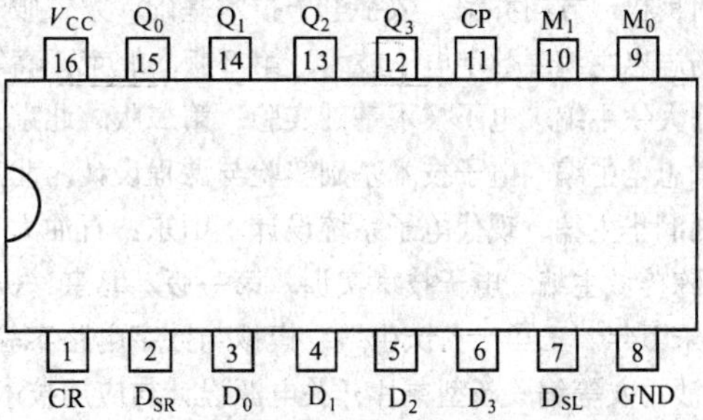

74LS194 4位双向移位寄存器

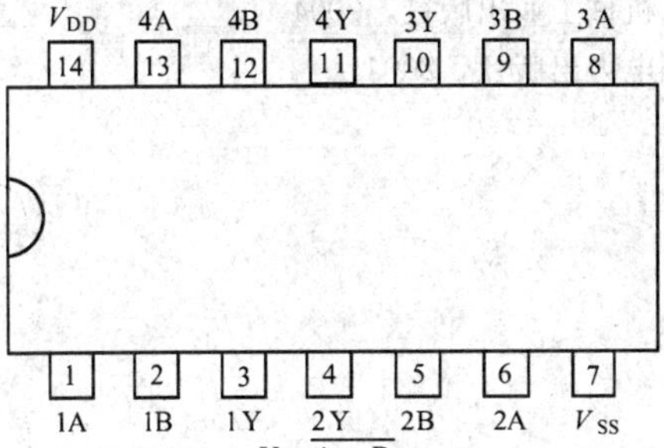

$Y=\overline{A+B}$

4001 四2输入或非门

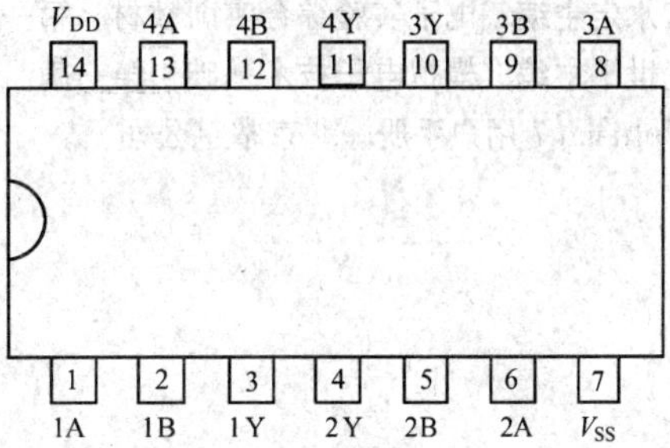

$Y=\overline{A\cdot B}$

4011 四2输入与非门

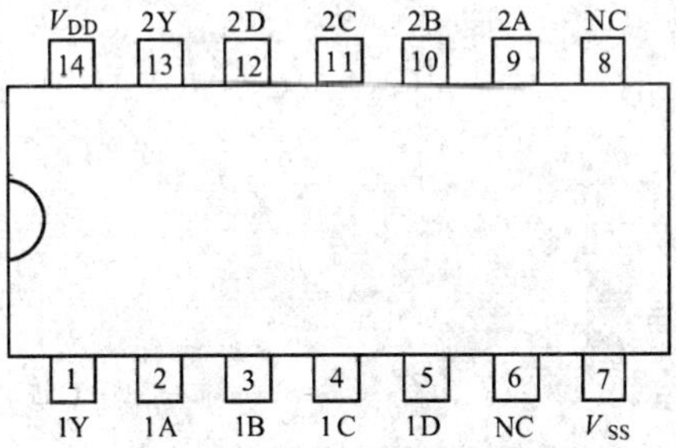

$Y=\overline{A+B+C+D}$

4002 双4输入或非门

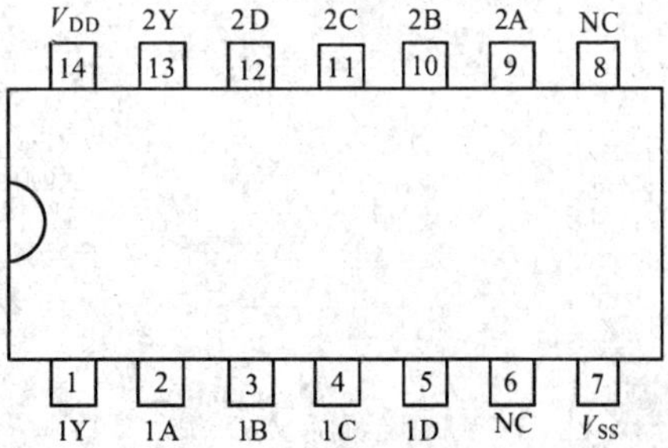

$Y=\overline{A\cdot B\cdot C\cdot D}$

4012 双4输入与非门

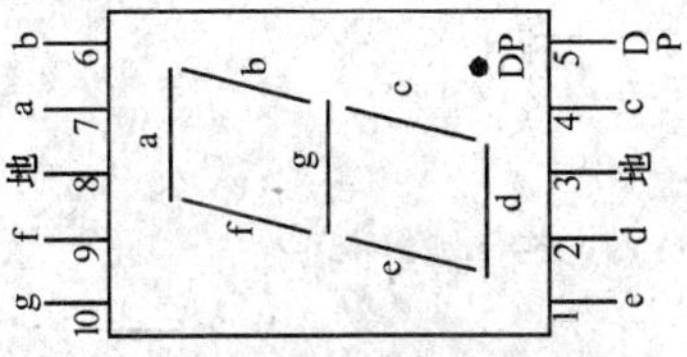

LC 5011-11 显示器

参 考 文 献

1 康华光主编. 电子技术基础（模拟部分）. 第四版. 北京：高等教育出版社，2000

2 阎石主编. 数字电子技术基础. 第四版. 北京：高等教育出版社，1998

3 周良权 傅恩锡 李世馨编. 模拟电子技术基础. 第二版. 北京：高等教育出版社，2001

4 胡宴如主编. 模拟电子技术. 第 2 版. 北京：高等教育出版社，2004

5 周良权 方向乔编. 数字电子技术基础. 第二版. 北京：高等教育出版社，2002

6 杨志忠主编. 数字电子技术. 第 2 版. 北京：高等教育出版社，2003

7 陈大钦主编. 电子技术基础实验. 第二版. 北京：高等教育出版社，1994

8 章忠全主编. 电子技术基础实验与课程设计. 北京：中国电力出版社，1999

9 刘润华主编. 现代电子系统设计. 山东：石油大学出版社，1998

10 陈梓城主编. 电子技术实训. 第一版. 北京：机械工业出版社，1999

11 宋万年 王勇 孔庆生编. 模拟与数字电路实验. 第一版. 上海：复旦大学出版社，2004

12 沙占友等编. 新型单片开关电源设计与应用技术. 北京：电子工业出版社，2004

13 汪红主编. 电子技术. 第一版. 北京：电子工业出版社，2003

14 黄永定主编. 电子实验综合实训教材. 第一版. 北京：机械工业出版社，2004

15 赵世平主编. 模拟电子技术基础. 第一版. 北京：中国电力出版社，2004

16 Multisim 7 用户手册. 北京掌宇公司